最高人民法院民四庭
大连海事大学法学院
大连海事大学海法研究院

组织编写

中国海事案例裁判要旨通纂
海上货物运输卷·下册

司玉琢 王彦君 关正义 主编
陈敬根 执行主编

④

凡　例

一、分卷情况

《中国海事案例裁判要旨通纂》根据学科体系共分为五卷：海事卷、船舶船员卷、海上保险卷、海上货物运输卷和综合卷。

二、本书结构

1. 章节设置：本书以学科体系为依据，对各卷法律实务问题进行章节划分。
2. 案例结构：本书收录的案例一般由"裁判要旨""基本案情""法院查明事实""法院裁判"等部分构成。

三、本书案例来源

最高人民法院、各地海事法院及上诉审高级人民法院裁判文书。

四、案例选择

由于案例裁判时所依据的法律时有修改，本书尽可能选取在图书出版之前的新法背景下仍然具有指导价值的案例。但是，为保持裁判原貌，案例裁判所依据的法律仍保持与裁判当时一致。

五、裁判要旨编号

收入本书的裁判要旨以学科体系为依据进行编排，以便读者查找。示范如下：

编号	编号含义
No. HS-1.1-1	海事卷，第1.1项标题下，第一个裁判要旨。
No. CB-1.1-1	船舶船员卷，第1.1项标题下，第一个裁判要旨。
No. HX-1.1-1	海上保险卷，第1.1项标题下，第一个裁判要旨。
No. HY-1.1.1-1	海上货物运输卷，第1.1.1项标题下，第一个裁判要旨。
No. ZH-1.1.1-1	综合卷，第1.1.1项标题下，第一个裁判要旨。

六、案例索引

为方便读者查询案例，本书设置了案例索引。

七、主题词索引

为方便读者按主题查询、阅读，本书设置了主题词索引。

总目录

序言　贺　荣 …………………………………………………… 1
要目 …………………………………………………………… 3
CONTENTS …………………………………………………… 5
详目 …………………………………………………………… 7

（上　册）

1. 海上货物运输合同纠纷 ………………………………… 001
1.1 承运人 ………………………………………………… 001
1.2 托运人 ………………………………………………… 315

（下　册）

1.3 实际托运人（发货人）………………………………… 407
1.4 提单纠纷 ……………………………………………… 418
1.5 海上货物运输合同的成立与生效 …………………… 605
1.6 特殊货物的运输 ……………………………………… 612
1.7 货损货差 ……………………………………………… 632
1.8 迟延交付 ……………………………………………… 678
1.9 海上货物运输中的保函 ……………………………… 681
1.10 集装箱运输 …………………………………………… 692
1.11 混合原因货损问题 …………………………………… 712
2. 国际多式联运合同纠纷 ………………………………… 719
3. 航次租船合同纠纷 ……………………………………… 776
4. 国际海上货运代理合同纠纷 …………………………… 859
5. 其他 ……………………………………………………… 886

案例索引 ……………………………………………………… 901
主题词索引 …………………………………………………… 909
后记 …………………………………………………………… 917

序言

贺荣(最高人民法院副院长)

　　为了适应海上运输和对外贸易事业发展的需要,1984年11月14日第六届全国人大代表大会常务委员会第八次会议通过了《关于在沿海港口城市设立海事法院的决定》,设立了大连、天津、青岛、上海、武汉、广州六家海事法院。之后,最高人民法院根据工作需要,先后于海口、厦门、宁波、北海增设四家海事法院。为了方便当事人诉讼,各海事法院根据自身情况,先后设立了包括三沙法庭在内的39个派出法庭,辐射范围涵盖北起黑龙江南至南海诸岛由我国管辖的全部港口、水域和岛礁。截至2014年年底,全国10家海事法院共受理各类海事案件247 761件,审结执结237 857件,结案标的额人民币1 460多亿元;其中审结执结涉外、涉港澳台海事案件66 564件,涉及70多个国家和地区。目前我国已经成为世界上设立海事审判机构最多、受理海事案件数量最多的国家。

　　经过30多年海事司法实践,我国已经积累了较为丰富的海事司法经验,这是我国建设国际海事司法中心,保障国家海洋强国战略实施的基础。为贯彻党的十八大三中全会精神,进一步深化司法公开,最高人民法院全面推进审判流程公开、裁判文书公开、执行信息公开,以增进公众对司法的了解、信赖和监督。在大数据时代背景下,如何将浩如烟海的裁判文书进行收集、分类、整理以及提炼,以方便公众查询,成为今后改进和完善司法公开制度的重要课题。北京大学出版社组织编撰的这套《中国海事案例裁判要旨通纂》,对598个具有典型意义的海事案件进行分类整理,并归纳裁判要旨,这对于总结我国海事司法实践经验,推动海商法理论与实务研究具有积极意义。搜集整理30多年的海事案例工程浩大,编者遇到了很多困难,案例的完整性有待进一步提高。编者采用案例非常注重典型意义,但有些案件的裁判观点随着理论与实践的发展,目前已经有所改变;有些观点还存在分歧。法律是稳定的,但不是一成不变。对于法律观点的争论永远存在,要辩证地看待这个问题。广大读者正是通过对这些案例的慎思明辨,才能全面地了解我国海事审判理论与实践的发展历程。

　　案例的编撰是一个长期系统的过程,但我们已经迈出了艰难的一步,并取得了阶段性成果。在此,我谨对《中国海事案例裁判要旨通纂》的面世表示祝贺,也希望这一工作持之以恒,形成精品,成为我国海事司法实践和海事法律理论研究的重要参考资料。

2016年10月16日

要 目

（上下册）

1. 海上货物运输合同纠纷 …………………………………………… 001
   1.1 承运人 ……………………………………………………… 001
       1.1.1 承运人的识别 ……………………………………… 001
       1.1.2 承运人的权利和义务 ……………………………… 065
       1.1.3 承运人的免责 ……………………………………… 223
       1.1.4 承运人的举证责任 ………………………………… 290
       1.1.5 承运人的责任期间 ………………………………… 299
   1.2 托运人 ……………………………………………………… 315
       1.2.1 托运人的识别 ……………………………………… 315
       1.2.2 托运人的权利和义务 ……………………………… 334
   1.3 实际托运人（发货人） …………………………………… 407
       1.3.1 实际托运人的权利和义务 ………………………… 407
   1.4 提单纠纷 …………………………………………………… 418
       1.4.1 提单的法律适用 …………………………………… 418
       1.4.2 倒签或预借提单 …………………………………… 458
       1.4.3 租约仲裁条款并入提单的法律效力 ……………… 476
       1.4.4 无单放货问题 ……………………………………… 488
   1.5 海上货物运输合同的成立与生效 ………………………… 605
   1.6 特殊货物的运输 …………………………………………… 612
       1.6.1 危险货物运输 ……………………………………… 612
       1.6.2 油类、液体货物运输的短重问题 ………………… 625
   1.7 货损货差 …………………………………………………… 632
   1.8 迟延交付 …………………………………………………… 678
   1.9 海上货物运输中的保函 …………………………………… 681

- 1.10 集装箱运输 …… 692
- 1.11 混合原因货损问题 …… 712

2. 国际多式联运合同纠纷 …… 719
- 2.1 多式联运合同的主体识别 …… 719
- 2.2 多式联运的责任承担 …… 740
- 2.3 多式联运承运人的权利和义务 …… 751
- 2.4 多式联运托运人的权利和义务 …… 767

3. 航次租船合同纠纷 …… 776
- 3.1 航次租船下是否存在实际承运人 …… 776
- 3.2 航次租船合同的管辖及法律适用 …… 797
- 3.3 航次租船合同下承租人的权利和义务 …… 815
- 3.4 航次租船合同下出租人的权利和义务 …… 838
- 3.5 滞期费 …… 846

4. 国际海上货运代理合同纠纷 …… 859
- 4.1 签发货运代理提单的货运代理纠纷 …… 859
- 4.2 货运代理转委托问题 …… 865
- 4.3 货运代理合同中的无单放货 …… 876

5. 其他 …… 886
- 5.1 定期租船合同纠纷 …… 886
- 5.2 港口经营人的权利和义务 …… 892

案例索引 …… 901

主题词索引 …… 909

后记 …… 917

CONTENTS

(VOLUME I II)

1. CONTRACT OF CARRIAGE OF GOODS BY SEA 001
   - 1.1 Carrier 001
   - 1.1.1 Identification of Carrier 001
   - 1.1.2 Rights and Obligations of Carrier 065
   - 1.1.3 Exemption for Carrier Liabilities 223
   - 1.1.4 Burden of Proof of Carrier 290
   - 1.1.5 Period of Carrier's Responsibility 299
   - 1.2 Shipper 315
   - 1.2.1 Identification of Shipper 315
   - 1.2.2 Rights and Obligations of Shipper 334
   - 1.3 Actual Shipper (Consignor) 407
   - 1.3.1 Rights and Obligations of Actual Shipper 407
   - 1.4 Disputes over Bill of Lading 418
   - 1.4.1 Application of Law for Bill of Lading 418
   - 1.4.2 Anti-dated or Advanced Bill of Lading 458
   - 1.4.3 Legal Effect of Arbitration Clause in Bill of Lading Incorporated in Charter Party 476
   - 1.4.4 Issues Concerning Release of Cargo Without Original Bill of Lading 488
   - 1.5 Execution and Coming into Effect of Contract of Carriage of Goods by Sea 605
   - 1.6 Transport of Special Cargo 612
   - 1.6.1 Transport of Dangerous Cargo 612
   - 1.6.2 Issues of Shortage in Weight for Carriage of Oil Cargo and Liquid Cargo 625
   - 1.7 Shortage of or Damage to Cargo 632
   - 1.8 Delayed Delivery 678
   - 1.9 Letter of Indemnity in Carriage of Goods by Sea 681
   - 1.10 Container Transport 692
   - 1.11 Issues of Damage to Cargo by Two or More Causes 712

2. INTERNATIONAL MULTI-MODAL CARRIAGE CONTRACT ·················· 719

 2.1 Identification of Subject Parties Under Multi-Modal Carriage Contract ········ 719

 2.2 Bearing of Liabilities Under Multi-modal Carriage ···················· 740

 2.3 Rights and Obligations of Carrier Under Multi-modal Carriage ············· 751

 2.4 Rights and Obligations of Shipper Under Multi-modal Carriage ············· 767

3. VOYAGE CHARTER PARTY ·················· 776

 3.1 Whether There is Actual Carrier Under Voyage Charter Party ················ 776

 3.2 Jurisdiction and Application of Law for Voyage Charter Party ················ 797

 3.3 Rights and Obligations of Carrier Under Voyage Charter Party ············· 815

 3.4 Rights and Obligations of Shipper Under Voyage Charter Party ············· 838

 3.5 Demurrage ·················· 846

4. INTERNATIONAL FREIGHT FORWARDING CONTRACT ······················ 859

 4.1 Disputes over Freight Forwarding for Issuance of House Bill of Lading ······ 859

 4.2 Sub-assignment by Freight Forwarder ···················· 865

 4.3 Release of Cargo Without Original Bill of Lading in Freight Forwarding Contract ·················· 876

5. OTHERS ·················· 886

 5.1 Disputes over Time Charter Party ·················· 886

 5.2 Rights and Obligations of Port Operator ·················· 892

TABLE OF CASES ·················· 901

INDEX ·················· 909

AFTERWORD ·················· 917

详 目

(下册)

1.3 实际托运人(发货人) 407

1.3.1 实际托运人的权利和义务 407

82 上诉人温州刘旭电器有限公司与被上诉人温州港口货运船舶代理有限公司、上海中通物流股份有限公司宁波分公司、马士基(中国)航运有限公司宁波分公司海上货物运输合同违约赔偿纠纷案【浙江省高级人民法院(2009)浙海终字第 17 号】 407

> **No. HY-1.3-1** 托运人既可以是与承运人订立运输合同的当事人,也可以是按照法律规定,委托他人为本人将货物交给承运人的人;交货托运人制度可以弥补外贸代理制度下外贸代理人被列为托运人而实际交付货物的人可能失去海上货物运输合同下权利的不足。 407

> **No. HY-1.3-2** 非由于托运人或交付货物的实际托运人的原因,而是由于承运人的原因未及时签发和交付提单导致提单项下货物所对应的买卖合同解除,托运人或交货托运人为了减少损失而折价处理货物的损失或因无法交付提单致承担买卖合同相对方的赔偿责任的,承运人应当签发提单而未签发的过错与托运人的损失存在因果关系。 407

> **No. HY-1.3-3** 托运人申请海事强制令且被法院裁定准予申请并予以执行的,应当构成海商法规定的诉讼时效中断。 407

> **No. HY-1.3-4** 承运人的损失赔偿责任仅以其订立海上货物运输合同当时所能合理预见的范围为限,超出部分不予赔偿。 407

1.4 提单纠纷 418

1.4.1 提单的法律适用 418

83 原告贵州省纺织品进出口公司与被告长计国际有限公司、长计国际有限公司贵州办事处海上货物运输货损赔偿纠纷案【广州海事法院(2000)广海法商字第 98 号】 418

> **No. HY-1.4-1** 在货物并没有装上提单上记载的承运船舶的情况下,承运人签发提单,应当承担由此产生的法律后果。 …… 418

> **No. HY-1.4-2** 提单上的托运人在取得提单后进行了背书转让,已不是提单持有人,对提单项下的货物不再享有所有权,不享有基于货物所有权而产生的货物损害赔偿的请求权。 …… 418

84 上诉人阿塞尔吉达金亚塞那依维提加里特有限公司与被上诉人河北省粮油(集团)总公司海上货物运输合同纠纷案【天津市高级人民法院(2001)高经终字第257号】 …… 421

> **No. HY-1.4-3** 提单持有人通过银行付款赎单取得空白指示提单,银行是否背书不影响提单持有人的提单权利。提单转让后,持有提单的人有权向提单承运人主张提单项下货物的权利。在提单持有人有证据表明货物损失发生在运输期间的情况下,承运人欲免除货物损害赔偿责任,应提供证据证明货物损坏赔偿是由于法定的免责事由导致,否则应当承担赔偿责任。 …… 421

> **No. HY-1.4-4** 货物灭失的赔偿标准按照货物的实际价值计算;货物损坏的赔偿标准按照受损前后实际价值的差额或者货物修理费用计算。货物实际价值为装船时价值+保险费+运费,而不是以交付地点的市场价值为标准计算,货物受损后的价值计算也是如此。 …… 422

85 原告南海冠球家具有限公司、祥建有限公司与被告亚洲货运有限公司海上货物运输交付纠纷案【广州海事法院(2001)广海法初字第114号】 …… 428

> **No. HY-1.4-5** 提单持有人请求承运人赔偿因无正本提单放货而遭受的损失,其主张的实际上是提单项下的权利,该权利来自于作为海上货物运输合同证明的提单,故为海上货物运输合同纠纷。双方当事人没有选择该合同适用的法律,依照《中华人民共和国海商法》第269条的规定,应适用与该合同有最密切联系的国家的法律。 …… 428

> **No. HY-1.4-6** 承运人应按照托运人的指示凭正本提单交付货物,其目的港的代理人凭商业保函及副本提单交付货物,违反法律规定。而被代理人对代理人的代理行为承担民事责任,故承运人应对其代理人的无单放货的行为承担民事责任,赔偿与其无正本提单放货行为有直接因果关系的损失。 …… 428

86 上诉人源诚(青岛)国际货运有限公司与被上诉人栖霞市恒兴物业有限公司无正本提单放货纠纷案【山东省高级人民法院(2002)鲁民四终字第22号】 …… 432

> **No. HY-1.4-7** 当事人有权选择处理纠纷适用的法律。提单中约定提单的内容以中国法律为依据,任何由该合同引发的争议和索赔终审权在中国法院,以中国法律为准据法审理。 …… 432

> **No. HY-1.4-8** 提单是承运人保证据以交付货物的单证。承运人必须凭提单交货,并未区分记名提单与不记名提单,故在记名提单项下,承运人仍应凭正本提单放货,否则应当承担向记名收货人无单放货给托运人带来的风险。 …… 432

> **No. HY-1.4-9** 记名提单项下适格的收货人应当具备两个条件:为记名提单记载的收货人和持有提单。提单上的记名收货人只有凭正本提单提货才是适格的提货主体。托运人在银行退单时未必有损失发生,其可控制货物并可通过其他补救措施收回货款,单证不符导致银行退单与承运人无单放货之间没有必然的联系。托运人的损失在于其尚未收回货款而其托运的货物即因承运人的违约行为被不适格的主体提走,致使托运人在银行退单时丧失了对货物的控制权和支配权以及收回货款的保障,承运人应当承担赔偿责任。 …… 432

87 原告厦门市惠利隆进出口有限公司与被告法国达飞轮船有限公司、达飞轮船(中国)船务有限公司厦门分公司海上货物运输损害赔偿纠纷案【厦门海事法院(2005)厦海法事初字第42-2号】 …………………………………… 437

> **No. HY-1.4-10** 承运人签发的全套一式三份正本提单,根据航运及商业惯例,每一份正本提单都可以单独提货。若发货人仅持有一份正本提单,向承运人行使无正本提单放货损害赔偿请求权的,其对提单项下货物之权利并不是一个完全的、排他的物权,其提单权利存有瑕疵。 …… 437

88 原告某某中成药保健品进出口公司与被告某某某航运有限公司、某某某航运公司马达加斯加公司、某某某航运(香港)有限公司、广东某某国际船舶代理有限公司海上货物运输合同纠纷案【广州海事法院(2011)广海法初字第362号】…… 440

> **No. HY-1.4-11** 司法鉴定所具有文书司法鉴定资格,在没有相反证据推翻其鉴定结论的情况下,应予以确认。在鉴定结论认定收货人持有的提单加盖的印文与承运人加盖在其他提单和文书上面的印文不一致的情况下,收货人有义务进一步提供证据证明其与托运人之间的买卖合同法律关系,以证明其是提单的合法持有人。 …… 440

> **No. HY-1.4-12** 收货人主张其与国外卖家之间是通过口头形式达成买卖合同,并以现金形式支付货款的,但未在法院规定的期限内提交买卖合同、付款凭证等证据以证明其与国外卖家存在买卖合同关系的,不能认定其是合法提单持有人。 …… 440

89 原告深圳市怡禾进出口股份有限公司与被告MSC地中海航运有限公司、高昌货运(香港)有限公司、高昌快运有限公司海上货物运输合同货物交付纠纷案【广州海事法院(2003)广海法初字第176号】 …………………………………… 444

> **No. HY-1.4-13** 记名提单是海上货物运输合同的证明,但由于记名提单是不可转让的运输单证,不具有物权凭证的效力。 …… 444

> **No. HY-1.4-14** 美国《联邦提单法》规定,承运人有理由交货给托运人在记名提单上所指定的收货人,承运人向记名提单的记名人交付货物时,不负有要求提货人出示或提交记名提单的义务。 …… 444

[90] 原告核心钢铁产业有限公司与被告福建省轮船总公司海上货物运输合同货损赔偿纠纷案【上海海事法院(2003)沪海法商初字第531号】……… 449

> **No. HY-1.4-15** 提单的转让,依照下列规定执行:① 记名提单:不得转让;② 指示提单:经过记名背书或者空白背书转让;③ 不记名提单:无需背书,即可转让。 449

> **No. HY-1.4-16** 承运人签发的提单均为指示提单的,托运人可以在提单签发后通过在提单背面背书的方式来指定收货人。托运人提交的提单背面若均有提单载明的托运人的空白背书,这意味着任何持有该提单的人均有权利要求承运人交付货物。 449

> **No. HY-1.4-17** 海上货物运输向承运人要求赔偿的请求权,时效期间为1年,自承运人交付或者应当交付货物之日起计算。 449

[91] 原告铁行渣华有限公司与被告上海洪熙国际贸易有限公司海上货物运输合同提货纠纷案【上海海事法院(2006)沪海法商初字第82号】……… 452

> **No. HY-1.4-18** 承运人在卸货港依法处理货物所发生并支付的费用,收货人有义务赔偿。 452

[92] 原告中外运集装箱运输有限公司与被告上海进航国际货运代理有限公司、进航国际有限公司、浙江万利丰纺织科技有限公司海上货物运输合同纠纷案【上海海事法院(2007)沪海法商初字第576号】……… 455

> **No. HY-1.4-19** 就海上货物运输向承运人要求赔偿的请求权,时效期间为1年,自承运人交付或者应当交付货物之日起计算;在时效期间内或者时效期间届满后,被认定为负有责任的人向第三人提起追偿请求的,时效期间为90日,自追偿请求人解决原赔偿请求之日起或者收到受理对其本人提起诉讼的法院的起诉状副本之日起计算。 455

> **No. HY-1.4-20** 提单中载明的向记名收受人交付货物,或者按照指示人的指示交付货物,或者向提单持有人交付货物的条款,构成承运人据以交付货物的保证。 455

> **No. HY-1.4-21** 收货人办理提货手续后,应该履行收货人的义务,尽快提取货物。收货人怠于履行从海关清关提货的义务,违反了合同的义务,应对由此造成承运人的损失承担赔偿责任。 455

1.4.2 倒签或预借提单 ·· 458

93 上诉人以星综合航运有限公司与被上诉人新疆奎屯云森纺织有限公司预借提单侵权损害赔偿纠纷案【天津市高级人民法院(2005)津高民四终字第163号】································ 458

> **No. HY-1.4-22** 承运人在提单中记载单方减轻其责任的条款,应属无效。 458

> **No. HY-1.4-23** 承运人在集装箱尚未全部装船的情况下,签发集装箱全部已装船的提单,构成预借提单。承运人预借提单的行为与实体法律关系中的主体主张的损失之间存在因果关系,应承担赔偿责任。 458

94 再审申请人界龙船务(圣文森特)有限公司与被申请人中国大恒(集团)有限公司海上货物运输倒签提单纠纷案【最高人民法院(2001)民提字第6号】······ 461

> **No. HY-1.4-24** 承运人负有按照实际装船日期签发提单的义务,其倒签提单损害了收货人的利益应当承担由此造成的损失。 461

> **No. HY-1.4-25** 收货人有权在确认提单倒签后,持正本提单向法院申请财产保全并提起诉讼。 461

> **No. HY-1.4-26** 由于承运人的倒签提单行为,致使案外人解除了与收货人的买卖合同,使得本应由案外人履行的报关手续及应支付的相关费用只能由收货人履行和支付。承运人的倒签提单行为导致收货人额外支付的费用或相应损失,应当由倒签提单的承运人赔偿。 461

95 原告扬州天华光电科技有限公司与被告上海泷特国际物流有限公司海上货物运输合同纠纷案【上海海事法院(2011)沪海法商初字第1347号】·········· 466

> **No. HY-1.4-27** 承运人倒签提单或者预借提单,不影响正本提单持有人向承运人主张无正本提单放货的权利,不影响承运人法律地位的认定以及正本提单持有人所享有的诉权。 466

96 原告五矿钢铁有限责任公司与被告现代商船(美国)有限公司、美国·伊斯—瑞尔玛有限公司、韩国·现代商船株式会社、日本·三光汽船株式会社、利比里亚·皇家货船有限公司运输单证侵权损害赔偿纠纷案【武汉海事法院(2003)武海法通商字第73号】·· 470

> **No. HY-1.4-28** 倒签提单和不如实签发提单行为构成违约责任和侵权责任竞合,受害人有权选择要求责任人承担责任的方式。 470

> **No. HY-1.4-29** 船舶代理人应在授权范围内签发提单,但其未依船长发出的授权要求签发提单,反而在明知倒签提单违法时签发提单的,应当与被代理人承担连带责任。 …… 470

> **No. HY-1.4-30** 倒签提单行为掩盖卖方逾期交付货物的事实,导致信用证下单证虚假相符,使得收货人无法行使信用证项下拒付货款的权力,造成收货人不应有的损失,收货人有权要求承运人赔偿。 …… 470

1.4.3 租约仲裁条款并入提单的法律效力 …… 476

[97] 原告深圳市粮食集团有限公司与被告美景伊恩伊公司海上货物运输合同货损纠纷案【青岛海事法院(2004)青海法海商初字第245号】 …… 476

> **No. HY-1.4-31** 《中华人民共和国海商法》仅对航次租船合同有效并入提单作出规定,当事人将定期租船的所有条款并入提单的约定,不能产生其并入提单的法律效力。定期租船合同的仲裁条款也不成为解决因提单产生的纠纷的管辖依据。 …… 477

1.4.4 无单放货问题 …… 488

[98] 原告灌云县国际经济贸易公司与被告法国达飞轮船有限公司、邦辉船务代理(香港)有限公司无正本提单放货纠纷案【广州海事法院(1999)广海法事字第41号】 …… 488

> **No. HY-1.4-32** 提单是承运人保证据以交付货物的单证。承运人违反凭正本提单交付货物的法定义务,在没有收回正本提单的情况下将货物交给收货人,侵害了托运人基于提单所体现的财产权利,应当承担相应的民事赔偿责任,应当赔偿托运人根据发票、原产地证明和托收汇票所证明的货物价值计算的货物实际价值损失。 …… 488

[99] 原告山西新时代进出口公司与被告中通国际货运代理有限责任公司、天津中通国际货运代理有限责任公司、中海集装箱运输有限公司无单放货纠纷案【天津海事法院(1999)海商初字第795—797号】 …… 491

> **No. HY-1.4-33** 提单具有物权凭证的效力,持有正本提单即对承运人有实体请求权。承运人主张因提单持有者与案外人达成付款协议,提单即丧失物权凭证效力的观点,没有法律依据,不能成立。 …… 491

[100] 原告新宏光海运有限公司与被告中国海运(集团)总公司、广州中海物流有限公司深圳分公司、深圳市中海船务代理有限公司、中海集装箱运输有限公司无正本提单放货纠纷案【广州海事法院(2000)广海法商字第156号】 …… 495

| No. HY-1.4-34 | 承运人基于无正本提单放货的事实赔偿托运人后,持有正本提单的,有权向负有责任的第三人提起诉讼。 | 495 |

| No. HY-1.4-35 | 一方接受发货人交付的货物后,以自己的名义向运输公司办理托运,运输公司签发提单的,该方和运输公司之间构成海上货物运输合同的承运人和托运人关系,运输公司是承运人,该方是托运人。 | 495 |

| No. HY-1.4-36 | 因无单放货造成其他方损失的,承运人不享有赔偿责任限制的权利。 | 495 |

| No. HY-1.4-37 | 承运人在向货方作出赔偿后,向负有责任的第三人的追偿期限为90天,逾期则丧失胜诉权。 | 495 |

101 上诉人德国胜利航运公司与被上诉人骏业(天津)国际贸易有限公司无正本提单放货损害赔偿纠纷案【天津市高级人民法院(2001)高经终字第229号】…… 501

| No. HY-1.4-38 | FOB价格条款,货物装船仅表明风险转移给买方,货物所有权并不同时发生转移,买方并未付款赎单而发货人持有全套正本提单时,发货人仍拥有对提单项下货物的所有权和诉权。 | 501 |

| No. HY-1.4-39 | 记名提单仍需要凭单放货,承运人对货物在其掌管期间负有谨慎保管之义务,并有义务保证凭正本提单交货,否则承运人应承担赔偿责任。 | 501 |

102 上诉人达飞轮船有限公司与被上诉人山东省东方国际贸易股份有限公司无正本提单放货纠纷案【山东省高级人民法院(2002)鲁民四终字第20号】… 503

| No. HY-1.4-40 | 提单是承运人据以交付货物的凭证。即使记名提单,承运人也应该收回其向托运人签发的正本提单后,将货物交付给记名收货人。承运人的目的港代理在未收回正本提单的情况下,将货物交付给记名收货人,违反其凭单交货的法定义务,是一种违约行为。承运人交货行为不当,应对因此给托运人造成的货款损失承担赔偿责任。托运人的货款损失虽有通过销售合同法律关系获得补偿的可能性,也不能免除承运人无单放货应对托运人所造成的货款损失承担责任。 | 503 |

| No. HY-1.4-41 | 承运人未收回其签发给托运人的正本提单而放货,应当认为承运人明知无正本提单放货可能给托运人造成损失的后果。而轻率地将货物交付给记名收货人。货物的损失是由于承运人明知可能造成损失而轻率地作为造成,承运人不适用限制赔偿责任的规定。 | 503 |

103 上诉人韩国成一海运航空株式会社与被上诉人文登市蒙特利色织有限公司、韩国成一海运航空株式会社威海办事处无正本提单放货纠纷案【山东省高级人民法院(2008)鲁民四终字第8号】………………………… 509

| No. HY-1.4-42 | 承运人实施无单放货导致货物运至其他地点后,又将货物运回的,其行为不改变无单放货的性质。 | 509 |

| No. HY-1.4-43 | 承运人将货物运回后,要求提单持有人提取货物,提单持有人不提取导致货物长时间存放而贬值以及其他损失而致损失扩大的,就损失扩大部分,提单持有人应承担相应的责任。 | 510 |

104 上诉人 A.P. 穆勒-马士基有限公司与被上诉人山东潍柴进出口有限公司无正本提单放货纠纷案【山东省高级人民法院(2008)鲁民四终字第 40 号】 …… 519

| No. HY-1.4-44 | 提单记载运输方式是集装箱堆场至集装箱堆场(CY-CY)的,如果承运人对集装箱进行了拆箱处理,且不能说明货物的目前状况,也不能提供货物存放在何处的证据,应当推定承运人已在未收回正本提单的情况下放货,承运人应当承担无单放货给托运人造成的损失。 | 520 |

105 上诉人大连利航国际货运代理有限公司与被上诉人高唐县佛斯特针织服装有限公司无正本提单放货纠纷案【山东省高级人民法院(2008)鲁民四终字第 53 号】 …… 525

| No. HY-1.4-45 | 无船承运人在未收回提单的情况下在目的港放货,造成提单持有人损失的,应对提单持有人承担赔偿责任。 | 525 |

| No. HY-1.4-46 | 代理人为无船承运人向实际承运人订舱,签发和转交无船承运人提单,以及从事的其他代理行为,与无船承运人无单放货之间并无因果关系,其对提单持有人因无船承运人无单放货而遭受的损失不应当承担民事责任。 | 525 |

106 上诉人上海进航船务有限公司与被上诉人中土畜东方进出口有限责任公司海上货物运输合同无单放货纠纷案【山东省高级人民法院(2008)鲁民四终字第 122 号】 …… 531

| No. HY-1.4-47 | 基于集装箱运输货物的规定,箱体完好,铅封完好,是集装箱货物交付的条件。因承运人无法证明其在卸货港无人提取货物的情况下行使了合理卸载的权利致使集装箱空箱返运,承运人亦未说明货物其他灭失原因,推定货物已在承运人未收回提单的状况下被释放,承运人的行为构成无单放货,应当对提单持有人承担赔偿责任。 | 531 |

107 原告厦门嘉联恒进出口有限公司与被告嘉宏国际运输代理有限公司厦门分公司、嘉宏国际运输代理有限公司海上货物运输合同无单放货纠纷案【厦门海事法院(2010)厦海法商初字第 211 号】 …… 538

No. HY-1.4-48 提单背面条款虽约定承运人的责任适用《海牙-维斯比规则》或使其(《1924年海牙规则》)强制适用有关立法(如美国1936年《海上货物运输法》),但鉴于《1924年海牙规则》并没有对承运人能否不凭正本提单向记名收货人交付货物作出明确规定,且无法查明相关立法,可以依据最密切联系原则适用中国法。		539
No. HY-1.4-49 提单背面条款虽约定记名提单的承运人有权向记名收货人无单放货,但该条款属于格式条款,其目的实际上是为了免除承运人无单放货时依法可能承担的民事责任,该条款依照法律强制性规定为无效。		539
No. HY-1.4-50 承运人因无正本提单交付货物造成正本提单持有人损失的赔偿额,按照货物装船时的价值加运费和保险费计算。		539

108 上诉人上海洋捷国际货物运输代理有限公司与被上诉人 KS 资源有限公司多式联运合同纠纷案【天津市高级人民法院(2011)津高民四终字第0038-0111号】 ········· 543

No. HY-1.4-51 承运人提单签章处仅有 AS AGENT ONLY(代理)字样,而未加任何批注,如 AS AGENT FOR CARRIER(作为承运人的代理),也未在签发处用任何文字表明其代理人身份的,在转交提单时也未就被代理人的身份或其仅作为代理向托运人进行告知的,作为善意的提单持有人无法识别另有承运人的,可以认定提单签发人即为承运人。		543
No. HY-1.4-52 在调取集装箱流转信息后证明货物在目的港被提取的情况下,若承运人无反证,应当认定提单持有人已初步完成了无单放货事实的举证义务。		543
No. HY-1.4-53 无单放货的赔偿金额应当按照货物实际价值计算,即货物装船时的价值加保险费加运费。		543

109 原告深圳市鑫铭威××有限公司与被告万胜××物流(香港)有限公司、上海骏鹏××国际货物运输代理有限公司、上海骏鹏××国际货物运输代理有限公司深圳分公司海上货物运输合同纠纷案【广州海事法院(2011)广海法初字第149号】 ········· 550

No. HY-1.4-54 提单虽未在国务院交通主管部门登记,但不属于《中华人民共和国合同法》第52条第(五)项规定的违反法律、行政法规的强制性规定的情形,不影响提单的效力。		550
No. HY-1.4-55 当事人在庭审时辩称其受承运人委托并代理其签发提单,但不能提供证据证明其与承运人之间存在委托关系的,也无法证明其在货物运输过程中向托运人披露其与承运人之间存在委托代理关系或者存在其他承运人的,当事人视为提单项下的货物承运人。		550

⅒ 再审申请人富春航业有限公司、胜惟航业股份有限公司与被申请人鞍钢集团国际经济贸易公司海上货物运输无单放货纠纷案【最高人民法院(2000)交提字第6号】……………………………………………………………… 557

> **No. HY-1.4-56** 实际承运人在托运人在中国法院对其提起诉讼后,在域外凭其他法律关系起诉目的港提取货物的收货人的行为,不足以证明实际承运人签发了提单。 557

⑪ 再审申请人日本饭野海运公司与被申请人江苏省苏豪国际集团股份有限公司海上货物运输合同纠纷案【最高人民法院(2000)交提字第7号】………… 562

> **No. HY-1.4-57** 承运人负有凭正本提单交付货物的义务。承运人接受托运人的保函并根据托运人的要求和指示将货物交付给非正本提单持有人,不能免除其向善意取得正本提单的人交付货物的义务,应承担无单放货的违约赔偿责任。 562

⑫ 原告上海东达进出口有限公司与被告上海迅汇国际货物运输代理有限公司海上货物运输合同纠纷案【上海海事法院(2009)沪海法商初字第451号】… 566

> **No. HY-1.4-58** 海上货物运输合同无单放货案件应由索赔人对承运人的无单放货行为予以先行举证,即索赔人应当证明在其仍持有全套正本提单的情况下,货物已脱离了承运人及其代理人的掌管,其主张的承运人无正本提单交付货物的事实方能得以成立。承运人对索赔人诉称的无单放货事实及其初步举证,则可以反证并未实施无单放货的行为。 566

⑬ 原告瑞英纤维株式会社与被告青岛中和国际物流有限公司海上货物运输合同纠纷案【上海海事法院(2010)沪海法商初字第1083号】………………… 568

> **No. HY-1.4-59** 在货物的交接方式为堆场至堆场(CY/CY)的情况下,承运人应当在装货港集装箱堆场整箱接货,负责运抵卸货港集装箱堆场整箱交货,收货人负责在卸货港集装箱堆场整箱提箱和拆箱,拆箱后应将空箱于规定期限内交至承运人指定的堆场。在索赔人仍持有正本提单的情况下,装载货物的集装箱已经拆箱的事实可以初步证明承运人无单放货行为成立。 568

⑭ 上诉人上海励志国际物流有限公司与被上诉人绍兴市冠友西服有限公司、法国达飞轮船公司海上货物运输合同纠纷案【上海市高级人民法院(2011)沪高民四(海)终字第55号】……………………………………………………… 571

> **No. HY-1.4-60** 承运人依照提单载明的卸货港所在地法律规定,必须将承运到港的货物交付给当地海关或者港口当局的,不承担无正本提单交付货物的民事责任,但承运人须提供有效证据证明卸货港所在地法律中有关于货物运抵目的港后必须交付海关或码头进行放货的明确规定。 571

115 原告港中旅华贸国际物流股份有限公司与被告以星综合航运有限公司海上货物运输合同纠纷案【上海海事法院（2011）沪海法商初字第523号】 …… 574

> **No. HY-1.4-61** 承运人违反法律规定，无正本提单交付货物，损害正本提单持有人提单权利的，正本提单持有人可以要求承运人承担由此造成损失的民事责任。 574

> **No. HY-1.4-62** 托运人向承运人承诺出具保函以换取提单，托运人的保函责任应限于运输单证变更所可能导致承运人承担的对外责任，但不应当包括承运人对内违约的合同责任。 574

116 原告温州市五机化医外贸有限公司与被告上海泷特国际物流有限公司海上货物运输合同纠纷案【上海海事法院（2012）沪海法商初字第33号】 …… 577

> **No. HY-1.4-63** 承运人责任期间为场到场（CY/CY）的，承运人向收货人负有整箱交接货物的义务。如果在承运人责任期间，集装箱已经拆箱并投入其他航次使用，但托运人仍持有全套正本提单，除非承运人能提供证据证明货物仍在其控制之下，否则，承运人构成无单放货行为。 577

> **No. HY-1.4-64** 承运人无单放货后，正本提单持有人与收货人就货款支付达成的协议不影响提单持有人要求承运人承担无单放货责任。 577

117 原告绍兴县松青纺织有限公司为与被告上海驰洋国际货物运输代理有限公司、上海驰洋国际货物运输代理有限公司宁波分公司海上货物运输合同纠纷案【宁波海事法院（2010）甬海法商初字第54号】 …… 580

> **No. HY-1.4-65** 托运人将提单交给承运人要求更改，但并未放弃持有提单的权利，托运人仍视为合法的提单持有人。 580

> **No. HY-1.4-66** 承运人未将更改后的提单交给托运人，若承运人在目的港无单放货，不影响托运人主张承运人承担无单放货的责任。 580

118 原告宁波××国际贸易有限公司与被告上海×××国际物流有限公司海上货物运输合同纠纷案【宁波海事法院（2011）甬海法商初字第320号】 …… 582

> **No. HY-1.4-67** 托运人持有承运人签发的提单却长期未流转，也不主张提货，承运人为了减少滞箱费而拆箱，可以合理解释为"为防止损失扩大则采取适当措施"。承运人举证货物仍储存于目的港仓库，而托运人无相反举证的，视为未发生无正本提单放货。 582

119 原告宁波新龙时装进出口有限公司与被告商船三井株式会社海上货物运输合同无单放货纠纷案【宁波海事法院（2004）甬海法商初字第406号】 …… 584

No. HY-1.4-68 实际托运人如果并非是提单上记载的托运人,但其通过货运代理人进行了出货、报关出口以及支付运费等实际行为的,应认定为实际托运人。即使实际托运人持有与实际装货港不符的二程船提单,也不影响正本提单的法律效力,其是海上货物运输合同的一方主体,亦有合法的诉权。 …… 584

No. HY-1.4-69 出口货物的报关单的金额明显低于银行托收的发票价格的,但有证据证明商业发票上的货物单价与贸易订单载明单价相符,且与银行托收价格相同的,以银行托收价格作为货物实际价格进行认定。 …… 584

No. HY-1.4-70 托运人提供货物已被收货人提取的初步证据,而承运人无证据证明货物未被提取的,应当推定承运人无单放货行为成立。 …… 584

120 原告宁波长运国际物流有限公司与被告北欧亚货柜航运有限公司海上货物运输合同无单放货纠纷案【宁波海事法院(2005)甬海法商初字第50号】 … 587

No. HY-1.4-71 实际托运人与提单记载的托运人不一致,但基于其向承运人进行了订舱行为并接受承运人签发的提单,可以认定双方货物运输合同法律关系成立,具有托运人的主体资格,享有实际托运人权利。 …… 587

No. HY-1.4-72 托运人向承运人出具电放保函,并将全套正本提单交还承运人,承运人予以接受的,若承运人未根据托运人的电放指示及提单记载交付货物,承运人的行为构成违约,应依法承担相应的法律责任。 …… 587

121 原告(反诉被告)浙江省义乌市对外经济贸易有限公司与被告(反诉原告)地中海航运公司海上货物运输合同无单放货纠纷案【宁波海事法院(2005)甬海法商初字第348号】 …… 589

No. HY-1.4-73 出口货物因托运人的原因被海关罚没,且海关出具手续的,承运人就该部分货物免除交付义务,不承担无单放货的法律责任。 …… 590

122 原告宁波利登休闲用品有限公司与被告东方海外货柜航运(中国)有限公司、东方海外货柜航运有限公司海上货物运输合同无单放货纠纷案【宁波海事法院(2007)甬海法商初字第273号】 …… 593

No. HY-1.4-74 在FOB下,有证据证明贸易合同卖方向承运人实际交付货物出运的,贸易合同卖方构成我国海商法下的托运人,依法可向承运人主张托运人权利。 …… 593

No. HY-1.4-75 海关放行并不等同于承运人放货,若海关放行后,货物仍处于待提取状态,集装箱并未拆箱,则不能证明承运人已无单放货。 …… 593

[123] 原告狮马有限公司与被告上海迅汇国际货物运输代理有限公司海上货物运输合同无单放货纠纷案【宁波海事法院(2009)甬海法商初字第94号】 …… 595

> **No. HY-1.4-76** 承运人无单放货后,本应承担相应的赔偿责任,但若承运人提供证据证明托运人已从收货人处收到全额货款,且托运人不能提供证据证明该货款的其他来源的,则承运人不承担货款赔偿责任。 595

[124] 上诉人深圳市鸿安货运代理有限公司与被上诉人浙江山塔纺织有限公司海上货物运输合同无单放货纠纷案【浙江省高级人民法院(2009)浙海终字第77号】 …… 596

> **No. HY-1.4-77** 作为提单持有人的托运人虽与收货人达成付款协议,但在无正本提单放货情况下而得不到款项支付时,该协议不免除承运人应当按照正本提单放货的法律责任。 596

> **No. HY-1.4-78** 无单放货的损失赔偿额应以装船时价值加运费加保险费计算,但特定货物的出口商因货款无法收回导致出口退税也丧失,该损失属于"因违约造成的损失",依据合同法可以纳入赔偿金额的考虑因素中。 596

[125] 上诉人上海翘运货运代理有限公司、上海翘运货运代理有限公司宁波分公司与被上诉人宁波市慈溪进出口股份有限公司海上货物运输合同无单放货纠纷案【浙江省高级人民法院(2010)浙海终字第48号】 …… 600

> **No. HY-1.4-79** 由于货物卸入海关的保税仓库,该场所并非承运人所能控制,在提单持有人不积极配合和明确指示下,承运人无法回运货物。提单持有人明知回运困难却长期未向收货人交付提单,造成目的港无人提货的状况,比照"卸货港无人提货或收货人迟延、拒绝提货的,船长可以将货物卸载仓库或适当场所,风险和费用由收货人承担"的规定,货物的风险和费用应当由提单持有人承担。 600

1.5 海上货物运输合同的成立与生效 …… 605

[126] 上诉人中艺家具进出口公司与被上诉人赫伯罗特货柜航运有限公司海上货物运输合同运费纠纷上诉案【天津市高级人民法院(2001)高经终字第12—19号】 … 605

> **No. HY-1.5-1** 承运人的代理人与案外人特别协议约定由案外人支付运费的,该约定的效力及于被代理人即承运人;提单中载明的运费预付的义务应由特别协议的案外人承担。 605

> **No. HY-1.5-2** 有确凿证据证明 FOB 买卖合同中明确约定由案外人支付海运费,且承运人又与案外人就海运费达成一揽子运价协议,应当认定承运人明知支付海运费的义务方。即使提单打印"运费预付",该预付运费的义务应当由承运人明知的海运费支付义务人来履行。 605

[127] 原告深圳市森邦国际货运有限公司与被告山东省烟台国际海运公司海上货物运输合同纠纷案【广州海事法院(2008)广海法初字第474号】 …… 609

> **No. HY-1.5-3** 托运人向承运人订舱,承运人发出订舱确认书且包含货物名称、卸货港、海运费等重要海运信息的,双方的海上货物运输合同关系成立,各方均负有义务履行。订舱确认方将货物装船但未按照约定的航线将货物运往卸货港的,构成违约,应当赔偿对方由此遭受损失。守约方采取补救措施而支付的费用,违约方对此应当承担赔偿责任。 609

1.6 特殊货物的运输 …… 612

1.6.1 危险货物运输 …… 612

[128] 原告林如与被告汕头市公路局莱长渡口所海上货物运输纠纷案【广州海事法院(2002)广海法初字第369号】 …… 612

> **No. HY-1.6-1** 国家对危险化学品的运输实行资质认定制度,未经资质认定,不得运输危险化学品。 612

> **No. HY-1.6-2** 客货船和客滚船载客时,原则上不得装运危险货物。 612

[129] 原告××航运有限公司与被告德州××国际物流集团有限公司、天津××物流有限公司海上货物运输合同纠纷案【广州海事法院(2010)广海法初字第527号】 …… 617

> **No. HY-1.6-3** 危险品渗漏是由于集装箱内货物包装不当及衬垫不足所致而集装箱内的货物包装及积载应由托运人负责,可以认定危险品渗漏事故是由于托运人未履行妥善包装危险品的义务造成的,由于其过失造成承运人或船舶损失,应当承担赔偿责任。 617

1.6.2 油类、液体货物运输的短重问题 …… 625

[130] 原告中国人民财产保险股份有限公司北京市直属支公司与被告铜河海运有限公司、寰宇船务企业有限公司海上货物运输合同代位求偿纠纷案【宁波海事法院(2003)甬海商初字第353号】 …… 625

> **No. HY-1.6-4** 提单上货物状况的记载对善意提单持有人来说构成绝对证据,承运人应当按照提单记载状况交付货物。 625

1.7 货损货差 …… 632

[131] 原告苏黎世国际保险股份有限公司与被告中波轮船股份公司海上货物运输合同货损纠纷案【广州海事法院(1998)广海法商字第96号】 …… 632

No. HY-1.7-1　不可抗力是指不能预见、不能避免并不能克服的客观情况。货损发生在承运责任期间,承运人以不可抗力为由请求免责,但承运船舶所遇的气象情况是可以预见的,也是航行国际航线的船舶通常能够抵御的,不属于不可抗力。　　632

No. HY-1.7-2　就海上货物运输向承运人要求赔偿的请求权,时效期间为1年,自承运人交付或者应当交付货物之日起计算。收货人或者其代位求偿人,均应当自承运人交付或者应当交付货物之日起1年内提起诉讼,否则就超过诉讼时效。　　632

132 原告中国人民保险公司广东省分公司与被告塞浦路斯海运有限公司、圣达卢船务有限公司海上货物运输合同货差赔偿纠纷案【广州海事法院(2000)广海法事字第79号】…… 637

No. HY-1.7-3　提单关于货物状况的记载对于善意第三人构成绝对证据,承运人未按照提单记载的重量交付货物的,又未能证明损失是由于法律规定的可免责事由造成的,应当承担赔偿责任。水尺计量是进口商品检验货物卸货重量的方法之一,且商检局在水尺检验时已经对误差作了必要校正,该机构的证明具有法律效力。　　638

No. HY-1.7-4　保险人自赔付作为正本提单持有人的收货人时起即取得以自己名义独立行使向承运人追偿的代位求偿权,但其权利仅限于实际赔偿被保险人的支付凭证所确定的范围之内,超出部分无权向承运人追偿。　　638

133 原告舟山市普陀油脂运贸有限公司与被告珠海市金光油脂工业有限公司海上货物运输合同运费纠纷案【广州海事法院(2001)广海法初字第86号】… 642

No. HY-1.7-5　货物运输协议既约定进行封铅运输,承运人负责原装原交,又约定装卸港的数量差距超过合理损耗一定比例以外,承运人赔偿超出部分的损失。由于这两个约定不能同时得到履行,在双方当事人没有提供一约定否定另一约定证据的情况下,对两个约定不作相互矛盾的解释,即承运人在封铅运输负责原装原交的情况下,仍应当对超出一定比例合理损耗之外的货物短少损失承担赔偿责任。　　642

134 上诉人俄罗斯检验集团联合股份公司与被上诉人烟台大宸食品有限公司海上货物运输合同货损赔偿纠纷案【山东省高级人民法院(2009)鲁民四终字第1号】……… 647

No. HY-1.7-6　提单中印制的"托运人提供的重量、质量、数量、状况、内容,承运人不知"条款,因其表述并未说明不符之处、怀疑的根据或者说明无法核对而是事先打印的条款,且其试图以合同条款减轻承运人应尽的责任,故不具有法律效力。　　647

No. HY-1.7-7　承运人对货物品名、标志、包装、件数、体积、重量等与实际接收的货物不符的,应当如实地、客观地在提单上予以批注,否则,承运人应该按照提单的记载交付货物。承运人不得事后主张实际接收的货物的重量、体积、包装等与提单记载内容不一致来抗辩赔偿责任。　　647

No. HY-1.7-8 货物在运输期间遭受损坏或短少,提单持有人主张承运人应该承担赔偿责任,而承运人以货物特性或自然损耗等法定事由主张应予免责的,如果提单持有人有证据证明货物的损坏或短少是由于承运人违反妥善和谨慎管理货物的义务所致,承运人应当就货物特性或自然损耗进行强有力的举证,否则不能依据货物特性或自然损耗等事由主张对损失免责。 …… 647

No. HY-1.7-9 国家法定机构检验机构作出的鉴定报告、残损报告或者检验结论具有证明力,一方主张鉴定方法不当、鉴定不规范、结果不客观而不应适用鉴定报告或检验结论的,应当提供有效的、科学的证据予以证明,否则不应否认报告或检验结论的证明力。 …… 648

135 原告中艺华海进出口有限公司与被告三角洲船务有限公司、中国再保险(集团)公司海上货物运输合同货差纠纷案【广州海事法院(2007)广海法初字第126号】 ……………………………………………………… 664

No. HY-1.7-10 运输的油类货物短少超过国际贸易惯例允许的5‰合理损耗范围的,因其超出了合理损耗误差范围,承运人再主张扣除5‰的合理损耗的主张不予支持。 …… 664

No. HY-1.7-11 当确有证据证明国家检验机构检验的重量不能反映出或者注意到相应重要事实的,应按照客观事实适用更能准确反映事实的货物重量的检验结果。 …… 664

136 原告湖北钢赢家具有限公司与被告联合国际货运(香港)有限公司海上货物运输多式联运合同货损赔偿纠纷案【武汉海事法院(2001)武海法商字第75号】 ……………………………………………………… 669

No. HY-1.7-12 货物损坏发生在内河长江运输区段的,《中华人民共和国合同法》是强制适用与调整内河货物运输当事人权利义务的法律。 …… 669

No. HY-1.7-13 依照我国合同法,承运人的赔偿责任为无过错原则,除不可抗力或托运人过失等原因外,承运人对运输过程中货物毁损、灭失承担赔偿责任,承运人以货损是驾驶船员的过失所引起而主张在内河运输中亦免责不符合法律规定。 …… 669

137 原告浙江前程石化股份有限公司与被告马航有限公司(MISC BERHAD)海上货物运输合同纠纷案【宁波海事法院(2010)甬海法商初字第222号】 ……… 672

No. HY-1.7-14 受损货物的仓储费、装卸包干费等系提单持有人进口货物必然产生的正常费用,承运人先行垫付该费用后,有权从提单持有人损失赔偿中予以抵扣。 …… 672

> **No. HY-1.7-15** 对于货物灭失,应按照货物实际价值计算损失金额;对于货物损坏的计算,如果以进口货物市场贬值率为基础计算损失,货物市场价格应为进口合同价格加各种关税费用。 …… 672

138 原告永康市天鑫健身休闲用品有限公司与被告美商纵横国际货代有限公司海上货物运输合同无单放货纠纷案【宁波海事法院(2007)甬海法商初字第328号】…… 675

> **No. HY-1.7-16** 在国际海上货物运输纠纷之中,退税损失和内陆包干费系货物贸易正常成本,与无单放货无直接因果关系。 …… 676

1.8 迟延交付 …… 678

139 原告江苏省粮油食品进出口集团股份有限公司与被告韩国现代商船有限公司、现代商船(中国)有限公司海上货物运输合同纠纷案【上海海事法院(2001)沪海法商初字第466号】…… 678

> **No. HY-1.8-1** 迟延交付是指货物未能在明确约定的时间内、在约定的卸货港交付。 …… 678

> **No. HY-1.8-2** 对于迟延交付的责任,由于承运人过失,致使货物因迟延交付而灭失或损坏的,或虽未灭失或损坏,但因迟延交付而遭受经济损失的,承运人应当负赔偿责任。法律另有规定的情况除外。 …… 678

> **No. HY-1.8-3** 承运人对因迟延交付造成经济损失的赔偿限额,为所迟延交付货物的运费数额。 …… 678

1.9 海上货物运输中的保函 …… 681

140 原告捷士运输有限公司、原告上海捷士国际货运代理有限公司与被告镇江太平洋木业有限公司、被告中国正联实业公司华东分公司海上货物运输无单提货纠纷案【武汉海事法院(2000)武海法商宁第78号】…… 681

> **No. HY-1.9-1** 保函签发人在提货保函中作出的因无正本提单提货造成的一切损失由其承担的承诺,构成对承运人履行债务的保证。承运人依据保函而无单放货的损失符合提货保函所保证履行债务的条件,保函签发人应该依照其承诺赔偿承运人相关的损失以及拒绝履行承诺而发生的律师费用。 …… 681

> **No. HY-1.9-2** 保函签发人辩称其依据提单持有人的关联的保函复印件才向承运人出具提货保函并据此应当免除其保函下的责任主张,并无事实依据,应不予支持。 …… 681

[141] 原告山东省对外贸易集团有限公司与被告世洋船舶株式会社国际海上货物运输提单纠纷案【武汉海事法院(1998)武海法通商字第 22 号】……………… 684

> **No. HY-1.9-3** 承运人应当如实、客观地在提单中记载货物的表面状况,发货人在起运港向承运人出具保函,承运人明知货物表面状况不良而凭发货人保函签发清洁提单,损害了善意提单持有人的权利,构成对提单持有人的侵权行为,因此,发货人保函不得对抗提单持有人向承运人索赔货物损坏的权利。 684

[142] 上诉人中海集装箱运输(香港)有限公司与被上诉人宁波植文工贸有限公司海上货物运输合同无单放货追偿纠纷案【浙江省高级人民法院(2010)浙海终字第 178 号】……………… 689

> **No. HY-1.9-4** 收货人凭其出具的电放保函提货后,承运人对其的追偿权可以依据该保函确定;保函约定有效期是合同中一个重要的条件,承运人未积极地在保函约定的有效期而是在超过有效期后向电放保函的承诺人提起诉讼的,丧失胜诉权。 689

1.10 集装箱运输 …………………………………………… 692

[143] 上诉人青岛新邦塑胶有限公司与被上诉人中海集装箱运输股份有限公司海上货物运输合同纠纷案【山东省高级人民法院(2008)鲁民四终字第 25 号】…… 692

> **No. HY-1.10-1** 进口货物被海关扣押,导致集装箱也被扣押的,收货人应当对承运人的集装箱滞箱费承担赔偿责任。 692

> **No. HY-1.10-2** 集装箱滞箱费性质相当于违约责任,赔偿义务人所承担的赔偿责任不应超过其订立合同时所能合理预见的范围,不应超过重新购置价值。 692

[144] 上诉人商船三井株式会社与被上诉人青岛德耳塔国际贸易有限公司海上货物运输合同集装箱使用费纠纷案【山东省高级人民法院(2009)鲁民四终字第 90 号】……………… 696

> **No. HY-1.10-3** 海关下达"海关查验货物移动通知单"对货物进行检验,属于海关履行行政管理职能的行为,不能以集装箱被移至海关查验区为由认定收货人接收了该集装箱。 696

> **No. HY-1.10-4** 在货物抵达目的港之后收货人提取货物之前,集装箱即具有储存保管货物的功能。在相关法律及所涉提单未对海关检查后的集装箱如何处理作出规定或约定的情况下,作为集装箱的提供者及管理者,承运人有义务了解集装箱的动态和箱内货物的状况。 696

145 原告 A.P. 穆勒-马士基有限公司与被告厦门万锦华贸易有限公司、厦门诚达运通国际货运代理有限公司海上货物运输合同纠纷案【厦门海事法院(2012)厦海法商初字第93号】 …………………………………………………… 700

> **No. HY-1.10-5** 在目的港无人提货、难以向收货人收取相关合理费用的情况下,承运人可以向作为海上货物运输合同一方当事人的托运人要求赔偿目的港产生的费用。 700
>
> **No. HY-1.10-6** 在收货人长期不提货的情况下,承运人应当采取积极措施避免集装箱超期使用费损失的扩大。这种积极措施可以包括购买相应的新箱投入流转,以弥补因集装箱被长期占用导致的流转损失。集装箱超期使用费应以相应型号集装箱的重新购置价为限。 700

146 原告湛江中海集装箱运输有限公司与被告廖钊权海上货物运输代理合同纠纷案【广州海事法院(2007)广海法初字第381号】 …………………… 703

> **No. HY-1.10-7** 为避免他人长时间地无偿使用集装箱,造成集装箱周转困难,集装箱所有权人有权制定不违反国家法律强制性规定的集装箱超期使用的收费标准。 703

147 原告上海海华轮船有限公司与被告中基宁波对外贸易股份有限公司海上货物运输合同纠纷案【宁波海事法院(2002)甬海商初字第613号】 ……………… 708

> **No. HY-1.10-8** 收货人接受提单并在提单上盖章后交给承运人换取提货单的行为,即表明收货人接受了托运人为其订立的运输合同且同意接收提单所载明的涉案集装箱内的货物。此时提单载明部分货物为海关禁止进口货物的,收货人对此有义务赔偿承运人损失。 708
>
> **No. HY-1.10-9** 收货人对集装箱的无权占有,实质是侵犯承运人的集装箱物权,承运人主张返还集装箱的请求权不受时效的限制。 708

148 原告宁波开创贸易有限公司与被告宁波泛洋物流有限公司水路货物运输合同货损赔偿纠纷案【宁波海事法院(2008)甬海法商初字第43号】 ………… 710

> **No. HY-1.10-10** 《国内水路集装箱货物运输规则》规定,货物名称、件数、重量以装箱单为准,驾驶员签署的商品送货单记载的货物数量不作为接收货物数量的依据。 710
>
> **No. HY-1.10-11** 装箱人装箱后负责施封,集装箱在目的地交付时封志完好无误、箱体完好的,拆封开箱后如发现货物损坏或短缺,承运人对此情况不承担赔偿责任。 710

1.11 混合原因货损问题 712

149 再审申请人巴拿马安第斯航运公司与被申请人中国中设(南通)机械进出口公司进口分公司海上货物运输合同货损赔偿纠纷案【最高人民法院(2002)民四提字第4号】 712

> **No. HY-1.11-1** 承运人接收货物签发了清洁提单后,在运输期间应当妥善地和谨慎地管理照料货物,并应当在目的港向收货人交付与提单记载相符的完好货物。 712

> **No. HY-1.11-2** 提单持有人依据买卖合同达成品质索赔的协议,确认了货物在装船前就存在水分过高的事实,而水分过高又是导致货物霉变发生的主要原因。装货过程中存在雨天作业的情况,承运人未举证证明其在运输途中尽到管理货物的责任,是造成货物损失的次要原因。 712

> **No. HY-1.11-3** 在货物卸船后一个月才委托实施的货物损坏检验且当时已有相当货物被第三方提取条件下,被检验对象不再是全部货物,不能反映承运人运输责任期间的货物客观情况,故此,相关的检验报告不作为认定货损的依据。 712

2. 国际多式联运合同纠纷 719

2.1 多式联运合同的主体识别 719

1 原告深圳市××国际货运代理有限公司与被告××航运代理有限公司、××综合航运有限公司、××迅航有限公司、××华晖国际货运代理有限公司、××货运联营有限公司、××港航企业集团有限公司多式联运合同纠纷案【广州海事法院(2011)广海法初字第632号】 719

> **No. HY-2.1-1** 所谓天灾,是指承运人通过采取合理措施后仍不能防止或抵御的并造成货物损坏的自然现象。由于中央气象台已经提前多次发布了台风预报图,且新闻媒体在台风到来之前均有报道,承运人可以采取转移货物等必要措施避免或减少损失的发生,而未采取此类措施,货物损害的发生并非不可预见、不可避免、不可克服的。承运人未履行妥善谨慎地照料和管理货物造成货物损失的,承运人应当承担赔偿责任。 719

> **No. HY-2.1-2** 集装箱货物运输涉及陆上运输和海上运输的,应为多式联运。集装箱货物尚处于交付船舶承运之前的陆上运输的延伸阶段即码头堆存阶段,该区段承运人与合同承运人的权利义务及赔偿应该按照强制适用于区段运输方式的《中华人民共和国合同法》确定。 719

> **No. HY-2.1-3** 《中华人民共和国海商法》第63条关于"承运人与实际承运人都负有赔偿责任的,应当在此责任范围内负连带责任"的规定中的"承运人"专指与托运人订立海上货物运输合同的人,而不是指多式联运的经营人,第63条不适用于多式联运。 719

2 上诉人上海磊德国际货运代理有限公司与被上诉人何祖明国际多式联运合同纠纷案【浙江省高级人民法院(2011)浙海终字第1号】 ………… 732

> **No. HY-2.1-4** 货代公司接受了货物,并约定其将货物由发货人仓库经海路运至卸货港并交至收货人仓库,为门到门运输,是多式联运。多式联运经营人未依约完成运输、交付货物义务的,应当承担违约的赔偿责任。 732

> **No. HY-2.1-5** 由于货物采用预约申报方式,并无货物价值信息,只能根据主管机关的笔录、同类运输方式调查情况等客观状况合理确定货物损坏金额。 733

3 上诉人上海亚东国际货运有限公司与被上诉人温州市东风运输有限公司及原审被告俄罗斯联邦远东运输有限公司、远东船务代理有限公司国际多式联运合同纠纷案【浙江省高级人民法院(2010)浙海终字第64号】 ……… 735

> **No. HY-2.1-6** 多式联运合同包含承运人代为清关内容时,对因清关产生的纠纷时效,应该适用《中华人民共和国民法通则》关于诉讼时效的规定;诉讼时效起算及诉讼时效中断均应依照《中华人民共和国民法通则》的规定计算。 735

> **No. HY-2.1-7** 承运人或多式联运经营人收取货物未签发正本提单仅交付副本提单复印件的,未依照托运人指示而将货物交付给第三人,致使托运人无法控制、收回货物的,承运人或多式联运经营人应该向托运人承担赔偿责任。 735

2.2 多式联运的责任承担 ……………………………………………… 740

4 原告上海通富国际物流有限责任公司厦门分公司与被告宁波市镇海港通船务有限公司沿海多式联运合同纠纷案【厦门海事法院(2009)厦海法商初字第523号】 ……………………………………………………………… 740

> **No. HY-2.2-1** 合同双方约定自发货人仓库接收货物,经公路运至港口堆场、水路运至卸货港,再经公路运至国内收货人堆场,双方形成沿海多式联运合同法律关系,应该按照《中华人民共和国合同法》第317条的规定履行义务。 740

> **No. HY-2.2-2** 在合同未约定情况下,国内沿海多式联运的货物的灭失赔偿额应该按照交付或者应当交付时货物到达地的市场价格计算。 740

5 原告中国×××股份有限公司深圳分公司与被告惠州××运输有限公司、天津××物流有限公司多式联运合同纠纷案【广州海事法院(2010)广海法初字第273号】 ……………………………………………………………… 743

> **No. HY-2.2-3** 多式联运经营人可以与参加多式联运的各区段承运人就多式联运合同的各区段运输约定相互之间的责任,但该约定不影响多式联运经营人对全程运输承担的义务。承运人作为多式联运经营人,对于由区段承运人负责的区段运输承担义务,因此,在多式联运中,由于陆路区段承运人的原因造成的货物损失,该承运人应当承担货损责任。 743

[6] 原告东莞宇扬电子有限公司与被告翊达海空货运(香港)有限公司海上货物运输合同纠纷案【广州海事法院(2008)广海法初字第337号】……… 748

> **No. HY-2.2-4** 在多式联运方式下,货物灭失或损坏发生在某一区段的,多式联运经营人的赔偿责任按照该运输区段的有关法律规定确定,在国内陆路运输区段应该适用《中华人民共和国合同法》的规定。 748

> **No. HY-2.2-5** 由于多式联运经营人未尽谨慎义务致货物在运输期间被盗,造成托运人损失的,经营人应该承担赔偿责任。陆路运输方式下,在合同没有约定情况下,货物灭失的赔偿额应该按照交付或应当交付时货物到达地的市场价格确定。 748

2.3 多式联运承运人的权利和义务 ……… 751

[7] 原告上海博盈展览服务有限公司与被告厦门展易货运代理有限公司多式联运合同纠纷案【厦门海事法院(2010)厦海法商初字第336号】……… 751

> **No. HY-2.3-1** 货物未能在明确约定的时间内,在约定的卸货港交付的,为迟延交付。承运人未能在约定的时间届满60日内交付货物,有权对货物灭失提出赔偿请求的当事人可以认为货物已经灭失。 751

> **No. HY-2.3-2** 应当向承运人支付的运费、共同海损分摊、滞期费和承运人为货物垫付的必要费用以及应当向承运人支付的其他费用没有付清,又没有提供适当担保的,承运人可以在合理的限度内留置其货物。承运人行使留置权的,应具备法定条件,不得与承运人的义务相抵触。 752

[8] 原告温州市瓯海劳莱斯鞋业有限公司与被告宁波航姆国际船舶代理有限公司、温州联强贸易有限公司、浙江中外运有限公司宁波泛海分公司联合运输合同纠纷案【宁波海事法院(2007)甬海法温商初字第44号】……… 755

> **No. HY-2.3-3** 多式联运海上运输区段并未发生货物真实灭失,而在货物抵达目的地才发生推定灭失的情况,不适用《中华人民共和国海商法》关于海上货物运输合同时效规定,而应适用《中华人民共和国民法通则》关于时效的规定。 755

> **No. HY-2.3-4** 多式联运合同的经营人在履行合同义务过程中,未征得托运人同意,将有关合同权利义务转让给他人,托运人可以选择经营人作为运输合同相对方主张权利。经营人未按照合同约定将货物交付给托运人指定收货人的,构成违约,应当按照合同约定向托运人承担货物未交付的违约责任的后果。 756

[9] 原告温州航华国际船务有限公司与被告浙江青田欧中化工有限公司国内多式联合同纠纷案【宁波海事法院(2008)甬海法温商初字第19号】……… 760

> **No. HY-2.3-5** 按照合同法关于运输中货物的留置规定,承运人留置货物应当与收货人应承担的运费支付义务具有牵连关系或对应关系,而分批交运的货物的运输显然形成独立的多式联运合同,托运人拖欠上一期到期运费并不赋予承运人留置当次运输货物的权利。 …… 760

> **No. HY-2.3-6** 托运人未依约支付运费时,承运人拒绝继续运输货物,属于后履行抗辩权,不构成违约。 …… 760

2.4 多式联运托运人的权利和义务 …… 767

10 上诉人宜兴市明月建陶有限公司与被上诉人北京和风国际物流有限公司多式联运合同纠纷案【天津市高级人民法院(2011)津高民四终字第0169号】 …… 767

> **No. HY-2.4-1** 合同解除后,已经履行的,根据履行情况和合同性质,当事人可以要求恢复原状、采取其他补救措施,并有权要求赔偿损失。 …… 767

> **No. HY-2.4-2** 债权人转让权利的,应当通知债务人,未经通知,该转让对债务人不发生效力。 …… 767

> **No. HY-2.4-3** 根据合同相对性原则,托运人只能就其自身损失要求承运人承担赔偿责任,而不得主张承运人赔偿合同之外第三人的损失。 …… 767

11 上诉人北京和风国际物流有限公司与被上诉人宜兴市明月建陶有限公司多式联运合同纠纷案【天津市高级人民法院(2010)津高民四终字第29号】 …… 771

> **No. HY-2.4-4** 双方的合同虽名为货物运输代理合同,但根据双方合同的内容,一方负责办理货物海路和陆路运输,另一方相应支付全程运费,而且一方还向另一方出具了载明一程海运和二程陆运的提单,据此可认定双方实际为多式联运合同关系,出具提单的一方为多式联运经营人。 …… 771

> **No. HY-2.4-5** 托运人未按照合同约定而迟延支付运费,构成履行合同义务不符合约定的情形,应当承担赔偿损失的违约责任,对方有权要求托运人根据合同双方相关约定承担对应迟延期间所产生的相关费用损失,即相应期间的堆存费、仓储费和海关监管费。 …… 771

3. 航次租船合同纠纷 …… 776

3.1 航次租船下是否存在实际承运人 …… 776

1 上诉人宁波泰茂海运有限公司、上海海联船舶管理有限公司与被上诉人犍为华龙航运有限公司德阳分公司航次租船合同纠纷案【上海市高级人民法院(2011)沪高民四(海)终字第90号】 …… 776

> **No. HY-3.1-1** 承运人在舱面装载货物应当同托运人达成协议或符合航运惯例，且应当在运单注明"舱面货物"。……776
>
> **No. HY-3.1-2** 货物灭失的赔偿额以货物交付时到达地的市场价格计算，包括货物的价值加上运费。……776

2 上诉人浙江中远国际货运有限公司温州分公司与被上诉人通平企业有限公司、林威航运有限公司、深圳市达希海运有限公司航次租船合同纠纷案【上海市高级人民法院(2011)沪高民四(海)终字第156号】……781

> **No. HY-3.1-3** 在提单证明的海上货物运输法律关系中，法律规定承运人的责任扩大适用于非合同当事方的实际承运人，但实际承运人是接受海上货物运输承运人的委托，不是接受航次租船合同出租人的委托，实际承运人并非航次租船合同法律关系的当事人，实际承运人及其法定责任限定在提单的法律关系中。……781

3 再审申请人连云港明日国际海运有限公司与被申请人艾斯欧洲集团有限公司航次租船合同纠纷案【最高人民法院(2011)民提字第16号】……787

> **No. HY-3.1-4** 《中华人民共和国海商法》将航次租船合同作为特别的海上货物运输合同予以规定，但明确规定，仅《中华人民共和国海商法》第47、49条适用于航次租船合同出租人，其余关于出租人和承租人权利义务仅在航次租船合同未规定或不同约定时，才予以适用，故航次租船合同双方权利义务主要取决于合同约定。……787
>
> **No. HY-3.1-5** 海上货物运输合同关于承运人责任的规定扩大至非合同方的实际承运人，但实际承运人接受的是承运人的委托，而非航次租船合同当事人的委托，实际承运人及其法定责任仅限于提单法律关系中。……787
>
> **No. HY-3.1-6** 在已有证据证明货损是由于船体整体处于不良状态且不适航的情况下，败诉一方出具单方证据以证明货物损失是船舶在航行中碰撞水中悬浮的、雷达识别不到的物体导致左舷船壳板裂缝进水所致而要求免除赔偿责任，因该证据并不充分，因而法院不予采信。……787

3.2 航次租船合同的管辖及法律适用 ……797

4 原告深圳市蛇口益荣船务有限公司与被告惠阳恒辉染厂有限公司海上货物运输合同纠纷案【广州海事法院(1999)广海法深字第46号】……797

> **No. HY-3.2-1** 合同当事人可以对履行合同的风险、损失及费用分担进行约定。对合同条款争议的解释，应结合合同文义、联系紧邻的上文规定以及法律的规定、基本常识综合地予以解释。航次租船合同约定的"货物原因"应理解成"涉及货物合法性的原因"，而不仅限于"货物不合法的原因"。货物被海关扣押即使不属于托运人本人的原因，托运人仍应当对涉及货物合法性的原因导致的船期损失承担赔偿责任。……797

5 上诉人南京鸿润船务有限责任公司与被上诉人青岛航英国际货运代理有限公司航次租船合同纠纷案【山东省高级人民法院(2009)鲁民四终字第47号】 … 800

> **No. HY-3.2-2** 在合同纠纷案件中,主张合同关系成立并生效的一方事人,对合同订立和生效的事实承担举证责任。仅提供对方不予认可的传真件,又无其他证据佐证的,不能证明其主张的合同关系成立。 … 800

6 原告上海世威国际货物运输代理有限公司与被告江苏永禄肥料有限公司航次租船合同纠纷案【上海海事法院(2010)沪海法商初字第230号】 … 803

> **No. HY-3.2-3** 航次租船合同双方的权利义务应由双方订立的合同确定,合同项下滞期费的分担归属应结合该合同的其他规定予以全面理解。 … 803

> **No. HY-3.2-4** 基于租船合同中由出租人负责报关的合同约定,提交报关电子录入信息、查验报关货物证书等时间损失,应由出租人负责。船舶在海关手续未完备之前抵达并递交装卸准备通知书(NOR)为无效的通知,装卸时间起算应在出租人提交完备的海关手续且通过海关审核后开始起算。 … 804

3.3 航次租船合同下承租人的权利和义务 … 815

7 原告锦州市锦海货运有限公司与被告上海江联货运有限公司租船合同纠纷案【天津海事法院(2000)海商初字第94号】 … 815

> **No. HY-3.3-1** 船舶在开航前和开航当时适航,即认为该船舶是适航的。中途出现修船等事实,不能认为船舶不适航。 … 815

> **No. HY-3.3-2** 承租人在没能及时支付出租人租船费的前提下,提出新的付款安排,出租人对此没有表示异议,也没有马上撤船,并陆续接受了承租人的汇款,承租人也继续承租船舶的,双方实际上同意达成了一个新的合意。 … 816

8 原告艾克航运有限公司与被告福州昌雄远洋渔业有限公司等航次租船合同纠纷案【厦门海事法院(2003)厦海法商初字第111号】 … 817

> **No. HY-3.3-3** 根据航运惯例,滞期费的计算应该按照船舶代理的装卸货事实记录表的时间节点和事实节点进行计算。 … 817

> **No. HY-3.3-4** 装卸时间计算有装货时间、卸货时间分别计算和装货卸货时间合并计算两种,合同未明确约定的,应当认为当事人选择装卸货时间分别计算方法。 … 818

> **No. HY-3.3-5** 不损害公共利益,且出具方及接收方均无恶意的提货保函,应该认定有效。出具保函的一方为承诺人,接受保函的一方为合同相对方,接受方有权要求出具方按照保函的约定承担义务。 … 818

⑨ 原告福建嘉航海运有限公司与被告淄博海旺达货运代理有限公司航次租船合同纠纷案【厦门海事法院（2009）厦海法商初字第318号】·················· 826

> **No. HY-3.3-6** 航次租船合同下，承租人未能提供约定货物，构成违约，应当赔偿出租人的损失。出租人的损失为合同正常履行后所应得的利益，及可预期获得的运费扣除船东因不再装载航次货物而少支出的成本。 826

⑩ 上诉人张晓阳与被上诉人寿光市源丰航运有限公司运杂费欠款纠纷案【山东省高级人民法院（2009）鲁民四终字第129号】·················· 829

> **No. HY-3.3-7** 航次租船合同约定了载量，承租人确保货物实装数量，故应按照约定的载量及运费标准计算运费，而不应按照实际吨位结算运费。 829

⑪ 上诉人武汉佳和船务有限责任公司上海分公司与被上诉人山东晨曦集团有限公司海上货物运输合同纠纷案【山东省高级人民法院（2010）鲁民四终字第117号】·················· 833

> **No. HY-3.3-8** 船舶未按照合同约定到达装货港构成违约，出租人应当承担相应的责任。承租人有权根据合同解除合同或延长船舶受载期；承租人未解除合同而与出租人协商延长船舶受载期，是选择继续履行作为违约责任承担方式。承租人在延长期限内仍未提供货物的，应当按照合同约定进行相应的赔偿。 833

3.4 航次租船合同下出租人的权利和义务 ·················· 838

⑫ 原告新兴铸管股份有限公司与被告中国环洋国际运输有限公司、东桥海运公司航次租船合同纠纷案【青岛海事法院（2008）青海法海商初字第165号】··· 838

> **No. HY-3.4-1** 期租出租人因期租承租人（非航次租船承租人）拖欠租金撤船致使航次租船合同未能全面履行，也不能免除航次租船合同的出租人承担航次租船合同项下未依约定时间到达目的港卸货的违约责任，其应赔偿航次租船承租人为履行贸易合同而额外产生的运费等合理费用。 838

⑬ 原告中国黄石外轮代理公司与被告上海爱尔思国际货运公司航次租船合同违约损害赔偿纠纷案【上海海事法院（2005）沪海法商初字第294号】········· 841

> **No. HY-3.4-2** 出租人应当提供约定的船舶；经承租人同意，可以更换船舶。但是，提供的船舶或者更换的船舶不符合合同约定的，承租人有权拒绝或者解除合同。因出租人过失未提供约定的船舶致使承租人遭受损失的，出租人应当负赔偿责任。 841

⒁ 原告上海儒仕实业有限公司与被告浙江永华海运有限公司航次租船合同纠纷案【上海海事法院(2010)沪海法商初字第767号】 ········· 843

> **No. HY-3.4-3** 双方订立合同之前就已经知道的恶劣天气海况,因为经权威机关发布过警报及媒体多次播报而不构成不可预见的情况,不属于不可抗力。 843

> **No. HY-3.4-4** 货物价格跌落并非航次租船合同订立时所能合理预见的损失,在运输或租船关联合同中不予赔偿。 843

3.5 滞期费 ········· 846

⒂ 原告深圳市中海通运输有限公司与被告南京恒风船务有限公司水路货物运输合同纠纷案【广州海事法院(2001)广海法深字第9号】 ········· 846

> **No. HY-3.5-1** 因一程船东的船舶未按合同约定的受载期抵港,从而导致二程船东无法履行其与承租人签订的海船运输协议,并赔偿了承租人损失,由于该损失是一程船东违约造成的,一程船东应依约赔偿因船舶未按期抵港受载给二程船东造成的货物延滞的费用及损失。 846

⒃ 上诉人山东晨鸣纸业集团齐河板纸有限责任公司与被上诉人中海集装箱运输(香港)有限公司集装箱超期使用费纠纷案【山东省高级人民法院(2008)鲁民四终字第79号】 ········· 848

> **No. HY-3.5-2** 进口货物因货物质量原因被海关查扣,其用以运输货物的集装箱超期使用的滞箱费应由货方(收货人)承担。虽然集装箱可以在费率表中约定超期使用费费率,但不应超出当事人所能合理预见的损失或者重置新集装箱的费用。 848

⒄ 上诉人上海荣益船务有限公司与被上诉人上海弗莱特国际物流有限公司通海水域货物运输合同纠纷案【上海市高级人民法院(2009)沪高民四(海)终字第126号】 ········· 853

> **No. HY-3.5-3** 《中华人民共和国海商法》和《国内水路货物运输规则》对于计算滞期费的规定,并不要求以递交装卸准备就绪通知书为条件,双方可以在合同中约定以船舶到达锚地开始计算装卸时间。 853

⒅ 原告泰州市永丰海运有限公司与被告连云港陆海达物流有限公司航次租船合同纠纷案【上海海事法院(2011)沪海法商初字第461号】 ········· 856

> **No. HY-3.5-4** 按照通常的理解,滞期费也属于议定违约金。存在两个违约金条款且指向同一个违约行为的,应选择适用数额较高的违约金的条款。 856

4. 国际海上货代理合同纠纷 ·· 859

4.1 签发货运代理提单的货运代理纠纷 ······························ 859

① 原告黑龙江省进出口公司与被告汕头粤东国际货运代理有限公司、江苏环球国际货运公司深圳分公司、博联国际货运公司海上货物运输合同货物交付纠纷案【广州海事法院(2001)广海法初字第 67 号】·················· 859

> **No. HY-4.1-1** 承运人收回其签发的正本提单后交付货物并无不当,在货物完成交付和收回正本提单后,其凭正本提单放货义务即刻解除。 859

② 原告南京竹尚纺织品有限公司与被告嘉宏国际运输代理有限公司海上货物运输合同纠纷案【上海海事法院(2012)沪海法商初字第 271 号】················ 862

> **No. HY-4.1-2** 托运人同意承运人签发提单以外的其他单证,只能导致免除承运人签发提单的义务,但不造成托运人对货物控制权的丧失。承运人拒绝签发提单的行为,造成托运人丧失了对涉案货物的掌控权,并最终导致货款落空,应当向托运人承担赔偿货款损失的法律责任。 862

4.2 货运代理转委托问题 ·· 865

③ 上诉人天津美设国际货运代理有限公司与被上诉人上海超鸿国际货物运输代理有限公司货运代理合同纠纷案【天津市高级人民法院(2011)津高民四终字第 182 号】·················· 865

> **No. HY-4.2-1** 货运代理人将业务转由他人实际办理,在没有证据表明委托人同意转委托的情况下,受托人应就第三人的行为承担责任。委托人事后未提异议,不能作为其同意转委托的依据。 865

④ 上诉人连云港华丰国际货运有限公司、郯城新兴新装饰材料有限公司与被上诉人青岛港(集团)有限公司物流分公司滞箱费纠纷案【山东省高级人民法院(2006)鲁民四终字第 7 号】 ·················· 870

> **No. HY-4.2-2** 货运代理企业在履行进口货物的货运代理义务时,向承运人书面确认滞箱费,并说明了与委托人之间的委托关系;诉讼过程中,货运代理和委托人共同披露了委托人与货运代理之间的委托合同内容,一致表示委托人有义务承担滞箱费。在此种情形下,承运人将相应的债权转让给他人,则债权的受让人有权选择向委托人主张滞箱费,并以货运代理书面确认的费用为准。 870

4.3 货运代理合同中的无单放货 …… 876

5 上诉人诸暨市佳能袜厂与被上诉人欧亿兴物流有限公司、欧亿兴国际货运代理(上海)有限公司海上货物运输合同纠纷案【上海市高级人民法院(2012)沪高民四(海)终字第 48 号】…… 876

> **No. HY-4.3-1** 货运代理企业在代办订舱事务时,应当为委托人选择被交通部门认可的无船承运人订立海上货物运输合同。货运代理未尽谨慎义务造成托运人损失的,依据《关于审理海上货运代理纠纷案件若干问题的规定》第 11 条的规定承担连带责任。…… 876

6 原告苏州亨利国际贸易有限公司与被告大连奥威成一国际物流有限公司上海分公司海上货物运输合同纠纷案【上海海事法院(2012)沪海法商初字第 433 号】…… 881

> **No. HY-4.3-2** 发货人与收货人达成货款支付协议,但仍未收到货款的,仍不能据此免除或减轻无单放货的承运人应承担的赔偿责任。…… 881

> **No. HY-4.3-3** 发货人因为货物被无单放行导致失去对货物的控制权,不得不对收货人作出货款减让以及免除无单放货的承运人责任的意思表示,但仍无法收回货款的,从公平角度来看,不应该认为发货人的行为足以被视为其追认承运人无单放货的现实和免除承运人责任的真实意思表示。…… 881

5. 其他 …… 886

5.1 定期租船合同纠纷 …… 886

1 上诉人耐威森船务公司与被上诉人连云港远东国际船舶代理有限公司等留置权损害赔偿纠纷案【天津市高级人民法院(2010)津高民四终字第 0005 号】… 886

> **No. HY-5.1-1** 在定期租船合同下,承租人未向出租人支付租金或者合同约定其他款项的,出租人对属于承租人的货物、财产及转租收入享有留置权。由于留置权是法定担保物权,提单记载的运费支付方式不是限制承租人行使留置权的条件。…… 886

> **No. HY-5.1-2** 根据航运惯例,订立租船合同既可以以当面签署的书面文本方式订立,也可以以电子邮件或者租船经纪人作为纽带磋商等方式达成,只要出租人和承租人的共同意思表示是真实、清晰、明确的,便具有法律约束力。…… 886

5.2 港口经营人的权利和义务 …… 892

2 原告可隆商事株式会社与被告湛江港务局货物交付侵权损害赔偿纠纷案【广州海事法院(1998)广海法商字第 11 号】…… 892

No. HY-5.2-1 提单持有人可以凭提单行使提货请求权,也可以凭提单控制货物的交付,或转让提单来转让对货物的权利。 …… 892

No. HY-5.2-2 按照航运惯例,港口作业人(经营人)接受船方或者货方的委托从船上卸下并掌管货物,其应当凭承运人或承运人代理人的指示交付货物,因此,提单持有人对货物的占有虽是间接占有,但却可以以货物所有权人的身份主张权利。 …… 892

No. HY-5.2-3 港口经营人虽非承运人或承运人的代理人,不承担提单下的合同义务,但不可以无视他人权益擅自处分他人货物,其在装卸、保管进出港货物中应尽善良管理人义务,包括妥善看管货物,凭法定的海关放行手续和按照承运人的指示交付货物,否则在交付货物方面构成过错。 …… 892

No. HY-5.2-4 港口经营人的职员看管货物是其安排的工作岗位或经营活动的环节之一,职员非法提货表明港口经营人犯有管理和监管的过失,港口经营人应当对其职员的非法提货行为负责。经营人职员的行为使得提单持有人无法实现货物各种权能并造成合法权益的巨大损害,因此,职员的雇主应该承担赔偿责任。即使职员的行为构成犯罪,港口经营人应该承担的民事责任也不能因此而免除。 …… 892

案例索引 ……………………………………………………………… 901
主题词索引 …………………………………………………………… 909
后记 …………………………………………………………………… 917

1.3 实际托运人(发货人)

1.3.1 实际托运人的权利和义务

82 上诉人温州刘旭电器有限公司与被上诉人温州港口货运船舶代理有限公司、上海中通物流股份有限公司宁波分公司、马士基(中国)航运有限公司宁波分公司海上货物运输合同违约赔偿纠纷案

案例来源:浙江省高级人民法院(2009)浙海终字第 17 号
主题词:外贸代理人　海事强制令　诉讼时效

> **裁判要旨**
>
> **No. HY-1.3-1**　托运人既可以是与承运人订立运输合同的当事人,也可以是按照法律规定,委托他人为本人将货物交给承运人的人;交货托运人制度可以弥补外贸代理制度下外贸代理人被列为托运人而实际交付货物的人可能失去海上货物运输合同下权利的不足。
>
> **No. HY-1.3-2**　非由于托运人或交付货物的实际托运人的原因,而是由于承运人的原因未及时签发和交付提单导致提单项下货物所对应的买卖合同解除,托运人或交货托运人为了减少损失而折价处理货物的损失或因无法交付提单致承担买卖合同相对方的赔偿责任的,承运人应当签发提单而未签发的过错与托运人的损失存在因果关系。
>
> **No. HY-1.3-3**　托运人申请海事强制令且被法院裁定准予申请并予以执行的,应当构成海商法规定的诉讼时效中断。
>
> **No. HY-1.3-4**　承运人的损失赔偿责任仅以其订立海上货物运输合同当时所能合理预见的范围为限,超出部分不予赔偿。

一、基本案情

上诉人(原审原告):温州刘旭电器有限公司(以下简称刘旭公司)
被上诉人(原审被告):温州港口货运船舶代理有限公司(以下简称港口公司)
被上诉人(原审被告):上海中通物流股份有限公司宁波分公司(以下简称中通公司)
被上诉人(原审被告):马士基(中国)航运有限公司宁波分公司(以下简称宁波马士基)
宁波海事法院审理查明:刘旭公司起诉称,2005 年 10 月,刘旭公司与宝耀欢健钢

铁集团(BAO YAO HUAN JIAN RION & STEEL GROUP CFTZ,以下简称宝耀公司)签订编号分别为 L2005-10-17-003、L2005-10-7(应为17)-003-01、L2005-10-7(应为17)-003-02 的3份买卖合同,合同总金额为1516747.50美元,并约定出口代理方为广州交易会进出口有限公司(以下简称广交会公司)。2006年1月,广交会公司委托港口公司代理出运上述货物自宁波港至尼日利亚卡拉巴港,并要求提单上显示以下内容:"GOODS EXEMPT FROM PRE-IMPORT INSPECTION SCHEME AND ISSUANCE OF CLEAR REPORT OF INSPECTION CRI, VALUATION ASSESSMENT FOR CUSTOMS DUTY PUPPOSES IS NOT REQUIORED, IN ACCORDANCE WITH NIGERIA EXPORT PORCESSING ZONES AUTHORITY DECREE NO. 63 OF 1992 AND SHIPMENT TO EXPORT PROCESSING ZONES IN NIGERIA, SETION 12(10) AND ALL TAXES EXEMUTION AS PERSECION 8 OF THE ACT UNDER REFERENCE"〔中文译意:为符合尼日利亚政府免税出口加工区1992年颁布的63号义件及关于运往尼日利亚免税加工区规定之文件12(10),本合同下列的货物可以免除提供银行CRI NO文件进口验货和清关文件,不需要进行海关估价〕。

港口公司接受委托后,转委托中通公司和宁波马士基代理货物运输,宁波马士基是实际承运人。合同号L2005-10-17-003项下的货物出运后,港口公司没有将止本提单交付给刘旭公司,也没有返还核销单和报关单退税联。刘旭公司多次催促,三被告迟迟不交付正本提单。2006年5月,刘旭公司通过向宁波海事法院申请海事强制令,方取得正本提单和相关资料。由于未及时交付正本提单,致使刘旭公司的国外客户无法提货,该客户因此提出解除与刘旭公司的全部合同并要求赔偿损失。同年12月,刘旭公司与该客户签订赔偿协议,确定刘旭公司赔偿违约金288182美元;承担集装箱滞港费和海运费;已到目的港货物由刘旭公司自行处理;解除前述3份购销合同。

刘旭公司认为,其已根据港口公司等三被告的要求提供报关单据并交付货物,港口公司等三被告接受货物并已出运,故刘旭公司与港口公司等三被告已形成事实上的海上货物运输合同关系,港口公司等三被告应履行及时交付提单的义务。由于港口公司等3被告未及时交付提单,致使刘旭公司不能履行国际货物销售合同,并因此遭受重大经济损失,港口公司等3被告的行为已严重侵犯了刘旭公司利益。请求判令:① 港口公司、中通公司、宁波马士基连带赔偿因不提供提单造成刘旭公司无法履行外销合同的损失288 182美元;② 赔偿刘旭公司因此产生的集装箱滞港费108 895.12美元、运费51 948.05美元、仓储费6 000美元、已发货物的处理差价177 836.75美元、未发货物的积压损失464 643.75美元、已开发票货物未退税损失11 220美元、强制执行费用和打提单费1 598.70美元、288 182美元赔款的利息损失206 199.11美元,去外国解决合同纠纷和货物处理的差旅费、电话费和公证、认证等费用共计5 166.35美元,以及去外国解决合同纠纷及处理货物的翻译工资96 843.42美元(可按照1:7.3汇率中间价折算成人民币支付)。

宁波海事法院经审理认定各方当事人没有实质争议的事实为:2006年1月,港口

外贸代理人·海事强制令·诉讼时效

公司接受广交会公司委托,为其代理刘旭公司出口尼日利亚的集装箱货物办理运输事宜。之后,港口公司将该事务转委托于中通公司办理,中通公司又转委托案外人宁波中远向宁波马士基办理订舱委托。同年2月3日,提单号550435858项下的涉案6个货柜装船出运,2月22日,提单号550437350、510505541、550429141项下的涉案集装箱货物共6个货柜装船出运。2006年3月27日、4月25日,上述两批货物分别抵达尼日利亚CALABA(卡拉巴尔)港。嗣后,因正本提单在签发及交付环节中出现争议,两批货物滞留目的港。2006年5月12日,刘旭公司、广交会公司通过申请海事强制令,从中通公司处取得宁波马士基2006年4月24日签发的提单号550437350、510505541、550429141的全套正本提单,从宁波马士基处取得当日签发的提单号550435858的全套正本提单。嗣后,上述4套正本提单项下的货柜,由宝耀公司在目的港办理提货。

宁波海事法院对各方当事人争议的焦点问题及相关事实分析认定如下:

(一)关于各方诉讼主体资格及本案纠纷定性问题

刘旭公司并非提单上记载的托运人,且广交会公司尚未通知涉案货物运输方,已将涉案货物运输合同项下的权利转让于刘旭公司,根据我国合同法关于合同转让的有关规定,债权人转让权利的,应当通知债务人。未经通知,该转让对债务人不发生效力。因此,刘旭公司对本案所涉海上货物运输合同下的货物损失,不具有诉权,因此也不具有原告主体资格。此外,根据涉案提单记载,宁波马士基是作为承运人代理签发了涉案正本提单,其并非海上货物运输合同的承运人,也不是本案适格被告。

(二)关于是否存在港口公司、中通公司、宁波马士基不交或迟延交付提单的问题

2006年2月3日的6个货柜装船出运后,宁波马士基于2006年3月21日签发正本提单一套,编号为550435858,提单显示的托运人为广交会公司,收货人为GOVERNOR'S OFFICE,CALABA C.R.S NIGERIA,WEST-AFRICA,通知方为C/O MR. AYIITA AYI,SPECIAL ASSISTANT。之后,应托运方要求,并提供3月30日保函后,宁波马士基于4月5日重新签发了该批货物的正本提单,提单显示的收货人一栏更改为"TO ORDER",通知方为ZHENG KE HAO(中文谐音"郑克浩",下同)。该正本提单经广交会公司背书后,又遭退回。广交会公司于4月20日另出具一份重签保函,要求更改收货人为宝耀公司,通知方同收货人。5月12日,宁波马士基重新签发提单号550435858的全套正本提单,并通过宁波海事法院移交了该套正本提单。

2006年2月22日的6只货柜装船出运后,宁波马士基于同年4月24日签发3套正本提单,编号分别为550437350、510505541、550429141,提单记载的托运人为广交会公司、收货人为宝耀公司。5月12日,中通公司亦通过宁波海事法院移交了上述编号550437350、510505541、550429141的全套正本提单。

另,编号550435858提单项下货物的订舱信息于2006年2月21日之前,其他3套提单项下货物的订舱信息于2006年2月27日之前,未见于宁波马士基提供的电子系统数据中。

(三) 关于刘旭公司所主张的损失是否真实、客观

宁波海事法院确认本案已到港货物的损失如下：涉案4套提单项下货物分两批装运后，已陆续于2006年3、4月份运抵尼日利亚卡拉巴港，其中提单号550435858项下货物的海关申报价值163 932.50美元，提单号550437350、510505541、550429141项下货物的海关申报价值89 120美元，合计253 052.50美元。因无正本提单提货，宝耀公司与刘旭公司多次协商后，解除了双方的贸易合同，并于2006年12月19日达成赔偿协议，约定刘旭公司赔偿宝耀公司288 182美元违约金，并由刘旭公司承担集装箱滞港费和海运费，已到港货物归刘旭公司自行处理，但由宝耀公司协助刘旭公司清关，未出运的在国内仓库货物亦由刘旭公司处理。同年12月20日，对违约金支付方式双方又达成《分期付款协议书》，并由宝耀公司出具《声明书》。次日，刘旭公司法定代表人刘旭东通过银行三次转账，付给宝耀公司7 869 713.75奈拉。2007年1月21日，刘旭公司将前述已到港的12只20英尺集装箱货物以76 215.75美元转卖予玛格万公司，货物差价损失共计176 836.75美元。经计算，第一批到港货物价值占全部到港货物价值的64.79%，提单号550437350（应为550435858）项下货物的相应处理价为49 380.18美元，该批货物损失114 552.32美元；提单号550437350、510505541、550429141项下货物的相应处理价为26 835.57美元，该批货物损失为62 284.43美元。

由于刘旭公司与宁波马士基等在本案所涉提单签发、交付环节发生争议，前述4票已到港的涉案货物，未办理正常提货，直至2006年5月12日之后，宝耀公司以正本提单提取货物。2006年11月22日至12月19日期间，马士基尼日利亚公司（卡拉巴）陆续收取宝耀公司滞期费5 607 959奈拉，其中涉及提单号550435858项下6只货柜，自2006年4月4日起计算至10月28日的208天滞期费共计2 687 253.67奈拉。经计算，提单号550435858项下货柜的平均日滞期费为12 919.49奈拉，至2006年5月12日，滞期39天，滞期费应为503 860.11奈拉，折合人民币31 491.26元（按1元人民币比16奈拉计算，保留小数点后两位数）。涉及其他3份提单项下6只货柜自2006年5月2日至同年10月28日的180天滞期费为2 426 418奈拉，平均日滞期费13 480奈拉，至2006年5月12日，滞期11天，计148 280奈拉，折合人民币9 267.50元（按1元人民币比16奈拉计算，保留小数点后两位数）。同年10月起，尼日利亚港务局分4次共收取宝耀公司滞港费1 123 884奈拉，其中涉及提单号550435858项下6只货柜，2006年3月26日卸货，港方按滞港209天计算，收取505 617奈拉，平均日滞港费2 419.22奈拉，自2006年3月27日起计算至2006年5月12日，滞港47天，计113 703.34奈拉。涉及其他3份提单的6只货柜，2006年4月23日卸货，港方按滞港185天计算，收取451 617奈拉，平均日滞港费2 441.17奈拉，截至2006年5月12日，滞港19天，计48 382.23奈拉。2006年12月19日，刘旭公司与宝耀公司达成赔偿协议。嗣后，刘旭公司向宝耀公司支付了1 516 747.50美元贸易合同项下的违约金288 182美元。根据前述4票提单项下货物的海关申报价值，经计算，提单号550435858项下货物价值占前述贸易合同总货款的10.81%，对应的违约金为31 152.47美元；提单号550437350、

510505541、550429141 项下货物价值占贸易合同总货款的 5.88%,对应的违约金为 16 945.10 美元。以上合计违约金损失 48 097.57 美元。

此外,提单号 550435858 项下货物的运费 18 600 美元、包干费 18 945 元人民币,折合人民币 168 210 元(按 2006 年 3 月 20 日支付之日 100 美元比 802.50 元人民币的汇率中间价折算),已由广交会公司于 2006 年 3 月向港口公司支付。其他 3 票货物海运费 18 600 美元、包干费 19 770 元(人民币),折合人民币 166 872 元及利息,经宁波海事法院(2006)甬海法温商初字第 22 号判决生效后,刘旭公司已履行。刘旭公司因海事强制令申请一案,承担申请费 5 000 元(人民币)、其他费用 5 000 元(人民币)。

根据刘旭公司提供的各项差旅费票据,以及刘旭公司出国人员的出入境签证记录,酌定刘旭公司与本案有关的国外差旅费用 188 876.30 元人民币。同时,根据刘旭公司提供的己方出国人员行程表,尤其是刘旭东出境时间、地点,确认刘旭东个人产生的差旅费用 872 元,其他一名随行人员的境内差旅费用酌情认定 860 元。综上,刘旭东等二人因处理货物的境内外差旅费用酌定为 190 608.30 元人民币。

二、一审裁判

宁波海事法院审理认为:本案实际上系海上货物运输合同承运人或承运人的代理人迟延签发提单致使收货人不能及时提货引起的损失赔偿纠纷。由于提单本身是海上货物运输合同的证明,刘旭公司选择海上货物运输合同的诉因,并无不妥。根据涉案提单记载,托运人为广交会公司,承运人并非宁波马士基,宁波马士基是作为承运人代理签发提单,不应承担承运人责任。即使宁波马士基具有迟延签发并交付提单的行为,也应由承运人承担后果。同时,刘旭公司既非提单托运人,也非收货人,且涉案两票提单项下的出口货物已由承运人凭正本提单向提单载明的收货人交付。因此,刘旭公司并非本案所涉的海上货物运输合同的当事人,且对涉案提单项下的货物已不具有所有权,故刘旭公司的原告诉讼主体资格不适格。此外,根据《中华人民共和国海商法》第 257 条第 1 款规定,就海上货物运输向承运人要求赔偿的请求权,时效期间为一年,自承运人交付或者应当交付货物之日起计算。而涉案货物运输中的货方,显然于涉案两批货物运抵目的港之日起 1 年内,均未及时向承运人要求赔偿。从现有证据看,宁波马士基迟延签发提单与货方多次要求改单有因果关系,因该改单行为导致的迟延签发提单后果,不应由宁波马士基承担。而且,刘旭公司、广交会公司申请海事强制令的行为,不构成《中华人民共和国海商法》就海上货物运输规定的诉讼时效中断事由。综上,刘旭公司在本案中,不具备原告主体资格,且起诉的被告主体亦有错误。港口公司、中通公司、宁波马士基有关本案原、被告诉讼主体不适格的抗辩有理,予以采纳。刘旭公司的诉讼请求不能成立,不予支持。依照《中华人民共和国民事诉讼法》第 64 条第 1 款、第 108 条,《中华人民共和国海商法》第 71、72、257 条第 1 款之规定,宁波海事法院于 2008 年 11 月 7 日判决:

驳回刘旭公司的诉讼请求。

一审案件受理费 89 710 元,由刘旭公司承担。

三、上诉与答辩

上诉人刘旭公司不服原审判决，向浙江省高级人民法院提起上诉称：

（1）刘旭公司是本案的货物所有权人。广交会公司只是刘旭公司的出口代理商，其代理出口和结汇事务，并收取刘旭公司的管理费用。即使广交会公司名义上享有货权，也已与刘旭公司办理了权利转让手续。货物发运事宜也由刘旭公司与港口公司直接联系，而非广交会公司。

（2）刘旭公司在本案中依法享有诉权。刘旭公司与广交会公司之间为隐名代理关系，尽管提单记载的托运人是广交会公司，但托运单同时也记载了装箱地点在温州北白象，装箱单载明了装箱人名称是刘旭公司并由刘旭东签名，足以证明刘旭公司是真正将货物交付托运的人，根据《中华人民共和国海商法》第42条关于托运人的相关规定，刘旭公司系本案涉案货物的实际托运人；且该托运人身份已为（2006）甬海法温商初字第22号民事判决所确认；刘旭公司在索赔过程中也早已多次披露自己为实际托运人，故刘旭公司理应具有海上货物运输合同的诉权。此外，刘旭公司以货运代理业务中宁波马士基等3被上诉人违法扣押提单造成损失为由提起侵权诉讼，要求各被上诉人依法承担侵权责任，刘旭公司依法也享有独立的诉权。

（3）上诉人起诉并未超过诉讼时效。本案系特殊侵权之诉，应适用《中华人民共和国民法通则》"向人民法院请求保护民事权利的诉讼时效期间为两年"的相关规定。且刘旭公司通过海事强制令于2006年5月12日获得案涉提单，于2007年5月11日提起本案诉讼，即使按1年诉讼时效也未届满。何况，刘旭公司及广交会公司于2007年4月26日向3被上诉人发函要求处理损失赔偿事宜，应属诉讼时效中断。原判认定本案已过诉讼时效错误。

（4）宁波马士基等三被上诉人作为涉案提单的签发、转递等环节的履行方，违反及时签发、转递提单的法定义务，无故扣留刘旭公司的提单，侵害了刘旭公司的财产权益，依法负有赔偿责任。刘旭公司多次向港口公司索取12个货柜的提单，但港口公司反馈的不能取得提单的原因是宁波马士基要求发货人提供"CRI NO或FORM M NO"，否则货柜将被退回。港口公司以此为由进行推托，不及时催要提单；中通公司不仅不及时催要提单，还扣留了已开好的3份提单；宁波马士基无故迟延签发提单，三者行为导致刘旭公司无法按时取得提单而造成货柜在卡拉巴港被无端滞留，并最终导致整个外贸合同被解除，刘旭公司蒙受巨大损失的结局。原判认定改签提单系货方原因没有事实依据，刘旭公司、广交会公司从未收到过改签的提单；即使有改签情况存在，也是迫于宁波马士基的要求所为，不应由刘旭公司承担责任。

（5）刘旭公司的一系列损失数额应当予以认定，原判对刘旭公司提供的经公证认证的超过100余万美元的货物处理损失及处理过程发生的费用等凭证未予充分认定不当。综上所述，由于涉案货物需收货人收到提单副本传真才给付30%的货款，由于提单无着，刘旭公司显然得不到相应的款项，还致整个交易落空。原因完全在于，宁波马士基等不顾刘旭公司多次解释——按照尼日利亚保税区政策无需提供"CRI NO 或 FORM M NO"文件,拒绝签发提单,才致产生本案的巨额损失,各被上诉人应予赔偿。请求撤销原判,改判支持刘旭公司的原审诉讼请求。

被上诉人港口公司辩称:

(1) 刘旭公司以提单提起诉讼,但其非提单当事人,其也非本案货物的所有权人,故非海上货物运输合同当事人,其不具有本案诉权。

(2) 本案从货物到港时间起算,起诉时已经超过诉讼时效,其间也不存在任何中断的事由。

(3) 在提单转递问题上,港口公司没有过错。港口公司与刘旭公司是代理关系,港口公司已完成了代理义务。

(4) 港口公司的代理行为与刘旭公司各项损失没有因果关系,不应承担责任。原判正确,应予维持。

被上诉人中通公司辩称:

(1) 刘旭公司起诉时间为2007年5月11日,其向法庭提供的所谓债权转让通知时间为2007年9月3日,又以债权受让人身份通知,不符合《中华人民共和国合同法》关于债权转让的规定,其未合法取得债权,且承运人已经凭提单放货,刘旭公司对货物无所有权,故其没有诉权。

(2) 刘旭公司在一审中已明确选择了以海上货物运输合同主张权利,一审听证会上各方当事人对确定此诉因也没有异议,但其上诉提出特殊侵权,显然不属二审的审理范围。

(3) 以《中华人民共和国民法通则》关于诉讼时效的规定为其超过作为特别法的《中华人民共和国海商法》规定的诉讼时效的行为进行开脱,不应予以支持。

(4) 刘旭公司规避货物出运后仍不断要求承运人改签提单的事实,未经索单即申请海事强制令,造成中通公司扣单的假象,以此转嫁损失,实际是将贸易风险转嫁代理人的行为。刘旭公司的损失是其贸易风险所致,与中通公司无关。因此,请求驳回刘旭公司的上诉请求,维持原判。

被上诉人宁波马士基辩称:

(1) 刘旭公司不具备诉讼主体资格。其在原审中明确以海上货物运输合同起诉,而其非提单当事人。刘旭公司提供广交会公司的权利转让文件,本身说明其自己也认为其非权利主体。

(2) 宁波马士基也非本案适格的被告,其是承运人的代理人。

(3) 刘旭公司提起的是海上货物运输合同之诉,不应再出现特殊侵权的问题。本案也不存在《中华人民共和国海商法》规定的时效中断情况,刘旭公司于2007年5月11日提起诉讼显然已超过诉讼时效期间。

(4) 原判已经认定提单的延迟签发是刘旭公司多次要求改单造成的结果,故本案的三被上诉人并不存在过错。

(5) 刘旭公司提出的损失与本案没有因果关系,也没有提供充分的证据证明,其主张不应得到支持。

四、二审裁判

浙江省高级人民法院经审理查明:2005 年 1 月 7 日,刘旭公司与广交会公司签订《出口货物代理协议书》,约定刘旭公司以广交会公司名义出口货物,并对各方的权利义务进行了约定。

2005 年 10 月 17 日,卖方刘旭公司与买方宝耀公司(又名阿里屯建筑材料有限公司)分别签订编号为 L2005-10-17-003、L2005-10-17-003-01、L2005-10-17-003-02 的三份关于电气配件的买卖合同,总金额为 1 516 747.50 美元。三份合同均注明出口代理方为广交会公司;均在合同条款中约定"第一部分 1. 本合同货物的提单应列明如下项目:为符合尼日利亚政府免税出口加工区 1992 年颁布的 63 号文件及关于运往尼日利亚免税加工区规定之文件 12(10),本合同下列的货物可以免除提供银行 CRI NO 文件进口验货和清关文件,不需要进行海关估价(英文原文为:GOODS EXEMPT FROM PRE-IMPORT INSPECTION SCHEME AND ISSUANCE OF CLEAR REPORT OF INSPECTION CRI, VALUATION ASSESSMENT FOR CUSTOMS DUTY PUPPOSES IS NOT REQUIORED, IN ACCORDANCE WITH NIGERIA EXPORT PORCESSING ZONES AUTHORITY DECREE NO. 63 OF 1992 AND SHIPMENT TO EXPORT PROCESSING ZONES IN NIGERIA, SECTION 12(10) AND ALL TAXES EXEMUTION AS PERSECIION 8 OF THE ACT UNDER REFERENCE);2. 卖方应在货物出运之日起 10 日内将提单传真给买方,买方应在收到传真件后付 30% 货款。卖方收到货款总额 30% 后,将提单原件快递给买方,余款 70%,货到后付清。第二部分……2. 交货日期:运后 2 个月内到达目的地港口;3. 付款方式:买方收到货物后以电汇方式付清全部货款;……5. 违约条款:a. 如果卖方在交货日期后延期交货。卖方应支付违约金及误工费给买方,违约金误工费按本合同总金额的 25% 计算……";3 份合同还在合同条款第二部分第 1 款分别约定货物的出运时间分别为 2006 年 2 月 10 日前、2 月 28 日前、3 月 6 日前。

上述协议签订后,刘旭公司于 2005 年 12 月 23 日与港口公司联系,要求港口公司分 3 批(对应 3 份合同)代为办理出口货物至尼日利亚的海运事务,并要求:第一批货在 2006 年 1 月 5 日—10 日装运;先交提单后付运费;广交会公司付运费后,核销单、退税联寄广交会公司;装船后即出提单。港口公司于当月 25 日回复同意接受该业务。港口公司接受委托后,又转委托中通公司,中通公司通过中远物流向宁波马士基订舱。

2005 年 12 月 28 日,港口公司传真广交会公司要求确认运费报价,并在传真上加注"1 月 12 日"字样。广交会公司于同月 30 日回传上述传真件,对运费等费用予以确认,并特别注明船期为 1 月 12 日。港口公司于当日将该传真件又传真给中通公司。2005 年 12 月 28 日,港口公司还将集装箱托运单传真给刘旭公司确认,该托运单载明:发货人为广交会公司,收货人为宝耀公司,目的港 CALABAR,船期 1 月 12 日,还包括货物箱数、品名、重量等参数。同日,刘旭公司、广交会公司传真港口公司,明确要求提单需显示贸易合同第一部分第 1 条约定的内容即"合同项下货物可以免除提供银行 CRI NO 文件进口验货和清关文件,不需要进行海关估价"的英文内容。2006 年 1 月 9 日,刘旭公司传真港口公司,告知 12 个集装箱的货物于 8 日晚之前装箱运走(装箱单显示装箱日期为 2006 年 1 月 7 日、8 日,可相互印证),并要求尽快取得提单。

2006 年 2 月 3 日,提单号 550435858 项下的 6 个货柜装船出运,于 3 月 27 日(实际卸船时间为 26 日)到达尼日利亚 CALABA(卡拉巴尔)港。2006 年 2 月 22 日,提单号 550437350、510505541、550429141 项下 6 个货柜装船出运,于 4 月 25 日(实际卸船时间为 23 日)抵达尼日利亚 CALABA(卡拉巴尔)港。

货物到达目的港后,刘旭公司仍未取得所需提单,其与广交会公司于 2006 年 5 月 12 日通过宁波海事法院以海事强制令从宁波马士基获得于当日签发的编号为 550435858 的正本提单;从中通公司获得由宁波马士基于 2006 年 4 月 24 日签发的编号分别为 550437350、510505541、550429141 的正本提单。该批提单均载明:发货人为广交会公司,收货人为宝耀公司,由宁波马士基作为丹麦 A. P. 穆勒马士基公司(以下简称穆勒马士基)的代理人签发,同时加注了"合同项下货物可以免除提供银行 CRI NO 文件进口验货和清关文件,不需要进行海关估价"的英文内容。其间,宝耀公司于 2006 年 4 月 13 日通知刘旭公司,"L2005-10-17-003 合同项下货物交货期已到(因合同约定 2 月 10 日出运,出运后 2 个月交货,即应在 4 月 10 前交货),再限 5 天内必须把提单交到我司,否则我们另找货源,造成我司的一切损失后果由贵司负责"。

嗣后,因宝耀公司不再需要本案货物,刘旭公司与宝耀公司经长时间谈判,直至 2006 年 12 月 19 日达成赔偿协议,约定:刘旭公司赔偿宝耀公司违约金 288 182 美元(按合同总金额 19% 计算,刘旭东称其护照被扣,不能不谈,也不能不付);集装箱滞箱费和海运费由刘旭公司承担;已到港货物由宝耀公司代办清关提货,货物由刘旭公司自行处理;在刘旭公司仓库未出运的 L2005-10-17-003-01、L2005-10-17-003-02 合同项下货物由刘旭公司自行处理并解除 3 份合同的买卖关系。宝耀公司实际为刘旭公司提取货物的时间为港口管理部门收取滞港费的终止时间即 2006 年 10 月 23 日和 27 日。

2006 年 5 月 22 日,中通公司以广交会公司、刘旭公司、港口公司为被告,就本案争议所涉货物的海运费结算事宜向宁波海事法院提起了货运代理合同运费纠纷的诉讼。宁波海事法院于 2006 年 10 月 8 日作出的(2006)甬海法温商初字第 22 号民事判决认定宁波马士基为承运人。该判决业已生效。

刘旭公司认为,港口公司、中通公司、宁波马士基未及时提供出口货物的提单,使其蒙受巨大损失,于 2007 年 5 月 11 日提起本案诉讼。

浙江省高级人民法院经审理查明的其余事实与原判认定一致。

浙江省高级人民法院认为:根据上诉人的上诉主张和各被上诉人的抗辩意见,确定本案争议焦点在于:本案法律关系及当事人的诉讼主体资格;刘旭公司不能及时获得提单的原因及其与本案损失的因果关系;刘旭公司的损失数额及相关当事人的责任

份额;本案有否超过诉讼时效。逐项分析如下:

(一)关于本案法律关系与当事人诉讼主体资格

刘旭公司在提起本案诉讼时,虽未明确案由,但其在2007年8月1日宁波海事法院召开的听证会上明确其以海上货物运输合同关系主张相应的权利,宁波海事法院在2007年12月7日进行证据核对时也已宣布本案为海上货物运输合同纠纷,故本案应在海上货物运输合同纠纷的范畴内衡量各方当事人的诉讼主体资格。从本案的交易过程看,刘旭公司委托广交会公司代理出口货物,刘旭公司、广交会公司与港口公司联系确定海运业务,由港口公司委托中通公司代理货运业务,又由中通公司通过中远物流向宁波马士基订舱,由宁波马士基签发提单。港口公司与中通公司系货运代理人,其非海上货物运输合同的当事人,其在本案运输合同纠纷中非适格的被告。刘旭公司虽非提单记明的托运人,但其与港口公司联系货运事务并将货物交付接卡司机拖运,港口公司也明知货物所有人为刘旭公司,根据《中华人民共和国海商法》第42条关于"托运人"定义的规定,其系"委托他人为本人将货物交给与海上货物运输有关的承运人的人",故刘旭公司仍系本案交易中的托运人,属海上货物运输合同的当事人,其因不能及时获得提单按时提取货物蒙受损失提起诉讼,是适格的原告。宁波海事法院认为提单项下货物业经提取,刘旭公司已无所有权而不具备原告资格不当。(2006)甬海法温商初字第22号民事判决业已确认宁波马士基为本案交易中的承运人,故宁波马士基在本案海上货物运输合同纠纷中是适格的被告,原判认为其非适格的被告主体错误,应予纠正。

(二)刘旭公司不能及时获得提单的原因及其与本案损失的因果关系

从广交会公司给港口公司的费用确认单可知,广交会公司已向港口公司明确船期为2006年1月12日,接卡时间为1月7、8日,但直至2006年2月3日、22日分两批装船,出运已经迟延。本案并无证据证明刘旭公司要求延期发货,作为承运人宁波马士基对此应当承担主要责任。

港口公司出具给刘旭公司的证明以及港口公司业务员蒋青青给刘旭公司的传真件显示,刘旭公司不能及时取得提单的起因在于,刘旭公司要求提单加注"合同项下货物可以免除提供银行CRI NO文件进口验货和清关文件,不需要进行海关估价"的英文内容,而港口公司反馈的信息是宁波马士基不同意加注该部分内容,而必须提供"CRI NO或FORM M NO"文件,蒋青青传真刘旭公司称已将上海马士基曾向刘旭公司签发的加注免税条款的提单送给了宁波马士基,可以印证该交涉过程。宁波马士基强调不能出单的原因在于广交会公司要求改签提单,并提供了广交会公司于2006年3月30日、4月20日出具的《重签保函》和由其于2006年3月21日、4月5日签发的修改了收货人的提单,以证明改签提单非其要求所为,但刘旭公司二审提供的从广交会公司处取得的港口公司给广交会公司的传真即二审证据5—7可以表明上述改签的提单收货人信息来源于港口公司转递的下家提供的信息;传真内容反映出改单的目的还是为了符合具备CRI NO或FORM M NO条件。而上述改签行为仅涉及550435858提单,并不涉及编号为550437350、510505541、550429141的3份提单,宁波马士基均未及时签发,直至2006年4月24日、5月12日才签发上述提单,而货物则早在2006年2月3日、22日装船出运。两批提单的签发时间均迟于收货人宝耀公司宽限的收货时间4月18日,故作为承运人的宁波马士基对此有过错。因宁波马士基未及时提交提单,导致刘旭公司不能及时向宝耀公司交付货物,进而导致合同解除,由刘旭公司自行处理货物并赔偿违约金,故宁波马士基的行为过错与刘旭公司的损失有因果关系。

3被上诉人还认为,即使其存在过错,由于基础贸易合同约定T/T付款方式,可以办理电放,故其过错与损失没有因果联系,刘旭公司应自负责任。事实上,基础贸易合同第一部分第2条约定:卖方应在货物出运之日起10日内将提单传真给买方,买方应在收到传真件后付30%货款。刘旭公司必须依靠提单方能获取首期30%的货款,故3被上诉人提出的上述抗辩理由也不能成立。

(三)刘旭公司的损失数额及相关当事人的责任份额

刘旭公司起诉主张因不能及时提货导致合同解除造成了合计人民币11 317 824.43元的巨额损失。刘旭公司诉请的损失项目繁多,从整个贸易合同角度考虑,其主张的损失均系直接损失,包括未供货部分的损失也系因合同解除而产生,但从海运行为考虑,与海运行为直接相关的仅是第一份L2005-10-17-003合同,超出该合同部分的损失显然是海运相关当事人所无法预见的,故宁波马士基需承担的责任应以其所能预见的损失数额为限。宁波海事法院经审查后认为L2005-10-17-003合同项下足以认定的主要损失数额为:货物降价转卖的差价176 836.75美元、滞箱费5 607 959奈拉(16奈拉合1元人民币)、滞港费1 123 884奈拉、对应本案货物价值的违约金为48 097.57美元(支付宝耀公司贸易合同项下全部货物的违约金为288 182美元)、海运费37 200美元、包干费人民币38 715元、海事强制令申请费人民币10 000元、刘旭公司因处理本案货物的境内外差旅费人民币190 608.3元。该部分款项累计金额超过货物本身价值253 052.50美元,宁波马士基承担数额应不超过货款加海运费加保险费的数额。因本案并无海运保险费单据到案,故赔偿总额应为货物价值253 052.50美元加上海运费37 200美元,合计290 252.5美元。刘旭公司于2007年1月21日将货物转卖后,主要损失才固定,故宁波马士基应从刘旭公司转卖货物的2007年1月22日起支付赔偿款项的相应利息。

(四)本案有否超过诉讼时效

本案系海上货物运输合同纠纷,其诉讼时效应适用《中华人民共和国海商法》第257条的规定,"就海上货物运输向承运人要求赔偿的请求权,时效期间为一年,自承运人交付或者应当交付货物之日起计算"。本案所涉两批货物分别于2006年3月17日、4月25日到港,宁波马士基等3被上诉人据此认为承运人"应当交付货物之日"应从2006年3月17日起算,则2007年3月16日诉讼时效届满。对此,刘旭公司于2006年5月11日向宁波海事法院申请海事强制令,并于2006年5月12日获取正本提单四套,宁波马士基和中通公司交付提单行为,表明其同意继续履行相应的合同义务,符合《中华人民共和国海商法》第267条第1款关于时效中断事由的规定。且2001年《全国海事法院院长座谈会纪要》关于诉讼时效的意见中明确"……在适用海商法审理海事纠纷时,如果债务人仅同意与债权人协商赔偿事宜但未就具体赔偿达成协议的,或者海事请求人撤回诉前海事请求保全申请、海事强制令、海事证据保全申请或者上述申请被海事法院裁定驳回的,不构成时效中断。海商法中对承运人的时效规定同样适用于实际承运人",由此可以推断提起海事强制令申请并被法院裁定执行应构成诉讼时效中断。刘旭公司于2007年5月11日向法院邮寄起诉状等材料的诉讼行为发生时,尚未超出海上货物运输合同纠纷的1年诉讼时效期间,因此,宁波马士基等三被上诉人提出的关于刘旭公司起诉超出法定诉讼时效期间的抗辩与客观事实不符,不予采信。

综上,因承运人宁波马士基不及时签发提单,货物实际托运人刘旭公司无法按时向收货人交付贸易合同项下的货物,导致合同被解除,由此产生巨额损失,承运人宁波马士基应当在其履行合同可以预见的范围内承担本案损失。货运代理人港口公司、中通公司非本案海上货物运输合同关系的适格主体,刘旭公司基于海上货物运输合同关系对其提出的诉请,不应获得支持。对于刘旭公司上诉理由成立的部分,浙江省高级人民法院予以支持。依照《中华人民共和国民事诉讼法》第153条第1款第(三)项之规定,判决如下:

(1) 撤销宁波海事法院(2007)甬海法温商初字第13号民事判决;

(2) 宁波马士基于本判决送达之日起10日内赔偿刘旭公司损失人民币2 258 164.45元(以290 252.5美元按2007年1月22日美元与人民币汇率1∶7.78换算),并支付自2007年1月22日起至实际履行之日止按中国人民银行规定的同期贷款利率计算的利息。

1.4 提单纠纷

1.4.1 提单的法律适用

83 原告贵州省纺织品进出口公司与被告长计国际有限公司、长计国际有限公司贵州办事处海上货物运输货损赔偿纠纷案
案例来源:广州海事法院(2000)广海法商字第98号
主题词:提单签发　背书转让　货物所有权

裁判要旨

No. HY-1.4-1　在货物并没有装上提单上记载的承运船舶的情况下,承运人签发提单,应当承担由此产生的法律后果。

No. HY-1.4-2　提单上的托运人在取得提单后进行了背书转让,已不是提单持有人,对提单项下的货物不再享有所有权,不享有基于货物所有权而产生的货物损害赔偿的请求权。

一、基本案情

原告：贵州省纺织品进出口公司（以下简称贵州公司）

被告：长计国际有限公司（以下简称长计公司）

被告：长计国际有限公司贵州办事处（以下简称长计公司办事处）

原告贵州公司诉称：1998年12月，原告委托被告长计公司办事处代理外贸合同项下119.20吨白芸豆的国际海运业务。1999年1月15日，被告长计公司向原告签发已装船清洁直达提单，该提单上记载：承运船舶为 MSC MARTINA，未注明货物要转船。货物实际于3月份才装船，实际承运船舶是 MSC ALEXA。4月2日，货物运抵贝鲁特，因承运船舶与提单记载不符，且到货时间比预定时间晚了近一个半月，在开箱验货的要求被拒绝后，收货人拒绝提货，货物被迫继续堆放在码头。1999年六七月间，收货人分别委托国际检验机构 SGS 及黎巴嫩独立检验机构 CHERIF KATERJI 对货物进行检验。上述检验机构认为，因货物经过长时间的海运，导致大部分货物变质，影响销售。原告与收货人就货物的处理达成协议，原告将货物降价卖给收货人，货款为39 874美元，造成原告直接损失42 339.50美元。原告认为，原、被告之间存在合法有效的国际海上货物运输合同关系，被告违反约定的装船时间，擅自更改承运船舶，导致原告托运的货物推迟近一个半月才到达目的港，以致货物变质，造成原告重大经济损失。请求判令被告赔偿原告因被告的违约行为而遭受的经济损失人民币350 148元及其利息17 897.12元。

被告长计公司辩称：根据本案所涉提单背面条款第8条和第19条的约定，承运人不承诺在某一特定时间将货物运抵卸货港或交货地，承运人在任何情况下均不对由于延误造成的直接、间接或后续损失负责。同时，承运人也有权自定航线和自定船舶运输等。被告已依约在合理时间内将货物运抵目的港，因收货人原因导致货物压港近3个月，该责任应由收货人承担。原告委托所谓的国际检验机构对货物进行检验，因该检验不是双方共同委托，在程序及处理结果上缺乏公正性；该检验报告作为一份国外文书，没有经过我国领事馆的认证，因此不具有任何法律效力。综上，原告的诉讼请求缺乏事实和法律依据，请求驳回原告的诉讼请求。

被告长计公司办事处辩称：根据最高人民法院《关于适用〈中华人民共和国民事诉讼法〉若干问题的意见》第40条关于"民事诉讼法第四十九条规定的其他组织是指合法成立、有一定组织机构和财产，但又不具备法人资格的组织"的规定，长计国际有限公司贵州办事处属非直接经营性组织，在工商管理部门登记时，没有财产的登记。因此，长计国际有限公司贵州办事处不属民事法律关系中的其他组织，不具有诉讼当事人资格，不能成为本案的共同被告，请求予以驳回。其他答辩意见与被告长计公司一致。

二、法院查明事实

广州海事法院认定以下事实：

1998年12月，原告贵州公司为履行外贸合同的义务，委托被告长计公司办理 119.20 吨白芸豆出口到黎巴嫩的国际海运业务。被告长计公司办事处接受委托后，代为办理有关货物出口手续，安排货物的运输事宜。原告贵州公司向其支付运费 9 300 美元。1999 年 1 月 15 日，被告长计公司向原告签发以其为抬头的提单，该提单记载：托运人为原告贵州公司，收货人凭托运人指示，运输船舶 MSC MARTINA，装货港黄埔，卸货港贝鲁特，货物为白芸豆 119.15 吨，运费预付。因原告客户在目的港没有查询到货物，遂向原告核实货物出运的情况。经原告向被告长计公司办事处查询，被告长计公司办事处于 1999 年 2 月 23 日向原告贵州公司发传真称："一程船为 GUANG SHEN 1，预计开航时间为 1999 年 1 月 28 日；二程船为 MSC SOPHIE，预计开航时间为 1999 年 2 月 1 日（香港），预计到达贝鲁特的时间为 1999 年 2 月 28 日。"3 月 16 日，被告长计公司办事处又传真告知原告："因船公司需在新加坡中转，二程船为 MSC ALEXA，预计 3 月 28 日到达。"3 月 26 日，原告要求被告长计公司办事处查清货物运输的真实情况、货物到达目的港后让其客户检验货物的品质和数量。4 月 2 日，原告托运的货物由 MSC ALEXA 运抵贝鲁特。收货人要求承运人先开箱验货再决定是否接受货物。4 月 30 日，被告长计公司办事处向原告发传真，称因海关条款的约定，只能提货后才能开箱验货。货物因收货人拒绝提货而继续堆放在码头。后经原告与收货人协商，将货物降价处理卖给收货人。原、被告对以上事实没有异议，法院予以确认。

另查，被告长计国际有限公司贵州办事处是被告长计国际有限公司常驻国内的代表机构。于 1998 年 4 月 10 日经批准成立，经营范围是货运代理及进出口贸易联络。

原告在庭审中确认，其收到提单后，已对提单进行背书。因收货人拒绝赎单，原告于 1998 年 5 月 11 日指示银行将提单交给收货人，收货人凭提单提取了本案所涉的货物。

关于货物是否发生货损。原告提供 SGS 黎巴嫩分公司及黎巴嫩独立检验机构 CHERIF KATERJI 的检验报告，以证明原告的货物因受长时间海运的影响，导致货物变质，需要降价处理。被告认为，检验是由单方委托而非经双方共同委托，检验机构在检验货物的程序和检验结果上缺乏公正性；货物于 1999 年 4 月份到达目的港，而检验机构直到六七月份才对货物进行检验，因此检验的结果并不能反映货物到港时的实际情况；该检验报告没有经过公证认证，无法确认检验机构及检验人员的真实性，因此，该检验报告不具有法律效力。法院认为，检验报告是在货物到达目的港两个多月后进行检验作出的，检验的结果不能真实反映货物到港时的实际品质，不能证明货物在承运人掌管期间的动态情况。因此，与本案不具关联性，不能作为认定本案货物发生货损的依据。

关于货物遭受损失的数额。原告提供发票、联合贸易集团出具的结算清单及银行汇款单复印件，以证明原告实际遭受的损失为 42 339.50 美元。被告认为，发票是原告自己出具的，不具有法律效力，原告与客户协商处理货物并不能真实反映货物的实际损失。法院认为，原告自己出具的发票不能作为认定本案货物价值的依据；仅凭联合贸易集团出具的结算清单，不能证明货物的处理价值及产生的其他费用，上述证据不能作为认定本案货物实际损失数额的依据。

原告为证明被告长计公司在签发提单时，原告托运的货物没有在装货港装上提单记载的承运船舶,提交了广州港务局业务处出具的证明,该证明证实 MSC MARTTNA 轮在 1999 年 1 月份并没有挂靠广州港务局码头装卸货物。被告长计公司认为广州港务局向辅正律师事务所出具的该份证明,没有记载调查人、证明人等事项,违背了取证的正常途径,对该份证明的真实性和有效性表示怀疑,但没有提供相反证据。法院认为,被告长计公司没有提供相反证据予以推翻,因此对该份证据所证明的事实予以确认。

被告长计公司提供中华人民共和国广州动植物检疫局于 1999 年 1 月 20 日出具的植物检疫证书和熏蒸/消毒证书复印件,以证明原告收不到货款是由于上述证书签发的日期与信用证约定的 1 月 15 日不符所致,与被告承运货物无关。原告认为,被告长计公司办事处已向原告提供签发日期为 1 月 14 日的上述证书,对被告提供的上述证书不予确认。合议庭认为,被告长计公司提供的上述证书为复印件,原告不予确认,又没有其他证据可以相互印证,因此,对该两份证据不予采信。

三、法院裁判

广州海事法院认为:本案是一宗涉外海上货物运输货损赔偿纠纷案。原、被告在诉讼过程中均引用中国的有关法律规定,是对选择适用法律的明示。因此,应适用中国的法律解决本案争议。

被告长计公司办事处是被告长计公司在国内的常驻机构,不具有法人资格,其进行民事活动所产生的民事权利义务应由被告长计公司承担。被告长计公司作为承运人,在签发提单时,本案所涉货物并没有装上提单上记载的承运船舶,由此产生的法律后果应由被告长计公司承担。原告作为提单上的托运人,在取得提单后进行了背书转让,原告已不是提单持有人,对提单项下的货物不再具有所有权。因而不享有基于货物所有权而产生的货物损害赔偿的请求权。因此,原告就提单项下货物所遭受的损害起诉被告无法律依据。综上,判决如下:

驳回原告贵州省纺织品进出口公司的诉讼请求。

本案受理费 8 031 元,由原告贵州省纺织品进出口公司负担。

84 上诉人阿塞尔吉达金亚塞那依维提加里特有限公司与被上诉人河北省粮油(集团)总公司海上货物运输合同纠纷案

案例来源:天津市高级人民法院(2001)高经终字第 257 号

主题词:提单受让　银行　提单持有人　货物实际价值　检验检疫局检验结果

裁判要旨

No. HY-1.4-3　提单持有人通过银行付款赎单取得空白指示提单,银行是否背书不影响提单持有人的提单权利。提单转让后,持有提单的人有权向提单承运人主张提单项下货物的权利。在提单持有人有证据表明货物损失发生在运输期间的情况下,承运人欲免除货物损害赔偿责任,应提供证据证明货物损坏赔偿是由于法定的免责事由导致,否则应当承担赔偿责任。

> **No. HY-1.4-4** 货物灭失的赔偿标准按照货物的实际价值计算;货物损坏的赔偿标准按照受损前后实际价值的差额或者货物修理费用计算。货物实际价值为装船时价值+保险费+运费,而不是以交付地点的市场价值为标准计算,货物受损后的价值计算也是如此。

一、基本案情

上诉人(原审被告):阿塞尔吉达金亚塞那依维提加里特有限公司(以下简称阿塞尔公司)

被上诉人(原审原告):河北省粮油(集团)总公司(以下简称河北粮油公司)

天津海事法院一审查明:2000年4月27日,河北粮油公司与案外人新加坡丰益贸易私人有限公司(WILMAR TRADING PTE. LTD,以下简称丰益公司)订立买卖合同,约定由丰益公司向河北粮油公司提供24 000吨巴西产大豆,每吨单价224.50美元 CNF中国天津。2000年5月9日,上列货物装载于阿塞尔公司所属土耳其籍"MUSTAFA NEVZAT"轮上,阿塞尔公司在装港的代理人代为签发 NO.02 号一式三份正本已装船清洁提单。提单载明:托运人为丰益公司,收货人凭指示(To Order),通知方为河北粮油公司,装货港巴西 Itacoatiara 港,目的港中国天津,货物为24880.424公吨散装巴西产大豆,所属载货舱为2、4、6、7货舱,运费预付,货物表面状况良好。2000年7月1日,货抵天津新港,卸货时发现货物受损。中华人民共和国塘沽出入境检验检疫局(以下简称检验检疫局)即对受损货物进行了检验,其出具的验残证书载明:经对2、4、6、7舱所载货物进行逐舱勘察,发现各舱舱内表层货物均已严重硬结霉变,舱内有明显的酸败气味,表层货物霉变呈灰白色,有明显遭受水湿痕迹。舱口围板下方的货物水湿迹象明显,且货物霉变严重。2、4、7舱硬结霉变层断面显示深约30 cm左右,货物与舱壁及舱壳相接触处有明显水湿现象,货物发霉结块。第6舱霉变层断面显示深达50 cm左右。霉变层下面部分货物受热呈赤褐色,部分货物炭化呈黑色,并伴有明显酸败气味。河北粮油公司向有关保险公司就涉案货物投保了海运一切险,支付保险费15 360.55美元。另查明,货物销售合同的最终支付方式为 D/P 付款(付款交单),丰益公司在提单背面进行了空白背书后,委托波士顿银行新加坡分行(BANK BOSTON N. A. SINGAPORE BRANCH)向河北粮油公司进行托收。2000年6月12日,波士顿银行新加坡分行向交通银行石家庄分行寄送了托收委托书,并随附提单在内的相关单证。交通银行石家庄分行收到上述单证后,即通知河北粮油公司付款赎单。河北粮油公司在履行付款义务后,取得了包括上列提单在内的全套贸易合同项下的正本单据,并凭正本提单提取了涉案货物。

二、一审裁判

关于河北粮油公司是否具有诉权,天津海事法院一审认为只有支付相应对价的一方,才是提单的合法持有人,才对提单项下的货物具有所有权。银行是货款支付环节的金融机构,并不就提单项下货物支付对价,其因支付环节而对提单的占有,并非法律意义上的提单受让人或持有人,其在提单上的背书内容,亦不具有决定意义。河北粮油公司与丰益公司签订了购买涉案货物的买卖合同,支付了相应的对价,取得了正本提单,并依据正本提单向阿塞尔公司提取了货物,阿塞尔公司也向河北粮油公司交付了货物。河北粮油公司是涉案货物的合法收货人,对于在承运人掌管期间造成的货物损坏,有权提出赔偿的诉讼请求。在承运人的责任期间,货物发生灭失或损坏,除非由于承运人可以免责的原因外,承运人应当负赔偿责任。关于货物损坏的原因,《中华人民共和国海商法》第48条规定,承运人应当妥善地、谨慎地装载、搬移、积载、运输、保管、照料和卸载所运货物。阿塞尔公司作为承运人,对于其在运输途中已经妥善、谨慎地保管、照料货物,尤其是正确地为货物进行通风,负有举证责任。检验检疫局的验残报告表明,货物表面有明显水湿痕迹,舱壁接触部分和舱口围板下方部分更为严重,证明货物表面和舱壁、舱口围板等处均因结露产生汗水,这是表层货物霉变损坏而深层货物完好的原因所在。货舱通风的基本原则在于降低舱内露点,使舱内空气露点始终低于船体或货物表面温度,否则就会在船体或货物表面产生汗水。除装货前应做好货舱准备工作保证货舱干燥无积水外,航行途中必须根据货舱内外露点和湿度正确通风,在没有露点自动记录器的情况下,通常使用干湿球温度计和露点查算表来测定露点。本案中,货物运输由南半球跨越赤道到达北半球,温度变化大,航行时间长,正确通风尤为重要。经对船长进行调查,该轮并无露点自动记录器,阿塞尔公司也未能提供有效的原始记录证明该轮船员已忠实地根据不同的气候和天气等情况测量了干湿度并根据测定的船内外露点进行了正确的通风。阿塞尔公司不能对其已妥善、谨慎地保管、照料货物完成其举证责任。阿塞尔公司所称的货物含水量达到16%、品质低于国家标准等,均没有提供相应的证据。而装港货物检验证书中载明的大豆所含水分12.7%,与文献资料中所记载的通常12.5%—13%的标准基本相符。而含水量超标造成表层货物霉变与占全部货物近80%底层货物完好的事实相矛盾。因此,阿塞尔公司所称货物损坏是其自身缺陷所致的主张不能成立。货物损坏应系阿塞尔公司未能对货物妥善正确通风导致船体和货物结露产生汗水所致。

关于河北粮油公司损失的具体数额和法律适用。中国未加入"海牙规则"和《海牙—维斯比规则》的有关公约,依据提单背面条款,本案应适用卸货港国家的法律,即中国法。根据《中华人民共和国海商法》的有关规定,货物损坏的赔偿额,按照货物受损前后实际价值的差额等方法来计算,而货物的实际价值,按照货物装船的价值+保险费+运费来计算,即每公吨225.12美元。根据验残报告中的残损比例,残损货物损失为729 760.24美元,折合人民币6 035 117.20元。河北粮油公司因货物损坏产生的

提单受让·银行·提单持有人·货物实际价值·检验检疫局检验结果

其他损失还包括验残费、诉前证据保全和诉前财产保全费。阿塞尔公司对于因此造成的河北粮油公司货物损失和相关验残费用、保全费用损失负有赔偿责任,并应支付相应的利息。河北省油脂公司是货物实际进口方,其销售残货与估损价格相同,恰能反映河北粮油公司没有虚假报验而从中获利。检验检疫局为国家检验部门,独立履行检验责任,其对特定货物的检验结果具有权威性。连云港进出口检验检疫局对其他货物的检验结果,不能代表涉案货物的残损状况,该检验报告与本案无关。

综上,天津海事法院判决:阿塞尔公司赔付河北粮油公司货物损失人民币6 035 117.20 元、验残费人民币34 942 元、诉前证据保全费用人民币5 000 元、诉前财产保全费用人民币5 000 元,共计人民币6 080 059.20 元,并按同期银行存款利率,支付自2000 年7 月14 日起至判决确定的给付之日止的利息。

三、上诉与答辩

阿塞尔公司不服,向天津市高级人民法院提出上诉,请求撤销原判,改判上诉人不承担责任。归纳上诉人的上诉理由:

1. 关于被上诉人诉权问题

(1) 原审判决以是否支付对价作为确定提单下诉权的标准,根本背离了提单背书转让的基本法则和《中华人民共和国海商法》的规定。承运人作为以提单证明的运输合同的当事一方,应仅受提单的约束。

(2) 本案所涉提单是一份指示提单,托运人丰益公司先进行空白背书,然后波士顿银行新加坡分行又将该提单记名背书给交通银行石家庄分行,此后,交通银行石家庄分行并没有再以任何形式进行进一步的背书。可见,提单的最终被背书人是交通银行石家庄分行,具有诉权的应当是交通银行石家庄分行而不是被上诉人。

(3) 一审判决认定"原告依据正本提单向被告提取了货物,被告也向原告交付了货物"与事实不符,更无任何证据支持。上诉人在庭审过程中也从来没有承认"向原告交付了货物"。

2. 关于货损原因

一审判决在未经过充分调查的情况下,完全否定了上诉人提交的有关管货证据及证明货物本身质量低于中国国家标准和含水量严重超标的证据,直接导致了货损原因的错误认定。

3. 关于货物损失数额的认定

一审判决适用法律不当。上诉人同意本案适用《中华人民共和国海商法》,但一审判决在适用该法第55 条的规定时,没有严格按照该条款确定被上诉人所遭受的损失。本案中,被上诉人应提供实际销售残损货物的发票以证实货物的实际出售价格,一审判决认定货物损失数额的根据是检验检疫局的估计损失。但是,检验人的估损贬值率不能代表货物受损后的实际价值。

提单受让・银行・提单持有人・货物实际价值・检验检疫局检验结果

被上诉人河北粮油公司答辩意见为：

第一，作为合法的收货人，被上诉人具有要求作为承运人的上诉人承担货损赔偿责任的诉权。

（1）被上诉人作为贸易合同买方，足额支付了贸易合同价款，从贸易合同的角度而言，取得了合同项下的货物所有权；从提单转让的角度而言，支付了提单的对价，合法取得经过托运人空白背书的提单，是涉案提单唯一的合法持有人和收货人。

（2）涉案提单经托运人空白背书后已满足《中华人民共和国海商法》有关提单转让所规定的条件，该提单在随后的转让过程中无须任何人再进行背书，即使波士顿银行新加坡分行在该提单上作了相关记载，此种记载也非提单转让意义上的背书，对该提单的转让不起任何作用，丝毫不影响被上诉人作为合法的提单受让人和提单持有人所享有的任何权利。

（3）托运人在提单背面进行的是空白背书而非记名背书，在提单上作相关记载的波士顿银行新加坡分行因托运人未作记名指示而不能成为提单的关系方，无权在提单上进行任何背书，其在涉案提单所作的记载对涉案提单的转让不产生任何影响。

（4）波士顿银行新加坡分行并非涉案提单的合法受让人或提单持有人，无权作出旨在转让提单的背书。托运人无意将提单项下的权利转让给波士顿银行，而仅仅是委托其代为转递单证和托收货款。涉案贸易合同关于D/P付款方式的约定，决定了波士顿银行新加坡分行在接受托运人提交的包括正本提单在内的全套单据时，并未支付贸易合同项下的任何款项，无权在涉案提单上进行任何形式的背书。该银行在提单背面所进行的记载，至多是表述在托收业务过程中提单等单据在银行内部的流程。

（5）波士顿银行新加坡分行在没有得到托运人记名背书授权的情况下，在提单背面所作的记载，不构成有效的背书，该记载更不能损害作为提单关系人的托运人和其他提单持有人的合法权益。被上诉人通过正常贸易途径合法持有提单，是理所当然的收货人并有权针对提单的相对人上诉人主张权利。

第二，作为涉案运输合同项下的承运人，上诉人应就涉案货物的损坏原因及妥善履行管货义务承担举证责任。

第三，上诉人所举证据不能证明货损属法定免责原因所致，不能证明其妥善履行了应尽的法定管货义务，应当对被上诉人所遭受的损失承担赔偿责任。一审法院根据《中华人民共和国海商法》第55条之规定以及检疫检验局认定的受损货物的贬值率和货损数量确定受损货物的赔偿额，符合法律规定，符合我国海事审判实践一贯采用的原则。

四、二审裁判

天津市高级人民法院认为，本案属提单证明的海上货物运输合同纠纷，涉案提单背面的首要条款虽对《海牙规则》《海牙—维斯比规则》的适用条件进行了描述，但原审法院适用中国法律，双方当事人均不持异议，二审期间也均援引《中华人民共和国海商法》作为索赔、抗辩的依据,应视为双方当事人合意选择本案争议适用中国法律。因此,根据《中华人民共和国民法通则》第145条的规定,本案应适用中国法律。涉案提单是一份空白指示提单,有权背书的人为托运人,托运人丰益公司在提单上进行了空白背书,之后将提单交给波士顿银行新加坡分行,委托该行办理货款的托收事宜,希望将提单流转到货物买方,并通过托收方式实现提单项下的货款。对上述事实及所应产生的法律后果,双方当事人并无争议。双方主要争议在于托运人委托的托收行波士顿银行新加坡分行随后在提单背面加盖的印章 PAY/DELIVER TO THE ORDER OF BANK OF COMMUNICATIONS ANKBOSTON, N. A SINGAPORE BRANCH 所导致的法律后果是什么。此时,波士顿银行新加坡分行的地位是托运人委托的托收行,该行取得提单仅是基于托运人的委托收款事项,并非提单转让意义上的受让,其并不为提单项下货物支付任何款项,托运人进行的空白背书也证明无意将提单项下的权利转让给该行。因此,波士顿银行新加坡分行非法律意义上的提单受让人或持有人,该行向交通银行石家庄分行寄送提单也并非将提单转让与交通银行石家庄分行,其没有义务、更没有权利在提单上进行背书以处分提单项下的货物。该行在提单上所进行的记载——加盖的印章,不是提单转让意义上的记名背书,并不影响该提单作为空白指示提单,在托运人进行空白背书后的转让效力,代收行交通银行石家庄分行也并非记名被背书人,无须由其再进行背书以保证提单背书的连续性。

因此,在该提单转让后,凡支付提单项下货物货款并持有该正本提单的人,均有权向承运人主张提单项下的货权。本案被上诉人作为贸易合同中的买方,在收到代收行要求其付款赎单的通知后,即足额支付提单项下货物的全部款项,从代收行处取得提单,应被认为是提单的合法持有人。且被上诉人在凭该正本提单向上诉人提取货物时,上诉人亦未表示异议,并已将货物全部放给被上诉人。在被上诉人因货损向上诉人主张损害赔偿时,作为承运人,上诉人看到托收行在提单背面加盖的印章,要求被上诉人证明其是提单合法持有人的要求是可以理解的,但在查清上述事实后,被上诉人作为提单合法持有人的问题即已解决。上诉人提出的在发生货物灭失或损害时,只有提单的最终被背书人有权向承运人提出索赔或诉讼,因此应驳回被上诉人起诉的主张,因托收行加盖的印章不具有记名背书效力,该主张不能成立。上诉人、被上诉人之间存在提单所证明的海上货物运输合同关系,根据《中华人民共和国海商法》第77条的规定,对于已支付全部货款而善意受让提单的被上诉人,该提单具有最终的证据效力,涉案提单是清洁提单,记载货物表面状况良好,因此上诉人应按提单记载的状况向被上诉人交付货物。而在卸货港检验检疫局的验残证书显示,该批货物各舱舱内表层货物均已严重硬结霉变,有明显遭受水湿痕迹,霉变层下面部分货物受热呈赤褐色,部分货物炭化呈黑色,舱内伴有明显的酸败气味。上诉人作为承运人,如认为货损不是承运人的过失造成的,或者承运人构成免责,则应提供相应的证据或说明理由。本案中,上诉人认为货物损坏是该批货物含水量严重超标、破损率高、质量差的原因造成的,依据是交通部水运科学研究所《MUSTAFA NEVZAT 轮承运巴西大豆货损原因分析报告》，原审认为该研究所非专门检验机构，且无相应的检验资质证书，只能作为学术参考资料使用。二审认为原审结论正确，进一步认为该分析报告并非检验、鉴定意见，其中的观点必须建立在有证据证明的事实基础上。被上诉人提交了该批货物的质量证书，上诉人未能举证证明该质量证书的记载有误，故该批货物装船时的含水量、破碎粒等标准应以质量证书记载的为准。上诉人未能证明12.7%的含水量必然导致大豆在运输途中损坏，其分析报告也只是认为合同约定的14%的含水量偏高，而我国的大豆质量标准中对含水量的要求也只是13%，检验检疫局检验的货物含水量最高为16%的结论是对已受损货物进行检验后得出的，并不代表货物在装港的情况。另，分析报告中对不完善粒33%、杂质1.2%的结论与质量证书的记载也不相符。综上，上诉人所称其已尽到保管、照料货物的义务，该批货物含水量超标、破损率高、质量差是造成货损的主要原因的主张事实依据不足，不能成立。原审判决对货损原因的分析较客观，结论基本正确，天津市高级人民法院予以确认。

上诉人因存在管货不当的过失，对货损应承担赔偿责任。对于货损赔偿标准及损失数额的计算，根据《中华人民共和国海商法》第55条的规定，货物灭失的赔偿额，按照货物的实际价值计算；货物损坏的赔偿额，按照货物受损前后实际价值的差额或者货物的修复费用计算。货物的实际价值，按照货物装船时的价值加保险费加运费计算。根据该规定，货物受损前价值的计算不以交付或应当交付时货物到达地的市场价格为标准，则货物受损后的价值计算也应如此。原审法院按照货物装船时的价值+保险费+运费，计算出货物受损前的实际价值为每公吨225.12美元，二审期间双方当事人均未提出异议，天津市高级人民法院予以确认。对残损货物的损失，检验检疫局出具了验残证书，确定了残损货物的贬值程度，原审法院按照该批货物受损前的实际价值，即每公吨225.12美元，结合验残证书中的估损比例，计算出该批货物损失数额为729 760.24美元，折合人民币6 035 117.20元。因检验检疫局为依法设立的检验机构，独立履行检验责任，其对特定货物的检验结果具有权威性，出具的检验报告在没有相反证据予以推翻的情况下，具有证据效力，该报告所明确的受损货物的比例具有公正性、客观性，依此计算的损失数额天津市高级人民法院予以支持。上诉人提出被上诉人应以实际销售残损货物的发票证明其实际损失，否则应驳回其该项诉讼请求的主张，因依该主张计算出的损失数额受到了货物出售时市场价格的影响，并不符合《中华人民共和国海商法》第55条的规定，不能成立。

综上，原审判决认定事实清楚，处理结果并无不当，依照《中华人民共和国民事诉讼法》第153条第1款第(一)项的规定，判决如下：

驳回上诉，维持原判。

85 原告南海冠球家具有限公司、祥建有限公司与被告亚洲货运有限公司海上货物运输交付纠纷案

案例来源：广州海事法院（2001）广海法初字第114号
主题词：法律适用　商业保函　无正本提单放货

裁判要旨

No. HY-1.4-5 提单持有人请求承运人赔偿因无正本提单放货而遭受的损失，其主张的实际上是提单项下的权利，该权利来自于作为海上货物运输合同证明的提单，故为海上货物运输合同纠纷。双方当事人没有选择该合同适用的法律，依照《中华人民共和国海商法》第269条的规定，应适用与该合同有最密切联系的国家的法律。

No. HY-1.4-6 承运人应按照托运人的指示凭正本提单交付货物，其目的港的代理人凭商业保函及副本提单交付货物，违反法律规定。而被代理人对代理人的代理行为承担民事责任，故承运人应对其代理人的无单放货的行为承担民事责任，赔偿与其无正本提单放货行为有直接因果关系的损失。

一、基本案情

原告：南海冠球家具有限公司（以下简称冠球公司）
原告：祥建有限公司（以下简称祥建公司）
被告：亚洲货运有限公司（以下简称亚洲公司）

原告冠球公司、祥建公司诉称：2000年4月12日，原告冠球公司与原告祥建公司签订销售协议，约定：美国点缀公司下达订单后，由原告冠球公司根据订单生产家具并卖给原告祥建公司，再由原告祥建公司将该批家具交付给美国点缀公司。原告冠球公司在原告祥建公司付讫货款后，将单证交付给原告祥建公司。12月4日，原告祥建公司接受原告冠球公司的委托，将 IMPEMP-021 号订单项下的159纸箱卧室家具装入一个箱号为 FSCU6274184 的集装箱，并以托运人的名义向被告亚洲公司托运。该集装箱在深圳盐田港装上"NORASIA HONG KONG"轮，被告亚洲公司作为承运人签发了编号为 SY/LAX4512 的一式三份指示提单。

该批货物抵达卸货港美国洛杉矶后，美国点缀公司未向原告祥建公司付款，原告祥建公司亦未向原告冠球公司付款，原告冠球公司至今仍然持有上述正本提单。美国点缀公司在未取得正本提单的情况下，从被告亚洲公司处提取了提单项下的货物。被告亚洲公司的无正本提单放货行为，侵害了货物所有人原告冠球公司的利益。请求判令被告亚洲公司赔偿因无正本提单放货侵权行为而造成两原告的损失20168美元以及利息（自2001年2月13日起至实际支付之日止，按同期银行贷款利率计算），并承担本案诉讼费用。

庭审时,两原告确认由原告冠球公司单独提出上述诉讼请求,原告祥建公司放弃本案诉讼请求。

被告亚洲公司辩称:根据销售协议约定,原告冠球公司将本案所涉货物卖给原告祥建公司,货物的交付方式为原告祥建公司在原告冠球公司的工厂检验收货。原告冠球公司在其工厂将货物交付给了原告祥建公司,依照《中华人民共和国合同法》第133条的规定,自货物交付时起,货物的所有权已经转移给原告祥建公司,原告冠球公司已不再享有货物的所有权。原告冠球公司无权向被告亚洲公司提起侵权之诉。

原告冠球公司将货物交付给原告祥建公司后,原告祥建公司为履行其与美国点缀公司的买卖合同,以自己的名义委托运输。提单载明的托运人为原告祥建公司,收货人为"凭托运人指示",原告冠球公司并非提单所证明的运输合同的当事人。在提单未经原告祥建公司合法背书的情况下,原告冠球公司持有提单是不合法的,无权向被告亚洲公司提起侵权之诉。

原告冠球公司索赔的损失是其未收到的货款,应当向原告冠球公司支付货款的是原告祥建公司,而不是本案的提货人美国点缀公司。原告冠球公司是否收到货款与被告亚洲公司的放货行为没有任何因果关系,且原告冠球公司索赔的损失不能按照原告祥建公司出具的发票价值计算。

综上所述,原告冠球公司无权向被告亚洲公司提起无正本提单放货侵权之诉,被告亚洲公司也无需赔偿原告冠球公司索赔的损失,应依法驳回原告冠球公司的诉讼请求。

庭审时,被告亚洲公司表示因原告祥建公司在本案中放弃诉讼请求,故不再针对原告祥建公司进行答辩。

二、法院查明事实

广州海事法院认定以下事实:

原告冠球公司为证明提单项下的货物价值,向广州海事法院提供了原告祥建公司的订单、原告冠球公司的发票及装箱单。订单、发票及装箱单显示:原告冠球公司将货物出售给原告祥建公司的价值为 15 904.98 美元。被告亚洲公司认为,上述证据是在两原告之间产生的,被告亚洲公司无法确认其真实性,上述证据不足以证明货物的价值,原告冠球公司应提供货物出口报关单以证明货物的价值。被告亚洲公司没有提供相反的证据。广州海事法院认为,上述证据本身能够相互印证,并且能够与上述已经确认的事实相互印证;上述证据在作为本案货物买卖合同当事人的两原告之间产生是必然的,这并不影响上述证据的证明力;被告亚洲公司要求原告冠球公司提供货物出口报关单以证明货物的价值,没有法律依据。在被告亚洲公司没有提供相反证据的情况下,应根据上述证据认定原告冠球公司将上述货物出售给原告祥建公司的价值为 15 904.98 美元。

原告祥建公司为证明提单项下的货物价值,于起诉时向广州海事法院提供了美国点缀公司 E-mail、订单、原告祥建公司发票及装箱单。上述 E-mail、订单、发票及装箱单显示:原告祥建公司将上述货物出售给美国点缀公司的价值为 20 168 美元。被告亚洲公司认为,原告祥建公司放弃了诉讼请求,上述证据与本案无关,不应作为认定事实的根据。广州海事法院认为,原告祥建公司起诉时提供上述证据是为了支持其诉讼请求,在其已放弃诉讼请求的情况下,上述证据不能作为认定本案损失的根据。

原告祥建公司当庭在原告冠球公司持有的提单上进行了空白背书。被告亚洲公司对此提出异议,认为本案证据交换已经结束,原告祥建公司无权在提单上进行背书,该背书没有法律依据,不能作为处理本案的依据。广州海事法院认为,原告祥建公司的上述背书行为和原告冠球公司持有提单的事实表明,原告冠球公司已受让了经原告祥建公司背书转让的提单。

三、法院裁判

本案合议庭多数意见认为:原告冠球公司持提单请求承运人被告亚洲公司赔偿因无正本提单放货而遭受的损失,其主张的实际上是提单项下的权利,该权利来自于作为海上货物运输合同证明的提单,因此,本案是海上货物运输合同纠纷。双方当事人没有选择该合同适用的法律,依照《中华人民共和国海商法》第 269 条的规定,应适用与该合同有最密切联系的国家的法律。本案提单的签发地和装货港均在中国,因此,中国是与该合同有最密切联系的国家,本案实体争议应适用中华人民共和国法律处理。

本案所涉提单是记名指示提单,根据《中华人民共和国海商法》第 79 条第(二)项规定,指示提单经过记名背书或者空白背书转让。法律仅规定了此类提单的转让方式,没有作出转让时间的限制性规定,况且,原告祥建公司作为托运人已参与本案诉讼,其在诉讼中处分提单项下货物的权利也是法律所允许的。因此,原告祥建公司作为托运人以空白背书的方式将提单转让给原告冠球公司并不违反法律的规定,原告冠球公司持有提单是合法的,其有权依据受让的提单对承运人被告亚洲公司提起诉讼,请求被告亚洲公司赔偿因无正本提单放货行为而造成的损失。被告亚洲公司关于原告祥建公司庭审时无权对提单进行背书的主张,没有法律依据,不予支持。

根据《中华人民共和国海商法》第 71 条关于"提单是承运人保证据以交付货物的单证"的规定,被告亚洲公司作为提单项下货物的承运人,应按照托运人原告祥建公司的指示凭正本提单交付货物。但被告亚洲公司在目的港的代理人却凭商业保函及副本提单将货物交给美国点缀公司,违反了上述法律规定,直接造成了合法的提单持有人原告冠球公司的损失。尽管无正本提单放货行为由被告亚洲公司的代理人实施,但依照《中华人民共和国民法通则》第 63 条关于被代理人对代理人的代理行为承担民事责任的规定,被告亚洲公司应对其代理人的行为承担民事责任,赔偿与无正本提单放货行为有直接因果关系的损失,即赔偿原告冠球公司向原告祥建公司出售货物的价值 15 904.98 美元及其利息。原告冠球公司按原告祥建公司向美国点缀公司出售货物的

法律适用・商业保函・无正本提单放货

价值20168美元计算损失，没有法律依据，不予支持。

原告祥建公司将提单项下的权利转让给原告冠球公司后，其不再享有提单项下的权利，不能向被告亚洲公司主张权利。原告祥建公司放弃诉讼请求，应予准许。

法院认为：一般情况下，合法的提单持有人向承运人主张无正本提单放货所造成的损失赔偿，应属于海上货物运输合同纠纷。但本案中，原告祥建公司作为托运人起诉前将未经背书的提单交给原告冠球公司，以担保履行销售协议关于付款交单的约定。原告祥建公司至今未支付货款，原告冠球公司通过持有该提单保留货物所有权。承运人被告亚洲公司的代理人无正本提单放货行为发生后，原告冠球公司选择以货物所有人的身份向被告亚洲公司主张提单项下的货物所有权，而不是以合法的提单持有人的身份提起诉讼，因此，本案是侵权纠纷。依照《中华人民共和国民法通则》第146条的规定，本案适用侵权行为地法律。侵权行为地包括损害结果的发生地，原告冠球公司的住所地在中国内地，其因无正本提单放货行为而遭受的损害结果发生在中国内地，因此，本案应适用中华人民共和国法律处理。

销售协议关于"原告冠球公司在原告祥建公司付讫货款后，将单证交付给原告祥建公司"的约定，以及两原告庭审时关于"因原告祥建公司至今未支付货款，故原告冠球公司未将提单交付给原告祥建公司，提单项下的货物仍然属于原告冠球公司所有"的一致意思表示，符合《中华人民共和国合同法》第134条关于"当事人可以在买卖合同中约定买受人未履行支付价款或者其他义务的，标的物的所有权属于出卖人"的规定。据此，应认定提单项下的货物所有权属于原告冠球公司，而原告祥建公司在庭审时以空白背书的方式转让提单，不能转让提单项下的货物所有权。被告关于货物所有权自检验收货时起转移的主张，缺乏事实依据，不予采信。

原告祥建公司至今未支付货款，原告冠球公司根据销售协议的约定为保留货物所有权而持有提单。上述无正本提单放货行为发生后，当原告冠球公司持提单向被告亚洲公司主张货物的所有权时，原告祥建公司作为托运人在庭审中对提单进行空白背书，符合《中华人民共和国海商法》第79条第（二）项的规定。以上事实足以证明原告冠球公司持有提单是合法的。被告亚洲公司的代理人在目的港凭商业保函及副本提单将货物交给美国点缀公司，违反了《中华人民共和国海商法》第71条关于"提单是承运人保证据以交付货物的单证"的规定，侵害了原告冠球公司的合法权益，导致原告冠球公司持有正本提单无法保留货物所有权和支配货物。被告亚洲公司作为被代理人应对上述无正本提单放货行为承担民事责任，赔偿原告冠球公司因此而遭受的损失。损失及赔偿额的认定，同意合议庭其他成员的意见。

如前所述，原告祥建公司不具有提单项下货物的所有权，因此，其无权提起本案诉讼。

依照《中华人民共和国海商法》第71条、第79条第（二）项的规定，判决如下：

被告亚洲公司应向原告冠球公司赔偿货物损失15904.98美元以及利息（从2001年2月13日起至本判决确定支付之日止，按中国人民银行同期流动资金贷款利率计算)。

本案受理费人民币 6 706 元,由被告亚洲公司负担 5 300 元,原告冠球公司负担 1 406 元。

86 上诉人源诚(青岛)国际货运有限公司与被上诉人栖霞市恒兴物业有限公司无正本提单放货纠纷案

案例来源:山东省高级人民法院(2002)鲁民四终字第 22 号
主题词:法律适用　凭提单交货　适格收货人　国际惯例

> **裁判要旨**
>
> **No. HY-1.4-7**　当事人有权选择处理纠纷适用的法律。提单中约定提单的内容以中国法律为依据,任何由该合同引发的争议和索赔终审权在中国法院,以中国法律为准据法审理。
>
> **No. HY-1.4-8**　提单是承运人保证据以交付货物的单证。承运人必须凭提单交货,并未区分记名提单与不记名提单,故在记名提单项下,承运人仍应凭正本提单放货,否则应当承担向记名收货人无单放货给托运人带来的风险。
>
> **No. HY-1.4-9**　记名提单项下适格的收货人应当具备两个条件:为记名提单记载的收货人和持有提单。提单上的记名收货人只有凭正本提单提货才是适格的提货主体。托运人在银行退单时未必有损失发生,其可控制货物并可通过其他补救措施收回货款,单证不符导致银行退单与承运人无单放货之间没有必然的联系。托运人的损失在于其尚未收回货款而其托运的货物即因承运人的违约行为被不适格的主体提走,致使托运人在银行退单时丧失了对货物的控制权和支配权以及收回货款的保障,承运人应当承担赔偿责任。

一、基本案情

上诉人(原审被告):源诚(青岛)国际货运有限公司(SHELLESON-KASE LOGISTICS CO. LTD.,以下简称源诚公司)

被上诉人(原审原告):栖霞市恒兴物业有限公司(QIXIA HENGXING TRADE CO. LTD.,以下简称恒兴公司)

青岛海事法院查明:2000 年 11 月,恒兴公司与菲律宾的派驰贸易国际公司商定:恒兴公司为派驰贸易国际公司供应红富士苹果 6 156 箱,离岸价为 54 732.12 美元(折合人民币 453 056.07 元),货款结算方式为信用证结算。装货港为中国青岛,卸货港为菲律宾马尼拉北港,运费到付。

恒兴公司与派驰贸易国际公司商定买卖苹果的有关事宜后,恒兴公司与源诚公司达成协议,由源诚公司承运恒兴公司的该批货物。2000 年 12 月 6 日,源诚公司将恒兴公司的货物装上船并向恒兴公司签发了编号为 TSTRF7017H 的一式三份正本提单。该提单载明：托运人为恒兴公司；收货人为派驰贸易国际公司；货物名称为苹果；数量为 6 156 箱；承运人为源诚公司；装货港为中国青岛，卸货港为菲律宾马尼拉北港，运费到付。恒兴公司交给源诚公司承运的货物的货值为 54 732.12 美元（折合人民币 453 056.07 元）。提单的正面有一项声明：参照本提单背面 6(4)(B)＋(C) 的法律条款，合同或包含在本提单的合同内容以中国法律为依据，任何由本合同引发的争议和索赔终审权在中国法院而非其他法院。除非另有声明，本提单中所列承运人收到的上述外表良好的货物已装在上列船上并应安全运抵目的地，托运人接受本提单背面条款的约定内容，其他当地政策对此无效。货物的重量、尺码、数量、品质、内容和价值由托运人提供，承运人并未核对。一份提单完成提货手续后，其余各份失效。如要求，承运人有责任提供有可背书转让字样的货物提单，作为货物中转之用。

　　源诚公司将恒兴公司的货物运至马尼拉北港后，源诚公司未收回其签发的全套正本提单。2000 年 12 月 17 日，派驰贸易国际公司凭保函从源诚公司处提走了编号为 TSTRF7017H 提单项下的货物。

　　2001 年 1 月 17 日，因单证不符，中国银行烟台分行将源诚公司签发的提单退给了恒兴公司。恒兴公司由于未收到货款，未办理出口退税，且无法享受国家的财政补贴。为此，恒兴公司于 2001 年 6 月 28 日诉至青岛海事法院法院，要求源诚公司承担给恒兴公司造成的经济损失。

　　上述事实经双方质证，青岛海事法院认定后，各方均无异议。

　　另查明：源诚公司原名源诚华盛国际货运有限公司，于 2002 年 2 月 5 日更名为源诚（青岛）国际货运有限公司。

二、一审裁判

　　青岛海事法院认为：源诚公司接受恒兴公司出运货物的委托后，签发了"托运人为恒兴公司，承运人为源诚公司"的编号为 TSTRF7017H 的一式三份正本提单，源诚公司与恒兴公司之间存在海上货物运输合同法律关系。源诚公司和恒兴公司均应按照提单的规定行使权利、履行义务。

　　在源诚公司签发的编号为 TSTRF7017H 的提单的正面载明：参照本提单背面 6(4)(B)＋(C) 的法律条款，合同或包含在本提单的合同内容以中国法律为依据，任何由本合同引发的争议和索赔终审权在中国法院而非其他法院。因此，解决本案的准据法应为中国法律。源诚公司关于本案应适用菲律宾法律的主张，没有法律依据，法院不予采信。

　　提单，是指用以证明海上货物运输合同和货物已经由承运人接受或者装船，以及保证据以交付货物的单证，承运人应当将货物交给凭正本提单请求提货的人。源诚公司签发提单后，应按照提单的约定和法律规定将货物交给相应的提单持有人，并收回其签发的正本提单。源诚公司关于其将货物交给了记名收货人，无需收回正本提单的主张,不符合我国法律的相关规定,法院不予支持。

源诚公司在未收回正本提单的情况下,凭借收货人的保函将货物放走,造成了恒兴公司至今未收回货款。源诚公司应赔偿恒兴公司因此而遭受的损失,即赔偿货物装船时货物的价值加保险费加运费。由于恒兴公司未向源诚公司主张货物的保险费和运费,法院对此不予评判。

恒兴公司关于要求源诚公司赔偿其出口退税款和财政补贴的主张,没有法律依据,法院不予支持。

根据《中华人民共和国海商法》第71、55条,《中华人民共和民法通则》第112条第1款和有关法律规定,判决:

(1)源诚公司支付恒兴公司货款人民币453 056.07元及自2000年12月18日起至本判决生效之日止按同期银行贷款利率计算的利息。上述款项,于本判决生效之日起10日内付清;

(2)驳回恒兴公司的其他诉讼请求。

一审案件受理费及保全费共计人民币12 607元,由恒兴公司承担669元,源诚公司承担11 938元。一审案件受理费及保全费恒兴公司已预付,源诚公司将应承担的11 938元,连同上述款项径付恒兴公司。

三、上诉与答辩

源诚公司不服原审判决上诉称:源诚公司对原审判决认定的其无单放货的事实没有异议,但源诚公司将货物交给提单中载明的记名收货人,是恰当的交付,符合法律规定;恒兴公司未从银行取得货款是恒兴公司履行贸易合同中的瑕疵造成,源诚公司不应对恒兴公司承担赔偿责任。

(1)根据《中华人民共和国海商法》的规定,源诚公司将货物交付提单上记名的收货人,已经正确、恰当地履行了托运人和承运人双方运输合同规定的交付义务及《中华人民共和国海商法》第71条规定的保证义务,而无需收回正本提单。因为记名提单载明了特定的收货人,托运人应当将货物交给该记名收货人;记名提单不具有流通性,承运人只能将货物交给提单上记名的收货人,其他人即使持有提单也不能向承运人要求提取货物,而被记名人即使没有提单,也有权要求承运人交付货物。最高人民法院在1996年"澳海公司与仓码公司等海上货物运输无单放货、提货、代理放货纠纷再审案"的判决中明确了承运人将货物交给记名提单中被记名人的正当性。

(2)将货物交给记名提单中的收货人而无须收回正本提单是一项国际惯例,英、美等国的法律也如此规定,我国的很多文献书籍也有记述。

(3)恒兴公司不能收回货款是其自身过失所致,应自行承担后果。恒兴公司签发记名提单应考虑到风险,应在提单中载明无正本提单不得放货或及早通知承运人不要无单放货,而恒兴公司没有做到;本案中银行退单是由于恒兴公司提供的议付单据与信用证不符,恒兴公司由于过失没有避免该不符,造成货款不能收回。

(4)源诚公司的交货行为符合菲律宾法律的规定和判例。货物在菲律宾交付,交付行为合法与否,宜适用菲律宾法律进行判断或根据提单约定的法律进行判断。另外,恒兴公司以无单放货侵害了其合法权益提起诉讼是侵权之诉,可以以交货地菲律宾的法律进行判断。而菲律宾的法律和菲律宾最高法院的判例均确认了承运人无单放货的正当性。综上,青岛海事法院对最高人民法院的判例以与本案无关否认其对下级法院的指导和参考价值、忽略《中华人民共和国海商法》第71条的完整性和记名提单的特殊性认定源诚公司承担无单放货的责任错误,请求依法驳回恒兴公司的诉讼请求。

恒兴公司答辩称:

(1)凭正本提单交付货物是源诚公司的法定义务。据《中华人民共和国海商法》第71条的规定,承运人必须凭正本提单交货。记名提单下,承运人应将货物交提单中的记名人且记名收货人必须凭正本提单提货。源诚公司主张记名提单的承运人只要将货物交给记名人即可无法律依据。

(2)源诚公司未收回正本提单是一种违约行为。源诚公司凭保函放货是违约放货,致使恒兴公司虽持有正本提单而无法支配提单项下的货物,无法收回货款,源诚公司理应承担违约责任。

(3)源诚公司无单放货与恒兴公司无法支配货物有直接因果关系。由于源诚公司无单放货给许良寿,致使提单中的收货人以未收到货物为由拒绝到银行付款赎单,使恒兴公司持有正本提单而无法与收货人议付,也无法通过其他途径处理货物,挽回损失。

(4)本案应适用中国法律。提单中约定提单的内容以中国法律为依据,任何由本合同引发的争议和索赔终审权在中国法院而非其他法院。因此,处理本案的准据法是中国法律。即使适用菲律宾法律,依照菲律宾法律只有在正本提单灭失或任何其他原因不能收回正本提单的情况下,才可凭保函或其他收据交付货物,本案不存在提单灭失或者其他原因不能交回正本提单的情况,因此,按照菲律宾法律,源诚公司也应承担赔偿责任。综上,请求驳回上诉,维持原判。

四、二审裁判

山东省高级人民法院认为:源诚公司接受恒兴公司出运的货物,签发了提单,双方建立了海上货物运输合同法律关系,源诚公司应否承担无单放货的责任、依据何法律处理本案是本案争议的焦点。

(一)本案应适用的准据法问题

恒兴公司依据与源诚公司的运输合同关系要求源诚公司承担无单放货的责任,双方在提单中约定提单的内容以中国法律为依据,任何由本合同引发的争议和索赔终审权在中国法院而非其他法院,根据《中华人民共和国海商法》第269条的规定,当事人有权选择处理纠纷适用的法律,因此,青岛海事法院以中国法律为准据法审理本案正确,源诚公司关于本案应以菲律宾法律为准据法的请求不当,山东省高级人民法院不予支持。

(二)我国法律是否允许无单放货问题

《中华人民共和国海商法》第71条规定:"提单,是指用于证明海上货物运输合同已经由承运人接收或者装船,以及承运人保证据以交付货物的单证。提单中载明的向记名人交付货物,或者按照指示人的指示交付货物,或者向提单持有人交付货物的条款,构成承运人据以交付货物的保证。"该条前半部分明确了提单是承运人据以交付货物的单证,即承运人必须凭提单交货,并未区分记名提单与不记名提单;后半部分载明了三种形式提单下承运人交付货物的对象,确定了提单是承运人据以向记名收货人、提单指示的收货人、提单持有人交付货物的保证,亦未规定在记名提单项下可以不凭正本提单交货。因此,在记名提单项下,承运人仍应凭正本提单放货。源诚公司主张记名提单可以不凭正本提单放货没有法律依据。由于我国法律并未允许承运人可以不凭正本提单向记名收货人交货,因此,源诚公司应承担由于无单放货给恒兴公司带来的风险。

源诚公司在二审中再次提交的1996年最高人民法院"澳海公司与仓码公司等海上货物运输无单放货、提货、代理放货纠纷再审案"判决书载明的案件事实与本案并不相同,且在该案中最高人民法院虽有"记名提单应将货物交付给记名的收货人"的表述,但并未否认承运人应凭提单交货。源诚公司以此判决主张免除其无单放货的责任,山东省高级人民法院不予支持。

(三)源诚公司的交货行为是否符合国际惯例问题

世界上确有一些国家允许记名提单可以不凭正本提单提货。我国有关海商法的理论书籍在提及记名提单时也有可以无单放货的记述,但源诚公司主张记名提单可以无单放货是国际惯例证据并不充分。且本案中双方约定了适用中国法律,在我国法律有明确规定的情况下,不能援引国际惯例作为法律依据,因此即使源诚公司的行为符合国际惯例,也不能成为其在本案中免责的理由。

(四)恒兴公司的损失是否其自身过失造成的问题

(1)我国法律未允许记名提单可以不凭正本提单交付货物,凭提单交货是承运人的法定义务,恒兴公司无须在提单中载明或者另行通知承运人不得无单放货,故源诚公司主张恒兴公司未尽注明或通知义务无法律依据。

(2)恒兴公司在银行退单时未必有损失发生,因为恒兴公司仍可控制货物并可通过其他补救措施收回货款,单证不符导致银行退单与源诚公司无单放货之间没有必然的联系。源诚公司主张恒兴公司的损失是因恒兴公司的过失导致银行退单而产生没有依据。

(3)根据《中华人民共和国海商法》第71条的规定,记名提单项下适格的收货人应当具备两个条件即为记名提单记载的收货人和持有提单,因此本案中提单上的记名收货人菲律宾派驰贸易国际公司(PATCH TRADING INTERNATIONAL INC.)只有凭正

法律适用·凭提单交货·适格收货人·国际惯例

本提单提货才是适格的提货主体。恒兴公司的损失在于恒兴公司尚未收回货款而其托运的货物即因源诚公司的违约行为被不适格的主体提走,致使恒兴公司在银行退单时丧失了对货物的控制权和支配权以及收回货款的保障。因此,恒兴公司的损失并非其自身过错造成,而是源诚公司违约无单放货造成的,恒兴公司有权就货物价值要求源诚公司承担赔偿责任。

综上,源诚公司作为与恒兴公司海上货物运输合同法律关系中的承运人,无正本提单即将货物交付提单项下的记名收货人,违反了其法定义务,应承担由此给恒兴公司造成的损失。青岛海事法院认定事实清楚,适用法律正确。源诚公司的上诉请求不当,山东省高级人民法院不予支持。依照《中华人民共和国民法通则》第 106 条第 1 款、第 112 条第 1 款、第 142 条第 3 款,《中华人民共和国海商法》第 55、71、268、269 条,《中华人民共和国民事诉讼法》第 153 条第 1 款(一)项之规定判决:

驳回上诉,维持原判。

二审案件审理费 9 687 元由源诚公司负担。

本判决为终审判决。

87 原告厦门市惠利隆进出口有限公司与被告法国达飞轮船有限公司、达飞轮船(中国)船务有限公司厦门分公司海上货物运输损害赔偿纠纷案

案例来源:厦门海事法院(2005)厦海法事初字第 42-2 号

主题词:正本提单　发货人　提单权利

> **裁判要旨**
>
> **No. HY-1.4-10**　承运人签发的全套一式三份正本提单,根据航运及商业惯例,每一份正本提单都可以单独提货。若发货人仅持有一份正本提单,向承运人行使无正本提单放货损害赔偿请求权的,其对提单项下货物之权利并不是一个完全的、排他的物权,其提单权利存有瑕疵。

一、基本案情

原告:厦门市惠利隆进出口有限公司

被告:法国达飞轮船有限公司

被告:达飞轮船(中国)船务有限公司厦门分公司

原告厦门市惠利隆进出口有限公司诉称:2003 年 10 月 4 日,原告与古巴 ABRAXAS 公司签订"售货确认书",由原告向古巴 ABRAXAS 公司出售一批货物,总价 51 618.98 美元。2003 年 11 月 7 日,被告达飞轮船(中国)船务有限公司厦门分公司签发被告法国达飞轮船有限公司的提单,编号为 EXM006337,载明托运人为原告,收货人为古巴 ABRAXAS 公司,卸货港古巴哈瓦那,货物装载在一个 20 英尺的集装箱内。

2003年11月4日,原告依法办理上述货物出口报关手续,为此,原告支付国内货物运输费、报关费、码头费共计2 020元(人民币,下同)。货物发运后,未在正常承运期间抵达目的港。原告自2003年12月起多次向两被告查询货物承运情况。两被告于2004年2月间告知货物因被告承运过程操作失误被运往美国。之后,原告要求被告采取补救措施,但被告未采取有效措施完成承运责任。2004年11月3日,原告委托律师向被告发出律师函,要求被告赔偿原告经济损失。被告接到原告律师索赔函后,由其中国华南总部法务部以达飞轮船(中国)船务有限公司深圳分公司名义向原告回函,提出由伦敦运输中介保赔协会负责上述货物损失,并承诺与原告进行有效的协商。此后,被告未再提出任何积极、合理的处理意见。原告认为,其作为提单的托运人和合法持有人,对提单项下的货物享有合法的、完整的财产所有权利。被告法国达飞轮船有限公司在承运货物过程中造成货物丢失而无法返还,侵犯了原告的财产所有权,构成侵权,应赔偿原告因此所造成的经济损失。被告达飞轮船(中国)船务有限公司厦门分公司作为法国达飞轮船有限公司的分支机构及提单签发人,应对法国达飞轮船有限公司侵犯提单项下货物权利的行为承担连带赔偿责任。为此,请求法院判令被告法国达飞轮船有限公司赔偿原告损失51 618.98美元、人民币2 020元;判令被告达飞轮船(中国)船务有限公司厦门分公司对被告法国达飞轮船有限公司承担连带赔偿责任。

被告法国达飞轮船有限公司辩称:根据《中华人民共和国海商法》第257条的规定,"就海上货物运输向承运人要求赔偿的请求权,时效期间为一年,自承运人交付或者应当交付货物之日起计算"。该条文并未区分诉由,只要是就海上货物运输向承运人要求赔偿,不论是以侵权还是以违约为由提起诉讼,均适用1年的诉讼时效。案涉货物于2003年11月8日启程,按原定计划,应于2003年12月中旬到达目的港交货。但收货人在2004年1月都未收到货物,因此,可以认定货物在2003年12月中旬应当交付买方。退一步讲,根据原告2004年4月6日的索赔函提及"我们认为鉴于以上情况,货柜已无法返回古巴,只能作为丢失处理",被告认为,2003年12月中旬应为承运人应当交付货物的时间,即为本案诉讼时效的起算点。即使以推定货物灭失的时间2004年1月或2004年4月6日起算,至原告2005年9月6日起诉,也已超过1年的诉讼时效,据此,应驳回原告的诉讼请求。

被告达飞轮船(中国)船务有限公司厦门分公司辩称:第一,其持有与被告法国达飞轮船有限公司相同的理由,认为原告的起诉已超过1年的诉讼时效。第二,被告达飞轮船(中国)船务有限公司厦门分公司仅为被告法国达飞轮船有限公司的代理人,其不应承担原告主张的损失。第三,原告要求两被告承担连带责任没有法律依据。第四,原告以侵权为由起诉被告达飞轮船(中国)船务有限公司厦门分公司,但原告未能举证其存在过错。为此,请求驳回原告的起诉。

二、法院查明事实

厦门海事法院查明:2003年10月4日,原告厦门市惠利隆进出口有限公司与古巴客户 ABRAXAS 公司签订一份售货确认书,由原告向其客户出售一批儿童运动套装、成人男运动套装及纸箱,总价 51 618.98 美元,价格条件为 FOB 厦门。原告委托被告达飞轮船(中国)船务有限公司厦门分公司为其出口货物订舱、排载。2003 年 11 月 7 日,被告达飞轮船(中国)船务有限公司厦门分公司签发一式三份编号为 EXM006337 的正本提单。该提单载明托运人为厦门市惠利隆进出口有限公司,收货人为 ABRAXAS 公司,通知方同"收货人",装运港厦门,目的港哈瓦那,运费到付;承运人为法国达飞轮船有限公司。2003 年 11 月 8 日,承运船舶驶离起运港。因货物未在合理时间内运抵目的港,自 2004 年 1 月起,原告多次向被告达飞轮船(中国)船务有限公司厦门分公司查询货物下落。同年 2 月,被告达飞轮船(中国)船务有限公司厦门分公司告知原告由于操作失误,案涉集装箱货物被运至美国,可能会运回古巴。2004 年 4 月 6 日,原告致函被告达飞轮船(中国)船务有限公司厦门分公司,提出货款 108 247.46 美元、码头费 2 020 元的索赔。2004 年 11 月 3 日,原告委托厦门英合律师事务所律师向被告法国达飞轮船有限公司发出一份律师函,就案涉货物被承运人错误运至美国,而未能运回目的港事宜,提出货款损失 105 247.48 美元、其他费用 2 020 元的索赔请求。2004 年 11 月 15 日,达飞轮船(中国)船务有限公司深圳分公司致函原告,称其系达飞轮船华南总部法务部,案涉事件应先由伦敦运输中介保赔协会负责,其已将相关资料提交该保赔协会上海办事处处理,并将协商解决此事。

根据厦门市出口货物专用发票记载,该批出口货物价值 51 618.98 美元。因货物未运抵目的港古巴,其古巴客户 ABRAXAS 公司未支付货款,案涉货物亦未办理出口退税核销手续。

还查明,原告在本案中仅持有一份正本提单。

三、法院裁判

关于原告的诉讼主体是否适格问题。厦门海事法院认为,本案承运人法国达飞轮船有限公司向原告签发了全套一式三份正本提单,根据航运及商业惯例,每一份正本提单都可以单独提货。本案中原告仅持有一份正本提单,向承运人行使请求权,其对提单项下货物之权利并不是一个完全的、排他的物权,原告的提单权利存有瑕疵。其次,案涉提单为记名提单,记名收货人为古巴 ABRAXAS 公司。根据《中华人民共和国海商法》第 79 条的规定,记名提单不得转让。据此,厦门海事法院认定,案涉提单项下货物的物权应归属于记名收货人。本案中,厦门市惠利隆进出口有限公司既不是提单上的记名收货人,也没有证据证明记名收货人将记名提单转让给厦门市惠利隆进出口有限公司,因此,原告厦门市惠利隆进出口有限公司对提单项下货物不享有物权。

综上,厦门海事法院认为,原告厦门市惠利隆进出口有限公司仅凭一份正本提单向被告主张提单项下货物的请求权,其请求权存有瑕疵。其次,原告不是记名提单项下的记名收货人,对案涉货物不具有物权,其无权向被告行使侵权损害赔偿的请求权。根据《中华人民共和国民事诉讼法》第 108 条的规定,原告厦门市惠利隆进出口有限公司与本案没有直接的利害关系,不是本案适格的主体,应驳回起诉。鉴于以上对诉权主体的判断理由已足以对本案作出处理,故厦门海事法院对双方争议的诉讼时效问题不予审议。根据《中华人民共和国民事诉讼法》第108条的规定,裁定如下:

驳回原告厦门市惠利隆进出口有限公司的起诉。

88 原告某某中成药保健品进出口公司与被告某某某航运有限公司、某某某航运公司马达加斯加公司、某某某航运(香港)有限公司、广东某某国际船舶代理有限公司海上货物运输合同纠纷案

案例来源:广州海事法院(2011)广海法初字第362号
主题词:司法鉴定　买卖合同　提单持有人

裁判要旨

No. HY-1.4-11 司法鉴定所具有文书司法鉴定资格,在没有相反证据推翻其鉴定结论的情况下,应予以确认。在鉴定结论认定收货人持有的提单加盖的印文与承运人加盖在其他提单和文书上面的印文不一致的情况下,收货人有义务进一步提供证据证明其与托运人之间的买卖合同法律关系,以证明其是提单的合法持有人。

No. HY-1.4-12 收货人主张其与国外卖家之间是通过口头形式达成买卖合同,并以现金形式支付货款的,但未在法院规定的期限内提交买卖合同、付款凭证等证据以证明其与国外卖家存在买卖合同关系的,不能认定其是合法提单持有人。

一、基本案情

原告:某某中成药保健品进出口公司
被告:某某某航运有限公司(以下简称某某某公司)
被告:某某某航运公司马达加斯加公司(以下简称马达加斯加公司)
被告:某某某航运(香港)有限公司(以下简称香港公司)
被告:广东某某国际船舶代理有限公司(以下简称某某公司)

原告某某中成药保健品进出口公司诉称:原告向国外卖家购买一批卢氏黑黄檀。涉案货物由被告某某公司承运,被告马达加斯加公司代理签发提单,原告持有两套正本提单,提单号为MSCUMD173458和MSCUMD173706。提单记载的收货人为凭指示,通知方为原告,船舶为"盛世5号"轮,货物为卢氏黑黄檀,柜号为MSCU6366879和GATU0794316。2010年12月22日,原告收到被告香港公司深圳代表处发出的《中转到货通知书》。2011年1月7日,原告收到到货通知。原告持正本提单至船舶代理人被告某某公司提货时,被告某某公司拒绝放货给原告。被告负有凭正本提单交货的义务。

请求判令四被告立即向原告交付提单号为 MSCUMD173458 和 MSCUMD173706 项下的货物(货物价值约 210 万元),并由被告承担诉讼费用。

被告某某某公司、马达加斯加公司、香港公司共同辩称:原告持有的正本提单不是被告签发的提单,该提单是伪造提单,不具有法律效力,原告无权向被告要求提货。请求驳回原告的全部诉讼请求。

二、法院查明事实

广州海事法院经审理查明并确认如下法律事实:

2010 年 11 月,闪存公司将两个柜的卢氏黑黄檀交给被告某某某公司承运,由马达加斯加塔马塔夫港运至中国黄埔港,柜号为 MSCU6366879 和 GATU0794316。2010 年 12 月 1 日,被告马达加斯加公司代理被告某某某公司签发了两套提单(编号为 MSCUMD173458、MSCUMD173706),该两份提单记载托运人为闪存公司,收货人凭指示,通知方为原告。编号为 MSCUMD173458 的提单记载货物重量为 17 160 公斤,体积为 18 立方米;编号为 MSCUMD173706 的提单记载货物重量为 19 280 公斤,体积为 18 立方米。

2010 年 12 月 31 日,被告香港公司深圳代表处提供涉案货物的中转到货通知书给原告,原告填写通知方、收货人中文名称、地址、联络人、电话、传真、中文货名、停泊码头等资料后,回复被告某某某香港公司深圳代表处。2011 年 1 月 7 日,被告某某公司(承运人的船舶代理人)发出到货通知,通知原告凭单提货。2011 年 1 月 11 日,原告持编号为 MSCUMD173458(正本一式三份,右下角编号为 A075189504、A075189505、A075189506)、MSCUMD173706(正本一式三份,右下角编号为 A075189507、A075189508、A075189509)的提单要求被告某某公司交付货物。被告某某某公司以原告持有的该两套提单系伪造为由,指示某某公司不得将涉案提单项下货物交付给原告。

各方当事人对以上事实没有争议,法院予以确认。

各方争议的事实是被告所持有的编号为 MSCUMD173458(正本一式三份,右下角编号为 A075189504、A075189505、A075189506)、MSCUMD173706(正本一式三份,右下角编号为 A075189507、A075189508、A075189509)的提单是否真实。

原告为证明其持有的两份提单的真实性,向法院提交了提单原件、中转到货通知书和到货通知。原告认为,被告马达加斯加公司代理被告某某某公司签发了其持有的两套正本提单,在货物到港前按照要求填写了中转到货通知书,并在货物到港后取得到货通知,其是两套提单真实的通知人和收货人,其持有的两套提单是真实的。

被告某某某公司、马达加斯加公司、香港公司为证明原告提交的提单系伪造,提交了托运人闪存公司更改提单信息的申请书、被告收回并撕毁的提单正本、被告收回并留存的提单副本、被告重新签发的提单副本等作为证据。被告马达加斯加公司还分别就上述 4 份证据出具了 4 份书面说明,4 说明均加盖了被告马达加斯加公司的公章,其中 4 份提单副本和 1 份说明办理了公证认证。被告某某某公司、马达加斯加公司、香港公司认为,被告马达加斯加公司于 2010 年 12 月 1 日代理被告某某某公司向托运人闪存公司签发了两套提单(编号为 MSCUMD173458、MSCUMD173706),于 2010 年 12 月 2 日将两套提单正本交给托运人闪存公司,并由托运人闪存公司的代理人阿美先生在编号为 MSCUMD173458(副本一式一份,右下角编号为 A075192264)、MSCUMD173706(副本一式一份,右下角编号为 A075192266)的两套提单非议付副本背面签收。2010 年 12 月 23 日,闪存公司向马达加斯加公司交回上述两套正本提单,并申请将编号为 MSCUMD173458 的提单通知方更改为上海碳粉贸易有限公司(Shanghai Tanfeng Trading Co., Ltd,以下简称碳粉公司),货物重量更改为 16 000 千克,货物体积更改为 13 立方米;将编号为 MSCUMD173706 的提单通知方更改为碳粉公司,货物重量更改为 16 500 千克,货物体积更改为 14 立方米。被告马达加斯加公司收回上述两套提单正本后,将两套提单的右下角撕掉,提单右下角的编号也一并撕掉。同日,被告马达加斯加公司代理被告某某某公司重新签发了两套提单(编号仍为 MSCUMD173458、MSCUMD173706),该两份提单记载托运人为闪存公司,收货人凭指示,通知方为碳粉公司。编号为 MSCUMD173458 的提单记载货物重量为 16 000 公斤,体积为 13 立方米;编号为 MSCUMD173706 的提单记载货物重量为 16 500 公斤,体积为 14 立方米。同日,被告马达加斯加公司签发的两套提单交给托运人闪存公司,由托运人闪存公司的代理人阿美先生在编号为 MSCUMD173458(副本一式一份,右下角编号为 A075192830)、MSCUMD173706(副本一式一份,右下角编号为 A075192833)的两套提单非议付副本背面签收。

被告某某公司不清楚原告持有提单的真实性。其主张是被告某某某公司的代理人,从事了与涉案提单项下货物有关的以下代理行为。2010 年 12 月 30 日,被告香港公司委托被告某某公司办理涉案提单项下货物中转和交付等事宜。2011 年 1 月 11 日,原告持两套正本提单(编号为 MSCUMD173458、MSCUMD173706,右下角编号分别为 A075189506、A075189509)向被告某某公司提取货物,提单内容与被告某某公司接受委托后取得的中转到货通知书、到货通知的内容一致,但被告某某公司认为该提单有一定的瑕疵,将提单交给被告香港公司审核。2011 年 1 月 12 日,碳粉公司持另外两套正本提单(编号也为 MSCUMD173458、MSCUMD173706,右下角编号分别为 A075190234、A075190244,提单内容与被告马达加斯加公司于 2010 年 12 月 23 日代理被告某某某公司签发的两套提单的内容一致)。同日,被告某某公司将原告和碳粉公司的提单均交给被告香港公司,要求被告香港公司确定放货给哪个公司。2011 年 1 月 13 日,被告香港公司告知被告某某公司,其已收到装货港的舱单校正单,将涉案提单项下通知方由原告改为碳粉公司。2011 年 3 月 1 日,被告香港公司明确告知被告某某公司,MSCUMD173458 号和 MSCUMD173706 号提单已将通知方变更为碳粉公司。

为查明原告持有提单的真伪,被告某某某公司、马达加斯加公司、香港公司于 2011 年 8 月 15 日向广州海事法院提出司法鉴定申请,请求对原告持有的两份提单的真伪进行司法鉴定,并已向鉴定机构广东明鉴文书司法鉴定所支付了鉴定费用 18 400 元。

2011年9月28日,广东明鉴文书司法鉴定所出具《司法鉴定意见书》,认定原告所持两份提单上加盖的印文与被告马达加斯加公司分别于2010年12月1日、12月23日签发的提单副本,被告马达加斯加公司出具的4份说明所加盖的印文不是同一枚印章盖印。

三、法院裁判

广州海事法院认为,本案是一宗海上货物运输合同纠纷。

依照最高人民法院《关于海事法院受理案件范围的若干规定》第11条的规定,海上货物运输合同纠纷案件属于海事法院专门管辖范围。本案货物运输目的地在广州海事法院辖区内,依照《中华人民共和国海事诉讼特别程序法》第6条第2款第(二)项和《中华人民共和国民事诉讼法》第28条关于"因铁路、公路、水上、航空运输和联合运输合同纠纷提起的诉讼,由运输始发地、目的地或者被告住所地人民法院管辖"的规定,广州海事法院对本案具有管辖权。

原、被告双方没有选择合同适用的法律,并且本案货物运输目的地、纠纷产生地均在中华人民共和国境内,涉案合同与中华人民共和国有最密切联系,依照《中华人民共和国海商法》第269条关于"合同当事人可以选择合同适用的法律,法律另有规定的除外。合同当事人没有选择的,适用与合同有最密切联系的国家的法律"的规定,本案应适用中华人民共和国法律解决实体争议。

本案争议的焦点是原告所持的提单是否真实的问题。根据广东明鉴文书司法鉴定所出具的《司法鉴定意见书》,原告持有的两份提单加盖的印文与被告马达加斯加公司分别于2010年12月1日、12月23日签发的提单副本,被告马达加斯加公司出具的4份说明所加盖的印文不是同一枚印章盖印。法院认为,广东明鉴文书司法鉴定所具有文书司法鉴定资格,在没有相反证据推翻其鉴定结论的情况下,应予以确认。在鉴定结论认定原告持有的提单加盖的印文与被告马达加斯加公司加盖在其他提单和文书上面的印文不一致的情况下,原告有义务进一步提供证据证明其与托运人之间的买卖合同法律关系,以证明其是提单的合法持有人。但是,原告主张其与国外卖家之间是通过口头形式达成买卖合同,并以现金形式支付货款的,未在广州海事法院规定的期限内提交买卖合同、付款凭证等证据以证明其与国外卖家存在买卖合同关系,未能证明其是合法提单持有人。原告主张涉案货物价值约为210万元,而整个买卖过程均没有书面凭证留存(至少是未向法院提交相关证据),也与常理不符。至此,法院认定原告持有的提单不是被告马达加斯加公司代理某某某公司签发的,原告无权凭其持有的提单向被告某某某公司提取货物。被告马达加斯加公司、被告香港公司、被告某某公司是被告某某某公司的代理人,原告同样无权向他们提取货物。

综上,依照《中华人民共和国民事诉讼法》第64条第1款的规定,判决如下:

驳回原告某某中成药保健品进出口公司的诉讼请求。

本案受理费23 600元,鉴定费18 400元,由原告负担。鉴定费18 400元已由被告某某某公司、马达加斯加公司、香港公司预付,由原告向上述三被告迳付。

89 原告深圳市怡禾进出口股份有限公司与被告 MSC 地中海航运有限公司、高昌货运(香港)有限公司、高昌快运有限公司海上货物运输合同货物交付纠纷案

案例来源:广州海事法院(2003)广海法初字第 176 号
主题词:真实意思表示　记名提单　物权凭证

> **裁判要旨**
>
> **No. HY-1.4-13**　记名提单是海上货物运输合同的证明,但由于记名提单是不可转让的运输单证,不具有物权凭证的效力。
>
> **No. HY-1.4-14**　美国《联邦提单法》规定,承运人有理由交货给托运人在记名提单上所指定的收货人,承运人向记名提单的记名人交付货物时,不负有要求提货人出示或提交记名提单的义务。

一、基本案情

原告:深圳市怡禾进出口股份有限公司(以下简称怡禾公司)

被告:MSC 地中海航运有限公司(MSC Mediterranean Shipping Company SA,以下简称地中海公司)

被告:高昌货运(香港)有限公司[Go-Trans(Hong Kong)Limited,以下简称高昌货运]

被告:高昌快运有限公司(Go-Trans Express Limited,以下简称高昌快运)

原告深圳市怡禾进出口股份有限公司诉称:2002 年 9 月,原告受广东省中山市古镇东兴灯饰厂(以下简称东兴灯饰厂)的委托,代理出口两个 40 英尺货柜的灯具给买方美国双赢国际有限公司(Superior Industeries Company,以下简称双赢公司),货款总额为 45 465.2 美元,买方尚应付货款 36 379.8 美元,原告与买方双赢公司约定,原告取得正本提单就通知买方付款,买方付款后,原告将提单寄交买方,买方凭正本提单提货。之后,原告委托地中海公司将该批货物从深圳赤湾运往美国长滩,高昌货运和高昌快运作为地中海公司的代理人,高昌货运接受原告租船订舱,负责装船,并向原告提供提单样本和签发放柜单,高昌快运则向原告签发了正本提单。货物抵达后,原告多次向被告高昌货运查询货物情况,并要求其将货物运回,为此被告高昌货运给原告发出了货物运回的报价单。后经查询地中海公司网上货物跟踪记录,发现货物已被高昌货运和高昌快运交付双赢公司,而正本提单仍在原告手中,双赢公司因此一直不支付货款。原告认为,根据国际惯例和《中华人民共和国海商法》的规定,提单具有物权凭证的性质,承运人在目的港必须凭正本提单交付货物。地中海公司作为承运人,高昌货运和高昌快运作为其共同代理人,三方对货物的行踪均完全了解,在没有收回正本提单的情况下,将货物交给双赢公司,使原告持有正本提单却不能控制货物,侵犯了原告凭正本提单提取货物的权利,应当对原告的损失承担连带责任。在本案诉讼过程中,双赢

公司支付了 20 000 美元的货款,但仍有 16 379.8 美元的货款未付。据此,请求法院判令三被告连带赔偿货款损失 16 379.8 美元和其相应利息以及已付 20 000 美元货款的利息损失,利息自 2002 年 10 月 1 日起按月息 5.8‰计算至法院判决确定的付款之日止。

被告地中海公司辩称:

(1)原告作为东兴灯饰厂的外贸代理人,与东兴灯饰厂之间是委托关系,对货物不享有所有权,而且涉案运输由东兴灯饰厂以自己名义办理,在发生无单放货后,东兴灯饰厂也直接向涉案承运人索赔,因此,尽管提单托运人是原告,但所有权并没有发生转移,原告对涉案货物不享有绝对权,原告不是本案侵权之诉的适格主体。

(2)地中海公司和原告、高昌货运、高昌快运之间不存在任何运输合同或委托合同关系,无需对原告承担履约义务,也无需对高昌货运和高昌快运的行为负责。地中海公司接受城市网络运输有限公司(CITY NETWORK SHIPPING LTD,以下简称城市公司)托运进行涉案运输,是本案的实际承运人。

(3)地中海公司已经履行了实际承运人的责任,且原告的损失与地中海公司的行为没有因果关系,地中海公司无需对原告的损失负责。

(4)放货后,原告一直向双赢公司追讨货款,并接受双赢公司实际支付的大部分货款,这表明原告认可了高昌快运的无单放货行为,放弃依运输关系向承运人索赔的权利。原告第一次查询货物在港状态的时间晚于货物交付时间,因此,原告已不能凭正本提单向高昌快运主张交付货物或赔偿损失。

(5)原告据以证明货物价值的发票是其单方制作的,证明力不足。

(6)高昌快运依据记名提单向记名收货人交付货物,应视为已经履行了运输合同,不需对原告的损失负责。据此,请求法院驳回原告起诉。

被告高昌货运辩称:高昌货运既非承运人又非实际承运人,也不是地中海公司的代理人,没有交付货物的义务;高昌货运与涉案货物交付事宜无关,没有任何过错,原告诉高昌货运卸货港交付货物错误,没有事实和法律依据。据此,请求法院驳回原告起诉。

被告高昌快运辩称:

(1)涉案托运关系双方是高昌货运与东兴灯饰厂,买卖合同当事人是东兴灯饰厂和双赢公司,货款亦由双赢公司直接支付给东兴灯饰厂,原告对货物不享有所有权,也没有证据证明其是东兴灯饰厂的外贸代理人,没有因货物的交付问题遭受任何损失,记名提单不是物权凭证,因此,原告不是本案适格的诉讼主体,无权提起侵权之诉;

(2)在放货之后,原告多次与双赢公司联系付款事宜,并接受了双赢公司的部分付款,这表明原告已经选择向双赢公司主张权利,因此,不得再向承运人主张权利;

(3)依据高昌快运格式提单背面条款的约定,本案应适用美国法律,即使依据最密切联系原则,与本案纠纷有最密切联系的国家也应是美国,而依据美国法律的规定,承运人在托运人没有相反指示的情况下,向记名收货人双赢公司放货是正当放货;

真实意思表示·记名提单·物权凭证

(4)原告主张货款损失所依据的发票系原告自己开具,未经买方确认,不能构成证据,原告主张的货款损失缺乏证据。据此,请求法院驳回原告的诉讼请求。

二、法院查明事实

东兴灯饰厂向双赢公司出口 2 个 40 英尺货柜的灯具。2002 年 9 月 20 日,东兴灯饰厂向高昌货运租船订舱。高昌货运将涉案货物交由高昌快运运输,高昌快运接受订舱后,向城市公司订舱,城市公司则将该货物委托地中海公司运输。随后,地中海公司向城市公司发出订舱确认书,该订舱确认书依次经由城市公司、高昌快运、高昌货运最终传真给东兴灯饰厂。

9 月 29 日,高昌货运指示原告将货物运到深圳赤湾港,并办理报关手续。9 月 30 日,货物装船后,地中海公司签发了地中海公司格式正本提单,托运人是城市公司,收货人是泛亚班轮公司(PAN ASIA LINE CORP,以下简称泛亚公司),运输船舶和航次分别为 MSC GINA 和 225A,装货港中国赤湾,卸货港美国洛杉矶,货柜编号为 CRXU9022101、CLHU8137060。10 月 2 日,高昌快运就该货物运输也签发了高昌快运格式正本提单,托运人是怡禾公司,收货人是双赢公司,"出口承运人(船舶,航次)"一栏记载"MSC GINA/225A",装货港赤湾港,卸货港美国长滩,货柜编号与上述地中海公司签发的提单所记载的货柜编号相同。高昌快运作为承运人的代理在该提单上签字盖章。该提单背面条款第 1 条定义条款(a)项记载,"'承运人'指高昌快运及其指派的承运船舶"("Carrier" means Go-Trans Express Limited and the vessel designated by Go-Trans Express Limited to transfer the goods)。第 2 条法律适用条款规定,"本提单(就承运人责任范围)受 1936 年 4 月 16 日通过的美国《海上货物运输法》调整,该法被认为结合进提单背面条款"[This Bill of Lading shall have effect subject (to the extent it shall be, applicable carrier's undertaking) to the provisions of Carriage of Goods by Sea Act of the United States of America, approved April 16, 1936, which shall be deemed to be incorporated herein]。该提单现由原告持有。

11 月 11 日,货物运抵目的港长滩,11 月 21 日,地中海公司根据其签发的提单将货物交给泛亚公司。泛亚公司提取货物后,在没有要求提示和收回高昌快运签发的正本提单的情况下,将货物交给了双赢公司。

没有证据表明,在双赢公司提货之前,原告和东兴灯饰厂通知高昌货运和高昌快运停止交货。原告和东兴灯饰厂在得知双赢公司无提单提取货物之后,发函给双赢公司,要求其支付货款。双赢公司已经支付定金 9 085.4 美元,之后又向东兴灯饰厂支付了 20 000 万美元的货款,其中 4 月 17 日、5 月 3 日分别支付了 5 000 美元,另外 10 000 美元的付款日期不详。

三、法院裁判

原告主张其是东兴灯饰厂的外贸代理人,被告高昌货运和高昌快运以缺乏证据为

真实意思表示 · 记名提单 · 物权凭证

由提出异议。法院认为，当事各方对东兴灯饰厂没有外贸进出口权的事实没有异议，东兴灯饰厂出口货物到美国，依照我国法律有关规定必须委托外贸代理人办理出口手续，在高昌货运提供给东兴灯饰厂的订舱单上，明确记载托运人是东兴灯饰厂，而高昌快运格式提单正本上所记载的托运人是原告，且向双赢公司开具的发票和装箱单均以原告的名义开具，综合这些事实，可以确认原告作为东兴灯饰厂涉案货物外贸代理人的身份。被告高昌货运和高昌快运提出异议，但没有相应的证据，不予支持。

原告主张被告地中海公司是本案承运人，高昌货运和高昌快运是地中海公司的代理人。地中海公司认为，高昌货运和高昌快运不是其代理人，高昌快运是承运人，地中海公司是实际承运人。高昌货运和高昌快运认为，高昌货运和高昌快运不是地中海公司的代理人，高昌快运是承运人，高昌货运是高昌快运的代理人。法院认为，原告主张高昌货运和高昌快运是地中海公司的代理人，缺乏证据，不予支持，由于原告持有的提单系由高昌快运署名出具，提单背面条款第1条明确记载涉案提单的承运人是高昌快运，据此，可以认定高昌快运是涉案运输的承运人，地中海公司与原告没有直接的运输合同关系，不是承运人，但涉案运输实际由地中海公司船舶运输，因此，地中海公司应是涉案运输的实际承运人，东兴灯饰厂向高昌货运订舱，而高昌货运将该货物交由高昌快运运输，并由高昌快运向原告签发提单，在没有相反证据的情况下，应当认定高昌货运是高昌快运的代理人。

原告为了证明所遭受的损失，提供了一份原告向双赢公司开具的商业发票，发票记载货款总额为45 465.2美元，已付定金9 085.4美元，尚欠货款36 379.8美元。庭审中，原告以双赢公司已经支付20 000美元货款为由要求变更货款损失为16 379.8美元。被告地中海公司、高昌货运和高昌快运认为，该发票系原告自己开具，未经双赢公司确认，不能作为证据使用。法院认为，该商业发票记载的内容与当事人各方所确认的双赢公司向原告支付定金9 085.4美元及货款20 000美元货款的事实、被告高昌货运和高昌快运所提供的记载双赢公司确认未付货款为16 379.8美元的证据2可以相互印证，应予确认，三被告异议无理，不能成立。据此，可以认定涉案进出口灯具总金额为45 465.2美元，双赢公司已付定金9 085.4美元和货款20 000美元，尚欠货款16 379.8美元。

广州海事法院认为，本案争议的焦点是承运人应否向未持有记名提单的记名收货人交付货物和本案应适用的准据法。

本案是一宗涉外提单项下货物交付纠纷。原告在庭审中以侵权为由要求被告承担责任，但在阐述侵权的事实和法律依据时，却认为其凭正本提单提取货物的权利受到了侵害，应依照《中华人民共和国海商法》有关提单的规定确定被告的责任。法院认为，根据国际私法的基本原理，对于国际民商事关系的定性，应适用法院地法，本案原告是提单持有人，其与提单项下承运人之间法律关系的定性，应依中华人民共和国法律确定。涉案提单是当事人双方自愿选择使用的，是双方的真实意思表示，不违反中华人民共和国法律规定，应当认定合法有效。记名提单是海上货物运输合同的证明，但由于记名提单是不可转让的运输单证,不具有物权凭证的效力,因此,原告和承运人高昌快运之间的关系应是合同关系,本案应是国际海上货物运输合同货物交付纠纷。

本案中,高昌快运格式正本提单背面条款第2条法律适用条款明确约定适用美国1936年《海上货物运输法》。对此,原告提出异议,认为双方磋商提单条款时,高昌货运和高昌快运并没有提供提单的背面条款;提单背面条款字迹细小,无法辨认,是被告强加于原告的,不能约束原告;提单背面条款约定的法律适用并不明确,且没有排除美国之外其他国家法律的适用,可以适用中国法律。法院认为,提单背面条款字迹虽小,但并非无法辨认;正本提单具有正面和背面条款,是航运、外贸实务常识,原告作为专业外贸公司,应当知道,尽管双方磋商时,高昌快运提单样本的传真件没有背面条款,但原告应知背面条款的存在,却没有向高昌快运了解其具体内容,更重要的是,没有任何证据显示,原告在收到正本提单时就提单的背面条款提出异议,因此,应当视为原告已默示同意提单背面条款的内容;由于双方在提单中明确选择适用美国法,双方的约定没有违反中华人民共和国的公共利益,根据《中华人民共和国海商法》第269条的规定,本案应当适用美国法,原告主张适用中国法律,于法无据,不予支持。本案应适用美国1936年《海上货物运输法》。原告提出的依据侵权的冲突规范确定中国法律为本案准据法的主张,法院不予支持。

为查明美国法,被告高昌快运提交了美国《海上货物运输法》《联邦提单法》和《美国统一商法典》的节录,并提交最高人民法院(1998)交提字第3号民事判决书和武汉海事法院(1999)武海法宁商字第80号民事判决书。原告认为,被告未能提供美国有关法律文本全文,而以最高人民法院判决书的形式代替法律查明,不符合法律规定。法院认为,根据高昌快运所提供的证据材料,本院可以查明美国法律的相关规定。

本案合同纠纷应适用美国1936年《海上货物运输法》。依据该法第3条第4款的规定,该法中的任何规定都不得被解释为废除或限制适用美国《联邦提单法》,而适用《海上货物运输法》涉及提单的法律关系时只有同时适用与该法相关的美国《联邦提单法》,才能准确一致地判定当事人之间涉及提单证明的海上货物运输合同的权利义务关系。因此,本案应同时适用美国1936年《海上货物运输法》和《联邦提单法》。

根据美国《联邦提单法》的规定,承运人有理由交货给托运人在记名提单上所指定的收货人,承运人向记名提单的记名人交付货物时,不负有要求提货人出示或提交记名提单的义务。本案中,原告没有在货物运抵目的港交付前通知承运人停止向提单记名收货人交付货物,承运人高昌快运根据记名提单约定将货物实际交给记名收货人双赢公司,即为适当地履行了海上货物运输合同中交付货物的责任。原告未能收回货物的损失系贸易风险,由此产生的后果应由原告自己承担,与承运人高昌快运和实际承运人地中海公司无关,更与承运人高昌快运的代理人高昌货运无关。原告以其涉案提单项下提取货物的权利受到侵害为由要求三被告承担连带赔偿责任,没有法律依据,不予支持。

综上,依照美国1936年《海上货物运输法》第3条第4款、《联邦提单法》第2条和

真实意思表示·记名提单·物权凭证

第 9 条(b)款的规定,判决如下:
驳回原告的诉讼请求。

90 原告核心钢铁产业有限公司与被告福建省轮船总公司海上货物运输合同货损赔偿纠纷案

案例来源:上海海事法院(2003)沪海法商初字第 531 号
主题词:提单的转让　空白背书　赔偿请求权时效

> **裁判要旨**
>
> **No. HY-1.4-15**　提单的转让,依照下列规定执行:① 记名提单:不得转让;② 指示提单:经过记名背书或者空白背书转让;③ 不记名提单:无需背书,即可转让。
>
> **No. HY-1.4-16**　承运人签发的提单均为指示提单的,托运人可以在提单签发后通过在提单背面背书的方式来指定收货人。托运人提交的提单背面若均有提单载明的托运人的空白背书,这意味着任何持有该提单的人均有权利要求承运人交付货物。
>
> **No. HY-1.4-17**　海上货物运输向承运人要求赔偿的请求权,时效期间为 1 年,自承运人交付或者应当交付货物之日起计算。

一、基本案情

原告:核心钢铁产业有限公司(Core Metal Industry Ltd.)
被告:福建省轮船总公司

原告核心钢铁产业有限公司(Core Metal Industry Ltd.)诉称:原告于 2002 年从中国购得一批铝锭,委托被告将该批货物从中国连云港运至韩国蔚山(Ulsan)。2002 年 12 月 4 日,被告签发了编号为 LU01、LU02-A、LU02-B、LU02-C、LU02-D 5 套提单,承运人为被告,收货人为原告,承运船舶为"于山"(YU SHAN)轮。2002 年 12 月 11 日,货物到达目的港后,原告发现涉案货物被严重污染,经韩国检验机构检验,货物受损原因是由于被告将货物与粉状硅铁配载在一起,且没有采取隔离防污措施,致使货物受到污染,须清洗后方能使用。为此,原告支付了清洗费 43 000 000 韩元和检验费 600 000 韩元。货物经清洗后,原告发现货物重量短少了 8.563 公吨,按每吨 1450 美元计算,共计损失 12 416.35 美元。此外,原告直至 2003 年 2 月 21 日方向客户交付了货物,导致原告承担了 18 221.15 美元的迟延交货损失以及 12 521.41 美元的汇率损失。为此,原告请求判令被告:

(1) 赔偿原告清洗费用 43 000 000 韩元,折合人民币 299 193.28 元;
(2) 赔偿原告检验费用 600 000 韩元,折合人民币 4 174.29 元;
(3) 赔偿原告货物短重损失 12 416.35 美元,折合人民币 102 683.2 元;

(4) 赔偿原告向客户承担的迟延交货损失 18 221.15 美元,折合人民币 150 688 元;

(5) 赔偿原告汇率损失 12 521.41 美元,折合人民币 103 552 元。

上述 5 项请求总计人民币 660 290.77 元。

被告福建省轮船总公司辩称:原告于 2003 年 12 月 11 日向法院起诉时,未能提交经公证认证的公司登记证明、法定代表人身份证明、授权委托书等文件,上述材料是在 2003 年 12 月 17 日方经我国驻韩国的大使馆领事部予以认证,因此原告的起诉已超过了诉讼时效;原告未能证明其是本案适格的原告,原告不是涉案提单的持有人和托运人,仅是提单上记载的通知方,所以原告不是涉案海上货物运输合同的一方当事人,无权向被告提起诉讼;原告的索赔数额超出了《中华人民共和国海商法》第 55 条关于货物损坏赔偿额的计算标准。综上,请求驳回原告的诉讼请求。

二、法院查明事实

上海海事法院经审理查明并确认如下法律事实:

2002 年 12 月 4 日,被告承运一批生铝锭从中国连云港运至韩国蔚山,被告的代理人连云港洋阳船务代理有限公司(LIANYUNGANG OCEAN SUN SHIPPING AGENCY CO.,LTD.)为此签发了由被告作为承运人、编号分别为 LU01、LU02-A、LU02-B、LU02-C、LU02-D 的 5 套正本提单。提单载明:LU01 提单的托运人为甘肃有色金属兰澳工贸公司(GANSU NONFERROUS METALS LANAO INDUSTRIAL AND TRADING CORP),其余提单的托运人均为中铝青海国际贸易有限公司(CHINA ALUMINUM QINHAI INTERNATIONAL TRADING CO.,LTD.),5 份提单的收货人均为凭指示,通知方为原告,承运船舶为"于山"轮,装货港为中国连云港,卸货港为韩国蔚山港,5 份提单共计装载生铝锭(PRIMARY ALUMINIUM INGOTS)2 540.449 公吨,提单的签发日期为 2002 年 12 月 4 日。在装货港,该批生铝锭分别被装于"于山"轮第 1、2、3 号货舱的下部,第 1、2、3 号货舱的上半部分又被分别装载了硅渣、硅铁等其他货物。2002 年 12 月 12 日,涉案货物到达卸货港蔚山,12 月 13 日开始卸货,12 月 17 日卸货完毕。原告在生铝锭到港后,将上述正本提单交由顺永海运(系"于山"轮的租船人天津新里程在韩国的代理人)提取货物时,发现生铝锭受到了不同程度的污染。韩国检验机构泛韩检定株式会社于 2002 年 12 月 16 日接受顺永海运的委托对涉案货物进行了检验,并于 2003 年 1 月 1 日作出检验结论,认为涉案货物受损的原因是由于船方将生铝锭与硅铁、硅渣其他货物装载在一起,且没有采取有效的隔离防污措施,致使总计 2 540.449 公吨的生铝锭中大约 2 000 吨货物受到了污染,这些受污染的货物须经清洗后方能使用。原告为此实际支付了清洗费 35 833 美元。2003 年 12 月 11 日,原告就涉案纠纷向上海海事法院提交了书面的起诉状及相关的证据材料。

三、法院裁判

上海海事法院认为,关于提单的法律适用,依照《中华人民共和国海商法》第 71 条的规定:"提单,是指用以证明海上货物运输合同和货物已经由承运人接收或者装船,以及承运人保证据以交付货物的单证。提单中载明的向记名人交付货物,或者按照指示人的指示交付货物,或者向提单持有人交付货物的条款,构成承运人据以交付货物的保证。"第 79 条:"提单的转让,依照下列规定执行:(一)记名提单:不得转让;(二)指示提单:经过记名背书或者空白背书转让;(三)不记名提单:无需背书,即可转让。"第 44 条规定:"海上货物运输合同和作为合同凭证的提单或者其他运输单证中的条款,违反本章规定的,无效。"第 46 条第 1 款:"承运人对集装箱装运的货物的责任期间,是指从装货港接收货物时起至卸货港交付货物时止,货物处于承运人掌管之下的全部期间。承运人对非集装箱装运的货物的责任期间,是指从货物装上船时起至卸下船时止,货物处于承运人掌管之下的全部期间。在承运人的责任期间,货物发生灭失或者损坏,除本节另有规定外,承运人应当负赔偿责任。"第 48 条:"承运人应当妥善地、谨慎地装载、搬移、积载、运输、保管、照料和卸载所运货物。"

在本案中,被告签发的 5 套提单均为指示提单,即托运人可以在提单签发后通过在提单背面背书的方式来指定收货人。而原告提交的提单背面均有提单载明的托运人的空白背书,这意味着任何持有该提单的人均有权利要求承运人交付货物。由于涉案货物已经实际交付,原告不可能再持有全套 3 份正本提单,其以仍持有其中的一份正本提单这一事实来证明其是涉案货物的实际收货人,并无不当。至此,被告如对此节事实持有异议,应对该事实不成立承担证明责任。但被告在对原告收货人身份提出怀疑的同时始终未能举出任何反驳证据加以证明,也无法向法庭说明谁才是真正的收货人,被告对此解释为这是由于涉案船舶已经出租给他人,具体放货事宜并非由被告实际操作,因此无法提供相关证据。上海海事法院认为,涉案提单是在被告授权的情况下签发的,记载的承运人就是被告,其也就应该受提单的约束,承担承运人妥善、谨慎的管货和交货义务。被告作为涉案货物的承运人,在货物交付当日就应该能够明确谁是货物的实际收货人,被告以船舶出租给他人、交货实际由租船人负责因而对交货事实毫不知情的抗辩,上海海事法院不予采信,其应对此节事实承担举证不能的法律后果。上海海事法院据此认为原告是涉案货物的收货人,其有权就提单项下货物的损坏向承运人索赔。

上海海事法院认为,关于诉讼时效的法律适用,依照《中华人民共和国海商法》第 257 条的规定,就海上货物运输向承运人要求赔偿的请求权,时效期间为 1 年,自承运人交付或者应当交付货物之日起计算。关于本案的诉讼时效问题,上海海事法院认为,本案应适用该条规定。根据涉案检验报告的记载,涉案货物是在 2002 年 12 月 12 日到达卸货港韩国蔚山,12 月 13 日开始卸货,12 月 17 日卸货完毕。因此涉案货物的最早交付日期也就是 2002 年 12 月 13 日。而本案原告向上海海事法院提交起诉状的日期是 2003 年 12 月 11 日,该起诉状落款处盖有原告公司和其法定代表人的印鉴,可以确定该起诉行为是原告的真实意思表示,是合法有效的,已构成对本案诉讼时效的中断,原告对被告的诉讼请求并未超出诉讼时效。对于被告提出原告在 2003 年 12

月11日起诉当日未能提交经公证认证的公司登记证明、法定代表人身份证明、授权委托书等诉讼材料,因此原告的起诉行为不能构成时效中断的理由,上海海事法院认为没有法律依据,不予采信。

综上所述,依照《中华人民共和国海商法》第46条第1款、第48条、第55条第1款和《中华人民共和国民事诉讼法》第64条第1款的规定,判决如下:

(1) 被告福建省轮船总公司应在本判决生效之日起10日内向原告核心钢铁产业有限公司支付清洗费35 833美元或前述款项按中国人民银行2003年12月11日的汇率折算而成的等值人民币;

(2) 对原告的其他诉讼请求不予支持。

91 原告铁行渣华有限公司与被告上海洪熙国际贸易有限公司海上货物运输合同提货纠纷案

案例来源:上海海事法院(2006)沪海法商初字第82号
主题词:承运人与收货人的权利义务关系的确定　收货人义务　卸货港货物处理费用

裁判要旨

No. HY-1.4-18 承运人在卸货港依法处理货物所发生并支付的费用,收货人有义务赔偿。

一、基本案情

原告:铁行渣华有限公司(P&O NEDLLOYD LIMITED)

被告:上海洪熙国际贸易有限公司

原告铁行渣华有限公司诉称:2004年1月1日,原告将PONLAPP00005150号提单项下10个集装箱的货物运至上海,但被告作为收货人,却因贸易纠纷而拒绝提货,并于同年1月14日出具了弃货声明。2005年1月12日,按照海关的相关规定,涉案货物被作为废弃物销毁,销毁完毕后,原告收回10个集装箱。被告拒绝提货行为造成原告集装箱长期被占用,被告应向原告支付由此产生的集装箱超期使用费(以下简称超期费)。处理货物所产生的费用共计人民币206 946元由原告垫付,被告应当偿还。被告拒绝提货还造成原告不能收到付海运费10 075美元。为此,请求判令:

(1) 被告给付超期费166 233美元;

(2) 被告给付货物处理费用人民币173 348元、拖车费人民币8 000元以及进口包干费人民币25 598元;

(3) 被告给付海运费10 075美元。

被告上海洪熙国际贸易有限公司辩称:被告与原告之间没有运输合同关系,涉案提单所证明的运输合同的一方应为托运人;被告于2004年1月14日声明弃货,但原告直到同年 8 月才向海关申请销毁,原告理应自行承担因其自身懈怠所造成的扩大损失;原告请求权的时效期间应自 2004 年 1 月 14 日起算,原告起诉时已超过 1 年的法定时效期间。为此,请求驳回原告的诉讼请求。

二、法院查明事实

上海海事法院经审理查明并确认如下法律事实:

2004 年 1 月 1 日,原告将 PONLAPP00005150 号提单项下 10 个集装箱的可可壳和可可衣(COCOA SHELL/FINE)运至上海。该份提单载明:托运人 Toon Consolidated Company,收货人为被告,起运港 Apapa,目的港上海,运输方式为 CY-CY,运费在上海支付。同年 1 月 14 日,被告就该提单项下的货物向原告出具了弃货声明,称收到原告的到货通知(提单号 PONLAPP00005150),由于货物不符合合同要求,不得不放弃货物。同年 8 月 2 日,上海海关驻外高桥港区办事处(以下简称外高桥海关)向原告发出涉案货物的处理通知,通知载明,涉案货物必须按照海关的相关规定处理,由船公司提出申请,海关审核同意后将指定企业实施处理。同年 8 月 6 日,原告向外高桥海关提出销毁货物申请,外高桥海关同意销毁。2005 年 1 月 12 日,航天公司接受新元公司委托,将涉案货物焚烧处置完毕。同年 1 月 12 日至 14 日,10 只集装箱还至集发公司。同年 2 月 4 日,航天公司向原告开具金额总计为人民币 173 348 元的处理费发票,原告于同年 6 月 30 日支付完毕。同年 4 月 1 日,丰皓公司向原告开具金额为人民币 8 000 元的公路货运代理运杂费发票,原告于同年 8 月 17 日支付完毕。同年 4 月 12 日,浦东物流向原告开具金额为人民币 25 598 元的进口包干费发票,原告于 2006 年 1 月 12 日支付完毕。2005 年 6 月 17 日,新元公司出具情况说明称,其由外高桥海关指定,于 2005 年 1 月委托航天公司焚烧处理涉案货物,共产生处理费用人民币 173 348 元;同时委托丰皓公司将涉案集装箱由堆场拖至焚烧场所,处理完毕后再将空箱返还船公司的空箱堆场,共产生拖运费用人民币 8 000 元。庭审中,原告确认:集发公司为其指定的收发集装箱的堆场;进口包干费是指货物卸船后直至处理完毕期间的堆存费、港杂费和港建费。被告确认:其是涉案提单上的记名收货人,其收到过贸易相对方即提单上显示的托运人所交付的提单,但在发现货物质量不符合贸易合同约定之后,又将提单返还。

二、法院裁判

上海海事法院认为:关于提单的法律适用,依照《中华人民共和国海商法》第 71 条规定:"提单,是指用以证明海上货物运输合同和货物已经由承运人接收或者装船,以及承运人保证据以交付货物的单证。提单中载明的向记名人交付货物,或者按照指示人的指示交付货物,或者向提单持有人交付货物的条款,构成承运人据以交付货物的保证。"涉案提单为记名提单,被告是提单上的记名收货人,并一度持有涉案提单。依据该条规定,被告有权依据该提单向承运人主张提取货物。《中华人民共和国海商法》第 42 条又规定,收货人,是指有权提取货物的人。因此,本案中被告的收货人身份确定无疑。同时,被告在收到承运人发出的到货通知后出具弃货声明的行为,意味着其已对自己的提单持有人和收货人身份予以确认。

依照《中华人民共和国海商法》第78条规定,承运人同收货人、提单持有人之间的权利、义务关系,依据提单的规定确定。因此,被告作为收货人,其与原告之间的海上货物运输合同关系依法成立,双方均应按约履行合同义务。原告有交付货物的义务,被告有提取货物的权利,同时也有提取货物并支付相应费用的义务。《中华人民共和国海商法》第86条规定,在卸货港收货人拒绝提取货物的,船长可以将货物卸在仓库或者其他适当场所,由此产生的费用和风险由收货人承担。依据上述规定,即使被告以弃货声明的形式放弃提货权利,仍然必须承担在目的港提货的法定义务。关于原告主张的货物处理费用、拖车费及进口包干费损失:由于被告拒绝提货,造成货物长期滞留目的港,最终按照海关的相关规定被销毁,并产生了货物处理费用人民币173 348元,拖车费人民币8 000元为货物处理前后所必需发生的费用,进口包干费人民币25 598元,原告庭审中将其解释为堆存费、港杂费和港建费等,上海海事法院认为原告的解释合理,符合航运实践,该笔费用为货物处理完毕之前所必需发生的费用。上述3项费用与被告的违约行为之间有直接的因果关系,并且已经由原告支付,成为原告的实际损失,被告理应向原告赔偿。庭审质证中被告虽对该3项费用均不予认可,但未能提供任何反证,上海海事法院对被告的相关抗辩意见不予支持。

此外,承运人就海上货物运输向收货人或提单持有人要求赔偿的请求权,应比照适用《中华人民共和国海商法》第257条第1款的规定,时效期间为1年,自权利人知道或应当知道权利被侵害之日起计算。原告收到上述3项费用的发票之日即为原告知道或应当知道其权利被侵害之日,依据有关规定,该3项费用损失请求权的诉讼时效应自原告收到相应的发票之日起算,分别为2005年2月4日、4月1日、4月12日,至本案起诉之日均未超过时效期间。上海海事法院对被告关于该3项费用损失的请求权已超过诉讼时效的抗辩意见不予支持。被告还抗辩原告应承担自身懈怠所造成的扩大损失,因涉案货物始终处于海关的监管之下,原告对货物的处理并无自主权,且被告并未举证证明原告处理货物存在懈怠,依法应承担举证不能的不利后果,因此上海海事法院对被告的此节抗辩意见亦不予支持。

关于原告主张的超期费、海运费损失,承运人使用集装箱将货物运抵目的港之后,收货人不仅应当承担及时提货的义务,还应当承担提货后及时向承运人返还集装箱的义务,该还箱义务属于运输合同项下的附随义务。收货人违反该义务的,应当向承运人承担不当占用集装箱的违约责任,包括返还集装箱及赔偿超期费损失。超期费损失的法律性质类似于不当占用资金所产生的利息损失。本案中,货物于2004年1月1日到港,原告在其诉称的集装箱免费使用期之后仍未收到被告返还的集装箱时,即知道或应当知道其权利被侵害,从而应当及时向被告主张集装箱返还以及超期费损失。但原告直至起诉之时,才向被告主张超期费损失,该超期费损失请求权显然超过了1年时效期间。另外,原告未能提供充分证据对其诉请的超期费金额的计算依据予以证明,依法应承担举证不能的不利后果。综上,上海海事法院对原告的该项诉请不予支持。

综上所述,依照《中华人民共和国海商法》第 42、71、78、86 条、第 257 条第 1 款、第 269 条,《中华人民共和国合同法》第 107 条、第 113 条第 1 款、第 309 条,《中华人民共和国民事诉讼法》第 64 条第 1 款之规定,判决如下:

(1)被告上海洪熙国际贸易有限公司应于本判决生效之日起 10 日内向原告铁行渣华有限公司赔偿货物处理费用损失人民币 173 348 元、拖车费损失人民币 8 000 元以及进口包干费损失人民币 25 598 元;

(2)对原告铁行渣华有限公司的其他诉讼请求不予支持。

92 原告中外运集装箱运输有限公司与被告上海进航国际货运代理有限公司、进航国际有限公司、浙江万利丰纺织科技有限公司海上货物运输合同纠纷案

案例来源:上海海事法院(2007)沪海法商初字第 576 号

主题词:时效期间　第三人　提货义务

> **裁判要旨**
>
> **No. HY-1.4-19**　就海上货物运输向承运人要求赔偿的请求权,时效期间为 1 年,自承运人交付或者应当交付货物之日起计算;在时效期间内或者时效期间届满后,被认定为负有责任的人向第三人提起追偿请求的,时效期间为 90 日,自追偿请求人解决原赔偿请求之日起或者收到受理对其本人提起诉讼的法院的起诉状副本之日起计算。
>
> **No. HY-1.4-20**　提单中载明的向记名收受人交付货物,或者按照指示人的指示交付货物,或者向提单持有人交付货物的条款,构成承运人据以交付货物的保证。
>
> **No. HY-1.4-21**　收货人办理提货手续后,应该履行收货人的义务,尽快提取货物。收货人怠于履行从海关清关提货的义务,违反了合同的义务,应对由此造成承运人的损失承担赔偿责任。

一、基本案情

原告:中外运集装箱运输有限公司

被告:上海进航国际货运代理有限公司(以下简称上海进航)、进航国际有限公司(GRAMTERINTLCO.,LTD,以下简称进航国际)

被告:浙江万利丰纺织科技有限公司(以下简称万利丰公司)

原告中外运集装箱运输有限公司诉称,2003 年 10 月 18 日,原告承运 SNLLSHA301209 提单项下编号 SNBU4008884 的集装箱从美国洛杉矶到中国上海。提单记载的收货人为进航国际。货物到港后,上海进航持提单复印件办理了提货手续并领取了全套提货单,但此后涉案货物因报关问题一直未能提取,至今仍占用原告集装箱。

经查,万利丰公司系涉案货物的实际收货人。原告请求判令三被告连带支付集装箱超期使用费2 500美元,并立即返还涉案集装箱。

被告上海进航辩称:涉案运输发生于2003年,原告的起诉已经超过诉讼时效;涉案运输发生时,上海进航尚未成立,其与本案无关。

被告进航国际和万利丰公司未进行答辩。

二、法院查明事实

上海海事法院经审理查明并确认如下法律事实:

2003年10月18日,原告承运一批服装从美国洛杉矶到中国上海,签发的提单编号为SNLLSHA301209,提单记载的收货人为进航国际,涉案货物装载在编号为SNBU4008884的40英尺集装箱内。货物运抵中国上海后,进航国际上海办事处持提单副本和保函向原告办理了提货手续,但涉案货物在上港集团物流有限公司堆场内至今无人提取。原告关于40尺集装箱上海口岸的集装箱超期使用费收费标准为:集装箱自卸船之日起,10天内免费;第11—20天,每天10美元;第21—40天,每天20美元;第41天起,每天40美元。

另查明,上海进航系由进航国际投资设立的全资子公司,成立时间为2005年7月28日。40尺集装箱2007年的购置价格约为1 900美元。

三、法院裁判

关于诉讼时效的法律适用。上海海事法院认为《中华人民共和国海商法》第257条规定:就海上货物运输向承运人要求赔偿的请求权,时效期间为1年,自承运人交付或者应当交付货物之日起计算;在时效期间内或者时效期间届满后,被认定为负有责任的人向第三人提起追偿请求的,时效期间为90日,自追偿请求人解决原赔偿请求之日起或者收到受理对其本人提起诉讼的法院的起诉状副本之日起计算。有关航次租船合同的请求权,时效期间为两年,自知道或者应当知道权利被侵害之日起计算。

关于原告起诉是否超过诉讼时效。上海海事法院认为,根据上述法条的规定,承运人就海上货物运输合同向托运人或者收货人主张权利的诉讼时效为一年,自权利人知道或者应当知道权利受侵害之日起计算。涉案货物于2003年10月18日运抵中国上海,应自10月28日开始计算集装箱超期使用费,但原告于2007年8月24日提起诉讼,在提起诉讼前无中止、中断诉讼时效法定事由,故原告对2003年10月28日起至2006年8月24日的集装箱超期使用费的主张已经超过1年诉讼时效,对该部分诉讼主张不予支持。原告自2006年8月25日起的集装箱超期使用费主张并未超过诉讼时效,其有权就该部分损失提出索赔。

关于提单的法律适用。上海海事法院认为《中华人民共和国海商法》第71条规定:"提单,是指用以证明海上货物运输合同和货物已经由承运人接收或者装船,以及承运人保证据以交付货物的单证。提单中载明的向记名人交付货物,或者按照指示人的指示交付货物,或者向提单持有人交付货物的条款,构成承运人据以交付货物的保证。"本案中,关于三被告的法律地位及三被告是否应支付集装箱超期使用费并返还集装箱,上海海事法院认为,提单系海上货物运输合同的证明。依据提单记载,原告为承运人,进航国际为收货人,原告与进航国际之间的海上货物运输合同关系依法成立。进航国际在办理提货手续后,就应该履行收货人的义务,尽快提取货物,返还集装箱。现进航国际怠于履行从海关清关提货的义务,已经违反了合同约定,应对由此造成的原告损失承担赔偿责任。因集装箱经济价值体现在周转过程中,超期使用集装箱要支付超期使用费已成为一种行业惯例,且原告主张的收费费率亦属合理。据此,进航国际应当赔偿原告自 2006 年 8 月 25 日起按每日 40 美元计算的集装箱超期使用费损失,计算至原告起诉之日该项损失应为 14 600 美元,现原告以低于实际损失的 2 500 美元提出索赔,系其主动放弃部分损失的索赔权利,可予准许。但考虑到原告主张的集装箱超期使用费损失超过了集装箱的新置费用,原告主张的集装箱超期使用费损失应以集装箱新置费用即每只集装箱 1 900 美元计算为宜。同时,由于进航国际至今未提货,原告的集装箱仍被进航国际占用,进航国际的行为侵害了原告对涉案集装箱的所有权和使用权,也违反了在海上货物运输合同项下收货人的提货还箱义务,故进航国际应当立即返还涉案集装箱。

上海进航并非提单记载的收货人,虽然上海进航系进航国际投资设立的独资子公司,但其成立时间为 2005 年 7 月 28 日,在涉案货物运抵中国上海时,其尚未设立。原告未能提供证据证明上海进航与进航国际上海办事处之间存在关联,作为依法成立的独立法人,上海进航无须为进航国际或进航国际上海办事处的行为承担责任。因此,上海进航与原告间不存在海上货物运输合同关系,无须对原告的集装箱超期使用费损失承担赔偿责任。

万利丰公司并非提单记载的收货人,原告未能提供证据证明万利丰公司与涉案货物存在关联,万利丰亦无须对原告的集装箱超期使用费损失承担赔偿责任。

综上,依照《中华人民共和国民事诉讼法》第 64 条第 1 款、《中华人民共和国海商法》第 71 条、《中华人民共和国合同法》第 61 条、第 119 条第 1 款的规定,判决如下:

(1) 被告进航国际有限公司(GRAMTERINTLCO.,LTD)应在本判决生效之日起 10 日内向原告中外运集装箱运输有限公司支付集装箱超期使用费 1 900 美元;

(2) 被告进航国际有限公司(GRAMTERINTLCO.,LTD)应在本判决生效之日起 10 日内向原告中外运集装箱运输有限公司返还编号为 SNBU4008884 的集装箱;

(3) 对原告中外运集装箱运输有限公司的其他诉讼请求不予支持。

被告进航国际有限公司(GRAMTERINTLCO.,LTD)如果未按本判决指定的期间履行给付金钱义务,应当依照《中华人民共和国民事诉讼法》第 229 条之规定,加倍支付迟延履行期间的债务利息。

1.4.2 倒签或预借提单

[3] 上诉人以星综合航运有限公司与被上诉人新疆奎屯云森纺织有限公司预借提单侵权损害赔偿纠纷案

案例来源:天津市高级人民法院(2005)津高民四终字第163号

主题词:已装船提单　预借提单　卖方逾期交货

> **裁判要旨**
>
> **No. HY-1.4-22**　承运人在提单中记载单方减轻其责任的条款,应属无效。
>
> **No. HY-1.4-23**　承运人在集装箱尚未全部装船的情况下,签发集装箱全部已装船的提单,构成预借提单。承运人预借提单的行为与实体法律关系中的主体主张的损失之间存在因果关系,应承担赔偿责任。

一、基本案情

上诉人(原审被告):以星综合航运有限公司(ZIM INTEGRATED SHIPPING SERVICES LTD.,以下简称以星公司)

被上诉人(原审原告):新疆奎屯云森纺织有限公司(以下简称云森公司)

天津海事法院原审查明:2004年3月21日,云森公司作为卖方与案外人杭州国美经贸有限公司(以下简称国美公司)签订棉花销售合同。合同约定:货物数量500吨,每吨人民币17 800元,总金额人民币8 900 000元,交货日期为2004年6月30日;卖方清关后买方到港口自提;交货后先付90%,余款待买方验收后一次付清;延期供货,买方可拒收货物或按交货当时的市场价协商处理(参照全国棉花交易市场价格),买方未按时付款,须向卖方支付每天0.03%的滞纳金。上述合同签订后,云森公司委托案外人浙江东方集团浩业贸易有限公司(以下简称东方公司)作为外贸代理人与国际商品交易集团签订500吨棉花进口合同。东方公司对外开立的、经修改的信用证载明货物最晚装船期限为2004年5月20日。涉案货物由以星公司负责运输,提单记载:收货人凭指示,接货地为美国内陆城市孟菲斯,装运港为美国萨凡那港,目的港为天津港,运输船舶为"ARCADIAN"轮104W航次,货物数量为22个集装箱,提单签发日期为2004年5月16日,提单记载的装船日期为2004年5月16日,提单正面左下角还载明"如接受货物的地点为一个内陆地点并在此列明,则本提单上任何在船、已装船、已装载船上以及与此相类似的词语所表达的概念,应被认为是已装上从接货地点到装船港之间承担运输任务的卡车、火车、飞机或其他内陆运输工具(具体视情况而定)"。实际上只有10个集装箱的货物装载于"ARCADIAN"轮第104W航次,该10个集装箱货物于2004年6月19日运抵天津港,其余12个集装箱货物(245吨)被以星公司装载于其他船舶,于2004年7月12日运抵天津港。两批货物进口报关单均记载经营单位为东方公司,收货单位为云森公司。云森公司收到上述货物后分别交付给货物买方国美公司。因后 12 个集装箱货物的交付时间超过了云森公司和国美公司合同约定的交货期限（2004 年 6 月 30 日），双方于 2004 年 8 月 2 日达成协议，根据合同约定参照全国棉花交易市场价格，将该 12 个集装箱货物的价格调整为每吨人民币 12 000 元，前 10 个集装箱货物价格不变，双方同意将上述价格调整作为云森公司对延期交付货物造成国美公司损失的最终解决方案。云森公司因此损失货款人民币 1 421 000 元。

二、一审裁判

天津海事法院原审认为，本案是预借提单侵权损害赔偿纠纷，依据我国民事法律规定，侵权行为的损害赔偿适用侵权行为地法律，侵权行为地包括侵权行为实施地和侵权行为结果地，因此可以适用侵权行为结果地法律即中华人民共和国法律处理本案争议。提单是指用以证明海上货物运输合同和货物已经由承运人接收或者装船，以及承运人保证据以交付货物的单证。按货物是否已装船区分，提单可分为已装船提单和收货待运提单。承运人必须根据货物是否装船签发相应提单，货物已经装船的，承运人应当签发已装船提单，并在提单上注明装船日期，表明货物已在该日期装上船。承运人在货物尚未装船或未装船完毕时签发的已装船提单为预借提单。涉案提单系以星公司于 2004 年 5 月 16 日签发的，认定其是否构成预借提单，应以 5 月 16 日云森公司进口的 22 个集装箱货物是否装上 "ARCADIAN" 轮为依据。从本案事实看，以星公司于 5 月 16 日签发提单时只有 10 个集装箱货物装上船，另外 12 个集装箱货物有的仍在以星公司的陆运过程中，有的甚至尚未从托运人处接收货物，但以星公司在只有 10 个集装箱货物装上船的情况下却签发了 22 个集装箱货物的已装船提单，根据我国海商法的规定，以星公司的行为属于预借提单行为，构成对货物所有人即云森公司的侵权。

以星公司在提单中记载的"如接受货物的地点为一个内陆地点并在此列明，则本提单上任何在船、已装船、已装载船上以及与此相类似的词语所表达的概念，应被认为是已装上从接货地点到装船港之间承担运输任务的卡车、火车、飞机或其他内陆运输工具（具体视情况而定）"，属于承运人单方减轻其责任的条款，该条款应属无效条款。以星公司认为其行为不构成预借提单没有法律依据，理由不成立，原审法院不予支持。以星公司预借提单的欺诈行为客观上掩盖了货物装船的真实情况，致使货物托运人在逾期交货的情况下仍能出示符合信用证最后装船期的提单向银行结汇，也使云森公司在不明真相的情况下接受包括提单在内的信用证项下单据，丧失了对货物卖方拒付信用证项下货款的权利。因此以星公司应对云森公司货物市场跌价损失承担相应赔偿责任。

三、上诉与答辩

以星公司不服一审判决，向天津市高级人民法院提起上诉，主要理由：
（1）一审判决认定被上诉人具备货物所有人的地位，具有向上诉人索赔的权利没有事实和法律依据。被上诉人没有提供已支付货款、取得货物所有权的证据,因此其不具备货物所有人的地位。此外,被上诉人提供的证据不足以证明其与案外人东方公司之间的外贸代理合同关系。即使东方公司是被上诉人的外贸代理,根据有关规定,货物所有人仍是东方公司,而非被上诉人。根据中国法律的相关规定,承运人预借提单,其侵犯的应当是收货人而非货物所有人的权益。被上诉人并非涉案提单收货人,其与本案提单没有任何关联性,也与作为多式联运经营人的上诉人没有任何事实和法律上的关系。一审判决认定预借提单"构成对货物所有人即本案原告的侵权"没有法律依据。

（2）一审判决认定上诉人已实施预借提单的行为没有事实和法律依据。被上诉人所提交的证据不能证明上诉人实施了预借提单的行为。一审判决没有考虑到涉案提单的收货地位于美国内陆城市,而将多式联运提单等同于海运提单,最终认定上诉人已实施了预借提单的行为,其法律适用明显错误。上诉人在提单正面醒目位置作出的关于"ON BOARD"在多式联运情况下的说明,没有违背中国法律对于多式联运合同的强制性规定,属于合同当事人的书面约定,一审法院否认其效力没有依据。

（3）一审判决对被上诉人经济损失的认定没有事实和法律依据。承运人实施预借提单后应当承担的赔偿责任是提单项下货物的市场跌落,而非收货人与其他第三方之间所订贸易合同中约定的违约金。即使被上诉人与国美公司之间有关迟延交付货物的损失客观存在,但由于该损失是双方贸易合同所约定的违约金,属于上诉人签发提单时所无法预见的损失,因此即使上诉人实施了预借提单的行为,也没有法定义务承担被上诉人对第三方的违约责任。

（4）一审法院没有考虑上诉人对被上诉人所提交证据提出的异议,对其所有证据均加以确认没有法律依据。

四、二审裁判

原审法院查明的事实属实,天津市高级人民法院予以确认。天津市高级人民法院认为,本案是预借提单侵权损害赔偿纠纷,根据《中华人民共和国民法通则》第146条的规定,侵权行为的损害赔偿,适用侵权行为地法律。侵权行为地法律包括侵权行为实施地法律和侵权结果发生地法律。本案侵权结果发生地在中华人民共和国境内,因此,中华人民共和国法律应作为处理本案争议的准据法。根据被上诉人与案外人东方公司签订的进口代理协议及进口货物报关单,涉案货物进口后的收货单位为被上诉人,而且被上诉人也是涉案货物内贸合同的供货方,天津市高级人民法院据此认定上诉人对涉案货物享有所有权。上诉人虽对被上诉人与东方公司之间的外贸代理合同关系持有异议,但其未能提供相应的证据,天津市高级人民法院认定其异议不能成立。既然被上诉人以上诉人预借提单侵权为由提起诉讼,那么,上诉人与被上诉人是否具有提单所证明的海上货物运输合同关系以及被上诉人是否是涉案提单的收货人,均不影响被上诉人的诉权,上诉人提出的被上诉人无权向其索赔的主张不能成立。

根据《中华人民共和国海商法》第 74 条的规定,承运人应当在货物装船完毕后签发已装船提单,或者在收货待运提单上加注装船日期。本案中,上诉人在提单上注明的 2004 年 5 月 16 日应为装船日期,且在该日涉案 22 个集装箱中的 10 个确已装船,因此,上诉人提出的 2004 年 5 月 16 日并非装船日期的主张不能成立。上诉人作为涉案货物的承运人,其在涉案 22 个集装箱尚未全部装船的情况下,签发了 22 个集装箱全部已装船的提单,上诉人的行为显然构成了预借提单。上诉人预借提单的行为掩盖了国际商品交易集团逾期交货的事实,使被上诉人丧失了与国际商品交易集团就其迟延交货行为进行交涉和及时采取补救措施的时机,并使得被上诉人因不能按期向国内贸易合同的买方即国美公司交货,而承担了货物降价损失。上诉人预借提单的行为与被上诉人主张的损失之间存在因果关系,上诉人对其预借提单行为给被上诉人造成的损失,应承担赔偿责任。被上诉人主张的损失系由于货物降价所产生的,上诉人虽对被上诉人主张的损失数额持有异议,但未能提供相应的证据,因此,对于被上诉人与国美公司约定的价格,天津市高级人民法院予以采信。综上,判决如下:

驳回上诉,维持原判。

94 再审申请人界龙船务(圣文森特)有限公司与被申请人中国大恒(集团)有限公司海上货物运输倒签提单纠纷案

案例来源:最高人民法院(2001)民提字第 6 号
主题词:实际装船日期　倒签提单　财产保全

裁判要旨

No. HY-1.4-24　承运人负有按照实际装船日期签发提单的义务,其倒签提单损害了收货人的利益应当承担由此造成的损失。

No. HY-1.4-25　收货人有权在确认提单倒签后,持正本提单向法院申请财产保全并提起诉讼。

No. HY-1.4-26　由于承运人的倒签提单行为,致使案外人解除了与收货人的买卖合同,使得本应由案外人履行的报关手续及应支付的相关费用只能由收货人履行和支付。承运人的倒签提单行为导致收货人额外支付的费用或相应损失,应当由倒签提单的承运人赔偿。

一、基本案情

再审申请人(原审上诉人):界龙船务(圣文森特)有限公司[JIELONGSHIPPING(ST. VINCENT)CO. LTD.,以下简称界龙公司]

再审被申请人(原审被上诉人):中国大恒(集团)有限公司(以下简称大恒公司)

湖北省高级人民法院查明:1995 年 3 月 3 日,大恒公司与澳大利亚利富贸易有限公司(以下简称利富公司)签订一份进口 5 000 吨精炼棕榈油的贸易合同,约定总货款 4 095 000 美元;装运日期:1995 年 4 月 30 日之前;装运港口:马来西亚港;目的港:中国江阴。同年 3 月 19 日,大恒公司又就该合同中的进口货物与上海正一实业发展公司(以下简称正一公司)签订一份购销合同,约定:大恒公司销售给正一公司棕榈油 5 000吨,总价款人民币 3 500 万元;装运时间:1995 年 4 月 30 日以前;货到目的港前的一切费用由大恒公司负担,货到目的港后的一切费用由正一公司承担;正一公司办理进口报关手续。

1995 年 3 月 22 日,大恒公司就融资、开具信用证问题与中国华润总公司(以下简称华润公司)签订一份《代理和结算协议书》,华润公司 3 月 29 日又与香港精艺贸易公司(以下简称精艺公司)签订一份协议书。根据该两份协议书,该票进口货物由精艺公司对外开具金额为 4 105 000 美元的即期信用证。1995 年 5 月 22 日,正一公司致函大恒公司称:由于进口合同货物未能按时装运,已造成双方签订的合同无法履行,我们同意解除合同。双方遂解除购销合同。

原审另查明,1995 年 5 月 8 日,江阴外轮代理公司(以下简称江阴外代)向大恒公司发传真电报称:界龙先锋轮于(5 月)6 日 15:10 时离(马来西亚)帕西古当。同月 12 日,江阴外代冉次向大恒公司发传真电报称:(界龙先锋轮)于 12 日 19:30 离香港,预计 17 日中午前后抵江阴。

1995 年 5 月 6 日,界龙先锋轮船长周沂代表船东授权新通船务公司(SCHNDON SHIPPING PTE LTD,以下简称新通公司)对已装船货物签发提单。新通公司根据上述授权签发了 1995 年 4 月 30 日装船的提单。

界龙先锋轮于 1995 年 5 月 17 日抵达江阴港。根据该轮到港时间,大恒公司认为界龙公司倒签提单,于 1995 年 5 月 18 日向武汉海事法院申请诉前财产保全,申请扣押界龙先锋轮。

截至 1995 年 11 月,为该票货物产生商检费人民币 41 380 元、卫生监督、检验费人民币 56 624.3 元、港口费人民币 292 797.52 元,缴纳海关关税人民币 6 065 680 元,向海关缴纳增值税人民币 4 731 230.4 元,海关征收滞报金人民币 1 295 650 元,因违反海关监管被海关罚款人民币 800 000 万元,支付信用证项下货款折合人民币 3 411 0087 元,合计已支付人民币 47 393 449.22 元,销售货物回收货款人民币 39 280 852 元,共计损失人民币 8 112 597.22 元。

原审还查明,1995 年 5 月 17 日,华润公司向江阴外代传真称:作为该批货物通知方,我司要求如无我司明确指示及正本提单,请贵司切勿放行此货物。

1995 年 8 月 16 日,界龙公司致函江阴外代称:由于此货物系由华润公司对外开具信用证并进口,为此,如大恒公司来提货,其提单必须经华润公司盖章背书,方能有效。同日,大恒公司致函华润公司,委托华润公司进口报关。华润公司在函上注明:同意我司提货方案,由此引起的一切费用、责任、后果由大恒公司承担。

实际装船日期·倒签提单·财产保全

二、二审裁判

湖北省高级人民法院认为,界龙公司作为海上货物运输的实际承运人,在国际海上货物运输中,违反国际惯例,倒签装船时间,严重损害了收货人的利益,应承担赔偿责任。新通公司是接受界龙先锋轮船长的授权签发的提单,界龙公司称新通公司是界龙先锋轮该航次的实际租船人而非代理的理由不能成立。新通公司的行为应视为界龙公司的行为,责任应由界龙公司承担。大恒公司作为国际货物买卖合同的买方,又是对外开具的即期信用证的实际承受方,当大恒公司确认提单被倒签后,立即持正本提单向武汉海事法院申请诉前财产保全,并持正本提单依法提起诉讼,由此可以认定大恒公司是正本提单的合法持有人,且界龙公司倒签提单的行为直接侵害了大恒公司的合法权益,大恒公司有权依法追究其责任。界龙公司认为大恒公司不是正本提单的持有人,因此不具有诉权的理由不能成立。由于界龙公司的倒签提单行为,致使货物迟延到达,正一公司为此与大恒公司解除合同,使本应由正一公司履行的报关等手续只能由大恒公司履行。大恒公司遂委托华润公司完成报关、提货等一系列行为,华润公司进行的报关、提货、销售货物、接受海关处罚等一系列行为,均系受大恒公司委托的行为,由此产生的法律后果依法应由大恒公司承受。因界龙公司倒签提单的行为,导致大恒公司支付在正常情况下不应由其支付的费用人民币 8 112 597.22 元,该损失应由界龙公司给予赔偿。在总损失额中,海关滞报金一笔,查明应为人民币 1 295 650 元,武汉海事法院一审判决以海关"待处理款 130 万元"计算不当,应予纠正。依照《中华人民共和国民事诉讼法》第 153 条第 1 款第(三)项的规定,判决:界龙公司赔偿大恒公司损失人民币 8 112 597.22 元,并从 1995 年 11 月 22 日起至本判决履行完毕之日止按中国人民银行同期银行利率计付利息,于判决生效之日起 15 日内付清。一审案件受理费、诉前保全费按一审判决执行。二审案件受理费人民币 83 438 元,由界龙公司负担。

三、再审申请与答辩

上述判决生效后,界龙公司向最高人民法院申请再审称:

(1)原告起诉时的名称为中国大恒公司,一审判决书上原告是中国大恒(集团)有限公司,而法院的判决书中未作任何说明;

(2)大恒公司并非真正的提单持有人,其向武汉海事法院提交的仅仅是正本提单的复印件;

(3)大恒公司也未向界龙公司主张过权利;提单的真正权利人是华润公司,因为华润公司在信用证付款中完成了付款赎单手续从而取得提单、完成货物报关手续、实际销售了全部货物并取得了货款;

(4)倒签提单并非大恒公司"损失"的真正原因,货物到港时间为 1995 年 5 月 17 日,正一公司解除与大恒公司的合同是在 5 月 22 日,而直至 9 月 12 日,该批货物方才

取得进口许可证,在海关规定的罚没期仅剩两天时才提取了货物;

(5) 原审关于损失的计算不当,海关关税是国家对货物进口人强制性收取,是必然要发生的,不应成为一种损失;

(6) 提单倒签并非界龙公司所为,界龙公司只是与新通公司签订航次租船合同,提单的签发与界龙公司无关。

大恒公司答辩称:

(1) 中国大恒公司在1999年8月改制更名为中国大恒(集团)有限公司,法人主体未变。一审开庭时已经提交了营业执照副本,也提交了国家工商局出具的企业更名证明,界龙公司也当庭质证。

(2) 大恒公司与利富公司签订购销合同,大恒公司是外贸合同的买方并委托华润公司开证。大恒公司按照约定于4月2日前按期预付人民币2 840 000元,于5月9日按照代理协议约定又付货款人民币10 000 000元。界龙公司也在5月12日给大恒公司发传真电报,通知船17日到港。大恒公司于5月18日持正本提单在武汉海事法院申请保全扣船,此时正本提单留在法院。6月15日大恒公司起诉界龙公司。法院复议决定书再次确认大恒公司持有正本提单。进入诉讼程序后,为报关提货,才申请从武汉海事法院取回正本提单。华润公司只是大恒公司的开证、对外结算的代理人,华润公司受大恒公司委托报关提货,只是大恒公司的提货代理人,而并非提单受让人。大恒公司是本案的权利人。

(3) 由于界龙公司的倒签提单行为,使作为买方的大恒公司无法以单证不符拒付信用证项下货款并不接受货物。而正一公司也是在得知界龙公司倒签提单的情况后,以货物未按期装运为由要求解约的。

(4) 倒签提单是一种严重的侵权行为,又是造成大恒公司实际损失发生的根本原因,这与是否预见海关税费的发生无关。

(5) 界龙公司在申诉中规避事实。

(6) 1995年8月16日,大恒公司委托华润公司报关提货是迫于同日界龙公司给江阴外代的指示函的压力。

再审庭审中,大恒公司还称:

(1) 本案再审申请人不具备法定主体资格,在提起再审时未提交有效的诉讼主体身份证明及代理人授权委托书且界龙公司经过重新登记,两个"界龙公司"的注册号码分别为5684IC1995和5896IBC2000;

(2) 界龙公司已经依据本案的二审判决,向托运人新加坡丰益私人有限公司和新通公司提起了诉讼,武汉海事法院也于2001年2月28日作出了判决,判令两被告赔偿界龙公司因倒签提单而赔付大恒公司的损失人民币8 112 597.22元。界龙公司再提出再审申请系滥用诉讼权利,有违诚信原则。

最高人民法院再审期间,界龙公司提供了江阴外代2001年3月7日证明、大恒公司企业法人营业执照和对外经济贸易部关于核准大恒公司等三家外贸公司经营范围及进出口商品目录的通知,以证明大恒公司从未向江阴外代申请提货、大恒公司没有植物油进口资格。对该 3 份证据材料,大恒公司认为在开庭前未见到,申请法庭对此不予涉及。最高人民法院认为,江阴外代的证明为原件,大恒公司未提供相反的证据,最高人民法院予以认定;对于后两份证据材料,虽为复印件,但加盖了国家工商行政管理局信息中心企业登记档案资料查询专用章,大恒公司亦未提供相反的证据,最高人民法院予以认定。大恒公司向本院提供了武汉海事法院的公告、商检费用单,以证明界龙公司就其承担的损失向有关方面索赔并得到支持,大恒公司支付了货物到港后的商检费用。界龙公司认为武汉海事法院判决新通公司承担赔偿责任与本案无关,商检费用是进口货物必然发生的,与倒签提单无关。但对该证据材料本身的真实性未提出异议,最高人民法院予以认定。

原审认定的其他事实,最高人民法院予以认定。

另查明:向本院提出再审申请的界龙公司是在 2000 年 2 月 24 日本案二审期间按照圣文森特和格林纳丁斯国《国际商业公司法》重新注册的公司。而一审程序中的界龙公司系依据圣文森特和格林纳丁斯国《1982 年国际公司法》于 1995 年 1 月 18 日注册成立。在公司名称上均为界龙船务(圣文森特)有限公司,但在公司注册号、董事会成员、法定代表人及文件签字权等方面存在差异,对于上述差异,界龙公司称根据圣文森特和格林纳丁斯国《国际商业公司法》的有关规定,所有公司均需重新注册。另,根据原审中的有关证据,中国大恒公司于 1999 年 8 月 24 日更名为中国大恒(集团)有限公司。

四、再审裁判

最高人民法院认为,界龙公司在二审期间进行重新登记,在二审判决之前大恒公司对此未提出异议,原审法院亦未对界龙公司的诉讼主体资格予以否定。原审判决判定重新注册后的界龙公司对大恒公司承担民事赔偿责任。界龙公司不服该判决向本院申请再审不违反法律规定。大恒公司关于界龙公司申请再审的主体资格存在问题的主张不能成立。

本案是国际海上货物运输合同纠纷。涉案提单上记载,界龙公司为本航次运输的承运人,负有依照实际装船日期签发提单的义务。新通公司作为界龙公司代理人倒签装船时间,承运人界龙公司应当对此承担相应的法律后果。界龙公司关于其与倒签提单行为无关的主张不能成立。原审认定界龙公司为实际承运人依据不充分,应予纠正。界龙公司作为海上货物运输的承运人,倒签装船时间,损害了收货人的利益,应承担赔偿责任。大恒公司作为国际货物买卖合同的买方,又是对外开具的即期信用证的实际承受方,有权在确认提单被倒签后,持正本提单向武汉海事法院申请诉前财产保全并依法提起诉讼。界龙公司倒签提单的行为侵害了大恒公司的合法权益,大恒公司有权依法追究。界龙公司认为大恒公司不是正本提单的持有人,因此不具有诉权的理由不能成立,本院不予支持。

由于界龙公司的倒签提单行为,致使正一公司与大恒公司解除合同,使本应由正一公司履行的报关手续及应支付的相关费用只能由大恒公司履行和支付。界龙公司倒签提单的行为,导致大恒公司支付了在正常情况下不应由其支付的费用,该项费用应由界龙公司给予赔偿。原审就此问题的认定正确。但是货物迟延到达并非倒签提单的必然后果,原审认定由于界龙公司的倒签提单行为导致货物迟延到达不准确,应予纠正。

综上,原审认定部分事实不清,但判决结果并无不当。经本院审判委员会讨论决定,依照《中华人民共和国民事诉讼法》第184条的规定,判决如下:

(1) 驳回界龙船务(圣文森特)有限公司的再审申请;
(2) 维持(2000)鄂经终字第238号民事判决。

95 原告扬州天华光电科技有限公司与被告上海泷特国际物流有限公司海上货物运输合同纠纷案

案例来源:上海海事法院(2011)沪海法商初字第1347号
主题词:倒签提单 预借提单 无单放货

裁判要旨

No. HY-1.4-27 承运人倒签提单或者预借提单,不影响正本提单持有人向承运人主张无正本提单放货的权利,不影响承运人法律地位的认定以及正本提单持有人所享有的诉权。

一、基本案情

原告:扬州天华光电科技有限公司

被告:上海泷特国际物流有限公司

原告扬州天华光电科技有限公司诉称:2010年,原告与案外人Giraudo Adriano Comunione Ereditraia(以下简称Giraudo公司)订立贸易合同,约定原告向Giraudo公司出售一批货物,总价1 425 000美元。Giraudo公司预付了270 000美元,尚有1 155 000美元未曾支付。原告通过案外人江苏天行健国际物流有限公司扬州分公司(以下简称天行健公司)向被告订舱运输。被告签发了以原告为托运人的无船承运人提单。据该提单记载,涉案货物被装载于5个集装箱内自上海港运往意大利热那亚港。涉案货物由案外人以星航运实际承运。货物抵达目的港后,被告在未收回正本提单的情况下,于2011年3月将涉案货物交付给了Giraudo公司。收货人提货后,拒不支付剩余货款1 155 000美元,导致原告遭受巨大的经济损失。原告认为,原告是涉案货物的出口方,也是提单载明的托运人并持有全套正本提单,被告的无单放货行为,严重违反了运输合同项下的义务,依法应赔偿原告的经济损失。为此,原告诉请判令被告向原告赔偿货款损失 1 155 000 美元及该款项按照中国人民银行同期美元贷款利率自 2011 年 3 月 14 日计算至判决生效之日止的利息损失,并承担本案的案件受理费及保全申请费用。

被告上海泷特国际物流有限公司辩称:

(1)被告并非涉案货物的承运人且被告从未收到或者控制过涉案货物;

(2)不论被告签发的提单系倒签或预借,其所记载的信息均与事实不符,效力具有瑕疵;

(3)意大利的 FERT 国际货运股份公司(以下简称 FERT 公司)不是被告的代理人,即使存在代理关系,在原告明知转委托关系存在的情况下,被告仅就对 FERT 公司的选任和指示承担责任,不需因 FERT 公司的行为向原告承担法律责任;

(4)原告的主要证人天行健公司与原告及本案处理结果有利害关系,其出具的证据应当不具备证明效力,至少其效力不应高于 FERT 公司出具的书面证词,在天行健公司和 FERT 公司两者出具的证言存在矛盾的情况下,不应采信天行健公司的证言;

(5)被告在本案中承担的义务没有对价,对原告的损害后果亦无故意或者重大过失,不应当承担赔偿责任。

综上,被告认为其在涉案运输中所做的全部法律行为就是出具了一份本来就提不到货的正本提单并且没有及时收回,原告无权基于此要求被告承担无单放货赔偿责任,请求驳回原告的诉讼请求。

二、法院查明事实

上海海事法院经审理查明并确认如下法律事实:

2010 年 10 月,意大利的 Giraudo 公司与原告订立贸易合同,向原告采购 750 000 瓦的太阳能电池组件(以下简称涉案货物),总价为 1 425 000 美元。Giraudo 公司预付了 270 000 美元。合同约定剩余款项 1 155 000 美元凭提单副本支付。

原告委托天行健公司安排涉案货物出运事宜。为此,天行健公司向莱士金公司和被告询价,因被告报价较高,最终委托莱士金公司安排向船公司订舱。但由于莱士金公司无法满足原告提出的倒签提单要求,天行健公司再次与被告业务员张志斌(Allen Zhang)进行联系,并约定由被告为涉案货物签发无船承运人提单,并通过其意大利代理控制放货环节。双方曾约定被告将为此收取一定费用,但双方均确认该笔费用并未实际支付。

涉案货物继续由莱士金公司委托中远物流向以星航运订舱,于 11 月 22 日开始装箱,被装载于 5 个 40 英尺高箱内,并于 11 月 25 日进行出口报关,报关单载明的货物总价为 1 425 000 美元,成交方式为 CIF。2010 年 11 月 27 日,涉案货物装船。同日,以星航运签发编号为 ZIMUSNH6833909 的海运提单,载明托运人为原告,收货人为 FERT 公司。根据天行健公司的指示,莱士金公司将从以星航运取得的全套海运提单寄给了被告。被告据此签发了涉案编号为 LGSHOE10117401 的无船承运人提单,提单日期倒签为 2010 年 11 月 14 日,并载明托运人为原告,收货人为 Giraudo 公司,目的港提货联系人为 FERT 公司。

2010 年 12 月 9 日,以星航运确认已收回全套正本海运提单,并通知目的港代理无需凭正本提单即可将涉案货物交付海运提单载明的收货人 FERT 公司。同年 12 月 24 日,涉案货物由"旧金山极速"轮 47 航次(SAN FRANCISCO EXPRESS 47/W)运抵卸货港意大利热那亚(GENOVA)。

2011 年 3 月 15 日,被告向 FERT 公司发送电子邮件转达原告对涉案货物情况的关切。FERT 公司回复称涉案货物已于 3 月 14 日放给收货人 Giraudo 公司。此后,被告与被其称为"意大利代理"的 FERT 公司进行了多次联系,要求其对收货人施压促使收货人尽快向原告支付货款,以避免可能的法律责任。原告至目前仍持有被告签发的涉案全套正本提单。

此外,原告用案外其他批次出口货物所得的外汇对涉案货物对应的外汇核销单进行了核销。

三、法院裁判

法院认为,本案系海上货物运输合同纠纷。因涉案运输的目的港在境外,且无单放货的法律事实发生在境外,因此本案纠纷具有涉外因素。鉴于原、被告在庭审中均确认选择适用中国法律,据此可以确定处理本案争议的准据法为中华人民共和国法律。

根据原、被告的诉辩主张,本案存在两个主要的争议焦点:一是被告是否为涉案运输中的无船承运人(即契约承运人);二是被告是否应当赔偿原告因无单放货遭受的货款损失。

关于被告的法律地位,被告辩称其从未收到或控制过涉案货物,且签发的提单日期与事实不符,效力存在瑕疵,因此不应当被认定为涉案货物的契约承运人。法院认为,首先,依据最高人民法院发布的《第二次全国涉外商事海事审判工作会议纪要》第 104 条的规定:"承运人倒签提单或者预借提单,不影响正本提单持有人向承运人主张无正本提单放货的权利。"因此,涉案提单虽系倒签形成,但不影响承运人法律地位的认定以及原告作为正本提单持有人所享有的诉权。其次,提单是运输合同的证明,被告以自己的名义签发了无船承运人提单,则表明其以承运人身份从事或负责涉案货物的运输;原告无异议地接受了该提单,则表明双方之间成立了由该提单所证明的海上货物运输合同法律关系。即使此前天行健公司作为原告代理人向被告发出的要约因价格问题双方未达成一致而失效,但被告签发涉案提单与原告接受该提单的行为表明双方就此进行了新的磋商并最终订立了涉案运输合同。此外,被告虽辩称其从未收到或控制过涉案货物,但现有证据表明涉案货物的海运提单在签发后被控制在被告手中,被告通过控制海运提单实现了对涉案货物的拟制占有;该海运提单被电放后,涉案货物转由海运提单载明的收货人 FERT 公司占有,而 FERT 公司正是被告签发提单上载明的提货联系人。涉案货物被无单放行后被告与 FERT 公司之间的往来电子邮件清楚地表明，FERT 公司原本应当凭被告签发的提单交付货物，因此 FERT 公司是作为被告的代理人在目的港控制涉案货物的放行。上述涉案货物的流转过程也表明被告签发的提单所记载的运输过程真实存在。综上，被告签发了涉案无船承运人提单，并实际控制涉案货物的流向与交付，已符合无船承运人的决定性特征，因此被告应当被认定为涉案运输的无船承运人（即契约承运人）。对被告关于此节的抗辩，法院不予采纳。

关于被告是否应当赔偿原告因无单放货遭受的货款损失，被告辩称即使 FERT 公司系被告在目的港的代理人，被告也仅应就对 FERT 公司的选任和指示承担责任，鉴于被告在本案中承担的义务没有对价，因其对原告损失并无故意或者重大过失，其不应当承担赔偿责任。法院认为，被告作为涉案货物运输的契约承运人，应当受我国法律规定的承运人责任和义务的约束。依据《中华人民共和国海商法》第 71 条的规定，提单是承运人保证据以交付货物的单证，因此被告应当凭其本人签发的正本提单交付货物。现原告仍持有全套正本提单，而涉案货物已被交付收货人，被告无单放货的行为成立。虽然实际向收货人无单放货的是 FERT 公司，但 FERT 公司作为被告在目的港的放货代理人，依据《中华人民共和国民法通则》第 63 条关于"被代理人对代理人的代理行为，承担民事责任"以及《中华人民共和国合同法》第 65 条"当事人约定由第三人向债权人履行债务的，第三人不履行债务或者履行债务不符合约定，债务人应当向债权人承担违约责任"的规定，FERT 公司无单放货行为的法律后果应当由被告承担。因原、被告之间并非委托合同关系，因此被告有关其仅应对 FERT 公司的选任和指示承担责任的抗辩意见不成立。

此外，原告的代理人天行健公司曾与被告就涉案业务进行了费用收取的约定，该笔费用是否已经实际收取不影响原、被告之间的运输合同法律关系的性质，即使双方并未约定收费，也不能免除被告承担违反"承运人应当凭单交货"义务的违约责任。因原、被告之间并非无偿的委托合同关系，因此被告有关其因不具有故意或者重大过失而不需承担赔偿责任的抗辩意见，法院不予采纳。

根据在案证据可认定涉案货物的 CIF 价值为 1 425 000 美元，现原告自认已收到 Giraudo 公司预付的 270 000 美元，虽然涉案外汇核销单已被核销，但原告已提供证据证明系用案外货款进行的批次核销，因此在无其他反驳证据的情况下，可认定原告因被告无单放货行为遭受的货款损失为 1 155 000 美元。

此外，原告有关利息损失及其起算时间的主张，符合法律规定，予以支持。因涉案货物于 2011 年 3 月 14 日在目的港交付，故利息损失可从 2011 年 3 月 14 日起计算至本判决生效之日止。但因原告未能有效证明其因被告的违约行为发生贷款的事实，因此原告有关按照中国人民银行同期美元贷款利率计算利息损失的主张，法院不予支持。法院酌定按中国人民银行同期美元存款利率计算利息损失。

综上，被告无单放货的行为，致使提单的合法持有人原告失去了对涉案货物的控制权且无法收回涉案货物的货款，应当向原告承担由此造成损失的民事责任。现原告请求的赔偿范围为尚未收到的剩余货款 1 155 000 美元，于法有据，应予支持。依照《中华人民共和国海商法》第 71 条,最高人民法院《关于审理无正本提单交付货物案件适用法律若干问题的规定》第 2 条、第 6 条,《中华人民共和国民事诉讼法》第 64 条第 1 款以及最高人民法院《关于民事诉讼证据的若干规定》第 2 条、第 73 条第 1 款、第 76 条之规定,判决如下:

(1) 被告上海泷特国际物流有限公司在本判决生效之日起 10 日内向原告扬州天华光电科技有限公司赔偿损失 1 155 000 美元及该款项的利息(按照中国人民银行同期美元存款利率自 2011 年 3 月 14 日起计算至判决生效之日止);

(2) 对原告扬州天华光电科技有限公司的其他诉讼请求不予支持。

96 原告五矿钢铁有限责任公司与被告现代商船(美国)有限公司、美国·伊斯—瑞尔玛有限公司、韩国·现代商船株式会社、日本·三光汽船株式会社、利比里亚·皇家货船有限公司运输单证侵权损害赔偿纠纷案

案例来源:武汉海事法院(2003)武海法通商字第 73 号
主题词:实际装船日期　倒签行为　倒签提单　信用证

裁判要旨

No. HY-1.4-28　倒签提单和不如实签发提单行为构成违约责任和侵权责任竞合,受害人有权选择要求责任人承担责任的方式。

No. HY-1.4-29　船舶代理人应在授权范围内签发提单,但其未依船长发出的授权要求签发提单,反而在明知倒签提单违法时签发提单的,应当与被代理人承担连带责任。

No. HY-1.4-30　倒签提单行为掩盖卖方逾期交付货物的事实,导致信用证下单证虚假相符,使得收货人无法行使信用证项下拒付货款的权力,造成收货人不应有的损失,收货人有权要求承运人赔偿。

一、基本案情

原告:中国·五矿钢铁有限责任公司(以下简称五矿钢铁公司)

被告:美国·现代商船(美国)有限公司(HYUNDAI MERCHANT MARINE AMERICA INC.,以下简称美国现代商船)

被告:美国·伊斯—瑞尔玛有限公司(ISS-RIOMARL. L. C.,以下简称瑞尔玛公司)

被告:韩国·现代商船株式会社(HYUNDAI MERCHANT MARINE CO.,LTD.,以下简称韩国现代会社)

被告:日本·三光汽船株式会社(THE SANKO STEAMSHIP CO.,LTD.,以下简称汽船株式会社)

被告:利比里亚·皇家货船有限公司(ROYAL BULKSHIP LIMITED.,以下简称皇

家货船公司)。

原告五矿钢铁公司诉称,五矿钢铁公司向亚洲商贸公司(TRADE ASIA CORP.)分别购买15000吨和1万吨热轧钢卷板,由上述被告所属或租用或经营的"山口女皇"轮承运。根据有关信用证的规定,上述货物最迟装运期为2003年4月10日,且只接受清洁提单。但上述被告在 HDMUNOOJG3320101 号提单下没有根据装货事实如实签发2003年4月11日的提单,而是签发4月10日的提单。同时上述被告也未按大副收据的有关批注如实签发 HDMUNOOJG3320101 和 HDMUNOOJG3320102 号两份提单(以下简称1号提单、2号提单),而是均签发了清洁提单。被告的上述欺诈行为导致有关信用证下的单证表面相符,使得五矿钢铁公司无法行使拒付货款的权利,蒙受重大经济损失,诉请判令上述被告连带赔偿经济损失计人民币(以下均为人民币)1550万元(后调整为15 438 371元)及相应利息(年利率5.31%),承担本案海事证据保全费、海事请求保全费和案件受理费共计202 490元。15 438 371元经济损失具体为:接受1号提单项下15 054.797吨热轧卷板所产生的货款差价损失13 356 140.37元(包括销售1号提单项下75卷无标识货物产生的货款差价损失)、利息403 744元(自2003年5月6日开证银行对外付款至原告收到货款之时约计65天);销售2号提单项下无标识货物所产生的货款差价损失1 326 391.75元、利息26 784.8元(自2003年5月6日开证银行对外付款至原告收到货款之时约计65天);申请扣押船舶支付担保金120万元的利息损失5 310元(自2003年5月30日至6月30日);支付的律师代理费30万元;支出的案件资料查询费、认证费及差旅费共计2万元。

被告美国现代商船、韩国现代商船和瑞尔玛公司辩称,韩国现代商船是"山口女皇"轮的期租租船人,美国现代商船为韩国现代商船在美国的代表,瑞尔玛公司为"山口女皇"轮在装货港的船舶代理人。倒签提单的诉讼是基于未如实签发正本提单的事实而提出的,承担责任的主体应该是签发提单的义务人。本案提单系"山口女皇"轮的船长授权瑞尔玛公司签发,因此三被告并非本案的适格主体。同时在保留上述答辩意见的前提下,被告美国现代商船和韩国现代商船认为自己没有任何欺诈的行为,五矿钢铁公司也不能证明"倒签提单"与其声称的"支付了本不应该支付的货款"有必然的因果关系,且提交证明"损失"的证据都不真实,对货物的处理也不合理。本案中船长可以签发清洁提单,五矿钢铁公司并未举证"未如实签发提单"与声称的其无法"拒绝信用证下的付款"有必然的因果关系,以及证明损失的合理性。鉴于上述理由,美国现代商船、韩国现代商船和瑞尔玛公司请求法院依法驳回原告五矿钢铁公司的各项诉讼请求。

被告三光株式会社、被告皇家货船公司辩称,原告五矿钢铁公司未证明三光株式会社在法律上或在事实上与本案有关联;三光株式会社和皇家货船公司对所称的倒签提单没有任何过错,对因此发生的损失不承担任何责任;根据相关进口贸易合同,五矿钢铁公司为上海荣亨实业有限公司(以下简称上海荣亨公司)进口涉案货物使用的是马钢国际经济贸易总公司为进口用户的《重要工业品自动进口许可证明》,属违法进口货物,无权索赔所谓的倒签提单给其造成的损失,且其计算倒签提单责任的方法及其索赔金额没有事实和法律依据;同时五矿钢铁公司也没有证据证明违背货物的真实状况签发清洁提单,以及因此产生的损失。请求法院依法驳回原告五矿钢铁公司的各项诉讼请求。

二、法院查明事实

武汉海事法院查明如下案件事实:

(1) 原告五矿钢铁公司于2003年3月4日与亚洲商贸公司(TRADE ASIA CORP.)签订了两份贸易合同,合同号分别为03JPWTJ7208366T044(BH513100A)、03JPWTJ7208365T044(BH513100B)。约定:亚洲商贸公司向五矿钢铁公司销售热轧钢卷15000吨和10000吨,目的港为中国江阴港,最迟装运期为2003年4月10日前,价格为CFR-FO CQD 360 美元/吨,付款条件为不可撤销的即期信用证。同年3月20日,五矿钢铁公司开立了以亚洲商贸公司为受益人的030LC0304035号和030LC0304006号两套信用证。信用证均明确规定不允许分批装运,最迟装运日期为4月10日,且只接受凭指示的空白背书已装船清洁提单。4月22日,亚洲商贸公司向开证行华夏银行提交了两票货物提单、商业发票、装箱单和受益人证明等单据要求议付。五矿钢铁公司委托华夏银行于5月6日向亚洲商贸公司支付了信用证项下货款5 419 726.92美元和3 478 114.08美元,取得了两票货物提单等全套议付单据。8月6日,五矿钢铁公司通过五矿集团财务公司向华夏银行归还了上述两票货款本息45 145 913.85元和28 972 426.31元(汇率8.2899)。

(2) 装运上述货物的"山口女皇"轮登记注册为被告皇家货船公司所有,被告三光株式会社为船舶管理人。2003年3月26日,三光株式会社将"山口女皇"轮期租给被告韩国现代商船,双方签订了定期租船合同,约定租期约60至70天。之后,韩国现代商船向"山口女皇"轮船长发出V.332G航次指令,通知船舶到美国新奥尔良装载约40 500吨钢卷至中国,并告知其在美国海湾地区的代表为美国现代商船,装货港船舶代理为瑞尔玛公司,卸货港船舶代理为远东海运有限公司上海办事处。

(3) 2003年4月9日"山口女皇"轮在美国新奥尔良进行货物装载,其中2号提单下货物共装载474卷(计9 661.428吨),1号提单下货物装载745卷(计14 821.98吨),有14卷货物因质量问题没装船,至4月11日23时,14卷计232.817吨货物装上了"山口女皇"轮。另大副收据记载1号提单项下货物装运时有75卷货物标签丢失,2号提单项下货物装运时有49卷货物标签丢失。

(4) 货物装船后,"山口女皇"轮船长向瑞尔玛公司发出《签发提单授权书》,授予瑞尔玛公司在满足下列条件情况下代表其签发提单的有限权力:① 严格按照大副收据制作提单,该提单不得损害租约条款、条件和例外的情况;② 在签发提单之前将制作完毕的提单传真给Sanko或其保护代理供其批准。瑞尔玛公司未接受授权,代理船长签发提单。

(5) 两票货物提单均为凭指示的空白背书已装船清洁提单,记载由瑞尔玛公司代美国现代商船签发,船东为美国现代商船。提单均载明运输船舶为"山口女皇"轮,货物品名热轧钢卷,装运港美国新奥尔良,目的港中国江阴,装船日期为2003年4月10日。其中1号提单载明装运货物759卷(计15 054.797吨)、2号提单载明装运货物474卷(计9 661.428吨)。

(6) 2003年5月26日"山口女皇"轮载货抵达中国江阴港,五矿钢铁公司对"山口女皇"轮申请证据保全,调取了"山口女皇"的航海日志、装货事实记录、大副收据、仓单、货物积载图、航程指令单、船舶登记证等资料。五矿钢铁公司认为"山口女皇"轮有倒签提单和不如实签发提单的行为,5月29日将上述情况通知委托进口方上海荣亨公司。次日,上海荣亨公司回函明确表示不同意按原合同条件接受货物。6月3日,双方达成协议,同意对"山口女皇"轮涉嫌倒签的1号提单下15 054.797吨货物和违背事实签发的2号提单下49卷约998.75吨货物的进口,解除委托代理关系,损失由五矿钢铁公司承担。

(7) 五矿钢铁公司使用马钢国际经济贸易总公司名义申领的重要工业品自动进口许可证,委托五矿国际货运江苏有限责任公司办理了涉案货物的进口报关、检验检疫等提货手续。其中1号提单项下货物缴纳了进口关税和增值税9 228 059.13元,支付了卸货费用421 534.30元、保险费用6 503.67美元(折合人民币53 980.5元)、检验检疫费(商检费)78 952元,共计9 782 525.93元。

(8) 2003年6月15日,五矿钢铁公司将上述涉案两票货物(共计16 053.547吨)销售给上海荣亨公司,其中,1号提单项下有标签标识货物13 567.33吨,销售价格2 800元/吨,另75卷(约计1 487.65吨)无标签标识货物和2号提单项下49卷(约计998.75吨)无标签标识货物,共计2 486.4吨,按2 300元/吨处理销售。上海荣亨公司于6月24日至7月24日分6次付清上述涉案货物货款43 707 244元,五矿钢铁公司向其开具了相应增值税专用发票。

三、法院裁判

依据当事人的诉辩陈述,本案争议需解决的问题为:五矿钢铁公司使用马钢国贸的自动进口许可证进口涉案货物是否合法;1号提单是否构成倒签;五矿钢铁公司以货物的外挂及内贴标签丢失主张的货物降价销售损失是否应予保护;本案倒签提单和不如实签发提单侵权责任人的确定。

武汉海事法院认为,本案系一宗因倒签提单和不如实签发提单引起的运输单证责任纠纷。海上货物运输过程中,倒签提单和不如实签发提单行为构成违约责任和侵权责任竞合,受害人有权选择要求责任人承担责任的方式,原告五矿钢铁公司庭审中已明确其起诉为侵权之诉,本案应确定为倒签提单和不如实签发提单引起的运输单证侵权损害赔偿纠纷。因货物运输目的地在中国江阴港(侵权行为结果地),根据《中华人民共和国民法通则》第146条第1款"侵权行为的损害赔偿,适用侵权行为地法律",以及最高人民法院《关于贯彻执行〈中华人民共和国民法通则〉若干问题的意见(试行)》第 187 条"侵权行为地的法律包括侵权行为实施地法律和侵权行为结果地法律"的规定,武汉海事法院适用侵权行为结果地即中华人民共和国法律解决本案纠纷。

原告五矿钢铁公司向亚洲商贸公司(Trade Asia Corporation)分别购买 15000 吨和 10 000 吨热轧钢卷板,通过信用证付款方式向其支付了货款取得涉案提单,本案提单所载明的内容与所涉贸易合同、信用证、商业发票等主要内容无矛盾,互相印证,且五矿钢铁公司凭该提单提取了货物,各被告未表示异议,因此,五矿钢铁公司是两份提单的善意受让人和合法持有人。

依据《中华人民共和国货物进出口管理条例》的规定,国家准许货物的自由进出口,主管部门在进口经营者提交申请最长不超过 10 天即发放自动进口许可证明,不存在自动进口许可证明被限制性发放。原告五矿钢铁公司使用马钢国际经济贸易总公司申领的《重要工业品自动进口许可证明》进口涉案货物,全额缴纳了货物关税和增值税,其行为并不违反我国有关进出口货物管理的禁止性规定。原告五矿钢铁公司是否办理了货物自动进口许可证属行政法律调整,不属于本案审查的内容,且是否办理了货物自动进口许可证明不足以影响本案民事法律关系的成立与否。各被告以五矿钢铁公司使用马钢国际经济贸易总公司的《重要工业品自动进口许可证明》进口涉案货物为由,提出五矿钢铁公司不得就非法进口带来的利益进行索赔的主张,没有法律依据。原告五矿钢铁公司作为提单合法持有人,因提单签发产生的纠纷有权向相关责任方提起诉讼。

依据"山口女皇"轮货物积载图、2003 年 4 月 9 日至 4 月 11 日的航海日志、2003 年 4 月 9 日的 4 份大副收据、14 卷热轧钢卷板的大副收据,以及瑞尔玛公司和"山口女皇"轮船长联合签署的装货事实记录等证据材料,可以确认 1 号提单签发时间(2003 年 4 月 10 日)早于大副收据记载的货物实际完成装载时间(2003 年 4 月 11 日),提单倒签的事实成立。同时五矿钢铁公司主张部分货物标签丢失问题,虽无卸货港口检验机构予以证实,但装货港大副收据可以证明装货时存在部分货物标签丢失,承运人未在提单上对其作出相应的批注,因此承运人不如实签发提单的事实亦可认定。

原告五矿钢铁公司虽无直接证据证明瑞尔玛公司签发涉案提单经韩国现代商船或美国现代商船明确授权,但瑞尔玛公司为韩国现代商船指定的装货港船舶代理,美国现代商船为韩国现代商船在美国的代表,均在代韩国现代商船经营"山口女皇"轮涉案航次货物运输,且五矿钢铁公司通过流转取得的提单记载由瑞尔玛公司作为美国现代商船的代理人签发,注明美国现代商船为船东。根据表见代理制度的法律规定,五矿钢铁公司完全有理由相信瑞尔玛公司签发提单以及提单内容已得到美国现代商船的授权和确认,同时根据提单表面记载对于善意提单持有人为绝对证据的原则,认定美国现代商船为提单承运人。

涉案船舶由期租船人韩国现代商船实际经营,美国现代商船作为韩国现代商船在美国的代表负责货物装运事宜,五矿钢铁公司有理由相信韩国现代商船是通过美国现

实际装船日期·倒签行为·倒签提单·信用证

代商船签发涉案提单从事涉案货物运输,提单的签发及其内容已经韩国现代商船的授权和确认。因此,韩国现代商船为本案涉案货物期租承运人,有如实和准确签发提单的义务,应承担倒签提单和不如实签发提单的责任。美国现代商船作为韩国现代商船的代理人和提单注明的承运人,未对提单记载的内容提出异议,表明其接受和认可瑞尔玛公司签发的提单,应与韩国现代商船共同承担倒签提单和不如实签发提单的责任。

瑞尔玛公司作为船舶代理人应在授权范围内签发提单,但其未依"山口女皇"轮船长发出的授权要求签发提单,明知倒签提单和不如实签发提单违法,仍早于大副收据记载的货物实际完成装载时间恶意签发以美国现代商船为承运人的清洁提单,依据《中华人民共和国民法通则》第 67 条的规定,应被视为共同侵权人而与被代理人承担连带法律责任。

三光株式会社作为船舶的管理人负责管理船舶,不负责经营货物运输,没有实际签发提单,五矿钢铁公司也没证明其参与了倒签提单和不如实签发提单活动,因此原告五矿钢铁公司要求三光株式会社承担上述签单责任没有依据,武汉海事法院不予支持。

被告皇家货船公司系"山口女皇"轮注册船东,实际从事了涉案货物运输,为实际承运人。货物装船后,"山口女皇"轮船长向瑞尔玛公司发出签发提单授权书,要求其严格依大副收据制作提单并传真批准,表明其负有依法签发提单的义务。虽然瑞尔玛公司未按船长授权签发,但并不能免除被告皇家货船公司对倒签提单和不如实签发提单产生的后果所应负的责任,其对美国现代商船、韩国现代商船和瑞尔玛公司的侵权行为给五矿钢铁公司造成的经济损失应承担连带赔偿责任。

尽管提单未对标签标识丢失予以批注,但货物标签丢失仅为货物外包装问题而不涉及货物本身的品质,即标签丢失并不必然导致货物品质的降低,该缺陷可以通过卖方重新提供货物标签予以补救,且货物在卸载港未进行商品检验,无法确认受损程度以及是否构成对正常销售的影响。因此,原告五矿钢铁公司以货物标签标志丢失为由主张货物只能降价销售的理由不能成立,此部分相关的赔偿请求武汉海事法院不予支持。

倒签提单的行为掩盖卖方逾期交货的事实真相,导致有关信用证下的单证表面相符,使得五矿钢铁公司无法行使拒付信用证项下货款的权利,因此五矿钢铁公司有权要求责任方赔偿因此给其造成的损失。赔偿范围为五矿钢铁公司接受 1 号提单项下 15 054.797 吨热轧卷板所产生的货款差价损失和押汇利息,具体为:15 054.797 吨热轧钢卷板信用证项下货款 44 901 895.56 元(5 419 726.92 美元,汇率 100∶828.49)和进口支付的关税及增值税等相关费用 9 782 525.93 元,扣除在国内市场销售上述货物所应得货款 42 153 431.6 元(15 054.797 吨均按 2 800 元/吨计),即货款损失为 12 530 989.89 元。原告五矿钢铁公司请求赔偿议付 030LC0304035 号信用证项下 5 419 726.92 美元货款自 2003 年 5 月 6 日开证银行对外付款至收到货款 65 天的利息

实际装船日期·倒签行为·倒签提单·信用证

403 744 元,其实际向华夏银行支付的利息 26 166.74 美元(计人民币 216 788.82 元,汇率 100∶828.49)予以保护,超出部分武汉海事法院不予支持。据此,五矿钢铁公司经济损失共计 12 747 778.71 元。同时原告五矿钢铁公司主张上述经济损失的银行利息符合法律规定,武汉海事法院予以保护。因五矿钢铁公司诉讼中未明确利息的起算时间,武汉海事法院从其起诉之日开始起计至判决书生效给付之日止,按中国人民银行同期执行的人民币短期贷款利率计算。

原告五矿钢铁公司为了保护自己利益,申请诉前证据保全和诉前海事请求保全符合法律规定,因此支付的保全费用 78 530 元应由责任被告赔偿。原告五矿钢铁公司请求赔偿律师费、调查取证费用、差旅费用和申请扣押船舶提供的担保金利息损失,没有法律依据,武汉海事法院不予支持。

依照《中华人民共和国海商法》第 72 条,《中华人民共和国民法通则》第 63 条、第 106 条第 2 款的规定,判决如下:

(1) 被告现代商船(美国)有限公司(HYUNDAI MERCHANT MARINE AMERICA INC.)、伊斯—瑞尔玛有限公司(ISS-RIOMARL. L. C.)、现代商船株式会社(HYUNDAI MERCHANT MARINE CO.,LTD.)和被告皇家货船有限公司(ROYAL BULKSHIP LIMITED.)连带赔偿原告五矿钢铁有限责任公司经济损失共计 12 747 778.71 元及其银行利息(自 2003 年 9 月 16 日起至判决书生效给付之日止,按中国人民银行同期人民币短期贷款利率计算);

(2) 被告现代商船(美国)有限公司(HYUNDAI MERCHANT MARINE AMERICA INC.)、伊斯—瑞尔玛有限公司(ISS-RIOMARL. L. C.)、现代商船株式会社(HYUNDAI MERCHANT MARINE CO.,LTD.)和被告皇家货船有限公司(ROYAL BULKSHIP LIMITED.)连带赔偿原告五矿钢铁有限责任公司诉前证据保全和诉前海事请求保全费用 78 530 元;

(3) 驳回原告五矿钢铁有限责任公司对被告现代商船(美国)有限公司(HYUNDAI MERCHANT MARINE AMERICA INC.)、伊斯—瑞尔玛有限公司(ISS-RIOMARL. L. C.)、现代商船株式会社(HYUNDAI MERCHANT MARINE CO.,LTD.)和被告皇家货船有限公司(ROYAL BULKSHIP LIMITED.)的其他诉讼请求;

(4) 驳回原告五矿钢铁有限责任公司对被告三光汽船株式会社(THE SANKO STEAMSHIP CO.,LTD.)的诉讼请求。

1.4.3 租约仲裁条款并入提单的法律效力

97 原告深圳市粮食集团有限公司与被告美景伊恩伊公司海上货物运输合同货损纠纷案
案例来源:青岛海事法院(2004)青海法海商初字第 245 号
主题词:航次租船合同　并入提单　管辖权条款

> **裁判要旨**
>
> **No. HY-1.4-31**　《中华人民共和国海商法》仅对航次租船合同有效并入提单作出规定,当事人将定期租船的所有条款并入提单的约定,不能产生其并入提单的法律效力。定期租船合同的仲裁条款也不成为解决因提单产生的纠纷的管辖依据。

一、基本案情

原告:深圳市粮食集团有限公司(以下简称深粮公司)

被告:美景伊恩伊公司(FUTURE E. N. E,以下简称美景公司)

原告深粮公司诉称:2004 年 3 月 3 日,深粮公司与新加坡来宝谷物公司(NOBLE GRAIN PTE LTD,以下简称来宝谷物公司)签订了 NC070413 号销售合同,约定深粮公司以 CFR 条件购买来宝谷物公司南美产大豆。2004 年 4 月 2 日,深粮公司申请中国光大银行开立了 LC3909040165X 号跟单信用证,受益人为来宝谷物公司,货物单价为 420.76 美元/公吨,货物数量为 55 000 公吨(允许 10% 增减),信用证总金额为 23 141 800 美元。合同及信用证项下货物于 2004 年 4 月 8 日在巴西桑托斯港装上美景公司所属的"美景"("ALPHA FUTURE")轮,美景公司签发了清洁提单,租约提单项下记载的装货数量为 60 500 吨。该轮于 2004 年 7 月 8 日抵达青岛港卸货。卸货过程中,深粮公司称发现货物霉变严重,估计货损达 12 700 000.00 美元。深粮公司认为,美景公司在本案中签发清洁提单,对于货物在目的港被发现的严重损坏,应依法承担赔偿责任。深粮公司起诉要求美景公司赔偿上述损失并承担本案诉讼费用。2008 年 7 月 31 日,深粮公司申请变更了诉讼请求。深粮公司认为,深粮公司与济南人保的保险合同纠纷案已调解结案,其已获赔人民币 3 525 万元。该案的诉讼请求金额为人民币 99 216 639.19 元及相关利息,结案之前已产生利息人民币 20 164 541.71 元(自起诉之日至赔款之日),两者之和扣除获赔款项尚有人民币 84 131 180.90 元的损失未能得以补偿。因济南人保放弃代位求偿权,深粮公司请求本院判令美景公司赔偿该未获赔偿的损失金额及自 2008 年 7 月 24 日起算的同期银行贷款利息。

被告美景公司辩称:美景公司所属的"美景"轮(Alpha Future)是一艘 1999 年建造的希腊籍散货船,载重吨 72 893 公吨,总登记吨为 38 564 公吨,净登记吨为 24 528 公吨,该轮由邦基有限公司(Bunge S. A.,以下简称"邦基公司")期租经营。2004 年 3 月 24 日,来宝谷物公司与邦基公司签订了一份 1946 年版纽约土产格式的租船合同,约定航次期租"美景"轮(以下简称"美景"轮或船舶)从南美东海岸承运散装无害谷物/谷物类农产品/农产品(向日葵籽油除外)到远东。2004 年 3 月 30 日,来宝谷物公司的代理来宝航运有限公司(Noble Chartering Ltd,以下简称来宝航运公司)电传通知"美景"轮船长(以下简称船长)已航次期租船舶,并要求船长听从他们的指挥并在航行中每日向来宝航运报告船舶动态。2004年4月6日,船舶抵达桑托斯港开始装货,4月8日,装货、熏舱作业完成。来宝航运公司指示船长在装货港只需签发大副收据,提单在新加坡签发,并要求船长授权来宝谷物公司签发提单。根据收货人在目的港提交的提单显示,来宝谷物公司代表船长签发了日期为2004年4月8日的第1号1994年版金康清洁指示提单,托运人为来宝谷物公司,通知方为深粮公司,提单上载明了"货物表面状况良好,重量、体积、质量、数量、状态、内容以及价值未知"。4月8日19:40时,根据来宝航运公司的指示,"美景"轮驶往中国。在航程中,货舱按要求进行自然通风。4月29日,来宝航运公司通知船长卸货港由原来的厦门港改为青岛港,并要求在船舶开往卸货港的途中在新加坡加油以满足还船时要求的燃油数量。5月6日,船舶抵达新加坡加油,并由来宝航运公司向船长提供了保函要求对货舱拆封,SGS进行了取样,船舶于5月7日16:30时开航。同日,来宝航运公司指示船舶前往香港港外抛锚等候的进一步指示,5月11日,船舶到达香港港外锚地。5月25日,船长根据来宝航运公司要求,开航驶往青岛港。5月29日03:20时,船舶抵达青岛港外抛锚,等待来宝航运公司的进一步指示。直到6月25日,来宝航运公司指示船舶驶往青岛港3号锚地抛锚。6月30日,船舶移到内锚地。7月2日,商检局的检验人员上船对所有货舱中的货物提取了样品,7月4日06:30时,船舶靠泊青岛港第45号泊位,7月8日20:40时开始卸货。卸货过程中,商检又登轮检验在2号舱和5号舱发现了红色种衣剂大豆,期间曾中断卸货,直至8月20日06:05时,全部货物才卸完。

被告美景公司认为:

(1) 根据租船合同关系和提单关系,来宝谷物公司、来宝航运公司应被视为一体,他们互为代理,均应视为托运人(货物卖方)和涉案航次租船人,来宝航运公司发给船长的指令(包括中途停航的指令)实际是代表提单托运人和提单持有人来宝谷物公司发出的。

(2) 美景公司提供了适航船舶,已妥善、谨慎地做好船舶的装货准备,并恰当和谨慎地监督货物的装载和积载,并妥善、谨慎地履行了运输和货物保管义务。

(3) 所称货损是装船时部分大豆含水量较高,货物的自身质量、航程过长和卸货迟延造成的。货物的自身质量问题是发生货损的客观因素,航程过长和卸货迟延是大豆货损的直接原因。

(4) "美景"轮在香港港外和青岛锚地停留是基于深粮公司的指示而为,更进一步的原因是深粮公司未在贸易合同签订前取得有关货物进口必需的检验检疫文件;"美景"轮在青岛港等待泊位以及卸货迟延是托运人以及深粮公司的过错造成的。

(5) 所称损失是由于未及时办妥进口检验检疫文件,来宝谷物公司被暂停进口巴西大豆到中国境内,以及深粮公司的迟延卸货造成的,与美景公司的行为没有因果关系。

(6) 深粮公司委托山东认证公司出具的《残损鉴定》缺乏科学性和合理性,不应予以采纳。

(7) 深粮公司已从货物保险人处获得人民币 3 525 万元的赔偿,这些应从货损中扣除,不得重复索赔;所称关税损失、增值税及杂费损失、试加工损失、剩余货物损失和跌价损失不应被告美景公司承担。

(8) 美景公司有权享受海事赔偿责任限制金额为 6 164 000 特别提款权。

(9) 深粮公司在起诉和申请财产保全时均以美元为货损索赔金额计价单位,无权在申请变更诉讼请求时主张以人民币为计价单位;变更的该诉讼请求实际上是变相增加了诉讼请求,依法不应得到支持。

综上,被告美景公司认为原告的诉讼请求应予驳回。

二、法院查明事实

青岛海事法院认定以下相关事实:

2004 年 3 月 3 日,原告深粮公司(买方)就购买巴西大豆 55 000 吨(加减 10%)与来宝谷物公司(卖方)签订了 NC070413 号买卖合同。合同约定了价格条件为成本加运费(CFR)中国青岛,大豆水分含量最高不超过 14%。2004 年 4 月 2 日,深粮公司申请中国光大银行深圳分行开立了以来宝谷物公司为受益人的不可撤销的 LC3909040165X 号跟单信用证,货物单价为每吨 420.75 美元。5 月 9 日,深粮公司在信用证项下支付货款 25 455 375.00 美元。

该批大豆货物由被告美景公司所属希腊籍"美景"轮(M/V ALPHA FUTURE)承运。"美景"轮是 1999 年建造的散货船,载重吨 72 893 公吨,总登记吨为 38 564 公吨,净登记吨为 24 528 公吨。该轮由邦基公司期租经营。来宝谷物公司于 2004 年 3 月 24 日与邦基公司签订了 1946 年版纽约土产格式的租船合同,航次期租"美景"轮用于本案货物运输,该《租船合同》第 19 条约定"适用英国法律"。来宝谷物公司与来宝航运公司同属于来宝集团公司,该轮本航次运输中的指示均来自于来宝航运公司。

2004 年 4 月 6 日至 8 日,货物在巴西桑托斯港装上"美景"轮。装货事实记录表明:4 月 6 日 11:15 时至 11:20 时以及 4 月 7 日 15:00 时至 15:15 时两个时段,分别有第 3、5 货舱和第 4、6 货舱在雨中进行装货作业。货物装船后,来宝谷物公司代表船长签发了第 1 号 1994 年金康格式租约清洁指示提单。提单正面记载:托运人来宝谷物公司,收货人凭指示,通知方深粮公司,货物数量为 60 500 吨散装大豆,卸港中国青岛港,运费根据 2004 年 3 月 24 日的租船合同预付,提单与租船合同一起使用,运输条件见背面。背面条款第 1 条规定"正面注明日期的租船合同中的所有条款、权利和除外事项,包括法律适用条款和仲裁条款,都并入本提单"。背面"首要条款"同时规定"如果 1924 年 8 月 25 日在布鲁塞尔通过的《统一提单若干法律规定的国际公约》(以下简称《海牙规则》)在起运国生效,则《海牙规则》适用于本提单。如果《海牙规则》没有在起运国生效,则适用目的港国家的相应法律;但是,如果目的港国家没有关于海上货物运输的强制性法律,则《海牙规则》应当被适用"。深粮公司经托运人来宝谷物公司背书受让了该提单,并据此在卸货港提取了船载货物。

货物装船前，SGS 公司受来宝谷物公司委托对货物进行了品质、重量检验，出具了质量证明书、重量证明书、植物检疫证明书、原产地证书。证书表明货物装运时，货物状况是明显可销售的。其中质量证明书载明了货物含水量 12.58% 以及其他品质指标。巴西农业部、SGS 公司和 Control Union World Group 公司应船方委托，在货物装船前检验了"美景"轮的所有货舱，并出具了检验报告，认为货舱的清洁状况良好，适宜装载大豆货物。装货后，巴西 CD 熏蒸有限公司对货舱进行了植物检疫处理，并要求船舶在 2004 年 4 月 18 日 16：50 时后才能对货舱通风。

2004 年 4 月 8 日 19：40 时，"美景"轮驶离装货港驶往中国。5 月 6 日，船舶抵达新加坡加油，同时，在来宝航运公司提供担保的情况下货舱被拆封并由 SGS 抽取了货物样品；5 月 11 日，船舶到达香港港外锚地等待；5 月 25 日，开航驶往青岛港；5 月 29 日 03：20 时，船舶抵达青岛港外抛锚继续等待；6 月 25 日，船舶驶往青岛港 3 号锚地抛锚，并递交了准备就绪通知书；6 月 30 日，船舶移到内锚地。船舶航程中的上述行动均系船长根据来宝航运公司的指示而为。7 月 2 日，商品检验检疫局检验人员上船对所有货舱中的货物提取了样品。7 月 4 日 06：30 时，船舶靠泊青岛港第 45 号泊位，7 月 8 日 20：40 时开始卸货。卸货过程中，商检人员登轮检验时在 2 号舱和 5 号舱发现了红色种衣剂大豆，期间曾中断卸货，直至 8 月 20 日 06：05 时全部货物卸货完毕。

对于上述航程中的货舱通风，据货舱温度和通风日志的记载显示：2004 年 4 月 9 日到 18 日按照熏舱的要求未对货舱通风；4 月 19 日到 5 月 22 日未通风，其中 4 月 24—26 日为恶劣天气，其他时间舱外空气露点皆高于或等于舱内空气露点；5 月 23 日至 27 日，舱外空气露点低于舱内空气露点，船舶每天 09：00 时至 17：00 时进行了通风；5 月 28 日至 7 月 4 日，其中的 5 月 28 日、6 月 16、19、24、28—30 日、7 月 4 日为恶劣天气未通风，其他时间舱外空气露点低于舱内空气露点，船舶每天 09：00 时至 17：00 时进行了通风；7 月 5 日至 8 月 20 日卸货完毕，其中的 7 月 5 日、7 月 8 日进行了通风，其他时间未有记载。

2004 年 5 月 10 日，国家质检总局发出通报称，来宝谷物公司于 2004 年 4 月出口中国厦门的一船巴西大豆中被发现混有种衣剂大豆，暂停来宝谷物公司向中国出口巴西大豆。同日，国家质检总局也通知了深粮公司其进境动植物检疫许可证申请未获得批准。

2004 年 6 月 18 日，来宝谷物公司和深粮公司分别获得了国家农业部批准的《中华人民共和国农业转基因生物安全证书(进口)》和《中华人民共和国农业转基因生物标识审查认可批准文件》。据深粮公司称，其已于此前的 5 月 31 日取得了国家质检总局就本案进口大豆颁发的进境动植物检疫许可证。6 月 23 日，国家质检总局发布 2004 年第 76 号公告，恢复了包括来宝谷物公司在内的供货商向中国出口巴西大豆的资格，并要求 2004 年 6 月 11 日前已启运在途的巴西大豆，如混有种衣剂大豆，应在卸货前进行挑选处理，符合中方相关要求后方可准许卸货。

2004 年 7 月 7 日，"美景"轮靠泊开舱后，船长与青岛港大港公司共同发现第 1—7 货舱的货物均有不同程度的变色、霉变。7 月 8 日，深粮公司申请本院对"美景"轮的航海日志等资料进行了诉前证据保全。8月12日,深粮公司在诉讼中申请本院扣押了"美景"轮。8月25日,应美景公司的申请,本院委托山东大洋海事司法鉴定所对船舶状况进行了调查检验,检验师认为:该轮船舶证书齐全有效、船员配备合格、货舱状况良好。9月2日,"美景"轮获释,中国再保险(集团)公司和荷兰商业银行上海分行为此向深粮公司提供了总额为900万美元的信誉担保。

2004年7月4日至9月3日,山东认证公司受深粮公司的委托,对涉案大豆进行了检验鉴定。通过提取8个货垛的货物1 570.560吨,在山东省博兴县第三油棉厂试加工,并于9月24日出具编号为SD50410305号的《残损鉴定》报告。该报告表明:根据青岛出入境检验检疫局出具的第3701000104017552号品质检验证书,本船大豆发现发霉、发热、变色、结块等现象,其中第2、5舱发现混有种衣剂大豆。各项化验指标结果为:水分13%,杂质1.6%,破碎粒8.9%,异色粒0%,含油量21.7%,蛋白质36.7%。2004年9月3日至6日,在博兴县第三油棉厂共投入大豆1,04.980吨,生产出豆粕1 146.79吨,生产出毛油276.61吨,筛除各类杂质(霉变结块、热损粘结块、豆皮、豆秆、沙砾等73.14吨。通过试生产加工和产出产品的实际销售情况,通过对一段时间内山东地区豆粕和豆油的市场价格的调查和咨询,计算该批试生产加工的大豆贬值人民币2 196 663.70元,每吨贬值人民币1 459.60元。依据青岛出入境检验检疫局出具的水尺鉴定第1-4-17552号证书,该批货物的青岛港卸货重量为60 393.3吨,因而全批货物贬值人民币88 150 060.68元。该批大豆进口发票价格为美元420.75元/吨,总价值折合人民币210 002 378.97元(美元对人民币汇率1:8.2644),由此推算出该批大豆贬值率为41.98%,净损失25 353.11吨。深粮公司为本次检验支出检验费84万元人民币。

对于上述《残损鉴定》,美景公司委托农业部谷物品质监督检验测试中心、沈阳农业大学食品学院出具了《对中国检验认证集团山东有限公司〈残损鉴定〉的评论意见》,该意见认为:"美景"轮大豆在装船时的平均含水量为12.58%已经超过了大豆夏季储藏的临界水分,大豆含水量过高,产生旺盛的呼吸作用形成水汽,导致货物发热、发霉,货损属于货物的本质缺陷所致;山东认证公司采取试加工生产方法来确定货损贬值率是不合理的。美景公司另委托了农业部农产品质量监督检验测试中心对上海东方天祥检验有限公司提取的"美景"轮39份大豆样本的热损率、杂质、杂色率、破损粒、霉变率、水分、蛋白质、可溶性蛋白含量、脂肪、酸价作了检验(上海东方天祥检验有限公司受"美景"轮船东保赔协会的委托,于2004年7—10月对"美景"轮卸载于青岛港的大豆货物进行了调查并提取了货样),其中的热损指标为平均4%,检测39份大豆样中最大为14%。

2004年7月,农业部农产品质量监督检验测试中心、沈阳农业大学食品学院和大连海事大学航海学院受美景公司的委托,在卸货期间登轮对货物进行了查验,并根据农业部农产品质量监督检验测试中心对上海东方天祥检验有限公司提供的样本进行的检测和分析结果,于2005年12月20日联合出具了《"美景"轮大豆货物损害纠纷案专家鉴定意见书》。该专家鉴定意见书认为:① 装货时平均含水量(12.58%)超过安全水分12.5%是货损的客观原因;② 大豆货物在装船时贮运质量较差,杂质和不完善粒率较高也是货损的客观原因;③ 航程过长和卸货延误是货损的直接原因;④ "美景"轮在运输途中采取的通风措施是船员的通常做法,采用以密闭货舱为主的运输方式是良好船艺的做法;⑤ 农业部质检中心的检测结果表明"美景"轮大豆未超过油脂工业用大豆的国家标准;⑥ "美景"轮大豆货损评估为人民币 2 090 771 元,其中包括大豆脂肪含量减少 0.66% 导致的货损人民币 1 896 700 元(未考虑贸易合同之约定)和游离脂肪酸含量增加造成的货损人民币 194 071 元。

对于上述专家鉴定意见书,河南工业大学受深粮公司的委托,出具了《"ALPHA FUTURE"货船大豆霉变事件研究和分析报告》。该分析报告认为:① "美景"货船装运的大豆发生了严重的霉变、发热、变色、变味等货损现象;② "美景"货船装运的原始大豆各项品质指标符合商品大豆的质量标准,其中水分含量 12.58%,低于国家标准规定的大豆安全水分 14%,可以正常地进行安全储运;③ "美景"货船在装运港遇雨作业,必然导致大豆总体水分含量高于原始品质指标,对大豆货损的产生有直接影响;④ 比照同一航线、时间的"东方皇后"轮,货物大豆品质方面含水量超过"美景"货船大豆 0.12%,破碎粒超过 1.84%,整个航程和载货时间比"美景"货船长 27 天的条件下,没有出现霉变和明显的质量变化,可以排除"美景"货船大豆的发热霉变货损与货船航行时间、货物原始品质等因素相关的可能性;⑤ 货船在大豆运载期间没有对大豆的温度变化进行任何有效的监测,使得货船没有依据大豆储运安全需求进行合理通风,延误了通风的时机,导致了大豆货损的发生和扩大;⑥ 本案货船在大豆装载期间,记录的通风时间仅为实际载货时间的 13.6%,存在通风严重不足的问题,这是导致大豆发热、霉变的重要原因;⑦ 鉴定意见书中的有些检测结果低于 SGS 检测的原始大豆指标,属样品缺乏代表性或检测存在误差,其对货损大豆进行损失评估时指标选择不当,以偏概全,不能衡量货船变质大豆的实际损失程度,其货损评估结论是错误的;⑧ 大豆货损实际程度应根据其商业用途和市场价值等因素予以确定,因此,山东认证公司通过试加工销售的方式确定大豆的贬值率是合理的。

因涉案货物运输险由济南人保承保,本案原告深粮公司还另案于 2005 年 7 月 4 日以保险合同纠纷起诉了济南人保,请求标的金额为 99 216 639.19 元人民币(包括了加成 10% 的货损索赔数额、检验费及超期堆存费)。本院以(2005)青海法海商初字第 176 号立案审理,以调解方式结案,济南人保放弃代位求偿权,深粮公司于 2008 年 7 月 24 日获得货损赔偿 3 525 万元人民币。在该保险合同纠纷案的审理中,深粮公司为证明济南人保的保险赔偿责任提交了本案中山东认证公司出具的 SD50410305 号《残损鉴定》和河南工业大学出具的《"ALPHA FUTURE"货船大豆霉变事件调查和分析报告》;济南人保为支持其抗辩引用并提交了本案中的农业部农产品质量监督检验测试中心、沈阳农业大学食品学院和大连海事大学航海学院出具的《"美景"轮大豆货物损害纠纷案专家鉴定意见书》、农业部农产品质量监督检验测试中心的《第 040486-040524(A)号检验报告》以及农业部谷物品质监督检验测试中心和沈阳农业大学食品学院出具的《对中国检验认证集团山东有限公司〈残损鉴定〉的评论意见》。根据深粮公司和济南人保的申请,山东认证公司王伟工程师、河南工业大学蔡静平教授和刘玉兰教授代表深粮公司,农业部农产品质量监督检验测试中心马丽艳教授、沈阳农业大学食品学院李新华教授和大连海事大学航海学院王建平教授代表济南人保,分别作为鉴定人和专家证人出庭接受了双方当事人的质询。在本案庭审中,深粮公司与美景公司均确认上述鉴定人和专家的质证意见可以在本案中使用,故未再要求安排这些鉴定人和专家出庭作证。

上述专家证人分别代表原被告双方阐述了不同的观点。深粮公司的专家证人认为,我国国家标准 GB8611-88 适用于油脂业用大豆,规定的水分含量为不超过 14%;国家标准 GB1352-86 适用于收购、销售、调拨、储运、加工和出口的商品大豆,规定的水分指标为东北、华北地区 13.0%,其他地区 14.0%;该水分含量可以满足大豆储藏、运输、商业流通方面的一般要求,而"美景"轮整个运输过程中的大气温度和海水温度平均值均低于 25℃,按照国内粮库大豆储藏的实践经验,含水量 13% 的大豆可以安全储存 1 年,与大豆在海上运输和滞留的时间过长没有必然的联系,货损主要是遭受雨淋和通风不足所致。但美景公司的专家证人则主张,大豆的水分含量 14% 是国家标准,而安全水分的标准应为 12.5%;大豆损坏的直接原因是大豆装货时的平均含水量 12.58% 超过安全水分,加上航程时间、锚地等待时间及卸货时间过长,大豆的自然特性造成的;运输大宗散装谷物的专业船舶航程在 30 到 40 天左右,无须配备通风设备;装货时 10 分钟的时间记录误差不足以表明系雨中作业。

三、法院裁判

青岛海事法院认为:

本案系涉外海上货物运输合同货损纠纷,本院受理后,被告美景公司在提交答辩状期间以并入提单的租船合同存在仲裁条款为由提出管辖异议。本院经审查,依法裁定驳回了被告美景公司的管辖异议申请。被告美景公司不服该裁定提起了上诉。山东省高级人民法院经审理认为:"定期租船合同中的仲裁条款和法律适用条款是否可以并入提单的争议属于诉讼程序问题,应当适用法院地法,中华人民共和国法律应当作为判断有关租船合同并入提单的准据法。《中华人民共和国海商法》仅对航次租船合同有效并入提单作出规定,并未涉及与航次租船合同具有不同法律性质的定期租船合同有效并入提单问题,当事人将定期租船合同的所有条款并入提单的约定,不能产生法定意义上并入提单的效力。定期租船合同中的仲裁条款不能成为解决因提单运输引起纠纷的依据。中华人民共和国青岛海事法院作为涉案货物卸货港的海事法院管辖该案并无不当。"山东省高级人民法院以(2005)鲁民辖终字第 71 号民事裁定书终审裁定,驳回了被告的上诉,确定了本院对该案享有管辖权。

山东省高级人民法院上述生效裁定已确认案涉租船合同不能有效并入提单,因此,租船合同中法律适用条款的约定也同样难以成为判断本案双方提单运输法律关系争议的依据。被告美景公司主张应适用英国法，即使根据涉案提单背面首要条款确定的准据法也应当是海牙规则而不是目的港中国的法律；而原告深粮公司则认为本案应适用中国法律。由此可见，本案双方未就其提单运输合同关系明确选择所适用的法律。原告深粮公司住所地及涉案货物运输卸货港均在中国，中国是与本案有最密切联系的国家，根据《中华人民共和国海商法》第 269 条最密切联系原则的规定，本院依据中华人民共和国法律解决本案的实体争议。

被告美景公司所属"美景"轮承运本案货物，并签发了托运人为来宝谷物公司的已装船清洁提单，是海上货物运输的承运人。提单已由托运人背书转让，原告深粮公司成为提单合法持有人，是收货人。美景公司与深粮公司之间成立了以提单为证明的海上货物运输合同关系。深粮公司提取货物后就货物损害要求美景公司赔偿损失，本案双方争议的焦点在于货损责任的承担及赔偿数额的确定。

（一）关于货损的责任

根据《中华人民共和国海商法》的相关规定，承运人负有以下相应义务：在船舶开航前和开航当时使船舶适航、货舱适货；在从货物装上船时起至卸下船时止的责任期间内，妥善谨慎地装载、搬移、积载、保管、照料和卸载所运货物；按照约定的或者习惯的或者地理上的航线将货物运往卸货港。同时，享有对于因托运人、货物所有人或其代理人的行为以及货物的自然特性或固有缺陷而造成的货损不负赔偿责任的权利。美景公司作为承运人虽然签发了清洁提单，但本案货损并非因与提单记载状况不同所致，且无证据表明存在船舶不适航或货舱不适货的情形，因而美景公司在本案中对收货人深粮公司的民事赔偿责任应当在判定货损原因的基础上，根据承运人的过错程度予以合理认定。

对于大豆货物损害的具体原因，原被告双方分别提供了专家鉴定（分析）报告。深粮公司专家意见认为："美景"轮装运时大豆水分含量 12.58%，低于国家标准规定的大豆安全水分 14%，可以正常地进行安全储运；在装运港遇雨作业，必然导致大豆总体水分含量高于原始品质指标，对大豆货损的产生有直接影响；在运载期间没有对大豆的温度变化进行任何有效的监测，使得没有依据大豆储运安全需求进行合理通风，导致了大豆货损的发生和扩大；在大豆装载期间，记录的通风时间仅为实际载货时间的 13.6%，存在通风严重不足的问题，这是导致大豆发热、霉变的重要原因。美景公司的专家意见则认为：装货时平均含水量 12.58% 超过 12.5% 的安全水分标准、在装船时贮运质量较差及杂质和不完善粒率较高都是货损的客观原因；航程过长和卸货延迟是货损的直接原因；"美景"轮在运输途中采取的通风措施是船员的通常做法。由上述双方所主张的观点来看，本案大豆损害的原因应当从四个方面的因素予以分析判断：案涉大豆品质是否适合海上运输要求、运输过程中的通风措施是否得当、装运港雨中作业以及航程过长和卸货延迟对货损发生的影响。

1. 本案大豆的水分含量适合于海上运输的要求

适用于油脂业用大豆的国家标准 GB8611-88 和适用于调拨、储运和出口的商品大豆的国家标准 GB1352-86,均提出了大豆水分含量指标不应超过 14%,该水分含量的标准应当被视为可以满足大豆储藏、运输、商业流通方面的一般要求。本案大豆装船前进行了品质检验,平均含水量为 12.58%,其他指标状况良好。美景公司认为该平均含水量超过 12.5% 的安全水分标准以及杂质和不完善粒率等其他质量指标较高是造成货损的客观原因,没有事实和法律依据,本院不予采纳。

2. 运输过程中的通风措施并无不当

本案承运船舶"美景"轮为一艘 1999 年建造的散货船,各种船舶技术证书齐全有效。对于这种从事大宗散装货物运输的船舶,目前并没有必须配备机械通风设备的技术规范要求,该船也不具备强制通风的结构条件。本案中,船舶采取的是自然通风措施。通风记录表明,船舶在整个航程中,除恶劣天气之外的其他时间,在舱外空气露点低于舱内空气露点时,利用白天时间进行了通风。鉴于船舶结构以及海上货物运输的特点,船员客观上也不可能被要求在海上对货物实施倒舱和机械通风等措施。因此,本院认为,"美景"轮采取的通风措施,是船员的通常做法,尽到了对所承运货物保管、照料的合理谨慎。

深粮公司主张应当在对大豆的温度变化进行有效监测的基础上依据大豆储运安全需求进行合理通风,此主要是针对大豆较长时间储藏的通常要求,不适合于本案海上运输的情形,其观点本院亦不予采纳。

3. 装运港雨中作业仅对相应货物的损害产生影响

"美景"轮在桑托斯港装货时,在 2004 年 4 月 6 日 11:15 时至 11:20 时以及 4 月 7 日 15:00 时至 15:15 时的两个降雨时段,分别有第 3、5 货舱和第 4、6 货舱进行过装货作业。该船有 7 个货舱,在卸货港开舱时,第 1、2、7 号货舱同样发现有霉变、变色和结块现象。由此可见,雨中作业仅能导致 4 个货舱内因大豆含水量增加而使货物损害程度加剧,并不是整船大豆受损的必然原因。

4. 航程过长是货损的客观原因,双方对此均有过错

涉案"美景"轮是用于载运散装货物的海上运输船舶,并不适合于大豆货物的长时间储存。深粮公司以国内粮库大豆储藏的理论和实践经验为依据提出相应主张显然不能成立。本案大豆卸货时发现的霉变、变色和结块现象,与海上运输航程持续了 3 个月之久存在必然的因果关系。而对于判断货损的责任,需进一步认定造成航程延长的原因。

本案所涉大豆货物是由来宝谷物公司出口到中国的植物产品,属于农业转基因生物,国家实行检疫许可管理。根据《中华人民共和国进出境动植物检疫法》及《中华人民共和国进出境动植物检疫法实施条例》的相关规定,货主应当在贸易合同签订前办妥检疫审批手续;国务院《农业转基因生物安全管理条例》、农业部《农业转基因生物进口安全管理办法》及《农业转基因生物标识管理办法》对转基因生物管理作出规定,要求境外出口商首先办理农业转基因生物安全证书和相应批准文件,境内进口商在取得该安全证书后才能签订合同,并申请转基因生物标识。由上述规定和要求可见,本案

所涉大豆货物的进口，来宝谷物公司应当在贸易合同订立之前首先取得中国农业部批准的农业转基因生物安全证书和相应批准文件，深粮公司也应当办妥国家质检总局颁发的进境动植物检疫许可证，并申领农业转基因生物标识。事实上，深粮公司和来宝谷物公司直到 6 月 18 日才取得了国家农业部批准的《农业转基因生物安全证书（进口）》和《农业转基因生物标识审查认可批准文件》，深粮公司也只有在此时开始具备了办理报关提取货物的条件。深粮公司即使如其所称于 5 月 31 日提前取得了国家质检总局颁发的《进境动植物检疫许可证》，也不能仅据此获准货物进境。深粮公司作为提单持有人和收货人，一直未放弃提取货物的权利，使得来宝谷物公司依据租船合同的约定指令美景公司将船舶航程延长。因此，深粮公司的行为是造成"美景"轮延迟进入目的港的直接原因。但对于美景公司而言，深粮公司迟延取得货物进境许可并不能解除其应负的尽快速遣船舶义务。船舶将货物正常运抵目的港后，如在合理时间内非因自身过错而不能交付货物，承运人依法享有相应的处置权利，且负有采取合理措施减少损失的责任。本案情形下，美景公司怠于履行承运人的责任和义务，仅依据租船人（提单托运人）来宝谷物公司的指示而为，放任船舶自 2004 年 4 月 8 日驶离装货港后至 7 月 4 日才抵达卸货港靠泊，期间近 3 个月之久。因此，美景公司对因航程过长造成的扩大损失负有责任。

国家质检总局要求 6 月 11 日前已启运在途的巴西大豆如混有种衣剂大豆，应在卸货前进行挑选处理。由此可见，自 7 月 8 日开始卸货至 8 月 20 日卸货完毕，1 个多月的卸货时间与承运人无关。因此，美景公司对因卸货延迟可能造成的损失进一步扩大没有责任。

综前所述，对于货损的责任，本院认为，大豆货物在海上的安全储运与大豆的自然特性、航程长短、通风措施以及海上环境因素等有关。本案中，大豆品质适合于海上运输的要求，"美景"轮的通风措施并无不当，货损的发生与部分货舱装货时雨中作业有关，但主要系因货物在船舱滞留时间过长所致。综合考虑航程延长和卸货迟延的具体原因及其他相关事实与发生货损存在的因果关系，根据承运人违反其所应负责任和义务的过错程度，认定美景公司对本案货物损失承担 50% 的赔偿责任为宜。

（二）关于货物的损失数额

山东认证公司受深粮公司委托，对涉案大豆在卸货期间进行了检验鉴定，并出具了《残损鉴定》报告。本院认为，山东认证公司具有国家质量监督检验检疫总局和国家认证认可监督管理委员会批准的检验、鉴定、认证、测试资质，《残损鉴定》系根据国家质检总局颁布的《海运进口商品残损鉴定办法》而作出，鉴定结论科学、客观、合理，可以作为认定本案损失的依据。美景公司依据《"美景"轮大豆货物损害纠纷案专家鉴定意见书》主张大豆经评估的货损应为人民币 2 090 771 元。对此，本院认为，意见书中提出的该数额是基于理论推算而得出的，不符合本案的客观实际，本院不予采信。

《残损鉴定》报告表明，每吨大豆贬值人民币 1 459.60 元，依据卸货重量 60 393.3 吨计算，整批货物贬值人民币 88 150 060.68 元。该数额应为深粮公司所遭受的全部货物损失数额,但因深粮公司已经自保险人处获得部分货损赔偿,本案的损失额计算中应当扣除已获赔数额。

深粮公司在另案起诉济南人保的保险合同纠纷一案中,以和解方式获得人民币3 525 万元的保险赔付,可视为就货损的赔偿额。考虑到保险合同中约定了加成10%的赔付,对深粮公司在该案中获赔的货损实际赔偿可依扣减10%(35 250 000/1.10)后的数额人民币 32 045 454.55 元予以认定。

深粮公司的上述获赔款项系于2008 年 7 月 24 日得到支付,此时,货损数额人民币88 150 060.68 元已产生利息 23 482 274.67 元(自货损发生之日即 2004 年 7 月 4 日起,依同期银行贷款利率计算)。以此为基础扣除已获赔货损数额人民币 32 045 454.55 元后的人民币 79 586 880.80 元,作为深粮公司在本案中有权向美景公司主张的货损赔偿请求额。同时,深粮公司请求的利息损失应自 2008 年 7 月 25 日起算。

对于深粮公司变更诉讼请求的行为,美景公司认为,深粮公司无权将原来的索赔计价单位由美元更改为人民币,其行为实际上是变相增加了诉讼请求。对此,本院认为,深粮公司就损失数额计算方式和计价币种的变更,并未违反程序法的规定,也未影响美景公司的实体抗辩权利。《中华人民共和国海商法》第 55 条第 1、2 款规定:"货物灭失的赔偿额,按照货物的实际价值计算;货物损坏的赔偿额,按照货物受损前后实际价值的差额或者货物的修复费用计算。货物的实际价值,按照货物装船时的价值加保险费加运费计算。"该规定表明了海上货物运输货损赔偿额的计算方式是特定的。本案中,深粮公司未依据受损大豆转卖的相应证据材料提出索赔,事实上也不能成为损失计算的依据。《残损鉴定》报告中确定的贬值数额,反映了货物受损前后实际价值的差额。因大豆实际用于中国境内,相关数值的测算必须以人民币为计价单位,报告中以美元为币种的量化表述仅仅是据相应的汇率转换而来。深粮公司有权选择以人民币为货币单位主张权利,其行为并不构成对美景公司合法权益的损害。因此,对美景公司的该项抗辩,本院不予采信。

综合上述分析,本院认为,美景公司及深粮公司作为提单运输的承运人和提单持有人(收货人),对造成本案货损均有过错。美景公司可依照50%的比例对货物损失承担赔偿责任,即偿付深粮公司货物损失人民币 39 793 440.40 元,其他损失由深粮公司自行承担。对于双方的其他主张和抗辩,因无事实和法律依据,本院不予支持。因本案被告赔偿责任未超过责任限额,被告有关享受责任限制的主张,本案中不予审理。依照《中华人民共和国海商法》第 46 条、第 48 条、第 51 条第 9 款、第 55 条及《中华人民共和国民法通则》第 106 条第 1 款之规定,判决如下:

(1)被告美景伊恩伊公司赔偿原告深圳市粮食集团有限公司货物损失39 793 440.40 元人民币及自 2008 年 7 月 25 日起至本判决确定的应付之日止的银行同期贷款利息;

(2)驳回原告深圳市粮食集团有限公司的其他诉讼请求。

上述款项,被告应于本判决生效之日起 10 日内付清。若未依本判决指定的期间履行给付金钱义务,则应按照《中华人民共和国民事诉讼法》第 229 条之规定,加倍支付迟延履行期间的债务利息。

案件受理费 537 060 元及扣押船舶申请、执行费 20000 元,由原告深圳市粮食集团有限公司负担 293 574.65 元,被告美景伊恩伊公司负担 263 485.35 元。

1.4.4 无单放货问题

08 原告灌云县国际经济贸易公司与被告法国达飞轮船有限公司、邦辉船务代理(香港)有限公司无正本提单放货纠纷案

案例来源:广州海事法院(1999)广海法事字第 41 号
主题词:无单放货 托运人财产权利 货物实际损失

裁判要旨

No. HY-1.4-32 提单是承运人保证据以交付货物的单证。承运人违反凭正本提单交付货物的法定义务,在没有收回正本提单的情况下将货物交给收货人,侵害了托运人基于提单所体现的财产权利,应当承担相应的民事赔偿责任,应当赔偿托运人根据发票、原产地证明和托收汇票所证明的货物价值计算的货物实际价值损失。

一、基本案情

原告:灌云县国际经济贸易公司(以下简称灌云公司)

被告:法国达飞轮船有限公司(Compagnie Maritime D'Affretement,以下简称达飞公司)

被告:邦辉船务代理(香港)有限公司[Burns Philp Agencies (HK) LTD.,以下简称邦辉公司]

原告灌云公司诉称:根据客户法国 Tradal International(以下简称 Tradal 公司)的指示,原告委托两被告承运一个货柜的运动鞋从中国深圳至法国,两被告于 1997 年 12 月 31 日向原告签发了提单,现全套正本提单均在原告手中。此后,虽经原告多次催问,两被告未告知该货柜的有关消息。直至 1999 年 2 月 20 日,达飞公司才通知原告,已经将货物交给原告的客户。根据国际航运惯例,承运人或其代理人只有在收取正本提单后才能交付货物,只能在目的港将货物交给合法的正本提单持有人。达飞公司是原告的客户指定的轮船公司,其在未通知原告、未收取正本提单的情况下擅自放货,侵害了原告的合法权利,致使原告至今未收到货款。因此,请求法院判令两被告赔偿因其无正本提单放货的侵权行为造成原告的损失 30 200 美元(折合人民币 249 754 元)及其利息人民币 47 944.84 元(利率按最高人民法院规定的逾期付款违约金每日万分之四计算)。

被告达飞公司辩称:原告应举证证明取得提单以及所持提单不能获得货款的过

程,才有诉权。关于原告请求的货物价值,原告应当提交相应的贸易文件,如贸易合同、发票、付款文件。1999年4月29日,Tradal公司的代表Bouaniche先生来到广州,计划与原告核对货款账目并进行协商,并邀请达飞公司参加该会谈。但原告没有派人与Bouaniche先生会面。根据Bouaniche先生介绍的情况,本案相关的事实经过为:1997年12月,原告作为卖方出售给Tradal公司运动鞋6 000双,发票价为43 200美元,扣除定金13 000美元和贷方金额8 640美元后,应付金额为21 560美元。1998年1月5日,Tradal公司向原告支付了8 299.20美元的货款,尚欠货款金额为13 260.80美元。1998年3月26日,本案所涉的货物在目的港交付给收货人。4月2日,Tradal公司致函双云国际贸易有限公司(以下简称双云公司),指出货物质量存在问题。4月8日,双云公司回函Tradal公司,要求Tradal公司与其客户协商是否接受折扣,如果可以,折扣多少。8月5日,双云公司确认同意给予25%折扣,但要求Tradal公司马上付款。同日,Tradal公司确认收到双云公司当日的传真,坚持要求双云公司先把折扣账单原件寄给他们后才安排付款。8月11日,Tradal公司发传真给双云公司,称仍在等待折扣为25%的账单。1999年4月8日,Tradal公司发传真给双云公司,称为了解决问题,希望于4月26日至30日与对方会面,届时达飞公司的律师将出席。由于灌云公司没有出席4月29日与Tradal公司代表的会面,Tradal公司把已准备好的13 260.80美元支票交给达飞公司的律师,以便转交给原告。该13 260.80美元是本案所涉货物未付款项的全部金额,未扣除25%折扣。达飞公司于1999年5月6日与原告及其律师联络,请其接受支票、退回正本提单并撤诉,但原告拒绝了这一请求。根据以上Tradal公司提供的证明,原告提出的30 200美元及其利息的索赔金额并非原告未收到的货款金额。由此可以推断,原告拒绝Tradal公司的13 260.80美元支票的行为,是为了通过向无辜的达飞公司索赔而获得更多不当利益。再者,本案中,原告先后接受了Tradal公司支付的定金、同意扣除贷方金额、接受部分货款和确认给予25%折扣,这一系列行为意味着原告已确认了Tradal公司作为国际贸易合同的买方提取货物的合法性,确认了货物的所有权已转移给货物买方,原告放弃了依据提单对货物主张所有权的权利,标志着提单不再具有物权凭证的效力。综上,请求驳回原告灌云公司的诉讼请求。

邦辉公司没有答辩,在举证期限内也没有提供证据。

二、法院查明事实

广州海事法院认定以下事实:1997年12月,原告通过双云公司委托达飞公司承运一个装有6 000双运动鞋的40英尺集装箱。12月31日,邦辉公司在深圳赤湾港代理承运人达飞公司签发了编号为SHK/009290的正本提单。该提单记载:托运人为原告,收货人凭指示,装货港为中国深圳赤湾港,卸货港法国FOS港,货物为一个40英尺集装箱,内装300箱运动鞋,集装箱箱号为CPSU401005/7。原告于12月30出具的装箱单记载:货物为300箱6 000双运动鞋,发票号为SY97227。同日,中华人民共和国江苏进出口商品检验局签发的原产地证明记载:发货人为原告,收货人为Tradal公司,货物、发票号与装箱单相同,发票签发日期为 1997 年 12 月 30 日。原告采用付款交单(D/P)方式,于 12 月 31 日开具了金额为 30 200 美元的汇票,连同提单等单证一起通过中国银行灌云支行向买方 Tradal 公司收取货款。后,Tradal 公司没有支付货款,中国银行灌云支行将上述汇票连同提单、发票、装箱单、原产地证明等贸易文件退给原告。1998 年 3 月 26 日,达飞公司在目的港没有凭正本提单将本案货物交给收货人 Tradal 公司。1999 年 1 月 18 日,双云公司致函达飞公司深圳办事处,询问本案货物的下落。2 月 20 日,达飞公司深圳办事处通知原告,称:箱号为 CPSU4010057 的集装箱未经原告同意已交给收货人。上述事实,双方当事人没有异议,合议庭予以确认。

关于本案货物的发票价,双方当事人有争议。原告提供了其于 12 月 30 日出具给买方 Tradal 公司的编号为 SY97227 的售货发票原件。该发票记载:货物为 6 000 双运动鞋,货物总值为 43 200 美元,扣除 13 000 美元的定金,买方应支付货款 30 200 美元。达飞公司提供的售货发票复印件所记载的买方、发票签发日期、发票编号、货物名称和数量、货物总值和定金与原告提供的发票记载一致,但该发票还记载贷方金额 8 640 美元(即达飞公司在原告处尚有 8 640 美元货款),买方应支付货款则为 21 560 美元。法院认为,由于达飞公司提供的发票是复印件,无其他证据予以印证,而原告提供的是原件,达飞公司又无证据证明原告提供的发票是虚假的。因此,应采信原告提供的证据,确认本案货物的发票价为 30 200 美元。

达飞公司提供了 Tradal 公司与原告的月结算单复印件和 Tradal 公司与双云公司之间的来往传真复印件,以证明 Tradal 公司于 1998 年 1 月 5 日向原告支付了 8 299.20 美元的货款,且双方为本案货物质量和货款问题进行过多次磋商。原告对上述证据的真实性提出了异议,认为达飞公司应提供原件核对。法院认为,由于上述证据均为复印件,无原件可供核对,达飞公司虽然提供了 Tradal 公司出具的支付货款的支票原件,但仍不足以印证该公司已向原告支付 8,299.20 美元的货款的事实。因此,对达飞公司主张 Tradal 公司已向原告支付 8,299.20 美元货款的事实,不予采信。

本案在审理中,被告达飞公司、邦辉公司在提交答辩状期间对管辖权提出异议。本院于 1999 年 5 月 20 日裁定驳回原告灌云公司的起诉。原告灌云公司对上述裁定不服,向广东省高级人民法院提出上诉。广东省高级人民法院于 1999 年 12 月 27 日裁定撤销本院作出的上述裁定,并决定本案由本院审理。

三、法院裁判

广州海事法院认为:本案是一宗无正本提单放货的侵权损害赔偿纠纷。因侵权结果发生地,即无正本提单放货损害结果发生在中国,依据《中华人民共和国民法通则》第 146 条第 1 款的规定,本案应适用中华人民共和国法律。

原告之所以持有提单,是由于收货人 Tradal 公司未付款赎单,银行退单造成的,符合提单的正常流程。因此,原告是本案所涉提单的合法持有人,其有权依据提单提起诉讼。《中华人民共和国海商法》第 71 条规定,提单是承运人保证据以交付货物的单证。因此,凭正本提单交付货物是承运人的法定义务。本案货物运输承运人达飞公司违反上述义务,在没有收回正本提单的情况下将货物交给 Tradal 公司,侵害了原告基于提单所体现的财产权利,应承担相应的民事赔偿责任。原告因无正本提单放货所造成的损失应为本案货物的实际价值,根据原告提供的发票、原产地证明和托收汇票所证明的货物价值 30 200 美元。达飞公司提供的证据不足以证明原告已从 Tradal 公司收到货款,因此,对达飞公司提出原告已收到大部分货款,原告所持正本提单已丧失物权效力的主张,不予支持。由于原告未能举证证明在邦辉公司代理达飞公司签发提单后,有参与无正本提单放货的行为。因此,对原告提出邦辉公司应连带承担无正本提单放货的侵权责任的主张,不予支持。

由于原告就本案纠纷提起的是侵权之诉,不是违约之诉,原告按照每日万分之四请求逾期付款违约金,没有法律依据,不予支持,但可以按中国人民银行同期同币种的贷款利率计算利息,利息应从达飞公司放货之日即 1998 年 3 月 26 日起算。

依照《中华人民共和国民法通则》第 117 条的规定,判决如下:

(1)被告达飞公司赔偿原告灌云公司货物损失 30 200 美元及其利息(从 1998 年 3 月 26 日起至本判决生效之日止,按中国人民银行同期外汇资金贷款利率计算)。

(2)驳回原告灌云公司对被告邦辉公司的诉讼请求。

本案受理费人民币 8 190 元,由被告达飞公司承担。

99 原告山西新时代进出口公司与被告中通国际货运代理有限责任公司、天津中通国际货运代理有限责任公司、中海集装箱运输有限公司无单放货纠纷案
案例来源:天津海事法院(1999)海商初字第 795—797 号
主题词:无单放货　提单物权凭证效力　实体请求权

裁判要旨

No. HY-1.4-33　提单具有物权凭证的效力,持有正本提单即对承运人有实体请求权。承运人主张因提单持有者与案外人达成付款协议,提单即丧失物权凭证效力的观点,没有法律依据,不能成立。

一、基本案情

原告:山西新时代进出口公司

被告:中通国际货运代理有限责任公司(以下简称中通公司)

被告:天津中通国际货运代理有限责任公司(以下简称天津中通公司)

被告:中海集装箱运输有限公司(以下简称中海公司)

原告诉称:原告所有的黄谷粒货物 39 180 公斤,价值 6 190.44 美元;58 942 公斤,价值 9 312.84 美元;98 424 公斤,价值 15 550.99 美元。出口国外,被告天津中通向原告提

交了由其法定代表人为签单人,于 1999 年 4 月 10 日、1999 年 5 月 1 日分别签发的中通公司 CTJNG307070、CTJNG307097、CTJNG307098 号"货代"提单,该 3 份提单上标明,上述货物由"林园"(LINYUAN)轮 V9919、V9923 航次承运,起运港为天津新港、目的港为日本的名古屋港,实际承运人是被告中海公司。上述货物抵达目的港后,被告中海公司仅凭"电放通知"就同意放货,造成原告现虽仍持有上述货物的正本提单,但提单所代表的货物却被他人无偿提走。原告认为,被告中海公司作为原告货物的实际承运人,负有赔偿责任。被告天津中通实际上自始至终在操作原告委托出运的货物,其就是提单记载的中通公司,其无单放货造成原告经济上的损失,被告天津中通负有不可推卸的责任。此外被告天津中通交给原告的 3 套"货代"提单,承运人身份不存在,文本手续也不合法。再有,天津中通无视原告的权益擅自同意"电放提单"损害了原告的合法权益,对此天津中通不但有过失而且有欺诈行为。因此其与中海公司对原告损失负有连带赔偿责任。请求法院依法判令被告天津中通、被告中海公司连带赔偿原告货物损失共计 31 054.27 美元(折合人民币 257 315.41 元);赔偿原告因两被告无单放货给原告造成的银行利息;两被告承担全部诉讼费用。

被告天津中通辩称:原告作为提单持有人,根据《中华人民共和国海商法》的规定,据以提起诉讼请求的依据是 CTJNG307070、CTJNG307097、CTJNG307098 号正本提单,依据提单的规定,提单持有人与承运人之间享有权利义务。但是,根据案外人中通公司 1998 年 10 月 15 日、10 月 18 日给天津中通的传真,天津中通只是被授权作为中通公司的代理,代理该公司办理与涉诉货物的有关运输事宜,并按该公司的指示办理相关单证,其行为是代理行为。因此天津中通不是本案所涉运输公司的一方,与本案所述提单没有直接的、实质上的法律关系,不应作为案件的被告。基于上述事实可以认为,天津中通是根据被代理人的委托进行业务操作的,根据《中华人民共和国民法通则》第 66 条的规定,天津中通在代理权限内实施的代理行为,应由被代理人中通公司承担。原告的货物损失与实际交货方式没有因果关系。1999 年 7 月 7 日,原告与香港诚信行杂粮有限公司签订的协议书表明,原告不能以提单作为依据请求赔偿货款损失。

被告中海公司辩称:"中通公司"作为诉争货物的托运人,将货物交给中海公司承运,中海公司按照约定将货物完好地自天津运至名古屋,并完好地交给了"中通公司"指定的人,中海公司就已圆满地完成了与"中通公司"的约定,中海公司作为与"中通公司"签订运输合同的承运人所有责任均已终止。中海公司与原告之间并无合同关系,当然不能向原告交付货物,中海公司将本案所涉及货物自始发港安全地运至目的港,并交付给了与托运人"中通公司"约定的收货人,在整个过程中并未违反任何法律规定。在此情况下,中海公司不应承担任何法律责任。

二、法院查明事实

天津海事法院查明:原告与案外人香港诚信行杂粮有限公司(以下简称诚信行)分别签订了以原告为卖方,诚信行为买方的 XSD-T-024、XSD-T-029、XSD-T-034 关于黄谷粒 39 180 公斤、58 942 公斤、98 424 公斤的售货合同；货物的价值分别为 6 190.44 美元（折合人民币 51 256.83 元）、9 312.84 美元（折合人民币 77 296.57 元）、15 550.99 美元（折合人民币 128 762 元）。付款方式为银行托收,付款交单（D/P）。合同签订后,原告先后将售货合同中约定的货物交被告天津中通办理货物在装货港的出口运输手续,而后,被告天津中通将原告所属货物交与被告中海公司先后配载于被告中海公司所属"林园"（LINYUAN）轮 V9919、V9923 航次出运。货物装船完毕,被告天津中通将以中通公司（CENTEANSINTLFORWARDCO.,LTD.）为抬头的承运人联运提单（提单号：CTJNG307070、CTJNG307097、CTJNG307098）签发给原告,并向原告收取了货物在装货港所发生的费用及代理费。以上事实有原告提供的其与香港诚信行杂粮有限公司签订的售货合同、发票,被告天津中通开出的国际货物运输代理专用发票及费用明细清单、出口货物的全套正本提单为证。上述证据,经庭审质证,被告天津中通、被告中海公司均未提出异议。

另查明,被告中海公司接受被告天津中通配载的货物,在将货物运至目的港后,按被告天津中通的电放保函将所运货物交给其指定的收货人。具体提货时间为：CTJNG307070 号提单项下货物 1999 年 4 月 21 日,CTJNG307097、CTJNG307098 号提单项下的货物 1999 年 5 月 13 日。电放保函中记载被告天津中通放弃要求被告中海公司签发正本提单的权利。被告天津中通所接受的诚信行的电放委托书中记载时间为 1999 年 6 月 29 日。以上事实有原告提供的电放委托书、被告中海公司提供的电放保函及放货记录为证。在庭审质证调查过程中,被告天津中通对上述证据没有提出异议,对被告中海公司所作的与其之间的关系的陈述亦没有反驳。通过庭审又查明,本案所涉及货物出运业务,被告天津中通的胡静缓、李健以中通公司的名义办理了具体的操作事项。被告天津中通提供的证明中通公司在美国合法存在的公证认证材料中没有表述中通公司（CENTRANSINT'LFOR-WARDINGCO.,LTD.）的具体证明事项,与被告天津中通所称的被代理人中通公司及提单抬头承运人英文名称不一致。以上事实有原告提供的被告天津中通向原告收取相关费用明细单,被告中海公司的当庭陈述及被告天津中通提供的公证认证材料可以佐证。根据被告天津中通的营业执照中记载,其法定代表人是徐进,不是原告所称的徐辉。截至 1999 年 9 月 28 日,案外人中通公司不是我国对外贸易经济合作部批准的国际货运代理企业,其提单也未在对外贸易经济合作部登记备案。原告于 1999 年 7 月 7 日与售货合同的买方诚信行达成分期支付货款的相关协议,但没有实际履行。

三、法院裁判

天津海事法院认为,被告天津中通代理原告办理货物出口事宜,收取代理费、包干费,并将原告所属货物以中通公司的名义配载于被告中海公司所属船舶的实际承运行为表明,其首先与原告之间存在货运代理合同关系。虽然被告天津中通主张原告所属货物的出运中通公司是提单承运人,而自己是承运人的代理人,并为此提供了相关代理的证据。但被告天津中通向天津海事法院提交的公证认证材料因内容不具体,且公司名称与提单记载的中通公司不一致,而不能证明被告天津中通的被代理人,即提单承运人中通公司在美国合法存在。所以,被告天津中通乃承运人的代理人身份的主张不能成立,其所从事的本案所涉及原告所属货物出运的各种行为因其被代理人的不存在而应视为其自身行为。被告天津中通是货物运输的承运人,依据其向原告签发的提单与原告达成海上货物运输合同关系,双方的权利义务应受《中华人民共和国海商法》相关规定的约束。被告天津中通在原告所属货物运抵目的港后擅自指令实际承运人被告中海公司电放货物,违背了承运人凭正本提单交付货物的国际惯例和法律规定,对提单合法持有人、提单托运人的本案原告构成违约。被告天津中通的记名提单应按记名人指示交付货物的主张不能否定承运人应负的凭正本提单交付货物的法定义务。本案原告有权凭全套正本提单向被告天津中通请求货款损失赔偿。

1999年7月7日,原告与案外人售货合同买方诚信行达成的偿付货物欠款的协议是被告天津中通无单放货后原告对售货合同买方不付款赎单所采取的补救措施,协议内容表明,货物所有权应在买方支付货款时转移,原告保持对提单的占有并保留货物处置权,现原告持有全套正本提单的意图即说明原告保持有货物的所有权。这时提单还应具有物权凭证的效力,原告持有正本提单对被告天津中通具有实体请求权,被告天津中通因原告与香港诚信行杂粮有限公司达成付款协议,提单即丧失物权凭证效力的主张,没有法律根据而不能成立。被告中海公司作为货物的实际承运人与承运人被告天津中通是代理关系,与本案原告没有合同关系,其依据被告天津中通的指示实施放货行为,对原告不构成违约。同时原告没有证据表明被告中海公司存在侵权,并且我国法律没有规定被告中海公司对其这种放货行为向提单托运人承担民事责任。所以,被告中海公司对原告的损失不负赔偿责任,原告对被告中海公司的赔偿请求不应支持。

综上所述,原告是提单托运人,被告天津中通是货物提单的承运人,被告中海公司是接受被告天津中通委托实施具体运输的实际承运人,原告持有全套正本提单有权向被告天津中通请求因被告天津中通无单放货违约行为导致的货款损失,被告中海公司不负赔偿责任。依据《中华人民共和国民法通则》第106、72条、第112条第1款,《中华人民共和国海商法》第71条之规定,判决如下:

(1)被告天津中通国际货运代理有限公司向原告赔偿CTJNG307070提单项下货款损失6 190.44美元(折合人民币51 256.84元)及自1999年4月21日至赔款所付之日止按每日万分之四计算的银行利息;

(2)被告天津中通国际货运代理有限责任公司向原告赔偿CTJNG307097提单项下货款损失9 312.84美元(折合人民币77 296.57元)及自1999年5月13日至赔款所付之日止按每日万分之四计算的银行利息;

(3)被告天津中通国际货运代理有限责任公司向原告赔偿CTJNG307098提单项下货款损失15 550.99美元(折合人民币128 762元)及自1999年5月13日至赔款所付

之日止按每日万分之四计算的银行利息；

（4）被告中海集装箱运输有限公司不负赔偿责任。

100 原告新宏光海运有限公司与被告中国海运（集团）总公司、广州中海物流有限公司深圳分公司、深圳市中海船务代理有限公司、中海集装箱运输有限公司无正本提单放货纠纷案

案例来源：广州海事法院（2000）广海法商字第156号

主题词：正本提单　向负有责任的第三人追偿　胜诉权

> **裁判要旨**
>
> **No. HY-1.4-34**　承运人基于无正本提单放货的事实赔偿托运人后，持有正本提单的，有权向负有责任的第三人提起诉讼。
>
> **No. HY-1.4-35**　一方接受发货人交付的货物后，以自己的名义向运输公司办理托运，运输公司签发提单的，该方和运输公司之间构成海上货物运输合同的承运人和托运人关系，运输公司是承运人，该方是托运人。
>
> **No. HY-1.4-36**　因无单放货造成其他方损失的，承运人不享有赔偿责任限制的权利。
>
> **No. HY-1.4-37**　承运人在向货方作出赔偿后，向负有责任的第三人的追偿期限为90天，逾期则丧失胜诉权。

一、基本案情

原告：新宏光海运有限公司（SIN-WIDESHINE MARITIME LIMITED，以下简称新宏光公司）。

被告：中国海运（集团）总公司（以下简称中海总公司）。

被告：广州中海物流有限公司深圳分公司（原名广州中海国际货运代理有限公司深圳分公司，以下简称中海物流公司）。

被告：深圳市中海船务代理有限公司（以下简称中海船代公司）。

被告：中海集装箱运输有限公司（以下简称中海集运公司）。

原告新宏光公司诉称：原告于1999年8月底接受中国土产畜产广东茶叶进出口公司（以下简称广东茶叶公司）的定舱要求，将一批刀具运往比利时的安特卫普港，并向托运人广东茶叶公司签发了联运提单。其后，原告向被告中海物流公司提交了定舱文件，该公司于1999年9月1日向原告发出了定舱确认。被告中海物流公司将货物交给被告中海船代公司，再由该公司将货物交给承运船舶所有人被告中海总公司和该轮经营人中海集装运输有限公司实际承运。货物抵达目的港后，上述被告没有凭原告签发

的正本提单放货。原告向托运人广东茶叶公司赔付 51 764 美元后取得了经托运人背书转让的提单。请求法院判令四被告连带赔偿原告的损失 51 764 美元,并承担本案诉讼费用。

被告中海总公司辩称:原告提供的证据不能证明被告中海总公司与本案有任何关联,中海总公司不是本案被告,请求驳回原告对被告中海总公司提出的诉讼请求。

被告中海物流公司辩称:被告中海物流公司既非运输合同项下的契约承运人,又非实际承运人,仅作为装货港的货物代理人,接受原告的委托后负责定舱、仓储等事项,被告中海物流公司既无权也不可能实施无正本提单放货的行为,原告所称损失与被告中海物流公司无关。原告作为契约承运人,并非涉案货物的真正货主,其以无正本提单放货为由向包括被告中海物流公司在内的其他人主张损害赔偿请求,必须首先证明其已确因无正本提单放货遭受合理损失。原告未举证证明对托运人的索赔进行了适当的抗辩或已就该索赔作出实际赔付从而对涉案货物拥有合法权利。因此,原告的诉讼请求缺乏事实和法律依据,请求驳回原告对被告中海物流公司的诉讼请求。

被告中海船代公司辩称:原告没有提供向托运人实际支付赔款的有效结算凭证,不能证明其享有向实际承运人追偿的权利,因此,原告无权提起本案诉讼。原告也没有举证证明被告中海船代公司实施了无正本提单放货的行为。综上,应驳回原告对被告中海船代公司的诉讼请求。

被告中海集运公司辩称:被告既非涉案货物的契约承运人和实际承运人,也不是涉案船舶"CAPE RACE"轮的船舶所有人,更没有实施任何无正本提单放货之侵权行为,原告追加中海集运公司参加诉讼纯属错误。假设中海集运公司是本案适格的被告,但依据《中华人民共和国海商法》第 257 条的规定,原告从与托运人解决纠纷之日(2000 年 9 月 30 日)起至其向法院申请追加中海集运公司作为本案被告之日(2001 年 2 月 12 日),已超过了 90 日的时效期间,原告已丧失了胜诉权。原告向托运人赔付 51 764 美元不合法也不合理,原告对托运人的赔付没有享受赔偿限额;涉及本案货物价值的发票有 3 张,原告依据最高金额的发票进行赔付不合理。原告与托运人广东茶叶公司的代理人为同一人,因此,赔付协议和赔偿证明所证明的事实是不真实的。综上,原告的诉讼请求缺乏事实和法律依据,请求驳回原告的起诉或诉讼请求。

二、法院查明事实

广州海事法院认定以下事实:原告提起诉讼时,将中海国际货运代理有限公司深圳分公司列为被告,但由广州中海国际货运代理有限公司深圳分公司到庭应诉。该公司认为与中海国际货运代理有限公司深圳分公司实际上是同一公司。该公司向本院提供了由深圳市工商行政管理局于 2000 年 11 月 21 日出具的《变更通知书》,该通知书证明:中海物流公司于 2000 年 11 月 20 日向深圳市工商行政管理局办理了企业变更登记手续,该公司变更前名称为广州中海国际货运代理有限公司深圳分公司。本案其他当事人对被告中海物流公司作为本案被告参加诉讼和变更名称的事实没有异议,法院予以确认。

原告为证明其向托运人广东茶叶公司作出赔偿并合法取得了提单,提供了抬头为广东茶叶公司的出口货物托运单、编号为 WSGZ—990907 的一式三份正本提单、原告与托运人达成的赔付协议及托运人出具的赔偿证明等证据。根据上述证据查明:抬头为广东茶叶公司的出口货物托运单记载托运人为广东茶叶公司,收货人"凭指示",通知方 GORNIK KRENER,货物为成套刀具,72 套共 1 680 件。1999 年 9 月 8 日,原告新宏光公司向广东茶叶公司签发了自己的格式提单一式三份,该提单记载:提单编号为 WSGZ—990907,托运人广东茶叶公司。收货人凭指示,通知方 GORNIK KRENER,承运船舶"CAPE RACE"("竞赛角");装货港深圳;卸货港安特卫普;货物为刀具,72 套共 1 680 件;装载于一个 20 英尺的集装箱,箱号为 CCLU2180412,铅封号为 138148;运费预付 1 700 美元。托运人广东茶叶公司作了空白背书。2000 年 9 月 27 日,原告与广东茶叶公司达成赔付协议,约定广东茶叶公司向原告托运的货物因在目的港被无正本提单放货,由原告赔偿广东茶叶公司货物及运费损失共 51 764 美元;协议生效后,原告获得向负有责任的第三人追偿的权利。9 月 30 日,广东茶叶公司出具证明,证实赔付协议项下的款项已经结算完毕。被告中海总公司认为,原告提供的证据不能证明被告中海总公司与本案有关,对原告提供证据待证的事实不发表意见。被告中海物流公司和中海船代公司对上述证据本身的真实性没有异议,但认为原告作为承运人向托运人广东茶叶公司赔付 51 764 美元,应提供银行的汇款凭证,仅凭赔付协议和赔付证明不能证明原告已实际赔付。被告中海集运公司认为,托运单上没有托运人广东茶叶公司的签字盖章,提单是由原告签发的,不能证明广东茶叶公司向原告托运了货物;此外,原告的代理人章小炎于 2000 年 6 月作为托运人广东茶叶公司的代理人向被告中海物流公司发律师函索赔,章小炎具有双重代理身份。原告提供的赔付协议和结算证明是不真实的。法院认为:托运单上虽然没有托运人的签字盖章,但该托运单与其他证据可以相互印证,在被告没有提供相反证据的情况下,上述证据可以作为认定本案事实的根据。应认定原告与托运人广东茶叶公司之间存在运输合同关系,原告是承运人,并对无正本提单放货造成托运人的损失作出了赔偿,合法取得了 WSGZ—990907 号正本提单。赔付协议和结算证明是由广东茶叶公司与原告签订的,双方的签约代表并非同一人,双方均加盖了印章。因此,被告中海集运公司关于章小炎具有双重代理身份的主张没有根据,不予采信。

原告提供抬头为中海物流公司的定舱确认书、香港船务周刊、被告中海船代公司发给目的港代理的传真以及编号 CCWAW101221 被告中海集运公司的格式提单等证据,以证明被告中海集运公司是本案的承运人,被告中海物流公司、被告中海船代公司是被告中海集运公司的代理人。根据上述证据查明:原告已接受了广东茶叶公司向其托运的货物,并以自己的名义向被告中海物流公司定舱,被告中海物流公司出具定舱确认,该定舱确认书记载:客户代码 XIHG,提单号 CCWAW101221,承运船舶"CAPE RACE",一个 20 英尺集装箱。被告中海集运公司的格式提单显示:提单编号 CC-

WAW101221，托运人为新宏光公司，收货人为凭由新宏光公司签发的 WSGZ—990907 号提单持有人指示，承运船舶"CAPE RACE"，装货港中国深圳，卸货港安特卫普；有关货物的品名、标志、数量、集装箱号码与原告签发的 WSGZ—990907 号提单记载的内容一致；提单的签发日期为 1999 年 9 月 9 日，但没有承运人签字盖章。该提单由被告中海物流公司提供，并称该提单是用于被告中海物流公司与被告中海集运公司之间内部结算。船务周刊显示："CAPE RACE"是被告中海总公司和中海集运公司在欧洲航线上经营的船舶。被告中海总公司的英文名称为 CHINA SHIPPING GROUP COMPANY。被告中海集运公司的英文名称为 CHINA SHIPPING CONTAINER LINES CO.，LTD.。10 月 4 日，深圳快海货运有限公司向中海（安特卫普）船务代理有限公司进口部发出传真称："我们已收到下面列明的货物运费，由中海签发的正本提单已交予我们，请按照新宏光公司签发的提单号为 WSGZ—990907 的提单放货给该提单持有人。下列数据供参考：提单号 CCWAW101221；船名/航次号：竞赛角/9905W；集装箱号码 CCLU2180412。"被告中海船代公司及李曼武在该传真件上盖章签字。被告中海物流公司承认接受原告的委托代为定舱，并将货物交给中海船代公司。被告中海船代公司对李曼武是其公司的职员予以确认，但对中海船代公司在该传真件上的盖章不予确认，对此并未提供相反证据。被告中海集运公司对编号为 CCWAW101221 的被告中海集运公司的格式提单不予确认，认为其没有签发该提单，也没有授权中海物流公司签发该提单，其不是涉案货物的实际承运人，被告中海物流公司、中海船代公司亦不是其代理人。法院认为：被告中海物流公司对定舱确认书真实性没有异议，应予以确认；被告中海船代公司虽对传真件上的印章提出异议，但没有提供相反证据，故该份证据可作为本案认定事实的根据；中海集运公司的格式提单虽为复印件，也没有承运人的签字盖章，但该证据与香港船务周刊、被告中海船代公司发给目的港代理的传真等证据能够相互印证，故可以作为认定本案事实的依据。综合上述证据认定：被告中海物流公司接受原告的订舱并将收受的货物交给被告中海船代公司，被告中海船代公司又将货物交给被告中海集运公司承运，被告中海集运公司签发原告为托运人的编号为 CCWAW101221 的备忘提单，该提单证明原告与被告中海集运公司之间存在运输合同关系。在该运输关系中，被告中海集运公司是承运人，原告是托运人，被告中海物流公司是原告的货运代理人，被告中海船代公司是被告中海集运公司的揽货代理人。

原告依据香港船务周刊有关经营人的记载，主张被告中海总公司是本案承运船舶"CAPE RACE"的所有人。被告中海总公司对此提出异议，认为仅凭该证据不能证明被告中海总公司是涉案船舶的所有人。法院认为：根据船务周刊关于经营人的记载，并不能证明被告中海总公司是"CAPE RACE"的所有人，船舶所有人身份应根据船舶所有权登记证书确定，但原告没有提供这一证据，因此，原告关于被告中海总公司是承运船舶所有人的主张，缺乏有效证据，不予采信。

原告为证明货物在目的港被无单放货，提供了被告中海物流公司于 2000 年 5 月 23 日向目的港代理查询本案货物下落的传真复印件。该证据显示：2000 年 5 月 23 日，中海物流公司向中海代理公司(比利时)BVBA查询CCWAW101221号提单项下货物的收货人。同日,该公司回复中海物流公司称,CCWAW101221号提单项下货物放给了LOPARD CENTER。被告中海物流公司、中海船代公司、中海集运公司对该份传真复印件不予确认。被告中海集运公司为证明本案货物在目的港被提取与自己无关,提供了"货到通告"和"设备转换"两份证据为证。"货到通告"记载:CCWAW101221号提单项下货物1680件刀具装载于编号为CCLU2180412号集装箱,由"CAPE RACE"轮承运,预计于1999年10月6日运抵安特卫普港。"设备转换"显示:装载于CCLU2180412号集装箱的货物于2000年1月31日被提取。但该证据不能显示货物被谁提取。被告中海集运公司在庭前证据交换时称,上述两份证据正在办理公证认证。8月21日,该被告提供了该两份经公证认证的证据。原告和被告中海总公司、中海物流公司、中海船代公司认为,被告中海集运公司在庭审时提供的境外证据没有经过公证认证,对该证据的真实性不予确认。合议庭认为:虽然原告提供的2000年5月23日的传真是复印件,但该传真与被告中海集运公司提供的"到货通告"和"设备转换"两份证据能够相互印证,上述证据应作为本案认定事实的依据。根据上述证据记载的内容和原告现在仍然持有全套一式三份正本提单的事实,应当认定涉案货物是在没有正本提单的情况下被人提取的。

为证明遭受的经济损失,原告提供托运人出具的发票为证。该发票记载:客户为GORNIK KRENER,货物价值FOB深圳50 064美元,运费1 700美元,提单号码为WS-GZ—990907,集装箱号码为CCLU2180412;货物的名称、标记、数量与原告签发的提单记载的内容一致;出票日期为1999年9月8日。被告中海物流公司、中海船代公司对该证据没有异议。被告中海集运公司对该发票提出异议,并提供两份反证。一是金额为33 600美元的收据复印件,该收据的签字和盖章模糊不清,被告中海集运公司也不能说明该证据的合法来源;另一份是发票复印件,该发票记载的货物价值为FOB深圳44 036美元,运费1 700美元,出票日期为2000年4月23日,右下角盖有托运人广东茶叶公司的印章,有关货物的名称、标记、数量、提单号码和集装箱号码与原告签发的提单上记载的内容一致。原告对上述两份证据提出异议,认为上述证据均为复印件,不是托运人出具的,金额为44 036美元的发票上记载的日期和客户与原告签发的提单上记载的客户名称和日期不一致,与本案无关。合议庭认为:被告中海集运公司提供的记载货物价值为33 600美元的收据,不能证明与涉案提单项下的货物有任何关系,不予采信。被告中海集运公司提供的另一份发票是由托运人广东茶叶公司开给收货人的,发票上关于货物的记载与原告签发的提单记载的内容一致,发票与提单记载的货物情况相互印证,尽管被告中海集运公司提供的这份发票是复印件,但这一证据已经对原告提供的由广东茶叶公司开出的另一发票记载的货物价值构成质疑,在这种情况下,原告应当进一步举证,提供托运人广东茶叶公司与买方签订的买卖合同,来佐证其提供的发票所记载的货物价值的真实性。但在被告中海集运公司提供反证的情况下,原告没有进一步举证反驳,也没有提供其他证据印证其提供的发票价值的真实性,据此,应认定被告中海集运公司提供的发票是托运人茶叶公司开具的,并根据该发票认定本案货物价值,即本案货物的价值为 FOB 深圳 44 036 美元,运费 1 700 美元。

三、法院裁判

广州海事法院认为:本案是一宗无正本提单放货纠纷,而无正本提单放货的法律事实发生在国外,故本案属涉外案件。作为运输合同关系当事人,原告与被告中海集运公司没有就本案法律适用作出选择,根据《中华人民共和国民法通则》第 145 条第 2 款的规定,涉外合同的当事人没有选择的,适用与合同有最密切联系的国家的法律。本案提单签发地在中国深圳,起运港在深圳,各被告均在中国境内,因此,本案应适用中华人民共和国法律。

原告相对于托运人广东茶叶公司来说是承运人,原告对因无正本提单放货造成托运人广东茶叶公司的损失应承担赔偿责任。原告作出赔付后,持有正本提单,有权依据该提单对负有责任的第三人提起诉讼。

原告接受托运人广东茶叶公司的托运后,以托运人的身份再向被告中海集运公司托运货物,原告与被告中海集运公司之间形成运输合同关系,原告是托运人,被告中海集运公司是承运人。在被告中海集运公司的格式提单中记载,承运人应凭原告签发的正本提单放货,这是被告中海集运公司对原告作出的承诺。根据《中华人民共和国海商法》第 71 条有关"提单是承运人保证据以交付货物的单证"的规定,被告中海集运公司作为本案货物的承运人,应履行自己的承诺,货物运抵目的港后,被告中海集运公司应凭 WSGZ—990907 号正本提单直接将货物交付给提单持有人,现原告仍持有全套正本提单,货物却被他人提取,被告中海集运公司没有履行承诺,已构成了对原告的违约,应当承担无正本提单交付货物的违约责任,依照上述认定的货物价值向原告赔偿。原告作为承运人,因无正本提单放货造成提单持有人的损失,不能享受赔偿责任限制。被告中海集运公司在答辩中认为原告没有享受赔偿责任限制作出的赔付不合理的主张缺乏法律依据,不予支持。

由于原告没有举证证明被告中海总公司在本案中的法律地位,也没有举证证明被告中海总公司参与了无正本提单放货,原告对该被告的请求应予驳回。被告中海物流公司接受原告的委托为原告订舱,属于原告的货运代理人,被告中海船代公司是被告中海集运公司的揽货代理人,原告没有举证证明该两被告参与了无正本提单放货,因此,应驳回原告对该两被告的诉讼请求。

尽管依照法律规定被告中海集运公司应对原告承担无正本提单放货的责任,但根据《中华人民共和国海商法》第 257 条关于"在时效期间内或者时效期间届满后,被认定为负有责任的人向第三人提起追偿请求的,时效期间为 90 日,自追偿请求人解决原赔偿请求之日起或者收到受理对其本人提起诉讼的法院的起诉状副本之日起计算"的规定,承运人向货方作出赔偿后再向负有责任的第三人追偿时,时效期间为 90 日。而原告向货方作出赔偿的时间为 2000 年 9 月 30 日,从该日起算至原告申请追加中海集运公司作为本案被告之日(2001年2月12日)已经超过了90日,原告丧失了胜诉权。

综上,依照《中华人民共和国海商法》第71条、第257条的规定,判决如下:

驳回原告新宏光公司的诉讼请求。

本案受理费8 960元,由原告负担。

ⅢⅢ 上诉人德国胜利航运公司与被上诉人骏业(天津)国际贸易有限公司无正本提单放货损害赔偿纠纷案

案例来源:天津市高级人民法院(2001)高经终字第229号

主题词:FOB　风险转移　记名提单凭单放货

裁判要旨

No. HY-1.4-38　FOB价格条款,货物装船仅表明风险转移给买方,货物所有权并不同时发生转移,买方并未付款赎单而发货人持有全套正本提单时,发货人仍拥有对提单项下货物的所有权和诉权。

No. HY-1.4-39　记名提单仍需要凭单放货,承运人对货物在其掌管期间负有谨慎保管之义务,并有义务保证凭正本提单交货,否则承运人应承担赔偿责任。

一、基本案情

上诉人(原审被告):德国胜利航运公司(DSR-Senator Lines,以下简称胜利公司)

被上诉人(原审原告):骏业(天津)国际贸易有限公司[HERO (TIANJIN) INTERNATIONAL TRADE CO.,LTD.,以下简称骏业公司]

天津海事法院原审查明,2000年4月28日,骏业公司委托胜利公司承运两个20英尺集装箱,自天津新港至美国纽约。2000年5月5日胜利公司签发TSNATTO 0872B1号提单,载明发货人:骏业公司,收货人:凭美国国际化工采购公司(TO ORDER OF INTERNATIONAL CHEMICAL PURCHASING INC.)指示;通知方:美国国际化工采购公司;承运船舶:E CHENG轮0398E航次;货物:天水柠檬酚酸;运费到付。上述货物于2000年6月20日抵达目的港,胜利公司在没有收回正本提单情况下,将货物交给了收货人,收货人未交货款赎单,造成骏业公司涉案提单项下货款损失36 726.40美元,银行手续费210.05美元。

二、一审裁判

天津海事法院审理认为,提单是用以证明海上货物运输合同和货已经由承运人接收或者装船,以及承运人保证据以交付货物的单证。海上货物运输合同承运人的风险责任自签发正本提单接收货物始至交付货物收回正本提单止。本案提单项下货物在交付收回正本提单前属胜利公司及其代理人掌管期间,对货物负有谨慎保管之义务。

胜利公司作为承运人在掌管期间,致使收货人未凭正本提单将货提走,造成骏业公司较大经济损失,应承担赔偿责任。根据《中华人民共和国民法通则》第 106 条第 1 款、《中华人民共和国海商法》第 71 条之规定,判决胜利公司赔偿骏业公司货款损失 36 726.40 美元。

三、上诉与答辩

胜利公司不服,向天津市高级人民法院提出上诉,请求判决上诉人无须承担赔偿责任。理由:

(1) 被上诉人骏业公司在提起诉讼时未能证明其享有涉案货物之权利。涉案提单记载:收货人——凭美国国际化工采购公司指示,表明上诉人与被上诉人的海上货物运输合同关于收货人的约定是向美国国际化工采购公司或者其指定的其他人交付货物。本案中,上诉人依该约定交付货物,已经适当履行提单初步证明的海上货物运输合同。根据《中华人民共和国海商法》第 79 条的规定,涉案提单应经美国国际化工采购公司背书后方可转让,而该提单未经背书,被上诉人虽取得提单,但不拥有经背书转计后的提单权利,无从拥有提单所表征的货物权利。

(2) 由于被上诉人没有保留货物权利的意图,根据《中华人民共和国民法通则》第 72 条的规定,本案在 FOB 交易条件下,涉案货物的所有权已经在交付承运人时转移给买方,被上诉人不再拥有涉案货物的权利。

(3) 提单作为准物权证券,其表征的权利是货物占有权,而非货物所有权,所以,取得提单本身不能证明拥有提单所表征的货物的所有权。涉案提单既然在"收货人"栏内载明:凭美国国际化工采购公司指示,则证明货物已经处于美国国际化工采购公司控制下,而且美国国际化工采购公司有权通过提单背书对货物进行处分,而非被上诉人。

(4) 一审法院支持被上诉人请求的违约金及银行手续费于法无据。

四、二审裁判

天津市高级人民法院认为,涉案货物的买卖合同为 FOB 价格条款,租船人应为货物的买方。被上诉人作为卖方,在装港将货物交给上诉人后,上诉人作为承运人签发了全套正本海运提单,记载的托运人为被上诉人,双方即形成提单证明的海上货物运输合同关系,且根据《中华人民共和国海商法》第 42 条第 1 款第(三)项的规定,被上诉人是将货物交给与海上货物运输合同有关的承运人的人,是提单项下货物的托运人。涉案提单虽为记名指示提单,收货人为凭美国国际化工采购公司指示,但被上诉人以托收方式(D/P)结汇时,买方并未付款,托收银行将全部单据退回,提单并未发生流转,一直由被上诉人及其委托的托收银行控制,被上诉人合法持有提单无需记名指示人的背书。根据 FOB 价格条款,货物装船仅表明风险转移给买方,货物所有权并不同时发生转移。本案中因买方并未付款赎单,被上诉人持有全套正本提单,仍拥有对

FOB · 风险转移 · 记名提单凭单放货

提单项下货物的所有权,上诉人所称货物的所有权已经在交付承运人时转移给买方,被上诉人不再拥有涉案货物的权利等主张于法无据,亦不能成立。上诉人作为承运人,对货物在其掌管期间内负有谨慎保管之义务,并有义务保证凭正本提单交货。由于上诉人的过失,致使收货人未凭正本提单即将货物提走,造成被上诉人虽持有正本提单,但既收不回货款,又无法控制货物,由此造成的损失上诉人应承担赔偿责任。原审法院对货款损失及银行手续费的处理意见及数额确定正确,应予维持。对货款损失的利息亦应予保护,但双方当事人之间仅存在提单证明的运输合同关系,并无违约金条款的约定,原审将利息损失表述为违约金有误,应予更正。综上,根据《中华人民共和国民法通则》第153条第1款第(二)项的规定,判决如下:

变更天津海事法院(2001)海商初字第46号民事判决主文为:德国胜利航运公司(DSR-Senator Lines)赔偿骏业(天津)国际贸易有限公司货款损失36 726.40美元及利息(自2000年7月5日至本判决确定的给付之日止,按中国人民银行公布的同期美元存款利率计息),银行手续费210.05美元,于判决书生效之日起15日内支付。

102 上诉人达飞轮船有限公司与被上诉人山东省东方国际贸易股份有限公司无正本提单放货纠纷案

案例来源:山东省高级人民法院(2002)鲁民四终字第20号
主题词:准据法　记名提单凭单放货　赔偿责任限制

> **裁判要旨**
>
> **No. HY-1.4-40** 提单是承运人据以交付货物的凭证。即使记名提单,承运人也应该收回其向托运人签发的正本提单后,将货物交付给记名收货人。承运人的目的港代理在未收回正本提单的情况下,将货物交付给记名收货人,违反其凭单交货的法定义务,是一种违约行为。承运人交货行为不当,应对因此给托运人造成的货款损失承担赔偿责任。托运人的货款损失虽有通过销售合同法律关系获得补偿的可能性,也不能免除承运人无单放货应对托运人所造成的货款损失承担责任。
>
> **No. HY-1.4-41** 承运人未收回其签发给托运人的正本提单而放货,应当认为承运人明知无正本提单放货可能给托运人造成损失的后果。而轻率地将货物交付给记名收货人。货物的损失是由于承运人明知可能造成损失而轻率地作为造成,承运人不适用限制赔偿责任的规定。

一、基本案情

上诉人(原审被告):达飞轮船有限公司(COMPAGNIE MARITIME D'AFFRETEMENT,以下简称达飞公司)

被上诉人（原审原告）：山东省东方国际贸易股份有限公司（以下简称东方贸易）

青岛海事法院经审理查明：2000年6月29日，东方贸易与远东船代签订货运协议，由远东船代代为办理一批药品运到俄罗斯的运输事宜，后远东船代联系达飞公司承担实际运输。

7月3日，达飞公司将货物装船，并签发了一套QD011398号正本提单（一式三份）（以下简称第一套提单）。提单载明：托运人为东方贸易，收货人为KOVI—FARM CORP，装货港为青岛，卸货港为ST PETERSBURG，承运船舶CMA CGM MONET轮，航次E02W。

8月31日，达飞公司在目的港的代理收回了一份以达飞公司名义签发的（印有"OR3793040"编号）QD011398号正本提单（以下简称第二套提单）后将货物交付记名收货人。

至今，东方贸易持有达飞公司签发的QD011398号全套正本提单。

东方贸易该批货物的报关价值为317 000美元。

比较两套正本提单可以发现：两套提单均有达飞公司的名称、地址；均有达飞公司的英文缩写"CMA"；均有"THE FRENCHLINE CMA CGM"的签单印文，提单的签发日期均为"03 UL2000"；签发地均为青岛。

但可以发现以下不同之处：① 两套提单的版本不同，包括提单使用的纸张质地、提单格式条款的字体、提单打印添加条款的字体。② 两套提单的承运人签单印文不同，第一套提单的印文是"THE FRENCH LINE CMA CGM"，而第二套提单的印文是"THE FRENCH LINE CMA CGM 2"。③ 第二套提单印有"OR3793040"编号，第一套提单则没有。④ 第一套提单没有"山东省东方国际贸易股份有限公司"的背书印文，第二套提单有"山东省东方国际贸易股份有限公司"的背书印文。

经委托山东省高级人民法院司法科学技术鉴定中心对"山东省东方国际贸易股份有限公司"的背书印文进行鉴定，鉴定中心出具了《文件检验鉴定书》：第二套提单上东方贸易的印文与东方贸易提供的印文相比，两者在印文的大小、印文搭配位置及单字特征等方面反映出不同印章盖印印文的特点，则第二套提单上"山东省东方国际贸易股份有限公司"的背书印文与东方贸易的真实印文不是同一印章盖印。

关于第二套提单的签发问题，东方贸易表示：第二套提单是承运人达飞公司签发的，但不是达飞公司签发给托运人东方贸易的。而达飞公司表示，两套版本提单在其业务中均在使用，带有"2"的签单印文是达飞公司在青岛地区签单时使用的唯一真实印文，第二套提单是收货人伪造的，不是达飞公司签发的。经司法技术鉴定第二套提单上的东方贸易的背书印文与东方贸易的真实印文不同，排除了东方贸易参与欺诈的可能性。但达飞公司没有向法庭提交带有"2"的签单印文是其公司在青岛地区唯一使用的证据。

二、一审裁判

青岛海事法院认为：

准据法·记名提单凭单放货·赔偿责任限制

（1）达飞公司接受东方贸易的委托承运货物，并为东方贸易签发了装船提单，达飞公司与东方贸易之间依法建立了海上国际货物运输合同，是当事人的真实意思表示，应当受到法律保护。

（2）凭正本提单交付货物既是承运人的权利也是其应尽义务。一票货物只能签发一套正本提单，承运人仅凭自己签发的提单交付货物，这是航运业务中的常识。如果承运人一票货物签发了两套提单，或凭伪造的提单交付了货物，承运人对持有其全套正本提单的合法持有人仍负有交付货物或赔偿损失的义务，对此，达飞公司应当知道。东方贸易持有达飞公司的提单，达飞公司应负有向其交付货物的义务。至于收货人所持提单是否为其签发的提单，及收货人身份是否合法，则是达飞公司审查的义务，与东方贸易无关。达飞公司以受收货人欺骗为由，主张免责的理由不能成立。

（3）达飞公司应当知道，谁持有正本提单谁就有权提取货物。达飞公司明知同一货物签发两套提单，可能会损害正当提单持有人的合法权益，却仍然这样做，其主观上明显存在过错。因此，对东方贸易货物的灭失，达飞公司依法不应享受责任限制。

（4）东方贸易主张的退税损失，属于国家对货物出口人的税收优惠，与达飞公司的无单放货行为没有直接因果关系，所以山东省高级人民法院不予支持。

（5）东方贸易主张的律师费，因缺乏法律依据，山东省高级人民法院不予支持。依据《中华人民共和国民法通则》第106条第1款、《中华人民共和国海商法》第59条、第71条的规定，判决如下：

达飞公司应在10日内赔偿东方贸易经济损失317 000美元及利息（自2000年8月31日至应付款之日止，按照中国人民银行规定的美元贷款利率计算）。逾期加倍支付迟延履行期间的债务利息。案件受理费人民币25 010元、司法鉴定费人民币1 000元，由达飞公司承担。

三、上诉与答辩

上诉人达飞公司不服上述判决上诉称：

（1）达飞公司在本案中没有过错，原审判决认定错误。本案中，东方贸易诉称其货物被达飞公司在无正本提单的情况下交付给他人，并出示了其持有的正本提单。而实际上，该货物确实是达飞公司在目的港的代理在收到正本提单的情况下交付给提单上的记名收货人的。只是在本案诉讼过程中，达飞公司才发现达飞公司的目的港代理在交付货物时收回的那套正本提单不是达飞公司签发的，是伪造的。从本案事实看，达飞公司在本案中实际没有过错。首先，伪造的提单在内容上与达飞公司实际签发的提单内容完全相同；虽然使用的提单版本不同，但该版本也是达飞公司在业务中经常使用的；而且其上面的印章也与真实印章极为相似，尤其是该提单上东方贸易的印章，对不懂中文的目的港代理来说，通常情况下很难分清真伪。而在实际操作中，由于航运科技的飞速发展和集装箱货物运输的特殊性，达飞公司在目的港代理只能通过电子信息传输的方式收到装货港代理发送的有关提单基本内容信息，根本不可能看到装货港签发提单的副本,更不可能在交付货物时将收到的正本提单与提单副本——对照。因此,达飞公司目的港代理在正常操作的情况下不可能辨别出伪造得如此逼真的提单的真伪。其次,达飞公司签发的正本提单是记名提单,而非"指示提单"或"不记名提单"。记名提单有别于"指示提单"和"不记名提单",后两种提单是可以转让的,并且,当受让人取得该提单,其就可以凭提单向承运人提取货物;而记名提单被禁止转让,只有提单上载明的收货人才能向承运人提取货物。即除记名提单载明的收货人以外的其他任何人虽然取得该记名提单仍无权向承运人提取货物。可见,记名提单并不具有所谓物权凭证功能。在记名提单情况下,承运人交付货物时的审查义务在于审查收货人的身份,而对提单本身只是限于对其内容、表面形式等方面进行初步审查。事实上,本案所涉货物,是在达飞公司的代理人核对了收货人的身份确认无误,并收回了内容符合装货港传递来的信息、表面形式具备的"正本提单"后,才交付给了提单记名收货人,达飞公司已经履行了其所应尽的交付货物时的审查义务。

东方贸易持有的是一套记名提单,该提单上载明的收货人是在货运目的地实际收取货物的其他人。东方贸易至今未在适当时间、适当地点向承运人提出任何提货请求,承运人交付货物的义务尚未开始。交货义务尚未开始,一切关于承运人交货不能以及具体损失的认定均是徒劳的。

(2) 即使达飞公司有过错,也有权享受法律规定赋予的单位责任限制,原审判决适用法律不当。《中华人民共和国海商法》第59条是关于承运人不能享受单位责任限制的规定,其规定非常明确,不是在承运人"主观上有明显过错"时,而是在"承运人故意或明知可能造成损失而轻率地作为或不作为"情况下,承运人才不能援用限制赔偿责任限制的规定。但在本案中,达飞公司目的港代理在既无审查义务,又无辨别可能的情况下,对东方贸易所称的错误交付货物没有过错。退一步讲,即使有过错,也只是极其轻微的过错,根本不可能达到"故意或者明知可能造成损失而轻率地作为或者不作为"的标准。何况,原审判决认定的所谓"明显过错",也不符合上述法律规定的条件。根据《中华人民共和国海商法》第56条规定,本案提单记载所涉货物的件数是350件,毛重7 965公斤,赔偿限额为233 334.5个计算单位。从现在外汇牌价看,1计算单位即1特别提款权折合1.28457美元,赔偿限额至多为299 734.40美元,而东方贸易在本案中请求的金额约为人民币3 148 028元,远远超过了赔偿限额,即使是原审判决支持的317 000美元也超过了赔偿限额。

请求二审法院依法撤销青岛海事法院(2000)青海法海商初字第289号民事判决;依法驳回东方贸易的诉讼请求或者依法将案件发回重审。

东方贸易答辩称:

(1) 达飞公司在本案中存在过错,应当承担违约责任。达飞公司上诉称"达飞公司发现其目的港代理在交付货物时收回的那套正本提单不是达飞公司签发的,是伪造的。"东方贸易认为:达飞公司是一票货物签发了两套提单。因为:第一,东方贸易在一审中已经承认两套版本不同的提单均在使用,并且两套提单上的签章均是真实的;第二,在一审庭审过程中,达飞公司仅要求对其收回那套正本提单上的背书章进行鉴定,虽然背书章经鉴定是伪造的,但并不能说明提单是伪造的,第三人完全可以在一套真实的正本提单上面加盖伪造的背书章,所以,达飞公司主张提单是伪造的,缺乏相关证据支持。东方贸易有理由相信达飞公司签发了两套提单。达飞公司基于以上重大过错,应承担违约责任。退一步讲,即使提单上的签章是第三人伪造的,作为达飞公司也未尽其谨慎审查义务,难逃其责。

达飞公司上诉称,"在记名提单的情况下,承运人交付货物的审查义务主要在于审查收货人的身份……"东方贸易认为:《中华人民共和国海商法》第 71 条规定"提单是用以证明海上货物运输合同和货物已经由承运人接受或者装船,以及承运人保证据以交付货物的单证",由此可以看出:《中华人民共和国海商法》并没有规定承运人向记名提单的收货人交付货物时,收货人可以不持有正本提单。各种提单之间的区别在于货物在运输途中是否可以流转,但无论哪种提单,都是承运人据以交付货物的凭证。

(2) 达飞公司的行为不应适用单位责任限制。《中华人民共和国海商法》第 59 条第 1 款规定:"经证明,货物的灭失、损坏或者迟延交付是由于承运人的故意或者明知可能造成损失而轻率地作为或者不作为造成的,承运人不得援用本法第五十六条或者第五十七条限制赔偿责任的规定。"东方贸易认为:如果达飞公司一票货物签发两套提单并造成货物损失,其主观上存在故意,所以其不应享受单位责任限制。如果达飞公司在目的港没有审查出提单上的签章是伪造的,造成货物的灭失,达飞公司明知所收到的提单与通常所收到的提单不同,而未尽应尽的审查义务,轻率地让第三人提走货物,所以其不应当享受单位责任限制。

综上,青岛海事法院判决认定事实清楚,适用法律得当,请求二审法院依法维持原判。

四、二审裁判

山东省高级人民法院认为:关于本案的法律适用问题,达飞公司是法国法人,根据最高人民法院《关于贯彻执行〈中华人民共和国民法通则〉若干问题的意见(试行)》第 178 条的规定,本案是一起涉外海上货物运输合同纠纷,法院在审理本案时,应当按照《中华人民共和国民法通则》第八章的规定确定适用的准据法。达飞公司与东方贸易在提单中未约定法律适用条款,在本案的审理过程中,双方对本案法律适用亦未达成一致意见。达飞公司认为:提单上没有约定法律适用条款,应首先适用国际公约即《海牙规则》,因《海牙规则》在提单交付方面没有规定,本案应适用货物交付地法律,即俄罗斯法律。东方贸易认为:托运人、货物起运地及争议的发生地都在中国,应适用中国法律。从法律适用的连接点分析:本案当事人达飞公司是法国法人,东方贸易是中国法人;提单签发地在中国,履行地在俄罗斯;提单项下的货物起运地在中国,交付地在俄罗斯。尤其是中华人民共和国法院依法对本案取得管辖权,本案在中华人民共和国法院进行审理。因此,中国是与本案有最密切联系的国家,根据《中华人民共和国民法通则》第 145 条第 2 款的规定,本案应适用中华人民共和国法律。

(一)关于达飞公司是否应承担无单放货的违约损害赔偿责任

《中华人民共和国海商法》第 71 条规定:"提单,是指用以证明海上货物运输合同和货物已经由承运人接受或者装船,以及承运人保证据以交付货物的单证。提单中载明的向记名人交付货物,或者按照指示人的指示交付货物,或者向提单持有人交付货物的条款,构成承运人据以交付货物的保证。"以上法律规定,提单是承运人据以交付货物的凭证,承运人向记名收货人或按照指示人的指示向提单持有人交货,是其一项法定义务。即使记名提单,承运人也必须凭正本提单交货。达飞公司接受东方贸易的货物后,向东方贸易签发一套 QD011398 号的记名提单,即第一套提单。该份提单的签发,说明承运人达飞公司与托运人东方贸易之间已经形成海上国际货物运输合同关系。达飞公司应该根据法律规定收回其向托运人东方贸易签发的正本提单后,将货物交付给记名收货人,而本案货物运抵目的港后,达飞公司目的港的代理人在未收回正本提单的情况下,将货物交付给了记名收货人,违反了其凭单交货的法定义务,是一种违约行为。

本案货物运输涉及两套提单,第一套提单是承运人达飞公司签发给托运人东方贸易,是合法有效的。关于第二套提单的签发问题,东方贸易表示,第二套提单是承运人达飞公司签发的,但不是达飞公司签发给托运人东方贸易的。并称达飞公司在一审庭审时当庭认可第二套提单是达飞公司签发的,推断出达飞公司一票货物签发两套提单的事实。经查阅青岛海事法院庭审笔录,没有达飞公司当庭认可其签发第二套提单的陈述。并且,从第二套提单的表面状况辨别,无法确认是达飞公司签发的。所以,对达飞公司一票货物签发两套提单的事实山东省高级人民法院不予认定。达飞公司表示:两套版本的提单在其业务中均在使用,带有"2"的签单印文是达飞公司在青岛地区签单时使用的唯一真实印文,第二套提单是收货人伪造的,不是达飞公司签发的。达飞公司没有向法庭提交带有"2"的签单印文是其公司在青岛地区唯一使用的证据,也未提交收货人伪造第二套提单的其他证据。所以,对达飞公司主张收货人伪造的第二套提单,山东省高级人民法院亦不能认定。不论第二套提单是谁签发的,达飞公司对其公司在装运港签发给托运人的提单应具有充分的识别能力,达飞公司在目的港交货时,应尽到谨慎的审单义务,因达飞公司审单不严,导致未收回其签发给托运人的正本提单即第一套提单而放货的行为,是一种无单放货的违约行为,达飞公司收回第二套提单放货不具有合法性。

达飞公司无单放货的行为实质上是货物错交收货人的行为。本案承运人达飞公司签发的是记名提单,根据《中华人民共和国海商法》第 42 条第(四)项及第 71 条的规定,记名提单项下的收货人应满足两个条件:一是收货人为记名提单记载的收货人,二是该收货人须持有提单。只有同时满足这两个条件,才是海商法意义上的真正收货人,是有权提取货物的人。达飞公司将货物交付给提单记载的收货人,但该收货人未持有提单,因此,该提取货物的人不应认定为海商法意义上的收货人。记名提单记载的收货人未持有正本提单到目的港提货，承运人应依法不履行向其交货义务，而应将货物卸在仓库或其他适当场所，以保证提单持有人对货物享有权利。达飞公司将货物交付给未持有提单的记名收货人，其交货行为不适当，使托运人东方贸易持有提单，但丧失了提单项下货物的占有权和控制权，造成托运人的货款损失，达飞公司无单放货的违约行为与东方贸易的货款损失之间存在因果关系，达飞公司应对其无单放货的违约行为造成的货款损失承担赔偿责任。本案东方贸易的货款损失可以通过销售合同法律关系获得补偿的可能性，不能免除承运人达飞公司无单放货应对托运人东方贸易所造成的货款损失承担责任，因为运输合同的托运人（销售合同的卖方）可选择任何一个法律关系寻求法律救济。因此，达飞公司关于记名提单情况下，承运人交付货物的审查义务主要在于审查收货人的身份，达飞公司核对了收货人的身份确认无误，并收回了内容符合装货港传递来信息的正本提单放货给记名收货人，已经履行了应尽的交付货物时的审查义务，其没有过错，不应承担无单放货责任的主张，没有法律依据，山东省高级人民法院不予支持。

（二）关于达飞公司是否应享受单位责任限制

根据《中华人民共和国海商法》第59条第1款的规定："经证明，货物的灭失、损坏或者迟延交付是由于承运人故意或者明知可能造成损失而轻率地作为或者不作为造成的，承运人不得援用本法第五十六条或者第五十七条限制赔偿责任的规定。"承运人达飞公司交付货物时未尽到合理谨慎的正本提单审查义务，导致未收回其签发给托运人的正本提单放货，应当认为达飞公司明知其审单不严而未收回正本提单放货可能给托运人造成损失，而轻率地将货物交付给记名收货人，未收回其签发的正本提单，货物的损失是由达飞公司明知可能造成损失而轻率作为造成的，达飞公司依法不享有限制赔偿责任。

综上，青岛海事法院认定事实清楚，适用法律正确，根据《中华人民共和国民事诉讼法》第153条第1款第（一）项的规定，判决如下：

驳回上诉，维持原判。

二审案件受理费25 010元，由上诉人达飞轮船有限公司承担。

本判决为终审判决。

108 上诉人韩国成一海运航空株式会社与被上诉人文登市蒙特利色织有限公司、韩国成一海运航空株式会社威海办事处无正本提单放货纠纷案

案例来源：山东省高级人民法院（2008）鲁民四终字第8号
主题词：无单放货的赔偿责任　提取货物义务　扩大损失的承担

裁判要旨

No. HY-1.4-42　承运人实施无单放货导致货物运至其他地点后，又将货物运回的，其行为不改变无单放货的性质。

No. HY-1.4-43 承运人将货物运回后,要求提单持有人提取货物,提单持有人不提取导致货物长时间存放而贬值以及其他损失而致损失扩大的,就损失扩大部分,提单持有人应承担相应的责任。

一、基本案情

上诉人(原审被告):韩国成一海运航空株式会社(SUNG IL TRANSPORTATION CO. LTD,以下简称成一海运)。

被上诉人(原审原告):文登市蒙特利色织有限公司(以下简称蒙特利公司)。

原审被告:韩国成一海运航空株式会社威海办事处(以下简称成一海运威海办事处)。

青岛海事法院经审理查明:2003年3月18日,蒙特利公司作为卖方与韩国的三山纤维株式会社(以下简称三山会社)签订编号为 WMCC0223 的女士针织衫销售合同,合同约定的针织衫型号、数量、单价、金额分别如下:53S101,10 178 打,27.60 美元/打,共 280 912.80 美元;53S101,4 000 打,27.60 美元/打,共 110 400 美元;53S100,14 059 打,27.60 美元/打,共 388 028.40 美元;53S100,4 250 打,27.60 美元/打,共 117 300 美元;SS10372,407 打,31.20 美元/打,共 12 698.40 美元;MJ0378,940 打,25.14 美元/打,共 24 571.60 美元,以上总计 33 834 打,共 933 911.20 美元。合同还约定,原产地:中国;运输:海运从中国港口至韩国港口;到期日:2003 年 11 月 17 日;启运日:2003 年 10 月 18 日;付款方式:即期信用证;价格条款:发货地港上交货价中国港口;备注:由成一海运承运;信用证通知行:中国农业银行威海市分行;SWIFT 代码:ABOCCNBJ155。

合同签订后,蒙特利公司根据约定组织生产。2003 年 8 月 24 日,蒙特利公司将生产的部分货物交由买方三山会社指定的承运人成一海运。成一海运接收货物后,由成一海运威海办事处作为代理签发了正本提单,提单号为 WDFCGBT05181702,提单记载:发货人蒙特利公司,收货人凭韩国工业银行指示,通知方三山会社,装港中国威海,卸港韩国仁川,16 865 箱女士针织衫,型号:100、101,装载于 13 个 40′超高箱、5 个 40′箱、1 个 20′箱内。蒙特利公司提交的该票货物的装箱单、发票显示:发货人/出口方为蒙特利公司,收货人为三山会社,共 16 865 箱,其中 53S100,86 832 件,每件 2.3 美元,共 199 713.60 美元。53S101,115 548 件,每件 2.3 美元,共 265 760.40 美元。以上共计 202 380 件,总金额为 465 474 美元。

2003 年 8 月 21 日,蒙特利公司又将部分货物交由成一海运运输。成一海运接收货物后,由成一海运威海办事处作为代理签发了正本提单,提单号为 WDFCGBT05211710,提单记载:发货人蒙特利公司,收货人凭韩国工业银行指示,通知方三山会社,装港中国威海,卸港韩国仁川,4 006 箱女士针织衫,型号:53S100、53S101,装载于 4 个 40′箱、1 个 20′箱内。蒙特利公司提交的该票货物的装箱单、发票显示:发货人/出口方为蒙特利公司,收货人为三山会社,共4006箱,其中53S100,24876件,每件2.3美元,共57214.80美元。53S101,23196件,每件2.3美元,共53350.80美元。以上共计48072件,总金额为110565.60美元。

三山会社对以上两票货物进行了检验,认为上述商品符合合同规定。2004年8月23日,蒙特利公司以其持有编号为WDFCGBT05181702、WDFCGBT05211710的两票货物的全套正本提单,成一海运和成一海运威海办事处在未收到正本提单的情况下,将该货物交付为由,诉至青岛海事法院。

关于该货物的下落,蒙特利公司称:货物运至韩国仁川后,三山会社未议付提单。蒙特利公司在议付被拒绝后,与威海农业银行的工作人员前往韩国处理货物。蒙特利公司到韩国后,才知道成一海运在未收到正本提单的情况下,将上述两票货物交付给收货人三山会社,三山会社又将该货物转运至美国。蒙特利公司多次与成一海运及三山会社协商,但三山会社既不支付货款,蒙特利公司也不能要回货物。为此蒙特利公司以三山会社欺诈为由,向威海市公安局报案,威海市公安局立案调查了此事。蒙特利公司为证明成一海运无单放货的事实,向法庭提交了经过公证认证的韩国首尔海关进口货物/通关情况表。该通关情况表显示:提单号为WDFCGBT05181702项下的货物于2003年8月25日运抵仁川后,于当日保税入格林物流(株)保税仓库(以下简称格林仓库),9月1日,进口申报受理后出库;提单号为WDFCGBT05211710项下的货物于2003年9月1日运抵仁川后,于当日保税入格林仓库,9月2日,进口申报受理后出库。

成一海运称,该两票货物一直处于其掌管之下,货物运至目的港后,先存放在格林仓库,2004年3月4日,有部分货物转入国际仓库株式会社的保税仓库(以下简称国际仓库),2004年3月22日,其余部分货物转至三美仓库株式会社的保税仓库(以下简称三美仓库)。为此,成一海运提交了经过公证认证的格林仓库出具的货物入库证明书两份,国际仓库、三美仓库出具的入库货物数量确认书各一份。格林仓库出具的编号为GREEN-20041107的入库货物证明书的内容为:提单号WDFCGBT05181702(13个40′超高箱,5个40′箱,1个20′箱),体积1168.0500CBM,重量118055公斤,数量16865箱,发货人为蒙特利公司,收货人凭韩国工业银行指示,通知方三山会社,装港中国威海,海运船名新金桥2 0518E。上述货物2003年8月25日自中国威海港口入库,上述货物的交存人为成一海运,2004年3月4日出库5个40′箱,1个20′箱,同月22日也出库13个40′超高箱。格林仓库出具的编号为GREEN-20041107-1的入库货物证明书的内容为:提单号WDFCGBT05211710(4个40′箱,1个20′箱),体积278.000CBM,重量28042.00公斤,数量4006箱,发货人蒙特利公司,收货人凭韩国工业银行指示,通知方三山会社,装港中国威海,海运船名新金桥2 0521E。上述货物2003年9月1日自中国威海港口入库,上述货物的交存人为成一海运,同年9月2日结关后,2004年3月4日出库。国际仓库出具的入库货物数量确认书的内容为:客户名三山会社,入库日2004年3月4日,数量7486件,总重量41764MT,品名衬衫。上述货物的交存人为成一海运,不通过成一海运的许可不可出库。三美仓库出具的入库货物数量确认书的内容为:客户名三山会社,入库日 2004 年 3 月 22 日,数量 13 385 件,集装箱数量 13 个超高箱,品名衬衫。上述货物的交存人为成一海运,不通过成一海运的许可不可出库。

根据蒙特利公司的申请,青岛海事法院向威海市公安局调取了有关调查三山会社的材料。据了解:蒙特利公司以三山会社欺诈为由向威海市公安局报案后,威海市公安局依法传唤了三山会社的负责人。三山会社的负责人将货物的下落向威海市公安局作了陈述,并提交了一份关于货物进展情况的内容简要及相关证据。在该简要中,三山会社称:因到最后都没有获得合格的验货报告书,所以货物到了美国后都进行了检验,但其结果还是因为质量问题客户拒绝接受所有货物。三山会社在美国住了一个月与客户协商有关货物的处理情况,但结果与客户决裂,只得到如把所有货权交给客户的话,将研究在美国找人修整后在 2004 年卖给沃玛特的办法后回国。三山会社社长计划把在美国的货物当库存处理后降低损失,曾多次和中方的黄经理及银行的负责人要求把货权交给三山会社,但银行方怀疑三山会社与伊康老板(伊康为文登伊康纤维有限公司的简称,涉案货物均由伊康公司加工)共谋把货物全部卖出后把货款分摊,因此协商毫无结果。出口到纽约的货物(L/C 结汇部分)因在美国 CY 仓库每天增长的保管费负担太重,为此为了保全自己的保管费不受损失,CY 仓库方面最后通报将货物拍卖后充当保管费用。成一海运(中国—韩国—美国的货运代理公司)在这种情况下为了避免不仅会损失自己的海运费,而且会面临无法向中方交代的结果,为此把出口到纽约的货物返运回釜山。三山会社还向威海市公安局提交了有关该货物的型号、品质等方面的材料。

2004 年 4 月,成一海运发函蒙特利公司,要求其提货。但蒙特利公司认为该货物不是其出口的货物。成一海运未提交证据证明在此之前曾要求蒙特利公司提取货物。

2005 年 2 月 25 日,成一海运委托律师给蒙特利公司发函,督促蒙特利公司尽快处理存放于三美仓库和国际仓库的货物,告知:根据目的港法律,题述货物的最后保管期限为 2005 年 3 月 4 日,贵司应在前述日期之前办理完毕题述货物的进口通关手续或者退运手续,否则目的港海关会对上述货物采取变卖措施。蒙特利公司回函称:滞留货的处理应由进口货物方进行处理,如你方代表进口货主所为,请向我公司出具有效代理手续,届时我公司会依照目的港相关法律进行处理。目的港海关如处理该批货物,应有海关所发通知及拍卖程序的相关资料,望将海关资料转交我司。

2005 年 7 月,双方去三美仓库、国际仓库查看了货物,蒙特利公司认为虽然该仓库的部分货物与涉案提单项下的货物规格相同,但并不是其出口的货物。

成一海运为了证明该仓库内的货物是蒙特利公司委托其承运的货物,提交了一份三山会社 2005 年 7 月 9 日出具的证明,该证明的内容为:现存(2005 年 8 月 25 日)于韩国仁川港国际仓库、三美仓库的 20871 箱女士毛衫与我公司和文登蒙特利色织有限公司之间订立的 WMCC0223 号销售合同项下的货物系同一批货物,订单号为 23085/23086。型号为 53S101/53S100。该批货物是我公司从蒙特利公司定作生产的,由成一海运承运至韩国仁川港的货物。按照我公司的要求,蒙特利公司供给我公司的货物均注明"韩国制造"。另外,成一海运还委托 OMIC 海事检验机构出具一份检验报告。该报告称:根据成一海运的委托,该机构根据成一海运提供的资料对三美仓库、国际仓库的货物进行检验,认为存放于该两仓库的货物从包装、颜色、标签、货号以及海运标志等方面看,与蒙特利公司托运的货物相一致。

通过以上证据,就双方争议的成一海运是否实施了无单放货的行为,存放于三美仓库、国际仓库的货物是否是蒙特利公司的货物,青岛海事法院认为:根据蒙特利公司的陈述,蒙特利公司与威海农业银行的工作人员曾于货物到港后不久前往韩国,向收货人三山会社追讨货款,并查找货物下落,但三山会社告知货物已被运至美国,蒙特利公司的以上陈述与收货人三山会社向威海市公安局提交的书面声明的内容相一致,该两份证据均说明编号为 WDFCGBT05181702、WDFCGBT05211710 的两票货物在从威海运至韩国后,成一海运在未收回正本提单的情况下,将货物交付给三山会社,然后转运至美国。货物的这一转运过程与蒙特利公司提交的韩国首尔海关进口货物/通关情况表的记载是可以相互印证的。从成一海运提交的韩国格林仓库、国际仓库以及三美仓库的证明看,货物到港后首先存放于格林仓库,格林仓库的证明中明确写明货物的提单号以及货物来源。货物出库后是否直接转入国际仓库、三美仓库,国际仓库、三美仓库的证明中未加以说明。该证明仅写明客户名是三山会社,交存人是成一海运,没有写明货物来源。对比格林仓库、国际仓库以及三美仓库出具的证明,可以得出国际仓库、三美仓库现存货物的权利人应该是三山会社,而不是蒙特利公司。如果蒙特利公司托运的货物一直存放于格林仓库,则成一海运在货物到港后至 2004 年 4 月份长达几个月的时间内无人提货且未向蒙特利公司发出任何要求处理货物的通知,这与通常的操作惯例不符。加之格林仓库未有相关人员出庭接受质证,因此对成一海运关于涉案货物一直存放于格林仓库,后转存于三美仓库、国际仓库的抗辩,不予采纳。青岛海事法院认定编号为 WDFCGBT0518172、WDFCGBT05211710 的两票货物在从威海运至韩国后,成一海运将货物交付给三山会社,然后将货物转运至美国的事实成立。存放于三美仓库、国际仓库的货物,其型号与蒙特利公司出口的货物相同,但是否是涉案两票提单项下的货物,因证据不足,不能认定。

青岛海事法院曾组织双方就货物如何处分进行协商,但双方未能达成一致意见。2005 年 9 月 9 日,成一海运提交申请,称:因本案所涉 20871 箱女士毛衫货物长期存放于目的港国际仓库和三美仓库,存储费用日益增加且货物不断贬值;如将货物交付海关拍卖又恐价值过低。鉴于目前正处于货物销售的较好季节,为避免损失进一步扩大并最大限度地减少损失,我公司特申请联系买家以不低于 1.3 美元/件的价格变卖该货物,变卖后所得款项在支付目的港仓储费及变卖费用后汇入贵院指定账户。青岛海事法院准予成一海运依法变卖货物后将价款提存至法院的申请。

成一海运提交了经过公证认证的合同书两份以及三美仓库、国际仓库出具的证明,用以证明处理涉案货物所得的价款以及支出的仓储费等费用。根据成一海运提交的证据,成一海运 2005 年 10 月 17 日将 65 040 件毛衫卖给 Gem & Co,货款总额为

71 544 美元;2006 年 3 月 6 日,将剩余货物卖给 Addwin 通商,货款总额为 167 832 美元。涉案货物在国际仓库存储期间产生的保管费及作业费用为 57 937 000 韩币,涉案货物在三美仓库存储期间产生的保管费及作业费用为 108 332 993 韩币,在目的港处理货物产生的堆存、通关、运输费用为 190 317 976 韩币。2006 年 11 月,成一海运将货物变卖后的价款扣除变卖、仓储费用后的余款 39 985.77 美元汇入青岛海事法院指定账户。

另查明,2003 年 9 月份,蒙特利公司还委托成一海运出运过 6 票根据编号为 WM-CC0223 的女士针织衫销售合同生产的货物。为此,蒙特利公司提交了该 6 票货物的出口货物报关单以及成一海运威海办事处职员刘莉的询问笔录。根据蒙特利公司提交的证据,可以认定 2003 年 9 月 7 日蒙特利公司出运货物 1 票,货值为 104 355.60 美元,9 月 16 日蒙特利公司出运货物两票,货值分别为 15 552 美元和 8988 美元,9 月 21 日蒙特利公司出运货物 1 票,货值为 75 079.60 美元,9 月 25 日蒙特利公司出运货物两票,货值分别为 18 399 美元和 50 425.20 美元。以上 6 票货物的承运人均为成一海运,该 6 票货物均未签发正本提单。货物运抵目的港后,成一海运将该 6 票货物交付给三山会社。据刘莉讲,蒙特利公司委托成一海运承运的 8 票货物均是由伊康公司的报关员陈刚办理的。正常操作程序是陈刚到威海外运公司订舱,然后到海关、外管部门办理报关单和核销单。成一海运威海办事处根据陈刚提供的报关委托、核销单、箱单、发票以及下货纸,向其开具正本提单。只有出具成一海运的正本提单,蒙特利公司才能议付信用证的款项。但是后 6 票货物陈刚没有要求出具正本提单,因此,这 6 票货物运至目的港后,根据陈刚的电话指示,成一海运直接将以上货物交付给收货人三山会社。由于陈刚未将电放申请交给成一海运威海办事处,该办事处的业务员事后自己补办了电放申请。蒙特利公司在一审庭审中未提交该 6 票货物的提单副本或提单复印件,也未提交未经书面通知不得放货的证明材料。

蒙特利公司在一审庭审中未提交关于税金损失以及取证费用的相关证据,也未就该增加的诉讼请求交纳相应的诉讼费用。

二、一审裁判

青岛海事法院认为,本案系因海上货物运输合同产生的纠纷,威海为起运港,因此青岛海事法院对本案有管辖权。各方当事人均要求适用中国法律,因此中国法律为本案的准据法。

本案中,自 2003 年 8 月 24 日起,蒙特利公司委托成一海运承运了 8 票货物,装港中国威海,目的港韩国仁川。成一海运接受蒙特利公司的委托并承运货物后,双方之间构成海上货物运输合同关系。蒙特利公司是托运人,成一海运是承运人。双方均应依照合同的约定享有权利、履行义务。蒙特利公司诉请的 8 票货物的损失应否得到支持,应区别成一海运是否签发正本提单来确定。

1. 已签发正本提单的两票货物

编号为 WDFCGBT05181702、WDFCGBT05211710 的两票提单项下的货物,成一海

运接受蒙特利公司的委托后,向其签发正本指示提单。根据指示提单的性质,成一海运应当按照提单载明的指示人的指示,向正本提单持有人交付货物。

本案中,上述两票货物运抵提单载明的目的港仁川后,三山会社在未取得正本提单的情况下,即从成一海运处取得货物,并将货物转运至美国。成一海运的上述不凭正本提单放货的行为使得蒙特利公司丧失了凭正本提单要求三山会社议付货款的权利。因此成一海运应当赔偿蒙特利公司因此而遭受的货款损失 576 039.60 美元。成一海运在放货后,虽然又将转运至美国的部分货物退运回韩国并要求蒙特利公司前往提取,但该行为只是成一海运为避免其遭遇索赔而采取的补救措施,该措施的实施不改变其无单放货行为的性质,也不能免除其因先前实施无单放货行为而应当承担的赔偿责任。

成一海运在将运至美国的部分货物退运回韩国后通知蒙特利公司前往提取货物,蒙特利公司以该货物非其所有为由拒绝提取,成一海运变卖货物后,其变卖所得货款以及货物的仓储费、拍卖费等费用,与本案无单放货纠纷非同一法律关系,因此对于上述费用的承担,本案不予审理。

2. 未签发正本提单的 6 票货物

从蒙特利公司提交的证据看,自 2003 年 9 月 7 日起,蒙特利公司共委托成一海运承运货物 6 票。就该 6 票货物,成一海运未向蒙特利公司签发正本提单。蒙特利公司在订舱时是否列明收货人、在货物运抵目的港后是否须凭蒙特利公司的书面指示交付货物,蒙特利公司没有证据加以证明。

蒙特利公司将货物交由成一海运承运后,货物所有权转移至买方三山会社,在蒙特利公司既不持有正本提单,又不能提交非凭其指示不得放货的证据的情况下,成一海运在目的港将货物交付给三山会社,不构成对蒙特利公司的违约。因此蒙特利公司要求成一海运承担该 6 票货款损失的诉讼请求证据不足,不予支持。

蒙特利公司主张以上 8 票货物的税金损失人民币 809 853.22 元以及取证费用 2 500 美元的诉讼请求,因未交纳相应的诉讼费用,且未提交相应的证据加以证明,不予支持。

蒙特利公司诉请的第一票货物抵达目的港的时间是 2003 年 8 月 25 日,蒙特利公司起诉的时间是 2004 年 8 月 23 日,因此蒙特利公司的起诉未超过诉讼时效。成一海运关于蒙特利公司的诉讼请求超过诉讼时效的抗辩,不予支持。

综上,成一海运应当承担因无单放货而给蒙特利公司造成的货款损失 576 039.60 美元,以及自 2003 年 9 月 2 日起的银行同期贷款利息。蒙特利公司的其他诉讼请求,证据不足,应予驳回。

成一海运威海办事处既不是实施无单放货行为的主体,又不具有依法独立承担民事责任的主体资格,因此不应作为民事主体承担本案的赔偿责任。依照《中华人民共和国民法通则》第 106 条、《中华人民共和国海商法》第 71 条的规定,判决:

(1)成一海运支付蒙特利公司 576 039.60 美元,加自 2003 年 9 月 2 日起至判决确

定的付款之日止的银行同期贷款利息,于判决生效之日起 10 日内付清;

(2) 驳回蒙特利公司对成一海运的其他诉讼请求;

(3) 驳回蒙特利公司对成一海运威海办事处的诉讼请求。

案件受理费人民币 55 248 元,由蒙特利公司负担 17 813 元,成一海运负担 37 615 元。

三、上诉与答辩

上诉人成一海运不服原审判决,向山东省高级人民法院提起上诉称:成一海运不存在无正本提单放货的行为。蒙特利公司没有其曾经在所述时间前往韩国查询和提取货物的证据。成一海运提交的证据能够证明,WDFCGBT05181702、WDFCG-BT05211710 两票提单项下的货物运抵仁川港后,被保存进格林仓库,后又从格林仓库分别转入国际仓库和三美仓库且保存,货物并没有被交付收货人。韩国 OMIC 海外海事货物检验公司以及三山会社的证明材料证实,现存在目的港的货物正是该两票货物。蒙特利公司承认存放在仁川仓库中的货物与本案所涉货物型号、规格相同,但否认是本案所涉货物,却未提出任何理由和证据。

原审判决据以认定成一海运存在无正本提单放货行为的依据并不成立。关于韩国三山会社的传真声明,因威海市公安局调查取证是违反规定的越权行为,违反了法定程序,且未办理相关公证和认证手续,所以不具备合法性。该份材料中所涉及的托运人为伊康公司,并不能确定该份证据与本案的关联性。该份证据证明,即使货物被运往了美国,也是蒙特利公司与三山会社协商达成的结果,且蒙特利公司也同意等货物质量没有问题后再支付货款;涉案货物的部分货款已由三山会社支付给了蒙特利公司;货物即使被运到美国,三山会社也始终没有得到货物的所有权和控制权,货物一直处于成一海运的控制之下,且在各方协商未能达成一致的情况下,成一海运又将货物回运至韩国仁川。首尔海关进口货物/通关情况表显示,货物在仁川港完成了通关和出库许可,但并没有证明货物已经交付给收货人,也更没有证明货物又被转运至美国。

即使本案货物曾被转运至美国,但在货物被运回韩国仁川港后,成一海运也无需赔偿蒙特利公司货款损失。根据《中华人民共和国海商法》第 71 条之规定,提单是承运人据以交付货物的单证,即是一种物权凭证,因此蒙特利公司基于提单所享有的权利仅限于货物本身,而不是索要货款。蒙特利公司未能收回货款是因单证不符而遭到开证行的拒付。货物仍在目的港的情况下,并不妨害提单持有人基于信用证结算货款。青岛海事法院认为,成一海运无正本提单放货的行为,侵犯了蒙特利公司凭正本提单要求三山会社议付货款的权利,没有法律依据。成一海运在发现买卖双方贸易纠纷发生后,及时将货物回运韩国仁川,这一补救措施符合《中华人民共和国合同法》第 107 条的规定,且有效地维护了蒙特利公司的货权。当成一海运将货物回运韩国后,其对违约损失的预见范围至多是货物转运美国期间给提单持有人造成一定的费用或其他经济损失,不可能包括货物本身的灭失。成一海运曾多次催促蒙特利公司提取货物,而蒙特利公司均置之不理,也未将提单继续流转以获取货物价款并拒绝处置货物,没有将货物转卖以获取价款的意思表示,想借此将其贸易失败的风险完全转嫁到承运人身上。

蒙特利公司部分诉讼请求已超过了法定的诉讼时效。本案两票提单所涉货物到港时间为8月25日和9月1日,第二天即处于可以交付的状态,蒙特利公司理应在2004年9月2日之前向成一海运提起诉讼,但该公司诉状落款时间为9月6日,已经超过了诉讼时效。成一海运请求:撤销原审判决第一项,驳回蒙特利公司对成一海运的诉讼请求。

被上诉人蒙特利公司辩称:蒙特利公司提交的证据能够证实成一海运有无单放货的行为。WDFCGBT05181702、WDFCGBT05211710两票提单项下的货物在韩国通关并被移出了格林仓库,成一海运不能办理通关手续,只有三山会社才能办理;成一海运向蒙特利公司邮寄的货物照片,以及三山会社向威海市公安局出具的材料,也能证明三山会社已经将货物提出;三山会社称货物被转运到美国,后因质量问题又返回到韩国,可见三山会社对两票货物的所有权是完全的,并非一直由成一海运控制。

本案所涉两票货物是场站到场站运输,应整箱交付。三山会社在威海共订购了价值3000万元的货物,因此存放于国际仓库和三美仓库的货物为毛衫这一事实并不能证明上述货物为蒙特利公司出口的货物。成一海运未证明韩国OMIC海外海事货物检验公司这一主体存在。

关于诉讼时效,当时蒙特利公司向青岛海事法院提起了两个诉讼,因笔误和装订有误致使本案诉状落款时间有误。蒙特利公司预交诉讼费的时间在诉讼时效期间之内,因此成一海运关于诉讼时效的上诉理由不成立。蒙特利公司请求维持原判决。

原审被告成一海运威海办事处称:同意上诉人成一海运的意见。

四、二审裁判

山东省高级人民法院经审理查明:蒙特利公司在二审期间提交的证据有:中国农业银行威海分行于2004年2月11日和2月16日给成一海运的函,要求将货物退回威海港,交给发货人,见货后支付运费;2月16日的函还称:"今日接到贵司电话,说有57万美元的货在港口,这话没有什么说服力。"成一海运对上述函件形式上的真实性没有异议,但认为中国农业银行威海分行无权向其主张权利;上述函的内容证明当时蒙特利公司未持有提单,不可能持提单前往目的港提取货物;蒙特利公司无权要求在装货港交付货物;2月16日的函能够证明成一海运曾经要求中国农业银行威海分行提货。山东省高级人民法院认为,对上述证据的真实性应予确认。2月16日函的内容不能证明在该日成一海运曾经要求蒙特利公司或中国农业银行威海分行提货。

蒙特利公司还提交一份落款为2004年4月8日的向成一海运索赔的律师函,成一海运否认曾收到该函。

WDFCGBT05181702、WDFCGBT05211710两票提单项下货物,被转运至美国后被退运回韩国,存放于仁川港的国际仓库和三美仓库。

成一海运未举证证明蒙特利公司收到本案所涉两票提单项下货物的货款。

青岛海事法院收取预交案件受理费单据显示,单据填制日期为2004年8月24日,收款银行印章上的日期为8月25日,因此可以认定蒙特利公司提起诉讼的时间为2004年8月24日之前。

山东省高级人民法院查明的其他事实与青岛海事法院认定的事实相同。

山东省高级人民法院认为:本案为海上货物运输合同纠纷,因成一海运系韩国企业,因此各方当事人间形成涉外民事法律关系。各方当事人均选择适用中华人民共和国法律,因此山东省高级人民法院确定以中华人民共和国法律为处理本案的准据法。

蒙特利公司提交的证据能够证实成一海运在将货物运至韩国目的港后放给了三山会社。三山会社向威海市公安局提交的书面声明,证实WDFCGBT05181702、WDFCGBT05211710两票货物在从威海运至韩国后,成一海运在未收回正本提单的情况下,将货物交付给三山会社,然后转运至美国。该书证为三山会社提交给威海市公安局并由青岛海事法院调取的,能够与韩国首尔海关进口货物/通关情况表的记载相互印证,可以作为证据使用。上述证据证明成一海运将货物放给了三山会社。

成一海运为证实货物从威海运抵仁川后一直在格林仓库存放直到移入国际仓库和三美仓库,提交了格林仓库出具的编号为GREEN-20041107和GREEN-20041107-1的入库货物证明书。该两份证明书称,货物2003年8月25日和9月1日入库,2004年3月4日和3月22日出库。山东省高级人民法院认为,成一海运将变卖货物的余款扣除了货物在目的港产生的费用后提交给青岛海事法院,扣除的费用中并不含有格林仓库的仓储保管费,以此可以推定格林仓库未收取仓储保管费。格林仓库的入库货物证明书的内容与格林仓库未收取仓储保管费这一事实相矛盾,且该证明没有原始仓储资料记载支持,故对其证明力山东省高级人民法院不予确认。成一海运关于货物一直存放在格林仓库的主张没有有效证据证实,山东省高级人民法院不予认定。

关于存放于仁川港国际仓库、三美仓库的货物是否为蒙特利公司出口的货物。三山会社向威海市公安局提交的书面声明称货物从美国退运回韩国,蒙特利公司在一审庭审中对三山会社向威海市公安局提交的货物情况予以认可,对三山会社将货物由美国退运回韩国的事实也予以认可,因此应认定货物被从美国退运回韩国。三山会社于2005年8月25日出具的证明材料称,存放于韩国仁川港国际仓库、三美仓库的20 871箱女士毛衫与该公司和蒙特利公司之间订立的WMCC0223号销售合同项下的货物系同一批货物。对于该事项,蒙特利公司未举出相反证据,且赴仁川港验货后未能提出存放于国际仓库、三美仓库中的货物与其出口的货物有何不同,应认定存放于仁川港上述仓库的20 871箱女士毛衫是本案所涉两票提单项下的货物。

蒙特利公司起诉成一海运要求赔偿本案所涉两票提单项下货物损失,因上述货物现已被变卖,蒙特利公司的损失应为发票显示的货物价格576 039.60美元减去货物变卖后汇入法院指定账户的39 985.77美元,合计536 053.83美元。

就蒙特利公司上述损失的产生,该公司和成一海运均有过错。上述两票货物运抵目的港仁川后,成一海运在未收回提单的情况下,将货物交与不持有提单的三山会社,货物被转运至美国,成一海运的上述不凭正本提单放货的行为违反了《中华人民共和国海商法》第71条规定的承运人据单交货的法定义务,是产生上述损失的主要原因,成一海运应承担主要责任。蒙特利公司持有提单,但在2004年4月成一海运要求其提取货物后仍不提取,致使货物价值继续减少,仓储费继续产生,损失继续扩大,未能尽到《中华人民共和国合同法》第119条规定的采取适当措施防止损失的扩大的义务,是产生上述损失的次要原因,蒙特利公司应承担次要责任。根据双方过错大小和各自行为与损失之间的因果关系,对蒙特利公司的损失以由成一海运承担70%,蒙特利公司自行承担30%为宜。原审判决以成一海运无单放货使得蒙特利公司丧失了凭正本提单要求三山会社议付货款的权利为由判令成一海运赔偿蒙特利公司全部货款损失,未认定蒙特利公司的过错和其过错与其部分损失之间的因果关系,适用法律欠当,应予变更。综上,除成一海运已交与青岛海事法院的39 985.77美元外,成一海运还应支付蒙特利公司375 237.68美元。

蒙特利公司诉请的第一票货物抵达目的港的时间是2003年8月25日,蒙特利公司起诉的时间是2004年8月24日之前,因此蒙特利公司的起诉未超过从自成一海运交付或者应当交付之日起1年的诉讼时效期间。成一海运关于蒙特利公司的诉讼请求超过诉讼时效的上诉理由不成立,山东省高级人民法院不予支持。

上诉人成一海运的上诉理由部分成立。蒙特利公司和成一海运对本案损失的发生均有过错,应承担相应责任,原审判决应予相应变更。依照《中华人民共和国民事诉讼法》第153条第1款第(二)项和第(三)项之规定,判决如下:

(1)维持青岛海事法院(2004)青海法威海商初字第92号民事判决第二项和第三项;

(2)变更青岛海事法院(2004)青海法威海商初字第92号民事判决第一项为:韩国成一海运航空株式会社支付文登市蒙特利色织有限公司375 237.68美元及利息损失(利息自2003年9月2日起按照中国人民银行公布的同期银行流动资金贷款利率计算至判决确定的付款之日止),于判决生效之日起10日内付清。

如果未按判决指定的期间履行给付金钱义务,应当依照《中华人民共和国民事诉讼法》第232条之规定加倍支付迟延履行期间的债务利息。

一、二审案件受理费人民币110 496元,由文登市蒙特利色织有限公司负担61 650元,韩国成一海运航空株式会社负担48 846元。

本判决为终审判决。

104 上诉人A.P.穆勒—马士基有限公司与被上诉人山东潍柴进出口有限公司无正本提单放货纠纷案

案例来源:山东省高级人民法院(2008)鲁民四终字第40号
主题词:格式条款　CY-CY运输方式　无单放货

裁判要旨

No. HY-1.4-44 提单记载运输方式是集装箱堆场至集装箱堆场（CY-CY）的，如果承运人对集装箱进行了拆箱处理，且不能说明货物的目前状况，也不能提供货物存放在何处的证据，应当推定承运人已在未收回正本提单的情况下放货，承运人应当承担无单放货给托运人造成的损失。

一、基本案情

上诉人（原审被告）：A.P.穆勒-马士基有限公司（A.P. MOLLER—MAERSKA/S,以下简称马士基公司）

被上诉人（原审原告）：山东潍柴进出口有限公司（以下简称潍柴进出口公司）

原审被告：马士基（中国）航运有限公司（以下简称马士基中国公司）

青岛海事法院认定，2005 年 12 月 20 日潍柴进出口公司作为卖方与多米尼加共和国的佛瑞特瑞亚阿尔戴油（FERRETERIAALDEDIDR）达成 16 台柴油发电机组及配件的买卖合同，柴油发电机组的单价为 12 158 美元，合计 194 528 美元，配件的价格为 6 424 美元，总计 200 952 美元。双方同时约定，20% 电汇预付，80% 见提单副本付款。

2005 年 12 月 27 日，潍柴进出口公司向青岛富海国际货运代理有限公司潍坊分公司（以下简称富海潍坊公司）发出了出口货物代运委托单，委托该公司代为办理 16 台柴油发电机组及配件的订舱事宜。同日，富海潍坊公司以入货通知的形式通知潍柴进出口公司，通知载明"箱况：GP40*2，提单号：503105148，船名/航次：SL COMET/0602，目的港：里奥海纳/RIO HAINA，场站：明港鲁艺，截港时间：2005 年 12 月 31 日"。2005 年 12 月 31 日，潍柴进出口公司的上述货物被装于箱号为 MSKU6556163/MSKU6448111 的两集装箱运至鲁艺场站。同日，潍柴进出口公司向海关申报货物出口，2006 年 1 月 1 日，海关放行货物。该货物报关单记载，经营单位与发货单位均为潍柴进出口公司，出口日期 2006 年 1 月 2 日，运输工具为 SL COMET/0602，结汇方式电汇，运抵国多米尼加共和国，境内货源地潍坊，货物名称发电机组与柴油机配件，总价分别为 194 528 美元、6 424 美元。

2006 年 1 月 2 日，马士基中国公司向潍柴进出口公司签发了抬头为马士基公司、编号为 503105148 的一式三份正式提单，提单载明，托运人为潍柴进出口公司，收货人为天达·戴克马西亚（TIENDA DECOMANIA），通知人为宙斯·罗德瑞古斯（JOSE RODRIGUEZ）先生，载运船/航次为 SL COMET/0602，载运集装箱号为 MSKU6448111/MSKU6556163，运费预付，装货港为青岛，卸货港为多米尼加里奥海纳，交付地未填写。

2006 年 1 月 10 日，潍柴进出口公司将海运费 14 400 美元、杂费 2 475 元人民币支付给青岛富海国际货运代理有限公司。

2006 年 2 月 3 日，诉争货物到达多米尼加共和国里奥海纳，货物最终于 2006 年 2

月 14 日在多米尼加共和国巴赛魁罗（BARCUILLO）被交付完毕。

另查明，潍柴进出口公司出口的发电机组购自潍坊柴油机厂动力成套设备分厂，未含税金额为人民币 1 221 196.58 元。潍柴进出口公司出口的配件购自潍坊潍柴道依茨油机有限公司，未含税金额为人民币 30 755.35 元。根据我国国家税务局《出口货物退（免）税管理办法》的规定，潍柴进出口公司可得的出口退税为人民币 163 983.97 元。另根据潍柴进出口公司陈述，其收到货物买方支付的部分货款 28 000 美元。

2006 年 2 月 14 日，中国人民银行公布的美元与人民币外汇牌价汇率为 1 美元兑换 8.0477 人民币。

马士基中国公司的经营范围为：为马士基公司拥有或经营的船舶从事揽货、订舱、签发提单、结算运费和签订有关业务合同。

二、一审裁判

青岛海事法院认为，本案为涉外海上货物运输合同无正本提单放货纠纷。在诉讼期间，马士基中国公司提出管辖异议，该院裁定驳回，后马士基中国公司上诉，山东省高级人民法院裁定驳回上诉，因此青岛海事法院认为应当适用中华人民共和国法律处理本案争议。

关于潍柴进出口公司与两被上诉人之间的法律关系。潍柴进出口公司通过其货运代理人青岛富海国际货运代理有限公司向马士基中国公司订舱，马士基中国公司接受了潍柴进出口公司的订舱并作为代理人签发了马士基公司的提单，马士基公司对马士基中国公司的代理行为予以认可，并且马士基中国公司的营业执照明确记载其经营范围为马士基公司拥有或经营的船舶从事揽货、订舱、签发提单、结算运费和签订有关业务合同，潍柴进出口公司与马士基公司依法建立了海上运输合同。潍柴进出口公司为托运人，马士基公司为承运人。马士基中国公司为马士基公司的代理人，潍柴进出口公司与马士基中国公司间没有法律关系。

根据《中华人民共和国海商法》第 71 条的规定，提单是承运人据以交付货物的保证。马士基公司应当在交付货物的时候收回其正本提单，否则应当承担违约责任。

关于涉案提单项下争议的货物金额。潍柴进出口公司提交的形式发票以及报关单均记载货物的总价值为 200 952 美元，马士基公司与马士基中国公司对此没有异议。马士基公司与马士基中国公司认为，根据潍柴进出口公司提交的形式发票记载 20% 的货款预付，潍柴进出口公司应当收到 40 190.4 美元，而非 28 000 美元，但马士基公司及马士基中国公司没有提交任何证据予以证明，对该主张青岛海事法院不予支持。潍柴进出口公司自认已经收到货物买方的货款 28 000 美元，故其货款损失应为 172 952 美元。

潍柴进出口公司在诉讼请求中主张以上货款损失折合人民币 1 398 610.94 元，是以 1 美元兑换 8.0867 元人民币汇率计算。青岛海事法院认为应当以马士基公司无单放货之日的汇率来计算，应为人民币 1 391 865.81 元（172 952 美元×8.0477 汇率）。

关于潍柴进出口公司主张的退税损失。马士基公司与马士基中国公司主张潍柴进出口公司持有正本提单有权在目的港提取货物,潍柴进出口公司向承运人主张货物也就证明了贸易没有进行,买方没有购买货物,在货物没有实际销售的情况下,退税损失显然是不存在的,马士基公司主张于法有据。同时青岛海事法院认为,出口退税是国家对货物出口人的税收优惠,与马士基公司的无正本提单放货行为没有直接因果关系。所以对于原告主张的退税损失,青岛海事法院未予支持。

依据《中华人民共和国民法通则》第106条第1款、《中华人民共和国海商法》第71条的规定判决如下:

(1) A. P. 穆勒-马士基有限公司应在本判决生效之日起十日内赔偿山东潍柴进出口有限公司经济损失1 391 865.81元及利息(自2006年2月14日起至实际支付之日止,按照中国人民银行规定的同期人民币贷款利息计算),逾期加倍支付迟延履行期间的债务利息;

(2) 驳回山东潍柴进出口有限公司对马士基(中国)航运有限公司的诉讼请求;

(3) 驳回山东潍柴进出口有限公司的其他诉讼请求。

案件受理费17 920元,诉讼保全费13 430元,由A. P. 穆勒-马士基有限公司承担31 070.2元,由山东潍柴进出口有限公司承担279.8元,该款山东潍柴进出口有限公司已预交,由A. P. 穆勒-马士基有限公司径付山东潍柴进出口有限公司。

三、上诉与答辩

上诉人马士基公司不服一审判决上诉称:

1. 一审法院认定事实有误

(1) 认定上诉人与潍柴进出口公司间存在运输合同关系不当。无论是从订舱托运单的形式,还是从海运费的支付,均表明被上诉人与青岛富海国际货运代理有限公司存在货物运输合同。

(2) 被上诉人与案外人多米尼加共和国佛瑞特瑞亚阿尔戴迪间是否存在交易的事实未予查明。

(3) 根据被上诉人自行提供的形式发票记载,20%的预付款应为40 190.4美元,而原审仅以被上诉人认可的收款28 000美元做出认定,对该事实明显认定错误。

(4) 货物是否放行未予查明。仅通过上网查询的集装箱动态不足以证明货物实际放行的事实,即便集装箱重新投入使用,并不等同于箱内货物的动态,在南美洲一些国家为避免货物抵港后无人提货造成的滞箱损失,依照当地法律将货物掏空存于安全的仓库是正常的现象。

(5) 一审法院未查明具体受损货物。上诉人运至多米尼加共和国的货物很多,明确本案所诉货物范围,不仅是确定被上诉人是否存在损失的关键,也是确定究竟损失多少的关键,但被上诉人拒绝提供货物序列号,一审法院置之不理径行作出判决。

2. 一审法院适用法律错误

(1) 一审法院适用《中华人民共和国民法通则》第 106 条第 1 款及《中华人民共和国海商法》第 71 条之规定是错误的,既然认定为海上货物运输合同纠纷,且应适用中国法律审理,应适用《中华人民共和国合同法》第 107 条及《中华人民共和国海商法》第 46 条、第 54 条、第 71 条的规定。

(2) 本案案由为"无单放货",货物交付地是提单主要义务的履行地,因此,无单放货地应认为是与提单义务的履行有最为密切的联系,应以多米尼加共和国的法律作为本案的准据法。本案为记名提单,按照多米尼加共和国法律规定,承运人交付货物前,只要发货人未有相反要求,在货物到达提单注明的目的地后,可以将货物交付给提单注明的收货人,因此按照目的港法律承运人无需出示正本提单即可放货。一审判决认定事实不清,适用法律错误,请求改判驳回被上诉人的诉讼请求。

被上诉人潍柴进出口公司辩称:上诉人与被上诉人间存在运输合同关系在一审庭审中上诉人已认可,二审予以否认,但未提供新证据,依法不应支持。上诉人承认其承运被上诉人货物的事实,且被上诉人提供了形式发票、商业发票、装箱单、报关单,足以说明被上诉人与案外人存在合同关系。对于预收货款的事实应当由上诉人进行举证证明其主张。用以证明货物被无单放货的跟踪记录在一审时当庭予以核实,上诉人没有异议,即其认可了无单放货的事实,在上诉人没有证据证明其仍持有货物的情况下,应推定货物被放行。上诉人要求具体的受损货物与本案没有必然的关联性。被上诉人违反了法定的合同义务,一审法院适用《中华人民共和国民法通则》第 106 是正确的。上诉人在一审中并未主张适用目的港法律,也未提供目的港法律,其在主张管辖异议时认为应适用英国法律,被山东省高级人民法院二审裁定驳回了该异议,一审中上诉人也依照中国法律进行了主张和抗辩,因此原审适用法律并没有错误。被上诉人要求维持原判。

原审被告马士基中国公司同意原审对其的判决,其他意见同马士基公司的上诉意见。

四、二审裁判

山东省高级人民法院经审理查明,本案提单载明货物运输方式是 CY/CY,上诉人对其已拆箱的事实予以认可,亦认可装载本案货物的集装箱已不在多米尼加共和国内的事实,但对本案所涉货物目前状况不清楚,其正在寻找涉案货物。二审庭审中上诉人认可了其与被上人之间存在运输合同关系,也认可被上诉人与案外人是否存在买卖合同与本案没有直接关系。查明其他事实同一审法院认定事实一致。

山东省高级人民法院认为,本案争议焦点主要为:一是青岛海事法院适用法律是否正确;二是上诉人是否存在无单放货的行为;三是青岛海事法院认定损失数额是否正确。

关于焦点一,青岛海事法院适用法律是否正确的问题。

山东省高级人民法院认为,本案系涉外无正本提单放货纠纷案件,在诉讼程序和实体法适用方面应按照涉外民事诉讼的有关规定办理。上诉人所签发的提单背面条款第26条虽然约定与该提单有关的所有案件应当适用英国法律并根据英国法律解释,但该条款为格式条款,提单持有人只是被动的接收提单,上诉人未予明示,该条款缺少当事人双方意思表示一致的要件,故该条款不能作为解决争议的依据。上诉人二审中主张应适用多米尼加共和国法律,但本案所涉提单签发地在中国,提单现为位于中国的被上诉人所持有,而且货物交运地在中国,因此中国与涉案争议具有实质联系,故根据《中华人民共和国民法通则》第145条第2款之规定应当适用中华人民共和国法律处理本案实体争议。上诉人无单放货构成违约,青岛海事法院适用《中华人民共和国民法通则》第106条关于违约责任的规定及《中华人民共和国海商法》第71条关于提单的规定并无不当。

关于焦点二,上诉人是否存在无单放货行为的问题。

山东省高级人民法院认为,上诉人与被上诉人之间存在海上运输合同关系,而且上诉人已向被上诉人签发了提单,证明上诉人已承运了被上诉人的货物。根据提单记载运输方式是CY CY,上诉人将货物运抵目的地后不应拆箱处理,而事实上上诉人对装载涉案货物的集装箱进行了拆箱处理,涉案集装箱已不在多米尼加共和国境内,且上诉人不能说明货物的目前状况,也不能提供出货物目前存放在何处的证据,应当推定上诉人已在未收回正本提单的情况下放货,上诉人主张不存在无单放货的理由不能成立,山东省高级人民法院不予支持。本案为无单放货纠纷,被上诉人的损失即为上诉人所承运被上诉人货物因无单放货而未能收回的货款。因此,上诉人主张原审未查明具体受损货物导致判决不当的理由不能成立。

关于焦点三,青岛海事法院认定损失数额是否正确的问题。

山东省高级人民法院认为,被上诉人提供的形式发票载明货物总价款200 952美元,预付款为20%,因此被上诉人应收预付款为40 190.4美元。作为承运人其无从知晓被上诉人实际收款情况,根据被上诉人提供的发票记载收到20%货款后45天内发货,在被上诉人已发货的情况下,应推定其已收到约定的20%的预付款,即40 190.4美元,被上诉人否认该事实应提供证据,其主张应由上诉人举证其收款的情况不符合举证规则的规定,因此上诉人主张有理,应予以支持,原审认定被上诉人收预付款28 000美元应予调整。

综上所述,被上诉人货物总价款为200 952美元,推定其已收预付款为40 190.4美元,故其货物损失应为160 761.6美元。上诉人对青岛海事法院将美元折合为人民币计算损失未提异议,按青岛海事法院以无单放货日确定兑换汇率8.0477计算,被上诉人的损失为人民币1 293 761.13(160 761.6×8.0477)元。依据《中华人民共和国民事诉讼法》第153条第1款(一)(三)项之规定,判决如下:

(1)维持青岛海事法院(2006)青海法潍海商初字第19号民事判决第二、三项。

(2)调整青岛海事法院(2006)青海法潍海商初字第19号民事判决第一项为:

格式条款・CY-CY运输方式・无单放货

A. P. 穆勒–马士基有限公司在本判决生效之日起 10 日内赔偿山东潍柴进出口有限公司经济损失人民币 1 293 761.13 元及利息(自 2006 年 2 月 14 日起至判决确定的还款之日止,按中国人民银行规定的同期人民贷款利率计算)。

如果未按本判决指定的期间履行给付金钱义务,应当依照《中华人民共和国民事诉讼法》第 232 条之规定,加倍支付迟延履行期间的债务利息。

一审案件受理费 17 920 元,诉讼保全费 13 430 元,合计 31 350 元,由山东潍柴进出口有限公司承担 6 270 元,由 A. P. 穆勒–马士基有限公司承担 25 080 元;二审案件受理费 19 040 元,由山东潍柴进出口有限公司承担 3 808 元,由 A. P. 穆勒–马士基有限公司承担 15 232 元。

本判决为终审判决。

105 上诉人大连利航国际货运代理有限公司与被上诉人高唐县佛斯特针织服装有限公司无正本提单放货纠纷案

案例来源:山东省高级人民法院(2008)鲁民四终字第 53 号
主题词:无船承运人　代理人　无单放货

裁判要旨

No. HY-1.4-45　无船承运人在未收回提单的情况下在目的港放货,造成提单持有人损失的,应对提单持有人承担赔偿责任。

No. HY-1.4-46　代理人为无船承运人向实际承运人订舱,签发和转交无船承运人提单,以及从事的其他代理行为,与无船承运人无单放货之间并无因果关系,其对提单持有人因无船承运人无单放货而遭受的损失不应当承担民事责任。

一、基本案情

上诉人(原审被告):大连利航国际货运代理有限公司(以下简称利航公司)
被上诉人(原审原告):高唐县佛斯特针织服装有限公司(以下简称佛斯特公司)
原审被告:百若航运有限公司(BARO SHIPPING CO., LTD.,以下简称百若公司)
原审被告:大连新大陆国际货运代理有限公司(以下简称新大陆公司)

青岛海事法院认定:2005 年 6 月,佛斯特公司作为卖方与买方韩国 L S TEXTILE 公司(以下简称 L 公司)签订了买卖合同。合同订明:货物名称棉制男士针织 T 恤衫,数量 43 560 件,数量允许浮动 5%,单价 FOB 中国港口,总金额 66 787 美元。运输时间和方式:上述货物在 2005 年 7 月 15 日之前由中国港口至韩国港口,卖方根据合同第 10 条,在本合同规定的运送时间 30 天前,在收到买方提交的信用证或预先付款后交付货物。之后,佛斯特公司与 L 公司协议延长了运输时间及信用证的有效期。

合同签订后,L 公司通知佛斯特公司找利航公司办理货物出运事宜,佛斯特公司将号码为 GTFS004、GTFS005 的发票及相应的装箱单等相关单证交予利航公司青岛办事处。

对发票号码为 GTFS004 项下的货物，利航公司青岛办事处直接向现代商船海运公司订舱，并根据现代商船海运公司提供的相关信息，制作了配舱回执单，交给了佛斯特公司。配舱回执单载明：装货港中国青岛，卸货港韩国釜山，柜型拼箱货，船名 HYUNDAI PRIMORSKIY，航次 568E，提单号 HDMUQIBS9305412B，开船时间 2005 年 8 月 14 日，最晚入货时间 8 月 13 日下午 17：00 之前，场站明港外运。佛斯特公司根据配舱回执单的要求，将相关货物送入指定的场站。

佛斯特公司得到了号码为 HDMUQIBS9305412B 的提单，提单记载：托运人为佛斯特公司，收货人凭 JEJU 银行指示，通知方为 L 公司，船名 HYUNDAI PRIMORSKIY，航次 568E，装货港中国青岛，卸货港韩国釜山，货物为棉制男士针织 T 恤衫 MTH-5600 白色、件数 413 箱，总重 4 543 公斤，尺码 29 立方米，运费到付，装船时间为 2005 年 9 月 8 日，签发地点青岛。承运人为百若公司，签单处的印章表明 Y. M. Park 代表百若公司签发该提单。

该批货物的实际承运人为现代商船海运公司，其提单记载提单号为 QIB89305412；托运人百若公司，地址中国青岛市香港中路 36 号招银大厦 807 室，邮编 266071，电话 85762723，传真 85767490；收货人百若公司，电话 0082—23226610，传真 0082—23228898；通知方百若公司，电话 0082—23226610，传真 0082—23228898；船名、航次、装货港、卸货港与百若公司的号码为 HDMUQIBS9305412B 的提单记载相同。

对发票号码为 GTFS005 项下的货物，佛斯特公司得到了号码为 TA06TS85T01B 的提单，提单记载：托运人为佛斯特公司，收货人凭 JEJU 银行指示，通知方为 L 公司，船名中国之星，航次 E67，装货港中国青岛，卸货港韩国釜山，货物为棉制男士针织 T 恤衫 MTH-5600 彩色、件数 293 箱，总重 3 223 公斤，尺码 19.3 立方米，装船时间为 2005 年 8 月 29 日，签发地点青岛。承运人为百若公司，签单处的印章亦表明 Y. M. Park 代表百若公司来签发提单。

该批货物的实际承运人为韩进海运公司，其在提单中记载：提单号 TA06TS85T01，托运人百若公司，地址青岛市香港中路 36 号招银大厦 807 室，邮编 266071，收货人百若公司，电话 0082—23226610，传真 0082—23228898，通知方同收货人。船名、航次、装货港、卸货港与百若公司的号码为 TA06TS85T01B 的提单记载相同。

货物出运后，利航公司就上述两票货物向佛斯特公司收取港杂费、CFS 费、场站费、签单费、代理费、报关费，并指示佛斯特公司将有关费用汇给了新大陆公司，新大陆公司向佛斯特公司开具了发票。其中每票货物的签单费为人民币 100 元。

2005 年 11 月，佛斯特公司针对号码为 TA06TS85T01B 的提单，出具了一份保函。佛斯特公司声称该份保函提交给了利航公司青岛办事处，现该份证据为百若公司所持有。该保函载明如下内容：提单号 TA06TS85T01B，船名中国之星，航次 E67，签单时间 2005 年 8 月 29 日，此票货物我司于 2005 年 11 月 18 日要求百若公司将提单签出，签单时间如上所述。但由于距离开船日期较长，故由此产生的不能正常结汇及货权问题概由我司自己承担，与百若公司无关。"

佛斯特公司持有 TA06TS85T01B 和 HDMUQIBS9305412B 全套正本提单，未从其收货人处收回货款。根据佛斯特公司提交的出口货物报关单，涉案两票货物的价值为 41 346 美元。

对 HDMUQIBS9305412B 提单项下的货物，百若公司在庭审过程中承认已经交付他人；而对 TA06TS85T01B 提单项下的货物，各被告均未说明货物的具体下落。

另查明，百若公司未在青岛工商行政管理部门设立合法的办事机构，亦未在我国交通主管部门办理无船承运人登记和提单登记。

佛斯特公司为进行诉讼，支付律师费人民币 20 000 元。

青岛海事法院还查明，百若公司两票提单签发地点为青岛，是由利航公司青岛办事处交给佛斯特公司的。

二、一审裁判

青岛海事法院认为：本案是一起因海上货物运输合同产生的纠纷，涉案货物的始发港为青岛，该院对本案有管辖权。根据最密切联系原则，本案适用中国法律为审理本案的准据法。

1. 佛斯特公司与百若公司的法律关系

百若公司向佛斯特公司签发了号码为 TA06TS85T01B 和 HDMUQIBS9305412B 的提单。《中华人民共和国海商法》第 71 条规定"提单，是指用以证明海上货物运输合同和货物已经由承运人接收或者装船，以及承运人保证据以交付货物的单证。提单中载明的向记名人交付货物，或者按照指示人的指示交付货物，或者向提单持有人交付货物的条款，构成承运人据以交付货物的保证"，根据该条的规定，佛斯特公司与百若公司之间存在海上货物运输合同关系，佛斯特公司是托运人，百若公司是承运人，双方应依提单的约定和法律规定享有权利并履行义务。

2. 利航公司的法律地位

利航公司主张其仅仅是佛斯特公司的代办报关手续、代为缴纳港杂费的操作代理人，这一主张不能成立。对于提单号码为 HDMUQIBS9305412B 项下的货物，利航公司在第一次庭审中承认从佛斯特公司处获得订舱信息后，直接找现代商船海运公司订舱。如果利航公司仅为佛斯特公司的代办报关手续代为缴纳港杂费的操作代理人，这一业务不可能由其进行，而应作为承运人的百若公司来进行。利航公司向实际承运人现代商船海运公司订舱，现代商船海运公司签发提单的托运人记载为百若公司，但是地址、电话、传真却与利航公司青岛办事处相同，而百若公司在青岛并无办事机构。上述两点说明，利航公司是以百若公司的名义向现代商船海运公司订舱。对于提单号码为 TA06TS85T01B 项下的货物，尽管百若公司试图证明其直接向韩进海运公司订舱，而非通过利航公司，但是韩进海运公司的提单中对于托运人的记载与现代商船海运公司的提单记载基本一致,即百若公司的地址即为利航公司青岛办事处的地址,同样能够表明,该票货物与提单号码为 HDMUQIBS9305412B 项下的货物的订舱方式一致,亦是利航公司以百若公司的名义向实际承运人订舱。

百若公司在青岛并无办事机构,涉案的百若公司提单却在青岛签发并由利航公司青岛办事处转交给佛斯特公司,利航公司也收取了签单费,由此足以认定,利航公司还为百若公司签发涉案的提单。

3. 关于放货的事实

对 HDMUQIBS9305412B 提单项下的货物,百若公司在庭审中承认已经交付他人,构成自认。对 TA06TS85T01B 提单项下的货物,百若公司声称不清楚货物的下落。根据最高人民法院《关于民事诉讼证据的若干规定》第 5 条的规定,在合同纠纷案件中,对合同是否履行发生争议的,由负有履行义务的当事人承担举证责任。百若公司作为提单载明的承运人,负有将货物运至目的港并凭正本提单完成交付的义务,其应当举证证明其是否已经正当履行了运输合同项下的义务。但其不能举证,应承担举证不能的不利后果。而且,佛斯特公司主张"货物已被他人提取",但百若公司对此既不承认,也不否认,根据最高人民法院《关于民事诉讼证据的若干规定》第 8 条的规定"对一方当事人陈述的事实,另一方当事人既未表示承认也未否认,经审判人员充分说明并询问后,其仍不明确表示肯定或者否定的,视为对该项事实的承认"。综合上述分析,可以认定,涉案两票货物均被百若公司无单放货。

4. 关于新大陆公司的法律地位

佛斯特公司根据利航公司的指示向新大陆公司支付了运输费用,新大陆公司据此给佛斯特公司开具了发票。除此之外,没有证据显示新大陆公司接受百若公司委托或以百若公司名义实际参与过涉案运输。

5. 关于货物的货值

涉案两票货物的出口报关单记载的货物品名、件数、重量等与相应的提单记载一致,货物价值分别为 17 228.40 美元、24 117.60 美元,合计 41 346.00 美元。

佛斯特公司与百若公司之间是海上货物运输合同关系,货物被运至目的港后,百若公司将货物无单放货。根据《中华人民共和国海商法》第 71 条及第 78 条的规定,百若公司作为承运人,负有凭正本提单放货的义务。在佛斯特公司持有两票货物全套正本提单的情况下,百若公司应承担无正本提单放货的责任。至于佛斯特公司就 TA06TS85T01B 提单签发问题出具的保函,因该保函的内容并不能表明提单仅具有结汇功能而不具有物权凭证的功能,亦并不能构成佛斯特公司对于电放货物的指示或者追认,所以,百若公司所谓出具该保函则视为佛斯特公司放弃向承运人要求赔偿的权利的主张不成立。

《中华人民共和国国际海运条例》第 7 条规定:"经营无船承运业务,应当向国务院交通主管部门办理提单登记,并交纳保证金。在中国境内经营无船承运业务,应当在中国境内依法设立企业法人。"第 26 条规定:"未依照本条例的规定办理提单登记并交纳保证金的,不得经营无船承运业务。"百若公司不是在中国境内依法设立的企业法人,未按照《中华人民共和国海运条例》的规定在交通主管部门办理提单登记手续,未按规定缴纳保证金。因此,百若公司不具备在中国从事无船承运业务的资质,其从事涉案运输属违法行为。利航公司作为从事货运业务的专业公司,应当知道代理没有相应经营资质的百若公司从事订舱、签发提单等行为是违法行为,而仍然进行该代理行为。《中华人民共和国民法通则》第67条规定:"代理人知道被委托代理的事项违法仍然进行代理活动的,或者被代理人知道代理人的代理行为违法不表示反对的,由被代理人和代理人负连带责任。"根据该规定,利航公司应当与百若公司对佛斯特公司承担连带责任。

新大陆公司既未从事本案货物的运输,又未从事涉案货物运输的代理业务,尽管其代开发票的行为,违反了《中华人民共和国发票管理办法》及其实施细则等部门规章的规定,应当受到行政处罚,但并不因此对佛斯特公司承担民事责任。因此,对佛斯特公司要求新大陆公司与其他被告承担连带责任的主张,不予支持。

佛斯特公司主张货款41 346.00美元的损失,予以支持;其主张货款的利息损失,被告应予以赔偿。提单记载,两票货物分别于2005年8月29日和2005年9月8日装船,佛斯特公司主张自2005年10月8日起计算利息是适当的,予以支持。

关于佛斯特公司为本案诉讼支出的律师费20 000元的赔偿请求,该费用是合理支出的,对佛斯特公司的该项主张应予支持。

依照《中华人民共和国民事诉讼法》第64条、《中华人民共和国海商法》第71条、第78条,《中华人民共和国民法通则》第67、106条之规定,判决:

(1) 百若公司于判决生效之日起10日内给付佛斯特公司41 346.00美元、人民币20 000元以及上述款项自2005年10月8日起至判决确定支付之日止的同期银行贷款利息,逾期则加倍支付迟延履行期间的债务利息;

(2) 利航公司对上述给付承担连带责任;

(3) 驳回佛斯特公司对大连新大陆国际货运代理有限公司的诉讼请求。

案件受理费人民币7 472元,由百若公司和利航公司承担。

三、上诉与答辩

上诉人利航公司不服原审判决,向山东省高级人民法院提起上诉称:

1. 原审判决对利航公司的法律地位认定错误

(1) 原审判决推定利航公司"系以百若公司的名义向现代商船海运公司订舱",既不符合业务流程也无任何证据支持。利航公司作为佛斯特公司的货运代理人履行的业务仅限于代办理出口报关手续、为货物装船传递有关单证和信息及缴纳港口费用等,不可能进行具有订立运输合同性质的订舱操作和签发提单等业务,实际实施订舱的是百若公司而非上诉人利航公司。至于配舱回执系履行货运代理人义务的正常业务操作,功能仅是通知而已,不能以此推论上诉人进行了订舱。

（2）原审判决仅凭百若公司在青岛无办事处，提单在青岛签发就认定是利航公司签发的涉案提单，明显没有道理。

（3）根据佛斯特出具的保函，其已经放弃向承运人百若公司要求赔偿的权利。

2. 原审判决认定利航公司同百若公司承担连带赔偿责任属适用法律错误

（1）没有证据表明利航公司参与无单放货，放货的行为是百若公司自己实施的，是在利航公司已经履行完代理业务后发生的另一行为。该行为和利航公司所实施的代理行为并没有任何必然的联系。提单形式是否违法也不必然导致无单放货行为的发生。

（2）佛斯特公司与韩国买方之间在此之前已经有多次贸易往来，所使用的承运人和接受的提单都是相同的，百若公司签发的提单佛斯特公司是认可并接受的。

（3）利航公司从未以百若公司的名义签发涉案提单，并不是百若公司的代理，因此根本不存在"明知代理事项违法仍进行代理活动"，没有适用《中华人民共和国民法通则》第67条的前提条件。佛斯特公司如果其不认可该承运人，完全可以拒绝交货。

（4）原审判决判令百若公司承担无单放货责任的同时，又要求上诉人利航公司承担违法签单的责任，否认了该提单的合法性，是自相矛盾的。另外，律师费不属于诉讼必须费用，原审判决支持佛斯特公司该项诉讼请求，没有法律依据。利航公司请求撤销原审判决，改判驳回佛斯特公司的诉讼请求。

被上诉人辩称：

（1）利航公司是百若公司的代理人。百若公司是无船承运人，为完成运输须向实际承运人订舱。一审中，利航公司已经确认其直接找实际承运人订舱的事实。百若公司在青岛的联系地址、电话和传真，与利航公司的一致。利航公司还为百若公司签发并交付了涉案提单，收取了签单费。

（2）佛斯特公司出具的保函只能说明该公司要求签发提单的时间距离船舶开航时间较长，佛斯特公司对因此引发的问题作出保证。原审判决对于保函的事实认定是正确的。

（3）百若公司从事的涉案运输属违法运输，给佛斯特公司造成了损失。利航公司代理百若公司实施了订舱、签发和交付了涉案提单、办理了入货、堆存、集港、收取费用的工作，使百若公司的违法运输业务得以完成，原审判决判令利航公司承担连带赔偿责任依据充分。原审判决应予维持。

原审被告百若公司和原审被告大连新大陆国际货运代理有限公司未向山东省高级人民法院提交意见。

四、二审裁判

山东省高级人民法院二审查明的事实与原审判决认定的事实相同。

山东省高级人民法院认为：百若公司为涉案货物的无船承运人，在未收回提单的情况下在目的港放货，造成了提单持有人佛斯特公司的损失，应对佛斯特公司承担赔偿责任。利航公司为百若公司向实际承运人订舱,签发和转交百若公司提单,以及从事的其他代理行为,与无船承运人百若公司无单放货之间并无因果关系,其对佛斯特公司因百若公司无单放货而遭受的损失不应承担民事责任。利航公司关于其不应与百若公司承担连带责任的上诉理由成立,山东省高级人民法院予以支持。原审判决认定事实基本清楚,但就利航公司责任承担问题适用法律不当,应予纠正。依照《中华人民共和国民事诉讼法》第153条第1款第(二)项之规定,判决如下:

(1)维持青岛海事法院(2006)青海法海商初字第21号民事判决第一项和第三项;

(2)撤销青岛海事法院(2006)青海法海商初字第21号民事判决第二项;

(3)驳回高唐县佛斯特针织服装有限公司对大连利航国际货运代理有限公司的诉讼请求。

一审案件受理费7 472元,由百若航运公司承担;二审案件受理费5 828元由高唐县佛斯特针织服装有限公司承担。

本判决为终审判决。

106 上诉人上海进航船务有限公司与被上诉人中土畜东方进出口有限责任公司海上货物运输合同无单放货纠纷案

案例来源:山东省高级人民法院(2008)鲁民四终字第122号
主题词:集装箱货物交付条件　代理签单活动　因果关系

> **裁判要旨**
>
> **No. HY-1.4-47**　基于集装箱运输货物的规定,箱体完好,铅封完好,是集装箱货物交付的条件。因承运人无法证明其在卸货港无人提取货物的情况下行使了合理卸载的权利致使集装箱空箱返运,承运人亦未说明货物其他灭失原因,推定货物已在承运人未收回提单的状况下被释放,承运人的行为构成无单放货,应当对提单持有人承担赔偿责任。

一、基本案情

上诉人(原审被告):上海进航船务有限公司(以下简称上海进航)
被上诉人(原审原告):中土畜东方进出口有限责任公司(以下简称中土畜)
原审被告:刘在久
原审被告:美商进航国际有限公司[Gramter International(U.S.A)Co. Ltd.,以下简称美商进航]
原审被告:进航国际有限公司(Gramter International Co. Ltd.,以下简称进航公司)
青岛海事法院查明,2005年12月初,中土畜由青岛港出运一批红松门侧板至美国奥克兰港,委托琴盛货运公司为其办理货物出运所需的相关手续。琴盛货运公司接受委托后,与上海进航协商,约定由上海进航承运该批货物。2005年12月21日,上海进航给琴盛货运公司发出入货通知,指示提单号为YMQUCEN0000969的货物应于12月26日17:00时前入货通关。琴盛货运公司遂根据上海进航指定的箱号及入货通知的要求,办理了货物出运的通关手续,并将中土畜的货物交给了上海进航。2005年12月29日货物装船,当日,上海进航向琴盛货运公司交付了编号为YMQUCEN0000969的一式三份正本提单,琴盛货运公司遂将全套正本提单转交中土畜。

提单载明:托运人中土畜东方进出口有限责任公司,收货人OTAN INVESTMENTS, LLC.,装运港中国青岛,卸货港美国加利福尼亚州奥克兰,运费到付;货物品名和数量显示为3×40′红松门侧板,共装3个集装箱,箱号分别为YMLU4454556/7267254、YMLU4471552/7267253、YMLU4920530/7267252;承运船名"LUO SA HE-079E",提单正面抬头印刷的运输公司的名称为"GRAMTER INTERNATIONAL(U.S.A.) CO.,LTD.";提单正面右下角签名处提单签单章上注明"Gramter International Co. Ltd.""刘在久"与"AS AGENT FOR CARRIER"字样。提单上另盖有一已装船章,注明"GRAMETER LINE""SHIPPED ON BOARD""QING DAO"字样,日签发日期为"2005年12月29日"。提单背面第3条关于转让及货物权利的条款规定:"提(接)受提单意味着货方及其受让人与货运代理人一致同意,提单构成所涉货物权利的凭证,除非其标明'不可转让'。本提单应当是货运代理人按照提单记载接管货物的初步证据。但是,在提单转让给支付了对价的第三人,而其又是善意信赖并据以行动的情况下,相反的证据不予接受。"提单背面第14条关于运费和费用的条款规定:"运费应现金全额支付,并且保护性预付运费或者到付运费应被视为货物接受即付,而不予退回或者放弃……"提单背面第20条关于管辖权的条款规定:"对货运代理人的诉讼仅可在它的主营业地所在国提起,并适用该国法律。"其中,提单背面条款关于"货运代理人"的定义为"提单正面注明的提单签发人"。

涉案货物出口报关单载明,提单号为YMQUCEN0000969的货物结汇方式电汇,成交方式FOB。货物总价值USD45288.08,货物件数72件,货物毛重62500千克。中土畜开具给收货人的商业发票所记载的货物价值与报关单的记载相一致。该票货物的装箱单中货物件数与毛重的记载亦与报关单的记载相一致。

从实际承运人阳明海运有限公司(YANG MING MARINETRANSPORT CORP.)的公开网站,依集装箱号YMLU4454556、YMLU4471553、YMLU4920530查实货动态如下:运输工具"LUO SAHE-079E"所承运之货物于2005年12月29日04:10时在青岛装船;2006年1月16日04:50时到达奥克兰,同时08:00时货物卸船;2006年1月18日13:42时运费已付。3个集装箱的货物分别于2006年1月19日13:57时、15:48时,次日07:58时交给收货人。之后,涉案集装箱全部空箱返回。

还查明,美商进航系进航公司在美国设立的子公司。上海进航青岛分公司的负责人是黄卫。美商进航青岛办事处成立于1992年8月18日,注销于2006年7月27日,首席代表刘在久,上海进航青岛分公司的负责人黄卫曾连续多年任该办事处经理。上海进航青岛分公司与美商进航青岛办事处的营业场所均为青岛市市南香港中路旗舰大厦701室。该营业场所的所有权系被告刘在久所有,由刘在久分别出租给上海进航青岛分公司与美商进航青岛办事处。

被告上海进航的企业法人营业执照所记载的公司经营范围是"船舶设备修理,无船承运业务经营(凡涉及许可经营的凭许可证经营)"。从中华人民共和国交通部网站公布的无船承运人名单,上海进航的公司英文名为"Gramter SHIPPING CO."；美商进航在中国没有无船承运人资格；其提单亦未在我国交通部备案。进航公司在我国没有设立任何分公司与办事机构。

上海进航在网上进行公司宣传时,曾写明:"上海进航船务有限公司青岛分公司(美商进航船务有限公司青岛分公司)成立于1989年11月1日,是台商投资企业。是青岛港赫赫有名的一级货运代理企业……"美商进航在网上进行公司宣传时,亦曾写明:"美商进航船务有限公司青岛分公司(上海进航船务有限公司青岛分公司)成立于1989年11月1日,是台商投资企业。是青岛港赫赫有名的一级货运代理企业……"

另查明,2005年6月1日,美商进航与上海进航在上海签订一份代理协议,该协议写明:"一、甲方(美商进航)委托乙方(上海进航)作为中国地区的货运代理人,乙方根据甲方的要求办理出运港的订舱手续。二、甲方指定的货物出运后,乙方负责及时核对提单内容以便于甲方或者甲方指定的代理邮寄全套正本提单给乙方。三、凡是甲方指定期FOB出运货,甲方须出具自己在美国FMC注册登记的提单。四、甲方负责在美国的进舱分发,现场理货,负责向海关确认舱单及仓库拆箱等目的港手续。五、指定货到达美国港口后,甲方应当凭借自己的全套正本提单向收货人交付货物,发生无正本提单放货的责任由甲方承担。六、乙方办理了中国启运港的订舱手续,顺利完成了货运代理业务后,甲方应当支付代理费给乙方,费用标准为:小柜为50美元,大柜为100美元。七、乙方自揽货出运到美国港口,则乙方应当签发自己备案的提单,甲方有权向乙方收取目的港代理费,费用标准如上。八、对于乙方的自揽货,甲方在目的港应当凭借乙方签发的全套正本提单交货给收货人,如果发生无正本提单放货,甲方应当赔偿乙方全部的经济损失。九、双方未尽事宜,本着实事求是的精神友好协商解决。十、本协议一式两份,双方各执一方。十一、有关双方费用的结算,每月双方结算日期订为次月的20日,经双方核对后,签字确认并在30日之前付清上月发生的代理费,如彼此来往金额未达USD3000时,则再顺延下月支付。十二、代埋协议合作期限为2005年6月1日至2006年12月31日,协议到期后双方无异议则顺延合作期限。两份附件:双方的提单样本。"上海进航与美商进航两个公司的空白格式提单的名称均为"GRAMTER LINE"；提单正面印刷的运输公司的名称分别为"GRAMTER SHIPPING CO.""GRAMTER INTERNATIONAL(U.S.A.) CO.,LTD.",除此点不同之外,两份提单其余部分内容均相同。

二、一审裁判

青岛海事法院认为,本案为海上货物运输合同无单放货纠纷。涉案提单为海上货物运输合同的证明。中土畜提起诉讼后,上海进航在答辩期内对本案提出管辖权异议申请,认为根据提单背面条款的规定,本案应由美国法院管辖并适用美国法律,故请求青岛海事法院将本案移送美国法院审理。经审查,青岛海事法院认为,涉案提单背面的管辖权条款规定:"对提单签发人的诉讼仅可在它的主营业地所在国提起,并适用该国法律。"本案提单签发人是进航公司,其公司住所地在中国台北,但涉案货物是由中国青岛运往美国,没有证据显示运输途中停靠过台北,因此,涉案提单关于管辖权条款的约定没有选择与争议有实际联系的地点的法律管辖,不符合《中华人民共和国民事诉讼法》第244条的规定,故青岛海事法院对该协议管辖条款不予采纳。本案出口货物运输起运港为青岛海事法院辖区内的中国青岛,上海进航与美商进航在青岛亦有办事机构,依照《中华人民共和国民事诉讼法》第38条、《中华人民共和国海事诉讼特别程序法》第6条第2款的规定,青岛海事法院依法对本案具有管辖权。为此,青岛海事法院裁定驳回了上海进航的管辖权异议。该民事裁定书送达之后,上海进航未提起上诉。

本案应适用的准据法问题:虽然涉案提单背面条款显示本案法律关系应受台湾地区法律调整,但当事人均未提供台湾地区法律的相关依据,依照《中华人民共和国海商法》第269条第(二)项的规定,在当事人的约定无法执行时,本案应适用与本案有最密切联系的国家即中华人民共和国的法律进行实体审理。

本案中,美商进航与进航公司经传票传唤,无正当理由未应诉,应视为放弃答辩和对原告提交的证据进行质证的权利。根据中土畜持有的正本提单,中土畜与美商进航存在该提单所证明的海上货物运输合同法律关系,美商进航系提单所记载的承运人,进航公司系美商进航的签单代理。

本案国际货物买卖的价格条款是FOB,然而,出口货物的租船订舱、报关报验手续事实上均由中土畜办理,货物亦由中土畜交付承运人。并且中土畜是提单上载明的托运人,也是全套正本提单持有人,故其有权向承运人索赔因无单放货而遭受的经济损失。

涉案集装箱于2006年1月19日已空箱返回,根据航运惯例和有关规定,在货物的交接方式为CY TO CY(堆场至堆场)的情况下,承运人应在装货港集装箱堆场整箱接货,负责运抵卸货港集装箱堆场整箱交货,收货人负责在卸货港集装箱堆场整箱提货和拆箱,拆箱后应将空箱于规定期限内交至承运人指定的堆场。因此,涉案集装箱空箱返回的事实,可以作为证明承运人无单放货的初步证据。并且,从实际承运人公开的网站查实涉案货物的海运费已支付,并且货物已全部交付收货人,结合涉案提单记载的运费支付方式"运费到付",足以认定涉案货物在目的港已交付收货人。因此,中土畜已尽到自己的举证责任。如果义务人认为货物在目的港无人提货,其应当提交足以反驳中土畜的证据来支持自己的主张。鉴于上海进航和刘在久并未向青岛海事法院提交任何证据证明货物在目的港无人提货,对其主张青岛海事法院不予支持。

《中华人民共和国海商法》第71条规定:"提单,是指用以证明海上货物运输合同和货物已经由承运人接收或者装船,以及承运人保证据以交付货物的单证。提单中载明的向记名人交付货物,构成承运人据以交付货物的保证。"我国法律未允许记名提单可以不凭正本提单交付货物,凭提单交货是承运人的法定义务。向记名人交付货物是承运人正确交付货物的一个必要条件,即承运人应当保证向记名收货人交付货物,同时还应当凭正本提单。可见,对于记名提单,交货条件是较指示提单和不记名提单更为严格,而不是更宽松。因此,承运人未凭正本提单交货违反了其法定义务,应承担赔偿责任。美商进航在未收回正本提单的情况下将货物放走,损害了合法提单持有人的提单权利,致使中土畜至今未收回货款,依照《中华人民共和国合同法》第107条的规定,应向托运人中土畜承担违约责任。美商进航应赔偿中土畜因此而遭受的损失,即赔偿货物装船时货物的价值加保险费加运费与实际支付货款的利息。由于中土畜未主张货物的保险费,青岛海事法院对此不予评判。

根据上海进航和刘在久的陈述,涉案提单是进航公司应美商进航的要求在台湾签发,邮寄到上海进航,再由上海进航转交给中土畜。已查明的事实是,涉案货物于2005年12月29日装船,当日上海进航即将全套正本提单交给琴盛货运。由此可见,提单若在台湾签发,则不可能在一天之内由台湾辗转经过上海进航流转至中土畜的货运代理人手中。法院有理由推定认为,上海进航和刘在久在庭审中有意识地隐瞒了提单真实的签发及流转过程。同时,涉案提单系美商进航的无船承运人提单,美商进航在我国没有无船承运人资格,其格式提单亦未在我国交通部备案;进航公司作为提单签发人在我国境内没有任何办事机构,不能在我国境内从事海运业务,故涉案提单的签发违背了我国海运条例及公司法的相关规定。根据《中华人民共和国民法通则》第67条的规定:"代理人知道被委托代理的事项违法仍然进行代理活动的,或者被代理人知道代理人的代理行为违法不表示反对的,由被代理人和代理人负连带责任。"故,进航公司作为承运人的签单代理人,应对承运人的违法经营行为造成中土畜的损害承担连带赔偿责任。

上海进航提交一份代理协议证明其是承运人美商进航的代理人,但其并未提交任何证据证明涉案货物的租船订舱是由美商进航或收货人发出指示命令其操作;而中土畜提交的证据证明,上海进航接受琴盛货运公司(中土畜的货运代理人)的订舱委托,并与其协商洽谈海上货物运输合同的签订事宜;上海进航给琴盛货运提供的入货通知和指箱函中关于承运船舶和提单号码等内容与涉案正本提单所记载的内容可以得到印证,并且,上海进航接受了中土畜交付的出口货物、运杂费,还为其转交提单等,可见,上海进航作为美商进航的委托代理人,直接参与了本案海上货物运输合同的签订。上海进航关于其明知美商进航和进航公司非法签发提单,故只为其转交提单的抗辩,恰好亦证明上海进航作为承运人的委托代理人,直接参与了海上货物运输合同的签订。根据《中华人民共和国民法通则》第67条的规定,完成承运人所交托的委托代理事项,致使善意的提单托运人接受了一份毫无安全保障的无船承运人提单,应对托运人因承运人的非法签单行为而引起的无单放货的损害承担连带赔偿的责任。至于上海进航与美商进航的代理协议中关于发生无单放货纠纷由美商进航独自承担责任的约定仅是上海进航与美商进航之间的约定,对其他任何第三人并不产生约束力,并且其约定不能排斥法定的责任。

综上,本案中,上海进航与进航公司同为美商进航的委托代理人,共同处理原告中土畜委托的出口货物的运输事宜。根据《中华人民共和国合同法》第409条"两个以上的受托人共同处理委托事务的,对委托人承担连带责任"的规定,上海进航与进航公司共同对美商进航的上述赔偿义务承担连带责任。

中土畜认为刘在久在提单上的签章行为是个人行为的主张,缺乏证据证明,法院不予支持。刘在久作为进航公司的法定代表人,其签章行为在没有相反证据予以反驳的情况下,应认定为系其职务行为,其行为后果应当由进航公司承担。

至于原告认为上海进航、美商进航与进航公司实属一家公司的主张,根据工商登记查询的资料显示,三被告是不同的独自承担责任的法人。虽然,上海进航承认美商进航与上海进航曾混在一起做公司宣传,此信息足以误导善意的第三人混淆三被告之间的法律关系,但是,这些证据均不能对抗工商登记所查询的事实,故中土畜的主张缺乏法律依据,法院不予支持。

根据《中华人民共和国海商法》第71条、第55条,《中华人民共和国合同法》第409条,《中华人民共和国民法通则》第67条、第112条第1款和有关法律规定,判决:

(1)美商进航国际有限公司支付中土畜东方进出口有限责任公司货物损失赔偿金45 288.08美元以及自2006年1月21日起至实际支付之日止按同期银行贷款利率计算的利息;

(2)美商进航国际有限公司支付中土畜东方进出口有限责任公司运杂费3 715元人民币以及自2006年1月21日起至实际支付之日止按同期银行贷款利率计算的利息;

(3)上海进航船务有限公司与进航国际有限公司对上述款项的给付承担连带支付责任;

(4)驳回中土畜东方进出口有限责任公司对刘在久的诉讼请求。

以上支付金钱义务,应于本判决生效之日起10日内履行完毕,逾期支付迟延履行期间的债务利息。案件受理费8 510元人民币,由中土畜承担730元人民币,上海进航、美商进航与进航公司承担7 780元人民币。财产保全费7 150元人民币、公告费1 000元人民币由上海进航、美商进航与进航公司连带承担。

三、上诉与答辩

上海进航不服一审判决上诉称,本案的诉由是无单放货纠纷,中土畜有义务举证证明货物在目的港被无单放掉的事实,中土畜仅仅提交了集装箱回空记录,这种记录只能证明集装箱的动态,根本无法证明货物交付给了收货人。一审已经查明的事实是美商进航是无船承运人,进航公司是签单代理人,但一审判决却以上海进航参与了海上货物运输合同的签订是美商进航的委托代理人令我方承担连带赔偿责任缺乏法律依据。一审判决还适用《中华人民共和国合同法》第409条判令作为受托人的进航公司和上海进航为委托人美商进航对第三人的债务承担连带责任则是完全错误的适用了法律。综上,请求二审法院依法改判,驳回中土畜对上海进航的诉讼请求。

被上诉人中土畜答辩称,从实际承运人公开的网站上查实,涉案货物的集装箱已经空箱返回,足以证明货物在目的港已交付收货人,由于提单尚在中土畜手中持有,上述行为已经构成无单放货,美商进航作为本案的无船承运人应当承担责任。上海进航作为美商进航的代理人参与了海上货物运输合同的签订,其应对上述无单放货行为承担连带责任。进航公司明知美商进航未在我国交通部备案无船承运人资格,仍代其签发提单,其也应对美商进航的无单放货行为承担连带责任。

原审被告刘在久答辩意见与上海进航的上诉理由相同。

美商进航与进航公司均未答辩。

四、二审裁判

山东省高级人民法院经审理查明,上海进航在本案的审理中提出,原审判决中认定,琴盛货运接受委托后与上海进航协商,约定上海进航承运该批货物。对于该事实,中土畜未能举证证明,上海进航只是美商进航装货港的代理,上海进航不是本案的承运人。对于上海进航的上述理由,中土畜仍以其在本案原审中举证的证据一、二、三,坚持认定上海进航是承运人。证据一是琴盛货运的书面证明,其陈述中土畜与上海进航具有海上运输合同法律关系,由于琴盛货运的人员未出庭接受质询,该证据不具有效力并且琴盛货运未就其陈述提供证据证明,因此该证据不能证明运输关系存在的事实。证据二、三是指箱保函和入货通知书,该两份证据均未记载上海进航的承运人地位,而且作为接收或发出上述两份文件的人的身份不限于承运人,因此,该两份证据也不能证明中土畜与上海进航之间存在运输关系。结合本案其他事实来看,中土畜已经接收了美商进航的提单,其与美商进航之间存在运输合同关系且已履行,因此这也排除了上海进航承运该货物的可能性,中土畜与上海进航之间不存在运输合同关系。根据上海进航与美商进航签订的代理协议,上海进航仅是美商进航就本案货物指定的装货港代。

山东省高级人民法院查明其他事实与一审查明事实相同。

山东省高级人民法院认为,本案为海上货物运输合同无单放货纠纷,本案所涉及的五方当事人,根据已查明的事实,在本次运输关系中的地位分别为,中土畜为托运人并持有提单,美商进航为无船承运人,进航公司为无船承运人的签单代理,上海进航为无船承运人的装货港代理,刘在久与该运输合同没有法律上的联系。原审法院依据最密切联系原则确定解决本案争议的准据法为中华人民共和国法律,中土畜对此没有异议,由于上海进航在二审审理中放弃了适用美国法律审理本案的请求而对于法律适用的意见与原审的决定趋于一致,刘在久附和上海进航的意见,由此,山东省高级人民法院确认中华人民共和国法律为解决本案当事人争议的准据法。根据本案当事人争辩的理由,本案的争议焦点为,本案所涉货物是否存在无单放货的事实以及各当事人所承担的法律责任。

根据本案当事人所共同认可的事实,装载本案货物的集装箱已经空箱返回,基于集装箱运输货物的规定,箱体完好,铅封完好是集装箱货物交付的条件。在中土畜持有正本提单未在卸货港提取货物的情况下,该集装箱内货物已经清空的事实可以推断货物已经承运人处理完毕,除非承运人对此作出其他合理解释。在审理中,上海进航主张承运人美商进航是在卸货港无人提取货物的情况下,行使了合理卸载的权利而使集装箱空箱返回,但其未提供任何证据对该理由进行证明,又由于承运人未作货物其他灭失原因的抗辩,因此,山东省高级人民法院推定美商进航在未收回提单的状况下已将货物放走,其行为构成无单放货。

根据《中华人民共和国海商法》第71条的规定,提单是承运人据以交付货物的凭证,美商进航作为本次运输的无船承运人,在没有收回提单的情况下将货物放走,违反了承运人义务,对此给中土畜造成的损失应当承担赔偿责任。进航公司作为美商进航的签单代理,虽然明知美商进航未在中国办理提单登记和未交纳保证金,但其代理签单行为与美商进航的无单放货行为无因果关系,其对美商进航无单放货造成的提单持有人中土畜的损失不承担责任。上海进航仅是承运人装货港的代理,虽然其也明知美商进航不具有在中国从事无船承运的资格而为其代理,但其代理行为与美商进航的无单放货行为也无因果关系,其对美商进航无单放货造成的提单持有人中土畜的损失也不承担责任。

综上,上诉人上海进航上诉有理,一审判决适用法律错误,判决进航公司和上海进航承担连带责任不当,判决结果应当纠正,依据《中华人民共和国民事诉讼法》第153条第(二)项之规定,判决:

(1)维持中华人民共和国青岛海事法院(2006)青海法石海商初字第53号民事判决第一项、第二项、第四项。

(2)撤销中华人民共和国青岛海事法院(2006)青海法石海商初字第53号民事判决第三项。

(3)驳回中土畜对进航公司、上海进航的诉讼请求。

一审案件受理费人民币8 510元,由中土畜负担人民币730元,美商进航承担人民币7 780元,财产保全费人民币7 150元,公告费人民币1 000元均由美商进航负担。二审案件受理费,人民币6 395元由美商进航负担。

107 原告厦门嘉联恒进出口有限公司与被告嘉宏国际运输代理有限公司厦门分公司、嘉宏国际运输代理有限公司海上货物运输合同无单放货纠纷案

案例来源:厦门海事法院(2010)厦海法商初字第211号

主题词:选择适用的法律　格式条款　无单放货赔偿额

> **裁判要旨**
>
> **No. HY-1.4-48** 提单背面条款虽约定承运人的责任适用《海牙-维斯比规则》或使其(《1924年海牙规则》)强制适用有关立法(如美国1936年《海上货物运输法》),但鉴于《1924年海牙规则》并没有对承运人能否不凭正本提单向记名收货人交付货物作出明确规定,且无法查明相关立法,可以依据最密切联系原则适用中国法。
>
> **No. HY-1.4-49** 提单背面条款虽约定记名提单的承运人有权向记名收货人无单放货,但该条款属于格式条款,其目的实际上是为了免除承运人无单放货时依法可能承担的民事责任,该条款依照法律强制性规定为无效。
>
> **No. HY-1.4-50** 承运人因无正本提单交付货物造成正本提单持有人损失的赔偿额,按照货物装船时的价值加运费和保险费计算。

一、基本案情

原告:厦门嘉联恒进出口有限公司(以下简称嘉联恒公司)

被告:嘉宏国际运输代理有限公司厦门分公司(以下简称嘉宏厦门分公司)

被告:嘉宏国际运输代理有限公司(以下简称嘉宏公司)

原告嘉联恒公司诉称:2010年4月,原告将出口美国的3个集装箱的货物交给被告嘉宏厦门分公司办理自厦门港至美国洛杉矶的运输事宜。同年4月27日,原告通知被告嘉宏厦门分公司,要求其收到原告确认后才能放货。同年4月29日,被告嘉宏厦门分公司将被告嘉宏公司签发的编号为 XMLAX1040013 的全套正本提单交付给原告。由于原告一直未收到收货人的货款,因此要求被告嘉宏厦门分公司提示货物下落,并更改提单收货人,但其一直不予答复。被告嘉宏厦门分公司作为实际办理运输的责任人,被告嘉宏公司作为提单签发人,没有按照托运人的要求安排运输,造成原告货物损失,应承担赔偿责任。为此,原告诉请判令:① 二被告提示案涉3个集装箱货物的具体下落,并将货物交付给原告另行指定的收货人;② 如被告无法交付货物,则赔偿原告货值损失 217 560 美元;③ 律师费、案件受埋费、保全费等诉讼费用由被告负担。2010年10月19日,原告在第一次庭审后向厦门海事法院提出变更诉讼请求的申请,要求将诉讼请求变更为:① 二被告共同承担违约赔偿责任,赔偿原告损失 217 560 美元;② 本案诉讼费用由二被告负担。

被告嘉宏公司、嘉宏厦门分公司共同辩称:案外人"Orient Overseas Container Line Limited"(东方海外货柜航运有限公司,以下简称东方公司)已按照原告要求交付货物,由于货物已经交付,故根据《中华人民共和国合同法》第308条的规定,原告也丧失了变更收货人的权利。由于原告撇开被告直接向案外人东方公司发出指令变更收货人,致使被告丧失了对货物的控制。此时,原告继续要求我方提示货物下落有悖常理。根据一物一权的原则,原告持有的案涉正本提单已经丧失了物权凭证效力,原告不再享有该提单项下的任何权利,被告的义务也随之消灭。此外,原告并没有损失,即使有损失也与二被告的行为无关。被告的提单在交通部有公示,任何人都可以索取,原告接受案涉提单并提交给法庭,因此其接受了提单的全部条款。为此,请求驳回原告的诉讼请求。

二、法院查明事实

厦门海事法院查明:2010年4月,原告委托被告嘉宏公司承运案涉货物,双方就相关运输事宜进行了协商。同年4月27日,原告就案涉货柜放货事宜向被告嘉宏厦门分公司发送一份电子邮件,该邮件主题为"OOLU2505034670有关货柜放货事宜",正文称:"说明见附件,有什么问题请及时联系我",附件载明:"兹有我司通知贵司排载一票船东提单号:OOLU2505034670(2*40GP+1*45HQ),1*45HQ柜号:OOLU 9028670,1*40GP柜号:OOLU7745029,1*40GP柜号:OOLU7467680;因为我司得到泉州乔尔嘉时装有限公司(以下简称乔尔嘉公司)的通知,这三个柜子乔尔嘉公司与客户协商是做货到付款的,所以到时出货后要出正本提单给予我司,并且这3个柜到美国后,不能私自放柜给收货人,一定要得到我司的确认(货款收到)后才能放货给收货人。如由此产生的一切责任,后果都由贵司来承担!"该附件落款处加盖有原告印章。二被告在庭审时对其在装货前收到此份邮件的事实予以确认。

2010年4月29日,被告嘉宏公司出具一式三份编号为OOLU2505034670的提单并交付原告,该提单载明:托运人为"XIAMEN UNIBEST IMPORT&EXPORT CO.,LTD."(即原告嘉联恒公司);收货人为"BROOKS FITCH APPAREL GROUP";装货港厦门;交货港美国洛杉矶;运费到付;"收货请联系"一栏载明的联系人为"INTERNATIONAL TRANSPORT MANAGEMENT CORP.";集装箱编号、封号分别为OOLU7467680/OOLA-CY6004、OOLU7745029/OOLACV3370、OOLU 9028670/OOLACW8152;件数9 162;装船时间2010年4月29日。该提单背面条款第2.3条载明:"……就海路或内陆水路货物运输而言,承运人的责任适用《海牙规则》或使其(或《海牙-维斯比规则》)强制适用的有关立法(如美国于1936年4月16日通过的《海上货物运输法》)……"第3.2条载明:"本提单如是记名提单,则不可转让,承运人有权放货给记名收货人,而无需要求出示任何一份正本提单。"

2010年5月17日,案涉提单项下的三柜货物已经经由ITM公司(即提单"收货请联系"一栏载明的联系人"INTERNATIONAL TRANSPORT MANAGEMENT CORP.")放货给记名收货人"Brooks Fitch Apparel Group"。

2010年5月24日,原告再次向被告嘉宏厦门分公司发送电子邮件称:案涉三个货柜一定不能私自放货给客人,一定要等到我司收到货款后通知贵司才可以,不然贵司要承担所有的法律责任及后果。

2010年5月27日,厦门海关签发了两份出口货物报关单,其中编号为

371220100120577963 的报关单载明：出口日期 2010 年 4 月 29 日，申报日期 2010 年 4 月 28 日，批准文号 747598998，发货单位/经营单位嘉联恒公司，提运单号 OOLU2505034670，结汇方式电汇，运抵国美国，指运港洛杉矶，件数 4 039，货值合计 95 115.6 美元。另一份编号为 371220100120577964 的报关单载明：出口日期 2010 年 4 月 29 日，申报日期 2010 年 4 月 28 日，批准文号 747598997，发货单位/经营单位嘉联恒公司，提运单号 OOLU2505034670，结汇方式电汇，运抵国美国，指运港洛杉矶，件数 5 123，货值合计 122 404.4 美元。

2010 年 6 月 13 日，乔尔嘉公司向原告出具了一份证明函，其上载明："我司同意把 OOLU9028670、OOLU7745029、OOLU7467680 三柜货物的全部权益转给贵司。"

另查明，案涉货物出口收汇核销采用的是半自动批次核销，案涉两份出口货物报关单对应编号为 747598997 和 747598998 两份核销单已经经过批次核销。还查明，被告嘉宏厦门分公司系隶属于被告嘉宏公司，是其分支机构。

三、法院裁判

厦门海事法院认为，本案立案时确定的案由为海上货物运输合同纠纷，但查明的事实表明双方当事人系因承运人在目的港无单放货而产生纠纷，且原告又要求二被告共同承担违约损害赔偿责任，故本案案由应相应明确为海上货物运输合同无单放货纠纷。本案的争议焦点有三：① 本案适用法律；② 承运人应否向未持有记名提单的记名收货人交付货物；③ 原告是否遭受损失以及二被告是否应进行违约赔偿。对此，厦门海事法院逐一分析认定如下：

（一）本案适用法律

原告主张本案适用中华人民共和国实体法，但二被告仅同意就变更收货人问题适用中华人民共和国实体法，对于无单放货等其他请求则认为应适用美国实体法。厦门海事法院认为，因涉案运输的目的港在中国境外，故与本案有关的海上货物运输合同关系具有涉外因素，依据《中华人民共和国海商法》第 269 条的有关规定，双方当事人可以选择处理合同纠纷适用的法律。案涉提单背面第 2.3 条款虽约定，承运人的责任适用《1924 年海牙规则》或使其（海牙-维斯比规则）强制适用的有关立法（如美国 1936 年《海上货物运输法》），但厦门海事法院认为，该条款无法适用于本案。首先，1924 年海牙规则并没有对承运人能否不凭正本提单向记名收货人交付货物作出明确规定，故本案无法适用该规则的规定进行审理。其次，二被告虽主张适用美国法，但查明外国法是适用外国法的前提，由于其未能就应当适用的具体条文进行有效举证，故依据最高人民法院《关于审理涉外民事或商事合同纠纷案件法律适用若干问题的规定》第 9 条的有关规定，本案亦无法适用该条款约定适用的美国实体法。因此，厦门海事法院认为，由于双方当事人的住所地、提单签发地、货物起运港等均在中华人民共和国境内，仅货物目的港在美国，故中华人民共和国是与案涉海上货物运输合同具有最密切联系的国家，根据最密切联系原则，本案争议的解决应适用中华人民共和国实体法。

(二) 承运人应否向未持有记名提单的记名收货人交付货物

从查明的事实看,被告嘉宏公司以自己的名义签发案涉提单,其在庭审时也自认其是案涉货物运输的承运人,故厦门海事法院对其承运人身份予以确认。原告目前仍持有案涉全套正本提单,但货物已放给提单载明的收货人,故被告嘉宏公司无单放货的事实成立。提单背面第3.2条款虽约定,记名提单的承运人有权向记名收货人无单放货,但本案不应适用该条款,理由有二:首先,从《中华人民共和国海商法》第71条、最高人民法院《关于审理无正本提单交付货物案件适用法律若干问题的规定》第1、2条的有关规定可知,提单是承运人保证据以交付货物的单证,承运人违反法律规定无正本提单交付货物且损害记名提单持有人提单权利的,正本提单持有人可以要求承运人承担由此造成损失的民事责任,案涉提单的前述背面条款明显违反了上述规定,依据《中华人民共和国海商法》第44条的有关规定,该条款理应无效;其次,上述提单背面条款属于格式条款,其目的实际上是为了免除承运人嘉宏公司在无单放货时依法可能承担的民事责任,由于原告在提单签发前已明确指示被告嘉宏公司须凭其指示放货,而被告嘉宏公司又未能举证证明其在签发案涉提单时已就上述条款以合理方式提请原告注意并与原告达成一致意思表示,故依据《中华人民共和国合同法》第39、40条的有关规定,本案亦不应适用该格式条款。因此,无论从《中华人民共和国海商法》及相关司法解释的规定看,还是从作为托运人的原告在提单签发前的明确指示看,被告嘉宏公司都不应擅自向未持有正本提单的记名收货人交付货物,现其已无单放货,故理应承担相应赔偿责任。二被告在答辩时虽主张,原告撇开被告直接向案外人东方公司发出变更收货人的指令致使被告丧失了对货物的控制,且原告因案外人东方公司已按照原告要求交付货物而丧失了变更收货人的权利。然而,被告在第二次庭审时为证明其已按照提单记载将货物交给记名收货人而提交了"目的港仓库放货单和拖车记录",且从该证据的内容看,案涉货物确是由案涉提单"收货请联系"一栏载明的联系人INTERNATIONAL TRANSPORT MANAGEMENT CORP.)放货给记名收货人"Brooks Fitch Apparel Group"。据此,厦门海事法院认为,二被告的上述主张缺乏事实依据,厦门海事法院不予支持。

(三) 原告是否遭受损失以及二被告是否应进行违约赔偿

原告主张二被告应就案涉货物损失共同承担违约赔偿责任,但二被告主张,原告没有遭受损失,即使案涉货物发生灭损,也应是案外人乔尔嘉公司的损失。

厦门海事法院认为,原告不仅因被告嘉宏公司无单放货而遭受损失,而且也有权就该损失向其主张违约损害赔偿,理由有三:第一,提单是海上货物运输合同的证明,原告作为案涉提单载明的托运人,又持有一式三份的全套正本提单,其理应有权依据运输合同向承运人嘉宏公司主张损害赔偿;第二,即使案涉货物的所有权人系案外人乔尔嘉公司,其也已通过出具证明函的方式将案涉货物的全部权益转让给原告;第三,从原告提交补充证据三、四的内容可知,案涉货物项下的收汇核销采用的是批次核销,并非逐笔核销,因此案涉货款即使已核销,也不能证明原告已经收到相应货款,被告虽主张原告在其无单放货的情况下并未遭受损失,但并未为此提供任何证据,故依据最高人民法院《关于民事诉讼证据的若干规定》第2条的有关规定,厦门海事法院对被告的主张不予采信。就被告嘉宏厦门分公司而言,由于其并非案涉货物运输的承运人,而仅是隶属于被告嘉宏公司的分支机构,民事责任亦应由被告嘉宏公司承担,故原告要求其承担无单放货的违约赔偿责任缺乏事实和法律依据,厦门海事法院不予支持。针对案涉货物的货值问题,原告提交了两份出口货物报关单,从报关单的记载看,货物价值为217 520美元。厦门海事法院认为,原告有如实报关的法律义务,其理应向海关如实申报货物的价值,被告虽对该货物价值表示异议,但并未提供足以反驳的证据,故厦门海事法院依法对案涉货物价值为217 520美元的事实予以确认。原告还主张由被告承担其所支出的律师费,但并未为此提供任何证据,故其主张缺乏事实依据,厦门海事法院不予支持。

综上,根据《中华人民共和国民事诉讼法》第64条第1款、《中华人民共和国合同法》第39、40条、《中华人民共和国海商法》第44、71条以及最高人民法院《关于审理无正本提单交付货物案件适用法律若干问题的规定》第1、2、3、6条的规定,判决如下:

(1)被告嘉宏国际运输代理有限公司应于本判决生效之日起10日内向原告厦门嘉联恒进出口有限公司赔偿217 520美元;

(2)驳回原告厦门嘉联恒进出口有限公司的其他诉讼请求。

108 上诉人上海洋捷国际货物运输代理有限公司与被上诉人KS资源有限公司多式联运合同纠纷案
案例来源:天津市高级人民法院(2011)津高民四终字第0038-0111号
主题词:契约承运人　无单放货举证义务　无单放货赔偿额

裁判要旨

No. HY-1.4-51　承运人提单签章处仅有AS AGENT ONLY(代理)字样,而未加任何批注,如AS AGENT FOR CARRIER(作为承运人的代理),也未在签发处用任何文字表明其代理人身份的,在转交提单时也未就被代理人的身份或其仅作为代理向托运人进行告知的,作为善意的提单持有人无法识别另有承运人的,可以认定提单签发人即为承运人。

No. HY-1.4-52　在调取集装箱流转信息后证明货物在目的港被提取的情况下,若承运人无反证,应当认定提单持有人已初步完成了无单放货事实的举证义务。

No. HY-1.4-53　无单放货的赔偿金额应当按照货物实际价值计算,即货物装船时的价值加保险费加运费。

一、基本案情

上诉人(原审被告):上海洋捷国际货物运输代理有限公司(SUMMIT INTERNATIONAL LOGISTICS LTD.,以下简称洋捷公司)

被上诉人(原审原告):KS 资源有限公司(KS RESOURCES LIMITED,以下简称 KS 公司)

天津海事法院原审查明:2009 年 4 至 9 月,KS 公司与案外人 ORTECK GLOBAL SUPPLY&DISTRIBUTION,LLC(以下简称 ORTECK 公司)通过往来电子邮件的方式订立了一系列轮胎买卖合同。约定:ORTECK 公司向 KS 公司购买轮胎共计 75 495 件。双方当事人就轮胎的规格和价格及其他相关事项进行了确认。付款方式为提单签发后电汇。签订合同后,KS 公司通过洋捷公司分 74 票出运了涉案货物,2009 年 6 月 13 日至同年 11 月 22 日,洋捷公司就涉案货物签发了以 KS 公司为托运人的 74 份正本指示提单。提单显示货物已装船。上述提单均载明提单抬头为 SUMMIT LOGISTICS INTERNATIONAL, INC.,托运人为 KS 公司,签发人为洋捷公司。后 KS 公司从实际承运人网站上查询到的集装箱流转信息显示提单项下货物已被提取。KS 公司要求洋捷公司告知涉案货物状态,洋捷公司未作出任何答复。KS 公司以洋捷公司无单放货为由诉至原审法院。请求判令:洋捷公司赔偿货物损失人民币 15 092 328.71 元(2 210 747.16 美元,美元兑换人民币汇率按 2009 年 11 月 26 日 1:6.8268 计算),并赔偿上述费用的利息,至 2010 年 5 月 30 日已发生利息损失人民币 408 739.55 元(自 2009 年 11 月 26 日始至洋捷公司实际支付之日止,按人民银行同期贷款利率计算)。

二、一审裁判

原审法院认为,本案系多式联运合同纠纷。天津港系货物起运港,该院对本案具有管辖权。诉讼中 KS 公司和洋捷公司提出主张和抗辩均引用中国法律,故本案适用《中华人民共和国海商法》和其他相关法律规定进行审理。KS 公司是涉案货物提单上载明的托运人并持有正本提单,洋捷公司签发了提单,双方存在多式联运合同关系。洋捷公司签发的涉案提单,虽然提单正面左下角处印有"AS AGENT(S) ONLY"的字样,鉴于该条款系事先印制的格式条款内容,洋捷公司签发提单在右下角位置,并未依照惯例在签发同时特殊注明作为代理人内容。因此"AS AGENT(S) ONLY"指向并不明确,而洋捷公司就此并未作出合理的解释,其主张作为代理人的理由不能成立。即使洋捷公司作为代理签发提单,洋捷公司没有出具合法委托手续,亦未向 KS 公司明示被代理人,KS 公司以其作为承运人主张权利并无不当。洋捷公司所提涉案货物的贸易条款为 FOB 事实也不影响 KS 公司与洋捷公司之间运输合同关系的认定。洋捷公司违反法律规定,无正本提单交付货物,应当赔偿 KS 公司因此产生的损失。

关于无单放货事实的发生,KS 公司能够在实际承运人网站查询的涉案货物中的部分集装箱均显示已重新投入运营,洋捷公司作为承运人,自接受货物并实际控制起至今超过1年,有责任明确告知涉案货物现状。且KS公司与洋捷公司联系要求其告知涉案货物状态,而洋捷公司未作答复,应当认为KS公司就全部货物无单放货事实已经完成初步举证。洋捷公司否认其实施无单放货行为,应提供反证予以证实。洋捷公司未能提供任何有效证据,依法应承担举证不能的法律后果。因此可推定洋捷公司无单放货事实已经发生。洋捷公司以本案中收货人付款不以提交正本提单为前提条件为理由,提出货款损失与无单放货行为无因果关系的主张,该事实主张与交易规范不符,洋捷公司主张KS公司与收货人双方对此有特殊的约定内容,应当举证证实。洋捷公司没有证据证实,该事实主张不能成立。另外,洋捷公司主张KS公司可能收到货款主张也没有证据加以证实。

关于KS公司损失具体数额的认定,依据海商法规定,KS公司损失赔偿额应当按照货物的实际价值计算,而货物的实际价值按照货物装船时的价值加保险费加运费计算。涉案货物提单载明的托运人和提单持有人是本案KS公司,而非首创公司,且托运时KS公司已与ORTECK公司就货物价款达成一致。故KS公司损失应当以其与ORTECK公司合同价款为认定标准,洋捷公司主张以KS公司向首创公司购买涉案货物的合同价及与此对应的首创公司报关价为准,依据不足。认定损失具体则以订单、价格单作为依据,每单货物发票总的数额及每项明细作为佐证,发票中所列模具费用和利息费用不应计入损失范围。涉案货物已发生的运费应当在赔偿范围之内。6070号订单的205/55R16 91W S902型轮胎、6554号订单的195/60R14 86H SA602型轮胎、6556号订单的205/65R15 94V SA602型轮胎及6563号订单的225/40R18 92W S802型轮胎在发票中价格上浮3%;6488号订单的8130型、8125型、8128型轮胎价格上浮0.1美元,系KS公司自行上浮价格,没有证据证明已经取得了ORTECK公司的认可,应当按照原订单、价格单确定价格认定。依据以上认定规则,原审法院认定最终洋捷公司应当赔偿KS公司本金总额为1 999 931.45美元,洋捷公司赔偿KS公司损失范围依法还应包括利息损失,KS公司客观上无法确认到达目的港交货时间,原审法院酌定从涉案货物最后一票货物提单签发之日后第30日,即2009年12月27日为全部涉案货物应当交货日期,损失计算日期也应当从2009年12月27日起计算,KS公司请求以人民币计付损失合理,应予支持,以2009年12月27日美元兑换人民币汇率1:6.8282折算为人民币13 655 931.93元。KS公司主张贷款利息损失,但未提供贷款合同证明贷款事实发生,对于KS公司该项请求不予支持。原审法院酌定以中国人民银行同期存款利率计算利息损失。综上,原审法院判决:洋捷公司赔付KS公司货款损失人民币13 655 931.93元。

三、上诉与答辩

洋捷公司不服原审判决提起上诉,请求撤销原审判决,驳回KS公司原审全部诉讼请求。主要理由:

第一,原审法院认定洋捷公司是涉案货物的承运人属事实错误。

（1）所有涉案提单正面签发栏处均印有"AS AGENT ONLY"（仅作为代理人）的字样，故洋捷公司已明确披露其是作为承运人的代理人签发涉案提单，而涉案提单抬头明确醒目地印有承运人的名称为"SUMMIT LOGISTICS INTERNATIONAL. , INC."，该公司提单既在美国联邦海事委员会备案，又在中国交通部备案，本案的承运人合法、存在。

（2）根据我国海商法的规定，提单可以由承运人签发，也可以由承运人的代理人签发，洋捷公司作为代理人签发涉案提单并不违反提单约定及法律规定，原审判决对涉案提单正面条款中的代理人条款不予采信，缺乏法律依据。

（3）根据我国海商法规定，承运人是指订立海上货物运输合同，收取运费的人，而涉案货物的贸易条款为FOB，运费到付，所有货物系由国外买方订舱，实际上也是国外买方指定"SUMMIT LOGISTICS INTERNATIONAL. , INC."为涉案货物的承运人，涉案货物所有运费也并非洋捷公司收取，故洋捷公司的身份仅为承运人签单代理人。

第二，原审判决认定无单放货事实业已发生，证据不足。KS公司在原审中仅列举了部分集装箱流转信息，尚余65个涉案货物的集装箱流转信息未能提供，其就无单放货的举证责任尚未完成，不存在举证责任转移的问题。且洋捷公司作为承运人的签单代理人，不具有掌控货物动态的能力与条件，并无义务证明涉案货物的最终流向。原审判决颠倒举证责任，推定无单放货事实已成立，显属举证责任分配错误，以此推定得出的结论，证据不足，难以成立。

第三，原审判决认定无单放货的损失已产生，事实不清。KS公司未能举证证明其曾向国外买方催收过货款，也未提供国外买方明确拒付货款的证据。且根据KS公司提交的订单，买方的付款条件为"提单日后TT付款"，即KS公司货款的收回，与是否放货或是否提供正本提单无关。因此KS公司不能证明无单放货的损失实际发生。

第四，原审判决确定的损失的具体金额、依据错误。

（1）原审判决认为，损失的金额可以依据国外买方的电子邮件订单、价格单、发票进行计算。但是涉案电子邮件并不具有证据的稳定性，其真实性无法认定。

（2）发票系KS公司单方开具，并未得到国外买方或第三方的确认，无法证明货物价格。且KS公司在其补充证据中自认，部分货物存在规格、价格上单方面的变更，与发票金额不能完全吻合。

（3）涉案提单均载明"托运人装箱、计数和加封"，故涉案提单的记载也不能证明货物实际出运数量。

（4）KS公司还提交了其从首创公司购货的发票与付款记录，鉴于首创公司并非案件当事人，该证据的真实性和关联性无法认定。

（5）KS公司未提供涉案货物的出口报关单，不能证明货物实际报关出口。

KS公司未提交书面答辩意见，在庭审中辩称：

第一，洋捷公司是涉案运输的承运人。

（1）洋捷公司是涉案契约承运人提单的签发人。

（2）洋捷公司没能证明其在签发提单时具有被代理人的授权。

（3）提单上的印刷条款是格式条款,而签发提单的内容属于非格式条款,当两者发生矛盾时,应以非格式条款为准。

第二,KS 公司证明了无单放货的事实,洋捷公司应当知道涉案货物的下落,根据证据规则的规定,应当认定无单放货的事实。

第三,关于货损,根据订单和价格单可以计算出货物的价值,有关运费的证据也已提交。

四、二审裁判

天津市高级人民法院除认定原审判决查明的事实外,另查明,涉案货物分别由案外人韩进海运株式会社和船三井物流株式会社实际承运。除 SGTSNS009456 号和 SGTSNS009686 号提单没有调取到之外,其余 72 票货物中,契约承运人提单编号为 SGTSNS009773、SGTSNS009774、SGTSNS010794、SGTSNS011742 号的货物,其实际承运人提单记载的托运人均为"SUMMIT LOGISTICS INTERNATIONAL.,INC.",地址为 ROOM 901,NO.69 DONGFANG ROAD,SHANGHAI(上海市东方路 69 号 901 室),其余 68 票货物实际承运人提单记载的托运人均为"SUMMIT INTERNATIONAL LOGISTICS (CHINA) LTD. TIANJIN BRANCH",地址为 RM1101 LONGTONG MANSION #4 GUIZHOU ROAD,HEPING DISTRICT TIANJIN CHINA(中国天津市和平区贵州路 4 号龙通大厦 1101 室),该地址与洋捷公司天津分公司在工商管理部门登记的地址一致。集装箱流转信息均显示涉案 72 票货物已在目的港被提取。

又查明,SUMMIT LOGISTICS INTERNATIONAL.,INC. 和洋捷公司均为在我国交通部备案的具有契约承运人资格的公司,两公司的提单均已备案。其中,以 SUMMIT LOGISTICS INTERNATIONAL.,INC. 公司名称作为抬头的提单系涉案契约承运人提单。根据洋捷公司的提单样本,洋捷公司的英文名称为 SUMMIT INTERNATIONAL LOGISTICS LTD.。

再查明,KS 公司与 ORTECK 公司通过订单和价格单对涉案货物的数量、规格和价格进行约定,订单和价格单的内容构成了涉案国际货物买卖合同的内容。在涉案 74 票货物中,64 票货物的发票金额与涉案国际货物买卖合同中约定的金额一致,其余 10 票货物(发票号前五位为 90495、90442、90463、90464、90496、90497、90479、90481、90468、90529)发票中显示的轮胎单价与涉案国际货物买卖合同中约定的金额不一致。其中 7 票货物(发票号前五位为 90442、90463、90464、90497、90479、90481、90529)发票中显示的单价与合同约定的金额相比上浮了 3%,发票号前五位为 90496 的货物单价上浮了 0.1 美元,因 KS 公司计算错误,90495 号和 90468 号货物发票中显示的金额分别比合同约定的金额多了 0.66 美元和少了 1.89 美元。虽然原审法院只对其中的 5 票货物(发票号前五位为 90463、90479、90481、90529、90496)加以说明,对其余 5 票货物没有阐述,但在最终计算货款金额时,对于上述 10 票货物,均按涉案国际货物买卖合同中约定的金额计算，原审法院认定的实际货物价值并无错误。再查明，KS 公司与 ORTECK 公司于案外尚有多笔轮胎贸易。根据 KS 公司与 ORTECK 公司经公证认证的往来电子邮件记载，KS 公司确认收到了多笔货款，每一笔货款金额均与该笔贸易的订单号相对应。而在 KS 公司确认收到的所有货款所对应的订单号中，均不包括涉案 74 票国际买卖合同对应的订单号，货款金额也不能与涉案 74 票货款金额相对应。KS 公司根据洋捷公司的要求，已将 SGTSNS009781 号提单项下货物的运费实际支付给案外人 G Link EXPRESS LOGISTICS（SINGAPORE）PTE LTD。

天津市高级人民法院经审理认为：

（一）关于管辖权和准据法

本案系多式联运合同纠纷。天津港系货物起运港，原审法院对本案有管辖权。住所地在香港特别行政区的 KS 公司与洋捷公司提出主张和抗辩均援引内地法律规定，且未对该法律适用提出异议，应当视为双方当事人已经选择内地法律作为涉案纠纷应适用的法律，故本案适用《中华人民共和国海商法》和我国其他相关法律进行审理。

（二）关于洋捷公司是否为涉案货物承运人的问题

在合同纠纷案件中，判断双方当事人法律关系及法律地位的主要依据是合同约定。本案中，KS 公司持有的以其为托运人的正本提单，亦即涉案契约承运人提单，作为双方合同关系的证明，应为确定双方法律关系及法律地位的主要依据。同时，上述提单记载的涉案货物数量、规格等情况亦应作为认定涉案货物出口情况的依据。涉案契约承运人提单正面记载中，有三处涉及承运人身份，即提单抬头、提单签发栏和提单签章。提单抬头显示的是 SUMMIT LOGISTICS INTERNATIONAL., INC. 的名称，提单左下方签发栏处印有"AS AGENT(S) ONLY"字样，但栏内空白，无任何文字内容，提单右下方签章处为洋捷公司名称。从涉案提单以及 SUMMIT LOGISTICS INTERNATIONAL., INC. 在交通部备案的提单样本来看，提单抬头和签发栏处的"AS AGENT(S) ONLY"字样均为印刷的提单格式，得为任何使用该提单的人所援引，具有不确定性。唯有通过提单的签章才能判断行为人在签发提单时的真实意思表示，只有提单签章的内容才能成为确定承运人身份的依据。涉案契约承运人提单签章处仅签有洋捷公司的名称，并未附加任何批注，如"AS AGENT FOR CARRIER"等，其在签发栏处又无任何文字记载表明代理人的身份，故该提单应视为洋捷公司以自己的名义所签发，其法律地位为涉案货物的契约承运人。虽然洋捷公司于二审期间补充提交了 SUMMIT LOGISTICS INTERNATIONAL., INC. 出具的声明，但该声明不能证明洋捷公司以承运人代理人的身份签发了提单，更不能证明洋捷公司在签发提单时或最迟至其转交提单时就被代理人及其授权情况向 KS 公司进行了告知。在涉案货物运输均由 ORTECK 公司订舱的情况下，KS 公司作为善意的提单持有人有权选择向洋捷公司索赔无单放货造成的损失。因此，洋捷公司认为其为承运人代理人的主张，缺乏事实和法律依据，天津市高级人民法院不予支持。

(三) 关于涉案货物是否被无正本提单交付的问题

涉案74票货物,除两票集装箱流转信息无法查询到外,天津市高级人民法院已调取的72票集装箱流转信息,已经能够证明97%以上的涉案货物已在目的港被提取,洋捷公司对此也无异议。天津市高级人民法院认为,KS公司至此已初步完成了对无单放货事实的举证义务,作为承运人的洋捷公司不能举证证明涉案货物的最终流向,应承担举证不能的法律后果。因此,在KS公司持有涉案货物全套正本提单的情况下,天津市高级人民法院对无单放货的事实予以确认。洋捷公司上诉主张涉案货物未发生无单放货,与事实不符,不能成立。

(四) 关于KS公司是否已实际收到涉案货款的问题

KS公司提供的证据能够证明KS公司收到的货款系ORTECK公司就案外货物向KS公司所付货款,与涉案货款无关。洋捷公司也未能举证证明KS公司就涉案货物收到任何货款,或者ORTECK公司就涉案货物曾向KS公司支付任何货款。因此,应认定KS公司未实际收到涉案货款,天津市高级人民法院对洋捷公司提出的KS公司已收到涉案货款的主张,不予支持。

(五) 关于KS公司实际损失的具体数额认定问题

依据《中华人民共和国海商法》、最高人民法院《关于审理无正本提单交付货物案件适用法律若干问题的规定》第6条的规定,KS公司损失赔偿额应当按照货物的实际价值计算,而货物的实际价值应按照货物装船时的价值加保险费加运费计算。鉴于KS公司没有实际收到涉案货款,KS公司因洋捷公司无单放货所受实际损失,应包括74票货物装船时的价值及KS公司实际支付的运费。关于涉案货物实际价值中涉及的单价金额认定问题。在委托洋捷公司出运涉案货物前,KS公司已与涉案货物的买方ORTECK公司就涉案货物的规格、数量、价款达成一致。涉案货物出运后,KS公司已向ORTECK公司开具发票。在涉案的74票货物中,64票货物的发票中列明的实际出运货物规格或与合同约定的规格一致,或以品质相同但轮胎花纹不同、负荷指数较高的轮胎替代。对于部分替代轮胎,由于相互替代不影响其实际使用功能,且替代后的轮胎品质高于原轮胎品质,KS公司又执行原合同定价,天津市高级人民法院对发票中列明的单价予以确认。另外10票货物发票中列明的单价与合同约定不一致,其中90442、90463、90464、90479、90479、90481、90529号等7票货物发票列明的部分规格轮胎在进行替代的同时,发票列明的轮胎单价比合同约定的价格上浮3%,90496号发票列明的部分规格轮胎在进行替代的同时,发票列明的轮胎单价比合同约定的价格上浮0.1美元。对于上述8票货物,虽然替代后的轮胎品质高于原轮胎品质,但由于KS公司没有证据证明上述轮胎单价的上浮已经取得ORTECK公司的认可,上述轮胎的单价应按合同约定的金额计算。因KS公司计算错误,90495号和90468号货物发票中显示的金额分别比合同约定的金额多了0.66美元和少了1.89美元。由于原审法院在计算赔偿数额时均按合同约定的金额计算,故天津市高级人民法院对原审法院中认定的赔偿金额予以确认。

（六）利息损失的起算时间问题

由于 KS 公司客观上无法确认涉案货物的交货时间，原审法院酌定从涉案货物最后一票货物提单签发之日后第 30 日，即从 2009 年 12 月 27 日起以中国人民银行同期存款利率计算利息损失，亦无不当。

（七）关于汇率折算问题

在 KS 公司委托洋捷公司出运的 74 票货物中，共出运轮胎 75 495 件，涉案货物实际价值 1 996 731.45 美元。加上 90495 号发票的运费 3 200 美元，洋捷公司无单放货给 KS 公司造成的实际损失共计 1 999 931.45 美元，以 2009 年 12 月 27 日美元兑换人民币汇率 1∶6.8282 折算为人民币 13 655 931.93 元。

综上，判决如下：

驳回上诉，维持原判。

109 **原告深圳市鑫铭威××有限公司与被告万胜××物流(香港)有限公司、上海骏鹏××国际货物运输代理有限公司、上海骏鹏××国际货物运输代理有限公司深圳分公司海上货物运输合同纠纷案**

案例来源：广州海事法院(2011)广海法初字第 149 号

主题词：未登记的提单的效力　承运人的识别　委托代理关系

> **裁判要旨**
>
> **No. HY-1.4-54**　提单虽未在国务院交通主管部门登记，但不属于《中华人民共和国合同法》第 52 条第(五)项规定的违反法律、行政法规的强制性规定的情形，不影响提单的效力。
>
> **No. HY-1.4-55**　当事人在庭审时辩称其受承运人委托并代理其签发提单，但不能提供证据证明其与承运人之间存在委托关系的，也无法证明其在货物运输过程中向托运人披露其与承运人之间存在委托代理关系或者存在其他承运人的，当事人视为提单项下的货物承运人。

一、基本案情

原告：深圳市鑫铭威××有限公司(以下简称鑫铭威公司)。

被告：万胜××物流(香港)有限公司(以下简称万胜公司)。

被告：上海骏鹏××国际货物运输代理有限公司(以下简称骏鹏公司)。

被告：上海骏鹏××国际货物运输代理有限公司深圳分公司(以下简称骏鹏深圳公司)。

原告鑫铭威公司诉称：2010 年 8 月 6 日，美国买方 KJ JEANS 公司向广州市鸿珅源××有限公司(以下简称鸿珅源公司)订购一批货物，以信用证结算。鸿珅源公司接受订单后委托有普通货物进出口经营权的鑫铭威公司代理有关货物的出口业务。8月26日,鑫铭威公司收到买方委托开证行美国斯特林国家银行(STERLING NATIONAL BANK)为本次贸易开具的 IMP00310878 号跟单信用证,其受益人为鑫铭威公司,收货人为"凭斯特林国家银行指示",金额为 181 860 美元,交货期限为 2010 年 11 月 3 日,允许分批装运,装货港为中国,卸货港为美国加利福尼亚州洛杉矶市,通知行为中国工商银行深圳分行。鑫铭威公司在交货期限内将货物分三个集装箱分批交万胜公司和骏鹏深圳公司海运往洛杉矶。对本案货物,万胜公司向鑫铭威公司签发了编号为 CCS-ZLAX10091955 的正本提单。鸿珅源公司向骏鹏深圳公司的账户支付了该提单的运杂费人民币 3 791.80 元,取得骏鹏深圳公司出具的付款人为鸿珅源公司的地税发票一张。后被告将本案货物交韩国卡奥斯××株式会社(Chaos Logistics Inc.,以下简称卡奥斯公司)运往美国,并运抵卸货港洛杉矶。鑫铭威公司持信用证和相关单证申请议付。11月5日,开证行告知通知行称信用证申请人不同意付款,随后将有关单据退还鑫铭威公司。鑫铭威公司向万胜公司和骏鹏深圳公司追问,2011年1月4日,万胜公司在深圳的分公司经理郑民杰函告鑫铭威公司,称货物被美国客户持卡奥斯公司另行出具的提单提走。鑫铭威公司经调查得知,2010 年 9 月,为卡奥斯公司运货的代理公司韩国三鑫贸易货运公司(以下简称三鑫)假冒鑫铭威公司名义 3 次发电放请求函给万胜公司,声称鑫铭威公司将本案货物运输在内的 3 套正本提单电放给万胜公司,并要求万胜公司将本案货物放给收货人 DREAMSTATION 公司。9月5日、12日和18日,三鑫公司三次签发电放提单,使 DREAMSTATION 公司提走包括本案货物的 3 票货物。事后万胜公司与卡奥斯公司于 11 月达成《支付货款保证书》,约定卡奥斯公司于 2010 年 11 月 11 日前向被告万胜公司归还鑫铭威公司的货物,在不能归还的情况下于 11 月 17 日向万胜公司支付货物价款 189 134.40 美元所折成的人民币 1 286 113.92 元。由于卡奥斯公司未在上述期限内归还货物或赔偿,万胜公司于 11 月 29 日向韩国首尔西部地方法院起诉卡奥斯公司。鑫铭威公司认为,本案为涉外海上货物运输合同无正本提单放货纠纷,万胜公司、骏鹏深圳公司向作为托运人的鑫铭威公司签发正本提单,收取全程运费,与鑫铭威公司形成海上货物运输合同关系。万胜公司、骏鹏深圳公司作为缔约承运人应就全部运输对鑫铭威公司负责。现万胜公司、骏鹏深圳公司对本案货物失去控制,致鑫铭威公司货物落空且无法收到货款,也无法获得出口退税。万胜公司与骏鹏公司共同经营骏鹏深圳公司,需承担对联营对方的连带责任。请求法院判令被告万胜公司赔偿原告鑫铭威公司货物损失 64 326.48 美元(按 1 比 6.78 的汇率折人民币 436 133.50 元)、运费损失人民币 3 791.80 元,出口退税损失人民币 68 430.20 元,合计人民币 508 355.50 元,并承担本案受理费和财产保全费;被告骏鹏公司、骏鹏深圳公司对被告万胜公司的上述债务承担连带偿付责任。

被告万胜公司辩称:

(1)鑫铭威公司诉讼主体不适格,不具备原告主体资格。鑫铭威公司系受鸿珅源公司的委托代理本案货物的出口业务,本案货物的杂费也是由鸿珅源公司支付,鑫铭威公司对本案货物没有所有权,鸿珅源公司也未授权鑫铭威公司向第三方索赔。

(2)万胜公司只是承运人的代理人,不应承担海运合同项下的义务。万胜公司只是受下一手承运人的委托代理签发提单,没有收取任何海运费用。且提单中明确约定海运费用为到付,由收货人支付给海运公司。万胜公司只收取了托运人的码头杂费,并不包括本案货物的实际海运费用。根据权利义务对等原则,万胜公司无需承担海运合同项下的义务。

(3)万胜公司代开的本案提单背面条款第24条约定,本提单产生的争议应由承运人主要住所地法院管辖,万胜公司的注册地址在香港,本案应由香港特别行政区相关法院管辖。

(4)鑫铭威公司主张的损失没有事实和法律依据。鑫铭威公司没有提供有关贸易合同、报关单、商业发票证明本案货物价值为64 326.48美元。鑫铭威公司主张的人民币3 791.80元也不是运费,而是本案货物起运前的杂费。鑫铭威公司也没有证据证明其遭受出口退税损失,且根据《中华人民共和国海商法》第55条的规定,鑫铭威公司无权主张杂费和出口退税损失。

(5)本案货物并非万胜公司恶意领取,且万胜公司正在积极追回货物,有关案件在韩国地方法院已经受理,提取本案货物的有关方面也作出了归还的承诺。

(6)万胜公司在客户需要开具相关发票时,才通知客户将款项转入骏鹏深圳公司账户,委托骏鹏深圳公司代开发票,万胜公司与骏鹏深圳公司并无联营等其他关系。请求法院驳回鑫铭威公司的诉讼请求。

被告骏鹏公司、骏鹏深圳公司共同辩称:

(1)鑫铭威公司诉讼主体不适格,不具备原告主体资格。鑫铭威公司系受鸿珅源公司的委托代理本案货物的出口业务,本案货物的杂费也是由鸿珅源公司支付,鑫铭威公司对本案货物没有所有权,鸿珅源公司也未授权鑫铭威公司向第三方索赔。

(2)骏鹏公司、骏鹏深圳公司不是本案货物的承运人或任何相关合同的当事人,不应承担责任。骏鹏深圳公司只是受万胜公司的委托代为收取了鸿珅源公司的杂费并出具相应发票,没有开具过运单或任何文件。

(3)骏鹏公司、骏鹏深圳公司与万胜公司不存在联营关系。骏鹏公司、骏鹏深圳公司没有收取全程运费,代收杂费不能构成承担责任的理由。且有关提单明确约定运费到付,不存在万胜公司收取、骏鹏公司或骏鹏深圳公司代收运费的可能。鑫铭威公司也知道骏鹏深圳公司代收杂费并开具发票仅仅是为满足鑫铭威公司财务处理而发生的行为,不能构成承担责任的理由。请求法院驳回鑫铭威公司的诉讼请求。

二、法院查明事实

广州海事法院经审理查明并确认如下法律事实:

2010年8月,鸿珅源公司向美国买方KJ JEAN公司出口一批货物,并委托鑫铭威公司代理有关货物的出口业务。鑫铭威公司的经营范围包括货物及技术进出口等业务。

　　KJ JEAN 公司通过 NRM 控股有限公司(NRM HOLDING INC.)向美国斯特林国家银行申请为本次贸易开具信用证。2010 年 8 月 25 日，斯特林国家银行作为开证行为本次贸易开出 IMP00310878 号不可撤销的跟单信用证，并于 8 月 26 日由通知行中国工商银行深圳分行发至鑫铭威公司。该信用证有效期至 2010 年 11 月 23 日，开证申请人为 NRM 控股有限公司，受益人为鑫铭威公司，金额为 181 860 美元，相关货物为女式牛仔长裤，原料为 97% 棉加 3% 弹力纤维，共 42 000 件，每件价格为 4.33 美元，允许分批装运，装货港为 FOB 中国，卸货港为美国加利福尼亚州洛杉矶市，交运期限为 2010 年 11 月 3 日。该信用证要求海运提单为已装船提单，其上记载的收货人为"凭斯特林国家银行指示"，注明信用证号码，并标明"通知开证申请人"和"运费到付"。

　　鑫铭威公司将 IMP00310878 号信用证所记载的货物分作 3 批交付海运，其中本案货物计 619 箱，共 14 856 件女式牛仔长裤。万胜公司于 2010 年 9 月 18 日向鑫铭威公司签发了抬头为万胜公司的 CCSZLAX10091955 号正本已装船提单一式三份，该提单并未在向国务院交通主管部门办理提单登记，记载的托运人为鑫铭威公司，收货人为凭斯特林国家银行指示，通知方为 KJ JEAN 公司，承运船舶及航次为 EVER CHIVALRY 0636 035E，装货港为中国深圳，卸货港和交货地均为美国加利福尼亚州洛杉矶，货物为中国制造的女式牛仔长裤，原料为 97% 棉加 3% 弹力纤维，共 619 箱，毛重 7 118.50 公斤，体积为 28.84 立方米，由托运人装箱、计数及封箱，集装箱箱号为 FCIU3442541，为 20 英尺的集装箱，信用证号码为 IMP00310878，运费到付，提货代理为 BNX 公司(BNX SHIPPING INC)。万胜公司在该提单的签发人栏目处签章，签章处下面打印有："作为承运人长荣航运公司的代理人"(AS AGENT FOR THE CARRIER: EVERGREEN LINE)的内容。另，该提单背面条款第 24 条规定，针对承运人的诉讼只能在承运人主要营业地所在国提起，并适用该国法律审理(Actions against the Carrier may only be instituted in there country where the Carrier has his principal place of business and shall be decided according to the law of such country)。上述货物于 9 月 18 日装船起运。

　　2010 年 9 月 19 日，鸿珅源公司向骏鹏深圳公司在中国工商银行深圳和平支行的银行账户汇入人民币 3 791.80 元，并于 9 月 20 日取得骏鹏深圳公司开具的地税发票。该款项系骏鹏深圳公司代万胜公司收取，为本案货物的运输杂费。

　　2010 年 11 月 5 日，斯特林国家银行告知中国工商银行深圳分行，称收到 IMP00310878 号信用证的申请人的通知，信用证申请人不愿意付款。同日，中国工商银行深圳分行将上述电文转递至鑫铭威公司。12 月 14 日，中国工商银行深圳分行向鑫铭威公司发出退单确认书，将本案货物运输全套单据退还至鑫铭威公司，并记载交单总金额为 64 326.48 美元。

　　本案货物运抵目的港美国洛杉矶后，已被收货人提取。据万胜公司与卡奥斯公司签署的《支付货款保证书》记载：包括本案货物在内的 3 批货物共 43 680 件，每件单价为 4.33 美元，总金额 189 134.40 美元，以美元对人民币汇率 1 比 6.78 计，折合人民币

1 286 113.92 元；上述货物的正本提单由装船地货代万胜公司签发，收货人只有在持有该正本提单的情况下才能提货，同时，卡奥斯公司还随意签发了非法的电放提单，并转让给收货人，致使鑫铭威公司要求万胜公司提供对货物价值的支付保证，并对所有货物提供赔偿等；卡奥斯公司于 2010 年 11 月 11 日前把以上货物从收货人仓库运送到 BNX 公司的仓库，在这期间未能归还时，将于 11 月 17 日前向万胜公司支付货物价格人民币 1 286 113.92 元。2010 年 11 月 29 日，由于卡奥斯公司未在上述期限内归还货物或赔偿，万胜公司在韩国首尔西部地方法院向卡奥斯公司提起诉讼。

2011 年 1 月 4 日，万胜公司员工郑民杰致函鑫铭威公司，称关于鑫铭威公司在万胜公司订舱出口 3 个集装箱并由万胜公司出具三份提单（提单号分别为 CCSZLAX10081809，CCSZLAX10091910，CCSZLAX10090955）；现在得知美国客户已经凭万胜公司韩国代理卡奥斯公司出具的提单提取了两个集装箱，而万胜公司出具给鑫铭威公司的提单是万胜公司的货代提单，这一过程中出现了两份提单，为此万胜公司正在与卡奥斯公司打官司，至目前为止，官司仍在进行中。鑫铭威公司仍持本案一式三份全套正本提单。

鑫铭威公司于 2011 年 1 月 23 日向广州海事法院提出诉讼财产保全申请，但未能在广州海事法院规定的期限内提供担保，故广州海事法院依法裁定驳回其诉讼财产保全申请。鑫铭威公司没有交纳财产保全费用。

三、法院裁判

广州海事法院认为，本案属于海上货物运输合同纠纷。根据最高人民法院《关于海事法院受理案件范围的若干规定》第 11 条的规定，本案属于海事法院专门管辖案件的范围。被告骏鹏深圳公司的住所地、本案货物运输的始发地均在中国深圳，依照《中华人民共和国民事诉讼法》第 28 条关于因铁路、公路、水上、航空运输和联合运输合同纠纷提起的诉讼，由运输始发地、目的地或者被告住所地人民法院管辖的规定，广州海事法院对本案具有管辖权。至于被告万胜公司依照本案提单背面条款约定，应由香港特别行政区相关法院管辖的主张，因被告万胜公司未能依法在提交答辩状期间对本案管辖权提出异议，故对被告万胜公司逾期提出的该主张，广州海事法院不予支持。

本案货物从中国深圳运至美国洛杉矶，因此，本案是一宗涉外海上货物运输合同纠纷。各方当事人均未能协商选择解决本案合同所适用的法律，因本案原告及被告骏鹏公司、骏鹏深圳公司为在中国境内注册的企业，本案货物运输的始发地和损害结果发生在中国，因此与本案争议具有最密切联系的法律应为中华人民共和国法律。依照《中华人民共和国海商法》第 269 条的规定，本案争议应适用中华人民共和国法律解决。

本案货物在运抵美国后被无单放货。本案的主要争议在于：三被告是否是本案提单项下货物的承运人；三被告是否对无单放货造成的损失承担赔偿责任；本案损失如何认定。

1. 三被告是否是本案提单项下货物的承运人

鑫铭威公司将本案货物交付万胜公司运输，万胜公司向鑫铭威公司签发了CCS-ZLAX10091955号正本提单。该提单虽未在国务院交通主管部门登记，但不属于《中华人民共和国合同法》第52条第(五)项规定的违反法律、行政法规的强制性规定的情形，不影响该提单的效力。根据《中华人民共和国海商法》第71条的规定，提单是海上货物运输合同的证明，故万胜公司签发的CCSZLAX10091955号正本提单可以作为认定鑫铭威公司与万胜公司之间是否存在海上货物运输合同关系的依据。

万胜公司在CCSZLAX10091955号提单中载明其作为承运人长荣航运公司的代理人签发提单，但是万胜公司没有提交证据证明其得到了长荣航运公司的合法有效的授权，也没有举证证明本案货物由长荣航运公司运输。万胜公司提出其是受承运人的委托，代理承运人签发提单的主张。由于万胜公司没有提供证据证明其与承运人之间存在委托代理关系，本案也没有证据证明万胜公司在本案货物运输过程中曾向鑫铭威公司披露其与其他承运人之间存在委托代理关系或存在其他承运人的情况，根据最高人民法院《关于民事诉讼证据的若干规定》第76条关于"当事人对自己的主张，只有本人陈述而不能提出其他相关证据的，其主张不予支持"的规定，万胜公司的主张缺乏事实依据，不予支持。由于万胜公司未能举证证明其具有代理他人签发提单的授权，应认定万胜公司不是代理他人签发，而是其自身作为承运人签发提单，即万胜公司为本案提单项下货物的承运人。鑫铭威公司是提单记载的托运人，持有全套正本提单，与万胜公司之间成立了海上货物运输合同关系。至于鑫铭威公司作为鸿珅源公司的外贸出口代理人进行本案货物的国际贸易，属于国际货物买卖合同法律关系，不在本案的审理范围之内，不影响鑫铭威公司作为托运人对承运人无单放货造成的损失提出索赔的权利。因而万胜公司、骏鹏公司、骏鹏深圳公司提出的有关鑫铭威公司诉讼主体不适格的主张没有事实与法律依据，不予支持。

关于骏鹏公司、骏鹏深圳公司在本案货物运输中的法律地位。本案货物的运输杂费系交至骏鹏深圳公司的账户，由骏鹏深圳公司代万胜公司收取，并由骏鹏深圳公司开具相应地税发票。鑫铭威公司主张骏鹏公司、骏鹏深圳公司与万胜公司联营从事了本案货物的运输，但未能提供证据证明在代收本案货物的运输杂费之外，骏鹏公司或骏鹏深圳公司以承运人的身份接受订舱、收取本案货物、安排运输或从事了本案货物运输的其他业务。本案也没有证据证明骏鹏公司或骏鹏深圳公司与万胜公司在同一场所共同经营，双方之间存在联营关系。鑫铭威公司提出的骏鹏深圳公司与万胜公司均为承运人的主张缺乏事实依据，不予支持。本案的证据显示，骏鹏深圳公司接受万胜公司的委托，收取了本案的运杂费，为承运人万胜公司的代理人。

2. 本案赔偿责任的认定

根据《中华人民共和国海商法》第71条的规定，提单是承运人保证据以交付货物的单证。鑫铭威公司作为本案货物托运人持有全套正本提单，是本案货物提单的合法持有人，享有对提单项下货物的权利。被告万胜公司作为本案提单项下货物的承运人,负有凭正本提单交付货物的义务。《中华人民共和国海商法》第 46 条第 1 款规定:承运人对集装箱装运的货物的责任期间,是指从装货港接收货物时起至卸货港交付货物时止,货物处于承运人掌管下的全部期间,在承运人的责任期间,货物发生灭失或者损坏,除本节另有规定外,承运人应当负赔偿责任。最高人民法院《关于审理无正本提单交付货物案件适用法律若干问题的规定》第 2 条规定:"承运人违反法律规定,无正本提单交付货物,损害正本提单持有人提单权利的,正本提单持有人可以要求承运人承担由此造成损失的民事责任。"万胜公司未凭正本提单交付货物,致使提单项下货物灭失,造成原告提单项下货物损失发生在万胜公司掌管货物责任期间,且不具有《中华人民共和国海商法》第 51 条规定的免责事由,因此万胜公司作为本案货物运输的承运人,依法应就本案货物的灭失向鑫铭威公司承担赔偿责任。

骏鹏公司、骏鹏深圳公司并非本案货物的承运人,没有在目的地凭正本提单交付货物的义务,且没有证据证明其在目的地实施了无单放货的行为。鑫铭威公司请求由骏鹏公司、骏鹏深圳公司承担连带赔偿责任缺乏事实和法律依据,不予支持。

3. 本案损失的认定

《中华人民共和国海商法》第 55 条规定:"货物灭失的赔偿额,按照货物的实际价值计算,货物的实际价值,按照货物装船时价值加保险费加运费计算。"本案货物系 IMP00310878 号跟单信用证项下的部分货物,该信用证已经载明本案货物的单价为 FOB 深圳每件 4.33 美元,在信用证贸易机制下,该价格应视作相应的贸易合同中约定的货物价格,可予采信。且该价格与卡奥斯公司和万胜公司所达成的《支付货款保证书》中记载的货物单价可以相互印证。故认定本案货物合同单价为 FOB 深圳每件 4.33 美元。而本案事实表明本案货物共 14 856 件,故本案货物装船时的价值为 64 326.48 美元。该金额也与中国工商银行深圳分行退单确认书上记载的交单金额一致。

鑫铭威公司请求将本案货物价值损失折合成人民币金额。本案货物价值虽以美元结算,但货物运到目的港后,万胜公司的无单放货行为导致鑫铭威公司不能及时收回货款,本案货款的汇率变化风险及损失应由万胜公司承担。鑫铭威公司作为国内企业,提出将货物价值损失折合成人民币的主张合理,应予支持。至于鑫铭威公司提出的按 1 比 6.78 的汇率将美元折算为人民币的主张,由于鑫铭威公司未能提供证据证明该汇率与本案的关联性,故不予支持。本案中,万胜公司将货物运至目的地后,即应当交付货物,故应以本案货物运抵目的地的时间,作为计算美元货款汇率的基准时间。本案货物从中国深圳至美国洛杉矶,至迟应于起运后 30 日内运抵目的地。本案货物于 2010 年 9 月 18 日装船起运,故起运后 30 日,即 2010 年 10 月 18 日可以作为汇率的基准时间。按照 2010 年 10 月 18 日中国人民银行公布的美元对人民币汇率中间价 1 比 6.6541 计算,本案货物价值损失 64 326.48 美元为人民币 428 034.83 元。

鑫铭威公司提出关于本案货物的运输杂费人民币 3 791.80 元的诉讼请求。本案货物装船时的价值系以 FOB 深圳计算,而在 FOB 价格条件下,卖方应支付货物在装船之前的一切费用,同时根据贸易惯例,FOB 价格已将卖方在货物装船前所需支付的费用包括在内。鑫铭威公司所主张的运输杂费均为本案货物装船前发生的费用,已包括在本案货物装船时的价值之内,属于鑫铭威公司重复主张的损失,故鑫铭威公司的上述请求缺乏法律依据,不予支持。

鑫铭威公司提出关于出口退税损失人民币 68 430.20 元的诉讼请求。由于出口退税损失不在《中华人民共和国海商法》第 55 条所规定的货物灭失的赔偿范围之内,故鑫铭威公司的上述请求缺乏法律依据,不予支持。

依照《中华人民共和国海商法》第 46 条第 1 款,第 55 条和第 71 条的规定,判决如下:

(1)被告万胜××物流(香港)有限公司赔偿原告深圳市鑫铭威××有限公司货物价值损失人民币 428 034.83 元;

(2)驳回原告深圳市鑫铭威××有限公司对被告万胜××物流(香港)有限公司、被告上海骏鹏××国际货物运输代理有限公司、被告上海骏鹏××国际货物运输代理有限公司深圳分公司的其他诉讼请求。

本案受理费人民币 8 884 元,由原告深圳市鑫铭威××有限公司负担人民币 1 404 元,被告万胜××物流(香港)有限公司负担人民币 7 480 元。

以上给付金钱义务,应于本判决生效之日起 10 日内履行完毕。

如果未按本判决指定的期间履行给付金钱义务,应当依照《中华人民共和国民事诉讼法》第 229 条之规定,加倍支付迟延履行期间的债务利息。

ⅡⅡ 再审申请人富春航业有限公司、胜惟航业股份有限公司与被申请人鞍钢集团国际经济贸易公司海上货物运输无单放货纠纷案①

案例来源:最高人民法院(2000)交提字第 6 号
主题词:实际承运人　正本提单　凭副本提单加银行保函放货

> **裁判要旨**
>
> **No. HY-1.4-56**　实际承运人在托运人在中国法院对其提起诉讼后,在域外凭其他法律关系起诉目的港提取货物的收货人的行为,不足以证明实际承运人签发了提单。

一、基本案情

再审申请人:富春航业股份有限公司(WOODTRAN SNAV-IGATION CORPORATION,PANAMA,以下简称富春公司)

---

① 该案经最高人民法院第二次再审后予以改判。

再审申请人:胜惟航业股份有限公司(SANWAI NAVIGA-TIONS. A. ,PANAMA,以下简称胜惟公司)

再审被申请人(原审被上诉人):鞍钢集团国际经济贸易公司(以下简称鞍钢公司)

大连海事法院一审认定:1995年2月20日,鞍钢公司与香港千金一公司(以下简称千金一)签订了买卖合同,鞍钢公司供给千金—热轧卷板5 000吨,每吨295美元,FOB价,信用证结算。同年6月30日,富春公司所属的"盛扬"轮(UNISON PRAISE)在大连港受载了上述合同项下的货物。货物装船后,承运人莫帕提航运公司(以下简称莫帕提公司)签发了一式三份正本提单交给了鞍钢公司。该提单载明:托运人为鞍钢公司,收货人根据雅加达BUMI DAYA私人银行SAID支行指示,装货港为大连,卸货港为雅加达,货物重量5 155.520吨。7月21日,"盛扬"轮抵雅加达港,货物卸船后,承运方未收到正本提单即将货物交给了提单上列明的通知方。鞍钢公司接到签发的已装船清洁提单,即通过中国银行鞍山分行向开证行转交包括正本提单、商业发票等在内的全套单证予以结汇。商业发票载明货物总价值为1 520 878.40美元。上述单据于7月8日转到开证行,因信用证出现不符点开证行将全套单证返回,鞍钢公司于8月20日收到返回的提单和发票。

富春公司是承运船舶"盛扬"轮的登记船东,大连海事法院扣押的"UNISON GREAT"轮是"盛扬"轮的姊妹船,为富春公司所有。1996年4月16日,富春公司将"UNISONGREAT"轮卖给胜惟公司,胜惟公司将该轮改名为"SAN WAI"轮。经巴拿马共和国公共登记处证实"UNISONGREAT"轮船东对该轮未予注销登记,该轮所有人仍为富春公司。

二、一审裁判

大连海事法院一审认为:自承运人莫帕提公司签发提单并将货物交给富春公司所属的"盛扬"轮承运时起,富春公司便具有了法定的实际承运人的法律地位。提单依法是海上货物运输合同的证明,是所载货物的物权凭证,是承运人保证据以交付货物的单证。在托运人持有提单的情况下,承运人与提单持有人之间权利义务关系,应依提单的规定确定。根据法律规定,凭正本提单交付货物是承运人的法定责任,依据《中华人民共和国海商法》第61条的规定,凭正本提单交付货物也是实际承运人的责任。在期租的情况下,《中华人民共和国海商法》第136条虽赋予承租人就船舶的营运向船长发出指示的权利,但本案承运人以承租人的名义向船长发出的不凭正本提单放货的指示,不仅超出了承租人的合法权利,而且也违反了法律规范承运人、实际承运人凭正本提单交货的强制性义务。富春公司明知凭正本提单交货是自己的强制性义务,仍坚持无正本提单放货,是明知故犯的违法行为,依法不能享有提单中关于免责和责任限制的权利,应承担鞍钢公司全部损失的民事赔偿责任。

同时大连海事法院还认为,"SAN WAI"轮挂巴拿马旗经营。根据《中华人民共和国海商法》第270条的规定,对"SAN WAI"轮(原UNISON GREAT轮)被扣押时所有权的确认,应依据巴拿马的法律。根据巴拿马《海商法》第 1083 条第 1 款的规定,船舶所有权的转让只能在公共登记局登记后,才能对抗第三人。该法第 1089 条又规定,在任何情况下,只能在公共登记机关登记后,所有权的转移才能对抗第三人。第三人虽从富春公司处买得"UNISON GREAT"轮,但在大连海事法院扣押该船时,富春公司并未在巴拿马公共登记局办理该船的所有权转移手续,故该轮在被法院实施扣押时,仍属富春公司所有。第三人胜惟公司以其为该轮合法船东向法院提出的异议不能成立。据此,判决富春公司赔偿鞍钢公司的货款损失人民币 12 700 000 元,并按月息 10.98%支付该款项自 1995 年 8 月 20 日起至给付之日止的利息;驳回第三人胜惟公司主张"SAN WAI"轮所有权,要求鞍钢公司承担错误扣船的诉讼请求。

富春公司和胜惟公司不服,向辽宁省高级人民法院提出上诉。

三、二审裁判

辽宁省高级人民法院审理认为,鞍钢系正本提单持有人,其对富春公司无正本提单放货主张赔偿经济损失的诉讼权利,依照海商法的规定和国际航运惯例,应予法律保护。富春公司虽与莫帕提公司订有船舶期租合同,本案无正本提单放货亦在其所属"盛扬"轮履行该船舶期租合同期间所为,但富春公司并不能依此免除其法定民事义务。"盛扬"轮从承运本案提单项下货物时起,其船东富春公司便具备了实际承运人的地位。凭正本提单交付货物,不仅是承运人也是实际承运人的法定责任与义务。在无正本提单的情况下,将货物交给了提单上列明的通知方,应承担鞍钢公司全部损失的民事赔偿责任。富春公司所属"盛扬"轮应依法律规定和国际航运惯例约束自己的行为,其听从承运人指令无单放货,虽使其享有对指令人追偿经济损失的权利,但此并非其可予免责的法定条件。富春公司的上诉理由不能支持。胜惟公司上诉理由系对本案诉前扣船提出异议申请,原审诉讼保全程序中已查清事实证据,其异议无事实依据和法律依据,其与本案无正本提单放货索赔纠纷无法律上的利害关系,不具备法律规定的独立请求权,该上诉理由不能采纳。判决驳回上诉,维持原判。

四、再审申请与答辩

富春公司和胜惟公司申请再审理由为:原审认定富春公司参与了无单放货的事实是错误的。莫帕提公司是期租船人,其于 1995 年 7 月 8 日签发了已装船清洁提单。原审判决认定的 6 月 30 日的提单是托运人为满足信用证的需要,向期租人莫帕提公司委托的船舶代理人大连外代请求签发的倒签提单。因富春公司与莫帕提公司之间存在租船合同,提单是莫帕提公司签发,故无单放货与船东无关。托运人的损失并非实际承运人之过。由契约承运人莫帕提公司签发的提单在卸货后已收回。鞍钢公司所持的提单是莫帕提公司的代理人签发的倒签提单,承运人已完成运送义务,并收回提单,无过失。"SAN WAI"轮在上海港被扣押时,该轮已取得临时国籍证书,已对船舶买卖转让文件作了公证,并已呈报巴拿马公共登记局作登记,根据对巴拿马的海商法的正确理解,其所有权已经转让给胜惟公司。

鞍钢公司答辩称:富春公司非法向货物买方(承租人)签发提单剥夺了鞍钢公司(托运人)对货物的所有权,根本违反了海上货物运输合同,理应承担无单放货的法律责任;本案中载货船船东实际承运人富春公司直接参与实施签发正本提单给中间商(买方)千金一;在期租情况下,船东作为实际承运人应当对因向非托运人(买方)签发提单而给托运人造成的损失,承担连带责任;扣押"SAN WAI"轮是正确的。

最高人民法院经再审查明:1995年2月20日,鞍钢公司与千金一签订了买卖合同,鞍钢公司供给千金一热轧卷板5000吨,每吨295美元,信用证结算。富春公司所属的"盛扬"轮在莫帕提公司期租期间,按照莫帕提公司与千金一的航次租船合同的要求,于1995年7月8日在大连港受载了上述合同项下的货物。1995年7月9日,货物装船。大连外代的收货单上记载日期为1995年7月9日,并批注:货物锈蚀,钢卷松动无箍。同日,承运人莫帕提公司的代理大连外代在鞍钢公司出具保函的情况下签发了日期为1995年6月30日的一式三份正本提单交给了鞍钢公司。该提单载明:托运人为鞍钢公司,收货人根据雅加达BUMIDAYA私人银行SAID支行指示,装货港为大连,卸货港为雅加达,货物重量5 155.520吨。

在"盛扬"轮在大连港装货的同时,莫帕提公司于1995年7月8日凭千金一出具的保函签发了一份提单给千金一。该提单上的签发地为大连。千金一出具的保函抬头为:致"盛扬"轮船东/代理/承运人/船长。保函称:考虑到贵方在我方未出示第一套装港提单的情况下,签发给我方或按我方指示给有权拥有人等第二套提单……

7月21日,"盛扬"轮抵雅加达港,货物卸船后,收货人向莫帕提公司出具了银行保函,按照莫帕提公司的指令,凭着银行保函和7月8日莫帕提公司签发给千金一的提单副本,"盛扬"轮将该批货物交给了收货人,事后收回了7月8日的正本提单。该提单经过银行流转,并经指示人的背书。

鞍钢公司在取得大连外代代表承运人莫帕提公司签发的清洁提单后,通过通知行中国银行鞍山分行向开证行转交包括正本提单、商业发票等在内的全套单证予以结汇,商业发票载明鞍钢公司货物总价值1 520 878.40美元。上述单据于7月18日转到开证行,因信用证出现不符点,开证行将全套单证退回,鞍钢公司于8月20日收到了退回的提单和发票。

鞍钢公司以富春公司和莫帕提公司为被告诉至大连海事法院,要求被告赔偿因无单放货造成的原告的损失并申请财产保全。大连海事法院于1996年5月6日在上海港扣押了富春公司所属的"SAN WAI"轮(原名UNISON GREAT)。5月17日,胜惟公司以被扣的"SAN WAI"轮为其所有为由,向法院提出异议。大连海事法院通知其作为本案的第三人参加诉讼。5月31日,中国人民保险公司受日本船东保赔协会的委托,为被扣船舶的船东向法院提供了180万美元的担保,法院解除了扣押。

案件在一审审理中,鞍钢公司撤回对莫帕提公司的起诉。

以上事实,有1995年7月8日莫帕提公司签发给千金一的提单正本、1995年7月

实际承运人・正本提单・凭副本提单加银行保函放货

9日大连外代签发给鞍钢公司的提单正本,鞍钢公司为获得清洁提单向大连外代出具的保函、千金一为获得1995年7月8日提单出具的保函、收货人提货保函、大连外代的收货单及法院扣押船舶的民事裁定以及开庭笔录等佐证。

五、再审裁判

最高人民法院认为:本案是鞍钢公司诉富春公司海上货物运输无单放货纠纷案。在一、二审审理过程中,当事人对适用《中华人民共和国海商法》未提出异议,故认定本案适用中国法律。

根据《中华人民共和国海商法》第270条的规定,船舶所有权的取得、转让和消灭,适用船旗国法律。关于本案"SAN WAI"轮所有权的问题,应适用巴拿马共和国的有关法律。根据原审法院查证,在大连海事法院扣押"SAN WAI"轮时,富春公司并未在公共登记局办理该船的所有权转移手续。因此,胜惟公司主张法院扣押时该轮所有权已经转移给胜惟公司的主张依据不足,不予支持。

本案鞍钢公司据以起诉的提单是"盛扬"轮的期租船人莫帕提公司的代理人大连外代所签发,提单亦是莫帕提公司的提单,提单上明确显示承运人为莫帕提公司。因此依照海商法的规定,富春公司作为承运船舶"盛扬"轮的船东,其与承运人莫帕提公司之间订有期租合同,并实际履行运输,应为本航次海上货物运输的实际承运人。鞍钢公司凭此提单诉富春公司海上货物运输合同纠纷,其诉权存在。但本案所涉货物运输中,除前述提单外,承运人莫帕提公司还签发给航次租船合同的租船人千金一一份提单。货物抵达目的港后,提货人向莫帕提公司出具银行担保,按照莫帕提公司的指令,凭银行担保和莫帕提公司签发给千金一的提单副本,船方将该货物交给了提货人,并在事后收回了莫帕提公司签发给千金一的提单正本。根据现有证据显示,装货港和卸货港的代理人均为承运人莫帕提公司委托,而根据期租船合同的约定,有关船舶营运的事宜,船方应听从租船人的指挥。故鞍钢公司主张富春公司参与无单放货的依据不充分。因此,原审认定船东富春公司对本案无单放货承担责任缺乏事实依据和法律依据。

鞍钢公司以富春公司实际接受了千金一申请签发提单的保函,并在香港起诉千金一为由,主张富春公司参与了签发提单给千金一的行为,依据不足,最高人民法院对该项主张不予支持。本案是鞍钢公司诉富春公司海上货物运输无单放货纠纷,不是签发提单纠纷。鞍钢公司在再审中主张其损失与两套提单的签发有关联,超出本案审理的范围。并且千金一的保函是致"盛扬"轮船东/代理/承运人/船长,从莫帕提公司实际签发提单的行为看,接受保函的是莫帕提公司,而不是富春公司。至于富春公司在鞍钢公司向大连海事法院对其起诉后,在香港起诉千金一的行为,亦不能证明富春公司参与了签发提单的行为。富春公司请求改判的理由符合法律规定,鞍钢公司的主张依据不充分,原审判决应予纠正。

依据《中华人民共和国海商法》第60条第1款,《中华人民共和国民事诉讼法》第

179条第1款第(二)、(三)项、第184条第1款的规定,判决如下:
(1) 撤销辽宁省高级人民法院(1997)辽经终字第39号民事判决书;
(2) 撤销大连海事法院〈1996〉大海法商初字第72号民事判决书;
(3) 驳回鞍钢公司的诉讼请求;
(4) 驳回富春公司、胜惟公司关于"SAN WAI"轮船舶所有权已转移至胜惟公司的请求。

Ⅲ 再审申请人日本饭野海运公司与被申请人江苏省苏豪国际集团股份有限公司海上货物运输合同纠纷案

案例来源:最高人民法院(2000)交提字第7号
主题词:凭指示加保函放货　无单放货违约责任　凭正本提单交货义务的免除

裁判要旨

No. HY-1.4-57 承运人负有凭正本提单交付货物的义务。承运人接受托运人的保函并根据托运人的要求和指示将货物交付给非正本提单持有人,不能免除其向善意取得正本提单的人交付货物的义务,应承担无单放货的违约赔偿责任。

一、基本案情

再审申请人(原审上诉人、一审被告):日本饭野海运公司(以下简称饭野公司)

再审被申请人(原审被上诉人、一审原告):江苏省苏豪国际集团股份有限公司(原江苏省丝绸进出口集团股份有限公司,以下简称丝绸公司)

武汉海事法院一审查明:1996年1月15日,江苏省苏豪国际集团股份有限公司与张家港保税区商城贸易公司(以下简称商城公司)签订了一份代理进口协议书,双方约定由丝绸公司为商城公司代理进口化工原料甲醇7 000吨,单价:USD151/MT,总金额:1 057 000美元,CFR中国江阴港。商城公司在丝绸公司对外开出信用证前5个工作日内,将全额货款的30%计人民币270万元以90天承兑汇票形式送达丝绸公司,以备丝绸公司对外开证。货物到港或丝绸公司实际承兑5个工作日内,商城公司以即期汇票方式足额付款赎单。1996年1月18日,丝绸公司与美国威玛国际有限公司(VIN-MARINTERNATIONALLTD.,以下简称威玛公司)按CFR价格签订了一份订货合同,合同约定由威玛公司向丝绸公司提供化工原料甲醇7 000吨,总金额1 078 000美元,丝绸公司以不可撤销的远期信用证向威玛公司付款。根据CFR贸易规则,该批甲醇由最初的卖方沙特阿拉伯王国的SABIC公司(以下简称SABIC公司)负责租用饭野公司所属的巴拿马籍"北极星皇后"(LODESTARQUEEN)轮承运。丝绸公司于1996年1月23日通过中国银行江苏省分行开出信用证后,该批甲醇在沙特阿拉伯王国的朱拜勒港(ALJUBILPORT.SAUDIARABIA)装上"北极星皇后"轮。该轮船长于1996年1月27日签发了 04 号已装船正本提单。该提单记载实装甲醇 7202.485 M.T,总价值 1 109 182.69 美元。1996 年 2 月 8 日,饭野公司授权江苏江阴船务代理公司(以下简称江阴船代)为船东在中国的代理。1996 年 2 月 15 日,威玛公司致丝绸公司如下内容的函"关于开出保函 – 7 000 MT + / – 5%至江阴港,请寄发给我方你们开出如下内容的保函的请求:'江苏丝绸,兹请求威玛公司开具保函以便顺利在江阴港卸货,江苏丝绸将承担接受所有不符点,并且为上面所提货物到期付款。否则,江苏丝绸必须出具银行保函去卸货'"。江苏丝绸公司根据威玛公司的函于 1996 年 2 月 16 日致函威玛公司称:"关于发出保函—北极星皇后号—合同编号 96SC-881001US 甲醇 7 000 MT + / – 5%至江阴。我们在此请求威玛公司发出在江阴卸货的保函。我们将承诺接受所有不符点,并将按期为上述运输支付价款。"威玛公司根据丝绸公司的请求向 SABIC 公司致函称:"我们在此以威玛公司的名义,请求 SABIC 公司发出保函,以便于在宁波、南通和江阴顺利卸货。威玛公司将承诺接受所有不符点,并将按期为上述运输支付价款。"1996 年 2 月 19 日,SABIC 公司根据威玛公司的请求致函"北极星皇后"号船东饭野公司称"货物 7 202 485 MT 甲醇,收货人:江苏省丝绸进出口公司。卸货地:江阴。上述货物已由 MESS. SABICMARKETINGLIMITED 安排上述船舶启运,收货人如上所述。但有关提单未能到达。我们在此请求你在收货人未能提交提单时,将上述货物交付给收货人"。1996 年 2 月 20 日饭野公司致函江阴船代称:"关于'北极星皇后'号船舶第 58 号航程/江阴,我们已经收到承租人对无正本提单的保函。因此,请在无正本提单的情况下将货物(甲醇/7 202.485 MT)放给中国南京的江苏丝绸进出口公司。"1996 年 2 月 23 日"北极星皇后"轮装载该批货物抵达中国江阴港。

另查明:1996 年 3 月,因该批甲醇涉嫌低报进口价格,偷逃关税,被江阴海关立案查处。江阴海关就该案去丝绸公司对有关人员进行调查时,当海关调查人员向主管该笔业务的业务员邵晓明问及该批甲醇是什么时间到江阴港的问题时,邵晓明回答"货物大概是在 1996 年 2 月 23 日左右到达江阴港的。外方通过银行寄过来的商业单据(提单、发票、合同等)大概是 3 月 1 日寄达我公司的"。1996 年 3 月 26 日,江阴海关对该批甲醇盖章放行。商城公司于 1996 年 3 月 27 日起至 5 月初陆续将该批甲醇提走。

以上事实有丝绸公司与商城公司签订的代理进口协议书、丝绸公司致威玛公司的传真函、威玛公司致 SABIC 公司的传真函、SABIC 公司致"北极星皇后"轮船东(饭野公司)的传真函、饭野公司致江阴船代的电传、江阴船代给饭野公司的传真、江阴海关的查问笔录、进口货物报关单等佐证。双方当事人对以上证据均无异议。

江苏省丝绸进出口集团股份有限公司根据江苏省对外贸易经济合作厅(2000)苏外经贸贸字第 898 号批复,更名为:江苏苏豪国际集团股份有限公司(以下简称苏豪公司)。并于 2000 年 10 月 10 日在江苏省工商行政管理局办理了变更手续。

二、一审裁判

武汉海事法院一审认为:苏豪公司为国际货物买卖合同的买方,是该批货物全套正本提单持有人,对该批货物享有无可争议的所有权。饭野公司将货物运抵目的港后应向正本提单持有人苏豪公司交付货物。由于饭野公司没有尽到承运人交付货物的义务,使正本提单持有人苏豪公司无货可提,其不能免责的过错应由饭野公司向苏豪公司承担赔偿责任。依照《中华人民共和国民法通则》第106条第1款、第112条第1款,《中华人民共和国海商法》第46条第1款、第59条第1款、第78条第1款,《中华人民共和国民事诉讼法》第128条的规定,判决:饭野公司偿付苏豪公司因无单放货造成的经济损失人民币10 851 864.75元。

饭野公司不服该一审判决向湖北省高级人民法院提出上诉。

三、二审裁判

湖北省高级人民法院经审理认为:苏豪公司作为国际贸易合同的买方是该批货物全套正本提单合法持有人,是提单项下货物的所有人。饭野公司将货物运抵目的港后应向正本提单持有人苏豪公司交付货物,但饭野公司没有尽到承运人交付货物的义务,使正本提单持有人苏豪公司无货可提,侵害了苏豪公司提单项下货物所有权,应向苏豪公司承担赔偿责任。本案苏豪公司主张的是提单项下货物所有权,其相对义务人应是承运人饭野公司。苏豪公司与商城公司的代理进口法律关系,饭野公司与江阴船代的代理法律关系,属另外的法律关系,本案不予审理。饭野公司提出应追加商城公司和江阴船代为本案第三人以及本案遗漏了贸易法律关系和适用法律错误等上诉理由均不能成立。一审判决认定事实清楚,证据确实、充分,适用法律正确。判决:驳回上诉,维持原判。上诉案件受理费人民币65010元由饭野公司负担。

四、再审申请与答辩

饭野公司不服湖北省高级人民法院上述终审判决,向最高人民法院提出再审申请。主要理由是:① 两审法院的判决忽略了苏豪公司已从商城公司获得了370万元人民币货款的事实,致使苏豪公司获得了双重赔偿。② 饭野公司无单放货是应苏豪公司的请求而实施的。因此,苏豪公司应承担无单放货的风险。③ 苏豪公司在向商城公司索回部分货款的情况下,应视为认可商城公司代其提货的事实。既然选择了依外贸代理关系向商城公司索赔,就不应再向运输合同承运人行使请求权。

苏豪公司答辩称:① 苏豪公司从商城公司获得的370万元人民币是商城公司向苏豪公司支付的270万元人民币的开证保证金及其后支付的100万元人民币的赎单款。虽然370万元人民币的取得超出了苏豪公司的损失数额,但是饭野公司应在承担了对苏豪公司的赔偿责任后代位商城公司主张返还支付的款项。② 饭野公司有义务向正本提单持有人苏豪公司交付货物,苏豪公司所持正本提单的物权凭证作用并不因其出具保函行为而丧失。饭野公司本应将货物妥善地交付给既是正本提单持有人亦为保函指定的收货人苏豪公司而没有妥善正确交付,应承担错误交付货物的责任。

五、再审裁判

最高人民法院认为：本案是饭野公司与苏豪公司之间的海上货物运输合同纠纷。苏豪公司持有饭野公司签发的经托运人背书的空白指示提单是双方之间存在货物运输合同的证明。该合同约定的目的港和实际交付货物的行为均在中华人民共和国境内，当事人对原审判决适用中华人民共和国法律均无异议，最高人民法院予以确认。

依据《中华人民共和国海商法》第71条的规定和合同约定，承运人饭野公司负有凭正本提单交付货物的义务。其接受托运人的保函并根据托运人的要求和指示将货物交付给非正本提单持有人，不能免除其向善意取得正本提单的人交付货物的义务，应承担无单放货的违约赔偿责任。苏豪公司作为该批甲醇的正本提单的合法持有人，享有正本提单项下货物的物权。但是，在该批甲醇还没有到达目的港时，苏豪公司请求托运人威玛公司要求租船人SABIC公司出具保函，指示承运人饭野公司不凭正本提单将货物放给苏豪公司，苏豪公司这一行为已免除了承运人饭野公司凭正本提单交付货物的义务。这一事实同时表明，苏豪公司已经放弃了所持正本提单的部分权利，即流转到苏豪公司手中的提单对其而言已丧失了提货凭证和担保物权效力。

苏豪公司免除了承运人饭野公司凭正本提单交付货物的责任，应当承担相应的法律后果。因而，饭野公司未按指示将货物交给苏豪公司而交给了持有副本提单的商城公司的行为，不论是否有过错，均与苏豪公司不能向商城公司收回全部货款的损失之间没有因果关系。故苏豪公司请求饭野公司承担将货物交付商城公司的过错责任的主张，不予支持。苏豪公司在商城公司没有依约定向其支付全额货款便提走货物时，就应当充分认识到其合法权利会受到损害，然而苏豪公司并没有采取相应的措施维护其自身的权利，未请求海关停止办理商城公司的货物通关手续，放任商城公司从1996年3月27日至1996年5月初陆续将该批甲醇提走。而苏豪公司知道提单项下货物正在被商城公司提走而没有采取措施阻止商城公司持续提货的行为，应视为苏豪公司认可商城公司无单提货。期间，苏豪公司又多次向商城公司催要货款，并且实际收取了商城公司部分货款，其行为已表明其承认货物所有权已转移给了商城公司的事实，也标志着其不能再凭正本提单向承运人主张权利。苏豪公司依据不再具有担保物权凭证效力的提单向饭野公司索赔货款的理由不能成立，最高人民法院对其诉讼请求不予支持。原审判决认定事实有误，适用法律不当，应予纠正。饭野公司的其他诉讼请求因证据不足，不予支持。

根据《中华人民共和国民事诉讼法》第177条第2款、第184条第1款的规定，判决如下：
（1）撤销湖北省高级人民法院（1997）鄂经终字第294号民事判决；
（2）撤销武汉海事法院（1996）武海法商字第128号民事判决；
（3）驳回苏豪公司的诉讼请求。

112 原告上海东达进出口有限公司与被告上海迅汇国际货物运输代理有限公司海上货物运输合同纠纷案

案例来源：上海海事法院(2009)沪海法商初字第451号

主题词：无单放货　举证规则　集装箱跟踪记录

> **裁判要旨**
>
> **No. HY-1.4-58**　海上货物运输合同无单放货案件应由索赔人对承运人的无单放货行为予以先行举证，即索赔人应当证明在其仍持有全套正本提单的情况下，货物已脱离了承运人及其代理人的掌管，其主张的承运人无正本提单交付货物的事实方能得以成立。承运人对索赔人诉称的无单放货事实及其初步举证，则可以反证并未实施无单放货的行为。

一、基本案情

原告：上海东达进出口有限公司

被告：上海迅汇国际货物运输代理有限公司

原告诉称：2008年6月13日，其将一批汽车接插件交付被告自中国上海出运至荷兰鹿特丹，被告为此签发了编号为TIM08060019的提单。因国外买方未付货款，该提单现仍由原告持有。经调查，前述货物在目的港已被提取。为此，请求判令被告赔偿：货款损失1 726.50欧元，前述货款按同期银行贷款利率计算至2009年4月30日产生的利息损失人民币1 165.33元，利率损失人民币3 033元。

被告辩称：涉案货物为拼箱货，原告仅凭集装箱跟踪记录无法证实无单放货行为的发生；货物现仍存放于目的港代理人的仓库，其并未实施无单放货行为。为此，请求驳回原告的诉请。

二、法院查明事实

上海海事法院经审理查明并确认如下法律事实：

2008年6月13日，被告作为承运人签发了编号为TIM08060019的提单，为原告出运一批汽车接插件。提单载明托运人为原告，收货人和通知人均为英瑞特欧洲有限公司(IntramcoEuropeB.V.)，目的港交货代理为CargoServiceInternationalBV，装货港为中国上海，卸货港和目的地均为荷兰鹿特丹。根据提单记载，货物数量为29件，货物描述为403012P7PinsPlugMetal，重量为435公斤，体积为1立方米，运输区间为场至站。货物出口报关单记载的货物品名为PinsPlugMetal，价值1 726.50欧元。案件审理期间，被告提交了经我国驻荷兰大使馆认证的公证书，证明经当地公证员于2009年9月23日在前述目的港交货代理CargoServiceInternationalBV租用的仓库进行清点，前述编号提单项下品名为PinsPlugMetal的货物数量为28件，短少1件。

三、法院裁判

上海海事法院认为,依照《中华人民共和国海商法》第 71 条的规定:"提单,是指用以证明海上货物运输合同和货物已经由承运人接收或者装船,以及承运人保证据以交付货物的单证。"提单中载明的向记名人交付货物,或者按照指示人的指示交付货物,或者向提单持有人交付货物的条款,构成承运人据以交付货物的保证。

上海海事法院认为,根据诉辩双方庭审中的陈述及各自举证,本案争议焦点在于被告是否在目的港实施了无单放货行为。依据举证规则和司法实践,海上货物运输合同无单放货案件应由原告对被告的无单放货行为予以先行举证,即原告应当证明在其仍持有全套正本提单的情况下,货物已脱离了承运人及其代理人的掌管,其主张的被告无正本提单交付货物的事实方能得以成立。被告对原告诉称的无单放货事实及其初步举证,则可以反证并未实施无单放货的行为。

综观原告在本案中的举证情况,其提供的集装箱跟踪记录未经公证,且被告对此提出异议,即使该材料能够证明集装箱已经拆箱重新投入其他运输的事实,但涉案货物拼箱运输的事实表明,货物运抵目的港交付前必须在场站先行拆箱,因此原告仅凭集装箱跟踪记录并未完成初步证明被告已将货物交付他人的事实。此外,原告还以其与客户贸易结算方式推定客户已收货及反证被告无单放货,但即使贸易双方约定后 TT 结算方式,在无相关证据足以佐证的情况下也不必然推出客户已收货,更不能以贸易中的约定进而认定被告无单放货。至于庭审中原告主张现存放于目的港仓库内的货物并非涉案货物,鉴于本案中并无证据证明起运港出运货物的外部直观状况,因此本案目前缺乏足够的事实依据以支持原告的前述主张。

反观被告,其已提供了符合证据形式要求的公证文书。虽然该文书记载货物编号与相应提单记载的货物编号,在尾数或字母上存在细微差别,但其载明了涉案提单编号。尽管原告也提交了其持有的公证书复印件,鉴于该公证书复印件的来源和客观性、关联性及合法性尚需原告进一步予以证明,因此本案目前难以认定被告实施了无单放货的行为。被告提供的公证书表明编号为 TIM08060019 的提单下短少 1 件货物,而原告提起的诉讼请求是判令被告承担无正本提单交付货物的赔偿责任,且并未提供证据主张货物短少的损失赔偿,诉讼期间也未对此作出调整以变更诉请,故本院认为原告可以另行主张。

综上,依照《中华人民共和国海商法》第 71 条、《中华人民共和国民事诉讼法》第 64 条第 1 款和最高人民法院《关于民事诉讼证据的若干规定》第 2 条之规定,判决如下:

对原告上海东达进出口有限公司的诉讼请求不予支持。

113 原告瑞英纤维株式会社与被告青岛中和国际物流有限公司海上货物运输合同纠纷案

案例来源:上海海事法院(2010)沪海法商初字第1083号

主题词:CY/CY　整箱接货与交货　货物控制权

> **裁判要旨**
>
> **No. HY-1.4-59**　在货物的交接方式为堆场至堆场(CY/CY)的情况下,承运人应当在装货港集装箱堆场整箱接货,负责运抵卸货港集装箱堆场整箱交货,收货人负责在卸货港集装箱堆场整箱提货和拆箱,拆箱后应将空箱于规定期限内交至承运人指定的堆场。在索赔人仍持有正本提单的情况下,装载货物的集装箱已经拆箱的事实可以初步证明承运人无单放货行为成立。

一、基本案情

原告:瑞英纤维株式会社(SO YOUNG TEXTILE CO., LTD.)

被告:青岛中和国际物流有限公司

原告诉称:2009年9月23日,原告将价值95 477.87美元的纺织品交由被告承运,被告签发了编号为SHEXF09090075的正本提单,并负责将货物从上海港运往乌拉圭蒙得维的亚。货物到港后,被告在没有获得原告授权,且原告仍持有正本提单的情况下擅自将货物放行,致使原告无法收回货款,造成原告经济损失。原告认为,被告作为承运人违反凭单放货的义务,应依法承担赔偿责任。据此,请求判令被告赔偿货款损失人民币648 043.31元及利息损失(按中国人民银行同期企业活期存款利率,自起诉之日起计算至本判决生效之日止),并承担本案诉讼费。

被告辩称:根据涉案报关出口情况,原告在中国没有登记住所地,并非本案托运人;本案原告所持正本提单不是货物所有权凭证,而是货物到达目的港后根据托运人的电放要求由承运人签发的提货凭证,原告未到目的港主张过提货,因此不能认定被告存在无单放货行为;原告未提供证据证明被告存在无单放货行为,虽然被告确认货物在到达目的港后由于无人提货已经拆箱,但是被告系将货物交于被告在目的港的交货代理人,并不构成无单放货;原告主张以商业发票显示金额计算涉案货物价值没有依据,货物价值应以出口报关单记载金额为准。

二、法院查明事实

上海海事法院经审理查明并确认如下法律事实:

2009年7月,原告与吉姆特公司约定,由原告向吉姆特公司出售一批纺织品,原告于7月16日向吉姆特公司开具了订单号为SY-907161的形式发票,形式发票显示货物金额为98 550美元。原告遂向泰戈公司购买该批纺织品,2009年7月23日,泰戈公司向原告开具了 TG09070 号形式发票。2009 年 9 月 21 日,泰戈公司又向原告开具了 TG09074 号商业发票。同日,原告亦向吉姆特公司开具了 SY-907161 号商业发票,商业发票上记载货物金额为 95 477.87 美元。

原告将涉案纺织品交由被告承运,被告接受委托后,由其上海分公司签发了 SHEXF09090075 号提单。提单载明:托运人为原告,收货人和放货联系人为敦尼科公司,船名航次为 ITAL MASSIMA/016W,装运港上海,卸货港乌拉圭蒙得维的亚(MONTEVIDEO,URUGUAY),货物装载于一个 20'GP 的集装箱内,箱号为 MAGU2101247,运输方式 CY-CY,装船日期和提单签发日期均为 2009 年 9 月 23 日。原告现持有一式三份正本提单。货物最终由长荣海运股份有限公司实际承运,长荣海运股份有限公司签发的 EGLV142953179534 号提单上显示的收货人为敦尼科公司。

2010 年 4 月 14 日,中华人民共和国浙江省绍兴市越州公证处出具公证书,显示涉案集装箱已于 2009 年 10 月 29 日到达目的港乌拉圭蒙得维的亚并卸货,11 月 7 日空箱返回。

涉案出口货物报关单的海关编号为 223120090814219947,其上载明的经营单位和发货单位为泰戈公司,船名航次、货物件数、集装箱箱号等均和涉案提单记载一致,显示的货物价值为 72 600 美元。2009 年 10 月 9 日,被告的上海分公司向泰戈公司开具 00184151 号国际货物运输代理业专用发票,向泰戈公司收取拖车费、订舱费、港口附加费等相关费用。

韩国国民银行斯塔塔分行出具的 2009 年 7 月 1 日到同年 12 月 31 日原告的外汇交易明细显示,原告并未收到货物买方吉姆特公司支付的涉案货款。涉案 713327601 号出口收汇核销单显示,涉案货款并未进行核销。

中国人民银行公布的 2010 年 9 月 27 日美元与人民币的汇率中间价为 1:6.7098。

三、法院裁判

上海海事法院认为,本案系海上货物运输合同无单放货赔偿纠纷。原告系在中国境外注册的企业法人,原、被告诉争的无单放货环节发生在境外,本案具有涉外因素。根据法律规定,合同当事人经协商一致可以选择解决涉外合同纠纷的准据法,原、被告在庭审中均表示适用中国法律处理本案纠纷,上海海事法院确定以中国法律作为审理本案纠纷的准据法。

关于原告主体地位认定的问题:上海海事法院认为,根据已查明的事实,涉案货物系原告从中国购入后转卖于国外收货人,由此涉案货物自中国的出口报关及相应运输委托手续由中国贸易商办理并无不当,因此不能仅凭出口货物报关单上显示的发货单位和经营单位为泰戈公司以及运输委托手续由泰戈公司办理即否定原告作为托运人的地位。提单,是用以证明海上货物运输合同和货物已经由承运人接收或者装船,以及承运人保证据以交付货物的单证。原告系涉案正本提单的持有人和载明的托运人,被告是正本提单载明的承运人。因此,原、被告之间通过涉案提单证明的海上货物运输合同关系成立,原告有权向被告主张提单项下的权利。

关于涉案无单放货事实是否成立以及被告应否承担赔偿责任的问题:上海海事法院认为,由于提单显示涉案货物交接方式为堆场至堆场(CY-CY),可以认定货物系以整箱交接。涉案货物于2009年9月23日出运,载货集装箱到港拆箱卸货后,已空箱返回,被告对集装箱到港后已拆箱的事实亦予确认。根据航运惯例和有关规定,在货物的交接方式为堆场至堆场的情况下,承运人应在装货港集装箱堆场整箱接货,负责运抵卸货港集装箱堆场整箱交货,收货人负责在卸货港集装箱堆场整箱提货和拆箱,拆箱后应将空箱于规定期限内交至承运人指定的堆场。因此,在原告仍持有正本提单的情况下,装载涉案货物的集装箱已经拆箱的事实可以证明被告无单放货行为成立。被告未收回正本提单即交付货物,致原告在未收到货款的情况下不能控制货物,应依法承担违约赔偿责任。被告辩称货物系交与其目的港代理人敦尼科公司,并不构成无单放货,且被告系按托运人指示电放货物。上海海事法院认为,被告并未提供有效证据证明敦尼科公司的真实身份,亦未提供证据证明涉案货物目前仍在敦尼科公司的掌控之下,即使货物目前仍在敦尼科公司的掌控之下,被告亦未能证明其对货物仍然享有控制权,同时,被告亦未提供有效证据证明托运人指示其将涉案货物电放。因此,对被告的此项抗辩上海海事法院不予采纳。

关于原告损失问题:现有证据表明,原告与泰戈公司均未收到货物买方吉姆特公司支付的涉案货款,因此原告损失存在。原告主张以商业发票记载的金额计算货款损失。上海海事法院认为,商业发票系原告单方出具,不能凭此确定货物的实际价值。涉案报关单经过海关盖章报备,货物的价值应以报关单记载金额为准。根据报关单显示,涉案货物实际价值为72 600美元。

关于汇率及利息损失:原告请求货款损失按美元与人民币的汇率中间价1∶6.787折算。上海海事法院认为,原告主张以人民币折算损失的请求合理,但其未提供证据证明在提起诉讼前曾向被告主张过赔偿,因此货款损失应以原告起诉之日即2010年9月26日中国人民银行公布的美元与人民币的汇率中间价计算。因2010年9月26日系国家法定节假日,因此应以次日即2010年9月27日美元与人民币的汇率中间价1∶6.7098计算,由此可得出原告的货款损失为人民币487 131.48元。原告请求利息损失按中国人民银行同期企业活期存款利率自起诉之日起计算至本判决生效之日止。上海海事法院认为,原告主张的利息损失系因被告迟延赔付产生的孳息损失,可予支持。

综上,依照《中华人民共和国海商法》第41条、第42条第(一)、(三)项,第55条第1款,第71条,第269条,《中华人民共和国民事诉讼法》第64条第1款的规定,判决如下:

(1) 被告青岛中和国际物流有限公司应于本判决生效之日起10日内向原告瑞英纤维株式会社(SO YOUNG TEXTILE CO., LTD.)赔偿货款损失人民币487 131.48元及利息损失(利息损失按中国人民银行同期企业活期存款利率,自2010年9月27日起计

算至本判决生效之日止);

(2) 对原告瑞英纤维株式会社(SO YOUNG TEXTILE CO.,LTD.)的其他诉讼请求不予支持。

如果被告青岛中和国际物流有限公司未按照本判决指定的期间履行给付义务,应当依照《中华人民共和国民事诉讼法》第229条之规定,加倍支付迟延履行期间的债务利息。

114 上诉人上海励志国际物流有限公司与被上诉人绍兴市冠友西服有限公司、法国达飞轮船公司海上货物运输合同纠纷案

案例来源:上海市高级人民法院(2011)沪高民四(海)终字第55号
主题词:货交海关或港口当局 举证责任 无单放货

裁判要旨

No. HY-1.4-60 承运人依照提单载明的卸货港所在地法律规定,必须将承运到港的货物交付给当地海关或者港口当局的,不承担无正本提单交付货物的民事责任,但承运人须提供有效证据证明卸货港所在地法律中有关于货物运抵目的港后必须交付海关或码头进行放货的明确规定。

一、基本案情

上诉人(原审被告):上海励志国际物流有限公司(以下简称励志物流)
被上诉人(原审原告):绍兴市冠友西服有限公司(以下简称冠友西服)
原审第三人:法国达飞轮船公司(CMA CGM.S.A.)

上海海事法院查明,冠友西服委托励志物流将男式西服套装运往巴西。2009年10月25日励志物流签发编号为TRBSH0970701的提单承运涉案货物,提单记载抬头人为励志物流,托运人为冠友西服,收货人为巴西领带衬衫独立贸易进出口有限公司(以下简称巴西公司),装运港为上海,卸货港和目的港均为巴西南圣弗朗西斯科,货物为男式西服套装JOB774-2、集装箱号为CMAU1033765。同日,达飞轮船接受励志物流的委托承运上述涉案货物,并签发了抬头为达飞轮船的提单一份,该份提单的提单号为CNUN042533,托运人为励志物流,提单中关于装运港、卸货港和目的港、运输船舶、货物名称、数量、集装箱号等主要内容与TRBSH0970701提单相对应内容完全一致。涉案货物运抵目的港后,巴西公司在目的港未持有TRBSH0970701或CNUN042533提单的情况下将涉案货物提走。

上海海事法院法院还查明,达飞轮船(中国)有限公司官方网站显示2010年9月9日涉案集装箱的当前动向为,空箱运回FL678WANL航次中的托运人,所在地为上海。

上海海事法院法院再查明,涉案货物出口报关单显示涉案货物总价为48 057.75

美元。2009 年 9 月 2 日,巴西公司通过电子邮件的方式向原告出具了对账单和还款计划。该份电子邮件记载巴西公司 2008 年和 2009 年共计欠冠友西服货款 210 734.96 美元,之前依据老合同欠款 10 606.40 美元两项共计欠款 221 341.90 美元。计划自 2010 年 2 月起每月 20 日还款 20 000 美元直至付清时止。该份邮件的附件列明了冠友西服和巴西公司 2008 至 2009 年两年业务明细,涉案货物的货款金额为 49 856 美元,巴西公司已支付了首期货款金额为 9 240 美元,余款未支付。2010 年 1 月 19 日,冠友西服向巴西公司发送的催款电子邮件中对上述的还款计划表示同意。巴西公司于 2010 年 3 月 10 日向冠友西服还款 19 958 美元,同年 5 月 13 日还款 16 212.45 美元,5 月 14 日还款 3 674.55 美元。冠友西服取得的涉案货物报关单所对应的出口收汇核销单已在国家外汇管理局办理了核销手续。一审庭审中,冠友西服明确表示不向达飞轮船主张损失。

二、一审裁判

上海海事法院一审认为,涉案的两份提单均系海上货物运输合同的证明,在本案的委托关系中冠友西服应为托运人,励志物流和达飞轮船分别为契约承运人和实际承运人。作为承运人,他们均有义务按照运输合同的要求将货物安全运出,并凭提单在目的港交付货物。根据现已查明的事实,励志物流将涉案货物的运输交达飞轮船履行,涉案货物运抵目的港后,巴西公司在未持有正本提单的情况下取得涉案货物。达飞轮船虽称按照巴西的法律规定,涉案货物必须交给码头和海关,交付后承运人不再享有控制权,但在规定的期限内其未能提供符合要求的巴西相关法律规定以及已将涉案货物交给目的港码头和海关的证明,故对达飞轮船的该项主张不予采信。励志物流未经冠友西服许可,且在无法定免责事由的情况下由达飞轮船实施了无单放货的行为,励志物流和达飞轮船均应承担相应的赔偿责任,但鉴于冠友西服在庭审中仅向励志物流提出赔偿请求,而不向达飞轮船主张上述权利,应视为冠友西服已放弃对达飞轮船的权利主张。

关于涉案货物的金额以及冠友西服的货物实际损失。上海海事法院一审认为,根据冠友西服与巴西公司来往的电子邮件,巴西公司曾向冠友西服确认欠款共计 221 341.90 美元,并制定了还款计划以及欠款明细列表,冠友西服对此明确表示认可。欠款明细列表中标注有涉案货物,故涉案货款包含在上述欠款中,涉案货物及预付款金额应以欠款明细列表的相应内容为准,现冠友西服主张的货款金额在巴西公司认可的金额范围内,且各方当事人均无异议,故涉案货款的金额应认定为 48 057.75 美元,巴西公司支付的预付款为 9 240 美元。鉴于冠友西服和巴西公司对欠款达成了还款协议,应视为对以往欠款的还款时间进行了新的确定,至于巴西公司随后的还款针对本案的部分,应先确定涉案货物欠款金额在巴西公司确认的总欠款额 221 341.90 美元中所占比例,然后在 39 845 美元范围内依据上述比例进行确定,应认定就涉案货物,冠友西服尚有人民币 208 859.35 元货款未能收回。

货交海关或港口当局・举证责任・无单放货

综上所述,励志物流和达飞轮船作为涉案货物的承运人有义务按照运输合同的要求将货物安全出运,并凭提单在目的港交付货物。现励志物流和达飞轮船未经冠友西服许可且无法定事由情况下实施无单放货行为,导致冠友西服的货物损失,冠友西服要求励志物流承担相应的赔偿责任,其主张于法有据应予支持。至于冠友西服不向达飞轮船主张权利应视为其放弃上述权利。综上,上海海事法院一审遂依据《中华人民共和国海商法》第46条第1款、第55、60、71、269条,《中华人民共和国民事诉讼法》第64条第1款之规定,判决如下:

(1)励志物流于判决生效之日起10日内向冠友西服支付赔偿款人民币208 859.35元(按美元与人民币汇率1∶6.62计算)并支付无单放货之日2009年12月10日起按中国人民银行同期存款利率计算至本判决生效之日止的利息损失;

(2)对冠友西服的其他诉讼请求不予支持。

三、上诉与答辩

励志物流上诉认为,原审认定事实有误,适用法律错误。原审未查明巴西放货由海关或码头控制,承运人在将货物卸入码头后就失去对货物控制权的事实是否成立。同时,若达飞轮船未能证明其放货行为符合巴西法律,则其应当与励志物流承担连带赔偿责任。据此,请求二审法院撤销原判,依法改判。

冠友西服答辩认为,原审认定事实清楚,判决结果正确。原审中,冠友西服仅诉请要求作为合同相对人的励志物流承担无单放货的赔偿责任,并未要求达飞轮船承担赔偿责任,故励志物流有义务证明巴西法律的相关规定,以支持其抗辩理由,现励志物流未能举证,应当承担举证不能的法律后果。据此,请求二审法院驳回上诉,维持原判。

达飞轮船答辩认为,原审判决结果正确。冠友西服已经明确表示对达飞轮船没有任何诉请,达飞轮船无需承担任何责任。关于巴西法律有关货物放行的规定应当是励志物流的举证责任,励志物流要求达飞轮船承担相关的举证责任是不公平的。

达飞轮船在二审中提交了一份巴西律师的法律意见书,用以证明巴西法律规定货物运抵码头后由海关和码头实施放货,货物的控制权在海关和码头,收货人可凭励志物流签发的货代提单提取货物,无需提供海运提单。

上海市高级人民法院认证认为,鉴于达飞轮船提供的法律意见书系在境外形成,但其未能提供经过公证认证的证据原件,且法律意见书未能列明巴西法律以证明承运人必须将货物交付给海关或码头并由海关或码头进行放货的事实,对该证据的证据效力不予确认。

励志物流、冠友西服在二审中均未提交新的证据材料。

四、二审裁判

上海市高级人民法院经审理查明,原判认定事实清楚,应予确认。

上海市高级人民法院认为,本案系海上货物运输合同纠纷。励志物流上诉认为达飞轮船应当举证证明巴西法律的相关规定，否则就应与励志物流承担连带赔偿责任。本案的争议焦点在于巴西法律是否明确规定货物运抵港口后必须交给海关或码头，并由海关或码头进行放货，承运人失去对货物的控制权；达飞轮船是否应当承担连带赔偿责任。

关于巴西法律是否存在货物交付海关或码头进行放货的相关规定。上海市高级人民法院认为，励志物流和达飞轮船在一审中确认涉案货物已经被无单放货。根据最高人民法院《关于审理无正本提单交付货物案件适用法律若干问题的规定》的规定，承运人依照提单载明的卸货港所在地法律规定，必须将承运到港的货物交付给当地海关或者港口当局的，不承担无正本提单交付货物的民事责任。本案中，达飞轮船和励志物流都未能提供有效证据证明巴西法律中有关于货物运抵目的港后必须交付海关或码头进行放货的明确规定，故励志物流关于货物运抵巴西港口后必须交给海关或码头进行放货，且承运人丧失货物控制权的抗辩不成立，励志物流作为承运人应当承担无单放货的赔偿责任。

关于达飞轮船是否应当承担连带赔偿责任。上海市高级人民法院认为，冠友西服已经在一审审理过程中明确表示仅根据合同关系向励志物流主张无单放货的赔偿责任，对达飞轮船没有任何诉请。冠友西服不向达飞轮船主张权利应视为其放弃上述权利。上海市高级人民法院对励志物流要求达飞轮船承担连带赔偿责任的主张不予支持。

综上所述，励志物流的上诉理由缺乏事实和法律依据，上海市高级人民法院对其上诉请求不予支持。上海海事法院一审认定事实清楚，判决结果正确，应予维持。依照《中华人民共和国民事诉讼法》第153条第1款第（一）项、第158条之规定，判决如下：

驳回上诉，维持原判。

115 原告港中旅华贸国际物流股份有限公司与被告以星综合航运有限公司海上货物运输合同纠纷案
案例来源：上海海事法院（2011）沪海法商初字第523号
主题词：提单背面法律适用条款　格式文本　保函换取提单　保函责任

> **裁判要旨**
>
> **No. HY-1.4-61**　承运人违反法律规定，无正本提单交付货物，损害正本提单持有人提单权利的，正本提单持有人可以要求承运人承担由此造成损失的民事责任。
>
> **No. HY-1.4-62**　托运人向承运人承诺出具保函以换取提单，托运人的保函责任应限于运输单证变更所可能导致承运人承担的对外责任，但不应当包括承运人对内违约的合同责任。

一、基本案情

原告:港中旅华贸国际物流股份有限公司

被告:以星综合航运有限公司(ZIM INTEGRATED SHIPPING SERVICES LTD.)

原告诉称:2010年7月,其接受案外人江苏弘业股份有限公司(以下简称江苏弘业)委托,将货物从中国上海运至美国亚特兰大,并为此向江苏弘业签发了提单。同时,原告将上述货物委托给被告实际承运,被告向原告签发了编号为ZIMUSNH4811545的提单。2011年2月,江苏弘业以无单放货为由将原告诉至上海海事法院,要求原告承担无单放货责任并赔偿47 764.60美元。由于上述货物由被告实际承运,而原告尚持有被告签发的全套正本提单,被告未经许可实施了无单放货行为,使得原告遭受了托运人江苏弘业的索赔,故被告应承担相应无单放货责任。为此,原告请求判令被告赔偿其因(2011)沪海法商初字第232号案[以下简称(11)商初232案]对外支付的赔偿47 764.60美元及该案案件受理费人民币3 157.50元。

被告辩称:涉案运输单证为海运单,海运单项下货物一旦装船,货物的所有权已属于收货人,故原告对货物没有所有权;即便认为涉案运输单证为提单,该提单为记名提单,根据美国法律,承运人可不凭正本提单交付货物;另案判决与本案并无关联,并非在另案中原告正对外赔付,在本案中被告就必然应该承担责任。为此,被告请求驳回原告的诉请。

二、法院查明事实

上海海事法院经审理查明并确认如下法律事实:

2010年7月,案外人江苏弘业为履行贸易约定,委托原告出运涉案货物。原告接受委托后,于7月4日在上海签发了全套正本提单,载明托运人为江苏弘业,收货人与通知方为TRIVESTA LINENS LLC,船名/航次为ZIM HAIFA/V.023E,装货港上海,卸货港萨凡纳,交货地亚特兰大,830纸箱货物装载于编号为ZCSU7018906的40英尺高箱中。涉案出口货物报关单载明,货物名称为床上用品六件套,成交方式为FOB,总价67 906.80美元,与商业发票载明货物价值相同。江苏弘业确认其曾收到涉案货物的部分货款计20 142.20美元。根据被告网站查询所得的集装箱流转记录显示,涉案编号为ZCSU7018906的集装箱已于9月14日在亚特兰大空箱进场。2011年2月17日,江苏弘业向上海海事法院起诉原告,请求判令其赔偿因无单放货造成的损失47 764.60美元。上海海事法院经审理,在(11)商初232案中依法判决原告向江苏弘业赔偿损失47 764.60美元,并负担案件受理费人民币3 157.50元。该判决生效后,原告已履行相应付款义务。

另查明,原告在接受江苏弘业的委托后,又委托被告实际出运涉案货物。原告在订舱时曾要求被告签发海运单,并由原告自行发送AMS信息。被告遂向原告出具了未经签发的编号为ZIMUSNH4811545的海运单,载明托运人为CTS INTERNATIONAL

TRANSPORTATION CO., LTD., 收货人与通知方为 CTS GLOBAL SUPPLY CHAIN SOLUTIONS, 船名/航次为 ZIM HAIFA/23/E, 装货港上海, 目的港萨凡纳, 最终目的地亚特兰大, 830 纸箱货物装载于编号为 ZCSU7018906 的 40 英尺高箱中;另海运单正面下方载明"海运单,未签发正本"。在承运原告案外托运的同船同航次货物时,被告向原告出具的编号为 ZIMUSNH4811464 海运单亦未经其签发。

又查明,后原告向被告出具更改保函,要求将原海运单更改为提单,并承诺由此产生的费用与责任由其承担。被告遂由其下属公司代理在上海签发了编号为 ZIMUSNH4811545 的全套正本提单,记载内容与海运单基本相同。庭审中,被告确认涉案货物已不在其实际掌控之下。

还查明,涉案提单背面条款载明,该提单仅受美国法律约束。

三、法院裁判

上海海事法院认为,原、被告间就涉案货物运输有效建立了海上货物运输合同关系,因运输单证最终变更为提单,则双方均应据此按约行使权利并履行义务。根据双方诉辩主张,本案纠纷主要涉及法律适用及保函责任等争议焦点。

关于涉案合同的法律适用问题:本案被告住所地在中国境外,纠纷涉及自中国至美国的海上货物运输,且涉案货物系在中国境外被放行,故本案所涉法律关系具有涉外因素。原、被告双方可协议选择合同适用的实体准据法。本案中,提单背面条款虽载明该提单仅受美国法律约束,但该条款系被告所预先制作的格式文本,且可能在记名提单情况下对托运人的权利有重大影响。在此前提下,被告并未将该条款列明于提单正面,亦未采取其他有效措施对原告予以特别提醒,致使原告在接受该提单的过程中无法对该背面条款予以合理的关注,此时原告接受提单的行为显然不能当然地认为对该条款予以接受和认同。综上,涉案提单背面关于法律适用的条款,不能体现双方间充分有效的合意,故不应据此约束原告。庭审中,原告认为涉案合同应适用中国法律,而被告则认为应适用美国法律。在原、被告未能合意选择合同适用的实体准据法时,应适用与该合同有最密切联系的法律。本案中,原告住所地在中国境内,证明涉案海上货物运输合同的提单也在中国境内签发,故理应以中国法律作为合同适用的实体准据法。

关于原告应承担的保函责任问题:根据在案证据显示,原告目前仍持有被告签发的全套正本提单,而被告亦自认涉案货物已不在其实际掌控之下,由此应认定涉案货物在作为承运人的被告未收回正本提单的情况下,已在目的港被放行。被告所签发的涉案提单,系其保证据以交付货物的单证。在原告仍持有涉案全套正本提单的情况下,货物却已被放行,显然被告已构成违约。即使考虑被告前述关于适用美国法律的抗辩意见,其亦未能举证证明将货物放行给了提单载明的记名收货人 CTS GLOBAL SUPPLY CHAIN SOLUTIONS,故无法免除其作为承运人所应承担的法律责任。被告抗辩称,原告在更改保函中承诺承担将海运单更改为提单所产生的责任,故涉案纠纷责任应由原告自负。上海海事法院认为,首先,原、被告双方通过更改保函,就涉案货物运输单证变更达成了新的合意,则被告作为承运人在签发提单后应履行凭单放货的义务;其次,原告承诺的保函责任,从通常意义上理解,应限于运输单证变更这一客观事实所可能导致被告承担的对外责任,但不应包括被告对内违约的合同责任;最后,被告未能按约履行承运人义务,其违约行为并不能为原告所合理预见,故由此造成的后果亦不应视为包括在原告承诺的保函责任范围内。故上海海事法院对被告上述抗辩不予采信。

由此,被告理应赔偿因其无单放货的违约行为所造成原告的损失47764.60美元。原告关于另案案件受理费支出的诉请,并不在法律规定的承运人无单放货损失赔偿范围内,对此上海海事法院不予支持。

综上,依照《中华人民共和国合同法》第107条,《中华人民共和国海商法》第71条,《中华人民共和国民事诉讼法》第64条第1款,最高人民法院《关于贯彻执行〈中华人民共和国民法通则〉若干问题的意见(试行)》178条第1款,最高人民法院《关于审理无正本提单交付货物案件适用法律若干问题的规定》第1、2、6条,最高人民法院《关于审理涉外民事或商事合同纠纷案件法律适用若干问题的规定》第5条,最高人民法院《关于民事诉讼证据的若干规定》第74条之规定,判决如下:

(1)被告以星综合航运有限公司(ZIM INTEGRATED SHIPPING SERVICES LTD.)应于本判决生效之日起10日内向原告港中旅华贸国际物流股份有限公司赔偿损失47764.60美元;

(2)对原告港中旅华贸国际物流股份有限公司的其他诉讼请求不予支持。

被告以星综合航运有限公司(ZIM INTEGRATED SHIPPING SERVICES LTD.)如未按照本判决规定的时间履行给付金钱义务,应当依照《中华人民共和国民事诉讼法》第229条之规定,加倍支付迟延履行期间的债务利息。

116 原告温州市五机化医外贸有限公司与被告上海泷特国际物流有限公司海上货物运输合同纠纷案

案例来源:上海海事法院(2012)沪海法商初字第33号
主题词:CY/CY 整箱交货义务 货款支付协议

裁判要旨

No. HY-1.4-63 承运人责任期间为场到场(CY/CY)的,承运人向收货人负有整箱交接货物的义务。如果在承运人责任期间,集装箱已经拆箱并投入其他航次使用,但托运人仍持有全套正本提单,除非承运人能提供证据证明货物仍在其控制之下,否则,承运人构成无单放货行为。

No. HY-1.4-64 承运人无单放货后,正本提单持有人与收货人就货款支付达成的协议不影响提单持有人要求承运人承担无单放货责任。

一、基本案情

原告：温州市五机化医外贸有限公司

被告：上海泷特国际物流有限公司

原告诉称：2011 年 1 月，原告将价值 139 000 美元（按汇率 6.544 计算折合人民币 909 616 元）的太阳镜委托给被告承运至英国南安普顿港。被告于 1 月 31 日签发正本提单一式三份。货物运抵目的港后，被告在目的港未凭正本提单将货物放行，导致收货人拒绝向原告付款赎单，造成原告全部货款损失。为此，原告请求判令被告赔偿原告货物损失人民币 909 616 元，以及前述款项自 2011 年 4 月 13 日起至实际赔偿之日止按每日万分之二点五计算的利息损失（暂计至 2011 年 10 月 15 日止为人民币 42 069.74 元）、赔偿律师费损失人民币 48 000 元。庭审中，原告对利息损失的诉讼请求变更为按照中国人民银行同期活期存款利率，自 2011 年 4 月 13 日起计算至判决生效之日止。

被告辩称：原告提交的集装箱流转记录仅能证明实际承运人拆箱，不能证明作为无船承运人的被告已经无单放货；原告没有有效证据证明遭受货款损失；即使原告遭受了货款损失，也应扣除销售合同载明的预付款；利息损失应按活期存款利率，且原告起诉之日起算；货物损失应按原告起诉之日的汇率折算人民币；律师费损失没有法律依据。故被告请求驳回原告诉请。

二、法院查明事实

上海海事法院经审理查明确认事实如下：

2011 年 1 月 31 日，被告签发编号为 LGSHOE110109801A 的提单承运原告托运的 542 箱太阳镜。提单记载的托运人为原告，收货人和通知人均为 BLUE GEM EYEWEAR LTD，船名/航次为 CMA CGM ALASKA/FL716W，集装箱号为 ECMU4193501，装货港为上海，卸货港和交货地均为英国南安普顿，责任期间为 CY-CY。4 月 12 日，收货人向原告发送电子邮件称已经收到涉案货物。据网上集装箱流转信息显示，装运涉案货物的集装箱已经拆箱并投入其他航次运输。原告现仍持有涉案的一式三份正本提单。

涉案货物发票编号为 11D105ZJ，记载的货物金额为 139 000 美元。涉案货物报关单编号为 223120110810066034，记载的经营单位和发货单位均为原告，运输方式为水路运输，船名航次、集装箱号、货物品名与涉案提单上的记载一致，货物总价为 139 000 美元，批准文号为 763308539。据国家外汇管理局温州市中心支局出具的核销证明显示，原告核销方式为自动滚动核销，无核销批次，无对应号，其中核销单号 763308539、发票号 11D105ZJ、金额 139 000 美元已于 2011 年 3 月份核销。

另查明，涉案货物体现在 2010 年 8 月 23 日至 2010 年 10 月 13 日原告与收货人签订的 10 份销售合同中，其中部分合同订有 30%~50% 不等的预付款以及余款在装船之后 60 天内支付的条款。原告称未收到包括预付款在内的涉案货款。

根据原告向收货人发送的对账单显示，原告自 2009 年 12 月份起先后向收货人发送了共计 42 批货物，其中涉案货物为最后一批；总货款为 544 845.40 美元，原告已收到 320 266.85 美元，其中最后一批货款于 2011 年 1 月 27 日收到；未收到货款共计 224 578.55 美元，其中涉案货物的货款为 137 227.70 美元，即在涉案货物出运前，收货人尚欠原告货款 87 350.85 美元。原告在庭审中自认，涉案报关单显示的货物金额 139 000 美元包含部分的案外人货款，其中的原告货款应为 137 227.70 美元。

还查明，原告为本案诉讼支付了律师费人民币 48 000 元。

三、法院裁判

上海海事法院认为，本案系海上货物运输合同纠纷。涉案运输合同项下纠纷涉及货物自中国至英国的海上运输，本案具有涉外因素。根据法律规定，合同当事人经协商一致可以选择解决涉外合同纠纷的准据法。因原、被告在庭审中均表示适用中国法律，故上海海事法院确定以中国法律作为审理本案纠纷的准据法。

关于无单放货事实以及被告责任。上海海事法院认为，原告将涉案货物交由被告出运，被告向原告签发了提单，原、被告之间的海上货物运输合同关系依法成立，原告系托运人，被告系承运人。提单显示的承运人责任期间为场到场（CY-CY），即承运人向收货人负有整箱交接货物的义务。现涉案集装箱已经拆箱并投入其他航次使用，可以初步证明收货人已经收到涉案货物，且收货人在电子邮件中也确认了收货事实。被告虽辩称集装箱拆箱系实际承运人所为，不能证明货物已被放行，但未能提供证据证明涉案货物仍在其控制之下，且放货行为发生在被告责任期间，故对被告的上述抗辩上海海事法院不予采纳。现原告仍持有涉案的全套正本提单，被告无单放货行为成立，被告应当向原告承担无单放货的赔偿责任。

关于原告货物损失金额。被告认为，原告未能提供有效证据证明涉案货款系滚动核销，应当认定原告已经收到涉案货款；即使涉案货款系滚动核销，原告也已经收到预付款 12 715.83 美元，应当从损失中扣除。上海海事法院认为，首先，根据国家外汇管理局温州市中心支局出具的核销证明可以认定，涉案核销单系滚动核销，并非由涉案货物收货人汇入的货款核销。其次，原告与收货人的电子邮件、对账单、报关单、发票、银行水单等证据可以证明原告与收货人存在长期贸易关系，双方按照总额对账方式结算货款，原告发货的金额与收货人支付的货款金额并非一一对应。涉案货物为原告向收货人发送的最后一批货物，在涉案货物出运前，收货人尚欠原告货款 87 350.85 美元，在收货人并非就逐笔货物一一对应支付货款的情况下，不能认定收货人已向原告支付了涉案货物的预付款。再次，根据最高人民法院《关于审理无正本提单交付货物案件适用法律若干问题的规定》第 13 条的规定，承运人无单放货后，正本提单持有人与收货人就货款支付达成的协议不影响提单持有人要求承运人承担无单放货责任。本案中，原告与收货人之间的销售合同虽然约定了预付款，但原告在未收到预付款的情况下仍可就全部货物损失要求承运人承担无单放货的赔偿责任。综上所述,原告并未收到涉案货物货款,其货物损失应以原告向收货人催讨的金额 137 227.70 美元为准。

关于原告货物损失金额折算、利息损失和律师费损失。原告主张以 2011 年 4 月 12 日即收货人向原告确认收到货物之日美元对人民币汇率折算货物损失金额,利息损失按照人民币活期存款利率从 2011 年 4 月 13 日起计算至判决生效之日止。被告辩称 2011 年 4 月 12 日并非无单放货之日,原告以此主张折算货物损失金额并无依据,应以原告起诉之日美元对人民币汇率中间价折算货物损失金额,利息损失也应从原告起诉之日起计算,律师费损失无法律依据。上海海事法院认为,原告未提供证据证明其与收货人约定了涉案货款的支付时间,也未提供证据证明在本案起诉前向被告主张过赔偿,故原告货物损失金额应以原告起诉之日即 2011 年 10 月 27 日美元对人民币的汇率中间价 1∶6.3477 折算,计为人民币 871 080.27 元,并从该日起按照中国人民银行同期人民币活期存款利率计算利息损失。律师费系原告其自愿支付的诉讼成本,原告诉请该损失缺乏法律依据,上海海事法院不予支持。

综上,依照《中华人民共和国海商法》第 41 条、第 42 条第(一)项、第 71、269 条,最高人民法院《关于审理无正本提单交付货物案件适用法律若干问题的规定》第 6、13 条,最高人民法院《关于适用〈中华人民共和国合同法〉若干问题的解释(二)》第 20 条,《中华人民共和国民事诉讼法》第 64 条第 1 款之规定,判决如下:

(1)被告上海泷特国际物流有限公司应于本判决生效之日起 10 日内向原告温州市五机化医外贸有限公司赔偿货物损失人民币 871 080.27 元,以及按中国人民银行同期人民币活期存款利率,自 2011 年 10 月 27 日起计算至本判决生效之日止的利息损失;

(2)对原告温州市五机化医外贸有限公司的其他诉讼请求不予支持。

117 **原告绍兴县松青纺织有限公司为与被告上海驰洋国际货物运输代理有限公司、上海驰洋国际货物运输代理有限公司宁波分公司海上货物运输合同纠纷案**
案例来源:宁波海事法院(2010)甬海法商初字第 54 号
主题词:提单更改　更改后的提单　签收记录

> **裁判要旨**
>
> **No. HY-1.4-65**　托运人将提单交给承运人要求更改,但并未放弃持有提单的权利,托运人仍视为合法的提单持有人。
>
> **No. HY-1.4-66**　承运人未将更改后的提单交给托运人,若承运人在目的港无单放货,不影响托运人主张承运人承担无单放货的责任。

一、基本案情

原告:绍兴县松青纺织有限公司

被告:上海驰洋国际货物运输代理有限公司(以下简称上海驰洋公司)

被告:上海驰洋国际货物运输代理有限公司宁波分公司(以下简称上海驰洋宁波公司)

原告绍兴县松青纺织有限公司起诉称:2009年3月,原告通过深圳市宇得国际货运代理有限公司宁波分公司(以下简称深圳宇得宁波公司)委托被告上海驰洋宁波公司将一个40英尺集装箱的货物从宁波运至墨西哥。被告上海驰洋宁波公司接受委托后签发了以被告上海驰洋公司为承运人的无船承运人提单(编号为CYN93035)交付原告。涉案集装箱货物出运后,原告分别于2009年3月26日、3月30日申请被告上海驰洋宁波公司更改收货人和货物品名,被告上海驰洋宁波公司同意更改并收回原告持有的全套正本提单。经原告与被告上海驰洋宁波公司协商后约定更改后的提单存放于被告上海驰洋宁波公司处,两被告根据原告书面电放指示放货。此后,经原告查询,该集装箱已于2009年4月21日从目的港空箱返回,同时被告上海驰洋宁波公司也确认涉案集装箱货物已于2009年4月13日在目的港被收货人提走,致使原告无法收回货款,故诉至法院,要求两被告共同赔偿原告货物损失66631.1美元及自2009年4月13日起至实际支付之日止按银行同期贷款利率计算的利息。

被告上海驰洋公司、上海驰洋宁波公司答辩称:两被告对该集装箱货物的出运,2009年3月26日、3月30日更改提单及2009年4月13日货物被收货人提走等事实无异议,但被告上海驰洋宁波公司从未与原告直接接触,不存在协商确定更改后的正本提单存放于被告上海驰洋宁波公司处的事实,更改后的正本提单已交付原告,现原告未持有全套正本提单,无权就该提单项下权利向承运人索赔,故请求法院驳回原告全部诉讼请求。

二、法院查明事实

宁波海事法院认定下列事实:

2009年3月,原告通过深圳宇得宁波公司委托被告上海驰洋宁波公司将一个40英尺集装箱的货物(报关单记载货物价值为66631.1美元)从宁波运至墨西哥的MANZANILLO。被告上海驰洋宁波公司出具了以被告上海驰洋公司为承运人的无船承运人提单(编号为CYN93035),并于2009年3月18日由深圳宇得宁波公司领取该提单交付原告。涉案集装箱货物出运后,原告分别于2009年3月26日、3月30日向被告上海驰洋宁波公司申请更改收货人和货物品名,被告上海驰洋宁波公司同意更改并收回原告持有的全套正本提单。涉案集装箱货物于2009年4月13日在目的港被提取。原告遂以两被告未经原告电放指示擅自放货,致使无法收回货款为由诉至法院,要求两被告共同赔偿原告货物损失66631.1美元及自2009年4月13日起至实际支付之日止按银行同期贷款利率计算的利息。

三、法院裁判

宁波海事法院认为,本案被告上海驰洋公司接受原告的委托承运涉案货物,与原告之间建立了海上货物运输合同关系。被告上海驰洋宁波公司虽参与了涉案提单的签发等事宜,但是依照《中华人民共和国公司法》第14条第1款的规定,分公司不具有法人资格,其民事责任由公司承担,故本案货物运输合同下承运人相关权利义务应由被告上海驰洋公司承受,原告对被告上海驰洋宁波公司的诉请,宁波海事法院不予支持。原、被告各方对于涉案集装箱货物的提单签发、货物出运及在目的港被放行等基本事实无异议,争议集中于涉案提单更改后是否已交付原告。原告诉称其未收到更改后的提单,而两被告主张更改后的提单已在收回原全套正本提单的同时交付深圳宇得宁波公司的跑单人员,但其提供的提单签收本上仅有深圳宇得宁波公司跑单人员签收原提单的签收记录,并无更改后的提单的签收记录,故该项主张缺乏证据支持,宁波海事法院不予采信。原告虽将原提单交还给被告要求更改,但并未放弃持有提单的权利,仍应视为合法的提单持有人,故货物在目的港被收货人提走,被告上海驰洋公司应对原告损失承担赔偿责任。原告同时主张自实际放货日(2009年4月13日)起按银行同期贷款利率计算的利息,理由充分,但利率应计至本案判决确定的履行之日止。

综上,依据《中华人民共和国合同法》第107条,《中华人民共和国海商法》第55条第1款、第72条,《中华人民共和国公司法》第14条第1款之规定,判决如下:

被告上海驰洋国际货物运输代理有限公司于本判决生效后10日内支付原告绍兴县松青纺织有限公司货款损失66 631.1美元及利息(从2009年4月13日至本判决确定的履行之日止以中国人民银行同期贷款利率计算)。

[118] 原告宁波××国际贸易有限公司与被告上海×××国际物流有限公司海上货物运输合同纠纷案

案例来源:宁波海事法院(2011)甬海法商初字第320号
主题词:提单长期未流转　主张提货的权利　减少滞箱费而拆箱

裁判要旨

No. HY-1.4-67　托运人持有承运人签发的提单却长期未流转,也不主张提货,承运人为了减少滞箱费而拆箱,可以合理解释为"为防止损失扩大而采取适当措施"。承运人举证货物仍储存于目的港仓库,而托运人无相反举证的,视为未发生无正本提单放货。

一、基本案情

原告:宁波××国际贸易有限公司

被告:上海×××国际物流有限公司

原告宁波×××国际贸易有限公司起诉称:2010年11月,原告向西班牙MAPRIP,S. A.出口一批化妆包、化妆袋及笔袋,价值FOB 29 162.2美元,委托被告出运。2010年11月9日,被告出具了YE001681号提单,提单记载托运人为原告,收货人为MAPRIP, S. A.,装港为宁波港,卸货港为西班牙巴塞罗那港,船名为MAERSK ALTAIR,航次为V.1008,集装箱号为PONU0406720。货到目的港后,被告无单放货,导致原告货款损失,遂诉至法院,要求被告赔偿原告货款损失29 162.2美元(以2011年10月25日美元对人民币汇率6.3425折合184 961元人民币)及利息(从2010年12月10日至判决确定的支付日按银行人民币同期贷款利率计算)。

被告答辩称:原告非托运人,原、被告间无海上货物运输合同关系,本案货物托运人是宁波金意国际贸易有限公司;涉案提单项下货物确已拆箱,但仍储存于被告目的港代理仓库,被告未无单放货;涉案货物货款收货人已于2010年11月15日汇入宁波金意国际贸易有限公司指定账户,原告非托运人无损失。

二、法院查明事实

宁波海事法院认定下列事实:

2010年11月,原告向西班牙MAPRIP,S. A.出口一批化妆包、梳子、笔袋等货物,出口报关FOB价格29 162.2美元,委托被告出运。随后,原告取得了由EVERICH WORLDWIDE LTD.于2010年11月9日签发的编号为YE001681的正本提单,该提单记载:托运人为原告,收货人为MAPRIP,S. A.,装港为宁波港,卸货港为西班牙巴塞罗那港,船名航次为MAERSK ALTAIR V. 1042S,集装箱号为PONU0406720,货运方式为CFS-CY。货物运至目的港后被被告拆箱。涉案提单原告未曾交付提单记载收货人或其他第三方,亦未自行提货,未收到涉案货物货款。

三、法院裁判

宁波海事法院认为:原告委托被告出运涉案货物,被告向原告交付了涉案正本提单,涉案提单记载原告为托运人,被告亦认可其承运人身份,故宁波海事法院认定原、被告就涉案货物成立海上货物运输合同关系,双方应依约履行。本案双方争议主要集中在原告是否已收到提单项下货物货款及无单放货事实是否存在。结合双方证据法院评析如下:

对于被告是否收到涉案货款,宁波海事法院认为原告已举证证明涉案货物系批次收汇核销,用于核销的款项并非收货人支付;被告提交的收货人MAPRIP,S. A.向宁波金意国际贸易有限公司支付款项证据未经公证认证,亦无原告收悉货款的直接依据,宁波海事法院认定原告未收到涉案货物货款。

对于无单放货事实问题,原告提供了集装箱流转信息,以证明无单放货事实发生,被告否认无单放货。涉案货物从抵达目的港(2010年12月9日左右)至原告证据显示

提单长期未流转·主张提货的权利·减少滞箱费而拆箱

的涉案集装箱投入流转时间(2011年2月11日)已近2个月,已远超到港后集装箱免费使用期间,至原告起诉(2011年11月2日)已近8个月时间,原告所持涉案提单从签发至今未曾流转,亦未曾提货,被告为减少产生滞箱费而拆箱系合理减损,至此被告已对其拆箱作出合理解释,同时被告已提供目的港相应公证文书证明货物仍存储于目的港仓库,未曾放货,也无证据证明被告曾拒绝交付货物,故宁波海事法院认定原告诉称被告无单放货事实依据不足,不予采信。

依前述分析,原告诉称被告无单放货事实证据不足,其要求被告赔偿货款及利息损失的诉讼请求缺乏事实与法律依据,宁波海事法院不予支持,依法应予以驳回。依据《中华人民共和国民事诉讼法》第64条第1款之规定,判决如下:

驳回原告宁波××国际贸易有限公司的诉讼请求。

119 原告宁波新龙时装进出口有限公司与被告商船三井株式会社海上货物运输合同无单放货纠纷案

案例来源:宁波海事法院(2004)甬海法商初字第406号
主题词·实际托运人　银行托收价格　货物提取证明

裁判要旨

No. HY-1.4-68　实际托运人如果并非是提单上记载的托运人,但其通过货运代理人进行了出货、报关出口以及支付运费等实际行为的,应认定为实际托运人。即使实际托运人持有与实际装货港不符的二程船提单,也不影响正本提单的法律效力,其是海上货物运输合同的一方主体,亦有合法的诉权。

No. HY-1.4-69　出口货物的报关单的金额明显低于银行托收的发票价格的,但有证据证明商业发票上的货物单价与贸易订单载明单价相符,且与银行托收价格相同的,以银行托收价格作为货物实际价格进行认定。

No. HY-1.4-70　托运人提供货物已被收货人提取的初步证据,而承运人无证据证明货物未被提取的,应当推定承运人无单放货行为成立。

一、基本案情

原告:宁波新龙时装进出口有限公司
被告:商船三井株式会社(Mitsui O. S. K. Lines, Ltd.)

原告宁波新龙时装进出口有限公司诉称:2003年11月,原告两次委托被告从宁波出运货物经新加坡至鹿特丹港,收货人均为SARAH TEX TEXTIL-GROB-UND(以下简称SARAH公司),结汇方式为银行托收。两批货物分别于2003年11月15日和23日在宁波港交付被告,货价分别为157 017.60美元、54 651.60美元,运费分别为10 081.04美元、4 943.47美元。上述货物到达目的港后,收货人一直未付款赎单,银行将上述提单正本全部退还给原告。经查,被告已将上述货物无单放货给了收货人 SARAH 公司。原告遂诉请法院判令被告赔偿货款损失 211 669.20 美元、运费损失 15 024.51 美元(两项合计折合人民币 1 881 557.80 元)及自 2003 年 12 月 21 日起至实际支付之日止,按日万分之二点一计付的利息,并赔偿律师费人民币 109 956 元。

被告商船三井株式会社辩称:

(1)原告不是其持有二程提单记载的托运人,二程提单的装货港是新加坡,原告未在新加坡交付托运货物,故原告无提单项下货物的诉权;

(2)原告未提供本公司在目的港无单放货的证据,故要求本公司承担无单放货赔偿责任无事实依据;

(3)原告起诉标的达 20 万余美元,而其提供的报关单载明货价和外汇核销金额均仅为 10 万余美元,原告诉请赔偿额与其实际损失不符,法院不应保护原告未向外汇局如实申报的外汇收入,且涉案两票货物的核销单已办理核销手续,故原告并无损失存在;

(4)原告主张日万分之二点一的利息损失及要求本公司承担律师费用,无相关法律依据。综上,请求法院依法驳回原告诉请。

二、法院查明事实

宁波海事法院确认如下事实:

2003 年八九月份,原告与 SARAH 公司通过订单方式达成 3 笔男式印花法兰绒裥棉长袖衬衫的出口贸易业务,价格条款为 C&F 4.7 美元/件。尔后,原告将上述货物分两票通过致远公司委托被告从宁波出运至鹿特丹,并分别支付运费 10 081.04 美元和 4 943.47 美元。应原告关于"从新加坡转船,出新加坡提单"的要求,致远公司与被告确认提单时,明确要求被告签发从新加坡出运的二程船提单,故被告于 2003 年 11 月 24 日和 12 月 1 日在宁波分别签发 MOLU478428819 和 MOLU478429133 号两套从新加坡出运至鹿特丹的正本提单。提单载明:托运人 YOUNG INTERNATIONAL (BD) LTD,收货人:SARAH 公司,通知人同收货人,承运船分别为:HYUNDAI FORTUNE V. 318W 和 HYUNDAI DISCOVERY V. 318W,货物为全棉男式法兰绒裥棉外套,运费预付,提单签发地新加坡等。该两票货物从宁波北仑海关出口报关的总价分别为 83 520 美元和 25 704 美元。同年 11 月 26 日和 12 月 3 日,该两票货物通过上海浦东发展银行宁波分行 D/P 托收,其中商业发票号 XL03213 项下的托收价、发票价均为 157 017.60 美元,XL03217 项下的托收价、发票价均为 54 651.60 美元。因 SARAH 公司未付款,全套单据于 2004 年 9 月 8 日退回原告。涉案两票货物已借用案外贸易合同下的收汇办理核销手续。对于货物的下落,被告表示货物还在目的港,但未提供任何证据。原告遂以其尚持有两套正本提单,而被告未凭单交货造成其损失为由诉至宁波海事法院。

三、法院裁判

宁波海事法院认为,本案系涉外纠纷,审理中当事人双方明确要求适用中国法处理涉案争议,故本案应适用《中华人民共和国海商法》和其他相关法律审理。

原告非提单载明的托运人,提单载明装运港也为新加坡而非宁波,但货物实际由原告通过货代委托被告从宁波出运并报关出口,原告支付从宁波至鹿特丹的海运费,上述事实足以证明涉案货物实际由原告自宁波交付出运,故原告是《中华人民共和国海商法》第42条第(三)项第2目所指的托运人。原告持有被告签发从新加坡出运的二程提单,不影响原告持有正本提单的合法性,应认定原告与被告存在着以提单为证明的海上货物运输合同关系。被告关于原告既非提单载明的托运人,也非交付货物的实际托运人的抗辩,理由不足,宁波海事法院不予采信。

根据《中华人民共和国海商法》第71条的规定,提单是承运人据以向收货人交付货物的物权凭证,即承运人负有凭正本提单交付货物的基本义务。原告已提供涉案货物已被收货人提取的初步证据,涉案货物出运业务系被告下属三井中国公司实际操作,被告亦认可三井中国公司持有涉案集装箱流转信息方面的证据,但三井中国公司无正当理由拒不提供,应推定原告关于装载涉案货物的集装箱已被拆箱、被告的行为已构成无单放货的主张成立。被告虽抗辩货物至今仍在目的港,但未提供相应证据,宁波海事法院不予采信。

对于原告主张的货款损失,涉及货物价值的认定问题。本案出口货物报关单上的金额明显低于银行托收的发票价格,但原告提供证据证明商业发票上的货物单价与贸易订单载明单价相符,也与银行托收价格相同。从出口货物报关的实践操作来看,出口货物报关单上的货物价值系原告自行申报的价格,海关在审查出运货物的合法性问题时,通常并不对货物的实际价值作出准确审验。原告因出口贸易所需,其申报货物价值与货物实际价值不符,但被告未举证证明该行为违背我国海关监管法规的相关规定,故宁波海事法院依实际情况认定本案两票货物的价值为157 017.60美元和54 651.60美元,合计211 669.20美元。

涉案核销单虽已完成核销退税手续,但原告进一步举证证明涉案核销单的核销系借用案外贸易合同下的收汇,故涉案货款并未自买方SARAH公司处实际收到。被告认为涉案货物已核销、原告已无实际损失存在的抗辩,证据与理由不足,故宁波海事法院不予采信。

由于涉案货物发票价格中已包含运费,故原告要求被告再予支付海运费的诉请,与货款损失部分诉请重复,依法应不予支持。至于原告主张按日万分之二点一计付货款损失利息的诉请,无相应法律依据,应按中国人民银行规定的同期贷款利率标准计付。因原告为本案诉讼支付的律师费用与被告的违约行为有法律上的因果关系,故该费用应由被告承担。

综上,依照《中华人民共和国海商法》第46条第1款、第55条第1款、第71条、第

269 条之规定,判决如下:

(1) 被告商船三井株式会社于本判决生效后 10 日内支付原告宁波新龙时装进出口有限公司货款损失 211 669.20 美元及利息(自 2003 年 12 月 21 日起至实际支付之日止,按中国人民银行规定同期贷款利率计付)、律师费损失人民币 109 956 元;

(2) 驳回原告宁波新龙时装进出口有限公司的其他诉讼请求。

120 原告宁波长运国际物流有限公司与被告北欧亚货柜航运有限公司海上货物运输合同无单放货纠纷案

案例来源:宁波海事法院(2005)甬海法商初字第 50 号
主题词:实际托运人　电放保函　律师代理费

> **裁判要旨**
>
> **No. HY-1.4-71**　实际托运人与提单记载的托运人不一致,但基于其向承运人进行了订舱行为并接受承运人签发的提单,可以认定双方货物运输合同法律关系成立,具有托运人的主体资格,享有实际托运人权利。
>
> **No. HY-1.4-72**　托运人向承运人出具电放保函,并将全套正本提单交还承运人,承运人予以接受的,若承运人未根据托运人的电放指示及提单记载交付货物,承运人的行为构成违约,应依法承担相应的法律责任。

一、基本案情

原告:宁波长运国际物流有限公司(以下简称长运公司)

被告:北欧亚货柜航运有限公司(Norasia Container Lines Limited,以下简称北欧亚公司)

原告长运公司诉称:2004 年 3 月,本公司接受客户委托,通过浙江远洋宁波国际货物运输公司委托北欧亚公司出运一批货物,北欧亚公司以传真方式签发提单给长运公司,长运公司随后签发了一套提单给案外人金华浙中国际仓储贸易有限公司。货物到港后却由北欧亚公司无单放货给第三人,长运公司在赔付案外人损失后,遂诉请法院判令北欧亚公司立即赔付长运公司经济损失人民币 610 452.63 元、律师费损失人民币 30 000 元。

被告北欧亚公司辩称:

(1) 本案已过诉讼时效。根据《中华人民共和国海商法》第 257 条规定,长运公司在赔偿案外人金华浙中国际仓储贸易有限公司之后向本公司提出追偿的时效期间为 90 日,应自长运公司收到金华浙中国际仓储贸易有限公司的起诉状副本之日起计算,即自 2004 年 8 月起算,而长运公司向本公司提起诉讼是 2005 年 1 月,已超过 3 个月时效期间。

(2) 长运公司没有诉权。长运公司不是提单记载托运人,也不是收货人,而且长运公司也未向本公司直接支付运费,因此长运公司没有诉权。

(3) 本公司的责任期间根据提单是 CY-CY,本公司在堆场电放交付货物,没有过错。

(4) 根据目的港放货惯例,货物运抵目的港后本公司已失去控制权,而且长运公司电放指令收货人 Allied 公司已向实际提货人 Yomer 公司发出货物到港通知,货物也实际由 Yomer 公司提取,本公司在货物交付过程中没有过错,不应该承担任何责任。故请求法院驳回长运公司诉请。

二、法院查明事实

宁波海事法院确认如下事实:

2004 年 2 月,金华浙中国际仓储贸易有限公司与外商 Yomer 公司签订合同,约定由其向外商提供价值 104 520 美元(FOB)、640 箱汽动滑板车。金华浙中国际仓储贸易有限公司将上述货物委托长运公司出运。2004 年 3 月 29 日,长运公司签发了正本提单一式三份,载明:收货人 Yomer 公司,船名 CSCL BARCELONA V.0058E,货名 640 箱汽动滑板车,起运港宁波,卸货港美国洛杉矶,运输方式 CY-CY,运费预付等。尔后,长运公司将上述货物通过浙江远洋宁波国际货运公司委托北欧亚公司承运,北欧亚公司向其签发了全套正本提单,载明:托运人 Larch Navigation(F. E.)LTD.,收货人和通知人均为 Allied 公司,其余内容均与长运公司签发提单内容相同。长运公司于 2004 年 3 月 23 日向北欧亚公司出具电放保函,要求北欧亚公司在收回北欧亚正本提单的情况下将上述货物电放给收货人 Allied 公司,北欧亚公司予以接受,并收回全套正本提单。货物运抵目的港后,北欧亚公司将上述货物交由 Yomer 公司报关代理提取。Yomer 公司收到涉案货物后,先后分三次向金华浙中国际仓储贸易有限公司汇付货款 35 000 美元。因余款索赔未果,金华浙中国际仓储贸易有限公司诉至宁波海事法院,宁波海事法院于 2004 年 10 月 25 日作出(2004)甬海法商初字第 295 号民事判决,要求长运公司于判决生效后 10 日内支付金华浙中国际仓储贸易有限公司货款损失 69 520 美元及利息损失。长运公司在支付金华浙中国际仓储贸易有限公司上述赔偿款后,向北欧亚公司索赔,因协商无果遂诉至宁波海事法院。

三、法院裁判

宁波海事法院认为,本案系海上货物运输合同纠纷,根据《中华人民共和国海商法》第 269 条规定,合同当事人可以选择合同适用的法律。由于长运公司、北欧亚公司在起诉、应诉及庭审中均引用中国法进行诉讼,故应视为双方合意选择《中华人民共和国海商法》及相关法律处理本案纠纷。

长运公司通过浙江远洋宁波国际货运公司向北欧亚公司订舱,北欧亚公司接受委托后,向长运公司签发全套正本提单,应当认定双方之间海上货物运输合同成立,并合法有效。长运公司在本案中委托浙江远洋宁波国际货运公司将货物交给北欧亚公司，根据《中华人民共和国海商法》第42条规定，应当认定长运公司符合托运人的法律地位，有权向承运人北欧亚公司提起诉讼。至于北欧亚公司曾签发提单上记载托运人为Larch Navigation (F. E.) LTD.，长运公司陈述主要基于运费等方面的考虑，因北欧亚公司对其直接签发提单给长运公司、长运公司出具电放保函等事实并无异议，故宁波海事法院认为北欧亚公司主张长运公司无诉权的抗辩不能成立。

长运公司向北欧亚公司出具电放保函，并将全套正本提单交还北欧亚公司，北欧亚公司予以接受。但北欧亚公司未根据长运公司的电放指示将涉案货物交付给指定的收货人Allied公司，而擅自交付给Yomer公司，导致长运公司依法赔偿案外人金华浙中国际仓储贸易有限公司相应货款损失，因此，作为承运人，北欧亚公司未根据电放指示及提单记载交付货物的行为，已构成违约，应依法承担相应的法律责任。北欧亚公司认为根据目的港放货惯例已将货物正确交付给货主的抗辩，既无相应证据佐证，也违反承运人凭单放货的法律规定，宁波海事法院不予采信。

根据《中华人民共和国海商法》第257条规定：在时效期间内或者时效期间届满后，被认定为负有责任的人向第三人提起追偿请求的，时效期间为90日，自追偿请求人解决原赔偿请求之日起或收到受理对其本人提起诉讼的起诉状副本之日起计算。至于该追偿时效规定的起算点，参照最高人民法院《涉外商事海事审判实务问题解答（一）》第170条规定，原赔偿请求若是通过法院诉讼解决的，该条所规定的追偿请求人向第三人追偿时效的起算点自追偿请求人收到法院认定其承担赔偿责任的生效判决之日起算，宁波海事法院(2004)甬海法商初字第295号民事判决日期为2004年12月25日，其向北欧亚公司提起本案诉讼日期为2005年1月14日，即长运公司向北欧亚公司起诉在上述规定的时效之内，故北欧亚公司提出长运公司起诉已超过诉讼时效的抗辩不成立。

由于北欧亚公司未依约交付货物，导致长运公司赔偿货主损失610 452.63元，并由此支出两次诉讼合理的律师代理费，上述损失与北欧亚公司违约行为有因果关系，故长运公司要求北欧亚公司赔偿上述损失的诉请有理，宁波海事法院予以支持。

综上，依照《中华人民共和国海商法》第55条、第71条、第257条第1款，《中华人民共和国民事诉讼法》第237条规定，判决如下：

被告北欧亚货柜航运有限公司于本判决生效后10日内支付原告宁波长运国际物流有限公司经济损失610 452.63元及律师费损失30 000元。

[12] 原告（反诉被告）浙江省义乌市对外经济贸易有限公司与被告（反诉原告）地中海航运公司海上货物运输合同无单放货纠纷案

案例来源：宁波海事法院(2005)甬海法商初字第348号
主题词：海关罚没　无单放货　剩余货物　保管费

> **裁判要旨**
>
> **No. HY-1.4-73** 出口货物因托运人的原因被海关罚没,且海关出具手续的,承运人就该部分货物免除交付义务,不承担无单放货的法律责任。

一、基本案情

原告(反诉被告):浙江省义乌市对外经济贸易有限公司

被告(反诉原告):地中海航运公司(Mediterranean Shipping Company S. A. ,Geneva)

原告诉称:2004 年 12 月 30 日,原告委托被告将原告、东阳市吉荣塑料实业有限公司(以下简称东阳吉荣)以及潜山县外贸总公司(以下简称潜山外贸)三个单位价值34 127.40 美元的货物从宁波港出运到英国菲利克斯托港,并以原告作为上述三个公司的提单发货人。同日被告的代理公司签发了号码为 SCUNG228777 的正本提单一式三份。上述货物于 2005 年 1 月 29 日到达目的港后,被告没有按照规定凭正本提单放货,而在 2005 年 2 月 8 日在未收到正本提单的情况下将货物放行。现三份正本提单仍在原告手中。由于被告无单放货的行为,导致原告无法收取货款,被告的行为,已经违反了双方的合同约定。为此,诉请判令被告赔偿货款损失 34 127.40 美元(按 1∶8. 2654折合人民币 282 076.61 元)、支付原告退税损失人民币 31 341.85 元(按 13% 的退税率计算)、由被告承担本案诉讼费用。

被告辩称:

(1) 被告从未将原告所称的涉案货物无单放货,相关货物到达英国目的港后被英国海关依法予以没收,没收事件被告已尽合理义务通知了货物的收货人和托运人;

(2) 原告不存在损失,外汇核销单和报关单证明原告已收到货款;

(3) 货物到达目的港后,由于无人提货,同时原告又拒付货物返运费,导致货物在目的港滞留,给被告造成了一定的损失。

被告反诉诉称:2004 年 12 月 30 日原告委托被告运输一个集装箱(箱号为 MSCU9098105)自宁波港至英国 Felixstowe 港,被告作为承运人签发了编号为 MS-CUNG228777 的提单。货物到达目的港后,其中 304 箱购物袋因侵犯第三人的知识产权而被英国海关依法没收,剩余的货物因无人提取而滞留在目的港,由此产生大量的额外费用。此后,被告多次联系原告,告知其货物状况,并要求支付额外费用、退运货物,但原告一直未予同意。剩余货物在目的港无人提取,原告亦不予退运,而仓储费等额外的费用与日俱增,致使被告被迫留置剩余货物,并为减少损失而于 2005 年 9 月将该剩余货物进行拍卖处理,得款 1 500 英镑。在拍卖剩余货物前,因原告托运货物而产生的且已由被告垫付的各类费用计 2 714 英镑,包括文件费 20 英镑、堆场费 69 英镑、港口安全费 10.5 英镑、集装箱仓储、拆箱和运输费 770 英镑、码头租金 69.5 英镑、X 射线费 35 英镑、仓储费 600 英镑和滞箱费 1 140 英镑,扣减拍卖剩余货物所得价款 1 500 英镑,被告仍承担了1 214英镑。前述额外费用均是由于原告的原因而产生的额外费用,依法应由原告承担。在原告恶意起诉的情况下,被告为维护自身合法权益,特诉请法院判令原告支付被告额外费用共计1 214英镑(按1∶14.3折合人民币17 360元)。

原告对被告的反诉辩称:

(1)本案不存在被英国海关没收部分货物的事实,而是被告无单放货;

(2)被告称货物进行拍卖,但没有证据证明,反之有证据证明是被告自行销售;

(3)被告销售的货物与我方托运的货物严重不符,该货物是否为托运的货物不得而知;

(4)被告所称之2 714英镑损失组成既无事实依据,也无法律依据。故请求驳回被告之反诉请求。

二、法院查明事实

宁波海事法院确认如下事实:

2004年12月30日,原告委托被告将一只40英尺集装箱由中国宁波港运往英国Felixstowe港。宁波外轮代理公司代理被告签发了编号为MSCUNG228777的正本提单3份,提单载明托运人为原告、收货人与通知人为同一人,由托运人装载、积载、密封、计数,承运人不知货物细节、未计数,整箱运输,承运船只MSC FRIBOUR-3A,卸货港代理为被告香港公司。提单附页载明集装箱号为MSCU9098105,货物包括504箱相框、购物袋、棉被单、伞、玻璃瓶、腰带,承运方式CY-CY。据被告网上公布的信息,该集装箱于2005年1月29日到达目的港卸下,同年2月8日进口收货人,4月14日清空。2005年3月15日原告及其代理外代新华公司出具保函致被告香港公司宁波办事处,以客户无法支付货款为由,要求将集装箱货物的目的港改为宁波港。被告宁波公司多次函告原告并外代新华公司部分货物被海关没收的信息和协商回运事宜。2005年4月19日,HM Customs and Excise对提单记名收货人出具了罚没通知,对304箱塑料购物袋进行没收。之后被告宁波公司又多次函告原告并外代新华公司,要求确认回运费用,以便尽快安排回运,同时交回整套正本提单,否则货物将被拍卖以抵扣在目的港的费用。在多次函告无果后,2005年8月31日被告将剩余货物销售,得货款1 762.5英镑。

对原、被告双方的损失,宁波海事法院认定如下:原告的货物价值为为34 127.40美元。由于原告对货物均未提供增值税发票,无法证明其已纳税和相应的税额,故对退税损失不予认定。被告主张的770英镑仓储拆箱及运输费用、69.5英镑码头租金、35英镑X射线费、600英镑(仓储费即2005年2月8日至4月8日,每天10英镑),有相应的证据予以佐证,宁波海事法院予以确认。被告主张的目的港进口文件费20英镑、堆场费69英镑、港口安全费10.5英镑,是在双方协商回运费时提出,虽经原告确认,但这属回运费用,但回运尚未成立,被告也没有相应的证据证明该费用系为原告特别支出,故不予确认。被告主张的1140英镑滞箱费(从2005年1月28日至4月8日,

海关罚没・无单放货・剩余货物・保管费

前7天免费,之后7天,每天20美元,共计140美元,以后每天35美元,滞期57天,共计1995美元,折合1140英镑),因被告未能提供相关的计算依据,故不予确认。故被告的损失共计1474.5英镑。

另查明,HM Customs and Excise Departments 已于2005年4月18日与 Inland Revenue 合并为 HM Revenue & Customs (HMRC),被告的公证文书上载明罚没通知与在 HM Revenue & Customs 处的由 HM Customs and Excise 制作的正本原件相符。

三、法院裁判

宁波海事法院认为,本案双方当事人在庭审中均明确选择解决本案的争议适用中华人民共和国法律,故本案适用我国法律进行审理。根据《中华人民共和国海商法》第71条的规定,提单是证明海上货物运输合同和货物已经由承运人接收或装船,以及承运人保证据以交付货物的单证。本案原告提供3份由被告签发的正本提单,原、告之间的海上货物运输合同关系已为提单所证实,原、被告双方对这一法律事实和法律关系予以认可,故本案原、被告之间的海上货物运输合同关系依法成立。本案提单是记名提单,承运人应当向持有记名提单的记名人交付货物。原告主张正本提单尚在其手中,而装运货物的集装箱在到达目的港后已卸下清空,故被告属无单放货。被告抗辩货物因部分被英国海关没收,剩余货物因无人提取而拍卖支付堆场费等费用。被告提供的英国海关罚没通知等证据证实了被告的抗辩,因此可以认定,被告在目的港卸下货物后并未将货物交给收货人或其他人,货物部分是被英国海关罚没,剩余部分货物因目的港无人提货,原、被告双方又未能就回运达成一致意见,故被告将货物处理以支付堆场、保管等费用,根据《中华人民共和国海商法》第86、88条的规定,被告的行为并无不当。至于被告是否按《中华人民共和国海商法》第88条的规定申请法院拍卖,则非本案审查的范围。而海关罚没属政府行为,作出罚没决定的海关是否依法或是否有权作出罚没决定,均与被告无关,亦非本案审查范围。故原告关于被告无单放货的主张,理由及证据均不足,不予采信,其要求被告赔偿损失的主张也不予支持。被告作为承运人在剩余货物无人提取情况下,将货物出售用于清偿保管、堆场等费用,并无不当。虽然被告销货行为并不符合《中华人民共和国海商法》第88条规定的申请法院拍卖的程序,但原告未就此提出主张,宁波海事法院也不作审理。被告要求原告支付保管费等主张是合理的,但根据可以认定的证据证明被告销货所得的款项已超过其支付的费用,故被告反诉要求赔偿余款主张,理由不足,也不予支持。综上,依据《中华人民共和国民事诉讼法》第237条、第64条第1款的规定,判决如下:

(1) 驳回原告浙江省义乌市对外贸易有限公司的诉讼请求;

(2) 驳回反诉原告地中海航运公司(Mediterranean Shipping Company S. A., Geneva)的反诉请求。

122 原告宁波利登休闲用品有限公司与被告东方海外货柜航运（中国）有限公司、东方海外货柜航运有限公司海上货物运输合同无单放货纠纷案

案例来源：宁波海事法院（2007）甬海法商初字第 273 号
主题词：提单背面格式条款　意思表示一致　海关放行

> **裁判要旨**
>
> **No. HY-1.4-74**　在 FOB 下，有证据证明贸易合同卖方向承运人实际交付货物出运的，贸易合同卖方构成我国海商法下的托运人，依法可向承运人主张托运人权利。
>
> **No. HY-1.4-75**　海关放行并不等同于承运人放货，若海关放行后，货物仍处于待提取状态，集装箱并未拆箱，则不能证明承运人已无单放货。

一、基本案情

原告：宁波利登休闲用品有限公司（以下简称利登公司）

被告：东方海外货柜航运（中国）有限公司（以下简称东方海外中国公司）

被告：东方海外货柜航运有限公司（Orient Overseas Container Line Limited，以下简称东方海外公司）

原告利登公司起诉称：2007 年 1 月，原告委托两被告出运货物从中国宁波至美国长滩，被告东方海外中国公司于 2007 年 1 月 22 日签发了以被告东方海外公司为抬头的正本提单，提单号码为 OOLU2001730630，集装箱号码为 FSCU6577350、OOLU5692906，托运人 PLAYHUT XM OFFICE，收货人 PLAYHUT INC.，起运港中国宁波，目的港美国长滩；货物抵目的港后，两被告未凭正本提单即将货物交给收货人，致使原告未能收到该提单项下货款，故诉至法院，请求判令两被告赔偿原告货款损失 26 602 美元（汇率按 7.597 计，折合人民币 202 095 元）及逾期利息（自 2007 年 1 月 22 日起至付清日止按银行同期贷款利率计收）。

被告东方海外中国公司、东方海外公司共同答辩称：①提单背面条款适用美国法律，而根据美国有关提单法律规定，记名提单可以无单放货给收货人；②涉案集装箱仍在目的港，并未拆箱，承运人不存在无单放货行为；③提单托运人、收货人均为 PLAYHUT INC.，原告并非托运人，没有诉权；④涉案货物已经核销，原告已收到货款，没有损失。

二、法院查明事实

宁波海事法院确认如下事实：

2007 年 1 月，原告委托两被告出运货物从中国宁波至美国长滩，被告东方海外中国公司于 2007 年 1 月 22 日签发了以被告东方海外公司为抬头的正本提单，提单号码为 OOLU2001730630，集装箱号码为 FSCU6577350、OOLU5692906，起运港中国宁波，目的港美国长滩。货物于 2007 年 2 月 16 日抵长滩，后集装箱滞留目的港，尚未拆箱。原告以两被告无单放货造成其货款损失 26 602 美元为由诉至宁波海事法院。

三、法院裁判

宁波海事法院认为,本案系涉外纠纷,原告主张适用中国法律,两被告主张按提单背面条款即适用美国法律,但并未提供提单背面条款中文翻译文本,也未提供背面条款所指向的美国法律。宁波海事法院经审理认为,查明外国法是适用外国法的前提,本案中两被告未就美国法举证;且提单背面格式条款虽规定适用美国法可免除被告放货给记名收货人时可能承担的无单放货法律责任,但被告并未证明其签发格式提单时,就提单背面记载的法律适用条款充分提请原告注意并与原告达成了一致意思表示,故在本案中不应适用该格式条款所规定的美国法。涉案货物起运港为中国宁波,按最密切联系原则应适用中国法律审理。对原、被告争议的焦点问题,宁波海事法院分析如下:

(一)关于原告法律地位

两被告认为,原告并非提单记载托运人,无权向承运人主张货物。原告认为,虽提单托运人并非原告,但原告系报关单记载的出口单位,报关单所载提单号码、集装箱号码、货物品名,均与提单相一致,故原告系涉案出运货物实际托运人,依法享有诉权。宁波海事法院经审理认为,原告虽非提单记载托运人,但《中华人民共和国海商法》规定,托运人指"本人或者委托他人以本人名义或者委托他人为本人与承运人订立海上货物运输合同的人;本人或者委托他人以本人名义或者委托他人为本人将货物交给与海上货物运输合同有关的承运人的人"。涉案贸易方式为FOB,由收货人作为提单托运人委托货物运输,正是FOB贸易方式的基本操作特征,而报关单、销售发票能印证原告作为贸易合同卖方向承运人实际交付货物出运的事实,符合海商法托运人定义,依法可向承运人主张托运人权利。

(二)关于原告与两被告法律关系

原告认为被告东方海外中国公司签发提单时未告知其仅为代理人,且以承运人身份与原告联系,而被告东方海外公司为涉案提单抬头载明的承运人,且在庭审中自认为承运人,故与两被告均成立海上货物运输合同关系,两被告应承担连带赔偿责任。被告东方海外中国公司认为其已在提单上批注为代理人,无需特别告知,且被告东方海外公司已认可其承运人身份,故承运人应为东方海外公司。宁波海事法院经审理认为,被告东方海外中国公司已在提单上批注其仅为被告东方海外公司代理人,提单抬头被告东方海外公司也自认其为承运人,原告并无证据能证明被告东方海外中国公司以承运人身份与原告联系业务,故宁波海事法院依提单记载及两被告当庭陈述认定原告与被告东方海外公司成立海上货物运输合同关系,与被告东方海外中国公司不成立海上货物运输合同关系。

(三)关于涉案集装箱状况及无单放货是否成立

原告提供原告与两被告往来邮件,证明涉案货物已清关放行;两被告认为邮件中仅提到海关已放行,但货物仍在承运人控制之下,并未无单放货。宁波海事法院经审理认为,承运人在发给原告的邮件中告知涉案货物已海关放行,但海关放行后,货物仍处于待提取的状态,集装箱并未拆箱,而海关放行并不等同于承运人放货,故原告仅仅以电子邮件中承运人向原告提及货物已海关放行来证明承运人已无单放货,证据与理由均不充足,宁波海事法院不予支持。

综上,依照《中华人民共和国民事诉讼法》第64条第1款、《中华人民共和国海商法》第46条第1款、第71、269条、《中华人民共和国合同法》第60条第1款之规定,判决如下:

驳回原告宁波利登休闲用品有限公司的诉讼请求。

[73] 原告狮马有限公司与被告上海迅汇国际货物运输代理有限公司海上货物运输合同无单放货纠纷案

案例来源:宁波海事法院(2009)甬海法商初字第94号
主题词:无单放货　全额货款　货款来源

裁判要旨

No. HY-1.4-76　承运人无单放货后,本应承担相应的赔偿责任,但若承运人提供证据证明托运人已从收货人处收到全额货款,且托运人不能提供证据证明该货款的其他来源的,则承运人不承担货款赔偿责任。

一、基本案情

原告:狮马有限公司

被告:上海迅汇国际货物运输代理有限公司(以下简称上海迅汇公司)

原告狮马有限公司起诉称:2008年11月13日,原告将一批涤纶工艺旗帜交给被告承运,被告于同日向原告签发了编号为TIM08110045的正本提单,载明:集装箱号为IPXU3189937/4799041,托运人为原告,到货通知人为HOLT SUBLIMATION(以下简称HOLT公司),起运港为宁波,目的港为CHARLESTON, SC. U. S. A.,船名航次为EBBA MAERSK 0812。涉案货物于2008年12月14日运抵目的港,在原告尚未交付正本提单给收货人时,被告擅自放货,致使原告无法收到货款。原告遂诉至法院,请求判令被告赔偿原告损失50 932美元(折合人民币347 886元)、公证费用人民币5 900元、律师代理费人民币7 460元,并承担本案诉讼费用。

被告上海迅汇公司答辩称:对货物已被收货人提走的事实没有异议,但原告已收到货款,故请求法院驳回原告诉请。

二、法院查明事实

宁波海事法院认定下列事实:

2008年11月13日,原告将一批出售给HOLT公司的涤纶工艺旗帜交给被告承运,货物总价为50 890美元。被告于同日向原告签发了编号为TIM08110045的正本提单。货物运抵目的港后,被收货人HOLT公司提走,而原告仍持正本提单。

另查明:就涉案货物,原告已从收货人HOLT公司已收到全额货款。

三、法院裁判

宁波海事法院认为:原、被告未就本案的法律适用产生争议,应视为双方默认适用法院地法。原、被告之间建立的海上货物运输合同合法有效,对双方均有约束力。被告无单放货后,本应承担相应的赔偿责任,但被告已提供证据证明原告已从收货人处收到全额货款,原告认为此货款系为其他货物所付,却未能对此举证,因此对于原告要求被告赔偿货物损失的诉讼请求,证据与理由不足,宁波海事法院不予支持。原告的其他诉讼请求是以货物损失为条件而提出,因此也不受法律保护。依照《中华人民共和国民事诉讼法》第64条第1款、第235条的规定,判决如下:

驳回原告狮马有限公司的诉讼请求。

[124] 上诉人深圳市鸿安货运代理有限公司与被上诉人浙江山塔纺织有限公司海上货物运输合同无单放货纠纷案

案例来源:浙江省高级人民法院(2009)浙海终字第77号
主题词:无单放货　损失赔偿　分公司的法律地位

裁判要旨

No. HY-1.4-77　作为提单持有人的托运人虽与收货人达成付款协议,但在无正本提单放货情况下而得不到款项支付时,该协议不免除承运人应当按照正本提单放货的法律责任。

No. HY-1.4-78　无单放货的损失赔偿额应以装船时价值加运费加保险费计算,但特定货物的出口商因货款无法收回导致出口退税也丧失,该损失属于"因违约造成的损失",依据合同法可以纳入赔偿金额的考虑因素中。

一、基本案情

上诉人(原审被告):深圳市鸿安货运代理有限公司(以下简称鸿安公司)
被上诉人(原审原告):浙江山塔纺织有限公司(以下简称山塔公司)
宁波海事法院审理查明:2008年5月19日山塔公司通过鸿安公司宁波分公司出运一批货物(被子、窗帘),从宁波运至美国长滩,货值38 455.76美元,鸿安公司宁波分公司同日签发了编号为NBA0805141AA的正本提单,货物运至目的港后,鸿安公司于2008年6月9日至10日未凭正本提单放货。山塔公司于2008年6月10日向鸿安公司支付相应运费 7 110 元,并于 2008 年 7 月 30 日向鸿安公司宁波分公司发出退运通知。另查明,鸿安公司及其宁波分公司已在交通部作为无船承运人登记备案,均使用 Honour Lane Shipping Ltd. 为抬头的登记备案提单。山塔公司于 2008 年 9 月 2 日诉至宁波海事法院,请求判令鸿安公司赔偿货款损失 38 455.76 美元(折合人民币 268 755.77 元)、退税损失人民币 29 563.13 元及相应利息。

二、一审裁判

宁波海事法院对本案的争议焦点归纳评析如下:

(一)关于涉案货物的承运人问题

涉案提单由鸿安公司宁波分公司作为承运人签发,山塔公司也依照鸿安公司宁波分公司出具的发票支付了相应运费,该分公司亦已在交通部作为无船承运人登记备案,鸿安公司在第二次庭审中也确认该分公司是本案承运人,故认定鸿安公司宁波分公司为本案的承运人,同时依据《中华人民共和国公司法》规定,分公司不具备法人资格,其民事责任由总公司承担,故本案山塔公司以鸿安公司为被告起诉并无不妥。

(二)鸿安公司是否无单放货

鸿安公司称山塔公司与收货人系长期贸易关系,双方之间的交易已形成电放惯例,不需要正本提单放货,涉案货物运输也是办理电放,涉案提单系后来补签。该院认为,承运人接收托运人货物后即应当签发提单,即使涉案提单如鸿安公司所称系放货后补签,也是鸿安公司履行其应尽合同义务,但并不能因此推论山塔公司要求电放货物;鸿安公司提供的为证明形成电放惯例的前 7 份提单上均有"不出具正本提单,电放"的批注,而涉案提单却无此批注,证人证言及电子邮件均无法确认其真实性,鸿安公司亦未提供山塔公司涉案货物的电放指示或电放保函,故认定山塔公司未指示鸿安公司电放涉案货物,鸿安公司未凭正本提单放货。至于收货人声明中所称山塔公司与收货人之间的债权债务关系与本案海上货物运输合同无关,亦无法证明山塔公司与收货人就货款支付达成协议,故鸿安公司抗辩缺乏相应证据支持,不予采信。

(三)山塔公司的损失

依前述分析,鸿安公司未凭正本提单放货,导致山塔公司未能收回涉案货物货款,鸿安公司应赔偿山塔公司货款损失 38 455.76 美元、利息及相应汇率损失,山塔公司诉请有理,予以支持。鸿安公司自认涉案货物实际放货时间为 2008 年 6 月 9 日至 6 月 10 日,该院认为应以山塔公司实际遭受损失时即鸿安公司实际放货时间为起点计算货损利息,同时以同期汇率(2008 年 6 月 9 日汇率为 1:6.9238)将山塔公司货款损失折算为人民币 266 259.99 元(即 38 455.76 × 6.9238)。山塔公司未能收回货款,已超出了办理出口退税手续的期限,鸿安公司无单放货行为给山塔公司造成出口退税损失及利息损失,应当予以赔偿,山塔公司该项主张合理,予以支持。山塔公司为此所遭受的退税损失为出口货物离岸价 × 外汇人民币牌价 ÷ (1 + 征收率) × 退税率。经审查,当月涉案货物(被子、窗帘)出口退税率为 11%,征收率为 17%。据此分析,266 259.99 元 ÷ (1 +

17%)×退税率11% =25 032.99元,利息自正常办理出口退税手续期满之日起算(即2008年8月16日)。综上,宁波海事法院认为:山塔公司与鸿安公司之间的海上货物运输合同合法有效,鸿安公司未凭正本提单交付货物,应赔偿山塔公司因此所遭受的货款损失及利息、汇率损失及出口退税损失及利息,山塔公司诉请合法有理,予以保护,对其损失数额据实认定。依照《中华人民共和国合同法》第107条,《中华人民共和国海商法》第55条第1款、第71条,《中华人民共和国公司法》第14条,最高人民法院《关于审理无正本提单交付货物案件适用法律若干问题的规定》第2条之规定,于2009年5月8日判决:

(1)鸿安公司于判决生效之日起10日内支付山塔公司货款损失38 455.76美元(以2008年6月9日汇率折算为人民币266 259.99元)及利息(从2008年6月9日计算至本判决确定的支付之日止以中国人民银行同期贷款利率计付);

(2)鸿安公司于判决生效之日起10日内支付山塔公司出口退税损失人民币25 032.99元及利息(从2008年8月16日计算至判决确定的支付之日止以中国人民银行同期贷款利率计付);如果未按判决指定的期间履行给付金钱义务,应当依照《中华人民共和国民事诉讼法》第229条之规定,加倍支付迟延履行期间的债务利息。

本案案件受理费5 940元,由鸿安公司负担5 800元,由山塔公司负担140元。

三、上诉与答辩

鸿安公司不服原审判决,向浙江省高级人民法院提出上诉称:

(1)货物在目的港交付收货人之后,收货人和山塔公司达成了货款支付协议,山塔公司承认在扣除其原有的欠款(23 541.57美元)后,收货人需支付的货款仅为14 914.19美元。因此鸿安公司的责任仅以该金额为限。

(2)原判将退税损失纳入鸿安公司的责任范围,违反了最高人民法院《关于审理无正本提单交付货物案件适用法律若干问题的规定》第6条的规定,应予以纠正。

(3)鸿安公司宁波分公司与山塔公司之间已形成电放惯例,且涉案提单是货物交付后补签,不能作为物权凭证,山塔公司不能据此向鸿安公司提出索赔要求。

(4)签发涉案提单的承运人是鸿安公司宁波分公司,其系有营业执照的分公司,依法具有独立的诉讼主体资格,山塔公司向鸿安公司提起诉讼是错误的,请求撤销原判。

山塔公司答辩称:

(1)山塔公司与收货人并未就货款支付达成协议,鸿安公司应赔偿山塔公司所有损失。

(2)山塔公司托运的七票货物办理电放,并不等于本案的货物可以未经山塔公司同意而无单放货。补签的提单同样具有物权凭证的效力。

(3)根据合同法规定,违约方应赔偿包括可得利益在内的所有损失,因此鸿安公司应对山塔公司的退税损失作出赔偿。

(4) 鸿安公司宁波分公司的责任由鸿安公司承担符合公司法的相关规定。请求驳回上诉,维持原判。

四、二审裁判

对原判认定的山塔公司通过鸿安公司宁波分公司出运货物,鸿安公司宁波分公司签发正本提单,以及山塔公司支付了相应运费等事实,双方当事人均不持异议,浙江省高级人民法院予以确认。

根据双方当事人的上诉和答辩,浙江省高级人民法院确定本案二审的争议焦点为:山塔公司是否已与收货人达成货款支付协议及其在本案中的实际损失数额;山塔公司能否主张退税损失;鸿安公司是否应对山塔公司的损失承担赔偿责任。双方当事人对浙江省高级人民法院归纳的争议焦点均无异议,浙江省高级人民法院针对本案的争议焦点分析如下:

(一) 山塔公司是否已与收货人达成货款支付协议及其在本案中的实际损失数额

鸿安公司上诉认为其一审提交的山塔公司与收货人之间的电子邮件,可以证明二者之间已就货款支付达成协议。经查,电子邮件罗列了收货人要求山塔公司支付的金额及山塔公司认为收货人应当赔偿的损失,但电子邮件中并无认可对方主张的内容,且载明"不能够达成协议"及"准备通过海事法院解决",因此,鸿安公司提出山塔公司与收货人已达成付款协议的主张,并无相应证据佐证。况且,最高人民法院《关于审理无正本提单交付货物案件适用法律若干问题的规定》在认可提单持有人与收货人之间的付款协议效力的同时,也明确即使存在付款协议,"在协议款项得不到赔付时,不影响正本提单持有人就其遭受的损失,要求承运人承担无正本提单交付货物的民事责任"。本案中,鸿安公司对山塔公司的货物货值 38 455.76 美元并无异议,故山塔公司的实际损失应包括货款损失 38 455.76 美元及相应的利息和汇率损失。

(二) 山塔公司能否主张退税损失

最高人民法院《关于审理无正本提单交付货物案件适用法律若干问题的规定》第6条规定"承运人因无正本提单交付货物造成正本提单持有人损失的赔偿额,按照货装船时的价值加运费和保险费计算"。虽然该规定并未列明退税损失亦属于承运人赔偿范围,但我国长期实行出口退税政策,出口商出口货物时对该部分利益有合理的预期,特别是近几年以来由于汇率原因导致出口商在国际货物贸易中实际很难获得利润的情况下,出口退税的收入显得尤其重要,因此,出口商因货款无法收回导致的出口退税损失应属于《中华人民共和国合同法》第 113 条规定"因违约所造成的损失"。故宁波海事法院对山塔公司主张的退税损失 25 032.99 元及相应利息予以支持,并无不妥。

(三) 鸿安公司是否应对山塔公司的损失承担赔偿责任

《中华人民共和国民事诉讼法》第 49 条第 1 款规定:"公民、法人和其他组织可以作为民事诉讼的当事人。"本案中,鸿安公司宁波分公司作为鸿安公司依法登记设立并领取营业执照的分支机构,其有一定的能力对自己的民事行为负责,其以自己的名义与山塔公司发生海上货物运输合同关系,系涉案货物的承运人,对其无单放货行为造成山塔公司的损失,应承担相应的民事责任,其本属适格的责任主体和诉讼主体,但法人的分支机构是法人的组成部分,其行为后果最终可由所属法人承担。作为法人的鸿安公司是当然的责任主体,也是适格的诉讼主体,故山塔公司直接以鸿安公司作为被告主张其损失符合法律规定,应予准许。至于鸿安公司提出山塔公司与鸿安公司宁波分公司之间存在长期托运关系,山塔公司曾托运过7单货物,均办理电放手续,本案货物亦是按惯例电放的主张,因其提供的证据不足以认定已形成电放惯例,且与本案提单的表面记载内容也不相同,故原判认定山塔公司未指示鸿安公司宁波分公司电放涉案货物,并无不妥。

综上,浙江省高级人民法院认为,山塔公司与鸿安公司宁波分公司之间的海上货物运输合同关系成立并合法有效,鸿安公司宁波分公司未凭正本提单交付货物,本应承担相应的赔偿责任,因其系鸿安公司的分支机构,其民事行为的后果最终可由鸿安公司承担。鸿安公司的上诉理由不能成立,不予支持。宁波海事法院判令鸿安公司对山塔公司的本案损失承担赔偿责任并无不妥,应予维持。依据《中华人民共和国民事诉讼法》第153条第1款第(一)项之规定,判决如下:

驳回上诉,维持原判。

125 上诉人上海翘运货运代理有限公司、上海翘运货运代理有限公司宁波分公司与被上诉人宁波市慈溪进出口股份有限公司海上货物运输合同无单放货纠纷案

案例来源:浙江省高级人民法院(2010)浙海终字第48号
主题词:海关保税仓库　回运　无人提货

裁判要旨

No. HY-1.4-79　由于货物卸入海关的保税仓库,该场所并非承运人所能控制,在提单持有人不积极配合和明确指示下,承运人无法回运货物。提单持有人明知回运困难却长期未向收货人交付提单,造成目的港无人提货的状况,比照"卸货港无人提货或收货人迟延、拒绝提货的,船长可以将货物卸载仓库或适当场所,风险和费用由收货人承担"的规定,货物的风险和费用应当由提单持有人承担。

一、基本案情

上诉人(原审被告):上海翘运货运代理有限公司(以下简称上海翘运)
上诉人(原审被告):上海翘运货运代理有限公司宁波分公司(以下简称上海翘运宁波分公司)
被上诉人(原审原告):宁波市慈溪进出口股份有限公司(以下简称慈溪进出口公司)
宁波海事法院审理查明,2008年8月,慈溪进出口公司委托上海翘运宁波分公司

出运一批不同类型的汽车轴承及轮毂,分装在三个集装箱内。根据报关单记载,货物CIF总价为338 206.96美元,装运港宁波,目的港巴西桑托斯。货物于2008年8月28日装船出运,上海翘运宁波分公司将载明承运人为"HELKA EXPRESS INTERNATIONAL LIMITED"的提单交付给慈溪进出口公司。货物于2008年9月30日卸在目的港。上海翘运、上海翘运宁波分公司对货物目前的下落未予以陈述。该院另认定:上海翘运的无船承运业务经营资格登记证载明其英文名为HELKA EXPRESS INTERNATIONAL LIMITED,与翘运国际运输有限公司的英文名称HELKA EXPRESS INTERNATIONAL LIMITED一致(以下简称翘运国际)。慈溪进出口公司因与上海翘运、上海翘运宁波分公司就是否无单放货等产生纠纷,遂诉至该院,请求法院判令上海翘运、上海翘运宁波分公司赔偿损失341 580.96美元(按2009年9月10日美元兑人民币汇率1:6.8288,折算人民币为2 332 588.06元)及利息(按同期银行贷款年利率5.31%从2008年10月1日起计至实际付清之日止)。

二、一审裁判

宁波海事法院针对本案的争议焦点审理认为:

(一)关于谁是涉案货物的承运人

上海翘运、上海翘运宁波分公司辩称其并非涉案货物的承运人,承运人为翘运国际,理由是涉案提单为翘运国际的格式提单,提单上所记载的承运人HELKA EXPRESS INTERNATIONAL LIMITED即为翘运国际。然而经审理查明,上海翘运的无船承运业务资格证上登记的英文名即为HELKA EXPRESS INTERNATIONAL LIMITED,本案中亦并无任何证据证明上海翘运或其宁波分公司曾向慈溪进出口公司披露涉案提单为翘运国际的提单以及提单上记载的承运人HELKA EXPRESS INTERNATIONAL LIMITED指的是翘运国际,且上海翘运宁波分公司直接向慈溪进出口公司收取运费并开具发票,因此,慈溪进出口公司有理由相信承运人即为本案的上海翘运。虽不排除上海翘运确受翘运国际的委托签发提单的可能,但是即便如此,亦因上海翘运在签发提单时未将自己的英文名称与翘运国际的英文名相区别,由此产生的对上海翘运的不利法律后果应由其自行承担。综上,该院认为应由上海翘运向慈溪进出口公司承担涉案货物的承运人责任。

(二)关于上海翘运宁波分公司是否承担责任

本案系海上货物运输合同无单放货纠纷,并无充分证据表明上海翘运宁波分公司系货物承运人,且依照《中华人民共和国公司法》的规定,分公司的民事责任由公司承担。因此,慈溪进出口公司在起诉上海翘运的同时,又要求上海翘运宁波分公司承担责任,理由不足,该院不予支持。

(三)关于是否发生无单放货

上海翘运认为不存在无单放货的行为,理由是目的港的货物交付实际由当地政府部门控制,承运人无法控制货物。该院经审理认为,上海翘运并未证明依照卸货港的法律,承运人必须将承运到港的货物交付给当地海关或其他行政当局,因此不能免除上海翘运未凭提单交货的民事责任。而在庭审中,上海翘运及其宁波分公司对货物下落均未明确陈述,因此该院有理由认为,上海翘运作为承运人已失去对货物的控制,其行为构成无单放货。

(四) 慈溪进出口公司是否收到部分货款

上海翘运主张慈溪进出口公司收到部分货款,但并未提供充分证据证明,因此,此抗辩该院不予支持。

(五) 关于慈溪进出口公司主张的利息

上海翘运认为依照慈溪进出口公司的说法,即使无单放货行为成立,亦发生在2009年7月,慈溪进出口公司要求从2008年10月1日起算利息的主张不能成立。该院认为,本案中没有确凿证据证明无单放货的时间,因此该院裁决从慈溪进出口公司起诉之日起算利息,按同期人民银行贷款利率计至本判决确定的履行之日止。此外,慈溪进出口公司主张的汇率,上海翘运未提异议,该院予以采信。

综上,宁波海事法院认为对慈溪进出口公司诉讼请求中证据与理由充分的部分,应予保护,证据与理由不足之部分,应予驳回。依照《中华人民共和国海商法》第55条第1—2款、第71条,《中华人民共和国公司法》第14条第1款,《中华人民共和国民事诉讼法》第64条第1款,最高人民法院《关于审理无正本提单交付货物案件适用法律若干问题的规定》第2条的规定,宁波海事法院于2009年12月21日判决:

(1) 上海翘运于判决生效后10日内赔偿慈溪进出口公司货物损失2 309 548元人民币及利息(按同期人民银行贷款利率从2009年9月14日起计至本判决确定的履行之日止);

(2) 驳回慈溪进出口公司的其他诉讼请求。

如果未按本判决指定的期限履行给付金钱义务,应当依照《中华人民共和国民事诉讼法》第229条之规定,加倍支付迟延履行期间的债务利息。案件受理费26 370元,由慈溪进出口公司负担2 637元,上海翘运负担23 733元,财产保全费5 000元,由上海翘运负担。

三、上诉与答辩

上海翘运、上海翘运宁波分公司不服原审判决,向浙江省高级人民法院提起上诉称:

第一,上海翘运、上海翘运宁波分公司并非涉案货物承运人,涉案货物的承运人为翘运国际。

(1) 根据《中华人民共和国海商法》相关规定,提单是确定海上货物运输合同内容和当事人身份的重要证据;在托运人没有提交货物托运单、订舱单或者其他类似委托运输书面文件的情况下,提单是最直接的可以确定当事人身份的运输文件,应当依据提单记载内容确定当事人身份。本案中慈溪进出口公司据以起诉的无船承运人提单系翘运国际的提单格式，正本提单的右上角也明确记载了承运人的公司名称、地址及联络办法，表明无船承运人为地址在香港特区的翘运国际。正本提单的右下角签章栏也表明翘运国际为承运人。

（2）上海翘运、上海翘运宁波分公司登记备案的提单样式与本案争议所涉正本提单式样不一致。宁波海事法院根据上海翘运在《无船承运业务经营资格登记证》上的英文名称与翘运国际的英文名称一致，认定上海翘运是翘运公司的承运人没有事实和法律依据。认定无船承运人的最重要的文件是海运提单，《无船承运人业务经营资格登记证》不应当成为认定承运人身份的书面证据，且对一家中国公司而言，只有中文名称登记才会产生相应的法律后果。

（3）海上国际货运业务中代收运费已成为行业惯例。本案中根据翘运国际的委托，上海翘运宁波分公司向慈溪进出口公司收取海运费并出具发票，但收取运费并不能表明上海翘运、上海翘运宁波分公司就构成海上货物运输承运人。

第二，本案货物运抵目的港口之后，系直接卸船并进入当地海关监管、指定的货物保税仓库，货物的接受和交付均由当地海关当局负责进行，承运方无权利进行干预。涉案货物系被伪造的提单提取，后果应由慈溪进出口公司自行负担。请求二审法院驳回慈溪进出口公司对上海翘运、上海翘运宁波分公司的全部诉讼请求。

慈溪进出口公司庭审中答辩称：上海翘运、上海翘运宁波分公司系接受货物并签发提单的人。其没有证据证明目的港交货只要交给海关当局，其就有免责的事由。宁波海事法院认定事实清楚，适用法律正确，请求二审法院依法维持原判。

四、二审裁判

根据各方的上诉请求和理由以及答辩意见，本案二审争议的焦点为：上海翘运、上海翘运宁波分公司是否系本案承运人；上海翘运、上海翘运宁波分公司是否应承担无单放货的责任。对于浙江省高级人民法院归纳的争议焦点，各方当事人均无异议。

针对上述争议焦点，浙江省高级人民法院分析认定如下：

（一）上海翘运、上海翘运宁波分公司是否系本案承运人

上海翘运、上海翘运宁波分公司上诉称涉案提单记载的相关信息表明承运人为翘运国际，上海翘运的中文名称明确无误的表明其系货运代理有限公司。浙江省高级人民法院认为，提单上记载的系翘运国际的英文名称 HELKA EXPRESS INTERNATIONAL LIMITED，上海翘运的中文全称虽为上海翘运货运代理有限公司，但其在交通部备案的无船承运业务资格证上登记的英文名为 HELKA EXPRESS INTERNATIONAL LIMITED，与翘运国际的英文名称一致，致使他人难以识别。就公司中文名称这一事实而言，慈溪进出口公司在托运之时就应当知道上海翘运系货运代理公司，但就其对上海翘运追究法律责任而言，慈溪进出口公司有权通过事后获悉的事实向上海翘运主张权利。上海翘运与翘运国际的英文名称一致，其虽名为货运代理公司，但兼具无船承运人资格，上海翘运宁波分公司同时又向慈溪进出口公司收取了海运费，上海翘运系本案海上货

物运输合同的承运人,上海翘运、上海翘运宁波分公司的该上诉理由不能成立。

(二)上海翘运、上海翘运宁波分公司是否应承担无单放货的责任

经浙江省高级人民法院审理查明:上海翘运二审中提交的《调查报告书》,其内容不完整,无法判断本案的事实与当地的法律法令是否有关联,故不予采信;慈溪进出口公司二审中提交的声明,系目的港桑托斯特马勒斯港口海事专业服务有限公司针对本案事实而出具,其内容完整,故予以采信。但该声明所能证明的事实却不利于慈溪进出口公司。浙江省高级人民法院根据该声明,确认如下事实:特马勒斯港口海事专业服务有限公司系根据当地海关许可设立的保税仓库,涉案三票集装箱于2008年9月30日卸入该保税仓库,货物无人提取,90天后即2009年1月2日被列入弃货档案。直至2009年5月20日货物又退出弃货档案,于2009年7月18日被收货人巴西ZTL进出口商务有限公司提取。结合慈溪进出口公司一审提交的证据5可以确认,货物到目的港后,收货人巴西ZTL进出口商务有限公司未付清货款,慈溪进出口公司于2008年5月15日向上海翘运要求运回涉案货物。上海翘运一审提交的证据3可以证实,上海翘运也一直在和他的交货代理人世界物流有限公司交涉试图运回涉案货物,但由于货物已进入保税仓库,回运货物需要收货人的同意等原因,无法回运。浙江省高级人民法院认为,涉案货物运抵目的港9个多月后,慈溪进出口公司仍持有货物提单,说明货物未被提取的原因不在上海翘运。慈溪进出口公司要求上海翘运再将货物运回是一项单方权利,但在双方没有达成运费赔偿协议之前,上海翘运没有履行的义务,何况上海翘运也一直在协调。由于货物系卸入当地海关许可设立的保税仓库,保税仓库非上海翘运所能控制的场所,慈溪进出口公司明知回运困难,长期未向收货人交单,造成目的港无人提货,最终导致货物被他人从保税仓库提走。根据《中华人民共和国海商法》第86条"在卸货港无人提取货物或者收货人迟延、拒绝提取货物的,船长可以将货物卸在仓库或者其他适当场所,由此产生的费用和风险由收货人承担"之规定,慈溪进出口公司仍持有涉案货物的提单,故货物风险由其自负。上海翘运提出货物卸货后承运人的责任终止的主张没有法律依据,但其提出本案货物系因无人提货而被他人从保税仓库提走,上海翘运应当免责的主张有事实和法律依据,浙江省高级人民法院予以支持。

综上,浙江省高级人民法院认为,慈溪进出口公司与上海翘运宁波分公司之间的海上货物运输合同关系成立。上海翘运关于其不是承运人以及目的港法律规定货物卸货后承运人责任终止的主张没有法律依据,但其提出慈溪进出口公司长达9个月不交单,货物风险应由其自负的上诉理由成立,浙江省高级人民法院予以支持。宁波海事法院根据一审查明的事实对上海翘运的主张不予支持并无不当,但浙江省高级人民法院根据二审查明的事实予以改判。依照《中华人民共和国海商法》第86条、最高人民法院《关于民事诉讼证据的若干规定》第46条、《中华人民共和国民事诉讼法》第153条第1款第(三)项之规定,判决如下:

(1)撤销宁波海事法院(2009)甬海法商初字第402号民事判决;
(2)驳回宁波市慈溪进出口股份有限公司的诉讼请求。

1.5 海上货物运输合同的成立与生效

126 上诉人中艺家具进出口公司与被上诉人赫伯罗特货柜航运有限公司海上货物运输合同运费纠纷上诉案

案例来源:天津市高级人民法院(2001)高经终字第12—19号

主题词:一揽子运价协议　海运费　运费预付

裁判要旨

No. HY-1.5-1　承运人的代理人与案外人特别协议约定由案外人支付运费的,该约定的效力及于被代理人即承运人;提单中载明的运费预付的义务应当由特别协议的案外人承担。

No. HY-1.5-2　有确凿证据证明FOB买卖合同中明确约定由案外人支付海运费,且承运人又与案外人就海运费达成一揽子运价协议,应当认定承运人明知支付海运费的义务方。即使提单打印"运费预付",该预付运费的义务应当由承运人明知的海运费支付义务人来履行。

一、基本案情

上诉人(原审被告):中艺家具进出口公司(以下简称中艺公司)

被上诉人(原审原告):赫伯罗特货柜航运有限公司(以下简称赫伯罗特公司)

天津海事法院原审查明,双方当事人对下列事实无争议,即上诉人中艺公司于1999年3月26日、同年4月12、12、6、8、14、12、12日分别向被上诉人赫伯罗特公司出具《联运(进)出口货物代运委托书》,委托赫伯罗特公司承运出口货物。各委托书均有"中艺家具进出口公司"签章,运费支付方式均记载为运费预付。赫伯罗特公司接受中艺公司委托后,其船舶代理人天海国际船务代理公司(以下简称天海船代公司)代赫伯罗特公司签发了海运提单。上列各提单均记载承运人为"Hapag-Lloyd Container Linie GmbH",即赫伯罗特公司,托运人为"CHINA FURNITURE IMP. &EXP. CORP.",即中艺公司,收货人为TO ORDER OF CAP BARBELLINC.,运费支付方式及地点为运费在香港预付,并均载有S/C NO.7487/98文号,装货港均为天津新港,除HLCUPEK990401943.HLCUPEK990401965号提单记载卸货港为美国洛杉矶,交货地点为美国休斯外,其他提单记载的卸货港或交货地均为美国纽约。所涉8套提单项下货物装船后,已安全运至卸货港或交货地并交付收货人,赫伯罗特公司履行了运输合同义务。此外,根据中艺公司确认的并在提单中载明的S/C NO.7487/98号协议所规定的运费费率,中国天津新港至美国休斯敦或东岸每个20'集装箱货物运价为1 925美元。赫伯罗特公司承运的8票货物共计51个20'集装箱,应计98 175美元。双方当事人对中艺公司是否为赫伯罗特公司所主张海运费支付义务人有争议。赫伯罗特公司出示了由天海船代公司代签的八份提单及中艺公司的八份《联运（进）出口货物代运委托书》，以此证明在预付运费的支付方式下，承运人有权向托运人中艺公司收取海运费。中艺公司认为，虽然提单上记载运费是在香港预付，但并没有当然确定运费支付义务人是中艺公司。

中艺公司出示了天海船代公司出具确认 CAP BARBELL INC. 是涉案运费支付人的证人证言、CAP BARBELL INC. 向原审法院出具的承认其是涉案运费支付人的声明、ANERA（亚洲北美东行运价协议）S/C NO.7487/98 号协议、Hapag-Lloyd 公司与 CAP BARBELL INC. 为催付涉案运费来往的电子邮件、天津市天海公司北京办事处与 CAP BARBELL INC. 签订的协议书、中艺公司与 CAP BARBELL INC. 签订的价格条件为 FOB 的《代理出口协议书》及 Hapag-Lloyd BEIJING OFFICE 给 CAP BARBELL BEIJING 办事处在香港收款账户的函，中艺公司用上述证据意图证明涉案海运费支付义务人是 CAP BARBELL INC.，而不是中艺公司。

赫伯罗特公司对上述证据均表示异议，认为上述证据均不能证明中艺公司意图证明的问题。在原审法院向天海船代公司副总经理付天庶及经办人邢全义进行调查时，被调查人称，提单记载运费预付，是中艺公司委托美国买方 CAP BARBELL INC. 向我司付费，然后转交赫伯罗特公司，为方便快捷即由 CAP BARBELL INC. 直接付给赫伯罗特公司在香港的账号；中艺公司出具的证人证言，是其打印的，我司认为是事实就盖章了；付款人由中艺公司指示他人代付，如被指示人未付，则要找提单上记载应付款的人；提单应为最终协议，付费义务人根据提单确定。赫伯罗特公司对天海船代公司的陈述表示认可，中艺公司则认为该证言与事实不符。原审法院认为，赫伯罗特公司的举证与天海船代公司出具的证言及在法院调查中所作的陈述，具有合法性、真实性且与本案具有关联性，能够证明案件事实，可以作为定案的依据。中艺公司所列举的证据，不足以证明其与赫伯罗特公司及 CAP BARBELL INC. 存在由 CAP BARBELL INC. 作为付款义务人三方协议，同时也不能证明中艺公司支付海运费的义务经赫伯罗特公司同意而转移于 CAP BARBELL INC.。对其证据效力不予确认。

二、一审裁判

天津海事法院原审认为，中艺公司向赫伯罗特公司出具委托书，委托赫伯罗特公司出运货物，赫伯罗特公司接受委托后海上货物运输合同即合法成立，其约定对双方当事人均具有约束力。委托书中记载运费预付，提单记载运费在香港预付，二者存在差异，但预付运费的性质并未改变。中艺公司理应在签发提单之前将海运费付与赫伯罗特公司，但其违反合同约定未履行其支付海运费的义务，已构成违约，依法应承担相应的违约责任，给付赫伯罗特公司约定的海运费及利息损失。中艺公司与案外人 CAP BARBELL INC. 签订的贸易合同中的 FOB 价格条件，只对签约双方有约束力，不能约束作为承运人的赫伯罗特公司。赫伯罗特公司、中艺公司及 CAP BARBELL INC. 之间虽在与本案相同条件下的案外业务中，存在由 CAP BARBELL INC. 向赫伯罗特公司支付海运费的事实，但中艺公司并未充分证明在本案中支付海运费的义务，经赫伯罗特公司同意转移于 CAP BARBELL INC.，其主张没有事实和法律依据。据此，判决如下：中艺公司给付赫伯罗特公司八套所涉提单项下海运费共计 98 175 美元。

三、上诉与答辩

中艺公司不服原审判决，上诉至天津市高级人民法院，主要上诉理由如下：

（1）证据证明承运人与 CAP BARBELL INC. 确定了运费额，CAP BARBELL INC. 才是运输合同的付款义务人。

（2）原审对于赫伯罗特公司与 CAP BARBELL INC. 间的往来电子邮件不予采信是错误的。中艺公司为证明赫伯罗特公司明知付款义务人是 CAP BARBELL INC.，当庭出示了大量赫伯罗特公司与 CAP BARBELL INC. 间的催付运费的往来电子邮件，原审并未要求中艺公司对该电子邮件的真实性再行举证，即以中艺公司未尽进一步举证责任为由，对其书证效力不予认定。

（3）原审法院主动向已经出证的天海船代公司的取证，令人不能信服。天海船代公司曾向中艺公司证明本案所争议的运费确应由 CAP BARBELL INC. 支付，同时说明凡是签的境外付款的提单，都是指的收货人付款。原审判决对天海船代公司前后证言的矛盾不予理睬，认定其再次陈述是对前证言的补充、解释和说明欠妥。

（4）原审判决中，对在长期业务往来中，赫伯罗特公司几十张发票都是开给 CAP BARBELL INC. 一事，称赫伯罗特公司认为 CAP BARBELL INC. 是代中艺公司付款，没有事实依据。赫伯罗特公司主要答辩意见是在本案成讼前赫伯罗特公司与中艺公司发生的多笔业务确均由美国收货人代中艺公司支付运费，但仅此并不能证明中艺公司在以前发生的业务中已将其支付运费的义务合法地转让给了美国收货人，亦不能证明在本案中双方当事人对运费转由美国收货人支付达成过任何协议。

四、二审裁判

天津市高级人民法院经审理查明，1999 年 1 月 15 日，天海船代公司的派出机构天海国际船务代理公司北京办事处（以下简称天海船代北京办事处）与 CAP BARBELL, USA 签订的协议，其中第 5 条约定，运费支付方式为"FREIGHT PREPAID"，具体付费方式为"CAP BARBELL, USA"，货物出运后 40 天应付清天海船代北京办事处全部运费。该条款下第 3 项规定，中艺家具进出口公司的海运费、港杂费、报关费全部由 CAP 公司从美国汇款给天海船代北京办事处。天津市高级人民法院查明其他事实与原审法院查明事实无异。

天津市高级人民法院认为，中艺公司与赫伯罗特公司之间具有经提单证明的海上国际货物运输合同关系。中艺公司出具的《联运（进）出口货物代运委托书》及赫伯罗特公司授权天海船代公司签发的提单中均记载海运费预付，在此条款下，中艺公司负有向赫伯罗特公司支付相应海运费的义务。但是，中艺公司提交的天海船代北京办事处与 CAP BARBELL, USA 签订的协议其中第 5 条约定，在提单记明运费预付的情况下，仍由 CAP BARBELL,USA 直接支付运费,此系对上述委托书及提单所记载的运费预付条款所作的特别约定。该协议证明:天海船代公司认可在提单记明运费预付的情况下,由 CAP BARBELL,USA 直接支付运费。作为赫伯罗特公司的船代公司,天海船代公司的上述行为应视为其履行代理职责的行为,其行为效力及于作为被代理人的赫伯罗特公司,即该协议能够证明赫伯罗特公司认可在提单记明运费预付的情况下,由提单记名的收货人 CAP BARBELL,USA 直接向承运人或其代理人支付运费。也证明中艺公司所接受的提单中载明运费预付是以由收货人 CAP BARBELL,USA 直接向承运人或其代理人支付运费为前提的。

此约定与中艺公司与 CAP BARBELL,USA 签订的《代理出口协议书》中 FOB 价格条件相一致,涉案提单均载有的"S/C NO.7487/98"字样(即赫伯罗特公司与 CAP BARBELL INC. 事先就运费费率达成的一揽子"亚洲北美东行运价协议")。CAP BARBELL INC. 向原审法院出具的承认其是涉案海运费支付人的声明及其在以往的业务中一直实际向赫伯罗特公司直接支付海运费的行为也为此约定的存在提供了佐证。赫伯罗特公司就该协议的异议主张不能成立。理由是虽然天海船代北京办事处为案外人,但作为赫伯罗特公司船代公司的派出机构,其代理人的身份是明确的。尤其是赫伯罗特公司与中艺公司及 CAP BARBELL INC. 之间的业务往来此前已有多笔,均由天海船代北京办事处具体经办,所涉各方均无异议,其行为已足以使人确信其代理人之身份。现在本案中,赫伯罗特公司指出天海船代北京办事处工作人员的证词未能明确协议相对方签字人的身份及权限,从而对该协议的有效性提出质疑。

天津市高级人民法院认为,天海船代北京办事处作为协议签字一方,有义务审查协议相对方签字人的身份及权限。本案中,赫伯罗特公司作为天海船代公司的被代理人,应对此问题承担举证责任。天海船代北京办事处签字人在证词中称协议相对方签字人可能代表中艺公司,缺乏事实依据。一是协议内容本身已经标明相对方是 CAP BARBELL INC.。二是该协议涉及的国内出口外贸公司除中艺公司外,还包括河北中机合作公司等另外三家外贸出口公司,中艺公司的代理人显然不具备签署该协议的资格。因此,赫伯罗特公司在协议内容本身能够说明相对方是 CAP BARBELL INC. 而又予以否认时,应提供相应的证据。

综上,天海船代北京办事处与 CAP BARBELL,USA 的协议对运费预付条款的特别约定,已经明确涉案海运费的支付人为提单载明的收货人,赫伯罗特公司主张中艺公司支付上述运费,依据不足。中艺公司的上诉请求,证据充分,应予支持。原审判决认定的中艺公司为涉案海运费的支付义务人因新证据的存在而不能成立,原处理结果因欠缺事实基础亦应予以纠正。根据《中华人民共和国民事诉讼法》第 153 条第 3 款的规定,判决如下:撤销天津海事法院(2000)海商初字第 111-118 号民事判决;驳回被上诉人赫伯罗特货柜航运有限公司的诉讼请求。

一揽子运价协议·海运费·运费预付

127 原告深圳市森邦国际货运有限公司与被告山东省烟台国际海运公司海上货物运输合同纠纷案

案例来源：广州海事法院(2008)广海法初字第474号

主题词：订舱确认书　全面履行　约定航线　采取补救措施而支付的费用

裁判要旨

No. HY-1.5-3　托运人向承运人订舱，承运人发出订舱确认书且包含货物名称、卸货港、海运费等重要海运信息的，双方的海上货物运输合同关系成立，各方均负有义务履行。订舱确认方将货物装船但未按照约定的航线将货物运往卸货港的，构成违约，应当赔偿对方由此遭受损失。守约方采取补救措施而支付的费用，违约方对此应当承担赔偿责任。

一、基本案情

原告：深圳市森邦国际货运有限公司

被告：山东省烟台国际海运公司

原告诉称：2008年7月17日，原告向被告订舱，被告确认订舱并承诺将6个货柜货物由香港运至日本门司。因被告经营困难与船东产生租船合同纠纷，承运船舶航行至日本途中返回香港，货柜被船东强行卸船，原告不得已在香港重新租船转运，导致原告多支出海运费、货物处理费、堆存费、文件费、码头费、拖车费等费用计6 000美元、53 317.76港元，折合人民币共87 763.02元(以下没有说明币种的金额均为人民币)。8月13日，原告分两次向被告订舱，被告予以确认并承诺将54个货柜货物由三山运至青岛。原告货物集中运至三山港后，被告因同样的原因导致无船承运，货柜滞留在港口堆场，货物被退关改港，原告重新找船公司运输，后货柜被拉回工厂改箱，使原告产生堆存费、闸口费、查验费16 791元，支出转运拖车费33 400元，交纳退关费、报验费、查柜费1 000元，租用吊机设备费、搬运费30 890元，共计人民币93 981元。请求法院判令被告赔偿原告以上损失181 744.02元及其从2008年8月28日起按照中国人民银行一年期流动资金贷款利率计算的利息计至实际支付之日止的利息，并承担本案诉讼费、保全费。

被告辩称：原告提交的于2008年7月17日订舱的提单发货人与原告不是同一主体，原告没有索赔权。对2008年8月13日订舱的损失，原告无法证明与被告存在海上货物运输合同关系，也无法证明被告违约。

二、法院查明事实

广州海事法院经审理查明并确认如下法律事实：

(一)与原、被告法律关系相关的证据及事实

原告提供了证据1的以电子邮件形式发送的2008年7月17日订舱确认书、证据2

的提单与证据7的2008年8月13日订舱确认书,证明原、被告之间的海上货物运输合同关系。被告认为证据1、证据7是打印件且没有双方的公章,无法核对其真实性,证据2是复印件,提单上显示的托运人与原告有差别。广州海事法院认为,证据1订舱确认书与证据2的提单所记载的船名、发货地、装货地港、目的港及运输货柜数量一致,提单记载的托运人为原告的英文名称,内容能够互相印证,被告虽然提交了原告经工商注册登记的中文名称的查询单,但是提单上以英文记载托运人的名称,是国际通行惯例,被告未能提出足以反驳的证据,应对证据1、2予以确认。由于所确认的证据1订舱确认书是以电子邮件形式发送的,说明原、被告双方具有通过电子邮箱进行订舱的交易习惯,同时证据7的订舱确认书上记载的船名航次、起运地和目的港与证据8中的发票记载一致,因此对证据7予以采纳。

根据以上证据,原告于2008年7月17日通过被告佛山办事处向被告订舱,委托被告运输6个20英尺的货柜货物从佛山经香港装船至日本门司。该批货物编号为SYH-KJMAC8304641的提单,记载了提单是代表作为承运人的被告于7月25日在香港签发,原告为托运人,船名航次为ALICE V.0830N,运输方式为CY-CY,即堆场至堆场。8月13日,原告分两次通过被告佛山办事处再向被告订舱,当天11:27时委托被告运输1个20英尺和27个40英尺集装箱货物从三山经香港装船至青岛,11:31时又委托被告运输1个20英尺和25个40英尺集装箱从三山经香港装船至青岛。被告分别向原告发送了订舱确认书,其中头一次的订舱确认书的备注注明"万丰头程",即由另一家公司负责头程运输,船名航次均记载为"CONTI SYDNEY V.0832N",截关时间均为2008年8月22日。

(二)对原告提交的有关损失的证据的认定

原告提交了证据3、5的集装箱在香港转船产生的费用的收据和发票,证明船舶转运后发生的费用,被告以证据为英文、在香港形成、没有经过公证认证为由提出异议。原告还提交了证据8的堆存费、转柜费和转运费发票,被告认为不能证明与原告所述两票货物相关。广州海事法院认为,对当事人提供的在我国境外形成的证明诉讼主体资格的证据,应履行相关的公证、认证手续,但对其他证据,由提供证据的一方当事人选择是否办理公证、认证手续。原告提交的证据3、5、8等票据均有原件予以核对,证据8中的码头费发票记载的起运港、卸货港、船名航次及开票人能与证据7互相印证,被告对该证据及以上的其他证据没有提出反驳的证据,广州海事法院应予以确认。

原告提交了证据6被告于2008年8月12日出具的函件,说明船东没有遵循指示去日本门司而是改航至香港,货物将在香港卸船,具体事宜联系船东或者船舶代理华林公司,被告认为该函件不能证明是被告发出而且是发给原告的。由于被告没有对以上函件内容提出相反的证据,且函件中提及船舶代理华林公司,能与证据3互相印证,广州海事法院对证据6予以采纳。

原告提交的证据4关于香港转运提单的记载事项,被告认为没有船公司盖章,无法证明该提单真实有效,由于原告主要是证明货物需要重新从香港起运及改港的航次和船名,该证据能与证据3、5等票据互相印证,应予以确认。

订舱确认书・全面履行・约定航线・采取补救措施而支付的费用

根据以上证据,被告于 2008 年 8 月 12 日发函通知原告等有关方,其承租的"文兰泉"(Green valley)轮没有遵循指示去日本门司,而是改道去香港,预计当天 10 时到达,船上货物将在香港卸船,具体事宜联系船主或者船舶代理华林公司。原告委托华林船务(香港)有限公司办理了涉案 6 个集装箱货物在香港卸船的手续,后者向原告收取了货物处理费 6 000 美元、文件费 125 港元、堆存费 1 800 港元、码头费 10 800 港元。原告另外向德翔航运有限公司托运,将货物从香港葵涌货柜码头转运至日本门司,并向德翔航运有限公司支付了电放费 140.76 港元、燃油附加费 7 038 港元、币值附加费 1 407.6 港元、文件费 160 港元、海运费 17 360.4 港元和港务费 10 800 港元。原告为了交付货物给德翔航运有限公司承运,委托泛美国际货代(中国)有限公司安排拖车将 6 个集装箱货物从香港招商码头运至葵涌货柜码头,并支付运费 3 696 元。货物在香港转运产生的以上费用合计为 6 000 美元、49 631.76 港元和人民币 3 696 元。

原告于 2008 年 8 月 13 日向被告订舱的两票货物均没有按时装船出运。货物在三山产生货柜搬移费 9 540 元、堆存费 7 251 元人民币等码头费用,原告向万丰国际货代理(广州)有限公司支付了该费用。原告将两票货物从三山运回工厂,并将被告配载的集装箱换为其他船公司的集装箱,为此向广东容奇水陆集运有限公司、珠海市佳龙兴运输有限公司、佛山市南海区交通运输有限公司分别支付拖车运费 12 000 元、4 000 元和 17 400 元,共 33 400 元。以上搬移费、堆存费和运费合计 50 191 元。

原告对其请求的闸口费、查验费、退关费、报验费、查柜费、租用吊机设备费等没有提供相应的证据。

2008 年 9 月 8 日,广州海事法院作出(2008)广海法保字第 131-2 号民事裁定,准许原告的诉前财产保全申请,查封被告存放于深圳市南山区月亮湾大道珉丰 B 堆场的 16 个集装箱。原告缴交了财产保全申请费 1 520 元。

三、法院裁判

本案为海上货物运输合同纠纷,其中从佛山经香港至日本门司的运输属于涉外运输合同纠纷。根据最高人民法院《关于海事法院受理案件范围的若干规定》第 11 条的规定,本案应由海事法院专门管辖。因涉外运输合同纠纷的货物运输始发地属广州海事法院辖区范围,依照《中华人民共和国民事诉讼法》第 28 条的规定,广州海事法院具有管辖权。原、被告在庭审中均选择适用我国法律,因此本案应适用中华人民共和国法律。

对于本案三票货物运输,原、被告之间虽然没有书面订立运输合同,但是原告提供的证据互相印证,可以认定被告均通过其佛山办事处向原告发送了订舱确认书。原告向被告订舱是要约,被告发送订舱确认书的行为已经构成承诺,原、被告依法成立的海上货物运输合同对各自具有法律约束力,双方应全面履行各自的义务。被告在第一票货物已经装船出运的情况下,没有按照约定的航线将货物运往约定的卸货港,已经构成违约。原告因货物转运产生的损失分别为 6 000 美元、49 631.76 港元和人民币 3 696

元,应由被告负责赔偿。对于本案第二、三票货物,被告未能按照约定提供船舶装运,应承担违约责任。原告为此支出的搬移费、堆存费和运费共人民币50 191元,应由被告负责赔偿。原告请求闸口费、查验费、退关费、报验费、查柜费和租用吊机设备费等,因没有提供相应的证据,不予支持。原告关于从其支出以上第二、三票货物的相关费用后的2008年8月28日起算利息损失的诉讼请求合理,应予支持,但其同时请求利息均按照中国人民银行一年期流动资金贷款利率计算,由于没有相应的法律依据,利息应按中国人民银行同期流动资金贷款利率计算。原告为保证判决的执行,向广州海事法院申请财产保全,查封被告的16个集装箱,其为此支出财产保全申请费1 520元,按胜诉比例计算,应由被告负责赔偿1 157元。

综上,依照《中华人民共和国合同法》第107条、《中华人民共和国民事诉讼法》第64条第1款的规定,判决如下:

(1)被告山东省烟台国际海运公司赔偿原告深圳市森邦国际货运有限公司货物转运损失6 000美元、49 631.76港元、人民币3 696元及其从2008年8月28日起按照中国人民银行同期流动资金贷款利率至本判决确定支付之日止的利息,上述美元、港元按照中国人民银行公布的2008年8月28日美元、港元兑人民币中间价分别换算成人民币后计息;

(2)被告山东省烟台国际海运公司赔偿原告深圳市森邦国际货运有限公司搬移费、堆存费和运费共人民币50 191元及其从2008年8月28日起按照中国人民银行同期流动资金贷款利率计至本判决确定支付之日止的利息;

(3)被告山东省烟台国际海运公司赔偿原告深圳市森邦国际货运有限公司财产保全申请费人民币1 157元;

(4)驳回原告深圳市森邦国际货运有限公司的其他诉讼请求。

1.6 特殊货物的运输

1.6.1 危险货物运输

[128] 原告林如与被告汕头市公路局莱长渡口所海上货物运输纠纷案
案例来源:广州海事法院(2002)广海法初字第369号
主题词:危险化学品运输　资质认定制度　客货船　客滚船

> **裁判要旨**
>
> **No. HY-1.6-1**　国家对危险化学品的运输实行资质认定制度,未经资质认定,不得运输危险化学品。
>
> **No. HY-1.6-2**　客货船和客滚船载客时,原则上不得装运危险货物。

一、基本案情

原告：林如

被告：汕头市公路局莱长渡口所

原告林如诉称：原告的粤 D·S1126 号罐车是由澄海市语合石油气经营部转让给南澳县利成石油气经营部（以下简称利成经营部）所有。该车虽未经办理过户登记，但根据公安部给最高人民法院的两份复函，即给最高人民法院研究室的公交管〔2000〕110 号《公安部关于机动车财产所有权转移时间问题的复函》，和给最高人民法院执行工作办公室的公交管〔2000〕98 号《公安部关于确定机动车所有权人问题的复函》，公安机关办理的机动车登记，是准予或不准予上路行驶的登记，不是机动车所有权的登记，公安机关登记的车主，不宜作为鉴别机动车所有权的依据。故该车经澄海市语合石油气经营部转让给利成经营部后，利成经营部就成为该车的所有权人。原告是利成经营部的业主，有权就该车的渡运纠纷向被告索赔，原告的主体资格适格。该车是经消防部门检验合格同意运输危险品的车辆，车辆本身具有探火、灭火设施，也有《公路运输营运证》，具备运输液化石油气的合法资质。自 2001 年 11 月 18 日以来，被告以渡船减少为由，停止对液化气罐车的渡运，致使原告液化气罐车停运。被告的宗旨和业务范围是承担渡运等工作，渡运汽车过海是其业务范围。被告是唯一合法承担渡运南澳岛与周边陆地之间汽车过海义务的单位，处于垄断地位，原告一直依靠，而且只能依靠被告的渡轮来运输液化气罐车。被告随意停运液化气罐车是不公平和不合理的。被告业务范围没有排斥渡运装载危险品车辆的规定。被告作为渡口所开通至今以来，所有装载危险品的车辆都是通过被告的渡轮渡运过海。而且，被告现在也并未停止渡运装载危险品的车辆，仅仅是停止渡运液化气罐车，装载其他危险品（如煤油、汽油或雷管等）的车辆仍在渡运，并开通每周两班的危险品专渡。如果被告的渡轮不具备运输危险品的安全设施，则被告应当自行完善渡轮的安全设施，如水雾枪、手提式泡沫装置等。被告有义务完善渡轮的安全设施却不采取完善措施，是应当作为却不作为。被告是承担莱长渡口公共运输的承运人，根据《中华人民共和国合同法》第 289 条的规定，从事公共运输的承运人不得拒绝旅客、托运人通常、合理的运输要求，被告停止运输原告的液化气罐车的行为违反了该规定。原告原来的运输收入是每月 4 000 元，至 2002 年 6 月 18 日已造成原告损失 28 000 元。被告是南澳岛与周边陆地之间唯一渡运汽车的运输单位，被告停止渡运液化气罐车的行为与原告的损失之间具有必然因果关系。请求法院判令被告限期完善渡船安全设施，恢复对液化气罐车的运输，赔偿原告已发生的损失 28 000 元，及从 2002 年 6 月 19 日至恢复承运之日止每月按 4 000 元计算的损失，并承担本案诉讼费用。

被告汕头市公路局莱长渡口所辩称：粤 D·S1126 号罐车的《机动车行驶证》《公路运输营运证》写明的车主是澄海市海隆水产有限公司，《易燃易爆化学物品准运证》上写明的车主是利成经营部，均不是原告林如。即使该车如原告主张的是从澄海市语合石油气经营部转让给原告,因其未办理过户手续,原告并未成为该车的所有权人,原告无权就该车的渡运问题向被告索赔。利成经营部的《个体工商户营业执照》与原告无关,且该《个体工商户营业执照》上写明的经营范围是批发零售民用石油气充装、燃气炉具类,不包括液化石油气运输,原告不具备合法的运输液化气的资格。根据汕头市政府的指示,2001 年 11 月 2 日下午在汕头海事局召开了关于莱长渡口渡船停止载运液化气罐车问题的专门会议,参加会议的有汕头市交通局、海事局、公路局、澄海市政府和南澳县政府等有关单位领导。会上传达了交通部明传电报内容及汕头市政府的指示精神,通报南澳县已建成液化气专用码头和储气站,岛上居民所需燃气可通过专用船舶运输的情况,及南澳县政府领导在 6 月 15 日汕头市政府召开的安全管理会议上,曾作出一旦石油气站建成,即可停止渡运液化气罐车的承诺。鉴于被告的两艘渡船不符合国家有关运载危险品的要求,决定从 11 月 15 日起停止渡运液化气罐车,由南澳县政府协调解决该县 6 户液化气经营者的出路问题。被告停止渡运液化气罐车是根据该会议作出的决定,符合现行法律及上级的要求。被告从未以运力少为由停止渡运液化气罐车,而是在贯彻法律规定和上级决策,纠正运载危险物品的违法违规行为。根据《中华人民共和国海上交通安全法》第 32 条的规定,船舶设施储存、装卸、运输危险货物,必须具备安全可靠的设备和条件。根据《中华人民共和国安全生产法》第 16 条的规定,生产经营单位应当具备本法和有关法律、行政法规和国定标准或者行业标准规定的安全生产条件,不具备安全生产条件的,不得从事生产经营活动。根据《水路包装危险货物运输规则》第 27 条的规定,客船和客渡船禁止装运危险货物。被告现有的两艘渡船经国家检验机构核定是汽车渡船,只能运载普通车辆。汕头海事局也认为被告的渡船在灭火、探火设备上未能满足国家《船舶与海上设备法定检验规则》的要求,不适于渡运装载危险物品的车辆。交通部 1999 年 12 月 3 日在《关于开展交通安全大检查的紧急通知》中指出,凡是不能装船的危险货物不准上船。原告的液化气罐车装载的液化气是 2 类危险物品,原告要求被告渡运其液化气罐车不属于《中华人民共和国合同法》规定的通常、合理的运输要求。运输合同应在当事人平等自愿的基础上订立,原告单方无理要求被告的渡船增加渡运危险品的设备及恢复渡运原告的液化气罐车违反了平等自愿的原则。故被告停止渡运液化气罐车是根据有关法律作出的,原告要求恢复渡运液化气罐车是违法要求。根据《水路包装危险货物运输规则》第 18 条的规定,危险货物的托运人应向港务监督机构办理申报并分别同承运人和起运、到达港港口经营人签订运输、作业合同。原告并未与被告签订运输合同,不存在所谓海上货物运输合同纠纷,被告也未侵犯原告的任何合法利益。请求驳回原告的诉讼请求。

二、法院查明事实

广州海事法院经审理查明并确认如下法律事实:

南澳县和澄海市均属于汕头市政府管辖的区域。南澳县管辖的区域是南澳岛及其周边的小岛屿,澄海市为离南澳县最近的陆地,南澳县同周边陆地的交通完全依靠南澳县与澄海市之间的渡船。被告莱长渡口所是事业单位,举办单位为汕头市公路局,宗旨和业务范围是负责莱长渡口管理,承担渡运及渡口收费工作,其所属的莱长渡口是连接南澳县长山尾与澄海市莱芜的渡口,现有汽车渡船两艘,分别为"汕机2401"号渡船和"汕机2402"号渡船,该两船对汽车和旅客均予渡运。在灭火、探火设备上该两船未能满足中华人民共和国《船舶与海上设备法定检验规则》的要求。经广东省船舶检验局汕头分局检验,该两船均处于适航状态,准予在莱芜和南澳航线作汽车渡船使用。利成经营部的《个体工商户营业执照》载明,利成经营部是个体工商户的字号,经营者为原告林如,该《个体工商户营业执照》上写明的经营范围包括批发零售民用石油气充装、燃气炉具类。1999年1月1日,澄海市语合石油气经营部与利成经营部签订《槽车转让合约书》,其上记载由澄海市语合石油气经营部将其所属的粤 D·S1126号大型专用罐车转让给利成经营部,转让费60 000元。粤 D·S1126号大型专用罐车的《机动车行驶证》和《公路运输营运证》载明的车主是澄海市海隆水产有限公司,《易燃易爆化学物品准运证》上载明的车主是利成经营部。澄海市海隆水产有限公司向广州海事法院出具证明,称该车是由澄海市语合石油气经营部转让给利成经营部,现入户在澄海市海隆水产有限公司,由其代为管理。该车《公路运输营运证》载明,经澄海市交通局核准的经营范围为货物运输,审验合格的有效期截止到2001年12月31日。《易燃易爆化学物品准运证》的复印件上没有运输范围及有效期的记载。2000年1月1日,利成经营部与深澳储配站签订《液化石油气运输合同》,约定由利成经营部向深澳储配站运输液化石油气,每次运输的运费1 100元,合同期限为2000年1月1日至2003年6月30日。在本案纠纷发生前,该液化气罐车一直通过被告的渡船来渡运。根据中华人民共和国 GB6944《危险货物分类和品名编号》和中华人民共和国 GB12268《危险货物品名表》,原告运输的液化气属于2类危险物品。鉴于1999年的山东"大舜"轮发生280人死亡或失踪的特大海难事故,国务院要求加强对客运船舶等重要交通工具按规定进行检查和监控,对不符合安全生产条件的应关闭、停运或停业整顿。2001年的"通惠"轮大爆炸海上事故发生后,交通部紧急通知进一步加强安全生产。汕头海事局在汕头市政府的指示下,于2001年11月2日会同汕头市交通局、安委办、公路局及澄海市政府、南澳县政府,召开关于莱长渡口渡船停止渡运液化气罐车问题的会议,决定于11月15日开始,莱长渡口停止渡运液化气罐车。11月17日,被告发布通知,称"汕机2402"号渡船正在大修,从11月18日起,渡船航班为每逢星期四及星期日上午6时为油料车辆专渡时间,液化气罐车禁止渡运。被告所属的渡口所现仍在渡运油罐车等油料车辆。

三、法院裁判

广州海事法院认为,本案是海上货物运输纠纷。利成经营部是个体工商户的字号,原告是利成经营部的业主。根据最高人民法院《关于适用〈中华人民共和国民事诉讼法〉若干问题的意见》第 46 条的规定,在诉讼中,个体工商户以营业执照上登记的业主为当事人。故原告作为利成经营部的业主,有权就该个体工商户所属的液化气罐车与被告的运输纠纷向被告索赔,原告的主体资格适格。粤 D·S1126 号大型专用液化气罐车虽然曾经被南澳县交通局核准经营货运,并被颁发了《公路运输营运证》,但该车审验合格的有效期截止到 2001 年 12 月 31 日,原告起诉时超过了有效期,该车现在不具备经营石油气运输的合法资质。原告提供的南澳县公交消防大队颁发的《易燃易爆化学物品准运证》复印件上没有运输范围及有效期的记载,不能证明该车有运输液化石油气的合法资质。原告作为托运人要求被告渡运的是装载 2 类危险品液化石油气的罐车,根据《危险化学品安全管理条例》第 35 条的规定,国家对危险化学品的运输实行资质认定制度,未经资质认定,不得运输危险化学品。被告的渡船未取得运输危险化学品的合法资质,不得运输危险化学品。根据《国内船舶运输经营资质管理规定》第 3 条的规定,客船运输分为普通客船(客渡船)、客滚船(车客渡船)和高速客船运输,被告的两艘渡船汽车和旅客均予渡运,属于客滚船。根据交通部《水路包装危险货物运输规则》第 27 条第 2 款的规定,客货船和客滚船载客时,原则上不得装运危险货物。被告的渡船属于客滚船,不应装运原告的液化石油气罐车。根据交通部《船舶装载危险货物监督管理规则》第 9 条第 2 款的规定,严禁载客渡轮装载危险货物。被告的渡轮同时承担渡运旅客的任务,不应渡运原告的液化石油气罐车。根据交通部《水路包装危险货物运输规则》第 26 条第 1 款的规定,装运危险货物的船舶的电气设备、通风设备、避雷防护、消防设备等技术条件应符合要求。被告的两艘渡船的灭火和探火设备未能满足中华人民共和国《船舶与海上设备法定检验规则》的要求,不能装载危险货物。综上,原告的液化石油气罐车不具备运输液化石油气及运输易燃易爆化学物品的合法资质,被告不具备运输危险货物的合法资质,被告的客滚船不得装运危险货物,被告的渡轮同时承担渡运旅客的任务,被国家法律法规禁止装载危险货物,被告渡轮的消防设备技术条件不符合要求,故被告拒绝原告的渡运要求符合法律规定,应予支持。原告作为托运人要求被告渡运的是装载 2 类危险品液化石油气的罐车,国家对危险物品的运输有特殊规定,原告的要求不是通常、合理的要求。对原告关于被告作为公共承运人,不得拒绝托运人通常、合理的要求的主张,不予支持。原告主张被告的渡船仍在渡运其他危险物品,如油类罐车等,但被告的该行为不属本案审理范围,广州海事法院不作处理。

依照《危险化学品安全管理条例》第 35 条第 1 款、《水路包装危险货物运输规则》第 26 条第一款、第 27 条第 2 款和《船舶装载危险货物监督管理规则》第 9 条第 2 款的规定,判决如下:

驳回原告林如的诉讼请求。

案件受理费 1 608 元,由原告负担。

[129] **原告××航运有限公司与被告德州××国际物流集团有限公司、天津××物流有限公司海上货物运输合同纠纷案**

案例来源:广州海事法院(2010)广海法初字第 527 号
主题词:集装箱运输　危险品包装　危险品渗漏　赔偿责任

裁判要旨

No. HY-1.6-3　危险品渗漏是由于集装箱内货物包装不当及衬垫不足所致而集装箱内的货物包装及积载应由托运人负责,可以认定危险品渗漏事故是由于托运人未履行妥善包装危险品的义务造成的,由于其过失造成承运人或船舶损失,应当承担赔偿责任。

一、基本案情

原告:××航运有限公司
被告:德州××国际物流集团有限公司(以下简称德州××公司)
被告:天津××物流有限公司(以下简称天津××公司)

原告××航运有限公司诉称:2009 年 9 月,被告天津××物流有限公司(以下简称:天津××公司)向原告订舱,要求将一批冰醋酸从中国天津新港运到巴基斯坦卡拉奇港。上述货物由托运人装入 13 个 20 英尺集装箱并封箱后交原告运输,据称每个集装箱内装有 80 桶冰醋酸。9 月 23 日,原告在所涉货物装船后向被告天津××公司签发了 MSCUTI780663 号提单,被告德州××公司为提单所示托运人。10 月 7 日和 10 月 9 日,装载涉案货物的两个集装箱 MSCU3531265 和 CLHU3064593 在货物中转港深圳赤湾港发现有液态物质泄漏。原告为避免该货物对人身或船货造成损害,停止对所涉货物的运输并进行检验。11 月 18 日原告将其中未泄漏的 11 个集装箱重新装船运输,发生泄漏的 2 个集装箱则被拖至深圳市危险废物处理站进行相应处理,并于 2010 年 6 月 1 日将这两个集装箱货物继续运输至目的港。经查验,货物泄漏的原因在于货桶、木质垫板质量缺陷,货桶在箱内装载、积载不良。原告为此支付了码头费用、拖车费用、危险废物处理站费用、换桶费、滞箱费及检验费等额外费用 336 298.15 元。冰醋酸属于危险货物,因包装不善造成承运人的损失,应由托运人负赔偿责任。被告德州××公司作为本案的实际托运人,被告天津××公司作为契约托运人,应承担连带赔偿责任。请求法院判令两被告连带赔偿给原告 336 298.15 元及按中国人民银行同期短期贷款利率计算的利息,并由两被告负担本案的诉讼费用及其他法律费用。

被告德州××公司辩称:其向上海××国际货物运输代理有限公司(以下简称上海××公司)订舱,而原告起诉状称是被告天津××公司向其订舱,故本案所涉海上货物运输合同的托运人是上海××公司或被告天津××公司而非被告德州××公司,被告德州××公司与原告不存在合同关系,不是本案的适格被告,不应承担责任;假设被告德州××公司是本案货物运输合同的托运人，由于所托运货物的包装容器的适用性及使用方法经河北出入境检验检疫局鉴定符合《国际海运危险货物规则》的要求，且托运人已向承运人履行了告知义务，被告德州××公司已履行了《中华人民共和国海商法》规定的相关义务，也不应承担责任。原告没有提供证据证明其为本案运输合同的承运人，其没有诉权；原告提供的提单中没有约定中转港，而原告擅自在赤湾港卸下货物，该行为违约，原告应证明其在运输过程中没有过错或可以免责，否则应由其承担违约责任；原告提交的货损鉴定及货物监装报告由民××公司出具，该公司没有对涉案货物进行货损鉴定的资质，其出具的报告不具有证明力，不能作为本案的定案依据，请求法院驳回原告的诉讼请求。

被告天津××公司答辩称：本案系因合同而产生的纠纷，根据合同相对性的原则，只有合同的当事人才能享有合同的权利并承担义务。被告天津××公司受上海××公司的委托，代被告德州××公司向原告订舱，原告在接受订舱时即知道两被告之间的代理关系，其出具的提单记载的托运人也为被告德州××公司，证明本案的货物运输合同直接约束原告与被告德州××公司；被告天津××公司接受上海××公司的委托后与被告德州××公司直接发生业务联系，该公司从未对被告天津××公司的代理行为提出异议，表明该公司对与被告天津××公司的代理关系的确认，因此被告天津××公司不是本案所涉合同的当事人，不应承担责任。两被告之间为代理关系，代理人仅在法律规定的情形下才需要与被代理人承担连带责任，原告要求被告天津××公司承担连带责任，没有提供相应证据证明存在代理事项违法等代理人应承担连带责任的情形，故应驳回原告的诉讼请求。

二、法院查明事实

广州海事法院经审理查明并确认如下法律事实：

2009年9月14日，被告德州××公司经多次转委托通过被告天津××公司向原告订舱，要求运输一批冰醋酸货物。原告接受托运人交付的13个集装箱货物后，签发了号码为MSCUTI1780663的提单。提单记载托运人为被告德州××公司，收货人凭"Bank Alfalah Limited-Islamic Banking, Qurtaba Chowk Branch, Lahore-Pakistan"指示，承运船舶为原告所属"丹××"轮S940R航次（MSC Daniela-S940R），装货港中国天津新港，卸货港巴基斯坦卡拉奇卡希姆港，装载货物为13个20英尺干货箱，集装箱号、铅封号及唛头见提单附文。货物装船时间为2009年9月23日，提单签发时间为9月28日。提单背面第9条运输方式及航线条款载明承运人可不需通知货方且随时：使用任何运输方式或仓储方式；将货物从一种运输工具转移到另一种运输工具，包括换船或使用本提单正面所载明的船舶以外的其他船舶或通过其他方式运输货物，即使在本提单中并未预期或规定进行换船或其他前述的运输方式等；第10条关于管辖权条款则载明货方提起的任何诉讼，受伦敦高等法院专属管辖，仅适用英国法；如提单约定的运输自美国运出或运至美国，则受美国南区联邦地区法院专属管辖，仅适用美国法；如因货方拖欠运费或其他货方应向承运人支付的其他费用而产生的任何纠纷,承运人可选择在如上约定的法院,或在装货港、卸货港、交货地或货方有营业地点的任何国家提起诉讼。

上述货物由被告德州××公司向晋州××公司购买,2009年8月24日,晋州××公司向河北出入境检验检疫局申请对装载冰醋酸的1 040只200升规格的闭口塑料圆桶进行检验。河北出入境检验检疫局出具了编号为130000309002245和130000309002267的出境危险货物运输包装使用鉴定结果单两张,鉴定结果为:上述危险货物所使用的包装容器,经抽样鉴定,其适用性及使用方法符合《国际海运危险货物规则》的要求。9月19日,天津港××国际危险品物流有限责任公司受被告德州××公司的委托,进行提箱、装箱、危险品申报和码头集港等业务操作,该公司出具的集装箱装运危险货物装箱证明书上有印制的:兹证明,装箱现场检查员已根据《国际海运危险货物规则》的要求,对上述集装箱和箱内所装危险货物及货物在箱内的积载情况进行了检验,并声明如下:集装箱清洁、干燥、外观上适合装货,所有包件均已经过外观破损检查,装箱的包件完好无损,所有包件装箱正确、衬垫、加固合理等内容。同日,天津港××国际危险品物流有限责任公司向天津北港海事处提交危险货物安全适运申报单,声明上述拟交付船舶装运的危险货物已按规定全部并准确地填写了正确运输名称、危规编号、分类、危险性的应急措施,需附单证齐全。包装危险货物,包装正确、质量完好;标记、标志/标牌正确、耐久。天津北港海事处在该申报单上盖章确认。

上述货物在运至深圳赤湾港进行中转时,分别于10月7日和10月9日被发现箱号为MSCU3531265和CLHU3064593的2个集装箱出现渗漏,赤湾码头公司致函蛇口海关称发生渗漏的2个重箱均为10月1日卸下,中转上10月12日的原告所属的"玛丽亚××"轮L940R航次(MSC MariaElena/L940R),申请将这2个集装箱拖到深圳市危险废物处理站有限公司梅林安全填埋场进行处理,获海关批准。原告委托××航运(香港)有限公司深圳代表处(以下简称深圳代表处)处理本次冰醋酸货物泄漏事故。深圳代表处委托唛××公司对所有的13个集装箱货物进行理货、检查。唛××公司分别于10月14日和10月16日出具了编号为09Marston-2244和09Marston-2253的两份理货报告。

09Marston-2244理货报告记载了对渗漏的2个集装箱检查的情况,检验人员发现箱号为MSCU3531265的集装箱放置在堆场上,箱门开启,等待检验;箱号为CLHU3064593的集装箱则箱门关闭,封识完好。集装箱内桶子在箱内装两个高,用胶合板隔开,但胶合板已经变形和破损,在货物积载的后部,用绳子加固桶子。在卸货过程中,在集装箱内喷洒水,稀释漏出的液体以避免任何可能的事故,集装箱的地板已经全部被水或漏出的物质浸湿,箱内板和门上的油漆已经脱落和腐蚀,在集装箱的周围,有强烈的刺激味,在集装箱的外板,贴有腐蚀和不得使用火的标识。包装桶有两种规格共160个,包装桶容器标记及批号为1H1/Y1.5/100/09和CN/130614 PI;006,其中桶身有两条环形凸、底部有圆形底座的40个桶(以下简称包装一)外包装良好,没有渗漏现象,而桶身光滑无任何凸出、底部无底座的120个桶(以下简称包装二)中有30个

集装箱运输・危险品包装・危险品渗漏・赔偿责任

外表严重变形,15 个破裂及泄漏,75 个外表不同程度变形,建议对包装一的 40 桶表面的遗漏物处理干净后可以继续运输,包装二的 120 桶因存在运输安全隐患,在更换包装后才可以运输。结论是货物漏出是包装二的桶质量不能满足相关运输要求,另外,桶子间使用的衬垫胶合板太薄,厚度只有 4.5 毫米(MM),无法起到保护货物的作用,而作用在桶子上的压力不平衡,造成桶子的变形和破损。

09Marston-2253 理货报告记载了对另外的 11 个集装箱进行检查的情形,检验人员注意到 11 个集装箱放置在堆场上,箱门关闭,铅封完好,检验人员首先检验了集装箱的情况,然后当场剪掉铅封,开启箱门,检验了货物的积载和货物的情况,发现 11 个集装箱内桶均装两层高,在货物积载的后部使用 8 毫米粗绳子加固,层间用 4.5 毫米的胶合板隔开,但胶合板已经破裂。桶未移位,但部分桶盖隆起或裂开现象,桶身贴着危险货物运输标签,货物可以继续运输,但未就是否有货物泄漏进行详细检验。另外箱号为 MEDU1707541 号集装箱前端外侧板严重腐蚀,漆层脱落。检验人员认为由于检验时未拆箱卸货,因此无法对货物进行详细检验,为保证该危险货物的安全运输,建议对桶进行重新积载,用足够的绳子和胶合板妥当固定,积载于箱尾部分的桶应用固定在底板上的方木加强固定,以免桶在运输过程中移动。××航运(香港)有限公司支付了上述两笔检验费 3 194.66 元和 6 205.52 元。唛××公司持有深圳市环通认证中心有限公司颁发的质量管理体系认证证书,其具有理货服务(验货、集装箱货物监装、监卸)资质,其营业执照记载的经营范围为理货服务和经济信息咨询。该公司检验师持有国家质检总局检验鉴定人员资格考试委员会颁发的资格证书。

2009 年 10 月 26 日,原告委托律师致函被告德州××公司,要求其就上述集装箱货物处理作出指示并保证承担一切额外费用,否则原告将自行处理货物并要求其承担赔偿责任。被告德州××公司于 29、30 日两次回函称只有提单持有人才有权做指示,该公司目前对该批货物并无指示权,并否认委托被告天津××公司代办运输涉案货物事宜,其派员了解情况,是受国外收货人委托;有关检验事宜与其无关,否认派代表参与了货物检验。

原告在 2009 年 10 月 1 日将 MSCUTI1780663 提单项下 13 个集装箱卸于赤湾港后,其中 11 个集装箱堆存于赤湾集装箱码头,直至 2009 年 11 月 18 日才重新装船运输,赤湾码头公司决定减免 10 天堆存费(正常免堆期为 7 天),实际收费日期为 39 天,费率每天 75 元,5 天后翻倍,由此产生堆存费 60 225 元,深圳代表处代为支付了该费用。

2010 年 4 月 20 日,××航运(香港)有限公司委托深圳××中集集装箱服务有限公司对发生渗漏的 MSCU3531265 和 CLHU3064593 集装箱进行维修,支付了修理费 15 228.45 元。其后委托上海××集装箱服务有限公司对修复后的集装箱进行检验,支付了检验费 245.52 元。为更换变形破损的包装桶,原告委托深圳××公司向晋州市××利化工有限公司购买了 110 只 200 升的闭口塑料圆桶,该公司罗湖营业部代付了货款 24 100 元。

2010 年 5 月 25 日,深圳代表处委托民××公司对渗漏的 2 个集装箱货物作货损鉴定、更换包装及装箱监视。民××公司出具的 MTA-SZ01（M）2010050435197 号货损鉴定及货物监装报告认为,对货损鉴定为包装一的 40 桶冰醋酸外观正常,可直接装箱发运;包装二的 104 桶不同程度变形,但未出现泄漏,更换新桶后可重新发货;包装二的 16 桶外观严重变形、桶身破裂,桶内货物已基本漏光,评定该 16 桶货物全损。该报告认为本次货损原因如下:

(1) 两层货物之间的木质垫板质量太差(劣质板)、太薄(厚度约为 4.5 毫米)、承重强度不够以及尺寸太小(未能全部覆盖下层货物),无法起到分隔货物、承接重量作用,导致上层货物重量不能分散,局部受力集中造成下层部分桶变形、泄漏;

(2) 集装箱装货后尾部与箱门处尚有 20 多公分的空隙,装货人仅用绳索简单围栏,未采用有效支撑或固定防护方法,导致货运途中货物移位、相互碰撞、挤压甚至跌落;

(3) 包装一的 40 桶为加力筋桶,是质地较硬的聚乙烯桶,由于其上部边缘较为突出,如桶身出现较大倾斜,其边缘部分极易刮碰周边其他桶,造成质地较软的非加力筋桶损伤。该批货物由于木质隔板断裂、移位及严重变形,无法保持上层货物直立、稳定,结果导致运输途中货物倾斜较厉害,加剧了加力筋桶对非加力筋桶挤压、碰撞所产生的损伤。报告记载了民××公司的公估师见证了深圳市××环保高新技术研发基地操作人员利用隔膜气压泵及 1 寸导管以桶对桶方式将上述 104 桶货物全部泵入全新的高密度聚乙烯塑料圆桶,桶身均贴上腐蚀货物警示标签,随后被装入两个 20 英尺集装箱,MSCU3531265 箱装 80 桶、CLHU3064593 箱装 64 桶;箱内货物均按两层叠放,上下层之间均有大尺寸木板垫隔,MSCU3531265 箱货物尾部使用大尺寸木板直立支撑及铁丝固定,CLHU3064593 箱由于货物较少,箱尾空旷处使用专做铁架、木板和铁丝撑护,以防货物在运输时翻落受损。两个箱内货物的堆放、防护和固定等均已得到赤湾港方安全员的认可。深圳××公司罗湖营业部代为支付倒箱费 49 770 元给深圳市××环保科技实业集团有限公司,支付公估费 4 300 元给民××公司。民××公司的营业执照和经营保险公估业务许可证均载明该公司业务范围为保险标的承保前的检验、估价及风险评估;保险标的出险后的查勘、检验、估损及理算;经中国保监会批准的其他业务。在报告中署名的公估师廖某具有中国保险行业协会授予的公估师资格,吴某则持有中国保险监督管理委员会和国家质检总局检验鉴定人员资格考试委员会颁发的资格证书。

赤湾码头公司出具证明称:两个渗漏集装箱重新装箱后于 2010 年 6 月 1 日离场装船,免堆期 7 天,实际堆存费收费日期 9 天,产生堆存费 1 950 元;该两个集装箱在深圳市危险废物处理站有限公司梅林安全填埋场进行处理产生应急处理费 29 000 元,拖车费 4 300 元,危险品特殊作业费 13 949 元,报关费 2 800 元,上述费用已由深圳××公司罗湖营业部支付给赤湾集装箱码头有限公司。

在××航运(香港)有限公司的网站上公布的 20 英尺危险品集装箱费率为免费期 8 天,第 9—13 天每箱每天滞箱费 80 元,第 14 天以后每箱每天滞箱费 135 元。

三、法院裁判

广州海事法院认为,本案是承运人要求托运人赔偿因海上运输危险货物造成承运人损失的海上货物运输合同纠纷。

本案所涉货物从中国天津新港运往巴基斯坦卡拉奇,原告为境外法人,本案具有涉外因素。该货物在中国深圳赤湾港中转时发现渗漏,广州海事法院是转运港所在地海事法院,依据《中华人民共和国民事诉讼法》第 28 条"因铁路、公路、水上、航空运输和联合运输合同纠纷提起的诉讼,由运输始发地、目的地或者被告住所地人民法院管辖"和《中华人民共和国海事诉讼特别程序法》第 6 条第 2 款第(二)项"因海上运输合同纠纷提起的诉讼,除依照《中华人民共和国民事诉讼法》第二十八条的规定外,还可以由转运港所在地海事法院管辖"的规定,广州海事法院依法对本案具有管辖权。

庭审中,原告及被告天津××公司均同意适用中国法律,被告德州××公司认为如广州海事法院对本案有管辖权,其考虑适用中国法律。被告德州××公司未在提交答辩状期间提出管辖权异议,被告天津××公司虽在该期间对管辖权提出异议,但广州海事法院驳回其异议的裁定书送达后,当事人没有上诉,因此广州海事法院对本案具有管辖权已无疑义。涉案提单背面所载管辖条款针对货方提起的任何诉讼约定了管辖法院和适用法律,但赋予承运人选择除以上约定的法院外,还可在装货港、卸货港、交货地或货方有营业地点的任何国家提起诉讼的权利,且没有约定承运人在这些国家提起诉讼时应适用的法律,因涉案运输始发地在中国,发现货物渗漏的中转港也在中国,两被告住所地在中国,依据《中华人民共和国海商法》第 269 条规定的最密切联系原则,本案应适用中国法律作为处理案件实体争议的准据法。

关于两被告与原告是否存在海上货物运输合同关系。被告德州××公司主张其委托上海××公司而非原告运输货物,与原告不存在运输合同关系,但原告提供的提单显示托运人为德州××公司,船名和集装箱箱号与被告德州××公司提供的集装箱装运危险货物装箱证明书显示的承运船舶名称及集装箱编号一致,由此证明被告德州××公司的货物实际由原告装船运输,其与原告之间存在提单所证明的海上货物运输合同关系。原告主张被告天津××公司为契约托运人,但其提供的证据仅证明天津××公司向原告订舱,没有其他证据证明该公司行使了托运人的权利和履行了义务,故可以认定被告德州××公司就是本案所涉货物的货主和托运人,被告天津××公司为货运代理人,而非运输合同的当事人,原告要求被告天津××公司以契约托运人的身份与被告德州××公司连带赔偿其损失,没有事实依据,不予支持。

本案的主要争议在于导致货物产生渗漏的原因及相应的责任。《中华人民共和国海商法》第 68 条第 1 款规定:"托运人托运危险货物,应当依照有关海上危险货物运输的规定,妥善包装,作出危险品标志和标签,并将其正式名称和性质以及应当采取的预防措施书面通知承运人;托运人未通知或者通知有误的,承运人可以在任何时间、任何地点根据情况需要将货物卸下、销毁或者使之不能为害,而不负赔偿责任。托运人对承运人因运输此类货物所受到的损害,应当负赔偿责任。"托运人托运危险货物时未尽妥善包装、标记、告知的义务,要赔偿承运人因此而造成的损失。被告德州××公司为证明其尽了托运人上述义务,提供了集装箱装运危险货物装箱证明书和危险货物安全适运申报单以及出境危险货物运输包装使用鉴定结果单3份证据。集装箱装运危险货物装箱证明书和危险货物安全适运申报单是托运人单方向有关部门申报的材料,与出境危险货物运输包装使用鉴定结果单一样,只是货物在交付运输前包装符合相关规定的初步证明;后者还表明,对危险货物所使用的包装容器仅作抽样鉴定,因此不能由此证明所有货物的包装均与抽样鉴定结果一致。被告德州××公司提供的以上3份证据只能作为其对货物的包装符合《国际海上危险货物运输规则》要求的初步证明,而不是绝对证据。

对于造成货物渗漏的原因,能否以原告提供的货损鉴定报告作为认定依据。民××公司的业务范围是对保险标的保前和出险后的检验、估损及理算,而本案除了被检验物不是保险合同的标的外,检验人员进行检验所使用的方法手段与检验保险标的应无不同,即鉴定人员具备进行鉴定的专业知识和经验,其所出具的鉴定结论,对货物泄漏原因及处理经过进行了详尽阐述,对其证明力可予以确认。两被告虽然对货损鉴定报告认定的货物渗漏原因提出异议,但未提供有效证据予以反驳,其抗辩理由不予支持。至于货物渗漏是因为包装不善还是因为转船所致,货损鉴定报告指出集装箱箱门关闭,铅封完好,其中一个集装箱前端外侧板严重腐蚀,漆层脱落。该报告没有关于其他集装箱外表有受损现象的描述,故可以推定其他集装箱外表状况完好。货损鉴定报告认为货物泄漏的发生源于集装箱内货物包装及衬垫问题,而箱内货物的包装和积载由托运人负责,装载货物的集装箱未受到其他损害,所以认为承运人在运输中存有过错,与常理不符。被告德州××公司主张货物渗漏系承运人运输和中转货物过程中存在过错所致而非包装不当引起,其应提供相应的证据,本案并无证据显示事故的发生系由转船引起,因此集装箱内桶装物变形、渗漏,与承运人积载、转运货物的行为没有因果关系。虽然原告在提单中并未以显著方式提醒被告其有权转船,有一定的过错,但不能以此推定货物泄漏的原因就是由转船造成的。据此,可以认定涉案货物渗漏事故系因托运人对货物包装不当引起,被告德州××公司未履行托运人妥善包装危险货物的义务,对该过失造成承运人的损失,应负赔偿责任。

关于赔偿金额的问题。原告主张的购买110个新桶的费用24 100元、倒箱费用49 770元、受损集装箱的修箱费用15 228.45元、修复后的检验费用245.52元、2个渗漏集装箱在赤湾港发生的除堆存费外的应急处理费、拖车费、危险品特殊作业费、报关费等费用50 049元、理货费用和公估费用13 700.18元,被告德州××公司均应赔偿。原告提供的证据显示,发现货物渗漏后,原告已于2009年10月14日和16日委托理货公司对货物进行了检验,并于10月26日致函被告德州××公司要求其承担责任,被告德州××公司于同月29日、30日回函原告,拒绝了原告的请求。虽然被告德州××公司没有配合原告及时对渗漏货物进行处理应承担违约责任,但《中华人民共和国合同

集装箱运输・危险品包装・危险品渗漏・赔偿责任

法》第 119 条第 1 款规定:"当事人一方违约后,对方应当采取适当措施防止损失的扩大;没有采取适当措施致使损失扩大的,不得就扩大的损失要求赔偿。"原告在确定被告违约且拒绝承担责任的情况下,仍应采取适当措施防止损失的扩大,否则不得要求责任方赔偿扩大的损失。原告签发的提单正面未标注中转港,在背面第 9 条运输方式及航线条款虽载明承运人可不需通知货方即有权转船,但承运人没有采取合理的方式提请对方注意该条免除或者限制其责任的条款,有一定的过错,故因转船导致的堆存费及滞箱费应由原告自行负担。涉案集装箱均从 2009 年 10 月 1 日入场,原告提供的赤湾码头公司出具的证明显示,这批集装箱预计中转上 10 月 12 日的原告另一船舶,该期间发生的堆存费及滞箱费应由原告自行负担。11 个集装箱在同年 11 月 18 日离开堆场装船,理货报告建议重新积载后运输,原告的证据显示其并未对该 11 个集装箱货物进行处理,而是直接装船运输。原告在 10 月 29、30 日即获悉被告德州××公司拒绝了处理涉案货物的要求,但原告没有及时安排集装箱转运,也没有提供证据证明其到 11 月 18 日才安排 11 个集装箱装船有合理的理由,故拖延期间即 11 月 1 日至 18 日产生的货物堆存和滞箱费,被告德州××公司可不予赔偿。11 个集装箱的费用从 10 月 12 日计至 10 月 31 日较为合理,堆存期间为 19 天,免堆期 10 天,实际计费 9 天,堆存费计算标准前 5 天每天每个集装箱 75 元,超出 5 天后每天每个集装箱 150 元,11 个集装箱 9 天的堆存费为 10 725 元;滞箱费的计算可参照原告关联企业在网络上公布的滞箱费标准,前 5 天每天每个集装箱 80 元,超出 5 天后每天每个集装箱 135 元,11 个集装箱的滞箱费计 19 天,免费期 8 天,实际计费 11 天为 13 310 元。

2 个泄漏的集装箱前后两次入场,直至 2010 年 6 月 1 日离场装船,共堆存 16 天,在堆场期间应为等待原告安排船舶装运,在原告转运货物所需时间内发生的堆存费,不应由被告德州××公司负担。上述集装箱在 2009 年 10 月 10 日离场,直至 11 月 27 日才进行修理,但仅仅一日即完成了修理,到 12 月 14 日才进行检测,而民××公司的货物监装报告显示,货物重新换桶装箱只花了两天时间,但原告直到 2010 年 5 月才进行换桶装箱作业,其间拖延产生的费用不予赔偿。原告安排理货及进行货损鉴定等事项所花费的合理期间预计为 15 天,加上箱子的修理检测 2 天,重新换桶装箱 2 天,另考虑原告需另行联系商家购桶更换包装,其花费的合理期间酌计为 30 天。上述期间合计 49 天,扣除 8 天的免费期,应计滞箱期 41 天,2 个集装箱的滞箱费为 10 520 元。原告请求被告德州××公司赔偿上述费用的利息,符合法律规定,予以支持。

综上所述,依照《中华人民共和国海商法》第 68 条第 1 款、《中华人民共和国民事诉讼法》第 64 条第 1 款的规定,判决如下:

(1) 被告德州××国际物流集团有限公司赔偿原告××航运有限公司 187 648.15 元及利息(其中 13 310 元从 2009 年 11 月 19 日起计算利息;10 725 元从 2010 年 3 月 15 日起计算利息;15 228.45 元从 2010 年 4 月 16 日起计算利息;245.52 元从 2010 年 5 月 7 日起计算利息;24 100 元从 2010 年 5 月 10 日起计算利息;10 520 元从 2010 年 6 月 2 日起计算利息;13 700.18 元从 2010 年 6 月 30 日起计算利息;50 049 元从 2010 年 8 月 3

日起计算利息;49 770元从2010年8月11日起计算利息。上述利息均按中国人民银行同期短期贷款利率计至本判决确定的付款之日止);

(2)驳回原告××航运有限公司的其他诉讼请求。

本案受理费6 344元,由被告德州××公司负担3 540元,原告负担2 804元。原告预交的受理费经原告申请,由广州海事法院清退,被告德州××公司应将负担的受理费直接向本院缴付。

以上给付金钱义务,应于本判决生效之日起10日内履行完毕。

如果未按本判决指定的期间履行给付金钱义务,应当依照《中华人民共和国民事诉讼法》第229条之规定,加倍支付迟延履行期间的债务利息。

1.6.2　油类、液体货物运输的短重问题

[130] 原告中国人民财产保险股份有限公司北京市直属支公司与被告铜河海运有限公司、寰宇船务企业有限公司海上货物运输合同代位求偿纠纷案

案例来源:宁波海事法院(2003)甬海商初字第353号

主题词:提单上货物状况的记载　绝对证据　空距报告　国际海上油运惯例

裁判要旨

No. HY-1.6-4　提单上货物状况的记载对善意提单持有人来说构成绝对证据,承运人应当按照提单记载状况交付货物。

一、基本案情

原告:中国人民财产保险股份有限公司北京市直属支公司

被告:铜河海运有限公司

被告:寰宇船务企业有限公司

原告中国人民财产保险股份有限公司北京市直属支公司诉称:2002年5月7日,原告承保中国国际石油化丁联合有限责任公司进口的28 835 MT辛塔原油装于"喜鹊"轮自印度尼西亚辛塔运至中国舟山,被告铜河海运有限公司签发了CINTA-2607清洁提单。"喜鹊"轮于2002年5月15日驶抵目的港卸货,并于5月17日卸货完毕。中华人民共和国浙江出入境检验局检验检疫技术中心(以下简称CIQ)对货物进行检验并出具70200YJ25号重量证书,证实"喜鹊"轮实际卸货28 339.606吨,比提单数量短少495.394吨。原告根据保险合同约定,对被保险人所遭受的相关损失进行保险赔付,支付保险赔偿金共计USD67 497.62,并依法取得了代位求偿权。被告签发了清洁提单对货物进行承运而未能全部完好交付提单所载货物,应当对因此而造成的原告的上述经济损失承担赔偿责任。请求判令两被告支付货物损失USD67 497.62及利息USD674.98。庭审中,由于被保险人实际支付货款时货物减价,原告请求两被告支付货

物损失也减少为 USD65 802.40。

两被告辩称：原告所称货差的计算是依据岸罐数字，所称货差即使存在也是发生在被告的责任期间之外。根据《中华人民共和国海商法》第 46 条的规定："承运人对非集装箱装运的货物的责任期间，是指从货物装上船时起至卸下船时止，货物处于承运人掌管之下的全部期间。"在本案中，铜河海运有限公司作为"喜鹊"轮的登记船东已根据海上货物运输合同于 2002 年 5 月 15 日将货物完好运抵目的港，货物于 5 月 17 日全部卸下，已履行完毕合同义务。因此，根据上述法律规定，本案中判断是否发生货差的标准应该是比较货物在目的港卸下承运船舶之时的数量与提单记载的货物数量是否一致，而不是与货物卸下承运船舶之后在岸罐储存时的数量相比较。在本案中，原告所依赖的索赔依据是 CIQ 的重量证书，但该重量证书的数据是根据岙山油库 C-05 计量罐前后测得的液体深度计算得出的，即根据货物卸下承运船舶之后在岸罐的数据作出的，其反映的货差即使存在，也显然超过了承运人的责任期间，不应承担任何责任。根据 2002 年 5 月 15 日"喜鹊"轮在目的港作出的油舱空距报告，卸货之前船上货物的总量为 28 693.417 MT，CIQ 检验人员也在该报告上签字确认，与提单所记载的货物总量 28 835 MT 相近，其误差在国际海上油运业惯例允许的范围内。而根据船方于 2002 年 5 月 17 日 13：40 时出具的干舱报告表明，装载本案货物的各油舱已无任何货油残留，且该干舱报告已经收货人代表何伟签字确认。据此，短货事实根本不存在。综上，请求驳回原告的诉讼请求。

另，被告寰宇船务企业有限公司书面辩称：根据原告所提交的由"喜鹊"轮船长签发的提单并没有记载我司系提单项下的承运人，将经营和管理船舶的国有企业定性为船舶经营人并要求其承担相应的责任，也不适用于根据香港特别行政区法律成立的我司企业，且我国海商法没有任何规定在海上货物运输合同下船舶经营人的地位应当与承运人的地位一致、必须与承运人一样承担法律所规定的义务。综上，我司既不是本案的登记船东，又不能根据法律确定我司为本案货物承运人地位，因此起诉我司没有任何事实和法律依据。

二、法院查明事实

宁波海事法院确认如下事实：

2002 年 4 月 25 日，中国国际石油化工联合公司为进口 28 835 MT 辛塔原油与联合石化亚洲有限公司签订买卖合同一份（合同号：02XM2SU710A033HK-C），约定：原油数量为 210 000 桶（允许误差 ±5%）、价格 USD 26.239/桶、CIF 舟山；付款方式为签单后 30 天电汇支付；所附单证为发票、提单、数量证书、空距报告等。同年 5 月 6 日，该票货物由原告予以承保，保险单约定：被保险人为中国国际石油化工联合公司、保险货物为辛塔原油 28 835 MT、保险金额为 USD 5541676.80。5 月 6 日至 7 日，该批货物在印度尼西亚辛塔港装于"喜鹊"轮的 1 舱左中右翼、3 舱和 Slop 舱左右翼、5 舱中油舱。7 日，该轮船长依据装货港发货人与检验公司采用流量计计量的数量证书签发了 CINTA-

2607 清洁提单，提单载明 60°F 时净重 211 200 桶/28 835 MT。同日，装货港 TNN 检验公司会同码头负责人、大副三方出具该票原油装船后的船舶空距报告，该报告记载实装货物为 60°F 时净量 210 286.282 桶/28 680.549 MT，比提单少 154.451 MT。该轮于同月 15 日驶抵舟山目的港，但收货人与承运人就货物交接的计量方法事前未进行约定、卸货前双方又未能协商一致。卸货时收货人委托 CIQ 对从船上输入岙山油库 C-05 计量岸罐的数量进行鉴定；同时该轮大副会同 CIQ 检验人员又制作抬头为寰宇船务有限公司的油舱空距报告，该报告载明卸前原油数量 60°F 时净重 21 016 桶/28 693.417 MT，比提单少 141.583 MT、比装货港空距报告多 12.868 MT。该轮自 15 日起至 17 日止该票货物卸货完毕，大副又会同 CIQ 检验人员、收货人代表共同签署了抬头为寰宇船务有限公司的干舱报告。同月 21 日，CIQ 出具了重量证书，载明：根据输入岙山油库 C-05 计量岸罐前后测得的液体深度按计量表，参照液温、密度和水进行相应校正，计算所输入油品重量为 28 339.606 MT、计 206 506 桶，比提单记载的重量少 495.394 MT。尔后，贸易合同约定的价格因故减价，卖方开具落款时间为 5 月 13 日的发票载明：原油数量为 211 200 桶、计 28 835 MT、价格 USD 25.580/桶 CIF 中国舟山、总金额 USD 5 402 496。6 月 5 日，中国国际石油化工联合公司向联合石化亚洲有限公司支付货款 USD 5 402 496，比合同价少付 USD 139 180.80。同年 12 月 27 日，原告仍依据 CIQ 重量证书与提单记载的重量差额、保险单的约定的单价、扣除 5‰ 自然损耗率向被保险人支付了赔偿款 USD 67 497.62。2003 年 1 月 6 日，被保险人向原告出具了权益转让书。同年 3 月 7 日，由北英保赔协会向原告出具 USD 80 000 保函，并确认该轮所有人为铜河海运有限公司，涉案航次为以光船租赁方式出租。但实际该轮由寰宇船务企业有限公司管理、经营。原告因向两被告索赔未果，遂诉至宁波海事法院。

另查明，中国人民保险公司北京市直属支公司已于 2003 年 12 月 19 日依法名称变更为中国人民财产保险股份有限公司北京市直属支公司。

三、法院裁判

宁波海事法院认为，原告依据保险合同的约定已实际向被保险人支付了保险赔款，依法取得了收货人凭提单向承运人的代位求偿权。本案提单未约定管辖条款，涉案船舶目的港卸货地在中国舟山港，根据《中华人民共和国民事诉讼法》第 28 条的规定，故宁波海事法院具有管辖权。原告提起代位求偿权所依据油轮提单虽载明：如果因装、卸港所在地区实行 1936 年 4 月 16 日通过的《美国海上货物运输法》或 1924 年 8 月 25 日《海牙规则》而提单也应受该法案或规则的约束等，但原告因卸货中货物短少提起的涉外诉讼，原、被告双方在庭审诉辩中均引用《中华人民共和国海商法》，根据《中华人民共和国海商法》第 269 条的规定，当事人可以选择合同适用的法律，故本案应以《中华人民共和国海商法》作为准据法。"喜鹊"轮涉案航次由船长代表船东签发提单，第一被告船东为承运人，而"喜鹊"轮实际由第二被告经营、管理，故第二被告应确认为实际承运人，据此两被告的主体资格适格。

针对本案争议的焦点,宁波海事法院分析认定如下:

(一)提单记载的原油数量是否约束被告?

原告认为,提单记载的货物数量应当约束两被告。本案的提单为清洁提单,本案提单所载货物数量虽然是装货港岸上流量计的计量数量,与被告在装货港制作的空距报告上的数据不符,装货港的空距报告被约定为卖方应当提供的单证之一,原告已经提供证据证明收货人按提单所载货物数量全额付款,对收货人以及取得代位求偿权人的原告而言,提单所载内容对两被告均具有约束力。因此,被告主张装港的空距报告应当约束收货人并无法律或事实依据。

两被告认为:原告没有权利要求承运人在目的港依据提单记载货物重量(28 835 MT)交付货物。

(1)提单只是证明承运人在装货港收到货物数量的初步证据,并非绝对证据。原告提供的货物贸易合同约定,装货港的油舱空距报告应由卖方作为收取货款的单证之一;装港空距报告是经装货港码头经理、船方大副和检验人员三方签字认可,因此该报告对收货人、承运人应有约束力;从该油舱空距报告的内容看,计算货物重量需要考虑的相关因素,如船舶经验系数、原货舱残留量、自由水、油温等均通过相关的公式调整,所以该报告最后所得出的船舶实际从岸上接收并装载的在60°F下货物总量为28 680.549 MT 是准确的。

(2)事实上原告已经知道或者应该知道提单记载货物数量与装港的空距报告所记载重量之间的差距,而且没有提出任何异议,仍然付款赎回提单和上述装港空距报告,这一行为实际上表明原告已承认及接受了其中的重量差额。

(3)特别是原告起诉时所附的商业发票复印件载明单价为 USD26.239/桶、折USD192.186/MT,总价为 USD5 541 676.80,该单价与原告提供的贸易合同约定的单价是一致的,也正是原告提出索赔的货物单价;而原告在质证时提供的商业发票原件却显示,货物单价却更改为USD25.580/桶,折 USD187.36/MT;原告提交的货款支付凭证表明,收货人支付的货款总金额为 USD5 402 496,而非其修改前的发票金额USD5 541 676.80,差额为 USD139 180.80,但原告却没有提供任何证据证明货物单价的更改原因。综上,收货人在向货物卖方支付货款时,已知道货物数量少于提单数量,故没有按照提单货物重量28835 MT 付款。按照实际付款金额 USD5 402 496 及原合同价USD192.186/MT 计算,收货人付款的货物数量实际为 28 110.768 MT,少于提单数量724.232 MT,收货人已丧失了依据提单上记载货物重量要求承运人在目的港交付的权利,装港的空距报告应当约束收货人。

宁波海事法院认为,承运人必须按提单记载的原油数量交付给收货人。根据《中华人民共和国海商法》第75 条的规定,提单中有关货物状况的资料是由托运人提供的,承运人知道或有合理根据怀疑其接收或装船的货物状况与提单记载不符或无法核对时,可在提单上作出批注。提单一经批注,便在一定程度上起否定提单记载的作用,承运人可在其批注的项目和范围内免除责任。提单未作批注的,具有一定的证据效力。提单上有关货物的记载事项,在托运人和承运人之间构成初步证据。承运人对善意受让提单的包括收货人在内的第三人所提出的关于其实际接收或装船的货物与提单记载状况不同的证据,不予承认,承运人须按提单记载状况交付货物,如果承运人交付的货物与提单记载不符,承运人应负相应的责任。善意受让提单的人,有理由信赖其要取得的货物就是提单记载的货物,这是提单物权凭证的性质决定的。据此,即使本案承运人有装港空距报告证明实际接收的货物或装船的货物与提单记载不符(但数量证书、发票与提单记载数量相符),收货人仍有权按照提单记载向承运人提取货物。被告主张装港的空距报告应当约束收货人并无法律依据,承运人必须按提单记载的数量交付货物。

(二) 承运人责任期间内原油卸离船舶时是否实际短少,其判断的依据是卸货港的油舱空距报告和干舱报告,还是 CIQ 从船上卸入岙山油库 C-05 计量岸罐所出具的重量证书?

原告认为:确定本案货物卸货数量的依据应当是 CIQ 重量证书,两被告应承担赔偿责任。

(1) 本案船方与货方之间几乎没有出现过约定计量方式的情形,在装、卸两港做空距测量是承运船的大副的例行工作,是船方的单方面行为;制作人并不具备检验人的资质。即使该报告有货方或其检验人员的签字,但签字人通常只认可其空距与温度。因此,油舱空距报告不是独立的检验证书,不能作为认定装、卸货数量的依据,在诉讼中只能作为参考。

(2) 被告的油舱空距报告系船舶到港数量,不能证明船舶卸货数量,根据船舶使用年限及建造的因素,船上的数量与卸货数量是存在差异,本案的船舶经验系数是 1.00312,这表明船测数量偏大;油轮的卸货由于油温等关系,通常会造成挂壁,本案的卸货温度偏低,很可能造成了船舶未将全部货物卸下的原因。

(3) 被告提供的干舱报告只是对有关油舱进行查证(虽然法院查证另一票货物没有溢卸),但其他舱没有查证,也没有证实已经完全卸到岸上,不能得出卸货数量。

(4) CIQ 查证的计量岸罐能代表该票货物卸入数量。通过查核岸罐接收数量方式来查实船舶卸货数量是 CIQ 目前所普遍采用的散装液货数量检验方法,CIQ 是国家法定检验机构,其查证的进出口货物数量是国家征税的基本依据。在本案中,通过原、被告双方的举证,本案货物自岙山基地泊位至计量岸罐的输油管线在卸货前、后保持全满,所有相关阀门在卸货期间均处于正常的工作状态。也就是说,本案货物在卸货过程中没有货物被留在输油线中,也不存在货物串罐的情形,计量岸罐所接收的货物数量因此就是该航次所卸货物的数量。

(5) 采用岸罐计量方式查证卸货数量与要求船方承担在岸上发生的货物短量是两个完全不同的概念,被告以承运人的责任期间到"交付货物时为止"而主张岸罐计量结果不能约束承运人显然偷换概念。CIQ 重量证书即表示承运人卸离船舶交付的货物数量,故承运人应对卸入计量岸罐的货物短少负赔偿责任。综上,船方仅提供空距报告、干舱报告并不足以证明该轮的卸货数量,而CIQ查证的计量岸罐接收数量能够代表所卸货物数量。因此,确定本案货物卸货数量的依据应当是CIQ重量证书,本案货物短少数量应当确定为495.394 MT。

两被告认为,船方向收货人实际已交付货物的重量应以卸货港油舱空距报告和干舱报告的28693.417 MT为准,原告所依据的CIQ重量证书其货差即使存在也是发生在被告的责任期间之外。

(1) 卸货港的油舱空距报告和干舱报告上CIQ检验人员也签字作出了确认,因此该报告反映的卸前货物的总量是真实的,CIQ检验员在签字确认时注明"For Ullage &Temp. Only",因为只有空距和油温是确定货物总量的两个可变因素,油舱所载货物数量根据测量得到的空距数据、油温、自由水等相关因素,按照被告提供该轮货油舱计算表,即可计算出卸货之前船上该票货物在60°F下的总量为28693.417公吨。又根据《干舱报告》可知油舱在卸货作业完成后已无任何货油残留,各舱已卸净。

(2) 原告提出根据CIQ的意见,卸货时油温应该不低于48.8℃,而船舶实际卸货时的油温低于上述标准,从而造成货油可能挂壁无法全部卸清,导致货物短少,该主张没有依据。首先,在原告提供的CIQ的船、岸数量对照表中注明是"可能导致卸货后在舱壁或管壁上产生油垢",并非原告所解释的"将导致"。也就是说,该现象有发生的可能性,并非必然性;同时又注明"Vessel discharging Temp. 48.8℃",并不表明CIQ认为货物卸货温度应该达到48.8℃以上;即使CIQ这样认为,也没有任何依据。因为,该批货油为CINTA原油,其倾点为43℃,而卸货时各油舱的货油温度都超过了43℃。但考虑到不同原油的性质,为防止原油卸货时在货舱挂壁,因此卸货时需要保持不同的油温。根据航运惯例,货物的收货人应该就卸货时该油温向船方提交书面卸货指令,否则船方只需按照通常经验进行操作。本案中,船方没有收到任何相关的指令,因此按照超过该票货物的倾点来保持油温并卸货,船方已尽妥善保管和卸载的义务。因此,即使有所称的油舱挂壁未能卸空现象,也应当由原告承担货物短少的责任。综上,承运船舶在卸货港卸货前所装载的28693.417公吨已经全部卸至岸上,被告方的责任期间也同时终止。确定本案所称货差是否存在应当以装、卸两港的油舱空距报告为依据,两份油舱空距报告采用的是相同的测量方法,具有完全的可比性。而岸罐重量数据所采用的是与上述油舱空距报告完全不同的测量方法,因此不具有可比性。

(3) 原告所称货差即使存在也是发生在被告的责任期间之外。根据《中华人民共和国海商法》第46条的规定"承运人对非集装箱装运的货物的责任期间,是指从货物装上船时起至卸下船时止,货物处于承运人掌管之下的全部期间",在本案中承运人已将货物完好运抵目的港,并全部卸下,至此,被告已履行完毕其在运输合同下的义务。原告根据货物卸下承运船舶之后在岸罐的数据作出的重量证书,其反映的货差即使存在,根据上述法律规定,被告对此不应承担任何责任。

宁波海事法院认为：

（1）原、被告双方对非集装箱装运的货物的承运人责任期间并无争议。原告依据CIQ重量证书系证明货物在岙山基地泊位卸离船舶时的重量，并非只证明卸入计量岸罐所发生的货物短少数量。据此，被告认为货物卸下承运船舶之后在岸罐的数据货差即使存在，也不应承担责任的抗辩理由不能成立。

（2）货物是否短少应依据提单记载的数量与卸港的空距报告、干舱报告的卸货数量之差予以确认。在原油贸易中，运输界对原油数量的交接计量通常采用流量计计量、油罐计量和油舱计量三种方式，但业界并没有统一的要求，有时装、卸两港采用不同的计量方式，这对确认原油交接数量产生了一定难度。本案关键问题是贸易合同和运输单证中均没有约定卸货港的交接计量方法，即在贸易合同中只要求卖方同时提供涉案货物的提单、数量证书和装货港的空距报告、发票等单证，而有关运输单证也没有约定卸货港交接的计量方法。本票货物交接时实际出现了流量计计量、油舱空距计量和岸罐计量三种不同方法，即装货港发货人与检验公司采用流量计计量的数据确认净重，承运人据此签发提单；同时又由装货港检验人员会同码头负责人、大副三方共同制作了油舱空距报告确认净重；目的港卸货前收货人委托CIQ对卸入计量岸罐前、后重量进行检验，同时承运人又会同CIQ制作了空距报告。三种不同的货物交接计量方法，必然产生三种不同的检验结果。根据装、卸两港空距报告分析得出，装港空距报告记载的数字为60°F时净量210 286.282加仑桶/28 680.549 MT，卸港空距报告记载的数字为60°F时净量210 162加仑桶/28 693.417 MT，该两空距报告数字很接近，均有检验人员签字确认，说明装卸前后两港数量基本相等，运输途中没有出现承运人管货过错。又根据三方签字确认的干舱报告记载各油舱在卸货作业完成后已无任何货油残留，各舱已卸净，进一步证明了承运人已履行了交货义务，且卸货港空距报告与提单记载的数量之差均在国际海上油运业惯例允许的5‰范围之内。而CIQ重量证书根据货物卸入计量岸罐前、后的深度数据计算得出，并非采用与装货港相同的流量计计量方法，CIQ重量鉴定系原告单方委托，该货物交接的计量方法和数据也未经承运人认可或签字确认。据此，经分析比较卸货港空距报告、干舱报告和CIQ重量证书可知，对于证明承运人交付货物数量的卸货港空距报告、干舱报告比CIQ重量证书具有更强的证明力及证据优势，宁波海事法院无法确认货物短卸事实。故原告依据提单与CIQ重量证书的差额主张货物短少的索赔理由和证据均不够充足。

综上，依照《中华人民共和国海商法》第71、77条，《中华人民共和国民事诉讼法》第64条第1款、第237条的规定，判决如下：

驳回原告中国人民财产保险股份有限公司北京市直属支公司的诉讼请求。

1.7 货损货差

[3] 原告苏黎世国际保险股份有限公司与被告中波轮船股份公司海上货物运输合同货损纠纷案

案例来源:广州海事法院(1998)广海法商字第 96 号
主题词:不可抗力　国际航线天气情况　诉讼时效

> **裁判要旨**
>
> **No. HY-1.7-1**　不可抗力是指不能预见、不能避免并不能克服的客观情况。货损发生在承运责任期间,承运人以不可抗力为由请求免责,但承运船舶所遇的气象情况是可以预见的,也是航行国际航线的船舶通常能够抵御的,不属于不可抗力。
>
> **No. HY-1.7-2**　就海上货物运输向承运人要求赔偿的请求权,时效期间为 1 年,自承运人交付或者应当交付货物之日起计算。收货人或者其代位求偿人,均应当自承运人交付或者应当交付货物之日起 1 年内提起诉讼,否则就超过诉讼时效。

一、基本案情

原告:苏黎世国际保险股份有限公司[Zurich International (Deutschland) Versicherungs AG]

被告:中波轮船股份公司(Chinese-Polish Joint stock Shipping Co.)

原告苏黎世国际保险股份有限公司诉称:广东省机械进出口集团公司(GMG)向德国联合广州地铁(GCGM)订购的地铁运营车厢,由被告经营的"泰兴"(TAIXING)轮自汉堡承运,1997 年 11 月 24 日运抵黄埔港。次日,收货人广东省机械进出口集团公司履行了提货换单手续。26 日,在港区卸载作业前,收货人发现被告承运的两节地铁车厢损坏严重,经会同有关各方对损坏状况就地实施检验后,运返德国委托制造商进一步检验、修复和测试,共支出修理费、检验费等费用共 250 000 美元。原告承担了上述费用后,使得修复后的地铁车厢及时运返广州投入了地铁运营。对货物损坏状况和发生的期间被告未曾提出异议,但被告认为货损原因是可以免责的海上风险,以推卸其责任。原告认为证据表明货损是由于被告的过失责任所致,请求法院判令被告赔偿原告 H02、H03 提单项下货物(两列地铁车厢)的实际修理等相关费用 250 000 美元。2000 年 4 月 13 日,原告将其诉讼请求变更为 100 000 德国马克。

被告中波轮船股份公司辩称:

第一,原告没有诉权。

(1)原告的《海运保险单》没有记载被保险人,没有背书,也没有载明保险期间、保险责任、除外责任、保险费等合同的主要内容,显然是编造出来的、无效的证据,不能作为证明事实的根据。

(2)原告未能证明其合法取得了代位求偿权。①原告在诉状中称"车厢运返德国检验、修复和测试",但在原告提供的"情况证明"中却载明:"由保险人出资聘请原制造商的工程技术人员赴广州进行修复和重新测试",受损车厢根本没有运返德国检验和测试。原告若要证明车厢进行了检验、修复和测试,必须提供检验报告、检验发票、聘请技术人员费用的付款凭证及支出其他费用的单证,仅仅提供权益转让书和"情况证明"是不够的。②涉案买卖合同是按CIF价格条件成交的,卖方投保,保险单上的被保险人应为托运人。《海运保险单》没有经过背书转让,保险合同下的权利义务不能转让给收货人,收货人与原告之间不存在保险合同关系。原告主张其代位求偿权来自广东省机械进出口集团公司和广州市地下铁道总公司,由于广东省机械进出口集团公司和广州市地下铁道总公司没有获得保险单下的权利,无权向原告转让代位求偿权,即使原告已向权益转让人作出了赔付,该赔付也是错误的。原告没有真正取得代位求偿权,原告代位广东省机械进出口集团公司和广州市地下铁道总公司起诉,不能对被告产生求偿的效力。

第二,广东省机械进出口集团公司于1999年2月5日向原告转让求偿权,原告起诉之日(1998年11月26日)尚未取得代位求偿权。因此,起诉当日原告还没有取得起诉被告的权利。

第三,原告起诉时已经超过了诉讼时效,丧失了胜诉权。

(1)H02和H03号提单条款约定:除非在交付货物或者应当交付之日起9个月内起诉,承运人将解除一切责任,即因提单项下的纠纷向承运人索赔的时效为9个月。从收货人提取本案货物到原告起诉之日,已过9个月,超过了时效。

(2)即使是1年时效,自收货人办妥提货手续之日(1997年11月25日)至原告起诉之日,也超过了1年。

第四,"泰兴"轮在装货港汉堡开航前和开航当时货舱适货,妥善地配备了船员,处于适航状态,并已妥善地、谨慎地装载、积载、运输、保管、照料和卸载了本案货物。在途经比斯开湾时,该轮遇到了狂风、狂浪,船舶横摇、纵摇剧烈,本案货物遇碰压受损,被告对货损不负赔偿责任。

第五,受损车厢根本没有运返德国修理,车厢仅仅是外表受损,无非是重新油漆,根本不需要250 000美元的费用。原告未能提供证据证明其损失的合理性,其主张的损失明显不合理。

综上,被告请求法院驳回原告的起诉,并判令原告承担被告为本案诉讼支出的交通、电信、差旅费和翻译费等有关费用。

二、法院查明事实

广州海事法院认定以下事实:已发生法律效力的(1999)粤法经二终字第320号民事裁定书认定:本案所涉12节裸装车厢由被告经营的"泰兴"轮承运,并由被告于1997

年10月18日签发了H02、H03号提单。该两份提单载明:托运人为德国联合广州地铁,收货人为广东省机械进出口公司,通知方为广州市地下铁道总公司。该批货物于1997年11月24日运抵广州黄埔港,11月25日收货人广东省机械进出口集团公司提货时,发现两列地铁车厢损坏严重,经会同有关各方对损坏状况实施检验,委托制造商进一步检验、修复和测试,支出了修理费、检验费等费用。原告对该损失作了赔偿。此后,原告于1999年2月5日(注:二审裁定书中的日期为1999年1月19日,属笔误)取得了由广东省机械进出口集团出具的权益转让证书。原告的《海运保险单》载明:保险金额为15 664 518.49德国马克(110%),签发地点为法兰克福,签发日期为1997年10月15日,份数为2/2,预约保单编号为7873160,单证编号为5910,并注明预约保单项下的保险权益已经给予德国联合广州地铁和/或西门子公司(柏林和慕尼黑)和/或AEG轨道机动车辆有限公司(柏林和Henningsdorf)和/或广州市地下铁道总公司和/或中国机械进出口公司(CMC)和/或广东省机械进出口集团公司,并由可能的涉及人承担责任;该保险单载明货物为6节裸装车厢,编号为A11、A12、B11、B12、C11、C12;运输方式为铁路/船舶,运输船名为"泰兴"轮,装运地点为德国Hennings dorf,目的地为中国广州;根据1973年德国海上保险通则(ADS)货物保险条款(1984年版)第5条,承保仓至仓。另一份《海运保险单》除了载明单证编号为5906,所承保的货物为6节裸装车厢,编号为A05、A06、B05、B06、C05、C06外,其余内容与前一份《海运保险单》的内容基本一致。广东省机械进出口集团公司和广州市地下铁道总公司均是保险合同的被保险人之一,原告对本案货损作出了保险赔偿,广东省机械进出口集团公司也将其所享有的索赔权转让给原告。因此,依照《中华人民共和国海商法》的规定,原告取得了代位求偿权。

关于承运人交货日期的争议。原告认为,1997年11月25日收货人到承运人的代理人处办理换单,不能视为承运人向收货人交付货物,主张本案所涉货物的承运人交货日期(收货人提货日期)为1998年4月7日。但原告对该交货日期未提供证据予以证明。被告认为,收货人到承运人代理人处办理换单手续,就是承运人向收货人交货。法院认为:收货人到承运人的代理人处换单,即持提单换小提单,承运人收回收货人出示的提单并将小提单交给收货人,就是承运人确认提单交货的行为,收货人获取了小提单就意味着收货人已从承运人处提货,即承运人已经向收货人交付了货物,而后续收货人依小提单报关和到港口经营人仓库办理提货均与承运人交货行为无关。原告主张的承运人交货日期,没有证据证明。因此,认定承运人交货日期为收货人向承运人的代理人换单之日,即1997年11月25日。

关于保险赔偿的争议。原告提交其职员Klaus Wolf的证词、1999年10月12日的赔偿款收据和1999年10月13日Adtranz Daimler Chysler铁路系统公司的收据,主张其于1999年10月13日向供货厂支付了保险赔偿100 000德国马克。原告职员的证词记载:"在处理受损的车厢时……经过较长时间的谈判,最后,我们达成了协议,即关于车厢损失的索赔以100 000德国马克的总价予以了结。在达成协议的基础上,从我方账户划出 100 000 德国马克到供货厂账户,接着供货厂于 1998 年 10 月 12 日开出一份德文索赔金收据。"1999 年 10 月 12 日的赔偿款收据记载:"地铁车厢 3 和 6,我们表示同意上述货物按 100 000 德国马克赔偿额予以解决。支付以后,我方在该项业务中的权利即已获得赔偿。在该货损项下对于具有赔偿义务的第三方所享有的一切权利转为贵司所有"。1999 年 10 月 13 日 Adtranz Daimler Chysler 铁路系统公司的收据记载:"根据 1999 年 10 月 12 日的赔偿款收据,现收取 6 节车厢货损赔偿款共计 100 000 德国马克,同时,我方 1998 年 12 月 15 日的发票(金额为 136 598.54 德国马克)作废。我方银行:Dredner 银行股份公司,账号 287109900。"被告认为,原告提交的证据——1999 年 10 月 12 日的赔偿款收据,不是"赔偿款收据",而是"请求付款通知单",该通知单也没有发函单位的名称;由于收款方告知原告汇款的银行和账号,原告提交的证据——1999 年 10 月 13 日 Adtranz Daimler Chysler 铁路系统公司的收据,也不是收据。据此,不能认定原告作出了 100 000 德国马克的保险赔偿。法院认为,鉴于已发生法律效力的二审裁定已经认定原告作出了保险赔偿,同时根据原告前述的有关证据,认定原告于 1999 年 10 月 13 日向 Adtranz Daimler Chysler 铁路系统公司作出了 100 000 德国马克的保险赔偿。

关于本案货损损失的争议。原告主张车厢损坏实际产生的检验、修复和测试的总费用为 136 598.54 德国马克,经协商后原告仅作出 100 000 德国马克的赔偿。但原告未提供发生 136 598.54 德国马克检验、修复和测试费用的收费单据。就本案货损引致实际发生的费用,原告仅提供一份由广州地铁运营有限公司车辆部出具的证明。该证明记载"Adtranz:第六列车厢由于在运输过程中发生意外,列车到达车辆段后,OCGM 应 Adtranz 的要求,配合进行了大量修复工作,故要求 Adtranz 支付人民币 27 400 元作为补偿……"被告认为,原告对检验、修复、测试车厢支付的费用必须提供相应的付款凭证才能予以证明。法院认为:原告主张车厢损坏而导致需要重新检验、修复、测试,故产生了相应的费用,即本案的损失。该费用的支付凭证是被保险人向原告索赔的必要证据,原告代位收货人向承运人索赔,同样必须提供该凭证以证明本案货损损失。保险赔偿数额体现原告与被保险人协商解决双方争议的结果,它不是本案货损损失的真实反映,原告支付保险赔偿金的证据,不能作为确定本案货损损失的证据,原告支付的保险赔偿金不能替代本案受损货物的实际损失。由于原告仅提供广州地铁运营有限公司车辆部出具的证明作为货损损失的证据,故以该证据为据,认定本案的损失为人民币 27 400 元。原告所主张的货损损失没有充分的证据予以证明,不予认定。

关于"泰兴"轮航行途中气象情况的争议。被告提交《海事声明》和意大利热那亚民事法院对"泰兴"轮船员航次报告中陈述的确认,以证明"泰兴"轮于 1997 年 10 月 20 日至 21 日在比斯开湾遇到 8 至 9 级东南风、偏南风和西南风。据此主张不可抗力。原告对被告提交的该两份证据的证明力予以否定,但没有提供反证。同时,原告提交比斯开湾的《航路指南》,对被告不可抗力的主张予以反驳。原告认为,根据《航路指南》的记载,8 至 9 级风在比斯开湾是常见的。因此,该天气状况不能认定为不可抗力。法院认为:被告的《海事声明》经过了适当的程序,其中的内容经意大利热那亚民事法院确认,因此,对被告主张的事实"'泰兴'轮于1997年10月20日至21日在比斯开湾遇到8至9级东南风、偏南风和西南风",应予认定。

被告提交《装载作业证书》和《货物运输、绑扎和仓储装载作业证书》以证明其已谨慎地装载、绑扎货物。该两份证据由有关部门根据被告对货物的装载和绑扎情况而签发,证实被告适当地装载和绑扎了货物。原告以该证据没有经公证、认证为由否定其证明力,但原告没有提供反证。法院认为:在原告没有提供相反证据的情况下,被告提交的《装载作业证书》和《货物运输、绑扎和仓储装载作业证书》,证明其已谨慎地履行了承运人装载和绑扎货物的义务。

关于徐疆华律师是否得到原告"代为起诉"授权的争议。原告的两份授权委托书均载明:原告委托上海市海翔律师事务所律师在中国的海事法院就"泰兴"轮所载货物的海上货物运输合同纠纷作为原告的诉讼代理人;代理权限为提起诉讼、变更诉讼请求、达成和解、提起上诉等。前一份授权委托书的委托代理人为杨召南和徐疆华律师,该授权委托书及其公证书盖具公证印章后共同漆封,公证书有认证机关的骑缝章;后一份授权委托书将杨召南律师变更为汪淮江律师,并经公证认证。原告的前一份法定代表人身份证明书证明,其法定代表人是 Mrs. Irene Weitz 和 Mr. Bernhard Roell;后一份法定代表人身份证明书证明,其法定代表人变更为 Mr. Bernhard Roell 和 Mr. Hans-Burkhard von Ahlefeld。被告认为,原告的前一份授权委托书没有公证、认证的印章和骑缝章,并且授权委托书上没有原告法定代表人的签字。因此,该授权委托书依法无效,徐疆华无权代理原告起诉。法院认为:原告的前一份授权委托书的公证、认证手续是完备的,该授权委托书的公证书证明,该授权委托书是由原告当时的法定代表人 Mrs. Irene Weitz 和 Mr. Bernhard Roell 签字的。原告的后一份授权委托书的公证书证明,该授权委托书是由原告变更后的法定代表人 Mr. Bernhard Roell 和 Mr. Hans-Burkhard von Ahlefeld 签字的。两份授权委托书中,原告均明确授权徐疆华律师"代为起诉"。因此,认定徐疆华律师得到了原告"代为起诉"的授权。

关于起诉日期的争议。根据《起诉材料清单》的记载:原告提交诉讼材料的签字日期是1998年11月25日;法院立案法官签收诉讼材料的日期是1998年11月26日。根据起诉状和《立案审批表》的记载:法院立案收文签收日期都是1998年11月26日。原告认为其于1998年11月25日下午临近下班时到法院立案,并填写《起诉材料清单》,《起诉材料清单》记载的原告提交诉讼材料的签字日期为1998年11月25日,次日法院签收起诉材料清单。据此,原告主张其于1998年11月25日向法院提起诉讼。被告认为原告于1998年11月26日提起诉讼。合议庭认为:由于原告律师直接递交本案起诉材料给立案法官,本案起诉日期应以法院立案法官收到诉讼材料、起诉状日期为准,即在起诉状中的收文章记载的日期为准。因此,认定原告于1998年11月26日向本院提起本案诉讼。

三、法院裁判

广州海事法院认为:本案是一宗涉外海上货物运输合同货损纠纷。原、被告双方同意适用中华人民共和国法律,故适用中华人民共和国法律处理本案双方的实体争议。

原告作为保险人已向被保险人(同时也是提单持有人)广东省机械进出口集团公司作出保险赔偿,取得了代位求偿权,有权代位提单持有人对作为承运人的被告行使起诉权。徐疆华律师已得到原告"代为起诉"的授权,其有权代理原告在本院对被告提起诉讼。本案货损发生在承运责任期间,被告以不可抗力为由请求免责。不可抗力是指不能预见、不能避免并不能克服的客观情况。但"泰兴"轮所遇 8 至 9 级风的气象情况是可以预见的,也是航行国际航线的船舶通常能够抵御的,不属于不可抗力。因此,被告对本案的货损应承担赔偿责任,赔偿车厢损坏造成的损失人民币 27 400 元。

根据《中华人民共和国海商法》第 257 条关于"就海上货物运输向承运人要求赔偿的请求权,时效期间为一年,自承运人交付或者应当交付货物之日起计算"的规定,本案的诉讼时效期间为一年。收货人或者其代位求偿人,应当自承运人交付或者应当交付货物之日起一年内提起诉讼,否则就超过诉讼时效。本案没有证据证明存在中止或中断诉讼时效的法定事由。被告(承运人)于 1997 年 11 月 25 日交付货物,根据《中华人民共和国民法通则》第 154 条第 2 款关于"按照日、月、年计算期间的,开始的当天不算入,从下一天开始计算"的规定,本案诉讼时效应从 1997 年 11 月 26 日起算,至 1998 年 11 月 25 日届满。根据《中华人民共和国海商法》第 252 条关于"被保险人向第三人要求赔偿的权利,自保险人支付赔偿之日起,相应转移给保险人"的规定,原告于 1999 年 1 月 13 日向西门子公司支付保险赔偿,该日原告才取得代位求偿权,才有权对被告提起诉讼,故从 1997 年 11 月 25 日货物交付之日起至 1999 年 1 月 13 原告取得诉权之日,超过了诉讼时效。因此,本案已过了诉讼时效,原告丧失了胜诉权。

由于被告没有提出反诉,对被告在答辩时提出的判令原告赔偿其损失的请求不予审理。

综上,依照《中华人民共和国海商法》第 257 条第 1 款的规定,判决如下:

驳回原告的诉讼请求。

案件受理费人民币 51 958 元,由原告负担。

132 原告中国人民保险公司广东省分公司与被告塞浦路斯海运有限公司、圣达卢船务有限公司海上货物运输合同货差赔偿纠纷案

案例来源:广州海事法院(2000)广海法事字第 79 号
主题词:善意第三人　免责事由　水尺计量

> **裁判要旨**
>
> **No. HY-1.7-3** 提单关于货物状况的记载对于善意第三人构成绝对证据,承运人未按照提单记载的重量交付货物的,又未能证明损失是由于法律规定的可免责事由造成的,应当承担赔偿责任。水尺计量是进口商品检验货物卸货重量的方法之一,且商检局在水尺检验时已经对误差作了必要校正,该机构的证明具有法律效力。
>
> **No. HY-1.7-4** 保险人自赔付作为正本提单持有人的收货人时起即取得以自己名义独立行使向承运人追偿的代位求偿权,但其权利仅限于实际赔偿被保险人的支付凭证所确定的范围之内,超出部分无权向承运人追偿。

一、基本案情

原告:中国人民保险公司广东省分公司(以下简称广东人保)

被告:塞浦路斯海运有限公司(Cyprus Maritime Co.,Ltd.,以下简称海运公司)

被告:圣达卢船务有限公司(Santa Cruz Shipping Company Limited,以下简称圣达卢公司)

原告广东人保诉称:中国饲料集团公司(以下简称中饲集团)于1999年6月购买智利鱼粉一批。该批货物于1999年7月27日装上两被告所属的"MP TRADER"轮,圣达卢公司签发了提单,这些提单项下货物运输的目的港为中国黄埔。船抵黄埔港卸货后,发现短少566吨。海运公司是承运船舶的管理人和实际船东,广东人保是该批货物的保险人,并已向货主中饲集团赔付了232 060美元。上述货物短少是由于两被告未妥善、谨慎地装载、转移、积载、运输、保管、照料、卸载而造成的,应对广东人保的上述损失承担赔偿责任。请求法院判令两被告连带赔偿原告货差损失232 060美元及其利息(从1999年9月25日起至实际支付之日止,按中国人民银行美元同期贷款利率计算)。

被告海运公司辩称:广东人保认为海运公司是"MP TRADER"轮的实际船东,但其并未向法院提供相应的证据予以支持。海运公司确是"MP TRADER"轮的管理人,但1999年12月16日起不再担任该船舶的管理人。《中华人民共和国海商法》规定,只有承运人和实际承运人才对货物在承运人责任期间所发生的灭失或者损坏承担赔偿责任。而海运公司并非承运人或实际承运人,广东人保要求海运公司承担连带责任没有法律依据。请求法院裁定让海运公司退出本案诉讼。

被告圣达卢公司辩称:圣达卢公司所属的"MP TRADER"轮共装载散装智利鱼粉约12 003.22吨,其目的港为黄埔港,提单号第1、2、3、4号,重量合计为7 980吨,收货人为中饲集团的货物为本案争议的货物。在"MP TRADER"轮抵达黄埔港卸货前,该轮于1999年9月7日05:48时抵达天津新港,卸下另外一份编号同样为1的提单项下的货物,重量为 4 023.22 吨,提单的通知方和收货人与上述 5 份提单相同。卸货完毕后,根据船方水尺记录,该轮在天津港实际卸货数量为 4 218.9 公吨,溢得 195.69 公吨。为此,该轮船长向有关当事人提交了一份声明书,并在装卸时间事实记录上进行了批注。该轮于 9 月 20 日抵达黄埔港,并于 9 月 25 日 10:30 时卸完中饲集团所属的全部货物。圣达卢公司认为造成货物短少的原因有:

(1) 该轮在天津港溢卸。

(2) 由于船舶的海上航行时间较长,货物的通风及天气等其他因素必然造成货物水分的蒸发或散失,从而造成货物的重量损失。

(3) 本案货物以散装形式装载,在散货运输中普遍承认货物的损耗率为 0.5%。事实上,广东人保的保单上也规定了短量的免赔率为 0.4%(折 48 吨)。广东人保向被告提出索赔时,应作相应的扣减。

(4) 根据中国国家标准,水尺计重的误差允许在 0.5%,因此,该轮在黄埔港卸下的货物允许的误差量为 40 吨。综上,广东人保提出的短重 566 吨至少应扣除 283.68 吨。考虑水分丧失,被告圣达卢公司认为,本案并不存在货物短重的情况。根据原告广东人保提供的付款凭证,其实际只支付保险赔款 142 629.12 美元,其请求赔偿货差损失 232 060 美元没有事实依据。"MP TRADER"轮已于 1999 年 12 月 16 日转让给塞浦路斯海兰航运有限公司,该轮也被更名为"MULTI TRADER"轮。原告广东人保向被告圣达卢公司提出索赔时,圣达卢公司已不是该轮船舶所有人,其不应对已属于他人的财产承担民事责任。因此,圣达卢公司请求法院驳回原告广东人保的诉讼请求。

二、法院查明事实

广州海事法院认定以下事实:

对广东人保提供的 1999 年 6 月 23 日中饲集团与宏港企业之间签订的销售合同、宏港企业给中饲集团开具的售货发票 5 份、提单 5 份、SGS 检验公司出具的货物在装港的《重量证书》5 份、广东商检局出具的货物卸港《水尺计重检验证书》、广州港务局黄埔港务公司出具的卸货《普通记录》、广东人保给中饲集团出具的《海洋货物运输保险单》、广东人保支付保险赔款的汇款回单,两被告没有异议,广州海事法院予以确认。

对海运公司提供的 1998 年 8 月 24 日被告海运公司与被告圣达卢公司之间签订的《管理协议》英文复印件,广东人保提出异议,认为海运公司应当提供原件。广州海事法院认为,根据《中华人民共和国民事诉讼法》第 68 条关于书证应当提交原件,提交外文书证,必须附有中文译本的规定,海运公司没有提供上述证据的原件和中文译本,对该证据不予采纳。对海运公司是"MP TRADER"轮管理人,广东人保、圣达卢公司没有异议。

对圣达卢公司提供的中国天津外轮代理公司卸货期间事实记录复印件,广东人保、海运公司没有异议,广州海事法院予以确认。对圣达卢公司提供的"MP TRADER"轮在天津新港卸货的 1 号提单复印件和"MP TRADER"轮在天津新港出具的声明书复印件,海运公司没有异议,广东人保提出异议,认为没有见过上述文件。广州海事法院认为上述文件记载的内容与卸货记录相吻合,应予认定。对圣达卢公司提供的"MP TRADER"轮在天津新港出具的卸货检验报告复印件、南华检验公司出具的"MP TRADER"轮在黄埔港卸货的检验记录(水尺计重)复印件、"MP TRADER"轮船舶所有权转让及更名书和船舶买卖合同复印件,海运公司没有异议,广东人保提出异议,认为圣达卢公司提供的是复印件,无法辨认真伪。广州海事法院认为,圣达卢公司提供的上述书证,没有提供原件核对,也无其他证据相印证,不予确认。

1999年6月23日,中饲集团与宏港企业签订了一份销售合同,合同约定:宏港企业向中饲集团出售15 000吨智利鱼粉,价格为每吨410美元,CNF FO中国一主要港口。8月10日至8月24日期间,宏港企业向中饲集团分别出具售货发票,发票记载的货物名称及价格与上述销售合同相同。7月19日,承运人圣达卢公司在智利IQUIQUE港签发了编号分别为1、2的提单。1号提单记载:卸货港为中国黄埔港,货物为1 050吨智利鱼粉;2号提单记载:卸货港为中国黄埔港或中国一主要港口(除香港),货物为2 100吨智利鱼粉。7月27日,承运人圣达卢公司在智利ANTOFAGASTA港签发了编号分别为1、2、3、4的提单。1号提单记载:卸货港为中国黄埔港或中国其他主要港口(除香港),货物为4 023.220吨智利鱼粉;2号提单记载:卸货港为中国黄埔港,货物为840吨智利鱼粉;3号提单记载:卸货港为中国黄埔港,货物为3 675吨智利鱼粉;4号提单记载:卸货港为中国黄埔港,货物为315吨智利鱼粉。上述提单项下货物的收货人均为中饲集团,承运船舶均为"MP TRADER"轮。上述提单正面均载明:本提单适用1924年《海牙规则》和1968年《海牙-维斯比规则》。

1999年9月7日,"MP TRADER"轮抵达中国天津新港卸货,所卸货物为签发日期为7月27日的1号提单的货物。中国外轮代理公司天津分公司(以下简称天津外代)9月9日所作的卸货期间事实记录记载:卸货数量为4 023.22吨。该轮船长在上述记录上批注:据船舶水尺检验结果,约卸下4 218.9吨鱼粉,并已向代理人天津外代递交卸下货物数量争议声明书。该轮船长同日向天津新港港务监督、收货人中饲集团递交了一份声明书,该声明书认为"MP TRADER"轮在天津新港的卸货数量为4 218.9吨。

1999年9月20日至25日,"MP TRADER"轮在中国黄埔港卸下签发日期为7月19日的1、2号提单和签发日期为7月27日的2、3、4号提单项下的货物。收货人中饲集团向广东商检局申请水尺计重检验。9月27日,广东商检局出具了检验证书。该证书记载:经核对船舶卸货前后的吃水和其他因素,按照船上提供的排水表,经必要的校正,计算出所卸的散装智利鱼粉净重7 414吨;提单所载重量7 980吨,短卸566吨。9月29日,广州港务局黄埔港务公司出具的普通记录记载:"MP TRADER"轮在黄埔港卸船入仓,经商检公估水尺重量为7 414吨。

另查明,1999年7月27日,中饲集团作为被保险人向保险人广东人保就本次货物运输投保。广东人保签发的《海洋货物运输保险单》记载:投保的货物为12 003.22吨智利鱼粉,承保条件为一切险,保险金额为5 017 345.96美元,短量免赔率为0.4%,承运船舶为"MP TRADER"轮。

广东人保提供的一份加盖中饲集团公章的《收据及权益转让书》记载：索赔提单号为1、2、3、4，保险单号为KC049960301030049；收到广东人保支付的总额为255 266美元，作为上述保险单号项下装载于"MP TRADER"轮从智利至中国黄埔的12 003.22吨智利散装鱼粉的全部和最终索赔解决方案。上述文件没有签字及注明出具文件的日期。广东人保提供的向中饲集团支付保险赔款汇款回单记载的金额为142 629.12美元，汇款日期为1999年11月30日。除此之外，广东人保没有提供其他支付保险赔偿的凭证。两被告提出异议，认为广东人保提供的《收据及权益转让书》没有人签字及注明出具文件的日期，且该文件记载的支付保险赔偿数额与保险赔款的汇款回单记载的支付金额不一致，广东人保实际支付本案保险赔偿应为142 629.12美元。广州海事法院认为，广东人保提供的《收据及权益转让书》记载的黄埔港卸货重量与事实不符，"MP TRADER"轮在黄埔港应当卸货的重量为7 980吨，而不是12 003.22吨。广东人保也未能提供其已实际支付255 266美元保险赔偿金的证据，因此广东人保提供的《收据及权益转让书》内容失实，不予采信，广东人保向中饲集团支付的保险赔偿应为142 629.12美元。

三、法院裁判

广州海事法院认为：本案是一宗涉外海上货物运输合同货差赔偿纠纷案。本案提单中载明适用1924年《海牙规则》和1968年《海牙－维斯比规则》，该条款是将上述两规则的内容并入提单，而不是法律适用条款。由于双方当事人未能就法律适用问题达成一致意见，而本案合同履行地之一在中国黄埔港，货差发生地在中国，根据最密切联系原则，本案可以适用中华人民共和国法律。根据《中华人民共和国海商法》第252条第1款的规定，保险标的发生保险责任范围内的损失是由第三人造成的，被保险人向第三人要求赔偿的权利，自保险人支付赔偿之日起，相应转移给保险人。本案中，广东人保作为保险人，已向被保险人中饲集团支付了保险赔偿金，有权行使代位求偿权向承运人提出货损索赔。

依照《中华人民共和国海商法》第77条的规定，承运人签发的提单是承运人已经按照提单所载状况收到货物或者货物已经装船的初步证据；承运人向善意受让提单的包括收货人在内的第三人提出的与提单所载状况不同的证据，不予承认。本案中，根据法定检验机构广东商检局出具的检验证书证明，"MP TRADER"轮在黄埔港所卸的散装智利鱼粉净重7 414吨，而提单所载重量7 980吨，短卸重量为566吨。依照上述规定，承运人应赔偿货物短重损失。由于"MP TRADER"轮在天津卸货涉及的提单，不是广东人保提出本案诉讼涉及的提单，因此，"MP TRADER"轮在天津卸货的事实与本案无关。圣达卢公司提出本案货物短重应扣除船舶航行过程中水分蒸发产生货物短少的重量的主张，没有证据予以支持，不予采纳。水尺计重是进出口商品检验机关法定的检验货物装卸重量的方法之一，广东商检局在做水尺检验时已对误差作了必要的校正。圣达卢公司提出采用水尺计重应扣减水尺计重误差的主张,没有法律依据,不予支持。由于本案是运输合同纠纷,不是保险合同纠纷,保险单记载的免赔率与本案无关。因此,对圣达卢公司提出货物短重应扣除保险单记载的免赔率的主张,也不予支持。

本案提单记载,承运人为圣达卢公司。圣达卢公司提出"MP TRADER"轮已于1999年12月16日转让给塞浦路斯海兰航运有限公司的主张,没有提供相应证据予以证明。即使"MP TRADER"轮已转让给他人,但是本案货损发生时间为1999年9月,也在圣达卢公司自称的船舶转让之前,圣达卢公司仍应对货损承担赔偿责任。因此,对圣达卢公司的上述主张,不予支持。广东人保未能提供证据证明海运公司是接受承运人委托实际从事本次货物运输的人,因此,对其提出的海运公司是实际承运人的主张,不予支持。

根据广东人保提供的销售合同和销售发票记载,本案货物每吨价格为410美元,短卸货物重量为566吨,因此本案货物损失为232 060美元。根据《中华人民共和国海事诉讼特别程序法》第93条的规定,因第三人造成保险事故,保险人向被保险人支付保险赔偿后,在保险赔偿范围内可以代位行使被保险人对第三人请求赔偿的权利。因广东人保实际支付被保险人保险赔偿为142 629.12美元,故广东人保行使代位求偿权的范围只能限于上述保险赔偿范围,超出部分不予支持。因广东人保支付保险赔偿的日期为1999年11月30日,故其可以请求从付款之日起到圣达卢公司付清货损赔偿之日止的利息。但其请求从1999年9月25日起计算利息的主张,依据不足,不予支持。

综上,依照《中华人民共和国海商法》第46条第1款、第77条和《中华人民共和国海事诉讼特别程序法》第93条的规定,判决如下:

(1) 被告圣达卢公司赔偿原告广东人保货差损失142 629.12美元及其利息(从1999年11月30日起至付清之日止,按中国人民银行美元同期贷款利率计算);

(2) 驳回原告广东人保对被告海运公司的诉讼请求。

本案受理费6 547美元,由原告广东人保负担2 523美元,被告圣达卢公司负担4 024美元。

133 原告舟山市普陀油脂运贸有限公司与被告珠海市金光油脂工业有限公司海上货物运输合同运费纠纷案

案例来源:广州海事法院(2001)广海法初字第86号
主题词:封铅运输 数量差距比例 货物短少损失的赔偿责任

> **裁判要旨**
>
> **No. HY-1.7-5** 货物运输协议既约定进行封铅运输,承运人负责原装原交,又约定装卸港的数量差距超过合理损耗一定比例以外,承运人赔偿超出部分的损失。由于该两个约定不能同时得到履行,在双方当事人没有提供一约定否定另一约定

证据的情况下,对两个约定不作相互矛盾的解释,即承运人在封铅运输负责原装原交的情况下,仍应当对超出一定比例合理损耗之外的货物短少损失承担赔偿责任。

一、基本案情

原告(反诉被告):舟山市普陀油脂运贸有限公司

被告(反诉原告):珠海市金光油脂工业有限公司

原告诉称:1999年12月27日,原、被告签订一份《船舶运输服务合同》,约定:原告提供"金浩"轮(后经被告同意改为"浙舟粮油8号"轮),将被告2100吨二级豆油从天津北海粮油码头运往珠海高栏港;运费为每吨205元,按卸油港当地商检报告的实际装货数量计收,不足2000吨按2000吨计算,超过2000吨按实际装卸数量计算;运费待船抵卸货港卸油前检验封铅,商检计量后汇出,被告逾期不付,原告按每日0.5‰加收滞纳金。原告将货物运抵珠海高栏港后,经高栏出入境检验检疫局进行重量鉴定,计得货物重量为1974.83吨,被告应依约支付运费410 000元。但被告只于2000年3月20日支付运费259 860.41元,尚欠运费150 139.59元未付。请求法院判令被告支付运费150 139.59元,赔偿从2000年1月20日起至2001年6月21日止的逾期付款违约金46 476.96元,并承担本案诉讼费。

被告答辩及反诉称:原、被告签订《船舶运输服务合同》后,又经协商同意对该合同进行了修改:将"金浩"轮改为"浙舟粮油8号"轮,将装货期从1999年12月30日改为2000年1月6日,将运费支付期限由原来的在卸货港经商检计量后支付变更为确认货损或短少损失金额后支付。原告请求从2000年1月20日计算违约金没有依据。原、被告已就本案运费和货损损失进行了协商,达成一致意见,不存在被告欠付原告运费的事实。请求法院驳回原告对被告的诉讼请求。

1999年12月23日,被告与上海虹林贸易有限公司签订《商品购销合同》,向上海虹林贸易有限公司购买2100吨进口毛豆油,单价为每吨5 780元。12月27日,被告与原告签订《船舶运输服务合同》,委托原告将货物从天津港运往珠海高栏港。该合同约定:若装卸港当地商检报告的数量差距超过3‰的合理损耗,原告应赔偿被告超出部分的货款损失。2000年1月7日,原告安排的"浙舟粮油8号"轮抵天津港装货,经塘沽出入境检验检疫局鉴定,装货重量为2 005.931吨,货物于1月17日运抵珠海高栏港后,经高栏出入境检验检疫局检验,卸货重量为1974.830吨,货物短少31.101吨,造成被告货物损失150 273.12元。请求法院判令原告赔偿被告货物短少损失150 273.12元,并承担本案反诉诉讼费。

原告对被告的反诉答辩称:本案货物在装船后进行了铅封,货物运抵卸货港卸货时,封铅完好,故原告已履行了《船舶运输服务合同》中约定的"原装原交"义务。装、卸港的商检报告对本案货物重量的鉴定,在计量方面存在许多不规范的地方,不能真实反映货物的实际重量。且被告于2000年1月20日在运单上签署"实收毛豆油数量由收货方商检局确认"的意见,是对《船舶运输服务合同》中关于原告应赔偿被告货物短少损失约定的变更,不存在原告对被告的货物短少损失承担赔偿责任的问题。因此,被告反诉请求原告赔偿货物短少损失,缺乏依据。请求法院驳回被告对原告的反诉请求。

二、法院查明事实

广州海事法院认定以下事实:

1999年12月27日,以原告为乙方,被告为甲方签订一份《船舶运输服务合同》,约定:由被告承租原告的"金浩"轮,将被告2 100吨二级豆油从天津北海粮油码头运往珠海市高栏港;运费为每吨205元,按卸货港当地商检报告确定的实际装货数量计收,不足2 000吨按2 000吨计算,超过2 000吨,按实际数量计算;运费待船抵卸货港卸油前检验铅封,经商检计量后汇山,如被告逾期不支付运费,原告将按每日0.5‰加收滞纳金;装货期为1999年12月30日至31日。合同还约定:"乙方用军事化的管理和高质量的服务对客户的油品负责原装原交。船舶破损出现漏油或进入(原文如此)造成损失,乙方应赔偿甲方有关损失。甲方负责油质检验和计量,当油装完甲方有权对油舱口和各出油管道口等部位进行铅封或派人押船,乙方给予积极配合。若装卸港当地商检报告的数量差距超过合理损耗3‰以外,由乙方赔偿甲方超出3‰的货款损失。"合同签订后,原、被告双方通过协商同意,将运输船舶由"金浩"轮变更为"浙舟粮油8号"轮,并对装货期进行了修改。

2000年1月7日,原告安排的"浙舟粮油8号"轮抵达天津北海粮油码头装完货物。由"浙舟粮油8号"轮和托运人签章的水路货物运单和货物交接清单载明,运输的货物名称为毛豆油,收货人为被告。水路货物运单没有记载装船货物的重量,只记载货物价值为12 568 500元。货物交接清单载明,装货的重量为2 009吨。货物装船完毕后,原告对船舱进行了铅封。经北海粮油工业(天津)有限公司申请,天津商检局鉴定所对"浙舟粮油8号"轮所载货物的重量进行了鉴定,并出具《技术服务检测鉴定结果报告单》。该报告单载明:经鉴定,该批货物的重量为2 005.931吨。并同时注明:"1.本检测鉴定结果报告单不得用于海关通关、银行结汇及换取商检证书。2.本批货物之密度由北海粮油提供。"

2001年1月17日,"浙舟粮油8号"轮抵达珠海市高栏港,并于1月20日卸货完毕。被告于1月20日分别在水路货物运单和交接清单上批注:"实收毛豆油数量由收货方商检局确认"和"船到港后,经检查,所有铅封完好,经清仓干净后,由商检确认"。经被告委托,高栏出入境检验检疫局在卸货前后对"浙舟粮油8号"轮所载货物的重量进行了鉴定,并于1月26日出具《重量鉴定》,载明:"我局根据下列检验时刻(卸货前后)测得各舱之液深,依照船方提供之容积计量表,并结合温度和密度进行必要之校对后,计得重量为 1 974.830 吨。"

2 月 1 日,被告致函原告称:被告于 1 月 31 日收到高栏出入境检验检疫局作出的《重量鉴定》,根据装、卸两港商检部门对货物重量的鉴定结果,货物短少 31.101 吨,依照合同的约定扣除 3‰ 的合理损耗,实际短少货物 25.083 吨,货款损失按每吨 5 780 元计算,为 144 979.74 元。货物运费按 1 974.830 吨,每吨 205 元计算,为 404 840.15 元。扣除货款损失后,被告应支付原告运费 259 860.41 元。被告于 3 月 16 日向原告电汇运费 259 860.41 元,原告于 3 月 20 日收到该运费。之前,原告已向被告开具金额为 410 000 元的运费发票。

1999 年 12 月 29 日,被告对本案货物向中国太平洋保险公司珠海分公司投保了货物运输综合险,货物运输保险凭证载明:货物名称为进口毛豆油,重量为 2 100 吨,保险金额 12 568 500 元,运输船舶为"金浩"轮,运输期限为 1999 年 12 月 30 日。被告支付了保险费 12 568.50 元。后中国太平洋保险公司珠海分公司经被告申请,对运输船舶和起运期限进行了变更。2000 年 6 月 8 日,中国太平洋保险公司珠海分公司以"封铅完好,短量损失原因不明"为由,决定对本案货物短少损失不予赔偿。

被告为证明本案货物的单价为每吨 5 780 元,提供了其与上海虹林贸易有限公司签订的《商品购销合同》、上海虹林贸易有限公司开具的增值税发票各一份。《商品购销合同》的签订日期为 1999 年 12 月 23 日,载明:被告向上海虹林贸易有限公司购买进口毛豆油 2 100 吨(允许 5% 的短溢),单价为每吨 5 780 元(含增值税);在北海粮油工业(天津)有限公司交货。该增值税发票由上海虹林贸易有限公司于 2000 年 1 月 28 日向被告开具,载明的货物为 19.50 吨毛豆油,单价(含增值税)为每吨 5 780 元。原告认为,单凭上述《商品购销合同》和增值税发票,不能证明该《商品购销合同》和增值税发票所载明的货物是本案运输合同所载的货物。法院认为,该增值税发票所载明的货物重量与《商品购销合同》和本案《船舶运输服务合同》所载明的货物重量相差太大,无法证明是本案货物的增值税发票,不予采信。《商品购销合同》约定的货物名称、重量、交货期限和交货地点等均与《船舶运输服务合同》约定的货物名称、重量、装货期限和起运地点等相符,且与本案货物运输保险凭证的记载相印证,因此,在原告没有提供相反证据的情况下,应认定《商品购销合同》中约定的货物为本案运输的货物,购买该货物的单价为每吨 5 780 元。

被告提出,原、被告已口头约定将《船舶运输服务合同》中约定的运费支付期限由在卸货港经商检计量后支付变更为确认货损或短少损失金额后支付,原告对此不予确认,被告亦没有提供相应的证据证明,法院对该事实不予确认。

三、法院裁判

广州海事法院认为:本案是一宗沿海货物运输合同纠纷。原、被告通过协商一致签订的《船舶运输服务合同》,没有违反有关法律、法规的规定,合法有效,原、被告均应依约履行。

根据《船舶运输服务合同》的约定,本案货物运费应以卸货港当地商检报告确定的实际载货数量计收,不足 2 000 吨按 2 000 吨计算,待船抵卸货港卸油前检验铅封,商检计量后全部汇出。本案货物经卸货港当地的商检部门高栏出入境检验检疫局鉴定,重量为 1 974.83 吨,依约按 2 000 吨计算,被告应支付给原告运费 410 000 元。被告于 2000 年 1 月 31 日收到高栏出入境检验检疫局的《重量鉴定》,依约被告应于此日向原告汇出运费。

本案货物通过封铅运输,船抵卸货港卸货时封铅完好,但根据装、卸两港当地的商检部门天津商检局鉴定所和高栏出入境检验检疫局的鉴定结果,装货和卸货的重量相差 31.101 吨,超出《船舶运输服务合同》约定的 3‰ 的合理损耗以外 25.083 吨。对天津商检局鉴定所和高栏出入境检验检疫局的鉴定结果,原告提出在计量方面存在许多不规范的地方,不能真实反映货物的实际重量,但没有提供足够的证据证明,且原告亦依据高栏出入境检验检疫局的鉴定结果作为计算运费的依据,因此,在原告没有提供充分的相反证据的情况下,对该两份鉴定结果应予以确认。

本案争议的焦点是原告是否应对本案货物的短少损失承担赔偿责任,而该争议主要基于原告和被告对《船舶运输服务合同》条款的不同理解。《船舶运输服务合同》一方面约定本案货物可进行封铅运输,原告对货物负责原装原交,另一方面又约定:若装卸港当地商检报告的数量差距超过合理损耗 3‰ 以外,原告应赔偿被告超出 3‰ 部分的货款损失。因上述两方面的条款均规定得较为明确和具体,并均有其他相应的配套条款保证其得到实施,且该两方面条款的约定也并非不能同时得到履行,因此,在原告和被告均没有提供上述一方面的条款否定另一方面条款证据的情况下,对上述两方面的约定应作不相互矛盾的解释,即原、被告的真实意思表示是在原告封铅运输,负责原装原交的情况下,原告仍应对超出 3‰ 合理损耗之外的货物短少损失承担赔偿责任。原告提出,被告在运单上签署"实收毛豆油数量由收货方商检局确认"的意见,是对《船舶运输服务合同》中关于原告应赔偿被告货物短少损失的约定变更的主张,因运单上的该批注并无变更原合同条款的明确表示,故不予支持。

综上,原告应依约对 25.083 吨货物短少损失承担赔偿责任。《船舶运输服务合同》约定,原告应赔偿该短少货物的货款损失,且被告在致原告结算运费的函中,亦按照被告购买货物的价款计算该短少货物的损失,因此,本案短少货物的赔偿金额,依约应按照被告购买该货物的价格计算。被告反诉请求货物短少损失按照货物的购买价格加运费、保险费计算,因与《船舶运输服务合同》的约定不符,不予支持。经计算,本案货物短少损失为 144 979.74 元。因《船舶运输服务合同》没有对货损赔偿的期限作出约定,而被告于 2000 年 2 月 1 日致函原告请求赔付货物损失,故原告应于 2000 年 2 月 1 日向被告赔付上述货物损失。

《中华人民共和国合同法》第 99 条规定:"当事人互负到期债务,该债务的标的物种类、品质相同的,任何一方可以将自己的债务与对方的债务抵销;当事人主张抵销的,应当通知对方。通知自到达对方时生效。抵销不得已付条件或者附时限。"原、被告双方互负到期金钱债务,依法可以进行抵销,且被告于2000年2月1日将抵销债务的主张致函通知了原告,因此,自该日起原告应赔付给被告的货物短少损失金额与被告应支付给原告的运费予以抵销。债务抵销后,被告还应支付原告运费差额265 020.26元。被告于2000年3月16日向原告支付运费259 860.41元,被告还欠付原告运费5 159.85元。被告未能依约支付原告运费,应承担违约赔偿责任,依约向原告支付拖欠的运费,并赔偿逾期支付运费期间按每日0.5‰计算的滞纳金损失。

被告在将原告造成的货物短少损失金额在其应支付给原告的运费中抵销后,仍反诉请求原告赔偿上述货物短少损失,没有依据,不予支持。

依照《中华人民共和国民法通则》第106条第1款,《中华人民共和国合同法》第107、120、99条的规定,判决如下:

(1)被告珠海市金光油脂工业有限公司赔付原告舟山市普陀油脂运贸有限公司运费5 159.85元及逾期支付运费期间的滞纳金(其中265 020.26元从2000年2月1日起至3月16日止,5 159.85元从2000年3月17日起至2001年6月21日止,按每日0.5‰计算);

(2)驳回被告珠海市金光油脂工业有限公司对原告舟山市普陀油脂运贸有限公司的反诉诉讼请求。

本诉案件受理费6 383元,由原告负担6 164元,被告负担219元。反诉案件受理费4 615元,由被告负担。

134 上诉人俄罗斯检验集团联合股份公司与被上诉人烟台大宸食品有限公司海上货物运输合同货损赔偿纠纷案

案例来源:山东省高级人民法院(2009)鲁民四终字第1号

主题词:提单印制条款 提单批注 货物特性 自然损耗 法定检验机构鉴定报告

裁判要旨

No. HY-1.7-6 提单中印制的"托运人提供的重量、质量、数量、状况、内容,承运人不知"条款,因其表述并未说明不符之处、怀疑的根据或者说明无法核对而是事先打印的条款,且其试图以合同条款减轻承运人应尽的责任,故不具有法律效力。

No. HY-1.7-7 承运人对货物品名、标志、包装、件数、体积、重量等与实际接收的货物不符的,应当如实地、客观地在提单上予以批注,否则,承运人应该按照提单的记载交付货物。承运人不得事后主张实际接收的货物的重量、体积、包装等与提单记载内容不一致来抗辩赔偿责任。

No. HY-1.7-8 货物在运输期间遭受损坏或短少,提单持有人主张承运人应该承担赔偿责任,而承运人以货物特性或自然损耗等法定事由主张应予免责的,如果提单持有人有证据证明货物的损坏或短少是由于承运人违反妥善和谨慎管理货物的义务所致,承运人应当就货物特性或自然损耗进行强有力的举证,否则不能依据货物特性或自然损耗等事由主张对损失免责。

No. HY-1.7-9　国家法定机构检验机构作出的鉴定报告、残损报告或者检验结论具有证明力,一方主张鉴定方法不当、鉴定不规范、结果不客观而不应适用鉴定报告或检验结论的,应当提供有效的、科学的证据予以证明,否则不应否认报告或检验结论的证明力。

一、基本案情

上诉人(原审被告):俄罗斯检验集团联合股份公司(Closed Joint-stock Company "Russian Inspectors & Marine Surveyors Corporation",以下简称俄罗斯检验公司)

被上诉人(原审原告):烟台大宸食品有限公司(以下简称烟台大宸公司)

青岛海事法院经审理查明:2006年6月22日,烟台大宸公司与塞浦路斯 BN MARINE COMPANY LIMITED 签订了编号为 DC060622 的 8 243.389 吨(净重)冻鱿鱼头买卖合同。合同约定:货物单价 440 美元/吨(CFR 烟台港),合同总额为 3 627 091.20 美元;货物为深海捕捞的秘鲁冷冻鱿鱼,须存储在 -20 ℃或更低的恒温里;7 026.13 吨货物为袋装,其余为裸装;货物将装运在符拉迪沃斯托克港的"麦格罗波夫教授"(Professor Megrabov)轮;付款方式为合同总额的不可撤销及不可转让的远期信用证,付款时间为提单签发日后的第 90 天付款;买方有权在目的港卸货完毕后 1 个月内对货物品质和数量提出索赔,货物发生数量以及污染、风干及发红等品质问题时,应邀请 SGS 调查机构或者其他被认可的调查公司、P&I 的调查员(发货人的保险公司)对货物进行检验等。

2006 年 7 月 21 日,烟台大宸公司通过中国农业银行烟台分行向塞浦路斯银行开出了以塞浦路斯 BN MARINE COMPANY LIMITED 为受益人、编号为 150LC066140140 的不可撤销信用证;装运港为俄罗斯符拉迪沃斯托克,目的港为中国烟台港,最晚装运日为 2006 年 7 月 31 日;中国农业银行烟台分行,在承兑后的到期日提单签发日后的第 90 天付款;所需单据为商业发票、装箱单、提单、俄罗斯政府机构产地证书、货物清单和俄罗斯国家渔业产品和安监中心出具的卫生证书等。塞浦路斯 BN MARINE COMPANY LIMITED 将货物交由俄罗斯检验公司负责承运,2006 年 7 月 7 日,俄罗斯检验公司签发了编号为 BN17/07/06 的全套已装船正本清洁提单。提单载明:货物的发货人为塞浦路斯 BN MARINE COMPANY LIMITED,收货人为烟台大宸公司;承运船舶为"麦格罗波夫教授"(Professor Megrabov)轮;目的港中国烟台;货物由 10、11、12、12.50 公斤等 17 个不同规格组成,货物的总件数为 592 794 件;货物的净重为 8 243 389.10 公斤,毛重为 8 396 764 公斤;货物的实际装船时间为 2005 年 9 月 8 日等。

2006 年 8 月 10 日,船舶到达目的地烟台港。在卸货过程中,烟台大宸公司发现货物严重短重，且货物存在不同程度的风干、污染、发红和破损现象。烟台大宸公司委托中国检验认证集团山东有限公司（以下简称山东检验公司），俄罗斯检验公司则委托上海东华行保险公估有限公司（以下简称上海公估公司）对货物进行了检验。上海公估公司于 2006 年 9 月 22 日出具《初步报告》，报告称"货物短重 296.397 吨，短量价值及货物损失为 130 414.68 美元"。2007 年 4 月 24 日，该公司又出具《调查检验报告》，称"货物在数量上、总体毛重上都没有短少现象，品质变化是由冷冻货物长时间存储所致的自然现象"。山东检验公司于 2007 年 1 月 5 日出具了《残损鉴定》，鉴定称"货物短重 467.599 吨，货物的品质损失原因是货物在船上化冻后再冻结造成品质下降并产生风干现象，货物重量和品质损失总额为 2 541 634.42 美元"。

对于货物是否存在短重和货损的问题，首先涉及对两个报告效力的认定问题。根据国家质量监督检验检疫总局（以下简称国家质检总局）、商务部、国家工商行政管理总局联合发布的《进出口商品检验鉴定机构管理办法》和国家质检总局发布的《进出口商品检验鉴定机构许可工作程序》的相关规定，未经国家质检总局许可和登记注册不得从事进出口商品检验鉴定业务。俄罗斯检验公司委托的上海公估公司为保险公估机构，其有权依据《中华人民共和国保险法》和《保险公估机构管理规定》等相关规定从事保险标的承保前或出险后的查勘、检验、估损业务，但从事检验的公估人须取得保险公估从业人员资格证书和执业证书。本案中，该公司工作人员吴海浪独立从事现场检验公估业务时并未取得相应的资格证书和执业证书，也即其检验当时并不具有从事本案货物检验和评估的资格和能力；另外，上海公估公司未取得国家质检总局核发的《进出口商品检验鉴定机构资格证书》，也未向法院提交船载货物系保险标的的材料，因此该公司不具有从事保险标的之外的涉案货物的检验和评估业务的资质和能力；该公司的《初步报告》中明确记载未对货物的品质进行检验，且《初步报告》和《调查检验报告》中关于货物短重的内容严重相左。基于上述事实和理由，青岛海事法院对该公司出具的《调查检验报告》效力不予认定，结论不予采信。

山东检验公司持有国家质检总局核发的《进出口商品检验鉴定机构资格证书》，具备从事本案货损鉴定工作的合法资质，检验人也具有相应的检验资质，因此青岛海事法院对其出具的报告的效力予以认定，结论予以采信。检验人对货物的数量进行了抽样称重和实测，得出的货物短重数量可作为本案定案的依据。检验人对货物品质也进行了检验和分析，从该鉴定报告中看，在目的港卸货时，裸装货物和袋装货物的外表均呈淡红色，有风干现象，且码头工人需用工具将粘连货物撬开后才能进行正常作业。结合俄罗斯检验公司的船舶资料所记载的货舱解冻和制冷设备故障及维修等事实，青岛海事法院对货物在船上化冻后再冻结并造成货物品质损失发生的事实予以认定，即涉案货物共短重 467.599 吨，货物损失的原因是货物在船上化冻后再冻结造成品质下降并产生风干现象。

烟台大宸公司通过中国农业银行烟台分行分别于 2006 年 8 月 7 日和 2006 年 8 月 9 日向塞浦路斯银行发出了已承兑电文，并于汇票到期日的 2006 年 10 月 8 日将全部货款 3 627 091.20 美元付给了塞浦路斯 BN MARINE COMPANY LIMITED。2006 年 10 月 8 日,国家外汇管理局公布的汇率中间价为 1 美元兑换人民币 7.9087 元。

关于损失,烟台大宸公司要求俄罗斯检验公司赔偿:① 货损损失 22 335 030 元人民币;② 货物短重损失 1 784 540 元人民币;③ 按照货损和短重损失总额(24 119 570 元)的月 4.875‰ 支付自 2006 年 10 月 8 日起至判决生效之日止的利息损失;④ 赔偿施救费用等损失 228 537 元人民币;⑤ 承担残损鉴定费和翻译费 70 610.24 元人民币。

二、一审裁判

青岛海事法院认为,本案系海上货物运输合同纠纷。根据《中华人民共和国民事诉讼法》第 241 条的规定,因合同纠纷或者其他财产权益纠纷,对在中华人民共和国领域内没有住所的被告提起的诉讼,如果合同在中华人民共和国领域内履行,可以由合同履行地、诉讼标的物所在地法院管辖。本案中烟台为涉案海上运输的目的港和交货地,系涉案海上货物运输合同的履行地和标的物(即货物)所在地,且俄罗斯检验公司从未提出管辖权异议并应诉答辩,因此青岛海事法院对该案行使管辖权并无不当。

根据《中华人民共和国合同法》第 126 条第 1 款的规定:"涉外合同的当事人可以选择处理合同争议所适用的法律,但法律另有规定的除外。涉外合同的当事人没有选择的,适用与合同有最密切联系的国家的法律。"本案中烟台作为目的港、交货地和标的物所在地及原告的住所地,与本案有最密切的联系;且庭审中双方均同意适用中国法律解决本案争议,故此本案适用中国法律。

本案争议的焦点为:一是俄罗斯检验公司是否应当承担赔偿责任;二是烟台大宸公司的损失数额如何认定。

1. 关于俄罗斯检验公司是否应当承担赔偿责任

根据查明事实,涉案货物在运输过程中发生了短重和货损,是不争的事实。根据《中华人民共和国海商法》第 71 条的规定:"提单,是指用以证明海上货物运输合同和货物已经由承运人接收或者装船,以及承运人保证据以交付货物的单证。提单中载明的向记名人交付货物,或者按照指示人的指示交付货物,或者向提单持有人交付货物的条款,构成承运人据以交付货物的保证。"同时《中华人民共和国海商法》第 78 条第 1 款规定:承运人同收货人、提单持有人之间的权利、义务关系,依据提单的规定确定。因此,烟台大宸公司系涉案记名提单的收货人和合法持有人,有权就涉案提单项下货物的损失向俄罗斯检验公司提出索赔。《中华人民共和国海商法》第 48 条规定:承运人应当妥善地、谨慎地装载、搬移、积载、运输、保管、照料和卸载所运货物。也就是说,承运人在掌管货物的期间负有管货义务。已查明,涉案货物已于 2006 年 6 月 14 日,经俄罗斯国家渔业产品质量和安全中心检验检疫并出具了卫生证书,该证书载明货物符合兽医卫生要求,适合人类食用,并同意向中国出口。该证书可证明涉案货物在交由俄罗斯检验公司承运前是完好的、无质量瑕疵的。同时,俄罗斯检验公司在接收货物后签发的提单上也详细记载了货物的规格、不同规格货物的净重、毛重和件数以及货

提单印制条款・提单批注・货物特性・自然损耗・法定检验机构鉴定报告

物的总件数和总重量等。依据《中华人民共和国海商法》第 77 条之规定,该提单是俄罗斯检验公司已经按照提单所载上述状况收到货物或者货物已经装船的初步证据,故俄罗斯检验公司亦应按照提单具体所载向善意受让提单的烟台大宸公司交付货物。在俄罗斯检验公司未依据《中华人民共和国海商法》第 75 条的规定在签发提单时就货物的状况作出任何批注的情况下,俄罗斯检验公司不能免除按照清洁提单记载的货物件数向提单持有人完好交付货物的责任,除非其能够证明存在免责的理由和证据。在目的港交付货物时货物出现短重和品质损失的情况下,因俄罗斯检验公司未能提供证据证明其存在《中华人民共和国海商法》第 51 条规定的免责事由,因此应对其管货不当所引起的法律后果承担法律责任,具体而言,俄罗斯检验公司应对烟台大宸公司的货物短重损失和货物品质损失承担赔偿责任。

俄罗斯检验公司主张货物变质是由于货物储存时间过长所致,并指出烟台大宸公司事先知道货物存在质量瑕疵而购买,应承担货物变质的损害后果,但未提供证据予以证明。俄罗斯检验公司还主张,其在提单中对货物的重量和品质进行了批注,并以重量和品质不知为由借以抗辩烟台大宸公司的货物短重和品质损失。青岛海事法院认为,俄罗斯检验公司签发的提单中的重量和品质等不知的内容是印刷体,是其提单正面格式条款的一部分,不属于提单批注行为,而是提单中预先设定的不知条款。依据《中华人民共和国海商法》第 44 条之规定,该不知条款违反了《中华人民共和国海商法》第四章的相关规定,应属无效。

2. 关于烟台大宸公司的损失数额

青岛海事法院认定:

(1) 货物发生货损的损失。根据中国检验认证集团山东有限公司出具的《残损鉴定》,货物的品质损失为 2 335 890.86 美元,按照烟台大宸公司付款之即 2006 年 10 月 8 日的汇率,折合人民币共计 18 473 860.04 元。

(2) 短重损失。根据中国检验认证集团山东有限公司出具的《残损鉴定》,货物短重损失为 205 743.56 美元,按照烟台大宸公司付款之日即 2006 年 10 月 8 日的汇率,折合人民币共计 1 627 164.09 元。

(3) 利息损失。青岛海事法院认为,烟台大宸公司有权要求俄罗斯检验公司承担上述货损和短重损失的利息损失。烟台大宸公司请求按中国人民银行同期贷款利率计算利息损失,但未能提供相应的贷款证据,故青岛海事法院认为本案利息损失按同期银行活期存款利率计算较为合理。因此,烟台大宸公司要求的利息损失应自烟台大宸公司付款之日即 2006 年 10 月 8 日起算,至本案判决生效之日止,按中国人民银行同期活期存款利率作为标准计算。

(4) 施救费用等损失。烟台大宸公司主张的施救费用损失因无充分证据证明系其施救额外产生,故不予支持。至于其自行代俄罗斯检验公司垫付给烟台港集团有限公司的船舶停泊费,系与本案不同的法律关系,与俄罗斯检验公司的管货不当没有因果关系,不予支持。

(5) 鉴定费和翻译费。烟台大宸公司为本案所支付的鉴定费、翻译费,皆系因俄罗斯检验公司未尽到管货义务而向其索赔所支出的合理费用,应予以支持,共计人民币 70 610.24 元。

青岛海事法院依照《中华人民共和国海商法》第 46、47、48、55、71、78 条的规定,判决:

(1) 俄罗斯检验集团联合股份公司于判决生效之日起 10 日内一次性赔偿烟台大宸食品有限公司货损损失人民币 18 473 860.04 元及利息损失(自 2006 年 10 月 8 日始至本判决确定付款之日止的中国人民银行同期活期存款利率);

(2) 俄罗斯检验集团联合股份公司于本判决生效之日起 10 日内一次性赔偿烟台大宸食品有限公司货物短重损失人民币 1 627 164.09 元及利息损失(自 2006 年 10 月 8 日始至本判决付款之日止的中国人民银行同期活期存款利率);

(3) 俄罗斯检验集团联合股份公司于本判决生效之日起 10 日内一次性赔偿烟台大宸食品有限公司支付的鉴定费和翻译费共计人民币 70 610.24 元;

(4) 驳回烟台大宸食品有限公司的其他诉讼请求。

案件受理费人民币 130 010 元,由烟台大宸食品有限公司承担 22 622 元,俄罗斯检验集团联合股份公司承担 107 388 元;财产保全费人民币 40 520 元由俄罗斯检验集团联合股份公司承担。

三、上诉与答辩

俄罗斯检验公司不服一审判决上诉称:一审判决认定事实错误、适用法律不当、程序违法。

(一) 关于事实认定

1. 一审认定货物短重 467.599 吨有误

一审判决书对毛重、件数均未提及,仅依据山东检验公司的检验报告,认定净重短少。关于净重,根据提单记载,裸装的货物毛重等于净重。所以,提单所述的净重为除去包装的、带冰的重量。根据鉴定报告的表述,鉴定人所量的净重为自然解冻除冰后的重量,不同的标准,不能直接比较。关于件数及毛重,理货证明记载,交货数 592 016,粘连 742 袋,另有 82 大袋地脚货。件杂 879,大于短卸件数 778 袋。

2. 关于质量、贬值率、货物损失的认定

(1) 关于货物质量的认定标准。根据《进口商品残损检验鉴定管理办法》第 13 条的规定,检验按国家技术规范检验,尚未制定规范、标准的,参照国外标准、规范。山东检验公司的取样、解冻不符合规范。根据提单、装箱单,货物的规格并非一审认定的 17 个,即使按认定的 17 个规格取样,取样数量也不符合《水产品抽样办法》及《冻海水鱼》国家标准;解冻方法也不符合《冻海水鱼》《速冻生鱿鱼标准》的水解冻规范。山东检验公司的检验按特定用途而非通常用途确定品质,违背了国际法典委员会的《速冻生鱿鱼标准》《冻海水鱼》国家标准的按原样确定品质的规定,没有依据;且部分产品如鱿鱼头不能加工成鱿鱼板,鉴定漏项。无论国际标准还是国内标准都将污染物定为非鱼类自身以外的物质,报告认定"内脏污染"属于污染,没有依据。报告认定部分货物"严重污染发红、不适合人类食用",检验人仅凭目测,未进行理化实验,于法无据。另外,根据买卖合同第5条的规定,残损并不属于质量问题。一审根据俄罗斯2006年6月14日的卫生证书的记载"货物符合卫生要求,适合人类食用",认定货物交运前是完好的、无质量瑕疵。这种将卫生标准等同于质量标准的认定没有依据。一审认定货损原因系货物在船化冻后再冻结造成的,同时也认定根据卫生证书,货物在出运前是完好的、无质量瑕疵的。按其逻辑,货物自装船时(2005年9月)至出运前,近一年的存储期内虽经反复化冻解冻,依然无任何质量瑕疵,不能自圆其说。

(2)关于贬值率的确定。《海运进口商品残损鉴定办法》规定:"残损商品定损贬值的基本原则是根据使用价值、商消影响、拍卖结果等因素,确定实际损失程度及贬值率;残损,以好坏货销售价格的差异程度确定贬值率;残损货物施救、加工费用,应在证书上列明。"山东检验公司的检验报告未经价格认证,没有提交任何好坏货市场价格数据的情况下,径行确定贬值率,没有依据。

(3)损失的计算。检验报告的贬值率是按成品鱿鱼板的品质变化种类及程度,确定8个类别,确定货物质量损失的方法是各个类别的比例×贬值率×货物总量。此方法的错误在于比例是按成品(鱿鱼板)、基数是按原料确定的,不同类别不能直接换算。此外,整船货物有多种规格,包括没有内脏的、不能作成鱿鱼板的货物,如鱿鱼头、鱿鱼耳,检验报告对没有内脏的部分货物仍进行内脏污染定损,将不能作成鱿鱼板的货物按鱿鱼板的登记确定质量等级,没有依据。

3.一审对货损、短重的原因认定有误

(1)冷冻产品在储藏过程中必然重量变轻、质量变差,这是货物的自然属性。冷冻产品的质量与固有缺陷有关,对于本案,带脏、残损均系固有缺陷所致。俄罗斯检验公司已举证证明货物储存近两年,编织袋装,部分裸装,非气密且未镀冰衣。根据相关理论,长时间存储,必然导致重量减少,质量变差,气密性包装会影响减低的速度。一审认定俄罗斯检验公司未就货物变质是由于存储时间过长引起的主张提供证据有误,除了自然规律、定理无需举证外,对于存储时间、包装状况、固有缺陷均已举证。对于兽医证明,经买卖合同印证与本案有关,一审认定与本案货物无关有误。此外,俄罗斯检验公司提交了冷冻设备证书、冷冻日志及船长对货方野蛮卸货造成货损的抗议书等证据,证明货舱温度始终满足存储温度要求,对机器设备进行了维护、保养、修理,举证其履行了管货义务。一审中俄罗斯检验公司的证据5来源于烟台大宸公司的证据12(冷冻日志),一审采信原始记录不采信原始记录的摘录,自相矛盾,根源在于烟台大宸公司对冷冻日志未全面翻译,遗漏了日志上的温度记录。

(2)一审依据鉴定报告认定货物短重、货损原因为货物在船解冻复冻所致,没有依据。关于翻译中的词句理解。对于冷冻日志的翻译,货物解冻/化冻温度需达0℃以上,而对盘管上霜、冰的化冻解冻(除霜)在零度以下仍可进行,结合相关日志记载,相关制冷及船舶操作常识,所译的"货舱化冻/解冻"均指对冷冻盘管上霜、冰的化冻/解冻,是冷库操作必不可少的工艺,术语为化霜。以 3 号仓为例,根据书写习惯,冷冻日志翻译中的上层甲板/隔舱/杆均指(3A),3 号仓指 3B 和 3C。根据烟台大宸公司对买卖合同"Dehydration"一词的理解,本案中风干/干耗/脱水意思相同。关于鉴定报告的效力,根据《进口商品残损检验鉴定管理办法》第 4 条的规定,法检商品只能由检验检疫机构进行,食品属于法定检验项目,故其没有资质。鉴定书缺乏鉴定人签名,没有附委托书、资质证明,形式上不符合规定。检验人接受船方的委托后,不应再接受货方的委托;鉴定报告经质证,未见现场勘验、取样、鉴定记录,也没有价格认证信息,文字表述与其他证据不符;鉴定方法违反规范,取样、解冻、质量标准的确定均不合规范,鉴定仅凭目测,未经实验;鉴定材料不充分,部分材料未经质证,鉴定人声称对各舱、各规格的货物状况、取样、称重均有原始记录,但未提交质证,声称有价格信息,未提交质证,鉴定人未提校对日志的翻译件供质证;鉴定人的分析违反冷冻、船舶管理常识,没有依据,按其结论,冷冻货物在 2 年未气密包装的情况下,没有任何的自然损耗,件杂货装卸没有任何装卸损耗,货物在 −20 ℃依然可以自然解冻,显然错误[8 403.265,大于提单重量 8 396 764。货物件数,按最不利于船方的标准,即按 18.5 kg/袋、地脚货重 16.265 吨计算,16265/18.5(货物溢短残损单记载,总件数 592 794 袋,小件 591 957 袋,大袋 59 袋),地脚 82 袋,短卸件数 778 件。货物日报表记载,总计 592 016 袋,8 387 吨,地脚货 38 袋,16.265 吨。提单记载,总件数 592 794 袋(大袋 59 袋),毛重 8 396 764 公斤,净重 8 243 389.10 公斤。由此,货物毛重(8 387 + 16.265)吨]。

(二)关于适用法律不当

1. 一审判决不知批注、不知条款无效,适用法律不当。涉案提单为金康 1998 提单,波罗的海海运公会制定,干杂货通用标准提单,提单上印有格式的重量、质量不知条款。提单上有批注(said to be,said to weight),一审认定无批注有误。根据《中华人民共和国海商法》第 75 条的规定,批注的适用范围是品名、标志、包数、件数或体积;质量不属于批注范围。适用条件是,提单记载不符或无法核对时,加批注。本案货物是特种货物,是渔船捕捞、粗加工的冷冻货物,卸货港的检验表明,件与件重量常有差异,故在表面未发现短重,同时也无法准确核对且货物具有自然损耗特性情况下,加注"重量据称",符合海商法规定的条件、范围,符合国际惯例,合法有效。《中华人民共和国海商法》第 76 条规定,未加批注的视为表面状况良好。第 77 条规定,按提单记载交货。可见,批注仅限表面状况,并非内在质量,"清洁"与否的标准,应按通常的肉眼所及的标准判断。对于本案,裸装重量为 1 220 吨,袋装重量 7 026 吨。对于袋装货物,表面清洁应无异议。对于裸装货物,考虑到缺陷的标准须专业人员确定,且装船前两个月进行过兽医检验及货物的自然属性,故无证据证明船方装船时发现或应当发现货物表面状况有不"清洁"之处。提单的不知批注、条款,旨在提醒相关方,不知货物内在质量等,并未减低承运人的义务,符合国际惯例,一审认定不知条款无效,适用法律错误。

提单印制条款・提单批注・货物特性・自然损耗・法定检验机构鉴定报告

2. 关于归责原则及举证责任分配

根据《中华人民共和国海商法》第 51 条的规定,承运人的归责原则为不完全过失责任;因货物自然属性、固有缺陷、包装不良,非承运人过错造成的货损,承运人免责,但应承担举证责任。证据规则规定,自然规律、定理无需举证;反驳一方负有相反证据的举证责任。关于货损原因的举证,冷冻货物发生干耗(风干)、氧化、细胞变性,必然造成减重、质量下降,属于自然规律,不用举证;冷冻货物的品质与原料质量、包装、加工有关即 PPP 理论,货物的质量随冷冻时间而减低即 TTT 理论,属于冷冻理论,不用举证;俄罗斯检验公司对货物存储时间和包装状况已经举证。关于适货与管货的证明,俄罗斯检验公司提供了冷冻设备证书、各种日志,证明装船时适货,船员尽力维护设备运行;冷冻日志记载的货舱温度显示,温度正常,这是管货的直接证据。因此,俄罗斯检验公司已经完成了《中华人民共和国海商法》第 51 条要求的举证,对于烟台大宸公司的反驳证据即鉴定结论,没有证明承运人有过错,设备故障不是承运人的错,归责原则是过错不是无过错,一审适用无过错原则判决承运人承担责任,于法无据。另外,货物在离船后因卸货、高温运输、非规范解冻造成的损失,超出了承运人的责任期间,承运人对此部分损失不应承担责任。

3. 认定译文公证违反公证法,于法无据

译文公证符合公证法规定的公证范围,公证员如何核对译文,超出法庭审理范围。

4. 对支付方式、利息的判决,违反《中华人民共和国海商法》第 55 条的规定

《中华人民共和国海商法》第 55 条规定,货物的赔偿额按实际价值计算,货物的实际价值按货物的价值加保险费加运费确定。对于本案,贸易合同以美元计价,本应按美元赔偿。烟台大宸公司请求以人民币赔偿,应按判决给付之日的汇率将美元折成人民币,一审判决按 2006 年 10 月 8 日的汇率计算损失,使俄罗斯检验公司的赔付标准成为实际价值加上汇率差,违背了《中华人民共和国海商法》第 55 条的规定,也不符合司法实践。从合同法的角度,汇率变化超出了承运人的预见范围,不符合合同法损失应限定在可预见范围的规定。

(三) 程序违法

根据《诉讼费用交纳办法》第 17 条的规定,应按一审判决承担的数额缴纳上诉费,而青岛海事法院按照请求的数额而非判决数额收取上诉费,多收 22 622 元,于法无据。

被上诉人烟台大宸公司答辩称:

1. 青岛海事法院认定俄罗斯检验公司对货物短重损失承担赔偿责任,完全正确

(1) 一审判决认定俄罗斯检验公司未根据《中华人民共和国海商法》第 75 条对货物重量作出任何批注,是正确的。提单批注不是一个孤立的、分离的行为,而是一个动态的过程。按照惯例,要实事求是地批注提单,就必须在收受货物的过程中对货物的包装或表面状况作全面的检查验收,整个过程包括检查验收、提出问题、批注提单等环节,批注提单是最后环节。《中华人民共和国海商法》第 75 条规定:"承运人或者代其

签发提单的人,知道或者有合理的根据怀疑提单记载的货物品名、标志、包数或者件数、重量或者体积与实际接受的货物不符,在签发已装船提单的情况下怀疑与已装船的货物不符,或者没有适当的方法核对提单记载的,可以在提单上批注,说明不符之处、怀疑的根据或者说明无法核对。"根据该条规定,承运人在三种情况下有权在提单上作出批注:一是明确知道提单记载与实际接收或装船的货物不符;二是有合理根据怀疑提单的记载与实际接收或装船的货物不符;三是没有适当方法核对提单记载。相应地,承运人在提单上的批注内容必须与上述三种情况适应:对已清楚知道不符的,说明不符之处;对有合理根据怀疑不符的,说明怀疑的根据;对没有适当方法进行核对的,说明无法核对。本案中,俄罗斯检验公司作为承运人没有任何证据证明其进行提单批注的过程和说明原因,只是用早已印刷好的格式条款进行抗辩,是站不住脚的。

(2) 关于提单上的重量不知条款,一般认为打印的不知条款必须由承运人通过批注才能生效,如果承运人不批注,视为他对托运人交付货物的重量认可,承运人就应当按照这个重量向收货人交付。本案提单格式中记载的对货物重量不知的内容,目的在于减少承运人对所运输的货物应承担的责任和义务,根据《中华人民共和国海商法》第 44 条规定,不能作为承运人对货物重量或数量不承担责任的依据。根据《中华人民共和国合同法》第 40 条规定,该条款免除自己责任,加重对方责任,排除对方主要权利,没有法律效力。

2. 一审判决认定俄罗斯检验公司对货物品质承担赔偿责任,完全正确

(1) 货物品质受损是由于冷藏货舱解冻复冻、俄罗斯检验公司管货不当造成的。航海日志中明确记载船舶主机和制冷系统的维修事实。翻译人员在具备翻译资质的前提下,尊重事实、贯彻全文、全面考虑,以非常慎重的态度对《冷藏设备值班记录》进行翻译。而且,在《俄汉科技大词典》《大俄汉词典》中找到了权威依据。所以,可以确切地讲,由于船舶制冷系统故障和维修以及船舶主辅机故障和维修,造成货物化冻后再冻结,最终造成货物品质下降并产生风干变质现象。对温度的记录,翻译人员只是按照记录情况如实翻译,但船舶上的温度记录是人工记录后由船长输入电脑,有人为更改的可能。在山东检验公司出具的鉴定报告中,也进一步明确了这一事实。

(2) 一审判决认定公证书欠缺翻译人员及其不具有翻译资质以及公证员不具有公证翻译资料准确性的资质要件并且超越了公证范围而认定无效,完全正确。在一审中,俄罗斯检验公司没有提供翻译人员的翻译资质,也没有证据证明公证员不具有公证翻译材料准确性的资质。如果只是经过公证就认定翻译材料的真实和准确,烟台大宸公司完全有能力也拿出一份公证书来予以对抗。所以,本着实事求是的原则,认定翻译资料的有效还是无效,还要充分考虑翻译文本的依据。在一审中,俄罗斯检验公司对于"除霜"俄文解释,也没有提交任何证据予以支持。更何况,烟台大宸公司在查阅冷藏船制冷技术资料后得知,船舶制冷中的除霜,也仅仅是对制冷设备传感器周围进行除霜,而不是船舶全部货舱。

3. 在一审判决中,法院在查明事实的基础上适用正确的法律作出了正确的判决,采信了山东检验公司的鉴定报告,完全正确

(1) 山东检验公司具有从事进出口商品检验鉴定业务的合法资质。依据《中华人民共和国进出口商品检验法实施条例》第 39 条和《进出口商品检验鉴定机构管理办法》第 2、3、4 条的规定以及《进出口商品检验鉴定机构许可工作程序》的相关规定,未经国家质检总局许可并登记注册的进出口商品检验鉴定机构,不得承担委托的进出口商品检验鉴定业务。山东检验公司于 2004 年 7 月 20 日取得《进出口商品检验鉴定机构资格证书》,有权接受委托对本案进口货物进行货损鉴定。同时鉴定人本身也具有相应的鉴定资质,兰孝国作为该公司经理在鉴定报告上签字是履行职务行为。

(2) 上海公估公司不具有从事进出口商品检验鉴定的合法资质,未取得国家质检总局合法的资格证书,不能接受委托对进出口商品进行检验鉴定,其出具的鉴定报告无效。另外,该报告与 2006 年 9 月 22 日出具的《初步报告》相比,内容相互矛盾,《初步报告》中对短重数量有认可与记载,并确认对货物品质未进行检验,但《调查检验报告》中则否认了短重的事实,同时在未对货物品质进行检验的前提下,就枉自揣测品质受损的原因。作为检验鉴定报告,在缺乏事实数据支持的情况下,仅凭推测就作出结论,不能令人信服。在该报告中,对于温度的记录是由当班机员手工记录,然后由船长输入电脑,使其真实性受到怀疑。上海公估公司只能从事保险标的物的检验和评估业务,在本案中俄罗斯检验公司未提供证据证明本案商品为保险标的物。该公司工作人员吴海浪独立从事本案货物检验现场检验公估业务时,并不具备相应的资格证书和执业证书,不具有相应的资格与能力。

4. 青岛海事法院适用法律正确,程序合法

青岛海事法院在审理过程中适用中国法律,对《中华人民共和国海商法》第 75 条和第 77 条的适用完全正确。在程序上也完全按照民事诉讼法等法律规定进行,程序合法。

5. 俄罗斯检验公司在"关于贬值率的确定"的意见上,引用了已经废止的行政法规

《进出口商品残损检验鉴定管理办法》第 30 条规定:"本办法自 2007 年 10 月 1 日起施行,1989 年 7 月 8 日原国家进出口商品检验局发布的《海运进出口商品残损鉴定办法》同时废止。"但是,俄罗斯检验公司仍然引用已废止的办法,是错误的。

6. 关于承运人的归责原则问题

《中华人民共和国海商法》对承运人的违约责任归责原则有明确规定,第 46 条规定,在承运人责任期间,货物发生灭失或损坏,除本节另有规定外,承运人应负赔偿责任,在该节中,唯一规定承运人不负赔偿责任的是第 51 条关于承运人免责事由的规定。也就是说,在承运人责任期间,除非承运人能证明货物的灭失或损坏是其可以免责的事由造成的,他都要负赔偿责任。承运人若要免责,必须证明造成货物损坏或灭失另有原因,而且承运人对该原因的发生没有过失。本案中,俄罗斯检验公司对货物

的短重和品质下降没有提供证据证明真实原因及该原因的发生自己没有过失。

7. 关于汇率问题

俄罗斯检验公司认为,按照《中华人民共和国海商法》第 55 条的规定,货物的赔偿额按实际价值计算;货物的实际价值按货物的价值加运费加保险费确定。但在本案中,烟台大宸公司在 2006 年 10 月 7 日付款之后就产生了实际损失。按购汇当日(节后第一个工作日 2006 年 10 月 8 日)汇率计算。烟台大宸公司作为原告在一审中以人民币为诉讼标的提起诉讼,判决也必然是以人民币为货币单位,而不应按美元进行判决。

四、二审裁判

山东省高级人民法院经审理查明:俄罗斯检验公司签发的涉案提单对承运货物的规格、包装、件数、净重、毛重等均作了记载,其中部分货物为裸装,凡裸装货物,其单件的净重与毛重均记载一致,而袋装货物的毛重均大于净重。

庭审中,俄罗斯检验公司向山东省高级人民法院提交中华人民共和国水产行业标准《冷冻水产品净含量的测定》,并根据第 1 条的规定主张,冷冻水产品的净量就是去除外包装带冰霜的重量,山东检验公司出具的《残损鉴定》所测的净重是经自然解冻去冰后的重量。俄罗斯检验公司又提交烟台中联理货有限公司《件杂货物溢短残损单》,载明舱单件数为 592 794 件,短卸件数 778 件,实际卸货 592 016 件,并有 82 袋地脚货。另提交烟台中联理货有限公司《货物日报表》22 张,顺序记载了卸货件数与重量,最后一张记载卸货件数总计 592 016 件,重量为 8 387 吨。俄罗斯检验公司还提交自己制作的《理货日报表汇总》,汇总结果是:卸货 592 016 件,重 8 387 吨;地脚货 82 袋,重 16.265 吨;重量合计 8 403.265 吨,大于提单毛重 8 396.764 吨;按每件为所有规格中最重的 18.5 公斤计算,16.265 吨地脚货相当于 879 件,大于短卸的 778 件。俄罗斯检验公司依据上述证据主张,实际交付货物的毛重与件数均大于提单记载,不存在短重问题。烟台大宸公司对上述证据的真实性均不持异议,但认为,地脚货是从件装货中散落而来,不能重复计算。对于净重的测量方法,鉴定机构依据有关规定进行称重测量完全正确,农业部制定的行业标准不是检验所依据的标准,而且按照俄罗斯检验公司提交的农业部行业标准,对于包冰衣的冷冻水产品也应在解冻后称重。

对于货物的质量,俄罗斯检验公司提交了中华人民共和国水产品行业标准《水产品抽样办法》、中华人民共和国国家标准《冻海水鱼》、中华人民共和国国家标准《鲜海水鱼》、食品法典委员会《生速冻鱿鱼标准》和中华人民共和国国家标准《鲜、冻动物性水产品卫生标准》,证明山东检验公司的《残损鉴定》对取样、解冻、质量评定不符合国内外规范的要求。烟台大宸公司对上述标准的存在不持异议,但认为,《水产品抽样办法》仅适用于"在捕捞、养殖、加工、销售环节中对水产及水产加工品进行生产检验、监督检验时的样品的抽取",不适用于涉案水产品,而且农业部制定的行业标准不是检验所依据的标准;《冻海水鱼》标准对检验的分类只限于出厂检验和型式检验,与本案无关,且该标准对解冻的要求是流水解冻,鉴定机构使用自然解冻法对俄罗斯检验公司更有利;《鲜海水鱼》标准适用于"捕获后未经加工处理的鲜海水鱼、冰鲜海水鱼和仅去内脏而未作其他处理的鲜海水鱼",本案货物不属于上述范围;国际法典委员会《生速冻鱿鱼标准》只适用于"速冻生鱿鱼和部分生鱿鱼",并用于非加工的直接消费,不适用于进一步的处理或其他工业用途,本案产品不属于上述范围;《鲜、冻动物性水产品卫生标准》属于卫生标准,不适用于本案水产品的检验。

对于货物品质下降的原因,俄罗斯检验公司提交农业部《冻鱼操作技术规程》、浙江海洋学院水产食品学教材节录、大连水产学院胡建恩教授的答疑、录像光碟、俄罗斯农业部《健康证书》、船东工作人员电子邮件及附件大副收据、大连海事大学朱峰副教授的意见书、船东员工电子邮件、承运船舶制冷系统图、俄罗斯气象局出具的海参崴市气温记录复印件、山东省司法厅《山东省涉外经济公证暂行规定》、国家商检局《海运进口商品残损鉴定办法》。用以证明货物储存时间过长(产于2004年9月,2005年9月转船,2006年8月卸货);货物重量减少和质量降低均系由于货物的自然属性、固有缺陷、包装不良、装卸工人操作、长时间储存等非由于承运人的过错造成;船东自装船至卸货履行了管货义务,没有任何过错;部分货物因装卸等非船东的原因受损。烟台大宸公司对农业部《冻鱼操作技术规程》的真实性和合法性无异议,但认为该规程适用于"各种海、淡水冻鱼的贮藏",与本案无关;对浙江海洋学院水产食品学教材节录、大连水产学院胡建恩教授的答疑的真实性、合法性和关联性均有异议,学术理论和专家意见不能作为诉讼证据使用,与本案无关;对录像光碟的真实性、合法性和关联性均有异议,该证据形成应在一审之前,在二审中提供不应被采信;对健康证书的真实性无异议,但该证据说明在该健康证书签发的2006年6月13日也就是货物装船之后,货物符合卫生要求,适合人类食用;对于船东工作人员电子邮件及附件大副收据的真实性、合法性和关联性均有异议,电子邮件的发出人、接收人和邮件内容均无法查证,也与本案无关;对于大连海事大学朱峰副教授的意见书的真实性、合法性、关联性均有异议,专家意见不能作为诉讼证据使用;对于船东员工电子邮件的真实性、合法性、关联性均有异议,电子邮件的发出人、接收人和邮件内容均无法查证,也与本案无关;对于承运船舶制冷系统图的真实性、合法性、关联性均有异议,该证据为单方提供,没有其他证据佐证,且该证据形成于一审之前,在二审中提供不应被采信;对于俄罗斯气象局出具的海参崴市气温记录复印件的真实性、合法性、关联性均有异议,海参崴当地的气象记录与本案无关;对山东省司法厅《山东省涉外经济公证暂行规定》的真实性无异议,但该规定已于2007年11月30日废止;对于国家商检局《海运进口商品残损鉴定办法》的真实性无异议,但对合法性与关联性有异议,该办法已于2007年10月1日失效。

俄罗斯检验公司还提交了6份补充证据,包括:俄罗斯互保协会出具的保单,证明涉案货物的货损、货差问题属于保险范围;船舶制冷设备使用说明书,证明船舶制冷设备工作原理与特点及解冻(除霜)工艺;管道简图冷却剂循环清单,证明船舶冷却系统设备、管线均可封闭、拆卸;韩国商检部门《检验报告》节录,证明涉案货物产于2004年9月;俄罗斯边境兽医站出具的兽医证明,证明涉案货物产于2004年9月。烟台大宸公司认为，保单与本案无关，即使存在保险关系，上海公估公司也没有资格出具检验报告；船舶制冷设备使用说明书和管道简图冷却剂循环清单本身不能证明设备的使用情况；对于韩国商检机构出具的检验报告无异议。

俄罗斯检验公司向山东省高级人民法院提交调查收集证据申请书，申请向中华人民共和国烟台海关调取与涉案货物相关的海关配额、买卖合同、各种单据、进出口手册和一切相关资料；并向中国检验认证集团和烟台中联理货有限公司调取检验数据，工作记录以及与涉案货物数量、品质、损失、损失原因有关的一切材料，全套理货单据和理货员孙晓光对单据的解释。山东省高级人民法院以（2009）鲁民四终字第 1 号和（2009）鲁民四终字第 1-1 号决定书，对调取证据申请不予准许。俄罗斯检验公司对不予准许调取证据的决定不服申请复议，山东省高级人民法院以（2009）鲁民四终字第 1 号和（2009）鲁民四终字第 1-1 号复议决定书驳回复议申请，维持原决定。

俄罗斯检验公司还向山东省高级人民法院提交鉴定申请书，申请委托有资质的鉴定机关，对货物数量、质量、贬值率、损失及货损原因进行鉴定。

山东省高级人民法院认为，本案为涉外海上货物运输合同纠纷，涉案货物运输的目的港和交货地在青岛海事法院辖区，青岛海事法院对本案有管辖权。双方当事人在一审期间均同意适用中华人民共和国法律，故应适用中华人民共和国法律解决本案实体争议。

根据上诉人的上诉和被上诉人的答辩，本案的争议焦点为：一是一审判决认定事实是否正确；二是一审判决适用法律是否适当；三是青岛海事法院的审理程序是否违法。

关于焦点一，即一审判决认定事实问题，当事人之间的争议集中在四个方面：一审判决认定货物短重 467.599 吨是否正确；一审判决关于货物贬值率和货物品质损失的认定是否正确；一审判决关于货物短重和品质下降的原因的认定是否正确；山东检验公司出具的《残损鉴定》是否合法有效。

首先，关于货物短重问题。山东省高级人民法院认为，根据查明的事实，涉案提单对承运货物的规格、包装、件数、净重、毛重等均作了记载，其中部分货物为裸装，凡裸装货物，其单件的净重与毛重均记载一致，而袋装货物的毛重均大于净重。因此，货物的净重应当是去除包装后的重量，而不应当是自然解冻后的重量，俄罗斯检验公司关于两种重量不可比较的抗辩理由成立，青岛海事法院依据的《残损鉴定》认定货物短重的计算方法有瑕疵。俄罗斯检验公司依据理货日报表记载的卸货量加上地脚货重量，主张交货的毛重数和件数均大于提单记载。但是，由于提单当中并没有地脚货的记载，说明装船时不存在地脚货，因此，烟台大宸公司关于地脚货属于从件装货中散落而来、不应重复计算的理由成立。虽然理货日报表上有"表内吨数仅供参"的说明，但并无其他证据证明表中记载不实，且双方当事人对理货日报表的真实性均不持异议，故应依据表中记载数量确定交货重量。理货日报表记载的交货总量为 8 387 吨，与提单记载的毛重数 8 396.764 吨相差 9.764 吨，应认定货物短重为 9.764 吨。

提单印制条款・提单批注・货物特性・自然损耗・法定检验机构鉴定报告

其次，关于货物贬值率和品质损失问题。俄罗斯检验公司依据《水产品抽样方法》《冻海水鱼》标准、《鲜海水鱼》标准、《生速冻鱿鱼标准》《鲜、淡动物性水产品卫生标准》主张一审判决所依据的《残损鉴定》在取样、解冻、质量评定方面不符合规范。而烟台大宸公司则认为上述标准与本案不具有关联性。山东省高级人民法院认为，上述标准均明确规定了各自的适用范围，《水产品抽样方法》适用于"在捕捞、养殖、加工、销售环节中对水产及水产加工品进行生产检验、监督检验时的样品的抽取"，《冻海水鱼》标准对检验的分类只限于出厂检验和型式检验，《鲜海水鱼》标准适用于"捕获后未经加工处理的鲜海水鱼、冰鲜海水鱼和仅去内脏而未作其他处理的鲜海水鱼"，《生速冻鱿鱼标准》适用于"速冻生鱿鱼和部分生鱿鱼"、用于未加工的直接消费、不适用于进一步的处理或其他工业用途，《鲜、冻动物性水产品卫生标准》属于卫生标准。因此，上述标准均不适用于本案的货损检验，俄罗斯检验公司据此对《残损鉴定》提出的异议不成立。俄罗斯检验公司依据国家进出口商品检验局1989年7月8日《海运进口商品残损鉴定办法》主张一审判决依据的《残损鉴定》对货物贬值率的认定有误。山东省高级人民法院认为，该鉴定办法并未针对冻鱿鱼规定具体的贬值率的确定方法，俄罗斯检验公司的主张不能成立。

再次，关于一审判决对货物短重及品质下降原因的认定问题。俄罗斯检验公司依据一系列证据主张涉案货物生产于2004年，烟台大宸公司对此不持异议，应予认定。但是俄罗斯检验公司依据涉案产品生产于2004年而主张货物短重和品质下降属于自然现象和自然规律，理由则不能成立。俄罗斯有关机关出具的《健康证书》虽证明涉案货物产于2004年，但同时也证明至该证书出具的2006年6月31日，该批货物仍符合卫生要求，并适合人类食用，不存在质量问题。至于短重问题，因为涉案货物的提单签发于2006年7月7日，所以俄罗斯检验公司以货物产于2004年而主张短重是由于生产时间过长造成的理由也不成立。山东检验公司的《残损鉴定》认定货物变质的原因是货物在船上化冻后再冻结所致，依据的是船舶冷藏设备值班记录显示自2005年9月8日货物装上船后，1、2、3、4货舱在不同时间出现过解冻现象，制冷设备屡次出现故障，甚至制冷设备停机。对此认定，俄罗斯检验公司虽然提交了一些证据，但是，船东工作人员电子邮件及附件大副收据的真实性无法认定；大连海事大学朱峰副教授的意见书不能作为诉讼证据使用；承运船舶制冷系统图本身不能证明船舶制冷设备未发生过故障或停机；俄罗斯气象局出具的海参崴市气温记录更与本案船舶制冷系统是否发生故障无关；录像光碟是在一审之前形成的证据，烟台大宸公司拒绝在二审中质证，其真实性无法认定，况且该录像光碟也与货物是否在船解冻问题无关。俄罗斯检验公司一审中提交的轮机日志译文及公证书、冷藏设备记录及公证书中，公证员直接证明轮机日志和冷藏设备记录的中译文与俄文原文内容一致，超出了《中华人民共和国公证法》第11、12条规定的公证事项范围，不能据以当然认定译文内容的准确性，而且，俄罗斯检验公司并未提交翻译人员及其翻译资质证明，一审判决对该证据不予采信并无不当。另外，俄罗斯检验公司依据《山东省涉外经济公证暂行规定》主张大连公证机关的行为是否超出公证业务范围,也是错误的。至于俄罗斯检验公司对烟台大宸公司一审中提交的轮机日志和冷藏设备记录译文提出的异议,因烟台大宸公司向青岛海事法院提交的《俄汉科技大词典》《大俄汉词典》等权威工具书中对双方争议的两个俄文单词均解释为"解冻、溶化",而并无俄罗斯检验公司主张的"除霜"的含义,俄罗斯检验公司的异议理由不能成立。因此,俄罗斯检验公司就一审判决关于货物短重和品质下降原因认定所提出的异议,无有效证据支持,理由不成立。

最后,关于一审判决依据的《残损鉴定》的合法性问题。俄罗斯检验公司依据《进口商品残损检验鉴定管理办法》第 4 条的规定,主张进出口商品检验属于法定检验,应由商检机构进行,山东检验公司不具备检验资格。但是,《中华人民共和国进出口商品检验法》第 8 条明确规定:"经国家商检部门许可的检验机构,可以接受对外贸易关系人或者外国检验机构的委托,办理进出口商品检验鉴定业务。"《中华人民共和国进出口商品检验法实施条例》第 32 条规定:"商检机构和国家商检局、商检机构指定的检验机构以及经国家商检局批准的其他检验机构,可以接受对外贸易关系人以及国内外有关单位或者外国检验机构的委托,办理规定范围内的进出口商品鉴定业务,签发鉴定证书。"而该《条例》第 33 条规定的鉴定范围中包括进出口商品的残损鉴定。山东检验公司持有国家质检总局核发的《进出口商品检验鉴定机构资格证书》,因此其有权接受烟台大宸公司的委托,对涉案货物进行鉴定。俄罗斯检验公司认为山东检验公司在接受了船方的委托后不应再接受货方烟台大宸公司的委托进行鉴定。山东省高级人民法院认为,山东检验公司曾接受过保险公司的委托并一度参与过调查,但未给保险公司出具过鉴定结论,不能据此认为山东检验公司不能接受烟台大宸公司的委托进行鉴定。俄罗斯检验公司主张鉴定方法违反规范,但未提交有效证据予以证明。俄罗斯检验公司依据保单证明涉案货物属于保险标的,上海公估公司有权检验,但是,即使涉案货物属于保险标的,上海公估公司也是在出具鉴定报告以后才取得《进出口商品检验鉴定机构资格证书》的,因此俄罗斯检验公司依据上海公估公司出具的《调查检验报告》否定一审判决所依据的《残损鉴定》是错误的。俄罗斯检验公司还主张一审判决所依据的《残损鉴定》没有附委托书、资质证明和鉴定人签名,因而不符合规定,但无相应的法律依据。因此,一审判决所依据的《残损鉴定》具有形式合法性。鉴于俄罗斯检验公司关于山东检验公司出具的《残损鉴定》违反规范、不科学、不客观的理由不充分,且卸货时间过长、涉案货物已不存在,故对俄罗斯检验公司二审中提出的鉴定申请不予准许。

根据《残损鉴定》确定的计算公式,一般污染发红、较轻风干及残断货物的品质损失金额为:$8\,233.625 \times (4.39\% + 2.28\% + 10.28\%) \times 440 \times 50\% = 307\,031.88$ 美元;较严重内脏污染及较严重发红货物的品质损失金额为:$8\,233.625 \times (6.84\% + 20.82\%) \times 440 \times 70\% = 701\,445.54$ 美元;严重污染发红及严重风干货物的品质损失金额为:$8\,233.625 \times (27.04\% + 17.89\%) \times 440 \times 90\% = 1\,464\,949.61$ 美元。品质损失合计 $2\,473\,427.03$ 美元。按照一审判决查明的烟台大宸公司对外付款时美元与人民币的汇

率,货物短重损失和品质损失金额分别为人民币 33 977.04 元和 19 561 592.35 元。在短重数量调整以后,计算货物品质损失依据的货物净重相应调整为 8 243.389—9.764(当然,一审判决依据的《残损鉴定》在认定货物短重问题上存在一定瑕疵,根据最高人民法院《关于民事诉讼证据的若干规定》第 27 条第 2 款的规定,应通过重新质证的方法解决)。如上所述,经过山东省高级人民法院庭审质证,货物短重应认定为 9.764 吨。在此基础上,货物的短重损失金额应为 9.764×440=4 296.16 美元。

关于焦点二,一审判决适用法律是否适当。俄罗斯检验公司主张,涉案提单上对货物重量做出了批注,故承运人对货物短重不承担责任。山东省高级人民法院认为,《中华人民共和国海商法》第 75 条明确规定,承运人或者代其签发提单的人,知道或者有合理的根据怀疑提单记载的货物的品名、标志、包数或者件数、重量或者体积与实际接收的货物不符,在签发已装船提单的情况下怀疑与已装船的货物不符,或者没有适当的办法核对提单记载的,可以在提单上批注,说明不符之处、怀疑的根据或者说明无法核对。即使提单上打印的"said to weight"可以如俄罗斯检验公司所主张的译为"重量据称",也不构成有效批注,因为这一表述本身并没有说明不符之处、怀疑的根据或者说明无法核对,且该表述是提前打印形成,与批注提单的习惯做法相悖。另外,俄罗斯检验公司认为提单上载明了不知条款,青岛海事法院认定其无效是错误的。山东省高级人民法院认为,提单上格式的不知条款载明"重量、特征、质量、数量、状况、内容和价值不知",该条款当然具有减轻承运人责任的意图,如果认定该不知条款有效,势必免除承运人按照提单记载的重量、特征、数量、内容等向收货人交货的义务。一审判决依据《中华人民共和国海商法》第 44 条规定,认定该不知条款无效并无不当。俄罗斯检验公司认为一审判决适用的归责原则错误。山东省高级人民法院认为,由于本案货损发生在承运人责任期间,而俄罗斯检验公司并未证明其具有《中华人民共和国海商法》规定的免责事由,故青岛海事法院判令其承担责任,并无不当。俄罗斯检验公司又主张,烟台大宸公司与国外卖方签订的贸易合同是以美元计价的,本案的货损赔偿也应判决以美元支付。山东省高级人民法院认为,上述主张并无法律依据,贸易合同的计价货币不必然是海上货物货损赔偿的计价货币。烟台大宸公司请求以人民币进行赔偿,青岛海事法院根据烟台大宸公司对外支付时美元与人民币的汇率计算赔偿额并无不当。俄罗斯检验公司对青岛海事法院关于利息的判决内容提出异议,但未说明理由,山东省高级人民法院不予支持。

关于焦点三,俄罗斯检验公司认为青岛海事法院多收了 22 622 元的上诉费。山东省高级人民法院认为,青岛海事法院是代山东省高级人民法院收取上诉费,该费用为预交费用,上诉费的数额最终由山东省高级人民法院判决确定。因此,俄罗斯检验公司关于青岛海事法院多收上诉费属于程序违法的理由不能成立。

综上所述,一审判决认定事实基本清楚,适用法律正确,但关于货物短重数量的认定有误,导致对短重损失和品质损失额的确定有误,应予纠正。根据《中华人民共和国民事诉讼法》第 153 条第 1 款第(三)项之规定,判决如下:

（1）维持青岛海事法院（2006）青海法烟海商初字第97号民事判决第三、四项；

（2）变更青岛海事法院（2006）青海法烟海商初字第97号民事判决第一项为：俄罗斯检验集团联合股份公司于本判决生效之日起10日内一次性赔偿烟台大宸食品有限公司货物品质损失人民币19 561 592.35元及利息损失（自2006年10月8日始至本判决确定付款之日的中国人民银行同期活期存款利率）；

（3）变更青岛海事法院（2006）青海法烟海商初字第97号民事判决第二项为：俄罗斯检验集团联合股份公司于本判决生效之日起10日内一次性赔偿烟台大宸食品有限公司货物短重损失人民币33 977.04元及利息损失（自2006年10月8日始至本判决确定付款之日的中国人民银行同期活期存款利率）。

如未按本判决指定的期间履行给付金钱义务，应当依照《中华人民共和国民事诉讼法》第229条之规定，加倍支付迟延履行期间的债务利息。

一审案件受理费人民币130 010元，由烟台大宸食品有限公司负担人民币23 000元，俄罗斯检验集团联合股份公司负担人民币107 010元；财产保全费人民币40 520元由俄罗斯检验集团联合股份公司负担；二审案件受理费人民币107 388元，由烟台大宸食品有限公司负担人民币7 388元，俄罗斯检验集团联合股份公司负担人民币100 000元。

本判决为终审判决。

138 原告中艺华海进出口有限公司与被告三角洲船务有限公司、中国再保险（集团）公司海上货物运输合同货差纠纷案

案例来源：广州海事法院（2007）广海法初字第126号
主题词：善意提单持有人　合理损耗　国家检验机构

> **裁判要旨**
>
> **No. HY-1.7-10**　运输的油类货物短少超过国际贸易惯例允许的5‰合理损耗范围的，因其超出了合理损耗误差范围，承运人再主张扣除5‰的合理损耗的主张不予支持。
>
> **No. HY-1.7-11**　当确有证据证明国家检验机构检验的重量不能反映出或者注意到相应重要事实的，应按照客观事实适用更能准确反映事实的货物重量的检验结果。

一、基本案情

原告：中艺华海进出口有限公司
被告：三角洲船务有限公司
被告：中国再保险（集团）公司

原告中艺华海进出口有限公司诉称：2007年1月3日，原告向华海新加坡有限公司购买60 104.842公吨阿巴丹岛直馏280CST燃料油，单价每公吨313.344美元，价格条件CFR中国黄埔。货物由被告三角洲船务有限公司"爱琴海之虎"轮（M/T AEGEAN TIGER）承运。1月31日该轮船长签发了第001号、第002号提单。提单记载货物重量分别为15 015.981公吨、45 088.861公吨，合计60 104.842公吨。该轮在装货港即发现装船数量比3份提单即第001、第002号、第003号提单（案外人货物）记载数量少482.287公吨（80 044.447 - 79 562.160），但被告没有在提单上批注。2月7日至17日在广州黄埔港卸货。2月10日，该轮船长宣称货物已卸完。原告发现货物短少1 072.354公吨，随即要求与中华人民共和国广州出入境检验检疫局（以下简称广州检验局）检验员一起对该轮全部舱室进行检验。经查，该轮燃料舱中燃料油比卸货前多出520立方米。对此，船方没有作出任何解释。2月11日，各方再次检验时，发现燃料舱的货物已被转移。在卸货过程中原告发现该轮货舱与燃料舱之间存在非法连接的管线，卸完货后发现燃料舱中有船载货物。根据该轮船长提供的自用油报告，该轮每天消耗油量为56公吨。该轮在广州港停留11天，应消耗燃料油616公吨。但该轮抵港燃料舱燃料油为860.051公吨，离港燃料舱燃料油为774.752公吨，消耗仅为约86公吨。在所有货物卸完后，2月17日卸到"源汉油7"船的货物只可能来自燃料舱。该轮自用油型号为380CST，但卸到"源汉油7"船的是280CST，也说明被告将货舱中原告的货物打入燃料舱。2月13日，原告申请法院扣押"爱琴海之虎"轮，并申请证据保全。被告于2月17日将货物卸到原告指定的驳船"源汉油7"船。卸毕后，经由原告申请的中国检验认证集团广东有限公司检验，卸到驳船上的货物重量为59 521.699公吨。其中，卸到"源汉油7"船的数量为489.211公吨。被告通过该轮的保赔协会即美国船东互保协会委托广州海江保险公估有限公司与原告一起抽样送检。广州进出口商品检验技术研究所于3月8日出具的检验结果认定自送样品水分为3.68%（m/m），据此推算卸入"源汉油7"船货物水分为17.025公吨。货物短少600.168公吨（计算方法：60 104.842 - 59 521.699 + 17.025）。货物价值共计188 059.04美元。依该批货物进口价格，按美元对人民币汇率1:7.7798计算，损失为人民币1 463 061.73元。原告还支付关税人民币372 809.03元。中国再保险（集团）公司出具了担保，愿意承担的赔偿责任包括各种费用及利息在内不超过25万美元。二被告应承担连带责任。请求：① 判令二被告连带赔偿原告损失人民币1 835 870.76元及利息（自2007年2月17日起至清偿之日止按日利率0.21‰计算）；② 判令二被告负担诉前证据保全申请费1万元、诉前财产保全申请费5 000元、执行费3万元。

被告三角洲船务有限公司辩称：① 原告没有提供全套正本提单或提货单，不是合法的收货人。② 被告已履行了提单的交货义务。第001号、第002号提单货物体积为62 746.468立方米，重量为60 104.842公吨。经货方检验师测量，所卸货物体积为62 662.431立方米，没有短少。广州检验局在测量重量时使用大船经验指数校正，才产生短少。《中华人民共和国海商法》第46条第1款规定，承运人对非集装箱装运的货物的责任期间,是指从货物装上船时起至卸下船时止,货物处于承运人掌管之下的全部期间。货物卸到驳船后,被告已不再控制货物。原告所称的驳船上所测的重量不能作为确定短少的依据。③ 根据《中华人民共和国海关进出口货物征税管理办法》第17、64条的规定,散装货物发生短少的,纳税人可向海关申请退还短少部分的相应税款。原告无权请求税款损失。④ 即使发生短少,也应扣除0.5%的合理损耗的计量误差。⑤ 被告没有将货舱中原告的货物打入燃料舱。原告所称的货舱与燃料舱之间的管道并不存在。根据油轮设计及船级社的要求,油轮的管道体系与燃料舱是相互独立的。货舱的管道位于甲板以上,燃料舱的管道位于甲板以下。⑥ "爱琴海之虎"轮卸货并不是连续的,有时会停止几小时或两三天,这时就不用耗油。因此该轮每天消耗油量没有56公吨。⑦ 被告于2月17日将"爱琴海之虎"轮左污油舱的521.88公吨货物卸到原告指定的"源汉油7"船。请求驳回原告的诉讼请求。

二、法院查明事实

对双方有争议的事实,经当事人举证、质证,法院认定如下:

1. 关于被告三角洲船务有限公司是否将原告货物打入其燃料舱

原告为证明被告三角洲船务有限公司将原告的货物打入其燃料舱,提供了抵港燃料舱报告、自用油请购表、管线分布图、照片等证据。被告三角洲船务有限公司对抵港燃料舱报告、自用油请购表、管线分布图、照片的真实性没有提出异议,应予确认。离港燃料舱报告虽是复印件,但该证据上有"爱琴海之虎"轮印章、轮机长的签名以及广州检验局检验人员黄志华的签名,可与抵港燃料舱报告印证,应予确认。

最高人民法院《关于民事诉讼证据的若干规定》第73条第1款规定:"双方当事人对同一事实分别举出相反的证据,但都没有足够的依据否定对方证据的,人民法院应当结合案件情况,判断一方提供证据的证明力是否明显大于另一方提供证据的证明力,并对证明力较大的证据予以确认。"2月7日"爱琴海之虎"轮抵港时燃料舱报告中载明重燃料油总量为860.051公吨,左深舱、右深舱、左贮藏舱、右贮藏舱中燃料体积分别为72.28立方米、72.28立方米、339.23立方米、345.28立方米,共计829.07立方米,而2月17日离港燃料舱报告中载明重燃料油总量为774.752公吨,左深舱、右深舱、左贮藏舱、右贮藏舱中燃料体积分别为150.54立方米、193.26立方米、218.87立方米、207.57立方米,共计770.24立方米。被告提供的燃料舱报告显示该轮在卸货港每天消耗燃料油56公吨,在广州港10.42天(2月7日02:00时至2月17日12:00时)消耗应为583.520公吨,但其消耗仅为85.299公吨,即每天消耗燃料油7.469公吨。"爱琴海之虎"轮在广州港期间2月7—10日及17日卸原告货物,14—16日卸第003号提单货物,被告主张该轮卸货期间有时两三天不用耗油。该轮在广州港即使6天完全不耗油,其耗油也应为247.520公吨,与其实际耗油量相差162.221公吨。被告三角洲船务有限公司2月10日已宣称货物已卸完,而其于2月17日又通知原告卸货。被告三角洲船务有限公司主张卸货重量为521.880公吨。对于"爱琴海之虎"轮在广州港耗油的不正常及声称卸完后又卸货,被告三角洲船务有限公司没有作出合理的解释。综上,认定其将货舱货物打入其燃料舱。

2. 关于卸入"源汉油 7"船货物的水分含量

原告为证明卸入"源汉油 7"船货物的水分含量为 17.025 公吨,提供了广州检验局检验出具的 440100107003169、440100107003168 号入境货物检验检疫证明、广州进出口商品检验技术研究所出具的检验报告等证据。被告三角洲船务有限公司对上述证据的真实性没有提出异议,应予确认。2007 年 2 月 14 日,广州检验局检验出具的 440100107003169、440100107003168 号入境货物检验检疫证明记载第 001 号提单、第 002 号提单货物水分为 0.20%(V/V)。广州进出口商品检验技术研究所作出的检验结果是原告与美国船东互保协会共同委托,并非原告单方委托,被告没有相反证据的情况下可予认定。该研究所于 3 月 8 日出具的检验结果认定自送样品水分为 3.68%(m/m)。据此推算"源汉油 7"船所卸货物中超过货物正常水分含量的水为 17.025 公吨。超过货物正常水分含量部分应予扣除。

3. 货物短少数量

被告三角洲船务有限公司为证明其已履行提单的交付义务,提供了 SGS 检验服务新加坡公司出具的装货后空距报告、数量报告,及广州检验局卸货前空距报告、卸货后空距报告、船上残留报告、船长与原告的函件等证据。《中华人民共和国海商法》第 77 条规定:"除依照本法第七十五条的规定作出保留外,承运人或者代其签发提单的人签发的提单,是承运人已经按照提单所载状况收到货物或者货物已经装船的初步证据;承运人向善意受让提单的包括收货人在内的第三人提出的与提单所载状况不同的证据,不予承认。"被告三角洲船务有限公司提供的 SGS 检验服务新加坡公司出具的在装货港的装货后空距报告、数量报告属于与提单所载状况不同的证据,不予承认。据上,被告三角洲船务有限公司关于其已完全按提单记载向原告交付货物的主张不能成立。

在被告没有将原告的货物打入其燃料舱的情况下,承运人提供的船舶干舱证书、空距报告具有证明散装液体货物交货数量的效力。但是广州检验局重量证书的卸货重量 14 903.422 公吨、44 750.877 公吨是以总标准体积与船上残留体积的差额即 62 662.431 立方米,并以重量纠正指数 0.9582、人船经验指数 1.00707 进行校正而计算的。在"爱琴海之虎"轮将货舱货物打入燃料舱的情况下,广州检验局根据通常的计量方法不能准确测量所卸货物的重量。广州检验局重量证书所附证书中左污油舱数量为 1 493.149 公吨,而被告声称卸完后,2 月 17 日广州检验局出具空距报告记载左污油舱货物为 521.760 公吨。广州检验局重量证书没有考虑被告将部分货物卸入燃料舱的因素,也没有说明左污油舱货物再次卸货的由来。因此,该证书不能完全反映交货重量。在被告没有相反证据的情况下,根据中国检验认证集团广东有限公司出具重量证书认定交货数量更为合理。

本案货物短少超过了国际原油贸易惯例允许的 0.5% 的合理短少率范围,不应考虑误差因素。被告三角洲船务有限公司关于应扣除 0.5% 的合理损耗的计量误差的主张,不予支持。

据上,应认定被告三角洲船务有限公司交货数量为 59 504.674 公吨,货物短少 600.168 公吨(计算方法:60 104.842-59 521.699 + 17.025)。

4. 关于货物价值

原告为证明货物价值,提供了买卖合同、发票、进口关税专用缴款书、进口消费税专用缴款书、进口增值税专用缴款书等证据。对当事人提供的在我国境外形成的证明诉讼主体资格以外的其他证据,由提供证据的一方当事人选择是否办理相关的公证、认证或者其他证明手续,并非必须办理相关的公证、认证或者其他证明手续。买卖合同、发票虽是在我国境外形成,但均为原件,并可与进口关税专用缴款书、进口消费税专用缴款书、进口增值税专用缴款书等印证,被告提出异议但没有足以反驳的相反证据,应当确认其证明力。原告提供的买卖合同记载:买方为原告,卖方为华海新加坡有限公司,货物为 6 000 公吨燃料油,单价为每公吨 313.344 美元,价格条件 CFR 中国黄埔。原告提供的华海新加坡有限公司开具的发票记载:合同号 INV07003AA1,买方为原告,承运船舶为"爱琴海之虎"轮,货物为阿巴丹岛直馏 280CST 燃料油,数量为 15 015.981 公吨,单价为每吨 313.344 美元,价格条件 CFR 中国黄埔,价值为 4 705 167.55 美元。另一发票记载合同号 INV07003AA(Ⅱ),数量为 45 088.861 公吨,价值为 14 128 324.06 美元。据上,认定货物单价为每吨 313.344 美元(价格条件 CFR 中国黄埔)。

三、法院裁判

本案是海上货物运输合同货差纠纷。

《中华人民共和国海商法》第 46 条第 1 款规定:"……承运人对非集装箱装运的货物的责任期间,是指从货物装上船时起至卸下船时止,货物处于承运人掌管之下的全部期间。在承运人的责任期间,货物发生灭失或者损坏,除本节另有规定外,承运人应当负赔偿责任。"《中华人民共和国海商法》第 55 条第 1 款规定:"货物灭失的赔偿额,按照货物的实际价值计算;货物损坏的赔偿额,按照货物受损前后实际价值的差额或者货物的修复费用计算。"第 2 款规定:"货物的实际价值,按照货物装船时的价值加保险费加运费计算。"第 001 号、第 002 号提单项下货物所涉合同单价每公吨 313.344 美元,价格条件 CFR 中国黄埔。故短卸货物的实际价值为 188 059.04 美元。

《中华人民共和国担保法》第 19 条规定:"当事人对保证方式没有约定或者约定不明确的,按照连带责任保证承担保证责任。保证人责任。"被告中国再保险(集团)公司提供的担保函对保证方式没有约定,应承担连带赔偿责任。

依照《中华人民共和国民事诉讼法》第 130 条、《中华人民共和国海商法》第 46 条第 1 款、第 55 条、《中华人民共和国担保法》第 19 条的规定,判决如下:

(1) 被告三角洲船务有限公司赔偿原告中艺华海进出口有限公司货物损失 188 059.04 美元及利息(以 2007 年 2 月 16 日中国人民银行公布的美元对人民币的交易基准汇价折算为等值人民币,自 2007 年 2 月 18 日起至本判决确定的还款之日止按中国人民银行同期流动资金贷款利率计算）；

（2）被告中国再保险（集团）公司对被告三角洲船务有限公司的上述赔偿责任承担连带责任；

（3）驳回原告中艺华海进出口有限公司的其他诉讼请求。

136 原告湖北钢赢家具有限公司与被告联合国际货运（香港）有限公司海上货物运输多式联运合同货损赔偿纠纷案

案例来源：武汉海事法院（2001）武海法商字第75号
主题词：首要条款　强制性法律规则　内河货物运输

裁判要旨

No. HY-1.7-12　货物损坏发生在内河长江运输区段的，《中华人民共和国合同法》是强制适用与调整内河货物运输当事人权利义务的法律。

No. HY-1.7-13　依照我国合同法，承运人的赔偿责任为无过错原则，除不可抗力或托运人过失等原因外，承运人对运输过程中货物毁损、灭失承担赔偿责任，承运人以货损是驾驶船员的过失所引起而主张在内河运输中亦免责不符合法律规定。

一、基本案情

原告：中国·湖北钢赢家具有限公司（以下简称钢赢家具公司）

被告：中国香港特别行政区·联合国际货运（香港）有限公司（以下简称联合运输公司）

原告钢赢家具公司诉称：2000年11月3日，钢赢家具公司委托被告联合运输公司将2×40HQ钢制沙发床920套从湖北武汉运输至英国，联合运输公司接受运输并签发了清洁提单。由于联合运输公司未履行管货义务，致使货物在长江水域翻沉灭失。钢赢家具公司诉请判令被告联合运输公司赔偿货损19 596美元、因未能交货而向购货方（提单收货人）英国泰克有限公司（TAKE LTD. UK）支付的赔偿金3 000美元、本案律师代理费人民币12 000元。

被告联合运输公司辩称：货物损失的发生是船长、船员驾驶船舶的过错引起，依照《中华人民共和国海商法》的规定，承运人应免责。

二、法院查明事实

武汉海事法院认定如下案件事实：

（1）2000年11月3日，钢赢家具公司为履行其与英国泰克有限公司的贸易合同，委托被告联合运输公司将价值19 596美元的2×40HQ钢制沙发床920套从湖北武汉运输至英国南安普敦（SOUTHAMPTON, UK）。同日，联合运输公司接收货物，向钢赢家具公司签发了多式联运提单。

（2）联合运输公司将该票货物委托湖北外运公司运输，湖北外运公司向联合运输公司签发了以铁行渣华船务公司为抬头的正本提单，并安排"武汉801"号船舶进行内河长江区段运输，从武汉港载货起运至上海港。

（3）11月5日，"武汉801"船舶航行至安徽省芜湖荻港水道时发生单方海损事故，钢赢家具公司两集装箱货物滑落江中。经施救，共打捞起货物约650套，存放于武汉杨泗港仓库。

（4）联合运输公司向钢赢家具公司签发的多式联运提单首要条款约定，《海牙规则》（即1924年8月24日在布鲁塞尔签订的《统一提单若干法律规定的国际公约》），或在那些国家施行的《维斯比规则》（即1968年2月23日签订的布鲁塞尔议定书），应被视为货物装运国颁布的法律一样，适用于所有的海上货物运输；当货物装运国没有强制性国际或国家法律可以适用时，该规则也应适用于内河货物运输；无论货物装于甲板上或舱内，这些规定都应适用于这些货物。

庭审中，被告联合运输公司申请追加"武汉001"号船舶所有人、中外运湖北有限责任公司和铁行渣华船务公司作为本案共同被告或第三人参加诉讼，以便查明本案货损事实。

法院认为，被告联合运输公司与铁行渣华船务公司和中外运湖北有限责任公司系另一提单运输法律关系，"武汉801"号船舶所有人为内河长江运输区段承运人，均不当然构成本案的共同被告或第三人，且本案货损原因和事实清楚，双方均无异议，因此联合运输公司追加当事人申请不予准许。2001年11月10日，武汉海事法院将法院决定书面通知了联合运输公司。

庭审结束后，2001年11月20日，原告钢赢家具公司向武汉海事法院提出增加诉讼请求，要求判令被告联合运输公司赔偿货物出口退税、出口商贴息和利息利润损失共计5 049.16美元。

三、法院裁判

本案争议焦点为被告联合运输公司对船舶发生海损事故造成货物损失是否免责。

原告钢赢家具公司认为，提单是运输合同的证明，不是运输合同本身，双方的运输合同是口头的，对合同发生的争议没有约定适用的法律，因此联合运输公司依据提单所附条款进行抗辩无法律依据，提单的条款对双方没有约束力。我国未参加调整班轮运输的《海牙规则》和《维斯比规则》，联合运输公司接受武汉海事法院管辖，只能适用中国法律解决合同争议。依据中国的海商法律规定，多式联运合同的承运人对在内河运输区段造成的货损负赔偿责任。

被告联合运输公司认为，本案为海上货物运输合同纠纷，所涉货物是由武汉运输到英国，先进行长江水路运输，再进行海上运输，属江—海之间的直达运输，根据《中华人民共和国海商法》第2条第1款的规定，本案应适用《中华人民共和国海商法》调整。

同时提单首要条款表明《海牙规则》和《维斯比规则》适用于所有的海上货物运输。因此,本案应首先适用《海牙规则》和《维斯比规则》,其次适用《中华人民共和国海商法》。依据上述规则和法律,联合运输公司有权主张航行过失免责。

武汉海事法院认为,原、被告之间订立的海上货物运输多式联运合同系双方当事人真实意思表示,内容合法,为有效合同。案件所涉提单首要条款属双方当事人在合同(提单)中对处理合同争议适用法律的约定,符合《中华人民共和国海商法》第269条的规定,为有效约定。

依据多式联运提单首要条款约定,海上货物运输适用海牙规则,当货物运输国没有强制性适用的国际或国内法律时,内河货物运输也适用上述规则。本票货物运输为海上货物多式联运,货损发生在内河长江运输区段,《中华人民共和国合同法》是强制适用于调整内河货物运输当事人权利义务关系的法律。因此,处理本案双方当事人合同争议的准据法为中国法律。

依据《中华人民共和国合同法》第311条的规定,承运人的赔偿责任为无过错责任,除不可抗力原因外,承运人对运输过程中货物的毁损、灭失承担损害赔偿责任。被告联合运输公司作为该批货物运输的承运人不能证明船舶发生海损事故造成货损原因系不可抗力,应对货物的毁损、灭失负赔偿责任,其以货损产生为船员驾驶船舶过错引起而主张免责于法无据,武汉海事法院不予支持。联合运输公司要求将毁损的货物交还钢赢家具公司,不违反法律规定,钢赢家具公司应予接收,联合运输公司应按货物的价款,扣除毁损货物残值后予以赔偿。

钢赢家具公司没能履行贸易合同向英国泰克有限公司的交货义务是因载货船舶运输途中发生海事所致,为意外事件,其要求联合运输公司赔偿因没有交货而向购货方支付3 000美元赔偿金损失,不属承运人货损赔偿范围,对该项诉讼请求,不予保护。钢赢家具公司主张联合运输公司赔偿本案律师代理费,没有法律依据,武汉海事法院不予支持。

钢赢家具公司在本案庭审结束后提出增加的诉讼请求,不符合最高人民法院《关于适用〈中华人民共和国民事诉讼法〉若干问题的意见》第156条的规定,本案不予审理。

依照《中华人民共和国合同法》第311条的规定,判决如下:

(1)被告联合国际货运(香港)有限公司赔偿原告湖北钢赢家具有限公司货物损失19 596美元,扣除毁损货物残值人民币24 837.30元(按支付时汇率折合)后,余款于本判决生效后10日内付清;

(2)被告联合国际货运(香港)有限公司于本判决生效后10日内将毁损的货物(约650套)交还原告湖北钢赢家具有限公司,逾期按其残值人民币24 837.30元予以赔偿;

(3)驳回原告湖北钢赢家具有限公司其他诉讼请求。

[137] **原告浙江前程石化股份有限公司与被告马航有限公司(MISC BERHAD)海上货物运输合同纠纷案**

案例来源:宁波海事法院(2010)甬海法商初字第 222 号

主题词:受损货物　市场贬值率　货物实际价值

> **裁判要旨**
>
> **No. HY-1.7-14**　受损货物的仓储费、装卸包干费等系提单持有人进口货物必然产生的正常费用,承运人先行垫付该费用后,有权从提单持有人损失赔偿中予以抵扣。
>
> **No. HY-1.7-15**　对于货物灭失,应按照货物实际价值计算损失金额;对于货物损坏的计算,如果以进口货物市场贬值率为基础计算损失,货物市场价格应为进口合同价格加各种关税费用。

一、基本案情

原告:浙江前程石化股份有限公司

被告:马航有限公司(MISC BERHAD)

原告浙江前程石化股份有限公司起诉称:2009 年 12 月,原告向外商购买 2 000 公吨乙二醇,CFR 宁波价格为 992.55 美元/公吨,同年 12 月 25 日从沙特阿拉伯的延布港(YANBU)将 2 000 公吨乙二醇装上被告所属的"BUNGA AKASIA"轮,被告代理同日签发了编号为 SIN/YAN/NBO113 和 SIN/YAN/NBO114 重量分别为 1 000 公吨的两套清洁已装船正本提单,提单记载收货人为待指示,通知人为原告,目的港为中国宁波,装载舱位为 1S、1P、2S、2P、3S、3P、4S、4P、5S、5P、6S、6P、7S、8S、8P、9S、9P。后原告取得上述两套正本提单。上述货物装船时经检验品质良好。2010 年 1 月 24 日该轮抵达宁波港,卸货前经检验发现该轮 2S、2P、3S 舱中所载 5 861.324 公吨乙二醇氯离子含量超标。由于在宁波港卸货的乙二醇总计约 17 000 公吨,且原告与其他收货人的乙二醇均混同装载,但被告指示其代理拟让原告接受 100% 受损货物,原告申请诉前财产保全,查封了属于自己份额内的未受损货物,产生财产保全费用人民币 5 000 元。最终原告分得受损货物 689.568 公吨,并以 7 100 元人民币/公吨的价格出售并产生仓储费人民币 27 584 元。另由于被告迟延分配受损货物,致使原告无法保管及销售货物,产生滞报金人民币 53 315 元及差价损失人民币 143 350.19 元。被告所卸货物较提单记载数量短少 3.453 公吨,造成损失人民币 28 883.3 元。原告诉至法院,要求被告赔偿原告损失人民币 1 130 229.14 元及自 2010 年 1 月 24 日起至实际付款之日止按银行同期人民币贷款利率计算的利息,并由被告承担诉讼费用。

被告马航有限公司答辩称:① 原告诉称的诉前财产保全费用属于原告单方行为所致,与被告无关;② 不存在原告所称由于答辩人原因造成原告仓储费、海关滞报金及所谓销售差价损失,原告说法与事实不符;③ 原告对于完好货物的销售差价索赔无依据;

④ 原告索赔的货损金额远高于据称氯离子超标货物的实际贬损情况;⑤ 涉案货物的仓储费、装卸费等属于进口货物必然发生的正常费用,被告为原告垫付的仓储费、装卸包干费等约66 100元人民币,应在原告货损金额中予以扣除。

二、法院查明事实

宁波海事法院认定下列事实:

2009年12月,原告进口2 000公吨乙二醇,交由被告从沙特阿拉伯的延步港(YANBU)运至宁波港。被告装港代理于同年12月25日签发了编号为SIN/YAN/NBO113、SIN/YAN/NBO114各为1 000公吨乙二醇的两份正本指示提单,两提单均记载原告为通知方,船名航次为Bunga Akasia V.902,装载舱位为1S、1P、2S、2P、3S、3P、4S、4P、5S、5P、6S、6P、7S、8S、8P、9S、9P,经装港检验未发现货物质量问题。该船该航次共装运31 997.533公吨乙二醇,涉案货物为其中一部分,未分票装载。

2010年1月24日,该船抵达宁波港,经中国检验认证集团宁波有限公司(CCIC)检验发现该船2S、2P、3S舱所载乙二醇氯化物含量超标。2010年1月28日原告货代宁波海田国际货运有限公司自被告船代中国宁波外轮代理有限公司处换取了涉案两票提单项下货物的提货单。2010年1月29日,原告向宁波海事法院提出诉前财产保全申请,要求查封被告承运的本航次卸入宁波宁兴液化储运有限公司第1808号储罐的1 306吨乙二醇,宁波海事法院于同日裁定予以准许,产生申请费人民币5 000元。2010年2月4日,被告与宁波港股份有限公司镇海港埠分公司订立接卸、储存协议,将氯化物含量超标的5 854.171公吨乙二醇统一卸入该公司储罐,并支付了装卸费用及30天仓储费用。

2010年2月9日,被告船代将受损货物分配方案发给各收货人,原告取得品质正常的乙二醇1 306.979公吨,氯化物含量超标的乙二醇689.568公吨。同日,原告将SIN/YAN/NBO113提单项下1 000公吨乙二醇(未受损货物)向海关申报进口,该报关单注明货物单价为CIF宁波1010美元/公吨,总价为1 010 000美元;2010年2月25日,原告将SIN/YAN/NBO114提单项下1 000公吨乙二醇(包含全部受损货物)向海关申报进口,该报关单注明货物单价为C&F宁波867.5美元/公吨,总价为992 550美元。2010年3月3日,镇海关就SIN/YAN/NBO114提单项下乙二醇货物向原告征收了18天计人民币53 315元的进口货物滞报金(起征日期为2010年2月8日)。2010年3月9日,原告就SIN/YAN/NBO114提单项下乙二醇货物缴纳进口增值税1 215 586.41元人民币及进口关税人民币372 775.32元。原告于2010年3月22日将其分得的689.568公吨受污染的乙二醇出售给浙江远大进出口有限公司。

三、法院裁判

宁波海事法院认为:本案是因货物质量引起的海上货物运输合同纠纷,因主体涉外,故属涉外案件,涉案货物目的港为宁波港,宁波海事法院依法享有管辖权。本案原告系在我国登记注册的法人,原告及被告亦均主张适用中国法律,故本案适用中国法律审理。

涉案货物提单(SIN/YAN/NBO113、SIN/YAN/NBO114)系指示提单并已由托运人背书转让给原告浙江前程石化股份有限公司,原、被告间依法成立海上货物运输合同关系。被告马航有限公司(MISC BERHAD)作为涉案货物的承运人,应对在其责任期间发生的涉案货物氯化物含量超标所引起的受损货物损失承担赔偿责任,原告作为正本提单持有人有权要求被告赔偿其货损损失。

原告主张其全部分得的受损货物放在SIN/YAN/NBO114提单项下进行报关进口,应以该票货物的报关总价(以缴纳关税、进口增值税美元对人民币的换算汇率1∶6.8273)计算人民币单价,再加上每公吨应缴纳的关税及进口增值税,减去其出售该票货物的单价,即为其受损货物每公吨损失数额。宁波海事法院认为,SIN/YAN/NBO114提单对应的报关单已注明货物单价为867.5美元/公吨,原告提供的证据5 MITCO合同中也注明货物单价为867.5美元/公吨,故该票货物单价应为867.5美元/公吨,报关单注明的总价应为海关认定的征税价格,而非实际进口价格,故原告该票货物中受损货物的人民币单价计算应为:关税和进口增值税(372775.32+1215586.41)除以1000公吨加上867.5美元/公吨乘以汇率比6.8273,即7511.04元人民币/公吨。被告提供的证据9宁波中检保险公估有限公司出具的两份《鉴定报告》显示涉案航次"BUNGA AKASIA"轮第二号(左/右)、三号(右)货油舱内品质受损货物市场贬值率为6%,该两份《鉴定报告》虽非针对本票货物作出,但该航次受损货物均混装,亦应适用本案本票货物;两份《鉴定报告》形成于2010年1月24日,距原告就该票货物的报关时间较短,原告也未提供能反映当时市场价格变化的相关证据,与原告以证据7中自行处理受损货物价格7100元人民币/公吨作为损失计算依据相较,被告主张的6%贬值率更具代表性。宁波海事法院认定该票货物市场贬值率为6%,故原告受损货物价值损失应计算为受损货物的人民币单价7511.04元人民币/公吨乘以市场贬值率6%,再乘以数量689.568公吨,即人民币310762.37元。

原告主张涉案SIN/YAN/NBO113和SIN/YAN/NBO114两提单项下货物短少3.453公吨,被告应予赔偿。被告主张该短量属于运输过程中正常损耗,符合航运惯例。宁波海事法院认为,两提单记载货物均为1000公吨,共计2000公吨,原告证据4卸货报告已载明该两提单项下共计卸货1306.979公吨+689.568公吨,短少3.453公吨。原、被告间对运输途中的损耗并无约定,被告亦未举证证明该惯例存在,故被告应对短少货物予以赔偿,计算式为:3.453公吨×7511.04元人民币/公吨=人民币25935.62元。原告同时主张自承运船舶靠港之日(2010年1月24日)起算的利息损失,其主张合理,宁波海事法院予以支持。

原告以被告未及时对受损货物分票为由主张被告赔偿其同一票提单项下(SIN/YAN/NBO114)未污染货物差价及由此引起的延迟报关而产生的海关滞报金。宁波海事法院认为,依据《中华人民共和国海关法》第24条之规定,海关滞报金是以"自运输工具申报进境之日"起第 15 日为起征日,与被告是否及时分票并无必然联系,涉案"BUNGA AKASIA"轮 2010 年 1 月 24 日已抵达宁波港,2010 年 1 月 28 日原告货代宁波海田国际货运有限公司自被告船代处换取了涉案两票提单下货物的提货单,原告有充分时间向海关申报。原告证据 11 的情况说明中称"船代要求我司(宁波海田国际货运有限公司)归还已换提单并暂停申报",该情况说明系原告代理出具,与原告存在利害关系,且其所称事实无其他证据相佐证,宁波海事法院不予采信,原告亦未举证证明货物受损与其履行报关手续之间的关系,故宁波海事法院对原告该项诉请不予支持。原告主张因被告未及时分票造成同一票提单项下(SIN/YAN/NBO114)未污染货物差价,但无事实与法律依据,宁波海事法院不予支持。原告主张的仓储费系其商业行为的正常支出,与货物污损并无直接因果关系,宁波海事法院不予保护。原告同时主张了诉前保全费用,宁波海事法院认为该保全基于货物受污损的事实,其主张有理,宁波海事法院予以保护。

被告主张其垫付的受污损货物 30 天的仓储费及装卸包干费用 66 100 元人民币,应在货损金额中予以扣除。宁波海事法院认为,无论涉案货物是否存在污损,仓储费及装卸包干费均为原告进口货物必然产生的正常费用,原告应当承担,被告抗辩有理,宁波海事法院予以支持。依据被告证据 3 接卸、储存协议及相关发票(装卸包干费率为 35.9 元人民币/公吨,仓储费为 60 元人民币/公吨)计算,被告主张的人民币 66 100 元费用合理。

综上,原告涉案货物损失计算为:货物本身价值损失(人民币 310 762.37 元)+ 货物短少损失(人民币 25 935.62 元)+ 诉前保全费用(人民币 5 000 元)- 被告垫付的仓储费、装卸费(人民币 66 100 元),即人民币 275 597.99 元。原告诉讼请求有理部分,宁波海事法院予以支持,证据与理由不足部分,予以驳回。依据《中华人民共和国海商法》第 46 条第 1 款、第 55 条第 1 款,《中华人民共和国海关法》第 24 条第 2、3 款,《中华人民共和国民事诉讼法》第 64 条第 1 款、第 235 条之规定,判决如下:

(1)被告马航有限公司(MISC BERHAD)于本判决生效后 10 日内支付原告浙江前程石化股份有限公司货物损失人民币 270 597.99 元及利息(从 2010 年 1 月 24 日至本判决确定的履行之日止以中国人民银行同期贷款利率计付);

(2)被告马航有限公司(MISC BERHAD)于本判决生效后 10 日内支付原告浙江前程石化股份有限公司诉前财产保全费人民币 5 000 元;

(3)驳回原告浙江前程石化股份有限公司的其他诉讼请求。

138 原告永康市大鑫健身休闲用品有限公司与被告美商纵横国际货代有限公司海上货物运输合同无单放货纠纷案

案例来源:宁波海事法院(2007)甬海法商初字第 328 号

主题词:退税损失　内陆包干费　货物贸易正常成本

> **裁判要旨**
>
> **No. HY-1.7-16** 在国际海上货物运输纠纷之中,退税损失和内陆包干费系货物贸易正常成本,与无单放货无直接因果关系。

一、基本案情

原告:永康市天鑫健身休闲用品有限公司

被告:美商纵横国际货代有限公司

原告永康市天鑫健身休闲用品有限公司诉称:2007年5月,原告通过被告承运一批货物,从中国宁波至德国汉堡,被告向原告签发了编号为NGBHAM75024X的正本提单,但被告却未凭正本提单放货,致使原告丧失对提单项下货物的控制,无法收取货款,故诉至法院,请求判令:① 被告赔偿原告货款损失12 956美元,折合人民币99 698.48元(汇率按1:7.6951计算)及逾期利息(自货物到港日起算至付清日止按银行同期贷款利息计收);② 被告赔偿原告退税损失人民币17 106.21元、内陆包干费人民币2 620元、差旅费人民币3 000元。

被告美商纵横国际货代有限公司辩称:① 涉案提单系被告下属的美商纵横国际货代有限公司宁波分公司(以下简称被告宁波分公司)经美商纵横联运有限公司(以下简称联运公司)授权签发的提单,联运公司是依据美国法律注册登记的一家公司,相关的法律后果应该由联运公司承担;② 被告无单放货证据不足;③ 即使被告存在无单放货行为,原告也已收汇核销,并无货款损失;④ 原告诉请的退税损失、内陆费、差旅费与无单放货行为无因果关系。综上,请求法院驳回原告的诉讼请求。

二、法院查明事实

宁波海事法院认定如下事实:

原告与案外人签订货物买卖合同,贸易方式为FOB,2007年5月,原告委托长远公司代理出运货物,长远公司委托被告宁波分公司出运,被告宁波分公司接受委托后,向原告签发了抬头为TRANSLINK SHIPPING LINES、编号为NGBHAM75024X的正本提单,提单记载托运人为原告,收货人为H&F TRADE DE,从中国宁波至德国汉堡,涉案货物于2007年5月23日出运,货物至目的港后,被告未凭正本提单将货物放给案外人。原告已收到部分预付货款4144美元,其余部分货款12956美元不能收回,遂诉至宁波海事法院。

三、法院裁判

原告主张适用中国法律,被告虽主张适用提单背面条款记载的美国法律,但未向宁波海事法院提供相关法律规定,且原、被告均系国内法人,故本案应适用《中华人民共和国海商法》及相关中国法律调整本案的法律关系。

宁波海事法院对本案的争议焦点分析如下：

1. 原被告之间的法律关系

原告认为被告使用的公章英文名称与涉案提单签发人一致，且被告在交通部备案的提单格式即涉案提单格式，故被告为承运人；被告认为被告根据代理协议报备联运公司的提单，联运公司在美国合法注册，并在中国取得了无船承运人资格，本案系被告宁波分公司受联运公司的授权代理签发提单，相应的法律后果应由联运公司承担，与被告无关。宁波海事法院经审查认为交通部网站查询信息显示被告公司及被告宁波分公司都具有无船承运人资格，且在交通部备案的提单格式即涉案提单格式；虽然被告抗辩是作为代理备案提单，提单正面记载被告宁波分公司代理 TRANSLINK SHIPPING INC. 签发提单，但代理协议中委托人联运公司和代理人被告宁波分公司都使用 TRANSLINK SHIPPING INC. 的英文名称，只不过被告宁波分公司加了 NINGBO BRANCH 后缀，而被告使用的公章英文名称即 TRANSLINK SHIPPING INC.，被告宁波分公司工商登记资料也使用 TRANSLINK SHIPPING INC. 的英文名称，应视做被告在对外业务活动中对其身份的宣告，被告混用同一英文名称产生的后果，应对被告作不利的解释，且被告也无相反证据表明被告在庭审之前向原告披露另有联运公司，其英文名称也为 TRANSLINK SHIPPING INC.，故要求原告辨识被告系代理人还是无船承运人，被告宁波分公司系代理被告签发提单还是代理联运公司签发提单，显失公平。故宁波海事法院认为原告将被告美商纵横国际货代有限公司视为提单承运人且原、被告之间成立海上货物运输合同关系的主张，理由正当，予以支持。

2. 损失金额的确定

被告以原告已收到定金、涉案货款已核销为由，认为原告已收到全部货款；原告在起诉后重新调整了诉讼请求，扣减已收到的部分货款，仅向被告主张未收部分。宁波海事法院经审查认为，原告扣减已收货款并提供批次核销信息，能证明原告系用案外收汇核销的事实，被告无相反证据证明原告已收到剩余货款，故对原告主张的货物余款损失 12 956 美元予以认定。至于退税损失，原告虽然系用案外收汇核销，但核销之后即可申请退税，且仅以国家税务总局的税务文件，不能证明原告就涉案货物未退税的事实及金额，故对原告的退税损失主张，不予支持。本案货物出运方式为 FOB，从本案证据来看，虽由原告支付内陆包干费，但并无证据表明原告与货物买方之间达成约定由原告代买方支付，故宁波海事法院认定内陆包干费系货物出运的正常成本，与无单放货损失无因果关系，不予支持。就原告主张的差旅费，原告未能提供证据，宁波海事法院不予支持。

根据《中华人民共和国海商法》第71条的规定，提单，是指用以证明海上货物运输合同和货物已经由承运人接受或者装船，以及承运人保证据以交付货物的单证。被告签发了以原告为托运人的无船承运人提单，且在未收回正本提单的前提下放货，致使原告在未收到全部货款的情况下失去了对货物的控制权，被告应当承担赔偿责任。原告主张以货物出运当月第一天的美元兑换人民币汇率折算，并从到港日起算利息损失,因原告提供的集装箱流转记录不能反映货物到港、开箱放货的具体时间、被告则不认可无单放货行为,故宁波海事法院以涉案货物到目的港的时间为基准,推定无单放货时间为 2007 年 6 月 23 日,按当日美元兑换人民币汇率折算,并从该日起算利息。综上,根据《中华人民共和国海商法》第 55、71 条,《中华人民共和国合同法》第 107 条,《中华人民共和国民事诉讼法》第 64 条第 1 款的规定,判决如下:

(1) 被告美商纵横国际货代有限公司于本判决生效后 10 日内赔付原告永康市天鑫健身休闲用品有限公司因无单放货造成的损失 12 956 美元(按 2007 年 6 月 23 日美元兑换人民币汇率计算)及利息(自 2007 年 6 月 23 日起至本判决确定的履行之日止,按中国人民银行同期贷款利率计付);

(2) 驳回原告永康市天鑫健身休闲用品有限公司其他诉讼请求。

1.8 迟延交付

原告江苏省粮油食品进出口集团股份有限公司与被告韩国现代商船有限公司、现代商船(中国)有限公司海上货物运输合同纠纷案

案例来源:上海海事法院(2001)沪海法商初字第 466 号
主题词:迟延交付　约定时间　约定卸货港　赔偿责任限额

裁判要旨

No. HY-1.8-1　迟延交付是指货物未能在明确约定的时间内、在约定的卸货港交付。

No. HY-1.8-2　对于迟延交付的责任,由于承运人过失,致使货物因迟延交付而灭失或损坏的,或虽未灭失或损坏,但因迟延交付而遭受经济损失的,承运人应当负赔偿责任。法律另有规定的情况除外。

No. HY-1.8-3　承运人对因迟延交付造成经济损失的赔偿限额,为所迟延交付货物的运费数额。

一、基本案情

原告:江苏粮油食品进出口集团股份有限公司
被告:韩国现代商船有限公司(Hyundai Merchant Marine Co., Ltd,以下简称韩国现代公司)
被告:韩国现代商船(中国)有限公司(以下简称现代中国公司)

原告江苏粮油食品进出口集团股份有限公司诉称:2000 年 12 月,原告委托环亚(上海)国际货运公司(以下简称环亚公司)海运出口一批黑豆至韩国仁川港。现代中国公司代表承运人韩国现代公司签发了托运人为原告的提单4套。货物运抵仁川港后,因买方拒付货款,故原告未交付提单。嗣后,原告通过环亚公司要求现代中国公司退运涉案货物。现代中国公司同意退运后,原告按要求向现代中国公司支付退运费9 043美元,并交付所有提单正本。原告认为,现代中国公司仅是韩国现代公司在中国的揽货代理。涉案货物的退运实际由韩国现代公司完成,因此,原、被告之间退运合同成立。原告按约向现代中国公司提交所有正本提单且支付相应退运费用后,两被告晚于约定时间将货物运回上海,属故意违约行为。两被告应对其迟延交付造成货物霉变和异品种混入,以及原告与金梅公司买卖合同无法履行后大幅度降价销售退运货物的损失承担赔偿责任。据此,请求将原判令两被告限期履行退运合同或赔偿原告货物损失82 698美元及返还退运运费9 043美元的请求,变更为判令两被告赔偿原告货物销售差价损失48 864.36美元及退税损失3 644.82美元,两项合计52 509.18美元,诉讼费由两被告承担。

被告韩国现代公司未到庭应诉。被告现代中国公司辩称:涉案货物运回上海后,现代中国公司于2002年1月8日通知原告提货,嗣后,原告提取货物的行为,表明现代中国公司已履行退运合同。所谓退运货物因霉变和异品种混入等造成的销售差价损失和退税损失,原告至今缺乏证据证明该损失的存在以及该损失与退运货物迟延交付之间的因果关系。对此,原告的诉讼请求依据不足,请求驳回原告的起诉。

二、法院查明事实

上海海事法院经审理查明并确认如下法律事实:

2001年6月14日,原告通过环亚公司向现代中国公司提出退运提单项下货物的要求。2001年9月17—24日,现代中国公司同意退运,并向原告出具了退运所涉费用清单和退运费发票,同时要求原告退还上述正本提单。其间,原告确认退运费总额9 043美元中,仁川至上海的退运运费为920美元。2001年10月17—19日,原告向现代中国公司上海分公司交付所有正本提单并支付9 043美元。

2001年10月25日,现代中国公司传真通知原告称,货物由"XIANG FENG"轮第144航次退运,预计到达上海的时间为2001年11月1日。同日,原告与金梅公司之间传真联系退运货物的销售事宜。2001年10月26日,双方签订销售合约。同年10月31日,原告得知船公司不能退运涉案货物时,便征求金梅公司是否同意将交货期推迟至11月30日。金梅公司考虑到新货上市后的陈货销售难度,没有接受原告延迟交货要求。同年11月9日,现代中国公司拒绝退运涉案货物,据此,原告与金梅公司的买卖合同终止履行。本案起诉后,现代中国公司通知原告称货物将由"YUN FENG"轮第152航次预计2001年12月31日运抵上海。2002年1月8日,原告在上海办理货物进关手续时,因承运人要求提供担保,原告致函现代中国公司,要求采取其他方式如电放方式提货。同日,现代中国公司通知原告同意电放。

原告与金梅公司买卖合同终止履行后,原告与海门天鸿分公司签订买卖合同。

2002年1月31日,中国外轮理货总公司上海分公司对"YUN FENG"轮152航次运抵的涉案货物进行了理货,理货记录载明:HDMU2109100集装箱,共420件,无封;HDMU2285706集装箱,共420件,无封,内有15包破;HDMU2145094集装箱,共420包,无封;HDMU2292182集装箱,共420件,无封,内有3包外包装破。同日,经吴淞检验检疫局检验,上述货物重量为79.84吨。庭审中,原告自述该批货物于当天由海门天鸿分公司提取。

2002年2月1日,原告致函现代中国公司,称退运抵沪的涉案货物中,经上海海关检验发现,有20%的货物包装标有韩文,一小部分包装是韩文唛头,货物规格被串换,品质结论有待上海海关作出,要求现代中国公司赴上海安达路金陵仓库查看。2002年2月4日,现代中国公司答复原告,同意派员赴现场了解情况。至今,原告未提供上海海关出具的品质结论。2002年3月22日,原告与海门天鸿分公司签订协议书,约定因退运货物发生霉变、异品种混入等原因,将原定1500元/吨的销售单价,调整为450元/吨,共79.84吨,总计35 928元人民币。并约定该协议为买卖合同的一部分。2002年4月2日,原告收到海门天鸿分公司货款35 928元,原告向海门天鸿分公司出具相同金额增值税专用发票。

三、法院裁判

上海海事法院认为,本案中,现代中国公司同意退运货物后又拒绝履行退运合同,属违约行为,该违约行为从原告提供的证据显示,为现代中国公司不能在仁川港进行订舱、报关、装箱和运输进港所致,对此,原告缺乏提供现代中国公司故意违约的证据予以佐证。根据《中华人民共和国海商法》第50条第1款的规定,货物未能在明确约定的时间内、在约定的卸货港交付的,为迟延交付。由于承运人的过失,致使货物因迟延交付而灭失或损坏的,或虽未灭失或损坏,但因迟延交付而遭受经济损失的,承运人应当负赔偿责任。迟延交付而遭受经济损失的赔偿责任为迟延交付货物的运费数额。本案中,现代中国公司晚于约定到达时间将货物退运运抵上海,明显构成迟延交付,对此,在原告举证证明其损失实际发生时,现代中国公司应承担退运货物因迟延交付而霉变、异品种混入和销售差价损失的赔偿责任。原告作为退运货物收货人,明知退运货物在韩国进行了重新装箱,收货时应及时要求有关职能部门进行品质检验,然原告疏于检查,在未进行品质检验前,便通知买方自行提取货物,致货物脱离承运人掌管期间的责任范围。《中华人民共和国海商法》第83条规定:"收货人在目的港提取货物前或者承运人在目的港交付货物前,可以要求检验机构对货物状况进行检验,要求检验的一方应当支付检验费用,但是有权向造成货物损失的责任方追偿。"但是本案中由于原告未能提供吴淞检验检疫局品质检验证书,无法证实退运运回的货物中存在霉变和异品种混入的事实,且原告"退运货物外包装有韩文标签"一说,与中国外轮理货总公司上海分公司出具的理货记录不符,上海海事法院对此不予采信。原告就退运货物与金梅公司建立的买卖合同关系,因现代中国公司迟延交付而无法履行的事实成立。虽然原告未能提供上述买卖合同无法履行后大幅度降价销售涉案货物的市场价标准,但由于现代中国公司迟延交付涉案货物时已跨年度,原告在新货上市后销售陈货的价格必将受到影响,损失的发生是必然的,且该损失与现代中国公司迟延交付之间存在因果关系,因此,现代中国公司应承担由此引起的销售差价损失的赔偿责任,但该赔偿责任以不超过退运运费数额 920 美元为限。原告就其与金梅公司买卖合同无法履行造成的退税损失的主张,因缺乏货物实际出口和原告已缴纳海关关税等事实,且退税损失不属于涉案货物的实际损失范围,对此,上海海事法院不予支持。

依照《中华人民共和国民事诉讼法》第 64 条,《中华人民共和国海商法》第 50 条第 1—3 款、第 57、59、83 条的规定,判决如下:

（1）被告现代商船(中国)有限公司于本判决生效之日起 10 日内,赔付原告江苏省粮油食品进出口集团股份有限公司销售经济损失 920 美元;

（2）原告江苏省粮油食品进出口集团股份有限公司的其他诉讼请求不予支持;

（3）原告江苏省粮油食品进出口集团股份有限公司对被告韩国现代商船有限公司的诉讼请求不予支持。

1.9 海上货物运输中的保函

[140] 原告捷士运输有限公司、原告上海捷士国际货运代理有限公司与被告镇江太平洋木业有限公司、被告中国正联实业公司华东分公司海上货物运输无单提货纠纷案

案例来源:武汉海事法院(2000)武海法商字第 78 号

主题词:保函提货人　保函签发人　提货保函　责任免除

> **裁判要旨**
>
> **No. HY-1.9-1**　保函签发人在提货保函中作出的因无正本提单提货造成的一切损失由其承担的承诺,构成对承运人履行债务的保证。承运人依据保函而无单放货的损失符合提货保函所保证履行债务的条件,保函签发人应该依照其承诺赔偿承运人相关的损失以及拒绝履行承诺而发生的律师费用。
>
> **No. HY-1.9-2**　保函签发人辩称其依据提单持有人的关联的保函复印件才向承运人出具提货保函并据此应当免除其保函下的责任主张,并无事实依据,应不予支持。

一、基本案情

原告:捷士运输有限公司(JAS FORWARDING GMBH,以下简称捷士运输公司)

原告:上海捷士国际货运代理有限公司(以下简称上海捷士货代)

被告:镇江太平洋木业有限公司(以下简称镇江木业公司)

被告:中国正联实业公司华东分公司(以下简称正联华东公司)

原告捷士运输公司和原告上海捷士国际货运代理有限公司共同诉称:1998年5月27日,原告捷士运输公司接受德国威尔马克机械设备有限公司(WELMAC MASCHNEH-ANLAGEN GMBH.,以下简称威尔马克公司)的委托,从德国汉堡运输木制薄片生产机器至中国江苏省镇江。原告捷士运输公司于1998年5月31日签发了编号为STR 805001提单,提单上载明的托运人为威尔马克公司,通知方为香港新怡发(集团)有限公司[NEW YIELD FAST(HOLD INGS)LIMITED.以下简称新怡发公司],收货人是凭指示。

1998年7月,该批货物抵达卸货港镇江。原告上海捷士货代作为原告捷士运输公司的代理向提单通知方新怡发公司发出了到货通知书,但未收到任何答复。不久,被告镇江木业公司与两原告联系提货事宜,声称新怡发公司寄给他们的正本提单在途中遗失无法出示,并提供了新怡发公司出具的确认同意将货物交给被告镇江木业公司的保函;同时,被告镇江木业公司向原告上海捷士货代出具了保函,承诺因其用副本提单提货后所引起的一切责任由其承担。原告捷士运输公司在相信被告镇江木业公司陈述是真实的情况下,指示原告上海捷士货代与被告镇江木业公司办理了换单手续,让被告镇江木业公司顺利完成了提货手续。

三个月后,新怡发公司持正本提单与两原告联系提货事宜。双方协商未果,新怡发公司于1999年5月26日在德国法院向原告捷士运输公司提起诉讼,要求原告捷士运输公司赔偿其无单放货所造成的损失。原告捷士运输公司认为自己的错误放货完全是因为被告镇江木业公司的错误陈述和出具的保函所直接造成的,依法应对两原告错误放货所遭受的经济损失承担全部赔偿责任。两原告特诉请法院判令两被告赔偿经济损失1 779 170.90美元(按1∶8.5汇率折合人民币14 767 118.47元),并由两被告承担本案的一切诉讼费用。

在庭审中两原告变更了诉讼标的额,要求两被告赔偿经济损失376 251.54德国马克(按1∶3.79汇率折合人民币1 425 993.34元),并承担本案律师代理费人民币20万元及其法院诉讼费用。

被告镇江木业公司未作出书面答辩,但在庭审中辩称:原告上海捷士货代作为原告捷士运输公司的代理,其代理行为所产生的权利、义务均由原告捷士运输公司享有和承担,原告上海捷士货代对镇江木业公司无诉权,请求法院驳回原告上海捷士货代的诉讼请求。镇江木业公司无单提货,是根据其外贸业务代理被告正联华东公司提供的新怡发公司出具的保函复印件,才向原告上海捷士货代出具提货保函的,请求法院判令被告正联华东公司承担相应的法律责任。

被告正联华东公司未应诉、未答辩。

二、法院查明事实

武汉海事法院对以下事实予以认定:

(1)上海捷士货代在此次海上货物运输中是捷士运输公司在中国的运输业务代

理。正联华东公司在该批货物买卖中是镇江木业公司的外贸业务代理。证明该节事实的证据有：原告捷士运输公司和原告上海捷士货代以及被告镇江木业公司在本案庭审中均不持异议的陈述、质证和辩论意见。

(2) 1998年5月27日，捷士运输公司接受德国威尔马克公司的委托，为其运输木制薄片生产机器至中国江苏省镇江。5月31日捷士运输公司出具了编号为STR 805001的正本清洁提单一式三份。提单记载：托运人为德国威尔马克公司，收货人凭指示，通知方为新怡发公司；装货港为德国汉堡，卸货港为中国江苏省镇江。证明该节事实的证据有：原告出示的证据一，被告镇江木业公司在本案庭审中对此不持异议的质证意见。

(3) 1998年7月下旬，捷士运输公司承运的该批货物抵达卸货港镇江。镇江木业公司向上海捷士货代提交了其外贸业务代理正联华东公司提供的新怡发公司于7月24日出具的保函复印件一份，函中记载：因我公司在邮寄提单香港至南京交接途中，使提单邮件遗失，为镇江木业公司能及时提出货物，保证收货人无误，请予办理换单手续，特此保函。同时，镇江木业公司向原告上海捷士货代也出具了保函，表明香港新怡发公司在邮寄提单交接途中正本遗失，现无法再拿到正本，但镇江木业公司现需设备安装调试，为能及时提货，现用副本办理换单手续，如有问题由镇江木业公司负责，特此保函为据。捷士运输公司根据镇江木业公司提交的副本提单及提货保函，指示其运输业务代理上海捷士货代为镇江木业公司办理了换单手续，将该批货物放给了镇江木业公司。证明该节事实的证据有：原告出示的证据二、三，被告在本案庭审中对此不持异议的质证意见。

(4) 1998年9月22日，新怡发公司持正本提单与两原告联系提货事宜。双方协商未果，新怡发公司于1999年5月26日在德国法院向捷士运输公司提起诉讼，德国斯图加特地区法院以无正本提单放货造成正本提单持有人损失为由判决承运人捷士运输公司向新怡发公司赔偿376 251.54德国马克。捷士运输公司向新怡发公司赔付后，依据提货保函转向镇江木业公司索赔，因协商未果，捷士运输公司提起诉讼，并产生本案律师代理费人民币80 591.02元。证明该节事实的证据有：原告出示的证据四至九，被告在本案庭审中对此不持异议的质证意见。

三、法院裁判

武汉海事法院认为，镇江木业公司是该提单项下货物的买方，在没有取得正本提单的情况下，为能及时提取货物，对设备进行安装调试，以副本提单加提货保函提货，主观上并没有恶意。承运人捷士运输公司认为保函提货人镇江木业公司就是该批货物的实际提货人，并接受提货保函，主观上也不具有恶意。该提货保函应视为善意保函，法律应予保护。镇江木业公司在提货保函中作出因其无正本提单提货所造成的损失由其负责的承诺，已构成对承运人捷士运输公司履行债务的保证。该提货保函合法有效，对双方具有约束力。承运人捷士运输公司由于无正本提单放货的行为遭到正本提单持有人新怡发公司的索赔。经德国斯图加特地区法院的审理，裁判捷士运输公司赔付正本提单持有人新怡发公司损失 376 251.54 德国马克,捷士运输公司现已按该判决作了赔付,赔付的款项应视为捷士运输公司凭镇江木业公司出具的保函而无单放货所造成的损失,符合镇江木业公司提货保函所保证履行债务的条件,故镇江木业公司应按提货保函的承诺向捷士运输公司赔偿该项损失,并承担因其拒赔该项损失而产生的律师代理费及法院诉讼费。捷士运输公司请求镇江木业公司按提货保函向其赔偿因无单提货所造成的经济损失于法有据,武汉海事法院应予支持。捷士运输公司与正联华东公司没有直接的利害关系,对其提出的诉讼请求,武汉海事法院不予支持。上海捷士货代作为捷士运输公司的运输业务代理,其代理行为所产生的权利、义务均由被代理人捷士运输公司享有和承担,上海捷士货代以自己的名义向两被告提出的诉讼请求,武汉海事法院不予支持。正联华东公司作为镇江木业公司的外贸业务代理,其代理行为所产生的民事责任应由被代理人镇江木业公司承担。镇江木业公司辩称自己是根据正联华东公司提供的由新怡发公司出具的保函复印件,才向上海捷士货代出具提货保函的,但请求法院判令正联华东公司承担相应法律责任的理由无事实证据和法律依据,武汉海事法院不予采信。镇江木业公司与正联华东公司之间即便存在民事争议亦属于外贸代理合同纠纷,与本案无关。依照《中华人民共和国民法通则》第 63 条第 1、2 款、第 106 条第 1 款、第 111 条、第 112 条第 1 款,《中华人民共和国合同法》第 107 条,《中华人民共和国民事诉讼法》第 108 条第 1 款、第 130 条的规定,判决如下:

(1) 被告镇江太平洋木业有限公司偿付原告捷士运输有限公司(JAS FORWARDING GMBH.)经济损失 376 251.54 德国马克(可按履行之日德国马克与人民币的外汇比率折合人民币给付)及律师代理费人民币 80 591.02 元,于本判决生效之日起 10 日内一次付清。

(2) 驳回原告捷士运输有限公司(JAS FORWARDING GMBH.)对被告中国正联实业公司华东分公司的诉讼请求。

(3) 驳回原告上海捷士国际货运代理有限公司对被告镇江太平洋木业有限公司、对被告中国正联实业公司华东分公司的诉讼请求。

[4] **原告山东省对外贸易集团有限公司与被告世洋船舶株式会社国际海上货物运输提单纠纷案**

案例来源:武汉海事法院(1998)武海法通商字第 22 号
主题词:保函 提单持有人 国际贸易合同 货物自然特性

裁判要旨

No. HY-1. 9-3 承运人应当如实、客观地在提单中记载货物的表面状况,发货人在起运港向承运人出具保函,承运人明知货物表面状况不良而凭发货人保函签发清洁提单,损害了善意提单持有人的权利,构成对提单持有人的侵权行为,因此,发货人保函不得对抗提单持有人向承运人索赔货物损坏的权利。

一、基本案情

原告：中国·山东省对外贸易集团有限公司（以下简称山东外贸）

被告：韩国·世洋船舶株式会社（SEYANGSHIPPINGCOLTD,以下简称世洋会社）

原告中国·山东省对外贸易集团有限公司于1998年5月4日向武汉海事法院提起诉讼称：1998年1月5日，山东外贸受凯远集团公司的委托与香港派德曼有限公司（以下简称派德曼公司）签订编号为PNG9706的进口巴布亚新几内亚新切原木合同。合同约定：价格条件为C&F张家港；总价为108万美元；装运时间1998年1月；出口方负责租船承运。合同签订后，凯远集团公司与国内客户签订了销售合同将货物全部订出，并将收取的定金交给山东外贸作为履约和对外开证的定金。1998年1月，发货人将PNG9706号合同项下的货物交由世洋会社所属的"冰糖"（BINTANGHARAPAN）轮承运。1998年1月22日，"冰糖"轮签发了编号为98A011、98A012和98A02已装船清洁提单。货物装毕，"冰糖"轮在装货港停滞28天后开航，于1998年3月6日才抵达中国张家港开始卸货，卸货时发现货物断裂、劈裂、腐烂、霉变、弯曲，与提单记载完全不符。1998年4月2日，山东外贸得知世洋会社凭发货人之保函签发清洁提单。为此，请求判令被告赔偿50万美元的货物损失及相关费用的损失、律师费损失。

被告世洋会社辩称：木材运输不同于一般杂件运输，本案所涉提单条款没有载明木材品质和种类，承运人对木材的品质、等级一概不知，且该批木材可以装载于甲板。当托运人要求签发提单时，承运人无需就木材外表状况在提单上加以批注，承运人只要按提单所记载之状况向收货人交付货物就视为完成了运输合同规定的义务。本案托运人在起运港向承运人出具保函主要是为被装载甲板上的木材而出具。木材弯曲、扭转纹、变色、漏节、开裂、折断、虫眼、心腐、脆心等系木材本身的自然特性或固有缺陷，并非承运人照料管理不当所致，对此承运人不负赔偿责任。根据提单，本案应适用英国法。

二、法院查明事实

武汉海事法院经审理查明：

1998年1月，凯远集团以传真形式委托山东外贸代理进口巴布亚新几内亚原木。1998年1月5日，山东外贸与派德曼公司签订编号为PNG9706国际销售合同。合同约定：派德曼公司卖给山东外贸巴布亚新内几亚新鲜砍伐原木，数量8 000立方米（3%增减），其中水杉、针松不得少于4 000立方米。质量要求：不允许大的弯曲、变形、虫蛀、中空，裂缝长度不得超过30厘米，小头直径应在45厘米以上。价格为CIF中国岚山港每立方米135美元，总价1 080 000美元。1998年1月6日，山东外贸将上述国际销售合同传真凯远公司，凯远公司在合同上签字盖章并确认该合同条款。1998年1月15日，山东外贸与凯远公司签订编号为(98)鲁外总业·协议第02号协议书。协议书约定：山东外贸代理凯远公司进口巴布亚新几内亚产南洋木材，数量8 000立方米（5%溢短),山东外贸负责签约,凯远公司负责对外洽谈,货物出现质量问题引起的一切损失或风险由凯远公司承担;凯远公司按合同金额20%作为山东外贸开证定金;山东外贸负责开出90天远期信用证;货物装船后,凯远公司负责办理保险;货物的品质、质量属发货人或承运人问题的由山东外贸代表凯远公司负责对外索赔。1998年1月19日,山东外贸与凯远公司签订编号为(98)鲁外总业·协议第03号补充协议。协议约定:该合同项下货物在国内销售一切事宜由凯远集团淄博公司统一负责,木材质量及有关费用由凯远集团淄博公司代表凯远公司与山东外贸结算。1998年1月21日,"冰糖"轮签发编号为98A011号提单,该单记明:托运人弗朗帝控股集团私人有限公司;收货人凭指示,通知方派德曼公司或山东外贸承运船舶"冰糖"轮;装货港巴布亚新几内亚PAIAINCET港;卸货港中国岚山港;运费预付;货物为巴布亚新几内亚新鲜砍伐原木;数量920根;体积3801.229立方米;"冰糖"轮船长签发。1998年1月22日,"冰糖"轮签发编号为98A012、98A02两份提单。编号为98A02提单记明:托运人弗朗帝控股集团私人有限公司;收货人凭指示,通知方派德曼公司或山东外贸,承运船舶"冰糖"轮;装货港巴布亚新几内亚PAIAINCET港,卸货港中国岚山港;运费预付;货物为巴布亚新几内亚新鲜砍伐原木,数量249根,体积1026688立方米;"冰糖"轮船长签发。编号为98A012提单记明:托运人弗朗帝控股集团私人有限公司;收货人凭指示,通知方派德曼公司或山东外贸承运船舶"冰糖"轮;装货港巴布亚新几内亚PAIAINCET港;卸货港中国岚山港;运费预付;货物为巴布亚新几内亚新鲜砍伐原木,数量1 088根,体积3 159.99立方米;"冰糖"轮船长签发。同日,起运港发货人弗朗帝控股集团私人有限公司向"冰糖"轮出具两份保函,该两份保函称:提单编号为98A02、98A012、98A011所记载巴布亚新几内亚新鲜砍伐原木,数量共计2 257根,体积共计7 987.97立方米;451根装载于甲板,其风险由发货人和收货人承担;发货人装船,检尺。对于劈裂、玷污、破碎、碰损、短装、变色和缺运输标志,船方不负责,对于船方上述做法引起的一切严重后果,我方承担赔偿责任;你方对于此担保书涉及的货物所提出的索赔,我方授权你方或你方代理人据此担保书向担保人索赔。

1998年1月,SGS巴布亚新几内亚分公司在起运港出具两份编号为3084、3165的原木检验报告。编号为3084的检验报告记明总数249根,总体积1 026.688立方米。编号为3165检验报告记明总数2 008根,总体积6 961.219立方米。1998年2月7日,派德曼公司出具编号为PT/SHAN/170298的商业发票,该发票记明:巴布亚新几内亚新鲜砍伐原木7 987.907立方米,共计2 257根,价格C&F中国张家港每立方米135美元,共计1 078 367.45美元。1998年2月13日,应山东外贸申请中国交通银行青岛分行开出以派德曼公司为受益人的不可撤销远期信用证,并更改卸货港为中国张家港港。1998年2月27日,山东外贸、凯远公司与青岛港运物资公司联合签订编号为凯远进口98001号代理协议,协议约定:货物所有权由山东外贸所有;青岛港运物资公司代理山东外贸和凯远公司办理木材接运、报关、报验等业务;凯远公司以包干方式支付青岛港运物资公司代理费。1998年3月7日,"冰糖"轮停靠中国张家港港开始卸货。

保函·提单持有人·国际贸易合同·货物自然特性

1998年3月18日,卸货完毕并堆放于张家港港务局14号泊货场。1998年4月5日,山东外贸向武汉海事法院提出诉前财产保全申请,要求扣押"冰糖"轮并责令其提供50万美元担保。1998年4月6日,武汉海事法院作出(1998)武海法通诉保字第10号民事裁定,依法准许山东外贸之诉前财产保全申请,在中国南通港对"冰糖"轮予以扣押并责令其向武汉海事法院提供50万美元担保。1998年4月24日,中保财产有限公司上海分公司为"冰糖"轮向武汉海事法院提供50万美元担保。同日,武汉海事法院依法解除对"冰糖"轮的扣押。应山东外贸申请中华人民共和国江苏进出口商品检验局派员对"冰糖"轮所载木材进行了检验,并于1998年4月8日出具编号为3212/198088D的验残鉴定证书,该证书称:应申请人申请,本局鉴定人员对堆存于张家港港务局14号泊位的原木逐根进行鉴定,经鉴定,本批原木的实际到货数量为2 277根,7 943.844立方米,短少44.063立方米,其中3 185.481立方米原木存在一般缺陷;3 126.342立方米原木存在下述各种类型的严重缺陷,很大程度地影响了木材的正常利用和出材率。结果如下:一般缺陷3 185.481立方米,贬值率30%;严重缺陷3 126.342立方米,贬值率80%。根据缺陷情况,我们认为上述货物非新鲜砍伐原木,其缺陷系原残。整批货物贬值率为43.5%。山东外贸就该批木材支付商检费人民币5 000元。1998年4月14日、22日、27日和5月11日,山东外贸分别将木材损失情况通知世洋会社并向其索赔。1998年5月5日,山东外贸向武汉海事法院申请为防止扩大损失请求先行降价销售货物。

同时查明:"冰糖"轮属世洋会社所有。

同时查明:1998年7月8日,凯远集团淄博公司与上海宝莆实业有限公司签订购销合同。合同约定凯远集团淄博公司向上海宝莆实业有限公司供应巴布亚新几内亚产原木600立方米,单价每立方米人民币560元。1998年8月27日,凯远集团淄博公司与常熟市唐市江湾木材加工厂签订购销合同,合同约定:凯远集团淄博公司向常熟市唐市江湾木材加工厂供应巴布亚新几内亚产原木3 200立方米,每立方米人民币670元。1998年10月6日,凯远集团淄博公司以每立方米人民币592.92035元销售给常熟市唐市江湾木材加工厂3 156.989立方米,以每立方米人民币575.221239元和人民币256.637160元销售给上海盛灵实业木材经营部2 755.864立方米和1 489.231立方米。1998年9月14日,凯远集团淄博公司以每立方米人民币556.01491元销售给上海宝莆实业有限公司541.76立方米,共计降价销售7 943.844立方米,价值人民币4 140 439.2237元。1998年10月15日,应凯远集团淄博公司申请,淄博市价格事务所出具编号为淄价认证字(98)第17号价格认证报告。该报告称:受凯远集团淄博公司委托,我所根据该公司关于PNG9706进口合同项下巴布亚新儿内亚新鲜砍伐原木价格的认证申请。查阅了与该批木材有关的合同、协议、发票、提单、商检鉴定报告和1998年1月12日发货人出具的保函等相关资料,派员对堆放在张家港港务局14泊位货场的该批木材进行了现场勘查检验并拍照、调查,了解了有关人员和情况,并于1998年4月至9月对该批木材的销售情况进行了跟踪调查。现根据实际情况,对该批木材的销售价格认证如下：该批原木露天存放在码头货场，实际到货数量7 943.844立方米（2 277根），大部分木材存在变色、边腐、心腐、开裂、折断、虫蛀、扭转纹、漏节、弯曲、废材等严重缺陷，表面状况陈旧不良。根据一般常识判断，上述缺陷非新鲜砍伐木材固有自然特性，可以认定该批木材不属新鲜砍伐原木。随着天气的变化，加上风吹、雨淋、日晒，该批木材的开裂、腐烂程度还在日趋加剧，其价值也必会逐渐减少。根据该批木材的材种和实际残损状况，结合该批木材销售期间国内木材市场行情，综合评估认证该批木材的平均市场销售价格为：每立方米人民币550元至650元。

另查明：青岛享运达工贸有限公司系由青岛市工程投资咨询公司与青岛港运物资公司共同出资组建。山东省进口物资供销公司属山东外贸子公司，在内部关系上为山东外贸业务一部；凯远集团淄博公司属凯远集团公司的下属公司；山东省进口物资供销公司就该批木材缴纳关税人民币1 366 515.36元，支付保险费人民币19 682.83元，青岛享运达工贸有限公司代山东外贸向张家港港务局货运服务中心交纳了"冰糖"轮进口原木装卸费、堆存费共计人民币588 862.36元。

庭审中，世洋会社向武汉海事法院提交了上海东方天祥检验有限服务公司中英文检验报告，经过公证、认证的巴布亚新几内亚、香港、英国有关人士和国内有关人士关于木材运输的声明和证词。上海东方天祥检验服务有限公司作出的检验报告结果为：该批原木除了433根（等于1 583.024立方米），标号为BAS的原木外表不同程度变色以及其中约有10%的原木存在不同程度开裂、腐烂现象外其他部分原木情况基本正常，建议损失5%。结论：我们认为货物受损系在运输过程中或装船前的自然变化所致。

上述事实有代理合同、国际贸易合同、提单、信用证、保函、商业发票、SGS检验报告、残损鉴定证书、价格认证报告、国内销售合同、庭审笔录及有关增值税发票等证据在案为证。

三、法院裁判

武汉海事法院认为：承运人签发提单应客观真实、实事求是，发货人在起运港向承运人世洋会社出具保函，承运人世洋会社明知货物表面状况不良，仍凭保函签发清洁提单构成对善意提单持有人的欺诈，属侵权行为。该行为致使山东外贸丧失拒付国际贸易合同项下货款的权利。根据《中华人民共和国民法通则》第164条第1款之规定，侵权行为的损害赔偿，适用侵权行为地法律。而中国为侵权结果发生地，因此本案应适用中华人民共和国法律。本案所涉货物属法定检验之商品，根据国家商检局《海运进口商品残损鉴定办法》第10条第（一）项之规定，卸货时发现包装和外表残损的进口商品，必须在卸货港申请当地口岸商检局鉴定。本案货物卸货港为中国张家港港，且中华人民共和国江苏进出口商品检验局是进出口商品的法定检验机构，其作出的商检报告具有证据效力，应作为本案有效证据予以使用。上海东方天祥检验有限服务公司属商业检验机构，无权对法检商品实施检验，其作出的商检报告没有证据效力，不能作为本案的有效证据予以使用。世洋会社向武汉海事法院提供了经过公证、认证的外国有关人士对木材运输的声明与证词和国内有关人士关于木材的证词缺乏相应事实和法律依据，武汉海事法院不予采信。世洋会社主张该批木材的缺陷是山东外贸在贸易合同中所允许并能接受的，然而该主张与国际贸易合同中对木材质量的明确要求严重不符，其主张不能成立。世洋会社主张该批木材变色、漏心等属货物的自然特性或固有缺陷，非承运人照料管理不当所致，其理由不能免除承运人明知货物表面状况不良而凭保函签发清洁提单造成收货人损失的赔偿责任。山东外贸就该批货物的损失多次通知世洋会社并向其索赔，在索赔无果的情况下为防止损失扩大，向武汉海事法院提起诉讼并申请降价销售货物，其请求正当合理，武汉海事法院予以支持。世洋会社应对山东外贸因此而造成的货物损失、商检费损失负完全民事责任，应赔偿山东外贸货物损失。山东外贸主张相关费用损失、律师费损失于法无据，武汉海事法院不予支持。山东外贸的损失虽超过 50 万美元，但其仅主张 50 万美元的诉讼请求，武汉海事法院予以支持。根据《中华人民共和国民法通则》第 4 条、第 117 条、第 146 条第 1 款，《中华人民共和国民事诉讼法》第 120 条之规定，判决如下：

（1）被告韩国·世洋船舶株式会社赔偿原告山东省对外贸易集团有限公司诉请之货物损失 50 万美元，于本判决生效之日起 10 日内一次付清。

（2）驳回原告山东省对外贸易集团有限公司的其他诉讼请求。

142 上诉人中海集装箱运输（香港）有限公司与被上诉人宁波植文工贸有限公司海上货物运输合同无单放货追偿纠纷案

案例来源：浙江省高级人民法院（2010）浙海终字第 178 号
主题词：电放保函　有效期　胜诉权

裁判要旨

No. HY-1.9-4 收货人凭其出具的电放保函提货后，承运人对其的追偿权可以依据该保函确定；保函约定有效期是合同中一个重要的条件，承运人未积极地在保函约定的有效期而是在超过有效期后向电放保函的承诺人提起诉讼的，丧失胜诉权。

一、一审法院查明事实

上诉人（原审原告）：中海集装箱运输（香港）有限公司（以下简称中海公司）
被上诉人（原审被告）：宁波植文工贸有限公司（以下简称植文公司）

宁波海事法院审理查明：2007 年 6 月，中海公司自美国洛杉矶承运一批金属废料至宁波，并签发了编号为 LAXNGB000887 的提单，植文公司系提单记载的收货人。2007 年 7 月货物到港后，植文公司向中海公司出具了电放保函，其中第 6 条载明："本保函所称电放是指发货人已将全套的正本提单递交给承运人,承运人指示贵公司凭保函将货物交付给收货人。"第5条载明:"保函自提货之日起两年内有效。"此后,中海公司将货物放行,但未收回全套正本提单,后涉案货物托运人 Newtech International Co.(以下简称新技国际公司)就无单放货向中海公司提起(2008)甬海法商初字第124号案诉讼,宁波海事法院经审理判决中海公司支付新技国际公司货款损失71 552美元及相应利息。中海公司不服判决,提起上诉。案经浙江省高级人民法院二审审理后维持原判。中海公司支付了相关赔偿金后,于2010年4月29日向植文公司提起追偿之诉,请求宁波海事法院判令植文公司赔偿其损失81 552美元,总计人民币650 618.56元。

二、一审裁判

宁波海事法院审理认为,本案双方当事人对本案适用的法律未产生争议,应视为双方默认本案适用法院地法即中国法。本案系海上货物运输合同无单放货追偿纠纷。植文公司作为提单记载的收货人,在货物被提之前,向作为承运人的中海公司出具了保函,此保函是确定双方权利义务的重要依据。保函第6条约定"本保函所称电放是指发货人已将全套的正本提单递交给承运人",由此可见,植文公司明确限定了中海公司放货的条件,即发货人已将正本提单递交中海公司,也即中海公司有义务在放货前收回正本提单。如果中海公司已收回正本提单,那么即使发货人与植文公司之间存在货款未结等纠纷,也是贸易合同项下的纠纷,不会发生中海公司因无单放货涉讼一事。因此,中海公司在本案中未收回正本提单即予以放货,由此导致其被仍持有提单的托运人起诉的法律后果应由其自行承担。本案中,植文公司还主张中海公司起诉已超过保函两年有效期的抗辩。该院认为,本案保函的法律性质属于保证。在约定的保证期间,债权人未要求保证人承担保证责任的,保证人免除保证责任,且保证期间不因任何事由发生中断、中止、延长的法律后果。而本案货约于2007年7月底提走,保函出具时间在此之前,因此,至中海公司起诉时,保函约定的两年有效期已过,中海公司主张权利已超过保证期间,其诉讼请求应予以驳回。

综上,依照《中华人民共和国合同法》第60条,《中华人民共和国担保法》第26条第2款,《中华人民共和国民事诉讼法》第235条,最高人民法院《关于适用〈中华人民共和国担保法〉若干问题的解释》第31条的规定,该院于2010年7月28日判决:

驳回中海公司诉讼请求。案件受理费人民币9 460元,财产保全费人民币8 566元,均由中海公司负担。

三、上诉与答辩

上诉人中海公司不服原审判决,向浙江省高级人民法院提起上诉称:第一,原判错误认定中海公司与植文公司就无单放货的条件达成一致,并错误认定中海公司应就无单放货产生的一切后果自行承担责任。

(1)本案系无单放货追偿纠纷,中海公司因无单放货行为向正本提单持有人承担了赔偿责任,理应取得向植文公司追偿的权利。植文公司没有提交正本提单的情况下提取了货物,同时未支付货款,其行为构成非法获利。

(2) 依行业通常做法,植文公司向中海公司请求无正本提单提货,需提交一份无单放货保函,但由于业务员操作不当,错将电放保函当做无单放货保函。电放保函没有约定中海公司向植文公司放货之前要从发货人处收回正本提单,如果中海公司需将正本提单收回后再放货,就不存在植文公司要向中海公司出具保函的必要了。而且无单放货追偿纠纷的前提就是承运人在没有收回正本提单的情况下放货给收货人,进而产生的向收货人追偿的情况。

(3) 植文公司没有凭正本提单提取、占有货物,且未支付货款,而中海公司向发货人承担了无单放货的赔偿责任,植文公司的非法提货行为与中海公司遭受的损失之间存在因果关系。

第二,原判错误将电放保函的法律性质认定为保证,错误地适用担保法的内容来调整电放保函,并错误地将保函有效期认定为担保法规定的保证期间。电放保函不是保证,担保法关于保证期间的法律规定不能适用于本案保函有效期的约定。中海公司向植文公司提起无单放货追偿的法律基础不是这份"电放保函",而是植文公司非法获利的行为与中海公司遭受的损失之间存在因果关系。中海公司收到无单放货案终审判决书后90天内即向植文公司提起诉讼,符合《中华人民共和国海商法》及《中华人民共和国民法通则》的规定。请求撤销原判,依法改判植文公司赔偿中海公司损失人民币669 538.56元及相应利息,或将本案发回宁波海事法院重新审理。

被上诉人植文公司答辩称:

(1) 我司是以发货人方式按电放形式去提货,且出具了电放保函。中海公司未收回正本提单,属于操作失误,由此引起的损失不应由我司承担。

(2) 电放保函第5条规定时效为自提货之日起2年,我司是在2007年7月底提货,到本案起诉已超过时效。

(3) 我司已在2007年7月4日支付了所有货款,发货人在收到货款后向我司提出电放,我司可凭电放保函提货。请求驳回上诉,维持原判。

四、二审裁判

经审理,浙江省高级人民法院对原判查明的事实予以确认。

本案争议焦点在于:涉案电放保函的性质以及依据该电放保函,中海公司对其无单放货行为导致的法律后果应否自行承担。双方当事人对浙江省高级人民法院归纳的争议焦点并无异议。

浙江省高级人民法院认为,在海上货物运输实践中,承运人通常在两种情况下实施无单放货行为:一是接受托运人的电放指示;二是接受收货人的保函。电放一般是托运人向承运人发出的指令,承运人接到电放指令后先收回其已签发的提单,再指示目的港代理放货;而保函系收货人未持正本提单而向承运人要求提货时,以其本身的信用向承运人所作的承诺。但在本案中，承运人中海公司并未收到托运人的电放指令，也非收到收货人植文公司的提货保函，而是接受了植文公司出具的电放保函后实施了无单放货行为，该行为与实务中的通常做法并不一致，中海公司上诉称系"业务员操作不当"所致，该理由并不构成对该电放保函的否认，植文公司系凭电放保函提取货物，因此，本案双方当事人之间的权利义务应依据该电放保函予以确定。尽管电放保函第1条明确载明："赔偿并承担贵司以及贵雇员因此承担的一切责任和遭受的一切损失"。但该电放保函第5条同时约定："保函自提货之日起两年内有效"，即植文公司承诺因提取涉案货物对中海公司造成的损失予以赔偿，但有效期仅为两年，故中海公司依据该保函向植文公司主张权利的期限为植文公司提货后两年。植文公司于2007年7月底提货，中海公司于2010年4月29日起诉，中海公司未在植文公司提货之日起两年内提出主张，原判对其请求不予支持，并无不妥。

综上，中海公司的上诉理由不能成立，浙江省高级人民法院不予支持。原判认定事实清楚，实体处理并无不妥。依照《中华人民共和国民事诉讼法》第153条第1款第（一）项之规定，判决如下：

驳回上诉，维持原判。

1.10 集装箱运输

上诉人青岛新邦塑胶有限公司与被上诉人中海集装箱运输股份有限公司海上货物运输合同纠纷案

案例来源：山东省高级人民法院（2008）鲁民四终字第25号
主题词：海关扣押　滞箱费　合理预见

裁判要旨

No. HY-1.10-1　进口货物被海关扣押，导致集装箱也被扣押的，收货人应当对承运人的集装箱滞箱费承担赔偿责任。

No. HY-1.10-2　集装箱滞箱费性质相当于违约责任，赔偿义务人所承担的赔偿责任不应超过其订立合同时所能合理预见的范围，不应超过重新购置价值。

一、基本案情

上诉人（原审被告）：青岛新邦塑胶有限公司（以下简称新邦公司）
被上诉人（原审原告）：中海集装箱运输股份有限公司（以下简称中海集运公司）
青岛海事法院审理认定：FIATH GROUP COMPANY 向中海集运公司订舱，中海集运公司签发了号码为8ANRTA0655355B的提单，提单上载明托运人为FIATH GROUP COMPANY，承运人为中海集运公司，收货人为新邦公司，船名为CSCLLOSANGELES，航次为0072E,装货港安特卫普,卸货港青岛,货物为4×40′超高集装箱废塑料。4个集装箱号码分别为CCLU6031090、CCLU6310181、CCLU6536060、CCLU7543568。上述4个超高集装箱货物于2005年11月20日随船抵达青岛港,并在当日卸下。新邦公司于2005年11月25日在中海集运公司处换取了提货单,但货物至今尚未提取。中海集运公司在提单背面条款中载明收取40′进口超高集装箱滞箱费标准如下:免费期为卸船之日起7天以内;第8天至15天,每个超高集装箱每天收取14美元的滞箱费;第16至40天,每个超高集装箱每天收取25美元的滞箱费。

二、一审裁判

青岛海事法院认为,《中华人民共和国海商法》第71条规定"提单,是指用以证明海上货物运输合同和货物已经由承运人接收或装船,以及承运人保证据以交付货物的单证",根据该条款,8ANRTA0655355B号提单证明了一个海上货物运输合同关系。在该提单项下,FIATH GROUP COMPANY为托运人,中海集运公司为承运人,新邦公司为记名收货人。《中华人民共和国海商法》第78条第1款规定"承运人同收货人、提单持有人之间的权利、义务关系,依据提单的规定确定",根据该规定,在8ANRTA0655355B号提单明确记载新邦公司为收货人,且新邦公司已经换取了提货单的情形下,其享有提取货物的权利,并负有按时归还承运人提供的集装箱的附随义务,新邦公司至今不提取货物,违反了上述义务,应承担相应的违约责任。新邦公司主张中海集运公司无权收取滞箱费,无事实和法律依据,该院不予支持。

约束中海集运公司与新邦公司的8ANRTA0655355B号提单尽管是电放提单,没有附明背面条款,属于双方对违约责任约定不明的情形,但是,收货人逾期提货,应当向承运人支付滞箱费,即集装箱超期使用费,这一点对于从事集装箱相关业务的业内人士来说,应是众所周知的事实,已形成行业惯例。况且,中海集运公司的提单背面条款有记载,其网站中亦有公示,新邦公司对这一点理应知悉。《中华人民共和国合同法》第309条规定"货物运输到达后,承运人知道收货人的,应当及时通知收货人,收货人应当及时提货。收货人逾期提货的,应当向承运人支付保管费等费用"。因此,即使合同条款未明确载明收货人逾期提货的违约责任,依据《中华人民共和国合同法》的上述规定以及海运界的惯例,新邦公司都要向中海集运公司支付滞箱费。

关于滞箱费的计算标准,该院认为,海运市场遵循的是市场经济原则,市场价格已放开,国家不再干预。本案中,由于双方对此没有明确约定,根据《中华人民共和国合同法》第62条第1款第(二)项的规定,应以市场价格为准。中海集运公司使用的计算标准,与当前的市场价格是一致的,因此,对其主张的计算滞箱费的标准予以支持。

迄今为止新邦公司仍未还箱,按照标准计算的滞箱费远超过原告主张的44348美元,因此,原告请求44348美元滞箱费的主张,应予以支付。新邦公司所谓滞箱费损失不能超过集装箱本身价值的主张,没有法律依据,不予支持。

根据《中华人民共和国海商法》第71、78条,《中华人民共和国合同法》第62条第1款第(二)项、第309条及相关法律规定,判决如下:

(1)新邦公司应当支付中海集运公司集装箱超期使用费44 348美元,并于判决生效之日起10日内付清,逾期则加倍支付迟延履行期间的债务利息;

(2)新邦公司判决生效之日起10日内,将号码为CCLU6031090、CCLU6310181、CCLU6536060、CCLU7543568的集装箱返还中海集运公司。

案件受理费12 606元,由新邦公司承担。

三、上诉与答辩

上诉人新邦公司承不服一审判决上诉称:造成涉案集装箱滞期的原因不在上诉人,被上诉人并没有交付货物,且货物被海关和商检部门认定违法不予进口,原因在于被上诉人错误制作提单,违法运输货物,上诉人不应当承担任何责任。青岛海事法院计算的滞箱费的标准不正确,本案为电放提单,上诉人并未见到被上诉人提单背面计收滞箱费的标准,也不存在所谓的行业惯例,被上诉人所主张的滞箱费远超过集装箱本身的价值,有违公平合理的原则。被上诉人对集装箱未归还无动于衷,放任损失扩大,应负有一定责任。请求发回重审或查明事实后依法改判。

被上诉人中海集运公司辩称:上诉人逾期不归还集装箱,被上诉人向其收取滞箱费是正当的,滞箱费的计算也是符合行业惯例的。涉案4个集装箱已由上诉人换取了提单,货物所有权已转移到上诉人手中,其不提取货物应当承担相应的损失。该批货物被海关和商检部门扣押是由于上诉人进口的货物违法所导致,与被上诉人无关,被上诉人并未放任损失扩大。一审法院认定事实清楚,适用法律正确,请求维持原审判决。

四、二审裁判

山东省高级人民法院查明:2005年11月25日,上诉人持加盖了其公章的提单正面传真复印件到被上诉人处换取了提货单,上诉人的工作人员也在被上诉人的放单联上予以签字,上诉人对换取提货单的事实虽不认可,但未提供相反的证据予以证明。上诉人所进口的货物因违反国家规定被海关扣押,该4个集装箱仍在青岛码头。对于涉案集装箱本身的价格,上诉人主张每个为3 200美元,被上诉人主张每个集装箱价格为5 000美元左右。查明其他事实与一审法院认定事实一致。

山东省高级人民法院认为,本案争议的焦点主要为:一是造成涉案集装箱滞箱的责任应由谁承担;二是集装箱滞期费的计算标准如何确定。

关于焦点一,山东省高级人民法院认为,本案系海上货物运输合同纠纷,中海集运公司为承运人,新邦公司为收货人,中海集运公司的主要义务是将货物安全运达目的地,并将货物交付收货人,上诉人的义务应当是凭正本提单提取货物、返还集装箱等。

盖有上诉人公章并有上诉人工作人员签字的提单复印件在被上诉人处,且上诉人的工作人员也在被上诉人的放单联上予以签字,可以证明上诉人的工作人员到被上诉人处换取了提货单,货物所有权因此发生了转移。在中海集运公司已将其承运的货物安全运抵目的港,并通知了上诉人收货,在上诉人已换取提货单的情况下,作为收货人的上诉人应在规定的时间内提取货物,并返还集装箱。新邦公司所进口的货物因违反国家规定被海关部门扣押,其不能提取货物,因此造成集装箱滞箱的责任在上诉人。被上诉人依据上诉人所进口的货物如实填写了提单并进行了运输,其行为并无不当,上诉人主张由于被上诉人制作提单错误、非法运输导致货物被扣押而不能提取的理由不能成立,山东省高级人民法院不予支持。上诉人不能及时提取货物,造成长期占压中海集运公司的集装箱,其应当承担相应的超期使用费。

关于焦点二,山东省高级人民法院认为,被上诉人的提单中虽然列明了超期使用集装箱应承担的费用,但该列明内容系被上诉人单方制作的格式条款,且所列明的滞箱费明显过高,被上诉人以此计算主张滞箱费 44 348 美元已超出当事人所能预料到的损失及集装箱本身的价值,按此标准计算滞箱费有失公平。上诉人超期使用集装箱属于违约,其应当承担违约责任,上诉人所承担滞箱费不应超出其所能预料到的损失。对于上诉人而言集装箱本身的价值应为其所能预见到的最大损失,故上诉人所应承担的集装箱超期使用费不应超出相同数量同类型集装箱的市场价格。被上诉人主张同类型集装箱市场价格约 5 000 美元左右,上诉人认可每个集装箱市场价格为 3 200 美元,但双方均未提供证据证明其主张,按上诉人认可的价格认定较为合理。自 2005 年 11 月 25 日上诉人在被上诉人处换取提单后至今其一直未能对货物做出处理,长期占用被上诉人 4 个 4×40′的集装箱未予归还,其应向被上诉人承担 12 800 美元的滞箱费。

综上所述,原审判决对滞箱费的认定有所不当,应予纠正。依据《中华人民共和国合同法》第 113 条、《中华人民共和国民事诉讼法》第 153 条第 1 款第(三)项之规定,判决如下:

(1) 撤销青岛海事法院(2006)青海法海商初字第 154 号判决第一项。

(2) 维持青岛海事法院(2006)青海法海商初字第 154 号判决第二项。

(3) 上诉人青岛新邦塑料有限公司在本判决生效后 10 日内支付中海集装箱运输股份有限公司集装箱超期使用费 12 800 美元。

如果未按本判决指定的期间履行给付金钱义务,应当依照《中华人民共和国民事诉讼法》第 232 条之规定,加倍支付迟延履行期间的债务利息。

一审案件受理费 12 606 元,由青岛新邦塑料有限公司承担 4 000 元,由中海集装箱运输股份有限公司承担 8 606 元;二审案件受理费 12 606 元,由青岛新邦塑料有限公司承担 4 000 元,由中海集装箱运输股份有限公司承担 8 606 元。

本判决为终审判决。

144 上诉人商船三井株式会社与被上诉人青岛德耳塔国际贸易有限公司海上货物运输合同集装箱使用费纠纷案

案例来源:山东省高级人民法院(2009)鲁民四终字第90号
主题词:集装箱　海关查验　箱体接收

裁判要旨

No. HY-1.10-3　海关下达"海关查验货物移动通知单"对货物进行检验,属于海关履行行政管理职能的行为,不能以集装箱被移至海关查验区为由认定收货人接收了该集装箱。

No. HY-1.10-4　在货物抵达目的港之后收货人提取货物之前,集装箱即具有储存保管货物的功能。在相关法律及所涉提单未对海关检查后的集装箱如何处理作出规定或约定的情况下,作为集装箱的提供者及管理者,承运人有义务了解集装箱的动态和箱内货物的状况。

一、基本案情

上诉人(原审原告):株式会社商船三井(Mirsui O. S. K. Lines, Ltd. ,以下简称商船三井)

被上诉人(原审原告):青岛德耳塔国际贸易有限公司(以下简称德耳塔公司)

青岛海事法院认定:2007年11月21日,商船三井在美国装港代理人向托运人AMERICAN PLASTIC RECYCLING签发了编号为MOLU607187925的海运单,自美国CLEVELAND,NS经洛杉矶港至青岛港承运1个40英尺集装箱(箱号为MOFU0447684)的货物,记名收货人为德耳塔公司,交货地点为青岛。2007年12月11日,商船三井的代理商船三井(中国)青岛分公司与青岛联合国际船舶代理有限公司发给德耳塔公司到货通知书通知MOLU607187925海运单项下的货物已于当日到达青岛,交付条款为CY-CY,卸货地点为前湾公司。该批货物于2007年12月12日到港后,德耳塔公司换取了提货单,提货单的记载内容与到货通知书相符。德耳塔公司一直未能办理进口清关提货,遂将该批货物由MOFU0447684号集装箱整体搬移至FSCU6902212号集装箱并于2008年1月31日报关办理了出运。德耳塔公司于2007年12月14日为此箱货物的目的港箱使费用支付了押金2000元人民币,2007年12月28日又补交了1500元,2008年2月1日又补交了6000元。根据商船三井在网站公布的信息,装载本案所涉货物的集装箱在青岛港的箱使费用计算标准为免费期10天,11—20天为人民币84元/天,21—40天为人民币168元/天,41天以上为人民币336元/天。商船三井称其代理人曾多次催促德耳塔公司将集装箱归还商船三井,并支付集装箱超期使用费,但德耳塔公司均置之不理,对此商船三井未提交相关证据。相应的,德耳塔公司主张其多次电话催促商船三井与其结算集装箱滞箱费保证金,但商船三井均置之不理,对此德耳塔公司也未提供相关证据。

商船三井与德耳塔公司均明确确认本案适用中华人民共和国法律审理。

二、一审裁判

青岛海事法院认为，本案系海上货物运输合同集装箱使用费纠纷，本案中所涉运输的目的港在山东省青岛市，因此该法院对此案有管辖权。案件审理过程中，当事人均选择适用中华人民共和国法律审理，因此该院依据中华人民共和国法律解决本案的实体争议。

商船三井是本案所涉货物由美国至青岛的承运人，根据商船三井的代理人出具的到货通知书和提货单，该批货物承运期间交付条款是 CY/CY，卸货地点是前湾公司。德耳塔公司是货物的收货人，并且德耳塔公司实际换取了提货单提取了货物。在国际海上货物运输关系中商船三井的交货义务与德耳塔公司的提货义务在其提取货物之后即已完结。

商船三井作为承运人，在运输期使用集装箱作为承运工具。在货物抵达目的港之后收货人提取货物前，集装箱即具有储存保管货物的功能，而商船三井作为集装箱的经营单位，应当妥善地保管货物，并至少对箱内货物的状况和动态具有基本的了解。而本案的事实情况为货物已经被掏箱运走，而商船三井在将近1年后起诉时还认为"德耳塔公司由于进口手续问题，一直未能清关提货，导致商船三井集装箱长期被占用"，并称其代理"多次催促德耳塔将集装箱归还商船三井"，由此可见商船三井及/或其代理存在严重的疏忽大意。

德耳塔公司作为收货人，在其换取提货单后具有提取货物的法定义务，但是并不必须采取连同集装箱整体提取的方式，德耳塔公司在商船三井代理签发的到货通知书和提货单指定的卸货场站前湾公司掏箱提取货物并不违反法律规定，德耳塔公司并无义务将商船三井所经营的集装箱运至其指定的其他地点。并且在本案中，商船三井、德耳塔公司之间也没有进行任何集装箱交接手续，德耳塔公司并未从商船三井处接收集装箱箱体，因此其没有进行归还的义务，也无法将集装箱进行任何操作。德耳塔公司对集装箱的占用行为事实上在其将货物提取后即已结束。

德耳塔公司在货物到港后未能及时提取货物，在德耳塔公司占用集装箱期间，应支付商船三井箱使费用，计算的标准可按商船三井在网络公布的标准，计算的期间应至德耳塔公司实际提取货物之日即2008年1月31日为止，该项费用共计人民币7 560元。依照《中华人民共和国民法通则》第106、111条，《中华人民共和国合同法》第107条的规定，判决：

（1）青岛德耳塔国际贸易有限公司支付株式会社商船三井集装箱超期使用费人民币7 560元。

（2）驳回株式会社商船三井的其他诉讼请求。

上述款项，德耳塔公司应在判决生效之日起10日内付清，逾期则加倍支付迟延履行期间的债务利息。案件受理费 3 097 元,由株式会社商船三井承担 2 890.53 元,青岛德耳塔国际贸易有限公司承担 206.47 元。

三、上诉与答辩

上诉人商船三井不服一审判决上诉称:

第一,一审未能查清实际掏箱地点,即认定德耳塔公司是在指定的卸货场站青岛前湾码头掏箱和重新装箱的,并认定目前集装箱仍在该场站,属于对事实认定错误。根据目前国内进口海运货物操作实践,集装箱卸船后属于海关监管范围,对整箱交接的货物提货还箱的义务在收货人方面,承运人在向收货人签发提货单后,无需了解货物和集装箱的动态,因此商船三井不了解涉案货物掏箱出运的情况也是合情合理的。一审判决后,经商船三井调查,涉案货物实际掏箱和重新装箱的地点并不是在卸货场站青岛前湾码头,而是在前湾港维四路的海关检查区。承运人的代理人与海关检查没有任何牵涉,货物掏箱重装后,如收货人不主动告知,承运人与代理人不可能了解货物的动态和去向,不存在严重的疏忽大意。

第二,原审认定德耳塔公司未从商船三井处接收集装箱箱体也与事实不符。青岛前湾集装箱码头有限责任公司证明,青岛尊鲨国际物流有限公司代表货主在涉案集装箱移动至海关检查区之前,付清了港杂费的堆存费 246 元。青岛尊鲨国际物流有限公司是受德耳塔公司委托,具体负责在海关检查区办理涉案集装箱货物掏箱、重新装箱和出运的单位,这说明德耳塔公司委托青岛尊鲨国际物流有限公司凭海关检查货物移动通知单,将涉案集装箱整体拖到海关检查区,并办了之后的掏箱、重新装箱和出运手续。因此应认定德耳塔公司已从卸船码头将集装箱箱体提走。

第三,原审判决认为德耳塔公司作为收货人在其换取提货单后具有提取货物的法定义务,但是并不必须采取连同集装箱整体提取的方式,这是对当事人之间权利义务关系的无理干预,违背了平等、自愿的基本原则。根据国际惯例,按照CY-CY运输条款或交接方式承运的货物,海上承运人在装货港集装箱堆场整箱接货,负责运抵卸货港集装箱堆场整箱交货,收货人负责在卸货港集装箱堆场整箱提货并拆箱,拆箱后应将空箱于规定期限内交至海上承运人指定的堆场。《中华人民共和国海上国际集装箱运输管理实施细则》也对此予以同样的规定,虽然该细则已废止,但其中的规定有力证明了目前的国际航运惯例。涉案提单约定的运输条款或交接方式为CY-CY,因此德耳塔公司负有提货拆箱后在规定期限内交至商船三井指定堆场的义务。

综上,原审判决认定事实、适用法律有错误,请求二审法院撤销原审判决,判决支持商船三井的全部诉讼请求或发回重审。

被上诉人德耳塔公司辩称:

第一,涉案货物已从商船三井的集装箱中取出,不存在货物未提取而长期占用的情况。涉案货物进口后,青岛海关依例查验货物,在海关的指挥下,涉案集装箱移到海关检查区。德耳塔公司在查验区掏箱,并依海关的要求办理了退运,不存在长期占用涉案集装箱的事实。

第二,本案商船三井与德耳塔公司间没有涉案集装箱交接手续,德耳塔公司也未实际接受该集装箱,集装箱移动至海关查验区并不代表德耳塔公司接收了该集装箱,海关查验是依行政职权进行,属于行政行为,以海关查验确定集装箱被接收的观点是不正确的。

第三,商船三井应对集装箱动态有基本的了解,而在近一年的时间里,商船三井均疏于了解集装箱的动态,具有严重的疏忽大意,应承担一切不利的责任。集装箱是运输工具的一部分,无论是从承运人,还是从集装箱经营单位,不管是从保管货物,还是从监管集装箱的角度,商船三井均应了解集装箱的动态。海关查验区归属于 QQCT 的区域,商船三井作为专业从事集装箱运输的单位,QQCT 作为其港务代理,有能力了解涉案集装箱的动态,而商船三井在一审判决送达后才与查验区联系,这足以说明商船三井疏于了解集装箱的动态。事实上,货物掏箱出运后,在商船三井与德耳塔公司结算费用时,德耳塔公司已告知商船三井货物退运的情况。第四,对于 CY-CY 条款,我国法律没有法定的解释,商船三井提到的《中华人民共和国海上国际集装箱运输管理实施细则》并不属于法律范畴,并已废止,不能作为参考。该条款通常理解为堆场至堆场交货,是对货物交付地点的约定,不是对提货方式及提货后各方义务的约定。本案双方约定的交货地点在前湾码头,德耳塔公司在此掏箱提取货物并不违反法律规定,德耳塔公司并无连同集装箱整箱提取的约定及法定义务,更无义务将空箱运至被指定地点。

综上,商船三井上诉没有事实与法律依据,应驳回上诉。

四、二审裁判

山东省高级人民法院审理查明:涉案集装箱到港后,经海关指令涉案集装箱从前湾码头移至海关检查区,德耳塔公司在检查区办理了掏箱,并将货物退运。商船三井于 2009 年 7 月 24 日收到涉案集装箱,并主张青岛成丰货运代德耳塔公司归还的涉案集装箱,对此德耳塔公司不予认可。商船三井未能举证证明青岛成丰货运与德耳塔公司的关系。

查明其他事实同青岛海事法院认定事实一致。

本案为涉外海上运输合同集装箱使用费纠纷,青岛港为运输的目的港,系在青岛海事法院辖区内,该院对此案有管辖权。双方当事人均选择适用中华人民共和国法律作为处理本案的准据法,青岛海事法院据此依据中华人民共和国法律解决本案实体争议并无不当。

本案争议焦点为德耳塔公司是否接收了涉案集装箱,其应否承担集装箱使用滞期费。本案涉案集装箱到港后,经海关指令被移至海关检查区,虽然商船三井主张系由德耳塔公司委托相关物流公司进行的移箱,德耳塔公司对此不予认可,商船三井也未提供证据予以证明,对此不应予以认定。海关对货物进行检验是履行其行政管理职能,海关查验货物移动通知单也是海关直接下达给前湾港集装箱码头有限公司的,因此,不能以集装箱被移至海关查验区为由认定德耳塔公司接收了涉案集装箱的箱体。商船三井于2009年7月24日收回了涉案集装箱,并主张是青岛成丰货运代德耳塔公司归还的,但商船三井未证明成丰货运与德耳塔公司之间的关系,不能认定成丰货运代德耳塔公司归还了涉案集装箱。相关法律及本案所涉提单未对海关检查后的集装箱处理作出规定或约定,因此作为集装箱的所有者及管理者有义务了解集装箱的动态,在长达一年多的时间里,商船三井对涉案集装箱采取不闻不问的消极态度,其存在过失。德耳塔公司换取了提货单,并于2008年1月31日在海关检查区掏箱办了货物退运,在此前其一直占用涉案集装箱,因此德耳塔公司应承担至2008年1月31日的集装箱使用滞期费。商船三井主张应当由德耳塔公司归还集装箱,承担至起诉之日的滞期费理由不足,不应予以支持。

综上所述,原审判决认定事实清楚,适用法律正确,应予维持。依照《中华人民共和国民事诉讼法》第153条第1款第(一)项之规定,判决如下:

驳回上诉,维持原判。

二审案件受理费3 097元,由上诉人株式会社商船三井负担。

本判决为终审判决。

15 原告A. P. 穆勒-马士基有限公司与被告厦门万锦华贸易有限公司、厦门诚达运通国际货运代理有限公司海上货物运输合同纠纷案

案例来源:厦门海事法院(2012)厦海法商初字第93号
主题词:目的港无人提货　集装箱超期使用费　集装箱重新购置

裁判要旨

No. HY-1. 10-5　在目的港无人提货、难以向收货人收取相关合理费用的情况下,承运人可以向作为海上货物运输合同一方当事人的托运人要求赔偿目的港产生的费用。

No. HY-1. 10-6　在收货人长期不提货的情况下,承运人应当采取积极措施避免集装箱超期使用费损失的扩大。这种积极措施可以包括购买相应的新箱投入流转,以弥补因集装箱被长期占用导致的流转损失。集装箱超期使用费应以相应型号集装箱的重新购置价为限。

一、基本案情

原告:A. P. 穆勒-马士基有限公司

被告:厦门万锦华贸易有限公司(XIAMEN MILLION KAM TRADTING CO. ,LTD,以下简称万锦华公司)

被告：厦门诚达运通国际货运代理有限公司（以下简称诚达运通公司）

第三人：厦门旭利行国际货运代理有限公司（以下简称旭利行公司）

原告诉称：2010年7月，万锦华公司委托诚达运通公司向原告订舱，从厦门出运一批货物到斯洛文尼亚的科佩尔（KOPER）。2010年8月4日，原告签发了以万锦华公司为托运人的指示提单。同年8月30日，原告将该提单项下编号为MSKU9955315的1个40英尺的高柜运抵科佩尔。货物抵港后，目的港海关发现案涉集装箱货物中含有大量走私烟草，遂将烟草罚没后将其他货物连同集装箱一同还给原告。2010年10月22日，万锦华公司出具电放保函要求将货物电放给案外人，但始终无人提货。在多次催促两被告办理提货事宜但始终未得到新指示的情况下，原告将案涉货物拍卖，并支付了目的港海关清关费150欧元、内陆运输费697欧元，且此时案涉集装箱已产生超期使用费16 780欧元。原告认为，万锦华公司作为托运人，应对因无人提货给承运人造成的损失承担赔偿责任，诚达运通公司作为前者的代理人应承担连带责任。庭审时，原告改称，如诚达运通公司和第三人旭利行公司不能证明自己为货运代理人，则应视为托运人，与万锦华公司一起向原告承担连带责任。为此，诉请判令两被告及第三人连带承担本案集装箱超期使用费16 780欧元并赔偿目的港清关费150欧元、内陆运输费697欧元，以上三项费用按起诉当日汇率计算折合人民币163 026.84元。

被告诚达运通公司辩称：

第一，原告与诚达运通公司之间不存在运输合同关系，而是与万锦华公司产生运输合同法律关系。货物抵港后，原告也系直接与万锦华公司联系处理相关事宜。

第二，诚达运通公司系受旭利行公司委托并根据其提供的货物信息向原告订舱，向外代排载则由旭利行公司自行处理。诚达运通公司在执行货代事务中不存在过错，不应当承担赔偿责任。

第三，原告主张的集装箱超期使用费缺乏事实和法律依据。原告并未举证证明因目的港无人提货而导致其集装箱被占用。即使无人提货，原告也应及时减损，但原告直至次年4月才将集装箱拖至几百公里远的堆场归还，放任损失扩大，应自行承担扩大损失。再者，集装箱超期使用费率系原告单方面制作的格式条款，且从未向诚达运通公司作过特别声明或解释，以此作为计算标准不合理。

第四，案涉业务为海上货物运输，提单上载明的卸货地为科佩尔，并不存在下一程内陆运输，原告主张的内陆运输费和清关费并不是海上货物运输合同中必然产生的费用，原告也未举证证明这些实际发生，故无权主张。

第五，案涉货物拍卖所得价款应从原告主张的费用中予以扣除。

第三人旭利行公司辩称：

第一，本案货物的托运人为万锦华公司，旭利行公司系受该公司的委托办理货运代理事宜，在办理委托事项过程中没有过错，因此不应承担任何法律后果。

第二，案涉货物2010年8月30日就抵达目的港，10月22日万锦华公司要求原告将货物电放给案外人。在无人提货后，原告将货物置放了长达五六个月的时间，从而产生远远超过集装箱本身价值(约人民币 30 000 元)的巨额超期使用费,显然没有尽到减少损失的义务;原告将案涉货物拍卖,但未说明所得金额以及去向,应认定为已抵偿原告的损失。

第三,原告主张的目的港清关费和内陆运输费均没有相应证据予以证明,不应予以支持。

二、法院查明事实

厦门海事法院查明:2010 年 7 月下旬,万锦华公司为出口一批竹制品至斯洛文尼亚科佩尔,委托旭利行公司为其订舱。旭利行公司接受委托后将该事项转委托诚达运通公司执行。2010 年 7 月 23 日,原告接受订舱。旭利行公司代万锦华公司向诚达运通公司支付了案涉货物的海运费、港杂费等相关费用后,诚达运通公司也于 2010 年 7 月 30 日至 10 月 22 日向原告的装港代理支付了相关费用。

2010 年 8 月 4 日,原告在案涉货物装船后签发了编号为 601049765 的指示提单,载明:托运人万锦华公司,收货人凭指示,通知人 Tong Chao KFT.,装运港厦门,卸货港科佩尔,集装箱编号 MSKU9955315,40 英尺高柜,运费预付。8 月 30 日,案涉货物运抵科佩尔。目的港海关于 9 月 3 日发现案涉集装箱内含有 805 箱 12 880 公斤应交纳而未交纳关税的走私烟草,于 9 月 13 日扣押了该走私烟草后将其他货物连同集装箱还给原告。

2010 年 10 月 22 日,万锦华公司向原告出具电报放货通知,要求原告将案涉货物电放给 EUROPA SELYEMAKAC KFT,并承诺承担由此引起的一切责任和费用。该通知右下角所盖印章中的英文名称与提单中的万锦华公司英文名称相符,但中文名称为"厦门万锦华进出口有限公司"。此后仍然无人前去提货。

2011 年 2 月 28 日,原告根据其留置权出售案涉集装箱内货物,所得价款为人民币 480 000 匈牙利福林(折合 1 776 欧元)。2011 年 4 月 5 日,案涉集装箱空箱返回原告处。另查明,原告在其网站公布的欧洲斯洛文尼亚进口集装箱免费使用期及滞箱费征收标准为:40 英尺高柜自卸船之日起第 1—5 日免费,第 6—15 日 18 欧元/日,第 16—65 日 24 欧元/日,66 日以上 100 欧元/日。2011 年 40 英尺高柜的新置价格约为 5 100 美元。

三、法院裁判

厦门海事法院认为,原告在起诉状中认可了诚达运通公司作为万锦华公司货运代理人的身份,根据最高人民法院《关于民事诉讼证据的若干规定》第 74 条的规定,诚达运通公司的代理人身份应予确认。诚达运通公司与旭利行公司在本案中的法律地位均为万锦华公司的货运代理人,原告要求诚达运通公司和旭利行公司与万锦华公司一起赔偿原告损失的主张,厦门海事法院不予支持。

在目的港无人提货、难以向收货人收取相关合理费用的情况下,承运人向作为运输合同一方当事人的托运人要求目的港产生的费用,于法有据,应予支持。

在收货人长期不提货的情况下,应当采取积极措施避免集装箱超期使用费损失的扩大。一般认为,这种积极措施至少是购买相应的新箱投入流转,以弥补因集装箱被长期占用导致的流转损失。因此,集装箱超期使用费的赔偿应当以相应型号集装箱的重新购置价5 100美元为限额。原告依其留置权而销售案涉货物得款1 776欧元,该款应从被告万锦华公司应支付的集装箱超期使用费中扣除。原告要求按起诉当日即2011年8月29日的汇率计算,不违反法律规定。据此,万锦华公司实际应支付的集装箱超期使用费为 5 100×6.3883－1 776×9.2487＝16 154.64元。

综上,依照《中华人民共和国合同法》第107条、第119条第1款,《中华人民共和国海商法》第88条,《中华人民共和国民事诉讼法》第130条、第64条第1款,最高人民法院《关于民事诉讼证据的若干规定》第2条第2款的规定,判决如下:

(1)被告厦门万锦华贸易有限公司应于本判决生效之日起10日内向原告A.P.穆勒–马士基有限公司支付集装箱超期使用费16 154.64元;

(2)驳回原告对被告厦门诚达运通国际货运代理有限公司及第三人厦门旭利行国际货运代理有限公司的诉讼请求;

(3)驳回原告其他诉讼请求。

146 原告湛江中海集装箱运输有限公司与被告廖钊权海上货物运输代理合同纠纷案
案例来源:广州海事法院(2007)广海法初字第381号
主题词:集装箱超期使用收费标准　滞箱费　留置权

裁判要旨

No. HY-1.10-7 为避免他人长时间地无偿使用集装箱,造成集装箱周转困难,集装箱所有权人有权制定不违反国家法律强制性规定的集装箱超期使用的收费标准。

一、基本案情

原告:湛江中海集装箱运输有限公司

被告:廖钊权

原告诉称:2006年4月至2007年4月,被告作为托运人委托原告安排运输。原告已依约作出妥善安排,中海集装箱运输股份有限公司作为承运人对货物签发了运单,被告已向原告支付运费2 260 768元。但因被告的原因,在货物运输过程中产生了滞箱费、超期堆存费、疏港费、翻箱费等额外费用57 062元。原告按约定履行了代理义务,被告应对其拖欠的额外费用承担清偿责任。请求判令被告向原告清偿其拖欠的额外费用57 062元,并承担诉讼费、财产保全申请费及其执行费。

原告在举证期限内向法庭提交了以下证据材料：① 2007 年 6 月 6 日的欠款确认函及明细表；② 沿海内贸货物托运委托书 16 份；③ 中海集装箱运输股份有限公司水路集装箱货物运单 16 份、装箱单 16 份、送货单 15 份；④ 中海集装箱运输股份有限公司收取额外费用的证明及港口催收费用凭证；⑤ 中海集装箱运输股份有限公司国内港口内贸集装箱超期使用费标准；⑥ 廖钊权 2007 年 8 月 7 日的弃货声明。

被告辩称：自 2006 年 10 月起，原告无端扣押我托运的货物，直接导致大量滞箱费等额外费用的产生，原告对此有不可推卸的责任。部分滞箱费是由于收货人的原因造成，应由收货人承担相应责任。原告滞箱费的计算方法，双方合同并未约定，亦无相应的补充条款，且滞箱费率不尽合理。原告对运单号 CSVZJSHA3476 项下的货物变卖处理，得款 51 075 元，在扣除有关合理费用后，剩余款项应冲抵我所拖欠的费用。原告对运单号 CSVZJSHA2694、CSVZJSHA2833、CSVZJSHA2693、CSVZJSHA2832 项下的货物，在 2007 年春节前后运抵上海码头，因节日期间的客观原因而滞港，由此所产生的额外费用并非我的责任。我向原告方托运的收货人为程虎的 8 个集装箱，因原告方面的原因，额外产生了从江苏太仓至浙江嘉善的拖车费 6 400 元，应冲抵我所拖欠的原告费用。

被告在举证期限内提交了以下证据材料：① 2007 年 8 月 29 日的关于应收账款情况说明；② 额外费用清单及明细、委托书、额外费用单复印件；③ 收货人程虎的 8 个集装箱费用单、运输委托书、集装箱运输/移动信息；④ 运单号 CSVZJSHA2694、CSVZJSHA2833、CSVZJSHA2693、CSVZJSHA2832 项下的运输委托书、额外费用单、集装箱运输/移动信息；⑤ 运单号 CSVZJSHA3476 项下的运输委托书、额外费用单、集装箱运输/移动信息。

经庭审质证，法院对本案证据认定如下：被告对原告提交的证据材料 5、6 的合法性表示不清楚，并认为证据材料 6 具有欺诈性质。对此，合议庭经审核认为，原告提交的证据材料 5 是真实的，与本案事实具有关联性，其内容不违反法律的强制性规定，因而应认定其合法性，可以作为本案的证据，至于有关内容是否合理，则是案件实体审理的问题；对原告提交的证据材料 6，有被告的亲笔签名，不违反法律规定，亦是合法的，是本案的证据。原告提供的其余证据材料，被告无异议，予以采信。

原告对被告提供的证据材料，仅认可有关原告同样提供了的额外费用清单及明细和委托书，对其余证据材料，均以无原告签章、与本案无关、电子数据无法核对等为由，不认同其真实性、合法性、关联性。原告特别指出，被告提供的证据材料 1 "关于应收账款情况说明"，没有加盖公司的公章，wuq@ csclgz. com 电子邮箱为公司人员公用，即使是本公司工作人员通过该邮箱向被告发出了该说明，亦是未经公司授权的行为，因而不具有约束本公司的效力。法院认为，通过电子邮件发出的"关于应收账款情况说明"与本案的其他证据能够相互印证；发出该说明的电子邮箱为原告公司使用，在现代商务往来中通过电子邮箱发送邮件已成为常用的联络方式；该说明是否为原告公司授权的人制作并发出，是原告内部的管理问题，倘若要求被告能够辨别该说明是否为原告公司授权的人制作并发出,对被告而言过于严苛,因而对被告是不公平的;在原告不能提供充分证据否认该说明的真实性、合法性、关联性的情况下,应认可该说明的证据效力。原告并未就收货人为程虎的 8 个集装箱主张权利,被告亦未就该 8 个集装箱所涉及的事项提出反诉,故有关该 8 个集装箱的证据材料与本案无关,不是本案的证据;被告如认为原告应承担该 8 个集装箱从江苏太仓至浙江嘉善的拖车费 6 400 元,可向有管辖权的法院另行提起诉讼。对被告提供的其余证据材料,能够彼此相互印证,且与原告提供的证据相印证,应予采信。

二、法院查明事实

2006 年 4 月至 2007 年 4 月,被告以托运人身份委托原告安排沿海货物运输。在委托人为被告、受托人为原告所签订的沿海内贸货物托运委托书中约定:被告以原告为其代理人,由原告代办运单及代办沿海运输、公路、铁路运输、码头操作及费用结算等;被告应按约定时间支付全部运杂费,否则应按所产生费用总额每天 5‰ 的标准向原告支付违约金;其他未列事项按照《国内水路货物运输规则》及交通部的有关规定;货物为桉木板,集装箱门到门运输,装货港湛江,卸货港部分委托书为太仓,部分委托书为上海;运杂费预付;收货人分别为维隆木业(苏州)有限公司、钱铁铭、顾荣泉、孟建荣、赵建华等。

在承运人为中海集装箱运输股份有限公司签发的水路集装箱货物运单中,载明托运人为被告,应收费用为预付,货物均装在 40 英尺集装箱内。该运单特别列明承运人与托运人、收货人之间的权利义务关系和责任界限均按《国内水路集装箱货物运输规则》《国内水路货物运输规则》及运杂费用的有关规定办理。

2007 年 6 月 1 日,中海集装箱运输股份有限公司出具一份证明,称该公司已收到原告所付的滞箱费及码头费共计 57 892 元,有关的运单号为:CSVZJRZA1915、CSVZJT-GA0018、CSVZJTGA0019、CSVZJSHA3202、CSVZJSHA3203、CSVZJSHA3204、CSVZJSHA3205、CSVZJSHA2832、CSVZJSHA2693、CSVZJSHA2833、CSVZJSHA2694、CSVZJSHA2431、CS-VZJSHA2402、CSVZJSHA2429、CSVZJSHA2488、CSVZJSHA3476。6 月 5 日,原告传真被告,称:"现把我司应收的运费余额明细列明如下,请核实。从 2006 年 4 月至今年 4 月,按走船日期算,产生运费总额 2 260 768 元,产生超期费总额 83 714 元,你已付运费总额 2 287 420 元,你还应付我司费用 57 062 元(此费用包括 CSVZJSHA3476 在黄埔港的 5 600 元滞箱费及 300 元转柜费,但不包括在上海港产生的超期堆存费、滞箱费、搬移费、疏港费等)。"6 月 6 日,被告在该传真上注明"兹确认以上费用!廖钊权,2007 年 6 月 6 日"。

庭审中,被告抗辩称,就算认可中海集装箱运输股份有限公司所公布的"国内港口内贸集装箱超期使用费标准",对于 40 英尺的超高箱,超过 40 天的使用费为每天每箱 300 元,原告以每天每箱 400 元标准计算没有根据,即对 CSVZJSHA2833、CS-VZJSHA2694、CSVZJSHA3476 项下滞箱费的计算存在错误。对此原告未作出适当的说明,亦未提出相应的反驳证据。在 CSVZJSHA2833 项下的超期费用明细表中记载,抵港日期为 2007 年 1 月 24 日,出场日期为 2007 年 3 月 27 日,超期用箱天数为 10 天、25 天、24 天,费率分别为每天 100 元、200 元、400 元,超期用箱费 15 600 元。在 CSVZJSHA2694 项下的超期费用明细表中记载,抵港日期为 2007 年 1 月 24 日,出场日期为 2007 年 3 月 31 日,超期用箱天数为 10 天、25 天、28 天,费率分别为每天 100 元、200 元、400 元,超期用箱费 17 200 元。

运单号 CSVZJSHA3476 项下的货物为 42 立方米、毛重 30 吨的桉木板,由"至宪 8"号船承运,装货港湛江,卸货港上海,运杂费为预付。在该货物的托运委托书及运单上,没有关于换装港的约定。该货物于 2007 年 4 月 2 日由"至宪 8"号船从湛江港起运,4 月 3 日运抵黄埔港;5 月 16 日由"向瑞"轮自黄埔港起运,5 月 19 日运抵上海港。原告在庭审中称是由于被告指示在黄埔港将货物卸下的,但原告未提出相应的证据证明;被告否认其指示在黄埔港卸下货物。8 月 7 日,被告向原告发出弃货声明,称:"运单号 CSVZJSHA3476 项下的货物运抵上海港后,因收货人拖欠运费,该货已在港滞留超过 3 个月,产生大量额外费用。为了减少损失,现本人对此票货物作弃货处理。"8 月 28 日,原告向被告发出一份电子邮件,称:"CSVZJSHA3476 项下的货物产生滞箱费 29 800 元,我司向中海集装箱运输股份有限公司申请减免,按 6 折收取,故滞箱费实际金额为 17 800 元;至 2007 年 8 月 21 日止,该货物在上海恩尔堆场及码头产生的超期堆存费、超期用箱费、疏港费、翻箱费合计 2 766 元;该货物经变卖处理,最终所得货款 51 075 元;冲抵有关费用后,你尚欠我司额外费用 26 553 元。"

另查明,中海集装箱运输股份有限公司制定了"国内港口内贸集装箱超期使用费标准",其中规定,从卸船之日起到还箱至指定堆场之日止,对 40 英尺超高集装箱,第 1—5 天为免费使用,第 6—15 天为每天每箱使用费 100 元,第 16—40 天为每天每箱使用费 200 元,第 41 天起为每天每箱使用费 300 元。原告的《企业法人营业执照》载明,其经营范围是在湛江市经营国内水路运输货物代理及船舶代理业务,有效期至 2009 年 4 月 30 日。

三、法院裁判

本案系一宗海上货物运输代理合同纠纷。原、被告之间签订的海上货物运输代理合同以沿海内贸货物托运委托书为表现形式,是双方在平等自愿基础上的真实意思表示,不违背国家法律的强制性规定,具有法律约束力,双方当事人均应按合同约定享受权利并履行义务。

双方当事人所争议的焦点问题是:在货物运输过程中产生滞箱费、超期堆存费、疏港费、翻箱费等的责任归属;滞箱费率的规定是否合理以及滞箱费等的计算是否正确;对运单号 CSVZJSHA3476 项下的货物变卖款如何处理。

原、被告之间签订的沿海内贸货物托运委托书约定运杂费的支付时间为"预付",而有关的水路集装箱货物运单亦规定应收费用为"预付"。被告承认其委托运输的部分货物未按要求预付运杂费,并辩称是因为收货人未付其运费而导致的结果。显然,被告的该辩解是没有合同依据的,不论收货人是否向被告支付了运费,被告都有向原告预付运杂费的合同义务,除非合同另有相反的约定,故未向原告预付运杂费而导致的后果理当由被告自行承担。至于被告关于运单号 CSVZJSHA2694、CSVZJSHA2833、CSVZJSHA2693、CSVZJSHA2832 项下的货物在 2007 年春节前后运抵上海码头,因节日期间的客观原因而产生滞箱费等,不应归责于被告的辩解,亦无合同依据和法律根据,该辩解不成立。原告主张其在收到约定的运杂费之前,相应的欠费集装箱即使到达目的港也不予放行,而对不欠费的集装箱则不会予以滞留。被告未对原告的该主张予以反驳,亦未提供证据来否定原告的该主张。因此,应认定除运单号 CSVZJSHA3476 项下的货物之外,在货物运输过程中产生滞箱费、超期堆存费、疏港费、翻箱费等的责任归属于被告。

运单号 CSVZJSHA3476 项下的货物在黄埔港滞留,没有证据证明是被告指令的结果。原告作为托运人即被告的代理人,理应督促承运人将货物尽速运往目的港,而不是任由货物在未经约定的中途港口滞留达 42 天之久。因此,运单号 CSVZJSHA3476 项下的货物在黄埔港产生的 5 600 元滞箱费及 300 元转柜费,被告没有向原告清偿的法律责任。但该货物运抵目的港上海后所产生的滞箱费等,是被告未及时预付运杂费产生的后果,其负有不可推卸的向原告清偿之责任。

对于集装箱所有权人来说,如果他人长时间地无偿使用集装箱,必然造成集装箱的周转困难,并可能影响有关业务的开展。因此,集装箱所有权人制定集装箱超期使用的收费标准,以避免他人长时间地无偿使用集装箱。只要这种收费标准不违反国家法律的强制性规定,即应予以支持。中海集装箱运输股份有限公司制定的"国内港口内贸集装箱超期使用费标准",既考虑到了集装箱免费使用的合理期间,又考虑了超期使用集装箱的梯级费率,在被告未举证证明其违反国家法律强制性规定的情况下,可以认定该超期使用费标准是合理的。在被告应承担滞箱费责任的情况下,以该超期使用费标准计算有关的滞箱费,对原、被告双方当事人来说都是公平和适当的。在运单号 CSVZJSHA2833 项下的超期费用明细表中,多计算了 2 天超期使用费,且第 41 天起的集装箱超期使用费每箱每天 400 元没有依据,应予纠正,即超期使用费应为 12 600 元,多收取的 3 000 元应予扣除。在运单号 CSVZJSHA2694 项下的超期费用明细表中,多计算了 2 天超期使用费,且第 41 天起的集装箱超期使用费每箱每天 400 元没有依据,应予纠正,即超期使用费应为 13 800 元,多收取的 3 400 元应予扣除。

运单号 CSVZJSHA3476 项下的货物于 2007 年 5 月 19 日运抵上海港,8 月 7 日被告向原告发出弃货声明。原告为处理该货物,客观上需要一段时间准备,根据原告 8 月 28 日所发出的电子邮件,至 8 月 21 日处理完该货物,该处理货物的期间是合理的,即在上海港的滞箱时间为 94 天。扣除 5 天的免费使用期,滞箱费为 22 200 元,按中海集装箱运输股份有限公司同意的 6 折减免,滞箱费实际金额为 13 320 元。另外,该货物在上海恩尔堆场及码头还产生了超期堆存费、疏港费、翻箱费合计 2 766 元。该货物经变卖处理,最终所得货款 51 075 元,扣除该货物在上海港的滞箱费等额外费用后,余款 34 989 元应用于冲抵被告所欠的额外费用。

根据《中华人民共和国合同法》第 60 条第 1 款之规定,判决如下:

被告廖钊权向原告湛江中海集装箱运输有限公司清偿滞箱费等额外费用 9 773 元。

[47] 原告上海海华轮船有限公司与被告中基宁波对外贸易股份有限公司海上货物运输合同纠纷案

案例来源:宁波海事法院(2002)甬海商初字第 613 号

主题词:换取提货单　集装箱物权　物权请求权

裁判要旨

No. HY-1.10-8　收货人接受提单并在提单上盖章后交给承运人换取提货单的行为,即表明收货人接受了托运人为其订立的运输合同且同意接收提单所载明的涉案集装箱内的货物。此时提单载明部分货物为海关禁止进口货物的,收货人对此有义务赔偿承运人损失。

No. HY-1.10-9　收货人对集装箱的无权占有,实质是侵犯承运人的集装箱物权,承运人主张返还集装箱的请求权不受时效的限制。

一、基本案情

原告:上海海华轮船有限公司

被告:中基宁波对外贸易股份有限公司

原告上海海华轮船有限公司诉称:2000 年 9 月 29 日,原告承运的两个集装箱货物从日本运到宁波港。被告交回正本提单,换取了提货单。然而,被告无故不提取货物,超期占用集装箱达 1 年有余,给原告造成重大损失。故要求被告赔偿超期使用费 27 780 美元及利息、返还集装箱或赔偿集装箱价款 9 000 美元,以及原告聘请律师的费用人民币 26 000 元。本案审理期间,被告于 2002 年 12 月 28 日归还了集装箱,故原告变更诉讼请求为超期使用费 31 500 美元及利息、集装箱折旧损失 1 000 美元,以及原告聘请律师的费用人民币 26 000 元。

被告中基宁波对外贸易股份有限公司辩称:

(1)原告针对被告的诉请已经超过法定的诉讼时效。

(2)涉案集装箱被搁置两年,并非被告过错,被告未实际占用,是由于海关监管所致。

(3)原告存在过错,原告所签发的提单上载明游戏机碎片,属国家禁止运送入境的商品;运送入境后未及时处理,造成损失的扩大。

(4) 原告索赔金额超过了被告接受提单时能够预见的损失。

综上，要求驳回原告的诉讼请求。

二、法院查明事实

宁波海事法院认定以下事实：

2000年9月25日，原告签发了被告为收货人的提单TKNI-002，提单载明集装箱内的货物为废塑料（游戏机碎片），目的港为宁波港。2000年9月29日，原告承运的两个集装箱货物从日本运到宁波港。9月30日，这两个集装箱进入港口堆场。同时，被告在正本提单上加盖了公司章后，交回给原告，并换取了提货单。被告在进口货物报关过程中，北仑海关于2000年10月19日对该两集装箱货物进行查验，认为箱内货物为废游戏机的拆散件，属于禁止进境的废物。2002年11月25日，根据海关总署的规定，北仑海关委托他人对该货物予以销毁。2002年12月28日，涉案集装箱归还给原告。另查明，涉案集装箱系INTERPOOL有限公司所有，于2000年8月1日出租给原告使用，租期为5年。

三、法院裁判

宁波海事法院认为，原、被告之间存在海上货物运输合同关系。被告是提单载明的收货人，被告接受提单，并在提单上盖章后交给原告，换取了提货单，表明被告接受了托运人为其订立的运输合同。在承运人和收货人之间，该提单就是运输合同。从查明的事实分析，被告接受了提单，也表明被告同意接收提单所载明的涉案集装箱内的货物。提单载明部分货物为游戏机碎片，经海关开箱查验，认定箱内货物系禁止进口货物，违反环发〔2000〕第19号文件的规定，最终，被北仑海关销毁，并导致涉案的集装箱被长期使用，被告作为进口方的收货人对此负有责任。原告作为承运人，在运输过程中，并没有过错，不应负责。

根据最高人民法院《关于承运人就海上货物运输向托运人、收货人或提单持有人要求赔偿的请求权时效期间的批复》，本案原告就海上货物运输向被告主张权利，时效期间为1年，自原告知道或应当知道权利被侵害之日起计算。《国际集装箱使用费计收办法》第3条规定，集装箱在运抵提单所规定的地点后，收货人享有10天的免费使用期。因此，在本案中，涉案集装箱在运抵宁波港后的第11天开始，原告应该知道其权利受到侵害，其有权向被告主张集装箱的超期使用费。原告不能证明，在1年的诉讼时效期间内，已向被告主张权利并提起诉讼；也不能证明存在《中华人民共和国海商法》第267条规定的中止、中断的情形，故本案已过诉讼时效，原告丧失了主张超期使用费的胜诉权。

对于集装箱占有问题。这是侵犯原告的物权，应不受时效的限制，即原告可以主张返还箱子，不受1年诉讼时效的限制。涉案的集装箱已返还给原告，原告也放弃该项请求，不构成本案争议的纠纷。但是，原告对在集装箱失去占有期间的折旧损失，仍可以向被告主张权利。原告诉请折旧损失1 000美元合理，宁波海事法院予以确认。对于原告主张的律师费用，法律没有明确规定，而且本案原告的诉讼请求的主要部分没有得到支持,故律师费不予保护。

综上,依照《中华人民共和国海商法》第 78 条第 1 款、第 257 条以及最高人民法院《关于承运人就海上货物运输向托运人、收货人或提单持有人要求赔偿的请求权时效期间的批复》(法释〔1997〕3 号),《中华人民共和国民事诉讼法》第 64 条第 1 款的规定,判决如下:

(1) 被告中基宁波对外贸易股份有限公司赔偿原告上海海华轮船有限公司集装箱折旧损失 1 000 美元。此款于本判决生效后 10 日内履行。

(2) 驳回原告上海海华轮船有限公司的其他诉讼请求。

148 原告宁波开创贸易有限公司与被告宁波泛洋物流有限公司水路货物运输合同货损赔偿纠纷案

案例来源:宁波海事法院(2008)甬海法商初字第 43 号
主题词:装箱单　封志　重箱

> **裁判要旨**
>
> **No. HY-1. 10-10**　《国内水路集装箱货物运输规则》规定,货物名称、件数、重量以装箱单为准,驾驶员签署的商品送货单记载的货物数量不作为接收货物数量的依据。
>
> **No. HY-1. 10-11**　装箱人装箱后负责施封,集装箱在目的地交付时封志完好无误、箱体完好的,拆封开箱后如发现货物损坏或短缺,承运人对此情况不承担赔偿责任。

一、基本案情

原告:宁波开创贸易有限公司
被告:宁波泛洋物流有限公司

原告宁波开创贸易有限公司起诉称:2007 年 12 月 7 日,原、被告签订沿海内贸货物托运委托书,约定由被告将原告的 1 600 包塑料分装两个集装箱,以门到门的运输方式从余姚中国塑料城运至位于广东省东莞市黄江镇华南塑胶城的东莞市光大塑胶原料经营部,运杂费总额为 9 500 元。同年 12 月 8 日,被告指派的驾驶员在原告处运走了 1 600 包计 40 吨塑料,并于当日装箱,从宁波北仑港经水路运至广州黄埔港。货物到达目的港后,被告又委托广州市黄埔区环宇储运部于同年 12 月 22 日运至东莞市光大塑胶原料经营部。开箱交接时发现少了 138 包塑料,广州市黄埔区环宇储运部驾驶员谭文超与收货人何全全在车辆运输签收单上共同签字确认实收 1 462 包塑料。同日,何全全与谭文超到公安派出所报案,但公安机关未立案。涉案塑料的市场价为 21 200 元/吨,138 包塑料的重量为 3.45 吨,货物损失总额 73 140 元,减去原告未支付的运杂费9 500元,被告应赔偿原告经济损失63 640元。请求法院判令被告赔偿原告货物灭失的损失63 640元。

被告宁波泛洋物流有限公司答辩称:被告作为承运人为原告运输塑料属实,但涉案货物由原告负责装箱,而两个集装箱在目的地交付时封志完整无误、箱体状况完好,故原告没有证明短少138包塑料的事实;原告主张涉案塑料的市场价为21 200元/吨,138包塑料的重量为3.45吨,没有任何依据。请求驳回原告的诉讼请求。

二、法院查明事实

宁波海事法院确认以下事实:

2007年12月7日,原、被告签订沿海内贸货物托运委托书,约定由被告将原告的40吨(1 600包)型号为V150的PMMA塑料分装两个集装箱,以门到门的运输方式从余姚中国塑料城运至位于广东省东莞市黄江镇华南塑胶城的东莞市光大塑胶原料经营部,运杂费总额为9 500元。托运委托书上的声明第(1)、(3)条分别约定:"委托人保证遵守承运人与托运人、收货人之间的权利、义务和责任界限适用于《国内水路集装箱货物运输规则》《国内水路货物运输规则》及运杂费的有关规定","货物名、箱型箱数、件数、重量、体积、包装标志以装箱单为准"。同年12月8日,原告托运的塑料在原告处分装两个集装箱,由被告指派的驾驶员运到宁波北仑港码头。驾驶员在载明货物名称PMMA、型号V150、数量40吨、件数1 600包的商品送货单上的收货人一栏予以签名。该两个集装箱从宁波北仑港经水路运至广州黄埔港。货物到达目的港后,被告又委托广州市黄埔区环宇储运部于同年12月22日运至收货人东莞市光大塑胶原料经营部处。驾驶员谭文超与收货人何全全共同签署的车辆运输签收单拆/封箱状况一栏记载"完好",到达时间一栏批注有"实收1 462包,少138包"。涉案数量的市场单价为20 600元/吨。

三、法院裁判

宁波海事法院认为:原、被告签订的货物运输合同系双方真实意思表示,应当依法认定有效。双方约定适用《国内水路集装箱货物运输规则》界定承运人与托运人、收货人之间的权利、义务和责任界限,故《国内水路集装箱货物运输规则》的相关规定作为合同条款并入双方签订的货物运输合同。双方约定的运输方式为门到门运输,《国内水路集装箱货物运输规则》第11条规定:"承运人对集装箱货物的责任期间,是指从装货港接收集装箱货物起至卸货港交付集装箱货物时止,货物处于承运人掌管之下的全部期间。集装箱货物运输的交接方式包括:(一)门—门方式,承运人在托运人工厂或仓库接收整箱货物并负责运至收货人的工厂或仓库整箱交付收货人……"根据该条规定内容及本案货物运输合同的实际履行情况来看,涉案货物由原告负责装箱,被告指派的驾驶员在原告处接收的是整箱货物;声明第(3)条又约定货物名称、件数、重量以装箱单为准,故驾驶员签署的商品送货单记载的货物数量不作为被告接收货物数量的依据。《国内水路集装箱货物运输规则》第 40 条又规定:"装箱人装箱后负责施封,凡封志完整无误,箱体状况完好的重箱,拆封开箱后如发现货物损坏或短缺,由装箱人承担责任。"涉案货物在收货人处交接时,收货人签字确认拆/封箱状况"完好"。原告主张事实上在交接时铅封上有挫刀痕迹,已经损坏,但依据不足。故原告不能证明涉案货物在被告掌管期间发生短少,宁波海事法院对原告的诉讼请求不予支持。依照《中华人民共和国合同法》第 311 条、《中华人民共和国民法通则》第 64 条第 1 款的规定,判决如下:

驳回原告宁波开创贸易有限公司的诉讼请求。

1.11 混合原因货损问题

[149] 再审申请人巴拿马安第斯航运公司与被申请人中国中设(南通)机械进出口公司进口分公司海上货物运输合同货损赔偿纠纷案

案例来源:最高人民法院(2002)民四提字第 4 号
主题词:清洁提单　品质索赔　货物损失

裁判要旨

No. HY-1.11-1　承运人接收货物签发了清洁提单后,在运输期间应当妥善地和谨慎地管理照料货物,并应当在目的港向收货人交付与提单记载相符的完好货物。

No. HY-1.11-2　提单持有人依据买卖合同达成品质索赔的协议,确认了货物在装船前就存在水分过高的事实,而水分过高又是导致货物霉变发生的主要原因。装货过程中存在雨天作业的情况,承运人未举证证明其在运输途中尽到管理货物的责任,是造成货物损失的次要原因。

No. HY-1.11-3　在货物卸船后一个月才委托实施的货物损坏检验且当时已有相当货物被第三方提取条件下,被检验对象不再是全部货物,不能反映承运人运输责任期间的货物客观情况,故此,相关的检验报告不作为认定货损的依据。

一、基本案情

再审申请人(原审上诉人):巴拿马安第斯航运公司(ANDESLINES. A. PANAMA,以下简称安第斯航运公司)

再审被申请人(原审被上诉人):中国中设(南通)机械进出口公司进口分公司(以下简称南通公司)

1997 年 9 月 23 日,中国中设(南通)机械进出口公司进口分公司与新加坡托福国际亚洲私人有限公司(TOEPFERINTERNATIONAL-ASIAPTE. LTD,SINGAPORE,以下简称托福公司)签订编号为270 592的豆粕买卖合同。约定:托福公司销售给南通公司印度散装片状豆粕20 000吨(增减10%);单价每吨277.5美元,CNF FO 中国南通;质量规格为蛋白质48%以上,纤维6%以下,水分12%以下,砂/硅2.5%以下,尿二酶0.05至0.35mgn2/gm/min(30℃,EEC方法);所运货物的重量、质量以装运港SGS(印度)公司检验证书为准……1997年9月29日,南通公司与托福公司签订补充协议,约定价格条件更改为每吨282.7美元90天远期信用证。其他条款保持不变。1997年11月20日,托福公司将货物交由安第斯航运公司所属的"丹南·光荣"(DANNANGGLORY)轮承运,该轮签发编号为VIZA/1、2的两份清洁提单。该提单载明:承运人/船东安第斯航运公司,由托福公司在印度维萨卡帕坦姆港托运装载于"丹南·光荣"轮上,外观状况良好,重量、体积、标记、数量、质量、内容和价值不知,目的港为南通港,货物为印度散装豆粕,收货人凭中国银行南通分行指示,通知方南通公司,清洁装船,两份提单数量共计19 909公吨,运费预付,另注明"重量据称"(SAID TO WEIGHT)和"数量不知"(UNKNOWN CLAUSE)。该提单背面首要条款规定:1924年8月25日签订于布鲁塞尔的统一提单的若干法律规定的国际公约中所包含的《海牙规则》,在装运国生效时,适用于本提单。当《海牙规则》在装运国未生效时,将适用目的地国相应的法律,但对运输未强制适用时,则适用上述公约的条款。1997年11月20日,托福公司开具NO.60886、60887的商业发票,发票总金额为5 574 684.24美元。同日,SGS印度有限公司出具的AGRIDIV/SGS/VZ/186/97-98/643、649号品质证书称:"丹南·光荣"轮所载豆粕中取出代表性的样品分析结果为,蛋白质47.03%,纤维5.54%,水分10.98%,砂/硅1.76%,尿素酶活性0.2MGN2/分钟·克,在30℃情况下用EEC方法检测;SGS印度有限公司出具的AGRIDIV/SGS/VZ/186/97-98/642、648号重量证书称:"丹南·光荣"轮货物实际装船净重量共为19 909公吨。1997年12月5日,"丹南·光荣"轮抵达中国南通港卸货。

南通公司发现货物品质与船方签发的清洁提单严重不符,为防止有关证据以后难以取得,1997年12月15日,南通公司向武汉海事法院提出诉前证据保全申请。同日,武汉海事法院依法作出(1997)武海法通证保字第13号民事裁定,对"丹南·光荣"轮的航海日志、大副收据、装船事实记录、船舶证书等证据予以保全,但未发现该轮通风、测温记录、租船合同等证据。同日下午,南通公司向武汉海事法院提出诉前财产保全申请,要求扣押安第斯航运公司所属的"丹南·光荣"轮,并要求责令安第斯航运公司提供165万美元担保。1997年12月16日,武汉海事法院依法作出(1997)武海法通保字第12号民事裁定,准许南通公司的诉前财产保全申请,在南通港扣押了安第斯航运公司所属的"丹南·光荣"轮,并责令安第斯航运公司提供165万美元的担保。1997年12月18日,中保财产保险有限公司上海市分公司为"丹南·光荣"轮向武汉海事法院提供了165万美元的担保,武汉海事法院解除了对"丹南·光荣"轮的扣押,同日,该轮卸货完毕。1997年12月19日,中华人民共和国江苏进出口商品检验局出具NO.

3206/C970175、970176 号品质证书称:"丹南·光荣"轮所载货物根据 ZBX14015-024-90 标准,在上述货物卸载过程中抽取代表性样品并检验,其结果如下:蛋白质 43.22%,纤维 5.74%,水分 13.47%,砂/二氧化硅 1.5%,尿素酶活性 0.18MGN2/分钟·克(30℃ 欧共体方法)。评定:上述货物中蛋白质及水分含量不符合编号为 270592 合同要求。1997 年 12 月 24 日,中华人民共和国江苏进出口商品检验局出具 NO.3206/C970175/76 号重量证书称:根据所查卸货前及卸货后之船舶水尺与船用物料,依据船方所提供之排水量表并作必要之校正后,从"丹南·光荣"轮船舱卸出货物重量为 19 811.5 公吨。1998 年 1 月 5 日,南通公司向武汉海事法院申请指定检验机构对货物残损程度进行检验并申请降价销售货物。1998 年 1 月 16 日,武汉海事法院委托湖北省饲料质量监督检验站及华中农业大学畜牧兽医学院对"丹南·光荣"轮所载货物进行残损检验。

1998 年 2 月 18 日,上述单位出具了残损检验报告。该报告称:受武汉海事法院委托,我们于 1998 年 1 月 20 日对"丹南·光荣"轮在南通新大港 1997 年 12 月 18 日所卸大豆粕进行了现场勘察及有关化学成分分析,鉴定结果为:南通新大港对该批豆粕贮存方法符合码头常规贮存要求,现场勘察可见,有些豆粕粘结成 20×20 至 40×45 立方厘米大小的团块,坚硬如石,有些豆粕发臭,根据南通新大港储开发有限公司提供的材料,对"丹南·光荣"轮的所载豆粕每舱随机抽检一跺察看,并分别从表层、深层和底层随机抽样分析,其结果为:一号舱货物随机抽检 D7 跺,通过现场勘察可见,表层完全发霉腐败,有发热及酸臭味,霉菌总数为 1 200×10³ 个/克,根据南通新大港提供的材料,表层占全跺重量 618.24 吨的 25%,对表层、深层及底层多点随机抽样分析表明,水分含量为 14.53%,超过国标 13% 的标准;二号舱货物随机抽检 D10 跺,现场勘察可见,表层有一半发热,已生灰白、黑色霉变,结成大团块,有霉臭味,霉菌总数 1 600×10³ 个/克,根据南通新大港提供的材料,发霉表层占全跺重量 675.56 吨的 13%,对表层、深层及底层多点随机抽样分析表明,除深层水分为 10.91% 以外,其余部分水分为 14.56%,超过国标 13% 的标准,据现场估测,深层部分重量占全跺重量的 30%;三号舱货物随机抽检 B5 跺,现场勘察未发现明显霉变,对表层、深层及底层随机抽样分析表明,水分含量为 14.27%,超过国标 13% 的标准;四号舱货物随机抽检 A10 跺,现场勘察发现表层有黑绿色霉变、发热、有酸臭味,霉菌总数为 1 400×10³ 个/克,根据南通新大港提供的材料,表层货物多点随机抽样分析,结果表明水分为 14.7%,超过国标 13% 的标准。另外,根据南通新大港提供的材料和现场勘察发现,在卸舱时已有 560 吨货物发霉,这部分货物单独存放。计算霉变量时,将它们按各舱货重分摊在一、二、四舱,并在按跺堆霉变比例计算霉变量时,分别在相应货舱货物总量中扣除。综合上述结果计算表明,该轮货物 92.6%(18 297.6 吨)的水分超过我国国标 10380-89 所规定的大豆粕水分含量不得超过 13% 的标准,为不合格饲料原料。其中一号舱(按 D7 跺计算)的 25%,二号舱(按 D10 跺计算)的 13% 和四号舱(按 A10 跺计算)的 25% 及卸舱时已发现霉变豆粕累积 3 467.8 吨(占货物总量的 17.55%)完全失去饲用价值,其余 14 829.8 吨(占货物总量的 75%)豆粕虽无明显霉变,但因含水量高,具有潜在霉变的可能,均为不合格饲料原料。

1997年10月4日,南通公司与南通艺华实业公司(以下简称艺华公司)签订编号为97ME029的农副产品定购合同。合同约定:南通公司向艺华公司销售11 000吨印度豆粕(允许10%的溢短量),单价每吨人民币2 550元,总金额为人民币28 050 000元,于1997年12月底以前交货。质量标准为蛋白质≥44%,水分≤12.5%,新鲜无异味、无霉变、无掺假。1998年1月15日,南通公司与艺华公司签订97ME029-1号协议书,该协议书约定:由于南通公司货物蛋白质及水分不符合合同规定,双方同意将97ME029合同项下的进口豆粕单价由原先的每吨人民币2 550元降为每吨人民币2 250元,货款的结算期限延至1998年3月3日。1998年3月8日,南通公司与艺华公司签订补充协议,约定将97ME029-1号协议项下的进口豆粕单价由每吨人民币2 250元降为每吨人民币1 950元,货款结算期宽延至1998年5月底。1998年1月29日,南通公司与南通明辉贸易有限公司(以下简称明辉公司)签订98ME003号农副产品定购合同,合同约定:南通公司向明辉公司销售进口印度豆粕4 000吨(允许10%溢短量),单价每吨人民币2 150元,总金额人民币8 600 000元。1998年2月26日,南通公司与南通杰耀经贸发展有限责任公司(以下简称杰耀公司)签订97ME054号农副产品定购合同,合同约定:南通公司向杰耀公司销售霉变豆粕3500吨(允许10%溢短量),单价每吨人民币300元,总金额人民币1 050 000元。南通公司实际销售豆粕19 800吨,销售金额为人民币33 705 000元。南通公司为"丹南·光荣"轮所载豆粕支付关税人民币2 271 834.40元、保险费人民币154 125.04元、商检费人民币94 803元、残检费人民币20 000元、动植检费人民币55 896元、卫检费人民币75 572.06元、包装费人民币394 800元、港杂费人民币850 632元、堆存费人民币86 268.92元、港口困难作业费人民币109 034.15元、外运代理费人民币9 954.50元、银行开证费人民币71 562元、保证金利息人民币864 000元。

1998年6月14日,南通公司根据卸货港商检品质证书致函托福公司,以"丹南·光荣"轮所载豆粕品质(蛋白质含量及水分含量)不符合合同及信用证的要求为由,提出索赔。随后,南通公司与托福公司达成协议,托福公司支付给南通公司300 000美元作为"丹南·光荣"轮编号270592合同下货物品质的补偿。

湖北省高级人民法院审理认为,安第斯航运公司与南通公司之间由"丹南·光荣"轮签发的海运提单确定的海上货物运输合同关系合法有效。承运人同收货人、提单持有人之间的权利义务关系,依据提单的规定确定。承运人或者代理签发提单的人签发的提单是承运人已经按照提单所载状况收到货物和货物已经装船的初步证据,承运人向善意受让提单的包括收货人在内的第三人提出的与提单所载状况不同的证据,不予认定。安第斯航运公司作为本案的承运人签发的是清洁提单,其应当向收货人南通公司交付完好无损的货物。湖北省饲料质量监督检验站具有国家法定产品质量监督检验资格,其接受武汉海事法院的委托,依照法定程序对本案货物进行检验所作出的残损检验报告应当作为认定本案货损事实的依据。安第斯航运公司在承运提单项下的货物时,未按照《国际海运危险货物规则》及《固体散装货物安全操作规则》关于运输种子饼、种子粕渣的有关规定,在"丹南·光荣"轮上配备将二氧化碳或惰性气体输入货物处所的设备,"丹南·光荣"轮货舱不适货,安第斯航运公司负有管货过失,依法应当承担货损赔偿责任。安第斯航运公司主张货损系内在缺陷引起的,承运人对此不负赔偿责任,由于安第斯航运公司的这一主张无证据证实,该主张不能成立。

南通公司降价处理受损货物是在其向武汉海事法院提出申请,得到武汉海事法院允许并监督的情况下进行的,其确定的损坏货物金额是合理的。安第斯航运公司提出对本案的货物损失不负赔偿责任的理由不能成立。由于装货港和卸货港的测重方法不同,造成卸货港测量货物的重量比装货港少97.5公吨,属于正常误差范围,安第斯航运公司主张其对该短少的货物损失不负赔偿责任的理由成立。判决:安第斯航运公司赔偿南通公司损失人民币17 368 682元及相应的利息(按中国人民银行同期贷款利率从1997年12月5日起算至本判决履行完毕之日止);驳回南通公司的其他诉讼请求。本案一审案件受理费人民币97 986元,由安第斯航运公司负担人民币88 187元,南通公司负担人民币9 799元;诉前财产保全费人民币16 570元,由航运公司负担。

二、再审申请与答辩

安第斯航运公司申请再审称:

(1)原审判决认定由安第斯航运公司对货损负全部赔偿责任没有事实依据和法律依据。武汉海事法院指定的检验机构不具备对进出口商品检验的资质,根据江苏省商检局的货物品质证书,货物卸下船舶时并未发现霉变或者异常情况,货物于1997年12月5日开始卸船,法院指定的检验机构是在1998年1月20日才开始验残,故检验报告不能反映货物卸船时的真实情况。根据《海牙规则》,承运人的责任期间为"钩到钩",对于货物卸船后发生的损坏或者损失,承运人不负赔偿责任。

(2)原审判决不应当以南通公司降价处理的实际价额作为认定南通公司的损失。

(3)安第斯航运公司不应当对南通公司所谓的"损失"负责,南通公司已经与托福公司就货物的质量达成协议并实际赔付。由于货物内在缺陷引起的损失,承运人是可以免责的。

南通公司答辩称:

(1)本案货损发生在货物装上船后、卸下船前,即安第斯航运公司承运货物的责任期间。安第斯航运公司所谓货损发生在装船前,以及卸船后货损扩大的理由不能成立。

(2)本案货损的原因是安第斯航运公司管货过失,不是货物的内在缺陷。

(3)武汉海事法院指定的鉴定部门出具的《残损检验报告》具有法律效力,应作为本案定损的依据。安第斯航运公司否认其法律效力无法律和事实依据。

(4)原审判决判令安第斯航运公司赔偿南通公司货损经济损失人民币17 368 682元的证据确实、充分。

再审庭审中双方当事人均未提交新的证据。庭审后,安第斯航运公司向本院提交了本案所涉货物的保险人委请的代理人向南通进出口商品检验局人员的询问笔录(复印件),以证明货物到港时仅有10—20吨有霉变、结块的现象。南通公司对此证据材料不予认可,认为该笔录并非本案当事人的代理人经调查取得,并对该证据材料的真实性提出异议。本院认为,该证据材料为复印件,安第斯航运公司不能提供原件,且该证据并非直接证据,本院不予认定。经审理,本院认为原审查明的基本事实有证据佐证,本院予以认定。

根据南通新大港储开发有限公司的装卸和杂项作业单、新大港的函件表明,卸货时部分货物存在板结、霉变的情况,可以认定承运人在目的港向收货人交付的货物不是完好的货物。根据南通公司与艺华公司1998年1月15日签订的协议书,在1998年1月15日前,南通公司向艺华公司出售的11 000吨货物已经被艺华公司提走。

三、再审裁判

最高人民法院认为,本案是南通公司凭提单诉承运人安第斯航运公司海上货物运输合同货损货差纠纷,原审判决依据提单背面约定的《关于统一提单某些法律规定的国际公约》(以下简称《海牙规则》)确定当事人的权利义务并无不当,《海牙规则》应适用于本案以确定当事人的权利、义务。依据该规则,承运人管货的责任应自货物装上船舶开始至卸离船舶为止的一段时间,即通常称的"钩到钩"期间。本案中承运人安第斯航运公司在装运港接收货物后,签发了清洁提单,应当对运输货物尽到谨慎地装载、搬移、积载、运输、保管、照料和卸载的责任,在目的港向收货人交付与提单记载相符的完好货物。

本案中当事人争议的焦点为货损的原因以及货损数额的确定。

根据南通公司与托福公司就货物质量问题(蛋白质和水分)索赔以及达成的协议,由于编号270592合同项下的货物存在质量问题,托福公司补偿南通公司300 000美元。该证据表明托福公司托运的货物在装船前质量就存在水分过高的问题。而豆粕类的货物,水分过高是导致发生霉变的主要原因,对于此点,中国外运江苏集团南通公司和"丹南•光荣"轮共同签章的函件中亦予以认可。本院再审期间,南通公司亦向本院提交了该证据。最高人民法院认为,货物水分过高是造成本案所涉货物发生霉变的主要原因。同时,根据装货时间记录证明,本案装货过程中存在雨天作业的情况,且承运人未能举证证明其在运输途中尽到管货的责任,是造成本案所涉货物发生霉变的次要原因。

根据《中华人民共和国进出口商品检验条例实施细则》第13条的规定,在口岸发现残损的进口商品,收货、用货部门或接运代理人,必须及时向口岸商检机构申请残损鉴定;对残损的部分应分别卸货、分别存放。中华人民共和国商品检验局《海运进口商品残损鉴定办法》第10条亦规定,申请验残鉴定的地点:卸货时发现包装或外表残损的进口商品,必须在卸货港申请当地口岸商检局鉴定。本案货物到港后,南通公司委托江苏进出口商品检验局进行检验,但仅是对货物重量和质量进行检验,商检品质证书仅载明货物的蛋白质和水分的含量不符合合同的要求,并未进行货物残损检验。本案中关于货物损害的数额,原审判决依据的是武汉海事法院委托的湖北省饲料质量监督检验站及华中农业大学畜牧兽医学院于1998年1月20日对"丹南·光荣"轮所载货物进行的残损检验并于1998年2月18日作出的检验报告。最高人民法院认为,该检验是在货物卸离船舶1个月后进行的,且根据南通公司和艺华公司1998年1月15日协议书的内容,在前述检验进行时,已有11 000吨货物被艺华公司提走。由于该检验报告检验的时间超出承运人的责任期间、检验的对象亦不是货物的全部,因此不能反映承运人责任期间货物的实际状况。原审判决以此检验报告作为认定本案货损的依据不当。

根据南通新大港提供的材料和现场勘察记录,卸货时发现的霉变量为560吨,该部分霉变货物已经单独存放并有照片为证,这与中国外运江苏集团南通公司致"丹南·光荣"轮船长的函件、南通新大港储开发有限公司致南通公司的函件以及南通新大港储开发有限公司致"丹南·光荣"轮船长的函件可以相互印证,最高人民法院予以认可。

由于560吨受损货物在卸货时即从全部货物中分离出来,最高人民法院以南通公司在货物到港前与艺华公司签订的销售合同约定的价格与南通公司实际销售货物的最低价之差额作为本案560吨残损货物的价值。

关于南通公司与托福公司就货物质量问题索赔并达成赔偿300 000美元的协议,因南通公司向托福公司索赔的依据是江苏进出口商品检验局的品质证书中认定的货物水分及蛋白质不符合合同要求,最高人民法院认定的货物损失是卸货时部分货物发生霉变,故南通公司从托福公司处获得的300 000美元不再从本案货损赔偿额中扣除。

原审认定的关税、保险费、动植检费、卫检费、包装费、港杂费、堆存费、外运代理费、银行开证费、保证金利息,是进口货物必然发生的,不是因承运人责任引起的,不能作为南通公司的损失;商检费、残检费和港口困难作业费属因本案货损而产生的费用,应由承运人安第斯航运公司承担。

综上,最高人民法院认为原审判决适用法律不全面,认定当事人的责任不当,确定货物损失依据不准确,应予纠正。安第斯航运公司再审申请的部分理由依据充分,应予支持。依照《关于统一提单某些法律规定的国际公约》第1条第(五)项、第3条第1、2、4款,《中华人民共和国民事诉讼法》第153条第1款第(三)项的规定,判决如下:

(1) 撤销湖北省高级人民法院(2000)鄂经终字第107号民事判决;

(2) 撤销武汉海事法院(1997)武海法通商字第29号民事判决;

(3) 巴拿马安第斯航运公司赔偿中国中设(南通)机械进出口公司进口分公司货物损失及因货损导致的其他损失共计人民币727 837.15元(按中国人民银行同期贷款利率从1997年12月5日起算至本判决履行完毕之日止);

(4) 驳回中国中设(南通)机械进出口公司进口分公司的其他诉讼请求。

清洁提单・品质索赔・货物损失

2. 国际多式联运合同纠纷

2.1 多式联运合同的主体识别

1 原告深圳市××国际货运代理有限公司与被告××航运代理有限公司、××综合航运有限公司、××迅航有限公司、××华晖国际货运代理有限公司、××货运联营有限公司、××港航企业集团有限公司多式联运合同纠纷案
案例来源：广州海事法院(2011)广海法初字第632号
主题词：天灾　集装箱运输　陆上运输　多式联运承运人

> **裁判要旨**
>
> **No. HY-2.1-1** 所谓天灾，是指承运人通过采取合理措施后仍不能防止或抵御的并造成货物损坏的自然现象。由于中央气象台已经提前多次发布了台风预报图，且新闻媒体在台风到来之前均有报道，承运人可以采取转移货物等必要措施避免或减少损失的发生，而未采取此类措施，货物损害的发生并非不可预见、不可避免、不可克服的。承运人未履行妥善谨慎地照料和管理货物造成货物损失的，承运人应当承担赔偿责任。
>
> **No. HY-2.1-2** 集装箱货物运输涉及陆上运输和海上运输的，应为多式联运。集装箱货物尚处于交付船舶承运之前的陆上运输的延伸阶段即码头堆存阶段，该区段承运人与合同承运人的权利义务及赔偿应该按照强制适用于区段运输方式的《中华人民共和国合同法》确定。
>
> **No. HY-2.1-3** 《中华人民共和国海商法》第63条关于"承运人与实际承运人都负有赔偿责任的，应当在此责任范围内负连带责任"的规定中的"承运人"专指与托运人订立海上货物运输合同的人，而不是指多式联运的经营人，第63条不适用于多式联运。

一、基本案情

原告：深圳市××国际货运代理有限公司
被告：××航运代理有限公司(以下简称××代理公司)
被告：××综合航运有限公司(以下简称××航运公司)
被告：××迅航有限公司(以下简称迅航公司)
被告：××华晖国际货运代理有限公司(以下简称华晖公司)
被告：××货运联营有限公司(以下简称××货运公司)
被告：××港航企业集团有限公司(以下简称××港航集团公司)
原告深圳市××国际货运代理有限公司诉称：其与被告××代理公司、××航运

公司长期合作,由其寻找国内出口商客户,在其与国内出口商签订运输合同并下订舱单后,被告××代理公司、××航运公司统一安排全程运输。2008年9月,原告承运案外人××铜管(中山)有限公司(以下简称××铜管公司)、××奥托铜业(中山)有限公司(以下简称奥托铜业公司)一批铜管共3个集装箱,自两公司在中山的仓库运至美国港口。该批货物在原告下订舱单后,由被告××代理公司、××航运公司向原告签发提单并安排全程运输。仓库到中山港、中山港到蛇口港的国内运输段,由被告××代理公司安排给被告迅航公司、华晖公司负责。该批货物运至深圳蛇口港后发现集装箱有水湿,随后退回中山港查检,发现其中两个集装箱严重受损。××铜管公司、奥托铜业公司的保险公司××财产保险有限公司广东分公司(以下简称××保险公司)赔付上述货损后向原告提起代位追偿之诉,经一、二审法院审理,广州海事法院作出(2009)广海法初字第575号判决和广东省高级人民法院作出(2011)粤高法民四终字第4号判决(以下简称前案),认定货物在中山港期间因台风受损,并判决原告承担赔偿责任。原告随后与××保险公司达成和解,支付了和解款项33万元(以下无特别注明均指人民币)。原告为举证支付了公证费和工商信息查询费12 860元。请求法院判令:

(1)六被告连带向原告赔偿342 860元及利息(按中国人民银行同期贷款利率自2011年7月18日起计至实际支付日止);

(2)由六被告负担本案诉讼费用。

被告××代理公司、××航运公司辩称:两被告签发的提单不是运输本案所涉受损货物,且提单中记载的托运人为××货运有限公司而非原告,故两被告与原告之间不存在海上货物运输合同关系;即使两被告运输了其中一个集装箱,其只负责在深圳蛇口港货物装船以后的运输,对之前运输不承担责任,而受损的两集装箱货物并未在蛇口港装船;涉案货物损失数额虽经两审法院判决认定,但不代表该损失即为本案货损数额,否则前案当事人不会在法院判决后又和解,达成一个新的赔偿数额;涉案货物的损失发生在码头堆存期间,与两被告无关;原告在前案中抗辩造成货损的原因为不可抗力,本案中也应认定是不可抗力造成货损,被告可依法免责。

被告迅航公司辩称:原告在本案的诉状中所述货物承托关系与其在前案中的表述自相矛盾,且原告未提交有效证据证实其与迅航公司存在运输合同关系,无权以违约之诉向迅航公司主张权利;原告提供的证据表明从中山港到蛇口的运输是由"××929"轮完成,迅航公司不是该轮船东,亦未实际从事涉案货物的任何区段的运输,不是涉案货物的实际承运人,不应承担货损赔偿责任;即使证明迅航公司负责从中山港到蛇口的运输区段,根据生效判决的认定,涉案货损发生在中山港堆存期间,应由该区段负责人与全程承运人负连带赔偿责任,迅航公司从未掌管和控制货物,对货损亦不存在任何过错或侵权事实,原告无权以侵权之诉向其主张权利;关于货物损失数额及不可抗力免责的意见同意被告××代理公司、××航运公司的答辩理由。

被告华晖公司辩称:其为××港航集团公司的船舶代理人,××港航集团公司接受迅航公司的订舱委托后,具体业务由其操作。华晖公司作为代理人而非运输合同的当事人,不是本案的适格被告,其在代理过程中没有过错,不应承担责任;本案中××港航集团公司与其只负责中山港到蛇口港的头程船运输,不负责中山港的仓储业务,而原告提供的证据表明,货损发生在货物堆存期间,是由风暴潮与货柜漏水的混合原因造成的,故××港航集团公司对货损的发生没有过错,不应承担责任;本案已超过诉讼时效,请求驳回原告对华晖公司的诉讼请求。

被告××货运公司辩称:原告以海上货物运输合同纠纷起诉被告,其是涉案货物装货港的码头堆存方,不是海上货物运输合同的当事人,不是本案的适格被告;涉案货物从2008年9月22日运抵中山港码头,其后从中山港运往蛇口港,被退运后又卸于中山港码头,在码头开柜验货后,再运回工厂重新检验,前后约65天,经历多个责任人负责的责任期间,虽然原告在前案中自认货损发生在中山港码头货物装船前的临时堆存期间,但其没有充分证据予以证明;涉案货物在中山港码头堆存期间,因"黑格比"台风导致的风暴潮漫上码头,由于装载涉案货物的货柜密封不严,致使洪水可能通过货柜缝隙进入货柜,由此造成的损失,不应由中山港货运公司承担;原告在前案中自认,涉案货损并非"黑格比"台风带来的大风和大雨造成的,而是由于风暴潮引起的,根据气象资料,仅对"黑格比"台风可能引发强风暴雨有预报,但对其可能导致的风暴潮则没有进行任何预报,故风暴潮是不能预见的;根据中山市三防指挥部在台风过境后发布的通知及情况通报,风暴潮是因天文潮高高潮时段遇上"黑格比"台风过境形成的,不能避免;中山港码头是按抵御50年一遇高潮位标准建造,中山港货运公司在台风来临之前已实施了全面的预防措施,充分履行了管货义务,由于风暴潮没有预报且潮高达到了100年一遇甚至300年一遇的洪潮标准,远远超出了码头的防潮设计能力,风暴潮不能克服,依照《中华人民共和国民法通则》的规定,风暴潮应认定为不可抗力,中山港货运公司不应承担民事责任;原告在前案中抗辩不力,造成前案对涉案货损金额认定不清,应由原告自行承担不利后果;原告的起诉已超过两年的诉讼时效,应驳回其诉讼请求。

被告××港航集团公司辩称:其与原告之间不存在合同关系,其不是海商法意义下的实际承运人;涉案货物在装船之前已被水浸,其在舱单中已作出必要批注,而在其责任期间没有发生任何损坏,故其可以免责;即使在××港航集团公司运输期间发生货损,也是因天灾和货物包装不良所致,不是由于承运人过失造成的,承运人可以免责;关于货损数额的认定,原生效判决的认定不严谨,两个集装箱共44托货物,公估公司只检验了1托即认定货物全损,该认定有瑕疵,不能证明全部货物需回炉加工,也未见证全部货物已回炉加工;涉案货物因风暴潮的影响而受损,风暴潮是否属于不可抗力,有待商榷;本案原告的诉讼请求已超过诉讼时效,不应再受保护,请求驳回原告的诉讼请求。

二、法院查明事实

广州海事法院经审理查明并确认如下法律事实:

被告××代理公司系在××注册的公司,2006年4月4日其中文名称更改为本案现名称,2007年1月2日其英文名称更改为本案现名称。被告迅航公司也系在××注册的公司,于2004年12月10日更改为现中英文名称。原告为查询上述两被告商业登记信息,支付了公证费用6 200元。原告通过查询××综合航运(中国)有限公司工商登记信息,得到其投资方被告××航运公司的商业登记信息,原告为此向上海××网络信息技术有限公司支付了查询服务费660元。

中山市工商行政管理理局的档案资料显示,被告××港航集团公司为被告××货运公司的投资者之一,双方于2000年12月30日签订委托经营管理合同,××货运公司将其公司的经营管理权责交给××港航集团公司,由后者在受委托期间全面负责公司的经营管理工作,××货运公司每年向××港航集团公司支付管理费,××港航集团公司须确保所委托经营管理的公司在委托期间净资产保值,即公司净资产在委托期的最后1年不得少于未委托前的水平,××港航集团公司无权处理所委托经营管理的公司在委托期间的税后利润或其他利益,委托期限为10年,从合同生效之日起至2010年12月底止。××货运公司持有中山市港航管理局2005年1月6日颁发的港口经营许可证。

(一) 关于各当事人身份的识别

1. 原告的法律地位

本院(2009)广海法初字第575号民事判决书查明事实如下:2008年4月8日,××铜管公司与深圳市××国际货运代理有限公司(下文在引用两生效判决书时均称该公司为本案原告)签订了《国际货物运输代理协议书》,双方约定:本案原告向××铜管公司提供运输服务,选择合适的船期安排货物出口到指定的目的港,作业范围包括订舱、工厂接货、拖柜至中山港、货柜装搬、海上运输以及目的港客户车上交货为止。9月5日,奥托铜业公司就其与LUVATA TRANKLIN,INC.公司签订的买卖合同的铜管出口事宜与××铜管公司签订委托协议书,委托××铜管公司办理保险、装箱、运输、报关等出口相关事宜,包括转委托货运代理和无船承运人等。

2008年9月,××铜管公司将两个集装箱装载的货物交由本案原告运输,要求从中山经深圳蛇口运至美国佛罗里达州巴拿马城和田纳西州纳什维尔,集装箱号分别为ZCSU2672215、GVCU4005477,各装22件铜管,分属××铜管公司、奥托铜业公司所有。

上述判决认为:奥托铜业公司委托××铜管公司办理货物运输,××铜管公司就其本人货物以及奥托铜业公司的货物向本案原告托运。××铜管公司与本案原告虽然签订的是《国际货物运输代理协议书》,但该协议的内容表明,本案原告向××铜管公司提供海上运输等服务,从事无船承运业务,并承诺对已签收的货物负责,直至移交给收货人,除法定事由外本案原告应对承运过程中的货物损坏负责。本案原告实际上承担承运人的义务,系承运人,××铜管公司与奥托铜业公司为托运人,双方订立的海上货物运输合同合法有效,对双方均具有法律约束力。

广东省高级人民法院(2011)粤高法民四终字第4号民事判决认为:在该案中要判

断本案原告的身份,应从其与××铜管公司签订的《国际货物运输代理协议书》的具体内容去分析,而不能单凭该协议书名称就认定其是货运代理人。查该协议书的具体内容,以下几点反映出本案原告具备承运人的基本特征:

(1) 该协议书第 1 条协议作业范围明确约定:本案原告向××铜管公司提供运输服务,选择合适的船期安排货物出口到指定的目的港,作业范围包括订舱、工厂接货、拖柜至中山港、货柜装搬、海上运输,以及目的港客户车上交货为止。

(2) 该协议书第 2 条××铜管公司的权利义务约定:本案原告保证其按该协议从事无船承运业务合法并同意向××铜管公司交纳人民币 5 万元作为运输安全保证金。

(3) 该协议书第 2 条本案原告的权利义务约定:其收到××铜管公司的货物出口托运单后按要求安排出口船期的订舱;其应对已经签收的货物负责,直至移交给××铜管公司收货人;因本案原告原因造成船期延误,造成货物逾期送达并给××铜管公司造成损失,按照逾期天数所造成的影响和损失,××铜管公司有权依据法律规定向本案原告索赔,但发生承运人法定免责事由的除外;本案原告在接受××铜管公司委托运输后,依双方协定为××铜管公司安排合适的承运商承运货物;除因法定的承运人免责事由外,原告应对因其过失、故意等原因引起的运期推迟、额外支出、货物短装、破损及其他承运过程中发生的损害负责。

(4) 该协议书第 3 条作业费用约定:运输费及其他所有费用及其调整,由双方以书面形式确认并签字盖章。上述四点充分说明本案原告向××公司提供的是无船承运的运输业务,其明确承诺了对签收的货物负责并按时交货,还收取了运输费,因此,原告是无船承运人,其与××铜管公司签订的合同实质为海上货物运输合同。

2. 各被告的法律地位

2008 年 2 月 13 日,原告与××航运有限公司、××货运有限公司签订协定书,约定由原告与客户签订运输协定,向客户收取相关运输费用,开拓国内客户的国际运输市场,××航运有限公司、××货运有限公司则接受原告的委托,以原告或其本方名义代原告向航运公司及其他承运人订舱或根据原告实际需要提供代订其他运输服务,××航运有限公司、××货运有限公司不负责运输过程中货物损失、损坏、丢失的风险,发生此类风险的,由原告与客户协商处理和/或由原告向实际承运方等责任方追偿。

原告提供的(2011)粤穗广证内经字第 130928 号公证书记载了如下保全行为:原告代理律师杨某在公证员见证下,使用广州公证处的电脑在 google 搜索输入被告××航运公司英文名称×× Integrated Shipping Services Lt.,进入 http://www.××.com 网页后,通过网页上"在线航运服务(On Line Shipping Services)"下的链接进入 gtnexus 网页,在网页上顾客登录(Customer Login)的用户名称中输入 Nelsonlai 名称及密码,登录后在预订项目中输入预订号 HKG1657121、HKG1657184、HKG1657188 查询,在随后出现的网页上点击预订(View Bookings)栏目下的相应预订号,即显示该预订号下的详细内容;订舱号分别为 HKG1657121、HKG1657184、HKG1657188 的订舱状态已被接受(accepted),各运输一个装有铜管的 40 英尺集装箱,承运人为××航运公司,托运人为

××货运有限公司,运输类型为门到堆场/港口,装货港为中国蛇口港,接收地在中国中山市。HKG1657121订舱单下货物的卸港和交付地为美国莫比尔港(Mobile),运输船舶名称为××Shenzhen,17E航次;HKG1657184、HKG1657188订舱单下货物的卸港为加拿大,货物交付地为美国纳什维尔(Nashville),运输船舶名称为××Israel,64E航次和××Iberia,64E航次。被告××代理公司、××航运公司承认www.××.com为××航运公司的网站。

原告提供的(2011)粤穗广证内经字第125071号公证书记载了如下保全行为:原告代理律师杨某在公证员见证下,登录网址http://mail.163.com,输入账号"prcbar"及密码后,进入收件箱,点击打开"Nelson Lai Re:系HKG1657121、HKG1657184、HKG1657188事宜"邮件,邮件头部显示发件人为Nelson Lai,时间为2011年11月7日,邮件正文称:将××货运公司与承运方的相关存留邮件发给原告职员,其中附件1-3是在gtnexus.com订舱平台上订舱后的确认资讯,附件4是被告迅航公司发来的拖柜通知,附件5是迅航公司发来的中山至蛇口的舱单,附件6是迅航公司转发的港口方对于台风影响的声明。

上述邮件附件1—3的内容与(2011)粤穗广证内经字第130928号公证书保全的邮件内容一致。附件4为一份邮件,发件人为Bambooguo,时间为2008年9月19日,内容为:已安排由中山港航码头到蛇口船位,已安排以下吉柜给客户,s/o:Jmkst-Usmob-HKG1657121,Cntr:ZCSU2612622/40′DV等,附件4内还附有一份附件Shipping advise(Hkg1657121,124),打开后为被告迅航公司英文名称抬头拖柜通知,邮件写明由迅航公司/Bambooguo发给××Line-Ms Linda,抄送华晖-阿景/阿杰,内容为:s/o:Jmkst-Usmob- HKG1657121,Cntr:ZCSU2612622/40′DV,s/o:Jmkst-Usmob- HKG1657124,Cntr:ZCSU2671604/40′DV,头程船公司为华晖-阿景/阿杰;拟装载于××Shenzhen,17E航次;报关时间定于23日,头程定于24日;通知右上角标注××包拖。附件5是2009年8月13日从shamprywu@prn.com.hk发至原告职员邮箱的邮件,名称为转发:9—24日中航929出口蛇口舱单(迅航××),该转发的邮件由华晖中山办吴永泰发给××-shamprywu,附件的货物舱单显示,编号为GVCU4005477、GSTU6928640、ZCSU2672215 3个集装箱于2008年9月24日从中山港运到蛇口,收货人为迅航公司和/或××,并注明订舱号 Jmkst-Usmob- HKG1657121、Cavan-Usnvl- HKG1657184、Cavan-Usnvl_HKG1657188。该货物舱单内容与被告××港航集团公司出具的货物舱单中相同集装箱编号下记载的货物名称、重量、付货人名称、收货人名称及封条号码等内容一致。

原告提供的(2011)粤穗广证内经字第125070号公证书记载了如下保全行为:原告代理律师杨某在公证员见证下,使用公证处的计算机登录网址http://www.baidu.com,输入"@prn.com.hk迅航有限公司",在查询结果中点击"江门国际货柜码头",显示的网页中第6个船公司名称即迅航公司,该公司名下的电话、传真、地址均在江门地区,电邮后缀为"@prn.com.hk"。杨某律师再次登陆http://www.goole.com.hk,输入"bambooguo@prn.com.hk迅航有限公司"查询,在贸茂网中显示"××迅航有限公司郭生",其邮箱地址为 bambooguo@ prn. com. hk。

原告为办理上述公证事项,向广州市公证处支付了公证费6 000元。

2008年9月12日,原告向××铜管公司发出拖柜通知,内容与上述 Shipping advise (Hkg1657121 124)附件内容基本一致,只是 HKG1657121 订舱号下的集装箱号更改为 ZCSU2672215/40′GP,××铜管公司在该通知上盖章确认。9月20日,原告向奥托铜业公司发出拖柜通知,写明 Cavan-Usnvl- HKG1657184 订舱号下的集装箱号码为 GVCU4005477,Cavan-Usnvl_ HKG1657188 订舱号下的集装箱号码为 GSTU6928640,两集装箱拟装载于×× Israel,64E 航次;报关时间定于23日,头程定于24日,奥托铜业公司在该通知上盖章确认。

2008年9月25日,被告华晖公司"中航929"轮在中山港装运上述三个集装箱货物时,发现 GVCU4005477、ZCSU2672215 两集装箱有水湿迹象,被告××货运公司在货物舱单中批注该两集装箱货物遭风暴潮,可能水泡受损,船东对货物损失概不负责。货物舱单中还注明收货人为××(迅航)。水湿的两个集装箱运至蛇口码头后,被退运,GSTU6928640 集装箱装载于×× Iberia, 42E 航次,被告××代理公司作为被告××航运公司的代理签发了编号为××uhkg1049041 提单,提单记载的托运人为××货运有限公司,订舱号为 HKG1657188,货物接收地为广东中山,目的港加拿大温哥华(Vancouver),最终目的地美国田纳西州纳什维尔(Nashville TN),运输方式从堆场至内陆柜场(CY/RAMP)。

(二)关于涉案货物损坏的原因

本院(2009)广海法初字第575号民事判决书查明事实如下:本案原告委托华晖公司安排订舱,上述货物于2008年9月22、23日从工厂装运至中山港码头。

2008年9月22日5时,中央气象台发布了14号台风"黑格比"未来72小时路径概率预报图,预计9月24日将从广东登陆,台风中心经过的附近海面的风力可达11—14级。该预报图显示台风中心未来72小时可能经过的区域覆盖中山、深圳等地。

××保险公司提供的中山市三防指挥部办公室的《关于14号强台风"黑格比"引发的风暴潮情况》复印件记载:2008年9月24日凌晨4—5时,14号强台风"黑格比"以极大风速路经中山,引发风暴潮。××保险公司另外提供的××货运公司《关于台风"黑格比"引起的风暴潮浸湿码头部分货物的第二次通知》复印件记载:2008年9月24日2—4时期间,受14号强台风"黑格比"造成的风暴潮的影响,中山港国际货柜码头水位急剧上升,超过历史记录,风暴潮造成中山港码头面水浸最高处达到0.5米,中山港码头货物及机械设备部分被水浸湿。

本案原告于2008年12月6日和2009年1月6日向××铜管公司、奥托铜业公司作出情况说明称:××铜管公司于2008年9月23日和9月24日安排两个集装箱的出口报关事宜,两个集装箱货物于9月25日头程从中山港出发驶往深圳,并于9月26日抵达蛇口码头。迅航公司负责从中山至深圳蛇口的运输,其于2008年9月27日和9月28日告知本案原告包括本案货物在内的货柜因强台风"黑格比"造成风暴潮的影响,可能有被水泡的情况,蛇口码头不可以安排开柜验货,故货物于9月30日在蛇口装船退运,10月4日卸于中山港码头,××铜管公司于10月6日在中山港码头参加开柜验货,发现ZCSU2672215号集装箱货物表面有问题,GVCU4005477号集装箱货物表面未发现问题,两个集装箱货物需要退回工厂重验。

由于台风"黑格比"于2008年9月24日凌晨路经中山,当时涉案货物存放于中山港码头,至9月25日才从中山运往深圳蛇口。从上述事实可以推断涉案货物于2008年9月24日在中山港码头存放期间受台风"黑格比"引起的风暴潮影响而遭受水浸,造成损失。

上述判决认为:本案原告主张其对该案不可抗力引起货损不负赔偿责任。根据《中华人民共和国海商法》第51条的规定,不可抗力没有被列为承运人对责任期间发生的货损不负赔偿责任的情形,但是根据该法第46条第1款和第51条第1款第(三)项的规定,承运人对集装箱装运货物的责任期间是指从装货港接收货物时起至卸货港交付货物时止,货物处于承运人掌管之下的全部期间,在承运人责任期间发生的货物损坏是由于天灾原因造成的,承运人不负赔偿责任。上述条款的天灾是指承运人通过采取合理预期的各种措施后,仍不能抵御或防止的,并直接造成货物灭失或损害的自然现象。本案原告安排拖车前往工厂装运货物前,中央气象台已经发布了台风预报图,反映了台风强度、台风登陆时间、台风中心预计经过的区域,均可能对该案货物运输产生影响,新闻媒体及气象部门在台风到来之前也已经大量预报,因此对于该次台风可能造成的影响,本案原告作为专业的国际货运代理有限公司,应当比一般市场主体具有更专业的预见能力,可以采取转移货物等必要措施避免和减少损失发生,货损的发生并非不可预见、不可克服和不可避免,不构成"天灾"的免责事由。本案原告没有履行《中华人民共和国海商法》第48条关于承运人应当妥善地、谨慎地装载、搬移、积载、运输、保管、照料和卸载所运货物的义务。根据《中华人民共和国海商法》第46条的规定,在承运人责任期间,货物发生灭失或者损坏,除本节另有规定外,承运人应当负赔偿责任。综上,涉案货损发生在本案原告的责任期间,本案原告应对其责任期间内的货损承担赔偿责任。

广东省高级人民法院(2011)粤高法民四终字第4号民事判决确认上述判决查明的事实,并认为本案原告是无船承运人,其与××铜管公司签订的合同实质为海上货物运输合同。另认为2008年9月22日凌晨5时,中央气象台已经发布了台风"黑格比"预计9月24日将从广东登陆且台风中心经过的附近海面的风力可达11—14级,而本案原告委托的案外人华晖公司仍然于2008年9月22、23日从工厂将货物装运至中山港码头。而且,9月24日凌晨4—5时,台风"黑格比"以极大风速路经中山,引发风暴潮,但是本案原告仍然安排两个集装箱货物于9月25日头程从中山港出发驶往深圳并于9月26日抵达蛇口码头,在该运输过程中两个集装箱货物因遭遇风暴潮导致可能存在被水泡的情况,最终被退运回中山港码头。上述事实表明,涉案货损的发生事由并非不可预见,在中央气象台已经发布了台风预报并预计台风中心经过的附近海面的风力可达 11—14 级的情况下，本案原告并没有考虑台风可能对运输产生不利影响，仍然从工厂将货物运至中山港码头，且在台风升级为风暴潮之后亦未及时停运，仍将货物从中山港码头运至蛇口码头，由此可见，本案原告作为承运人，没有及时采取措施保护所运货物以避免损失的发生，其对涉案货损的发生存在过失，不能引用"天灾"事由免责。此外，根据本案原告出具的情况说明的记载，涉案货柜存在缝隙，风暴潮使部分洪水通过货柜底部木盘缝隙进水，这也说明本案原告作为承运人并没有妥善地、谨慎地装载所运货物，没有尽到其所签订的《国际货物运输代理协议书》中关于对签收的货物负责的合同义务，亦违反了《中华人民共和国海商法》第 48 条关于承运人应当妥善地、谨慎地装载所运货物的法定义务。

（三）关于货物损失价值的认定

广州海事法院(2009)广海法初字第 575 号民事判决书查明事实如下：

××铜管公司、奥托铜业公司就其从中山等地出运的铜管，按 1982 年 1 月 1 日协会货物条款(A)等条款向××保险公司投保，××保险公司出具了保单，保险期间自 2008 年 7 月 2 日至 2009 年 7 月 1 日。

××保险公司提供的商业发票、装箱单和出口货物报关单、运费明细单显示，ZC-SU2672215 号集装箱装运的铜管运至美国佛罗里达州巴拿马城，成交方式 CIF，总价为 165 292.64 美元，其中包含 FOB 中国中山价款 160 973.64 美元，海运费 4 100 美元及美国内陆运费 219 美元。GVCU4005477 号集装箱装运铜管的单价为每吨 8 975.23 美元，总价为 163 792.56 美元，成交方式为 CIF，包含海运费 5 066 美元和其余价款 158 726.56 美元，货物运至美国纳什维尔。

××保险公司委托深圳恒信达保险公估有限公司在××铜管公司参与下，于 2008 年 10 月 9 日对××铜管公司工厂内的涉案两个货柜进行现场查勘。该公估公司在 10 月 22 日出具的公估报告载明：货柜顶部及部分铜管包装的塑料膜内外层多处有大量水珠，部分木托出现局部发霉，但并未发现铜管有明显氧化或其他质变现象，××铜管公司表示铜管在受潮气影响后需约 50 天左右才能看到明显的氧化效果。深圳恒信达保险公估有限公司在 11 月 25 日再次对未回炉处理的 1 托(6 卷)铜管进行开卷检验，发现 3 卷铜管氧化，其中两卷外表明显氧化，1 卷打开铜卷后内部出现连续性氧化斑点。此次事故估计原因是"黑格比"台风引起风暴潮，导致货柜在码头存放期间受水浸泡，造成货柜内铜管因潮气而氧化受损，铜管氧化后无法正常销售，无法维修，必须回炉。因铜管在拉制成型后被收成卷状，必须将铜管完全打开才可以看见内部的氧化斑，为查明铜管氧化受损情况，必须将所有铜管打开检查，但铜管打开后，包装无法复原，铜管没有氧化也要回炉，对铜管的检验是一个破坏性的检验过程，因此，此次事故涉及的铜管全部报废。按照 2008 年 10 月 6 日美元兑人民币中间价 1∶6.8197 计算，集装箱号为 GVCU4005477 内的铜管折合人民币 1 125 322.24 元。集装箱号为 ZC-SU2672215 内的铜管折合人民币 1 118 925.91 元。上述两个集装箱内铜管的价值为 2 244 248.15 元。因回炉处理的铜管很大程度上可作为原料铜，综合考虑原料铜购买价和铜管回炉损耗等因素,按每吨49 000元计算本案铜管的残值为1 789 970元。扣除货物残值后本次事故最终损失理算金额为454 278.15元。

2009年2月23日,××保险公司向××铜管公司、奥托铜业公司支付本案货物损失的保险赔款454 278.15元,并向深圳恒信达保险公估有限公司支付了公估费9 587元。

本案原告没有向××铜管公司收取涉案两个集装箱的运费。中国人民银行授权外汇交易中心公布的2008年9月24日美元兑人民币中间价为1∶6.8129。

上述判决认为:上述托运的货物为××保险公司所承保的保险标的,××保险公司按照保险合同的约定向被保险人××铜管公司与奥托铜业公司作出了保险赔付。根据《中华人民共和国海商法》第252条第1款的规定,××保险公司取得代位求偿权,有权代位被保险人××铜管公司、奥托铜业公司请求本案原告赔偿货物损失。

涉案的两个集装箱并未运至目的地,本案原告也未收取运费,因货物贸易的成交方式为CIF,所以货物损失应减去运费。ZCSU2672215号集装箱装运铜管的总价165 292.64美元,减去运费4 100美元和219美元之后为160 973.64美元,按照中国人民银行授权外汇交易中心公布的2008年9月24日美元兑人民币中间价为1∶6.8129计算,折合人民币为1 096 697.31元。GVCU4005477号集装箱装运铜管的总价163 792.56美元,减去运费5 066美元后为158 726.56美元,折合人民币为1 081 388.20元。因此涉案两个集装箱装运铜管的价值为2 178 085.51元,扣除货物残值1 789 970元后实际损失为388 115.51元。

该案没有证据表明货损是由于本案原告的故意或者明知可能造成损失而轻率地作为或不作为造成的,因此,本案原告有权根据《中华人民共和国海商法》第56条第1款规定的赔偿限额赔偿损失。××保险公司请求赔偿的货物损失为454 278.15元,未超过赔偿限额,但是比货物实际损失388 115.51元多,对超出部分的请求不予支持。××保险公司支付保险赔款中的388 115.51元所产生的利息损失依法应由本案原告承担。××保险公司于2009年2月23日向被保险人作出的454 278.15元保险赔付,其中388 115.51元的利息应从2009年2月24日起,按中国人民银行公布的人民币同期贷款利率计算至本判决确定的支付之日止。

××保险公司请求的公估费不属于法律规定的承运人的损失责任范围,对该项请求不予支持。上述判决判令本案原告赔偿××保险公司货物损失388 115.51元及其利息(利息从2009年2月24日起,按照中国人民银行同期人民币流动资金贷款利率计算至本判决确定的支付之日止)。

广东省高级人民法院(2011)粤高法民四终字第4号民事判决认为,本案原告在二审中主张原审法院计算的损失过高并对公估报告提出质疑,但未能提供证据予以反驳,故二审法院对原审法院有关货物实际损失金额的认定予以维持。

二审法院于2011年6月16日作出上述判决后,原告与××保险公司于2011年7月15签订和解协议,由原告支付33万元给××保险公司作为其纠纷的全部和最终解决方案,7月18日,原告付清该款。

另查明:广东省航运规划设计院于2008年10月8日出具的《中山港扩建工程码头面顶标高问题答复》称,该院于1992年6月完成中山港扩建工程水文分析报告,报告根据中山港下游约4公里的横门水文站的长期系列资料,结合该港潮水位的特征,推求得到中山港扩建工程的各设计潮位数值,其码头前沿高程复核标准按50年一遇的高潮位加超高值确定的2.51米,码头面设计标高为2.65米,满足规范要求。

中山市三防指挥部及其办公室于2008年9月22—23日先后发布了6份防御台风"黑格比"的通知。9月24日,中山市三防指挥部在"关于强台风'黑格比'登陆的通知"中称:由于24日凌晨4—5时,正值天文潮高潮时段,而此时刚遇14号强台风"黑格比"极大风速路经该市,潮水借助强劲台风推波助澜。引发了风暴潮,横门、灯笼山水文站分别出现2.73米和2.74米水位,打破了2.62米和2.65米的历史记录。9月26日,中山市三防指挥部办公室出具的《14号强台风"黑格比"引发的风暴潮情况》说明横门水文站超2.63米100年一遇洪潮标准,灯笼山水文站超300年一遇洪潮标准。

三、法院裁判

广州海事法院认为,本案是原告作为无船承运人就货物运输合同中货物损失对外赔偿后向实际承运人提起的追偿诉讼,原告在庭审中选择货物运输合同关系的诉由。涉案货物运输从托运人工厂起运,通过拖车运输、水路运输和海上运输等方式将货物运至目的港后再通过其他运输方式运至内陆柜场,符合《中华人民共和国海商法》第102条第1款的规定,故本案是一宗含有海运区段的多式联运合同纠纷。

根据最高人民法院《关于海事法院受理案件范围的若干规定》第11条的规定,本案应由海事法院专门管辖。因本案货物运输的始发地在本院辖区范围,依照《中华人民共和国民事诉讼法》第28条之规定,本院依法具有管辖权。

本案货物运输的接收地为中国中山,目的港分别为美国和加拿大,7位当事人住所地分别在我国大陆、香港和以色列,故本案具有涉外、涉港因素。由于各方当事人在庭审中均选择适用中华人民共和国法律,根据《中华人民共和国涉外民事关系法律适用法》第3条的规定,本案争议适用中华人民共和国法律处理。

前案生效判决认定原告为涉案海上货物运输的无船承运人,对涉案货物在承运人责任期间内发生的货损承担赔偿责任。原告在支付赔偿款给代位托运人要求赔偿的保险人××保险公司之后,有权向第三人提起追偿。生效判决于2011年6月16日作出,原告于2011年9月13日向本院递交诉状,未超出《中华人民共和国海商法》第257条规定的90日追偿时效期间,故原告的诉讼请求仍在诉讼时效之内。

原告诉称被告××代理公司、××航运公司统一安排全程运输,而该两被告辩称未承运涉案受损货物,即使其签发了类似原告提供的证据17的提单,该提单显示的托运人为××货运有限公司而非原告,该提单能证明的也是××货运有限公司而非原告与两被告之间存在海上货物运输合同关系;提单显示两被告仅负责货物在蛇口港装船以后的运输,原告提供的证据不能证明两被告实际履行了中山港到蛇口港之间的运输。原告为证明其主张提供的证据为原告委托××货运有限公司代为订舱的电子邮件。对于该电子邮件的真实性如何认定,可从以下方面判断:

第一,订舱邮件是从被告××航运公司的网页上链接的订舱平台上查询而来,××航运公司的网页是通过在 goole 搜索栏中输入该公司英文名称而得出的结果,被告××航运公司也承认该网站为其所有,通过该公司官网上的链接进入的订舱平台,应视为该公司确认客户可以在该订舱平台上预订航运服务。虽然电子邮件确实有被改动的可能,但可根据计算机系统是否正常运行来推定电子证据的真伪。在本案中,被告××航运公司没有提及相关计算机系统存在不正常运行的情况,也没有提交相关证据以否认电子邮件的真实性,其反驳的依据不足。

第二,从相关证据的相互印证关系来分析,通过订舱平台预订航运服务的有3个集装箱,3个集装箱一起从工厂起运,因其中两个集装箱水湿未能在蛇口装船,另一个完好集装箱装船后两被告签发了提单,提单上记载的订舱号、托运人、货物接收地、装港、卸港及货物交付地等内容与电子邮件记载一致。两被告承认该提单格式是真实的,但未正面回答该提单的真实性与否,只称该提单与本案无关,且称需核实有无签发该提单,却一直未予答复,因原告提交的该提单与原件一致,两被告又未能提出足以反驳的相反证据,故应认定该提单的证明力。两被告否认原告向其订舱的方式及流程,但对其实际已承运的货物又未能提交托运人向其要约及其承诺的不同方式或过程,应视为两被告虽对原告提交的证据有异议但没有足以反驳的相反证据,对其反驳主张不予支持。

第三,从被告华晖公司、中山港航公司庭审陈述及提交的证据来判断,两公司称迅航公司委托其从事水路区段运输,在出口货物舱单中也记载了3个集装箱的收货人均为××公司(迅航公司),而且其中一个集装箱也确实运到蛇口港交给被告××航运公司装船海运,可证明未装船的两个水湿集装箱也是拟装载于××航运公司的船舶上。

第四,经托运人××铜业公司、奥托铜管公司签章确认的拖柜通知显示的订舱号、拟装运船舶名称航次均与电子邮件的记载相同,说明这些信息在原告当时从事该票运输时已存在,订舱邮件是原告在货损发生后为推卸责任而制造的假邮件的可能性较低。

第五,××航运公司签发的提单中,虽记载运输方式从堆场到内陆柜场,但在货物接收地一栏则记载为中山,与该公司在庭审中关于责任期间从蛇口港装载上船舶开始的陈述不符,也印证了电子邮件中承运人的责任期间是从门到门。

综上所述,法院确认原告通过××货运有限公司向被告××航运公司订舱的电子邮件的真实性。订舱电子邮件记载被告××航运公司的运输类型为门到堆场/港口,故××航运公司的责任期间从门开始,即从托运人工厂接收货物时起。原告主张被告××航运公司统一安排全程运输的理由充分,法院予以支持。

订舱电子邮件及提单显示的托运人为××货运有限公司,该公司与原告签订了协定书,由该公司以原告或其本方的名义代原告向航运公司及其他承运人订舱。根据《中华人民共和国合同法》第 403 条第 1 款"受托人以自己的名义与第三人订立合同时,第三人不知道受托人与委托人之间的代理关系的,受托人因第三人的原因对委托人不履行义务,受托人应当向委托人披露第三人,委托人因此可以行使受托人对第三人的权利,但第三人与受托人订立合同时如果知道该委托人就不会订立合同的除外"的规定,原告作为委托人可以行使受托人××货运有限公司对被告××代理公司、××航运公司的权利。

提单显示,××代理公司是作为××航运公司的代理签发该提单的,原告提供的订舱邮件和拖柜通知中也显示××代理公司并非涉案运输合同承运人,而是承运人的代理人,故因履行合同产生的权利义务,应由被代理的××航运公司享有和承担,××代理公司不承担责任。

涉案货物运输是含海运区段的多式联运,被告××航运公司接受原告订舱,承诺其责任期间从门到堆场/港口,因此××航运公司是涉案运输的多式联运经营人。虽然原告提供的证据尚不足以证明陆路运输区段的承运人为何人,根据《中华人民共和国海商法》第 103 条"多式联运经营人对多式联运货物的责任期间,自接收货物时起至交付货物时止"以及第 104 条第 1 款"多式联运经营人负责履行或者组织履行多式联运合同,并对全程运输负责"的规定,自涉案货物从××铜管公司、奥托铜业公司工厂运出时起,便处于被告××航运公司的责任期间。涉案货物在码头堆存期间受损,此时货物虽已交付了码头管理,但其仍然处在被告××航运公司的责任期间,故××航运公司仍应履行其谨慎管理货物的义务。被告××航运公司统一安排了涉案货物的运输,应对涉案货物的全程运输负责,其却未尽到谨慎义务,导致了货物受损的后果,其对此负有不可推卸的法律责任。××航运公司辩称货损的原因属于不可抗力,其没有过失,可以免除赔偿责任。对此问题,前案生效判决已认定涉案货损的发生事由并非不可预见,原告作为无船承运人,没有及时采取措施保护所运货物以避免损失的发生,其对涉案货损的发生存在过失,不能以"天灾"为由免责。此外,根据原告出具的情况说明的记载,涉案货柜存在缝隙,风暴潮使部分洪水通过货柜底部木盘缝隙进水,这也说明原告作为承运人并没有妥善地、谨慎地装载所运货物,违反了《中华人民共和国海商法》第 48 条关于承运人应当妥善地、谨慎地装载所运货物的法定义务。该认定对于作为实际组织安排涉案运输的被告××航运公司同样适用,故××航运公司不能免责。

原告以被告××代理公司、××航运公司负责全程运输,其余四被告分别负责某一区段运输为由,要求六被告承担连带赔偿责任。因涉案货物的损坏发生在港口堆存环节,根据《中华人民共和国海商法》第 105 条"货物的灭失或者损坏发生于多式联运的某一区段的,多式联运经营人的赔偿责任和责任限额,适用调整该区段运输方式的有关法律规定"之规定,处理本案赔偿责任问题应适用《中华人民共和国合同法》等法律。《中华人民共和国海商法》第 63 条规定中"承运人与实际承运人都负有赔偿责任的,应当在此项责任范围内负连带责任"的"承运人"是专指与托运人订立海上货物运输合同的人,而不是指多式联运的承运人,故该规定不适用于本案,而《中华人民共和国合同法》第 313 条系对单式联运合同中合同承运人及区段承运人责任承担的规定,而本案的运输方式为多式联运,故原告该请求没有法律依据,不予支持。

关于涉案货物的损失金额,六被告虽提出质疑,但未能提供证据予以反驳,且该损失金额已经前案生效判决认定,原告在此后与前案债权人达成和解协议,履行了赔偿义务,赔付的款项少于生效判决的认定,原告的赔付行为并未损害本案被告的利益,因此原告要求被告按其实际赔付的金额予以赔偿,法院予以支持。原告于 2011 年 7 月 18 日支付了赔偿款项,故该款利息应从 2011 年 7 月 19 日起按中国人民银行公布的人民币同期贷款利率计算至本判决确定的支付之日止。原告要求六被告赔偿其支付的公证费和工商信息查询费,根据《中华人民共和国民事诉讼法》第 64 条第 1 款的规定,当事人对自己提出的主张,有责任提供证据。原告为支持其诉讼请求而调查收集证据所花费的费用,应由其自行负责。

综上所述,依照《中华人民共和国海商法》第 103 条、第 104 条第 1 款、第 105 条,《中华人民共和国合同法》第 311 条,《中华人民共和国民事诉讼法》第 64 条第 1 款的规定,判决如下:

(1) 被告××综合航运有限公司赔偿原告深圳市××国际货运代理有限公司 330 000 元及其利息(按中国人民银行公布的人民币同期贷款利率从 2011 年 7 月 19 日起计至本判决确定的付款之日止);

(2) 驳回原告深圳市××国际货运代理有限公司的其他诉讼请求。

本案受理费 6 286 元,由被告××综合航运有限公司负担。原告预交的诉讼费用经原告申请,由本院清退,被告××综合航运有限公司应将负担的诉讼费用直接向本院缴付。

以上给付金钱义务,应于本判决生效之日起 10 日内履行完毕。

如果未按本判决指定的期间履行给付金钱义务,应当依照《中华人民共和国民事诉讼法》第 229 条之规定,加倍支付迟延履行期间的债务利息。

❷ 上诉人上海磊德国际货运代理有限公司与被上诉人何祖明国际多式联运合同纠纷案

案例来源:浙江省高级人民法院(2011)浙海终字第 1 号
主题词:货代公司　多式联运　主管机关笔录　货物损坏金额的确定

裁判要旨

No. HY-2.1-4　货代公司接受了货物,并约定其将货物由发货人仓库经海路运至卸货港并交至收货人仓库,为门到门运输,是多式联运。多式联运经营人未依约完成运输、交付货物义务的,应当承担违约的赔偿责任。

No. HY-2.1-5 由于货物采用预约申报方式,并无货物价值信息,只能根据主管机关的笔录、同类运输方式调查情况等客观状况合理确定货物损坏金额。

一、基本案情

上诉人(原审被告):上海磊德国际货运代理有限公司(以下简称磊德公司)

被上诉人(原审原告):何祖明

宁波海事法院审理查明:2008年6月,磊德公司的法定代表人吴刚与案外人何正宏、傅天津约定由何正宏、傅天津组织货源,由磊德公司将货物从浦江何祖明的仓库运至莫斯科仓库,即门到门运输,运输和报关手续均由其负责,另支付每个货柜押金20万元。货物运到后,由收货人支付运输、报关等一切费用。何祖明于2008年6月18日将压缩打包后的23包共2311公斤的双层裤装上磊德公司派来接货的集装箱车运走,一同装上这一集装箱的还有傅春龙、郑水根、傅水玲、傅爱林等人的服装。何祖明又于6月30日将43包(每包240条)共5000公斤的裤子装上磊德公司派来接货的集装箱车运走,一同装上这一集装箱的还有傅玉前、傅超人、傅爱林、郑明、郑小灿等人的服装。磊德公司收货后支付每个集装箱20万元的押金,由傅天津、何正宏将押金转交给各货主,其中何祖明根据其货物体积比例收到押金56 000元。之后,磊德公司将何祖明及各货主的货物名称、材质、件数等情况填写在2008年6月18日《上海磊德国际货运代理有限公司货物装箱单》(箱号ECMU9724690)和2008年7月12日《船期货物明细表》两份装箱单上。2009年9月18日,磊德公司的法定代表人吴刚在前述装箱单的复印件上分别加盖其公司公章并写上"本公司从未收到过客户保险费",署名后交给何祖明等人。迄今为止,何祖明未收到货物提取通知单。何祖明因要求磊德公司承担其损失未果,遂于2009年12月3日诉至浙江省浦江县人民法院,请求判令磊德公司赔偿货物损失438 720元,扣除已收押金56 000元,计382 720元,并承担一审诉讼费。该案后因管辖问题依法移送至宁波海事法院。

二、一审裁判

宁波海事法院审理认为:根据审理查明的事实,本案系国际多式联运合同纠纷。磊德公司作为承运人,在收到何祖明等人交付的涉案货物后,理应根据约定和惯例将货物运抵目的地。但迄今为止,磊德公司不能明确货物下落,何祖明及收货人亦未收到货物到达莫斯科的提取通知书。时过两年多,磊德公司未依约完成将货物运到莫斯科的义务,已经明显超过合理的运输期限,应推定货物灭失,且其未提出合理的免责事由,故应依法赔偿何祖明的货物损失。本案中,证明涉案货物价值的举证责任在于何祖明,而根据现有证据,难以确认货物的价值。但货物出运却是客观事实,故宁波海事法院综合全案证据,酌情认定每个集装箱货物的价值为人民币544 000元。至于何祖明货物的价值,根据其在每个集装箱20万元押金中所分得的押金比例进行计算,故磊德公司应赔偿何祖明152 320元(544 000元×56 000元/200 000元),扣除已付的押金56 000元,尚应支付何祖明96 320元。综上,何祖明诉请磊德公司支付货款损失的主张部分有理,对合理部分予以支持。磊德公司抗辩其与何祖明不存在法律关系,理由不足,不予采信。依照《中华人民共和国民事诉讼法》第64条第1款、《中华人民共和国合同法》第60条第1款和《中华人民共和国海商法》第46条第1款的规定,宁波海事法院于2010年10月18日判决:① 磊德公司于判决生效之日起10日内支付何祖明人民币96 320元;② 驳回何祖明的其余诉讼请求。如果未按判决指定的期间履行给付金钱的义务,应当依照《中华人民共和国民事诉讼法》第229条之规定,按银行同期存款利息加倍支付迟延履行期间的债务利息。案件受理费人民币7 041元,由何祖明负担5 269元,磊德公司负担1 772元;财产保全费2 433元,由磊德公司负担。

三、上诉与答辩

磊德公司不服原审判决,向浙江省高级人民法院提起上诉称:

(1)原判认定双方当事人之间存在事实上的货物运输合同关系错误。磊德公司事先并不认识何祖明等货主,何祖明等人委托了何正宏,对磊德公司而言,何正宏是委托人,其与磊德公司之间存在货运代理合同关系,磊德公司与何祖明等人之间不存在任何合同关系,不应承担本案责任。

(2)原判根据何正宏在公安机关作出的"如遗失的给赔集装箱每只8万美元"供述内容,确定本案的赔偿额度缺乏事实根据。磊德公司支付的人民币20万元押金即为每只集装箱的最高赔偿额,此为行业惯例,故即使发生货损,磊德公司也不应再承担赔偿责任。原判错误,应改判驳回何祖明的全部诉讼请求。

被上诉人何祖明在收到原审判决后,也曾提交了上诉状,认为原判确定磊德公司承担赔偿责任正确,但未按货物的实际价值确定赔偿数额错误,要求予以调增赔偿款额。后因其未交纳二审案件受理费,视为其自动撤回上诉。其针对磊德公司的上诉理由辩称:磊德公司所称与事实不符,磊德公司应承担本案赔偿责任。

四、二审裁判

浙江省高级人民法院认为:磊德公司虽注册登记为货运代理公司,但其在收取本案货物后,未能提供货物的承运人和货物的去向,宁波海事法院据此将磊德公司识别为承运人,并根据本案货物需完成陆、海路运输出口至俄罗斯的事实将本案确定为国际多式联运合同纠纷并无不妥。磊德公司称其系接受何正宏的委托,办理货物出运事宜,但未能提供相应证据予以佐证。其虽与何祖明等货主没有直接的书面合同,但其法定代表人吴刚曾交予何正宏多份加盖磊德公司印章的空白运输协议用以揽货;何正宏初次到浦江县揽货时是与吴刚一道前往;磊德公司将各货主的货物名称、材质、件数等情况填写于《上海磊德国际货运代理有限公司货物装箱单》以及向各货主支付押金等行为足以表明磊德公司承运事务的交易对象系货主何祖明等人,而非何正宏。磊德公司作为承运人,在收取何祖明等货主的货物后,未依约完成运输、交货义务,其应当承担赔偿货物损失的责任。至于赔偿数额,何祖明虽未能举证证明涉案货物的实际价值,但宁波海事法院根据货物交付过程中的参与人何正宏在公安机关的讯问笔录,结合对同类运输方式的调查情况,确定每个集装箱货物的赔偿总额,并根据何祖明所获货物押金数额在每个集装箱押金中的比例,计算确定何祖明的货损金额及其可获赔偿的价款亦无不当。磊德公司认为其在收取货物后给付货主的押金即为最高赔偿数额,因无相应的书面协议或其他证据可资认定,浙江省高级人民法院不予采信。磊德公司的上诉理由不能成立,浙江省高级人民法院不予支持。原判认定事实清楚,适用法律正确,实体处理恰当。依照《中华人民共和国民事诉讼法》第153条第1款第(一)项之规定,判决如下:

驳回上诉,维持原判。

3 上诉人上海亚东国际货运有限公司与被上诉人温州市东风运输有限公司及原审被告俄罗斯联邦远东运输有限公司、远东船务代理有限公司国际多式联运合同纠纷案

案例来源:浙江省高级人民法院(2010)浙海终字第64号

主题词:包税运输 海铁联运 诉讼时效

> **裁判要旨**
>
> **No. HY-2.1-6** 多式联运合同包含承运人代为清关内容时,对因清关产生的纠纷时效,应该适用《中华人民共和国民法通则》关于诉讼时效的规定;诉讼时效起算及诉讼时效中断均应依照《中华人民共和国民法通则》的规定计算。
>
> **No. HY-2.1-7** 承运人或多式联运经营人收取货物未签发正本提单仅交付副本提单复印件的,未依照托运人指示而将货物交付给第三人,致使托运人无法控制、收回货物的,承运人或多式联运经营人应该向托运人承担赔偿责任。

一、基本案情

上诉人(原审被告):上海亚东国际货运有限公司(以下简称亚东公司)

被上诉人(原审原告):温州市东风运输有限公司(以下简称东风公司)

原审被告:俄罗斯联邦远东运输有限公司[Дальневосточная транспортная группа (Россия), FAR EAST TRANSPORTATION LTD.,以下简称远东运输公司]

原审被告:远东船务代理有限公司(FAR EAST SHIPPING AGENCY LTD.,以下简称远东代理公司)

宁波海事法院审理查明:2004年,远东运输公司与东风公司曾签订过一份包税运输协议,由远东运输公司以海铁联运方式全程承运东风公司交运的货物,并负责在目

的港清关送货，运输条件为温州仓库到莫斯科收货人指定仓库，包括全程运费、清关费、送货费和拖车费在内 26 000 美元/40′高箱，货物丢失按 357 000 美元/40′高箱赔偿并退还相应运费。同年 7 月，东风公司将由特拉斯公司和爱得利公司委托的涉案 3 票货物交付运输，集装箱号分别为 FINU3591609、FINNU3583835、FINU3597886。远东运输公司于 2004 年 7 月 1 日和 22 日分别签发了电放提单，运费预付，托运人东风公司，起运港宁波，卸货港 VOSTOCHNY，交付地 KOTKA。货物以远东代理有限公司作为托运人交朝阳公司承运。因在目的港一直未收到货物，东风公司于 2005 年 6 月 15 日致函远东运输公司上海代表处询问，远东运输公司上海代表处沈杰于 2005 年 6 月 29 日回复称，因莫斯科总部正在与扣货的俄罗斯海关协商，如有海关处理结果，将给出进一步的解决方案；沈杰还于 2006 年 10 月 27 日向东风公司出具一份说明，称其于 2003 年 1 月至 2005 年 7 月 1 日在远东运输公司上海代表处工作，2005 年 6 月 15 日东风公司曾就前述 3 个集装箱货物未运达目的地交付问题来函查问，之前及之后一直与该上海代表处联络，由于远东运输公司莫斯科总部一直没有明确回复，问题至今没有解决方案。2006 年 6 月 1 日，远东运输公司上海代表处首席代表 Christiana Dobrynina 出具说明，称前述 3 个集装箱货物被迫停在维堡(Vyborg，俄罗斯港口)进行海关检查，发现这几个柜与实际货物编码不符，货物已被没收。另查明，东风公司已经向亚东公司支付涉案 3 个集装箱货物运费 9 900 美元与 THC 等杂费人民币 2 730 元，并分别于 2005 年 7 月 22 日和 7 月 25 日就涉案 FINU3591609、FINU3583835 和 FINU3597886 集装箱货物运输向爱得利公司和特拉斯公司各赔偿 35 000 美元、35 000 美元和 60 000 美元。东风公司诉至宁波海事法院，请求判令：

（1）亚东公司、远东运输公司、远东代理公司连带赔偿集装箱 FINU3591609 和 FINNU3583835 货物损失各 35 000 美元、FINU3597886 货物损失 60 000 美元，共计折合人民币 1 001 000 元；

（2）亚东公司、远东运输公司、远东代理公司连带返还运费 9 900 美元（折合人民币 76 230 元）与 THC 等杂费人民币 2 930 元；

（3）亚东公司、远东运输公司、远东代理公司连带承担本案诉讼费用。

二、一审裁判

宁波海事法院审理认为：本案系国际多式联运合同纠纷，运输始发地为温州，远东运输公司和远东代理公司在我国均设有代表机构，依照《中华人民共和国民事诉讼法》第 28 条和第 241 条的规定，该院对本案具有管辖权。《包税运输协议》约定，庭审中当事人确定适用我国法律，构成当事人对合同争议处理适用法律的选择，根据《中华人民共和国合同法》第 126 条第 1 款的规定，本案适用中华人民共和国法律。《中华人民共和国国际海运条例》第 34 条第 2 款规定："外国国际船舶运输经营者以及外国国际海运辅助企业在中国境内设立的常驻代表机构，不得从事经营活动。"远东运输公司上海代表处虚构"菲泰来国际运输有限公司"，印制企业名片，刊登业务广告，在我国境内揽货,从事国际多式联运,代办货物在目的港的清关,并借用其他企业账户收取运杂费,其行为不仅具有欺诈性,且损害的对象具有不特定性。东风公司与远东运输公司之间的国际多式联运合同关系,依《中华人民共和国合同法》第52条第(五)项的规定,应确认无效。《中华人民共和国合同法》第58条规定:"合同无效……,有过错的一方应当赔偿对方因此所受到的损失。"东风公司已向货主赔偿涉案3个集装箱的货物损失,并支付了相关运杂费,有权要求远东运输公司承担赔偿责任。没有证据表明双方之间已就涉案货物运输和清关另行作出过明确约定,货物灭失损失赔偿责任可按双方之间的包税运输协议处理。根据包税运输协议,远东运输公司对涉案货物的责任包括国际多式联运以及货物在俄罗斯的清关。经东风公司询问后,远东运输公司称货物在维堡被海关没收,无论是否属实,其后果均应由其承担,不构成免责事由。因此,东风公司要求远东运输公司赔偿损失的诉讼请求有理,但其未举证货物实际价值,赔偿金额可按包税运输协议确定,为每集装箱35 000美元,共计货物损失105 000美元、运费损失9 900美元、其他杂费损失人民币2 730元。东风公司主张汇率为每美元兑人民币7.7元,未超过其向特拉斯公司和爱得利公司赔偿当时中国人民银行规定的美元兑人民币中间汇率,可予采纳。按该汇率计算,以上损失共计人民币887 460元。亚东公司应当知道远东运输公司上海代表处虚构企业名称在我国境内违法从事经营活动,而向其出借账户,根据最高人民法院《关于出借银行账户的当事人是否承担民事责任问题的批复》的规定,应对上述损失承担连带赔偿责任。没有证据表明远东代理公司参与了涉案货物的经营活动,东风公司要求远东代理公司承担连带责任的诉讼请求,于法无据,不予采信。亚东公司抗辩所称东风公司无诉权与本案查明的事实不符,也缺乏法律依据,均不予采信。

本案远东运输公司所承担的义务不限于海上货物运输,甚至也不限于国际多式联运,还包括了在收取高额费用的情况下负责货物在俄罗斯的清关。远东运输公司称货物在维堡被海关扣押并没收,本案有关货物灭失赔偿请求权的诉讼时效,不适用《中华人民共和国海商法》第257条的规定,而应当适用《中华人民共和国民法通则》第135条,诉讼时效期间为两年;有关诉讼时效中断事由,也应当适用《中华人民共和国民法通则》第140条的规定,而不适用《中华人民共和国海商法》第267条。货物于2004年7月1日和24日装船出运后,东风公司于2005年6月15日函致远东运输公司上海代表处,要求交付货物或者赔偿损失,而该代表处沈杰于2005年6月29日回复称,其莫斯科总部正在与俄罗斯海关协商,等待进一步的解决方案;而其首席代表Christiana Dobrynina于2006年6月1日告知东风公司货物被海关没收。在远东运输公司承担货物清关义务的情况下,应当认定至2006年6月1日起,东风公司才知道其权利受到损害,因此,至2007年4月24日东风公司向该院提起诉讼,未超过法律规定的诉讼时效期间。何况,即使从货物应当交付时起计算诉讼时效,2005年6月15日东风公司已经向远东运输公司提出交付货物或者赔偿损失的要求,依《中华人民共和国民法通则》第140条的规定,构成诉讼时效中断,至东风公司向该院提起诉讼,也未超过两年的诉讼时效。因此,亚东公司关于东风公司起诉已超过诉讼时效的抗辩,理由不成立,不予采纳。

综上,东风公司要求远东运输公司、亚东公司连带赔偿货物损失的诉讼请求,合理部分予以支持,超过部分不予保护;其要求被告远东代理公司承担连带责任的诉讼请求,予以驳回。依照《中华人民共和国民事诉讼法》第64条第1款、第130条,《中华人民共和国合同法》第52条第(五)项、第57、58条、第126条第1款,《中华人民共和国民法通则》第135条、第140条和最高人民法院《关于出借银行账户的当事人是否承担民事责任问题的批复》之规定,于2009年6月18日判决:

(1)远东运输公司(FAR EAST TRANSPORTATION LTD.)应在判决生效后10日内偿付东风公司经济损失人民币887 460元;

(2)亚东公司应对判决第一项的履行负连带责任;

(3)驳回东风公司的其他诉讼请求。

如果未按判决指定的期间履行给付金钱义务,应当依照《中华人民共和国民事诉讼法》第229条之规定,加倍支付迟延履行期间的债务利息。案件受理费人民币14 530元,由东风公司负担人民币2 590元,远东运输公司和亚东公司连带负担人民币11 940元。

三、上诉与答辩

亚东公司不服原审判决,向浙江省高级人民法院提起上诉称:

(1)一审法院适用法律错误,本案已过诉讼时效。本案案由为海上货物运输合同货物灭失纠纷,应优先适用《中华人民共和国海商法》第257条关于1年的时效规定,东风公司起诉时间已超过诉讼时效。

(2)东风公司未能证明货物已经灭失。其提供的证据来源不明,形成于境外且未进行公证认证;从内容上看均为外文表述,东风公司也未提供专业机构的翻译文本,不能认定案件事实。

(3)东风公司未提交全套正本提单,宁波海事法院没有依据认定货物确已灭失。

(4)东风公司未提交其已经支付赔款的银行凭证,不能证明其存在损失。

(5)亚东公司从未收到过涉案运费。宁波海事法院认定"出借账户"的依据是林晨杰、周杰锋个人汇款给亚东公司的水单,但是上述两个自然人是何身份与东风公司何关系,宁波海事法院没有进行调查清楚。请求撤销原审判决,依法驳回东风公司的全部诉讼请求。

东风公司庭审中答辩称:

(1)本案系因履行《包税运输协议》引发的争议,协议约定远东运输公司所承担的合同义务不仅限于海上货物运输,也不限于国际多式联运,还包括了目的港清关等事宜,且远东运输公司称货物在目的港被海关扣押并没收,故货物损失的发生不是海上特殊风险所造成的,应当适用《中华人民共和国民法通则》有关诉讼时效的规定;

（2）依照《包税运输协议》的约定，远东运输公司负有在目的港办理货物清关并交付货物的义务，而远东运输公司已确认货物被目的港海关没收，货物灭失的事实清楚；

（3）东风公司在原审中提供电放提单副本，远东运输公司已在其提供的副本提单原件中加盖了电放章，即按电放货物的通常做法，其不签发正本提单，直接出具一副本原件并盖章注明"B/L SURRENDERED & TLX RELEASED"（提单已交回，电报放货），可知本案没有签发过正本提单；

（4）东风公司向实际货主赔偿不仅有收款收据，而且其与货主之间也有合同为依据，能够相互印证赔偿的金额；

（5）东风公司与远东运输公司间的运费包括报关费、THC费、订舱费、商检费、电放费等均是通过亚东公司支付的，亚东公司明知远东运输公司在我国境内从事违法经营活动，而违法出借账户，其收取的全部运费应视为其非法所得，故原审判决认定其应对货物损失承担连带赔偿责任并无不当。

四、二审裁判

根据亚东公司的上诉理由和请求以及东风公司的答辩意见，本案二审争议的焦点为：一是本案是否已过诉讼时效。二是涉案货物是否灭失以及东风公司是否已向他人作出赔偿。三是亚东公司是否收到涉案货物的运费以及应否承担责任。对于浙江省高级人民法院归纳的争议焦点，双方当事人均无异议。针对争议焦点，浙江省高级人民法院分析认定如下：

1. 本案是否已过诉讼时效

本案系国际多式联运合同纠纷，争议内容源于履行《包税运输协议》，但并非限于海上货物运输，故应适用《中华人民共和国民法通则》第135条有关诉讼时效的一般规定。同理，有关诉讼时效中断事由，也应当适用该法第140条的规定。涉案货物于2004年7月1日和24日装船出运后，东风公司最终被告知货物被海关没收的时间为2006年6月1日。因此应当认定2006年6月1日起东风公司方知道其权利受到损害，其于2007年4月24日向宁波海事法院提起诉讼，未超过法律规定的诉讼时效期间。亚东公司关于东风公司起诉已超过诉讼时效的上诉理由不能成立。

2. 涉案货物有否灭失以及东风公司是否已向他人作出赔偿

东风公司在原审中提供电放提单副本，该副本上盖章注明"B/L SURRENDERED & TLX RELEASED"，意为提单已交回，电报放货。可见东风公司所称其不持有正本提单有事实依据。东风公司主张该票货物灭失，已由远东运输公司驻上海办事处首席代表Christiana Dobrynina 于2006年6月1日确认，该确认函系在我国境内形成，无须办理相关公证认证，且东风公司一审中提交的一系列证据，可以印证这一事实。宁波海事法院据此确认货物已灭失并无不当。东风公司向实际货主赔偿有收款收据，且也有其与货主之间的合同相印证，亚东公司认为东风公司未赔偿货方与事实不符，宁波海事法院对此抗辩理由不予支持并无不当。

3. 亚东公司是否收到涉案货物的运费以及应否承担责任

东风公司一审中提交证据两份,系林晨杰给亚东公司的电汇凭证以及林晨杰通知周杰锋汇款的指令,该电汇凭证中收款人的账号 316191-00001085282 以及指令中的账号 106204-1400304000469-1,亚东公司一、二审中确认系亚东公司的人民币账号和美元账号;对于林晨杰的身份,东风公司与远东运输公司的《包税运输协议》中,林晨杰系代表东风公司的签署人,据此可以确认林晨杰代表东风公司。亚东公司否认收到东风公司的汇款,没有事实依据。根据最高人民法院《关于出借银行账户的当事人是否承担民事责任问题的批复》之解释,亚东公司应当承担相应责任。原审判决认定其对东风公司的货物损失需承担连带责任亦无不当。

综上,浙江省高级人民法院认为,东风公司已向货主赔偿涉案货物损失,并支付了相关运杂费,其有权要求远东运输公司承担赔偿责任。亚东公司违规出借账号事实清楚,应当依法承担连带责任。亚东公司的上诉理由,没有事实和法律依据,浙江省高级人民法院不予支持。原审判决认定事实清楚,适用法律正确。依照《中华人民共和国民事诉讼法》第153条第1款第(一)项之规定,判决如下:

驳回上诉,维持原判。

2.2 多式联运的责任承担

4 原告上海通富国际物流有限责任公司厦门分公司与被告宁波市镇海港通船务有限公司沿海多式联运合同纠纷案
案例来源:厦门海事法院(2009)厦海法商初字第523号
主题词:沿海多式联运　灭失赔偿　市场价格

裁判要旨

No. HY-2.2-1　合同双方约定自发货人仓库接收货物,经公路运至港口堆场、水路运至卸货港,再经公路运至国内收货人堆场,双方形成沿海多式联运合同法律关系,应该按照《中华人民共和国合同法》第317条的规定履行义务。

No. HY-2.2-2　在合同未约定情况下,国内沿海多式联运的货物的灭失赔偿额应该按照交付或者应当交付时货物到达地的市场价格计算。

一、基本案情

原告:上海通富国际物流有限责任公司厦门分公司
被告:宁波市镇海港通船务有限公司
原告诉称:2009年6月15日,原告与被告签订一份《沿海内贸货物托运委托书》,委托被告于2009年6月18日承运一票塑料粒子(化学名EMA),运输方式为门到门,即被告从厦门国贸泰达物流有限公司壕头仓库(以下简称泰达仓库)装货,经公路运至厦门港堆场,再经水路从厦门港运往宁波港,最后经公路运往余姚市,并将货物交给收货人余姚市建佳电器配件有限公司(以下简称建佳公司)。合同签订后,被告指示司机于2009年6月16日到泰达仓库提取了原告托运的货物,即1937包、净重48.425吨的EMA。货物送到目的地后,收货人查收发现货物短少3.025吨/121包。原告赔偿了客户39325元(人民币,下同)。被告未依约将货物安全送给收货人,造成货物短少,应承担损害赔偿责任。为此诉请判令被告赔偿原告货物短少损失39325元及该款自起诉日2009年11月5日起按中国人民银行同期贷款利率计算的利息。

被告辩称:第一,原告提供的《商品出库通知单》不具有真实性,无法证明货物短少。从泰达仓库到厦门东渡港的路程约为7公里,行车时间不需10分钟,在该路程不可能造成货物短少。集装箱在厦门港码头过磅时的重量为45吨有余,目的地收货人确认集装箱铅封完好,货物数量与码头过磅一致,所以被告到泰达仓库提取的货物数量为45吨有余而非48.425吨货物。第二,本案实行整箱货交接。被告向原告提供空集装箱和在仓库中收取整箱货,但没有装箱、拆箱和验货的义务。被告在《商品出库通知单》上的签字只是确认去仓库收货而不是确认该单据上记载的货物数量,仓库是代表托运人装箱封签的。根据《国内水路货物运输规则》,当装箱和拆箱义务人不是承运人时,集装箱以封签完好为交接标准。因此,在包装完好的情况下,被告不承担赔偿责任。第三,原告索赔数额缺乏依据,其证据不能充分证明已支付给委托人39323元赔款,并且原告与收货人之间明确以封签完好为货物交接的标准,在收货人确认封签完好的情况下,原告没有义务赔偿给收货人。即使其确实赔偿了收货人,但原告在办理运输时未声明货物价值并对货物进行保价运输,其在收货人未提交任何证据证明是进口货物以及货物价值的情况下,仅凭收货人的主张就给予赔偿,显然不合理,赔款也不能作为证明货价的依据。原告在无法证明货物价值的情况下,其诉讼请求应当驳回。

二、法院查明事实

厦门海事法院查明:2009年6月15日,昊尊公司与建佳公司签订一份《工矿产品销售合同书》,约定昊尊公司将48.425吨EMA售与建佳公司,单价为13000元/吨,卖方代办运输并承担运费。随后,昊尊公司委托原告将其售与建佳公司的上述货物从厦门运至余姚。原告接受委托后,以自己的名义委托被告安排运输,并于2009年6月与被告通过传真方式签署一份《沿海内贸货物托运委托书》,载明:原告托运的货物为2个集装箱EMA,净重48.425吨、1937包(25公斤/包),被告以门到门的方式为原告运输,托运人原告,装货港厦门,装箱地点泰达仓库,卸货港宁波,最终目的地余姚,收货人建佳公司,运费为3600元/箱,合计7200元。

2009年6月16日,被告安排拖车到泰达仓库拖运案涉货物。泰达仓库制作的《商品出库通知单》上记载的货物数量为共48.425吨、1937包,被告拖车司机在该通知单上签名确认。案涉两个集装箱由被告司机封签,但封签时间不明。案涉货物后运至厦门港东渡码头,过磅显示两箱货物重量分别为24.3吨和20.9吨。2009年6月23日,被告经水路将货物运抵宁波后又经公路运抵建佳公司。根据被告制作的《集装箱送箱(货物)交接单》显示,两箱货物签封完好。经拆箱清点后,发现两箱货物仅有1816包,共计45.4吨,破包损150公斤。建佳公司在《送货回执单》上作了相应签注,并将短少货物相应的货款39 325元从本应付给昊尊公司的货款中扣除。

2009年7月10日,昊尊公司就短少的3.025吨货物向原告发出索赔函,指出:该批货物进口的单价为1 660美元/吨,报关核税后成本为16 500元左右,原告应按当前销售价格13 000元/吨赔偿短少货物的损失39 325元。7月23日,原告通过电汇向昊尊公司赔付了39 325元。2009年7月13日,原告就货物短少3.025吨/121包的事宜通过特快专递方式向被告厦门办事处发出《货物短少通知函》,要求被告尽快落实短少货物的情况。被告对原告的索赔要求未予回复。另查明,13 000元/吨的单价低于中国纺织网公开的多数EMA厂商报价。

三、法院裁判

厦门海事法院认为,本案为沿海多式联运合同纠纷。原告与被告通过传真方式签订了《沿海内贸货物托运委托书》,该委托书的主体适格、内容合法,是双方当事人的真实意思表示,依法应确认为有效合同。双方约定被告从厦门泰达仓库接收货物,经公路运至厦门港堆场,再经水路从厦门港运往宁波港,最后经公路运至余姚,双方据此形成以原告为托运人、以被告为多式联运经营人的沿海多式联运合同法律关系。被告作为多式联运经营人,应当依照《中华人民共和国合同法》第317条的规定履行相应义务。本案争议的焦点在于:

1. 案涉货物是否在被告责任期间发生短少

根据原告提交的《托运委托书》以及庭审时双方当事人的确认,被告为原告提供的是"门到门"运输服务,因此被告作为多式联运经营人的责任期间就是从厦门泰达仓库接收货物时起到运至余姚将货物交给建佳公司时止。被告辩称其司机到泰达仓库提取的货物数量45吨有余与集装箱在码头过磅和交给建佳公司的数量相符,且集装箱封志完好,说明货物未发生短少。厦门海事法院认为,《商品出库通知单》上记载的货物数量为1937包计48.425吨,根据通常的行为规则,被告司机在该单据上签名,即应视为其对所记载内容的确认,表明其所接收的货物数量为1 937包计48.425吨。由于案涉两个集装箱由被告提供并由被告司机封签,但封签的时间不明,因此码头过磅数量与交货数量接近以及交货时集装箱封志完好,只能证明货物在码头装船后至运抵目的地期间没有发生短少,并不能否定被告司机在《商品出库通知单》上确认的提取EMA1937包计48.425吨的事实。因被告将货物运至余姚交给建佳公司时数量仅为1 816包计45.4吨,短少了121包计3.025吨,此短少发生在被告掌管货物期间,被告作为多式联运经营人应当承担相应的赔偿责任。

沿海多式联运·灭失赔偿·市场价格

2. 短少货物的价值应如何确定

原告要求被告按其赔偿给客户的数额进行赔偿,并为证明其赔款的合理性提交了一系列证据。厦门海事法院认为,建佳公司在证据10之一《工矿产品销售合同书》上关于扣除货款39 325元的签注、昊尊公司向原告索赔39 325元的函件、原告付款39 325元给昊尊公司的电汇凭证,上述证据形成完整的证据锁链,可以证明原告已因短少3.025吨货物而赔付了39 325元的事实。根据上述证据,39 325元系以《工矿产品销售合同书》约定的单价13 000元/吨×3.025吨所得。依照《中华人民共和国合同法》第312条的规定,在当事人没有约定的情况下,货物毁损、灭失的赔偿额应当按照交付或者应当交付时货物到达地的市场价格计算。13 000元/吨的单价是货物到达地收货人建佳公司购得的EMA单价,比原告提交的可以从互联网上公开查询到的EMA厂商报价更低,说明建佳公司、昊尊公司和原告计算赔款是有依据而且合理的。被告质疑原告索赔单价的合理性,但未提出任何相反证据,故厦门海事法院对其质疑理由不予采纳。被告作为多式联运经营人,应当赔偿货物在其掌管期间短少3.025吨而给托运人即原告造成的损失,包括货物赔款39 325元以及该款自原告赔付之日起的利息。原告主张从2009年11月5日起计算利息,应视为放弃部分利息主张,厦门海事法院予以准许。

综上,依照《中华人民共和国合同法》第107、311、312条的规定,判决如下:

被告宁波市镇海港通船务有限公司应在本判决生效之日起10日内赔偿原告上海通富国际物流有限责任公司厦门分公司货物短少损失39 325元及该款自2009年11月5日起至本判决确定应付之日止按中国人民银行确定的金融机构同期一年期贷款基准利率计算的利息。

5 原告中国×××股份有限公司深圳分公司与被告惠州×××运输有限公司、天津×××物流有限公司多式联运合同纠纷案

案例来源:广州海事法院(2010)广海法初字第273号
主题词:多式联运经营人　区段承运人　货损赔偿责任

裁判要旨

No. HY-2.2-3　多式联运经营人可以与参加多式联运的各区段承运人就多式联运合同的各区段运输约定相互之间的责任,但该约定不影响多式联运经营人对全程运输承担的义务。承运人作为多式联运经营人,对于由区段承运人负责的区段运输承担义务,因此,在多式联运中,由于陆路区段承运人的原因造成的货物损失,该承运人应当承担货损责任。

一、基本案情

原告：中国×××股份有限公司深圳分公司
被告：惠州××运输有限公司(以下简称惠州××公司)
被告：天津××物流有限公司(以下简称天津××公司)

原告中国×××股份有限公司深圳分公司诉称：2009年5月13日，嘉士伯啤酒（广东）有限公司(以下简称嘉士伯公司)委托招商局物流集团惠州物流有限公司(以下简称招商局物流惠州公司)运输一批啤酒由蛇口至北京，运输方式为多式联运，其中蛇口港至天津港为水路运输，天津至北京为陆路运输。之后，招商局物流惠州公司将该批货物委托惠州××公司运输，承运船舶为"新武汉0038N"。惠州××公司作为涉案运输的多式联运经营人，将天津至北京陆路区段的运输委托给天津××公司承运。5月22日，上述货物在天津运至北京的过程中受损。原告与招商局物流惠州公司签订了《承运人责任保险预约保险协议》，原告根据保险协议的约定赔付了180 662.4元货物损失取得代位求偿权。请求判令两被告连带赔偿原告损失180 662.4元及利息(自原告赔偿保险金之日起至判决确定的返还之日，按中国人民银行同期流动资金贷款利率计算)；两被告承担本案诉讼费。

惠州××公司无答辩意见。

惠州××公司在举证期间内提供了涉案肇事司机妻子出具的保证书用以证明货物没有全损。

惠州××公司在举证期限过后又提供了运输价格表，用以证明招商局物流惠州公司和惠州××公司之间的运输价格中包含代理费用，双方为代理关系。

被告天津××公司提供了书面答辩意见称：

（1）其未和招商局物流惠州公司签订任何协议，双方没有任何关系；

（2）关于涉案货损只是一小部分，为骗取保险金，招商局物流公司亲自到天津销毁了剩余未损坏的啤酒；

（3）其已和惠州××公司就有关损失作了相应的赔偿，早已了结此事；

（4）对于保险公司所赔付的187 662.4元属于涉案啤酒的全部价值，皆因招商局物流惠州公司把剩余的啤酒全部销毁，人为地扩大损失，对于扩大损失部分和我公司没有任何关系。鉴于上述原因，其不负任何责任。

二、法院查明事实

广州海事法院经审理查明并确认如下法律事实：

1. 签订合同的事实

2008年8月1日，嘉士伯公司与招商局物流惠州公司签订了《内贸集装箱运输服务合同》。该合同约定：嘉士伯公司委托招商局物流惠州公司将内贸货物(主要为啤酒产品)按嘉士伯公司指定的地点起运，经发运地的陆上短途运输、海上运输和目的港陆上运输,运至嘉士伯公司的收货人地点;运输采取集装箱海运形式,或集装箱多式联运方式,运输条款为门到门,由招商局物流惠州公司提供国际标准海运集装箱;嘉士伯公司负责装箱、计数、自行封箱、如实填写所装箱货物的数量、收货点拆箱,并在招商局物流惠州公司签发的集装箱货物装箱单上签收确认;招商局物流惠州公司必须按嘉士伯公司填写的《沿海内贸货物托运委托书》进行相关的操作,货物发出后,须将箱号、运单及有关单证及时交予嘉士伯公司;该合同有效期为 2008 年 8 月 1 日至 2009 年 7 月 31 日。

2009 年 4 月 1 日之前,招商局物流惠州公司和惠州××公司签订了《国内沿海集装箱货运合同》。该合同约定:招商局物流惠州公司视惠州××公司为该公司在国内沿海集装箱运输的主要承运人之一,根据合同附件运输价格表中所列线路,由惠州××公司负责代理港到门的海陆集装箱多式联运运输;招商局物流惠州公司应正确填写自定义格式的《沿海内贸货物运输委托单》,并加盖业务专用章以书面形式传真至惠州××公司并确认;招商局物流惠州公司若要求更改订舱委托书的内容或取消订舱要求时必须以书面形式通知惠州××公司,经双方确认后操作,若货物已进港或离港,惠州××公司应全力配合招商局物流惠州公司,因此产生的费用经双方确认后,惠州××公司凭单据实报实销;在承运期间,惠州××公司对托运货物应负安全保管责任,凭集装箱货物封印正确完好进行交接。由于惠州××公司过错造成的货物短缺、损坏、变质,惠州××公司应根据货物的实际损失赔偿招商局物流惠州公司;因惠州××公司的过错造成货损、货差、毁损、丢失,惠州××公司应向招商局物流惠州公司赔偿货物全部损失;惠州××公司将按货物销售价值赔偿招商局物流惠州公司,如果在招商局物流惠州公司声明货物价值的前提下,货物将按声明价值计算,丢失或损毁货物的往返运输费由惠州××公司自行承担;本合同正文、运输价格表,由双方代表签字盖章后生效,有效期从 2009 年 4 月 1 日起至 2010 年 3 月 31 日止。该合同附件运输价格表备注 1 约定,价格包含税、代理费用,为港到门的运输包干价。

2008 年 9 月 23 日,惠州××公司和天津××公司签订了运输合同。该合同约定:天津××公司承运惠州××公司从天津新港至天津周边附近的啤酒的集装箱运输业务;大津××公司应保证惠州××公司托运的货物安全,其承运期间,货物发生毁损和灭失,除由于《汽车货物运输规则》第 68 条规定的可以免责的情况外,其应负按价赔偿的责任,在发生货损、货差时及时通知惠州××公司,有责任协助办理保险索赔的取证工作;惠州××公司有义务按合同规定支付运输及配送费用;本合同有效期自 2008 年 9 月 19 日起至 2009 年 12 月 31 日止,合同期满后,双方如无异议,可顺延 1 个月。

2. 涉案货物运输的事实

2009 年 5 月 13 日,招商局物流惠州公司向惠州××公司签发了《沿海内贸货物托运委托单》。该委托单记载:船名为新武汉 0038N,配载日期为 5 月 17 日,装货港为蛇口,卸货港为天津,最终目的地为北京,离港时间为 5 月 17 日,预计到达时间为 5 月 20 日。该委托单声明:招商局物流惠州公司签署委托书时已视惠州××公司为其代理人,并委托惠州××公司代签运单及代办沿海运输、公路、铁路运输、码头操作及费用结算。

惠州××公司收到招商局物流惠州公司的委托单后向涉案船公司订舱,之后将订舱单发给招商局物流惠州公司。

5月14日,招商局物流惠州公司派粤BAA362拖车到涉案船公司提取了两个20英尺空集装箱到嘉士伯公司装货,装货情况为:两个集装箱各装货1360件,毛重都为20吨,箱号和封号分别为CCLU3744353、Z920887和CCLU3639208、Z920889。

涉案集装箱货物经拖车运至蛇口港堆场,由"新武汉0038N"轮经海运运至天津港。

涉案集装箱货物被运至天津后,经惠州××公司的委托,天津××公司承运了天津至北京陆路区段的货物运输。

5月22日,天津××公司派豫PA1509拖车运送涉案集装箱货物,由驾驶员康东广前往送货。24日凌晨,当车辆行至京津塘高速上行84公里处时遇到情况。根据天津市公安局交通管理局高速支队津塘大队出具的《道路交通事故认定书》记载,康东广驾驶机动车违反操作规范,负事故全部责任。

6月15日,天津××公司出具的《运输车辆货物事故及处理概况》记载:由于司机采取措施不当,致使车辆翻入沟内,车辆与集装箱脱离,造成车辆严重损坏,集装箱变形,箱内啤酒几乎全部破碎。经过交警现场勘查,车辆近乎报废,集装箱已修复回空,啤酒全部报废,尚存生锈、漏气320箱(临时购买的无商标新纸箱,清理出稍好一点的拼凑120箱)。

3. 有关保险、出险、理赔及相关方索赔的事实

2008年12月30日,原告和招商局物流公司签订了CQTSZ090001号《承运人责任保险预约保险协议》,被保险人包括招商局物流公司及其直接控股公司和/或其联营公司和/或其子公司和/或其他的利益有关方,但以其相关权益为限。

原告接到报案后,于2009年5月27日委托北京君恒保险公估有限责任公司到现场勘查。该公估公司出具《公估报告》记载如下:5月28日,查勘人员到达塘沽国储833堆场,现场集装箱铅封完好,由于车主要求,没有拆箱。6月1日,查勘人员与车主杨秀菊共同拆箱清点啤酒。经过3天清理,两个集装箱啤酒几乎全部损坏,损坏的啤酒分破碎和漏气(瓶盖生锈)两种,外包装纸箱全部湿损。由于天气炎热,集装箱内啤酒堆放处发臭,堆放的啤酒瓶全部当垃圾清理掉,故没有残值。由于没有受损的货物发票,向厂家询价为每箱73.8元,受损2720箱,核损金额为200736元,保险存在10%的免赔额,理算金额为180662.4元。

6月1日,嘉士伯公司向招商局物流惠州公司发出索赔函,称:啤酒经过翻车激烈碰撞,根据此前质量风险的试验结果及处理结果,在瓶盖和瓶口密封处,会存在肉眼看不出的泄漏,会造成两种质量事故:一为饮用时没有二氧化碳;二为发生微生物感染,啤酒变质。因此,即使肉眼暂时不能发现任何质量问题,在后续的流通环节中也存在

极大的质量风险。为保护公司品牌形象，公司管理层指示翻车啤酒全部销毁报废，瓶子也必须销毁。两箱啤酒共计 2 720 箱，每箱货值 73.8 元，共 200 736 元，请做好有关赔偿准备工作。

8 月 27 日，嘉士伯公司向招商局物流惠州公司开具了涉案货物金额为 200 736 元的 01534273 号发票。

10 月 12 日，招商局物流惠州公司向原告发出赔款说明，称其于 2009 年 8 月 27 日向嘉士伯公司赔偿了 200 736 元（发票号为 01534273）。

10 月 29 日，原告向招商局物流公司赔付了 180 662.4 元。

另查明：招商局物流惠州公司为招商局物流公司的分公司。

三、法院裁判

广州海事法院认为，根据《中华人民共和国海事诉讼特别程序法》第 93 条"因第三人造成保险事故，保险人向被保险人支付保险赔偿后，在保险赔偿范围内可以代位行使被保险人对第三人请求赔偿的权利"的规定，原告于 2009 年 10 月 29 日依据保险协议支付了保险赔款，取得了代位招商局物流惠州公司对第三人请求赔偿的权利。

依据招商局物流惠州公司与惠州××公司双方签订的《国内沿海集装箱货运合同》的约定，惠州××公司为主要承运人之一，负责代理港到门的海陆集装箱多式联运运输，对托运货物负有安全保管责任，表明双方成立海路、陆路集装箱多式联运合同关系，该合同是双方当事人真实意思表示，且不违反我国现行法律、行政法规的强制性规定，应合法有效，双方当事人均应依约履行。对于合同附件运输价格表中的运输包干价包括代理费，以及沿海内贸货物托运委托单中"招商局物流惠州公司签署委托书时已视惠州××公司为其代理人"的声明，仅仅是合同在履行过程中的履行方式，不能作为合同定性的主要依据。所以，对于惠州××公司主张双方为代理关系的辩称，法院不予支持。惠州××公司以自己的名义和天津××公司签订的运输合同，权利、义务明确，具备货物运输合同的特点，双方成立货物运输合同关系。综上，本案第一宗含有海路、陆路的多式联运合同纠纷案，惠州××公司为负责全程运输的多式联运经营人，天津××公司为陆路运输的区段承运人。

根据《中华人民共和国合同法》第 318 条"多式联运经营人可以与参加多式联运的各区段承运人就多式联运合同的各区段运输约定相互之间的责任，但该约定不影响多式联运经营人对全程运输承担的义务"的规定，惠州××公司作为多式联运经营人对于由区段承运人天津××公司负责的区段运输承担义务。对于天津××公司负全部责任造成的涉案货物损失，惠州××公司应当承担相应的责任。

依据招商局物流惠州公司和惠州××公司签订的《国内沿海集装箱货运合同》中"因惠州××公司的过错造成货损、货差、毁损、丢失，惠州××公司应向招商局物流惠州公司赔偿货物全部损失，惠州××公司将按货物销售价值赔偿招商局物流惠州公司"的约定，惠州××公司应当承担按货物销售价格赔偿的责任。

多式联运经营人·区段承运人·货损赔偿责任

对于原告请求天津××公司连带承担赔偿责任的诉讼请求,没有事实、法律依据,不予支持。

关于货物是否全损及其销售价格。根据认定的事实,除了检验报告认定货物无残值之外,天津××公司出具的《运输车辆货物事故及处理概况》也承认了箱内啤酒几乎全部破碎,啤酒全部报废。即使存在一部分没有破碎的啤酒,考虑到啤酒的特性、质量及安全因素,认定涉案货物全损也是合理的。所以,对于原告关于涉案货物全损的主张,法院予以支持。关于货物的销售价格,原告提供了嘉士伯公司出具涉案货物的增值税发票来证明涉案货物的价值为200 736元,法院予以认可。所以,对于原告请求惠州××公司赔偿180 662.4元损失的诉讼请求,具有事实和法律依据,予以支持。

关于利息。对于原告关于利息的请求,符合法律规定,予以支持,应当于原告实际支付保险金次日起算。

综上,依据《中华人民共和国合同法》第318及《中华人民共和国海事诉讼特别程序法》第93条的规定,判决如下:

(1)被告惠州××运输有限公司偿付原告中国×××股份有限公司深圳分公司180 662.4元及利息(从2009年10月30日起算,至本判决确定的支付之日止按中国人民银行同期人民币流动资金贷款利率计算)。

(2)驳回原告中国×××股份有限公司深圳分公司其他的诉讼请求。

本案受理费4 053元,由被告惠州××运输有限公司负担。

上述金钱给付义务,应于本判决生效之日起10日内履行完毕。

如果未按本判决指定的期间履行给付金钱义务,应当依照《中华人民共和国民事诉讼法》第229条的规定,加倍支付迟延履行期间的债务利息。

6 原告东莞宇扬电子有限公司与被告翊达海空货运(香港)有限公司海上货物运输合同纠纷案

案例来源:广州海事法院(2008)广海法初字第337号
主题词:多式联运　货物灭损赔偿额的确定　货物到达地的市场价格

裁判要旨

No. HY-2.2-4　在多式联运方式下,货物灭失或损坏发生在某一区段的,多式联运经营人的赔偿责任按照该运输区段的有关法律规定确定,在国内陆路运输区段应该适用《中华人民共和国合同法》的规定。

No. HY-2.2-5　由于多式联运经营人未尽谨慎义务致货物在运输期间被盗,造成托运人损失的,经营人应该承担赔偿责任。陆路运输方式下,在合同没有约定情况下,货物灭失的赔偿额应该按照交付或应当交付时货物到达地的市场价格确定。

一、基本案情

原告：东莞宇扬电子有限公司

被告：翊达海空货运（香港）有限公司

原告诉称：2007年10月12日，原、被告双方签订运输合同，约定由被告将台北美上美股份有限公司（以下简称美上美公司）委托原告加工的FA405M3TYPEE（69-5950E）读卡器线路板等货物运往美上美公司。10月26日，原告接到被告通知，称该批货物在途中丢失。事情发生后，美上美公司向原告发出求偿申请表，要求原告赔偿其材料损失。再加上原告的加工费损失，涉案事故共给原告造成损失人民币340 168.63元。而被告只愿意根据《华沙公约运输条例》按照最高金额每公斤10美元，赔偿原告6 290美元。原告与被告多次协商未果，为保护自己合法的财产权益，请求法院判令被告赔偿原告货物损失人民币212 781元以及加工费损失人民币127 387.63元，合计人民币340 168.63元，并判令被告承担本案诉讼费用。

原告提交了以下证据：① 美上美公司出具的求偿申请书；② 堡达股份有限公司（以下简称堡达公司）向美上美公司出具的发票；③ 原告向被告出具的托运单；④ 出口货物报关单；⑤ 部品订单。

被告辩称：① 原告与被告虽然没有直接签订书面运输合同，但是双方长期的合作已经形成运输惯例，原、被告之间的纠纷属于海运纠纷，应属《中华人民共和国海商法》调整；② 被告作为全程承运人已经遵守诚信原则，在货物运输以及仓储过程中尽到承运人的职责，并无过失；③ 原告请求的损失于法无据，被告愿意根据《中华人民共和国海商法》第56条规定的赔偿责任限制对原告进行赔偿。

被告提交了以下证据：① 涉案货物运输的电邮、订舱单、运费发票；② 2007年9月21—24日原告向被告托运货物的电邮、订舱单、提单、发票等资料；③ 2007年10月18日原告向被告托运货物邮件、订舱单、提单、发票等资料；④ 2005年1月和2006年1月原告委托被告空运货物的相关资料；⑤ 2006年1月原告委托被告海运货物的相关资料；⑥ 明发运输公司（以下简称明发公司）出具的证明；⑦ 天驹物流（香港）有限公司（以下简称天驹公司）出具的证明；⑧ 涉案货物被盗的报警资料；⑨ 天驹公司与快易通有限公司的和解协议；⑩ 被告仓库安装防盗系统的资料；⑪ 提单翻译件。

二、法院查明事实

1. 关于涉案货物运输的事实

原告为美上美公司加工读卡器线路板，并委托被告运输成品。2007年10月12日，原告向被告出具托运单，委托被告运输626公斤货物，货物品名为美上美成品，件数为50。同日，被告安排车辆到原告公司接收货物，由东莞出运，拟经香港海运至台湾。涉案货物的订舱单记载：托运人为原告，收货人为Z-UP Technology Co., Ltd.，通知方同收货人，起运港为香港，目的港为台湾高雄。涉案货物在广东至香港区段由天驹公司的货车 LM850 承运。10 月 13 日凌晨，天驹公司员工将货车停于停车场后，运载原告货物的车辆被盗。天驹公司已经向香港警方报警，其后，车辆找回，但全部货物失踪，至今没有破案记录。因货物被盗，涉案货物运输未出提单。

被告向原告出具补偿协议书，记载被告受原告委托运输 4pallet/15000PCS/629kgs，产品名称 FA405M3 TYPE E(69-5950E) 读卡器线路板，发票金额 HKD180 000 的货物一批，货物于 10 月 12 日晚到达香港，由于时间较晚无法派送至海运仓，货物在卡车内连同卡车一同被盗。被告在协议书中表示愿意赔偿原告 6 290 美元，原告未接受该赔偿方案。

2. 关于原告主张的损失

原告主张的损失包括货物损失人民币 212 781 元和加工费损失人民币 127 387.63 元。原告为证明货物损失提供了美上美公司出具的求偿申请书、堡达公司出具的发票和出口货物报关单等证据。被告以证据不具有关联性为由予以否认。美上美公司的求偿申请书记载货物损失为人民币 212 781 元，出口货物报关单记载货物的总价为 120 000 港币。原告主张为降低关税，报关时低报货物价值，本案货物的实际价值为美上美公司的求偿数额。法院认为，原告有如实报关的义务，原告应该向海关如实申报货物的价值。虽然实践中存在为规避关税而提高或降低货物价值的情形，但是，本案业务为来料加工成品，无需征收关税，而原告提供的求偿申请书为美上美公司向原告提出，并且，该资料未经相关的公证认证手续，其证明力较弱，故对涉案货物的价值应采信报关单的记载，认定为 120 000 港币。

原告另主张加工费损失人民币 127 387.63 元，提供了部品订单作为证据。部品订单右上角的抬头为美上美公司嘉义工厂，部品图番为 69-5950E，部品名称为 Main PMB HRTS5111-01E-GR-RD，单价为 37.379 台币，纳期日为 2007 年 10 月 9 日。被告对该份证据的真实性和关联性提出异议。法院认为，原告在本案中进行的是来料加工业务，而非国际贸易，报关单中的货物价值未反映货物的加工费是可能的。部品订单现有的记载虽然不能直接证明该订单系美上美公司发送给原告，但是，被告提供的补偿协议书记载被告认可其代原告运输产品名称为 FA405M3 TYPE E(69-5950E) 读卡器线路板，部品订单中的部品名称与补偿协议书的记载能相印证。原告从事来料加工业务，并且本案确实是被告代为运输成品至美上美公司，因此，应认定加工费已经实际发生，在没有其他证据的情况下，原告提供的部品订单可以作为合理价格的参考，认定原告的加工费损失为每个 37.379 台币，涉案货物共 150 000 个，合计加工费为 560 685 台币。

三、法院裁判

本案为涉港多式联运合同纠纷。《中华人民共和国海商法》第 269 条规定："合同当事人可以选择合同适用的法律，法律另有规定的除外。合同当事人没有选择的，适用与合同有最密切联系的国家的法律。"原、被告在审理过程中均表示本案适用中华人民共和国法律，因此，本案适用中华人民共和国法律。

被告接受原告委托,为原告承运货物,双方成立货物运输合同关系。并且,涉案运输的始发地为东莞,目的地为台湾,包含陆路运输和海运等运输方式,本案运输为多式联运,原告为托运人,被告为多式联运承运人。根据《中华人民共和国海商法》第105条的规定,货物的灭失或者损坏发生于多式联运的某一运输区段的,多式联运经营人的赔偿责任和责任限额,适用调整该区段运输方式的有关法律规定。涉案货物被盗发生于香港,属陆路运输区段,因此,本案应适用《中华人民共和国合同法》的有关规定解决。被告关于涉案货物运输为海上运输,应根据《中华人民共和国海商法》的相关规定享受责任限制的主张缺乏依据,不予支持。

被告作为承运人接受原告委托运输货物,有义务按照合同约定和相关法律规定把货物完好地运至约定地点,除具有法律规定的免责情形外,承运人应对运输过程中货物的毁损、灭失承担损害赔偿责任。被告未尽到承运人的合理谨慎义务,导致涉案货物在其承运期间被盗,造成原告损失,应承担相应的赔偿责任。根据《中华人民共和国合同法》第312条的规定,货物的损毁、灭失的赔偿额,当事人有约定的,按照其约定,没有约定或者约定不明确的,按照交付或者应当交付时货物到达地的市场价格计算。原告请求被告赔偿货物的价值和加工费损失,依法有据,应予支持。原告的损失金额应按照损失发生之日即 2007 年 10 月 12 日的汇率折算成人民币,其中,货物损失120 000 港币按当日汇率 100∶96.88 折合为人民币 116 256 元;加工费用损失 560 685 台币按照当日台币对美元的汇率 32.782∶1 和人民币对美元的基准汇率 100∶75.114 折合为人民币 128 470.79 元。原告主张的加工费损失低于该数额,属于原告对自己权利的处分,应以原告主张的人民币 127 387.63 元为准。

综上所述,依照《中华人民共和国合同法》第 107、311、312、313 条的规定,判决如下:

被告翊达海空货运(香港)有限公司赔偿原告东莞宇扬电子有限公司货物损失人民币 116 256 元以及加工费损失人民币 127 387.63 元,合计为人民币 243 643.63 元。

2.3 多式联运承运人的权利和义务

7 原告上海博盈展览服务有限公司与被告厦门展易货运代理有限公司多式联运合同纠纷案

案例来源:厦门海事法院(2010)厦海法商初字第 336 号
主题词:迟延交付　留置权　赔偿责任限额

裁判要旨

No. HY-2.3-1 货物未能在明确约定的时间内,在约定的卸货港交付的,为迟延交付。承运人未能在约定的时间届满 60 日内交付货物,有权对货物灭失提出赔偿请求的当事人可以认为货物已经灭失。

No. HY-2.3-2 应当向承运人支付的运费、共同海损分摊、滞期费和承运人为货物垫付的必要费用以及应当向承运人支付的其他费用没有付清,又没有提供适当担保的,承运人可以在合理的限度内留置其货物。承运人行使留置权的,应具备法定条件,不得与承运人的义务相抵触。

一、基本案情

原告:上海博盈展览服务有限公司

被告:厦门展易货运代理有限公司

原告诉称:2010年2月4日,原告与被告签订一份《展品运输合作协议》,约定:原告委托被告为其组团的参展商办理2010年6月俄罗斯莫斯科夏季电子电力展览会(以下简称2010年6月俄罗斯电力展)展品的全程配送;被告应在举办时间2010年6月6日上午12点前将原告参展商的展品送达该展会各展商指定的展位上;被告如未能在规定时间内将原告参展商展品运到指定展位,应赔偿由此造成原告及其参展商的经济损失。协议签订后,原告依约将展品交付给被告运输,但被告未按时将展品运抵在俄罗斯莫斯科举办的展会现场,致使原告的参展商无法正常参加展览会。后经原告了解,这些展品目前仍滞留在俄罗斯海关。被告未按时将展品运抵展会现场的行为,不但违反了原被告双方协议约定,还严重影响了原告及其参展商正常的经营活动,造成原告重大经济损失。为此,诉请判令被告赔偿原告展位费、展品损失及其他损失共计432 940元(人民币,下同)。

被告辩称:根据《中华人民共和国海商法》第87条之规定及《展品运输合作协议》第4条之约定,本案原告的参展商应当及时按照约定在货物到达俄罗斯港口前将运费支付给被告,但本案原告的参展商至今仍未将运费支付给被告,被告有权根据法律规定及协议约定,对货物进行处置。因此,被告对于货物滞留在俄罗斯海关的后果无需承担法律责任。再退一步来说,根据《中华人民共和国海商法》第57条"承运人对货物因迟延交付造成经济损失的赔偿限额,为所迟延交付的货物的运费数额"之规定,即便作为承运人的被告存在迟延交付的行为,被告依法承担的法律责任限额也应当是法律所规定的运费数额,原告要求被告承担43万余元经济损失的诉讼请求远超过被告可能收到的海运费。因此,原告的索赔要求超过了法律规定的赔偿限额,缺乏法律根据。

二、法院查明事实

厦门海事法院经审理查明:2010年2月4日,原告(甲方)与被告(乙方)签订一份《展品运输合作协议》,约定:甲方委托乙方为其组团的参展商办理"2010年6月俄罗斯电力展"展品的全程配送;甲方参展商负责安排自己展品通关涉及的贸易单证和瓷砖、木制品展架等的商检证明材料;乙方受甲方委托,负责办理甲方参展商展品的全程配送；货物集结地为上海；乙方负责于举办国时间 2010 年 6 月 6 日上午 12 点前将甲方参展商的展品送达到该展会各参展商指定的展位上；货品在运输途中如果丢失，乙方按照丢失货品体积所占总货品体积的比例乘以货运总额来赔付；乙方如在规定的时间内未能将甲方参展商展品运到指定展位而影响参展商正常参展时……赔偿甲方参展商的直接经济损失，总计损失包括两部分：① 实际收取的展品运输费用；② 摊位费支出全款额（所赔偿的费用中应扣去国家补贴，并且提供正式发票）。如因甲方参展商行为造成展品通关受阻等因素造成展品迟延或未到位，则乙方不承担任何责任；费率：14 000 RMB/CBM，以上运费仅指展品自指定集结仓库至该展会的展览中心展商展位的单程运费普通展品的进口关税部分费用；结算方式为：乙方于展品发运后，根据甲方参展商实际出运展品情况，将签章确认的《展品运输清单》递交甲方，由乙方直接向甲方参展商催收各项费用。

协议签订后，双方又签订一份《2010 年俄罗斯 6 月电力展运输合同的补充说明》对乙方义务第 4 条的笔误进行修改。原告分别于 2010 年 3 月 6 日、13 日、15 日将 5 家参展商的展品运送到上海鸿华集装箱运输有限公司的被告仓库，交给被告运输，但展品未能如期运抵莫斯科的电力展展会现场，至今仍下落不明。

另查明，原告于 2010 年 3 月 17 日至 3 月 23 日之间，分别与参展商乐清信达利实业有限公司、泰力实业有限公司、恒一电气有限公司、温州飞龙电器有限公司、长城电器集团有限公司就参加 2010 年俄罗斯 6 月电力展事宜签订协议书，约定展位费分别为 84 000 元、44 200 元、66 500 元、85 000 元、84 000 元，运费为乐清信达利实业有限公司 28 000 元，其他四家各 14 000 元；展位费由参展商汇入原告账号，运输费由参展商直接汇给被告。还查明，被告未收到运费。

三、法院裁判

厦门海事法院认为，案涉货物运输目的地为俄罗斯，因此本案为涉外海商合同纠纷案件。当事人未选择合同争议应适用的法律，原、被告均为中国法人，货物起运地在中国，中国法为与合同有最密切联系的法律，本案应适用的准据法为中国法。涉案货物运输目的地为俄罗斯莫斯科的展会现场，经过了海上和陆路运输，属于《中华人民共和国海商法》第 102 条第 1 款所规定的"多式联运合同"，本案立案案由为海上货物运输合同纠纷，应调整为多式联运合同纠纷。本案争议的焦点在于：

1. 原、被告之间的法律关系以及原告主体是否适格

原告认为，原、被告双方是货物运输及代理合同关系，原告是适格主体，有权向被告主张赔偿责任。被告认为，根据原、被告双方的协议约定，若造成损失，赔偿的对象是参展商，参展商是托运人，被告是承运人，被告与原告不存在运输合同关系，原告主体不适格。

厦门海事法院认为，案涉《展品运输合作协议》的双方为原告与被告，原告作为参展商的组织者，以自己的名义独立与被告签订合同，委托被告办理货物运输事务，为货

物运输的托运人。因此，原、被告之间为国际货物多式联运合同关系，并非货运代理合同关系。原、被告签订的合同主体适格、内容合法，且不违反法律的强制性规定，为有效合同。原告作为托运人有权向被告主张违约赔偿责任，为本案适格原告。

2. 被告是否应承担赔偿责任

（1）关于被告是否负有俄罗斯进口清关义务问题。厦门海事法院认为，原、被告双方在《展品运输合作协议》中约定：原告在起运地的义务为将展品运送到被告指定仓库统一出运，在目的地的义务为在各展位接收并确认展品到位，原告方参展商还有提供通关涉及的贸易单证和瓷砖、木制品展架等的商检证明材料的义务；被告义务为负责展品的全程配送，双方协议的费率部分还约定了参展商支付的运费包含进口关税在内，说明被告应负责目的地的清关。因此，被告负有展品进口清关的义务。

（2）对于货物未能通关的原因，被告主张是原告未向被告提供相关货物的商检证明、通关的贸易单证导致货物滞留在俄罗斯海关，责任在原告。厦门海事法院认为，俄罗斯的通关手续由被告办理，被告没有举证证明展品通关受阻的原因是缺少应由原告提供的相关货物的商检证明及贸易单证，故其主张不能成立。

（3）被告辩称因其未收到运费，有权根据《中华人民共和国海商法》第87条规定行使留置权。厦门海事法院认为，原、被告虽约定展品运抵目的港前参展商未付运费的，被告对展品拥有处置权，但留置权的行使应具备法定条件，不得与承运人的义务相抵触，本案被告义务为将展品按时运到展会现场，在被告未将展品运到会场的情况下，不得对展品行使留置权，且被告在案涉货物运输中也未实际行使留置权。

（4）根据《中华人民共和国海商法》第50条第1款及第4款的规定，案涉货物未在协议约定期限内送达指定地点，构成迟延交付；且被告至今也未能交付货物，已超过60日的期限，应视为货物已经灭失。根据双方协议约定，除约定的免责事由外，被告应对货物灭失及迟延交付承担赔偿责任。被告未举证证明存在免责事由，应根据协议约定赔偿原告的损失。

3. 赔偿数额的计算

被告在答辩状中认为只收到3家参展商的货物，但庭审中对《进仓通知单》的内容予以认可，对收到货物的总体积、数量没有异议，根据《进仓通知单》记载，被告共收到5板货物，可以证明被告收到了5家参展商的5件货物。

原、被告双方在协议中约定，货物灭失的赔偿范围为："按照丢失货品体积所占总货品体积的比例乘以货运总额"；"迟延交付"的赔偿范围为"实际收取的展品运输费用及摊位费支出全款"。原、被告双方已对货物灭失及"迟延交付"的损失赔偿数额作出约定，赔偿数额不受《中华人民共和国海商法》规定的承运人的赔偿责任限额的限制。

（1）关于货物灭失的赔偿数额。因货物已全部灭失，损失应按约定的运费总额计算。根据原、被告协议约定的运费计算办法、被告收到的货物数量，结合原告与参展商的协议书，运费总额为84 000元，故原告有权主张的赔偿数额为84 000元。原告在起诉状所附的赔偿费用清单中要求支付展品损失及其他损失69 240元，应视为其放弃其他诉讼请求,是对自己权利的合法处分,厦门海事法院予以准许。因此,厦门海事法院认定被告应赔偿原告展品损失 69 240 元。

(2) 关于货物"迟延交付"的赔偿数额。根据双方约定,"迟延交付"的赔偿范围为实际收取的展品运输费用及摊位费支出全款。原告及其参展商未实际支付运费,原告只主张展位费损失,双方争议的焦点在于原告是否实际支付了展位费。

原告为证明其支付了展位费,提供俄罗斯展会组委会的发票,但该发票形成于中国领域外,没有办理公证认证手续,真实性无法确认,根据最高人民法院《关于民事诉讼证据的若干规定》第 11 条的规定,不能作为证据使用。原告没有提供证据证明其付款给展会组委会,庭审后补充提交了康辉公司支付展位费的汇款凭证、证明、原告转账给康辉公司的汇款单及康辉公司的收据,主张其通过关联公司康辉公司支付了展位费。厦门海事法院认为,首先,原告提交的发票记载的付款人为原告、时间为 2009 年 12 月 30 日;康辉公司不是发票上的付款人,汇款时间分别是在 2010 年 2、4、6 月份,在发票记载时间之后。其次,原告主张本案展位费损失 363 700 元,庭后提交的"展位费说明"中的展位费是 35 803.46 欧元,但发票上的金额为 94 406.02 欧元,康辉公司三笔汇款的金额分别为 28 321.81 欧元、66 084.21 欧元和 21 595.92 欧元(合计 116 001.14 欧元),从付款金额上看也无对应关系,不能证明康辉公司支付的款项包含了案涉五家参展商的展位费。再次,根据原告陈述,康辉公司与原告是关联公司,故康辉公司与原告有利害关系,其出具的证明不具有证明力,原告在诉讼阶段安排付款给康辉公司,也不能证明是康辉公司代原告付款。因此,原告不能证明其支出了展位费,厦门海事法院对该项诉讼请求不予支持。

综上,依照《中华人民共和国合同法》第 107 条、第 114 条第 1 款,《中华人民共和国海商法》第 50 条第 1 款和第 4 款、第 269 条,《中华人民共和国民事诉讼法》第 64 条第 1 款,最高人民法院《关于民事诉讼证据的若干规定》第 2 条的规定,判决如下:

(1) 被告厦门展易货运代理有限公司应于本判决生效之日起 10 日内赔偿原告上海博盈展览服务有限公司货物损失 69 240 元;

(2) 驳回原告其他诉讼请求。

⑧ 原告温州市瓯海劳莱斯鞋业有限公司与被告宁波航姆国际船舶代理有限公司、温州联强贸易有限公司、浙江中外运有限公司宁波泛海分公司联合运输合同纠纷案

案例来源:宁波海事法院(2007)甬海法温商初字第 44 号
主题词:多式联运　法律适用　时效

裁判要旨

No. HY-2.3-3 多式联运海上运输区段并未发生货物真实灭失,而在货物抵达目的地才发生推定灭失的情况,不适用《中华人民共和国海商法》关于海上货物运输合同时效规定,而应适用《中华人民共和国民法通则》关于时效的规定。

> **No. HY-2.3-4** 多式联运合同的经营人在履行合同义务过程中,未征得托运人同意,将有关合同权利义务转让给他人,托运人可以选择经营人作为运输合同相对方主张权利。经营人未按照合同约定将货物交付给托运人指定收货人的,构成违约,应当按照合同约定向托运人承担货物未交付的违约责任的后果。

一、基本案情

原告:温州市瓯海劳莱斯鞋业有限公司(以下简称鞋业公司)

被告:宁波航姆国际船舶代理有限公司(以下简称航姆公司)

被告:温州联强贸易有限公司(以下简称联强公司)

被告:浙江中外运有限公司宁波泛海分公司(以下简称泛海公司)

原告鞋业公司诉称:2005年8月,鞋业公司委托被告泛海公司、联强公司承运自温州经宁波港至俄罗斯莫斯科的鞋类货物,泛海公司已于同年8月20日从鞋业公司仓库装箱接收承运的929件货物(箱号:CCLU6290418;封号:D679457)。三方并于同年8月23日签署了《运输代理合同》1份为证,该合同约定了运输方式为温州至莫斯科全程包税门到门运输;运输工具为40英尺集装箱高柜,以及有关滞期索赔与货物丢失索赔等内容。8月27日,泛海公司致函鞋业公司,披露其已完成自温州至宁波港的内陆运输,因不具有至俄罗斯运输代理及清关服务项目,已将上述货物自宁波港至俄罗斯莫斯科的包税门到门运输转委托航姆公司,并以泛海公司名义与航姆公司签订《运输代理合同》一事。

嗣后,原告在俄罗斯莫斯科的指定收货人迟迟未收到涉案集装箱货物。原告了解到本案货物于2005年8月24日即由被告航姆公司接受转委托,并向有关船公司订舱及收取涉案货物提单,航姆公司的俄罗斯代理在德国汉堡提取货物后,并没有运交至鞋业公司在莫斯科的指定收货人金春诸处。此后原告几经催促交付货物,均无果。根据有关的运输代理合同约定,本案货物已构成灭失,应按约定的35 000美元赔偿原告货物损失。故原告起诉法院,请求判令被告航姆公司赔偿因货物丢失造成的原告损失35 000美元(按2007年6月15日原告起诉之日汇率,折合人民币266 745元);被告泛海公司、联强公司因未经原告同意将货物转给航姆公司运输,应对货物灭失损失承担连带赔偿责任;三被告并应连带承担本案诉讼费。庭审中,原告以联强公司、泛海公司系多式联运的全程运输方为由,主张该两被告对货物灭失损失承担连带赔偿责任。

被告航姆公司辩称:原告起诉的法律关系比较混乱。庭审中,原告已确定以其与泛海公司、联强公司的合同主张货物损失赔偿,该合同涉及海上货物运输关系,根据《中华人民共和国海商法》第257条的规定,原告起诉已超过1年的诉讼时效,已经丧失胜诉权,请求依法驳回原告诉讼请求。此外,航姆公司与鞋业公司之间并无直接委托运输的业务关系,航姆公司只与泛海公司之间存在货运代理合同关系。就本案货物而言,确系航姆公司委托泛海公司向承运人中海集装箱运输公司办理订舱,有关的海运费和包干费已经与泛海公司结算完毕。被告联强公司对原告鞋业公司诉称的货物委托运输过程无异议,并认为:原告的货物经其揽货交给泛海公司运输后,泛海公司有无转委托航姆公司运输,联强公司事先并不清楚;联强公司与泛海公司仅是运输业务合作关系,由联强公司负责在温州揽货,运输由泛海公司负责,本案货物系泛海公司派车直接到鞋业公司处装车出运。因货物出运后50天左右没有送到指定的莫斯科收货人金春诸处,鞋业公司向联强公司催促交货,联强公司则向泛海公司催促交货。直至次年3—5月间,几方还是在相互催促交货,现在货物下落不清楚。

被告泛海公司抗辩认为:原告以运输合同关系主张本案货损赔偿已经超过法定1年诉讼时效,请求驳回原告诉讼请求。退一步而言,如果法院认定未超过诉讼时效,原告诉请泛海公司承担连带赔偿责任亦无事实和法律依据。泛海公司已将本案货物全部运输业务转委托与航姆公司,并已征得原告同意,原告起诉时将航姆公司列为第一被告的行为,可进一步证明原告已同意泛海公司转委托的事实。事实上,本案纠纷系航姆公司在目的港汉堡的代理提取货物后,未交接与原告指定的收货人金春诸所致。综上,本案货物灭失发生在航姆公司实际控制货物期间,泛海公司对原告货物未交付无过错,因此,请求驳回原告对被告泛海公司的诉讼请求。

二、法院查明事实

对如下事实,因各方当事人无争议,宁波海事法院予以确认:

2005年8月中旬,鞋业公司经联强公司牵头,委托泛海公司出运1个自温州经宁波港至俄罗斯莫斯科的40英尺集装箱货柜。鞋业公司、泛海公司、联强公司因此于2005年8月23日签订《运输代理合同》一份,对上述货物运输方式、运费支付方式、运输期限、货物检验和报关、货损或货物灭失的赔偿额以及指定收货人情况均予以书面约定,上述货物已于2005年8月20日从温州鞋业公司仓库装箱出运至宁波港。8月25日,海运段承运人代理中海集装箱运输浙江有限公司签发正本指示提单显示的收货人为地址在俄罗斯的"A&E公司"。上述集装箱货物已经运抵目的港汉堡,并已被提取。自此运输区段后,该货物去向不明,原告在莫斯科的收货人金春诸至今未收取本案货物。

三、法院裁判

宁波海事法院对双方的争议认定如下:

1. 泛海公司在本案货物运输中的身份以及鞋业公司是否已同意将合同的权利义务转让航姆公司

原告提供的证据涉及鞋业公司与泛海公司、联强公司之间的合同关系,且三方对合同约定内容均已确认,可作为本案合同关系的定性依据。该合同虽定名为《运输代理合同》,但根据其中主要条款约定,尤其是合同第2条明确约定运输方式为"温州至宁波港至俄罗斯莫斯科全程包税场到门的整个运输",可见本案货物运输至少包括国内内陆、海上运输以及目的港至莫斯科三个区段,已构成多式联运,且合同约定的甲方(指泛海公司与联强公司)、乙方(指鞋业公司)之间的权利义务清楚,该合同更符合国际多式联运合同特征。综上,泛海公司在本案货物运输中的身份应是无船承运人。审理中,经宁波海事法院释明后,原告已明确依据其与泛海公司、联强公司间的合同关系主张货物灭失的赔偿。因此,被告航姆公司并非原告主张的合同相对方及本案诉讼的合格被告主体。

被告泛海公司有关的转委托以及己方系鞋业公司货运代理人的抗辩均与上述合同约定不符,且泛海公司与航姆公司间合同约定的运输区间并不涉及温州至宁波港的内陆运输。因此,被告泛海公司有关将其与鞋业公司之间合同项下的权利、义务全部转让于航姆公司的抗辩亦缺乏相关证据印证,且其他方当事人在庭审中均确认鞋业公司与航姆公司之间没有直接的业务联系。而且,泛海公司向鞋业公司发出《披露第三人函》的行为发生在货物出运之后,不能以此推定鞋业公司已同意泛海公司转让合同义务与航姆公司。何况,泛海公司转让合同义务的行为,不符合《中华人民共和国合同法》第84条之规定,该合同义务转让行为未经鞋业公司同意,对鞋业公司不发生法律效力。至于被告泛海公司在承运本案货物中,将相关的报关、各区间运输、国外清关等具体业务分解办理的行为,不影响泛海公司在本案货物运输中的无船承运人身份的认定,泛海公司就具体业务与他人发生的具体法律关系宜另行处理。

2. 鞋业公司起诉有无超出法定诉讼时效

被告航姆公司、泛海公司在审理中均提出,原告鞋业公司既已选定以2005年8月23日签订的运输合同主张货物灭失的赔偿,本案诉讼时效应根据该合同约定的交付货物时间起算,故原告提起诉讼之日已超过《中华人民共和国海商法》有关海上货物运输合同的1年诉讼时效,请求依法驳回原告诉讼请求。

原告鞋业公司抗辩认为:鞋业公司与泛海公司之间订立的合同既包括多式联运内容,也包括报关与清关等代理内容,不能笼统按海上货物运输合同的1年时效计算。本案货物运抵境外后,被告联强公司、泛海公司在鞋业公司催要货物时,已告知货物可于2006年三四月份交付,因此,应自2006年5月起算货物应交付货物时间,经60天合理运输期日后,原告指定的收货人仍未收到货物的,视为货物丢失,原告于2007年6月15日在原受诉法院提起诉讼之日,未超过1年时效,综上,原告对本案货物灭失提起的索赔未超过诉讼时效。

宁波海事法院经审查认为,鞋业公司(即合同乙方)与联强公司、泛海公司(即合同甲方)订立的合同中"滞期索赔"条款载明:"该货在离港后50天应交付乙方的莫斯科收货人(不可抗力及不可预见因素除外,但甲方应出具有力且有效的相关证据)。"上述合同中"货物丢失索赔"条款又载明"如在运输过程中出现货物丢失(在甲方接收乙方货物承运后的第95天后,交乙方的在莫斯科的收货人)"。因此,本案货物交付时间约定出现两种情形。根据各方当事人无异议的原告证据7的相关记载,本案货物离港时间为 2005 年 8 月 24 日,而对货物运抵目的港的具体时间,各方当事人在庭审中一直存有争议,但根据原告证据 8 的落款时间和内容推断,被告泛海公司直至 2005 年 11 月 10 日尚认为货物未到目的港,因此原告鞋业公司此时不可能知道货物已经实际抵达目的港。审理中,鞋业公司与联强公司均确认 2006 年 3、4 月份与泛海公司存在三方协商交付货物的事实,至此,应认定被告泛海公司仍同意履行合同约定的交货义务。由于泛海公司一直到 2007 年 4 月 19 日才确认货物在目的港被提走的事实,鞋业公司自即日起应当知道泛海公司不能交付本案货物。因此,原告于 2007 年 6 月 18 日在原受诉法院提起货物灭失的索赔诉讼,尚未超过 1 年诉讼时效。此外,《中华人民共和国海商法》第 257 条第 1 款规定的 1 年时效系针对海上货物运输向承运人要求赔偿的请求权,本案货物系抵达目的港后才发生推定灭失的情形,海运段并未发生货物真实灭失的客观事实,《中华人民共和国海商法》中的"时效"专章并未对多式联运合同的时效予以特别规定,本案的合同纠纷可适用《中华人民共和国民法通则》有关时效的规定。综上,被告航姆公司、泛海公司对本案诉讼时效的抗辩事由均不成立,原告起诉并未超过法定诉讼时效。

3. 本案货物损失额认定

根据鞋业公司与联强公司、泛海公司间的合同约定,货物出现"丢失"情形的,按 35 000 美元/货柜计算赔偿。被告泛海公司抗辩该 35 000 美元系货物赔偿限额以及本案货物的报关价值低于 35 000 美元,但均未提供相应证据佐证,不予采信。因此,本案货物灭失的损失按 35 000 美元认定。

宁波海事法院认为:原告鞋业公司与被告联强公司、泛海公司之间的多式联运合同真实、有效。被告泛海公司在履行合同义务过程中,未征得原告同意,迳将有关的合同权利义务转让与被告航姆公司,该转让行为未经原告同意之前,系效力待定行为。被告泛海公司以已向原告出具《披露第三人函》为由抗辩原告已经同意上述合同权利义务一并转让,缺乏事实和法律依据;被告泛海公司有关原告应根据被告泛海公司与被告航姆公司间的转委托事实,向被告航姆公司主张其委托运输货物灭失的赔偿责任的抗辩,亦无法律依据。原告作为货物委托运输一方,有权选择其运输合同的相对方。庭审中,原告已选定被告泛海公司、联强公司为其运输合同的相对方,故被告航姆公司不再是本案多式联运合同纠纷的合格主体。至于被告泛海公司将本案货物运输合同项下的权利义务是否已一概转让或者部分权利义务转让航姆公司,与本案审理无关,宜另行处理。综上,被告泛海公司、联强公司未按合同约定将本案货物交付原告在俄罗斯指定收货人的行为,已构成违约,应承担货物未交付的违约责任。因本案货物已构成合同约定的"丢失"情形,被告泛海公司、联强公司应根据合同约定的货物灭失赔偿额承担赔偿责任。此外,由于被告泛海公司、联强公司对双方合作期间的货物运输损失方面的赔偿约定不明,就本案货物损失赔偿,被告泛海公司、联强公司承担连带责任,各方可在对外赔付后另行协商确定应分摊的赔偿数额。鉴于被告联强公司、泛海公司与原告鞋业公司均系我国境内的企业,两被告又未提供本案货物境外内陆运输区段有关责任赔偿方面的外国法律规定,因此,本案适用中华人民共和国相关法律规定。综上,原告部分诉讼请求合法有据,予以支持。依照《中华人民共和国合同法》第318、321条,《中华人民共和国民法通则》第140条以及《中华人民共和国民事诉讼法》第64条第1款之规定,判决如下:

(1)被告浙江中外运有限公司宁波泛海分公司、温州联强贸易有限公司应连带赔偿原告温州市瓯海劳莱斯鞋业有限公司货物灭失损失35 000美元(可按判决履行之日的美元与人民币汇率折算成人民币计付),于本判决生效之日起10日内履行;

(2)驳回原告温州市瓯海劳莱斯鞋业有限公司其他诉讼请求。

⑨ 原告温州航华国际船务有限公司与被告浙江青田欧中化工有限公司国内多式联运合同纠纷案

案例来源:宁波海事法院(2008)甬海法温商初字第19号
主题词:多式联运　货物留置权　后履行抗辩权

> **裁判要旨**
>
> **No. HY-2.3-5**　按照合同法关于运输中货物的留置规定,承运人留置货物应当与收货人应承担的运费支付义务具有牵连关系或对应关系,而分批交运的货物的运输显然形成独立的多式联运合同,托运人拖欠上一期到期运费并不赋予承运人留置当次运输货物的权利。
>
> **No. HY-2.3-6**　托运人未依约支付运费时,承运人拒绝继续运输货物,属于后履行抗辩权,不构成违约。

一、基本案情

原告(反诉被告):温州航华国际船务有限公司(以下简称航华公司)
被告(反诉原告):浙江青田欧中化工有限公司(以下简称欧中公司)

原告航华公司起诉称:2007年7月,原、被告订立《国内水路集装箱货运协议》1份,约定由被告委托原告安排集装箱货物运输,运费按月结算。自2007年7月至2008年6月,被告共计出运585个集装箱货物,产生运费3 860 190元,到目前为止还产生码头堆存费95 952元、集装箱超期使用费327 760元和超重运费44 881.20元。但被告仅支付运费2 168 495.95元与超重运费14 040元,在原告于2008年7月15日申请诉前财产保全后,被告又支付了997 498元,至今尚欠运费694 196.05元与码头堆存费、集装箱超期使用费和超重运费等共计454 553.20元。被告拒绝支付运费、堆存费、集装箱超期使用费及超重运费的行为纯属违约,损害了原告的合法权益。由此,请求判令被告:

(1)支付运费694 196.05元;

(2) 支付码头堆存费、集装箱超期使用费和超重运费暂合计 454 553.20；

(3) 支付上述款项自发生之日起至实际付清之日止的利息（按每日万分之二点五计算）；

(4) 承担诉前财产保全申请费 5 000 元；

(5) 承担本案诉讼费用。

庭审中，航华公司将第二项诉讼请求变更为：请求判令被告支付码头堆存费 129 312 元、集装箱超期使用费 607 880 元、超重费 30 841.20 元。

被告欧中公司答辩并反诉称：反诉原、被告于 2007 年 7 月 23 日签订《国内水路集装箱货运代理协议》1 份，约定反诉原告生产的叶蜡石粉由反诉被告以陆、水联运方式运往四川省威远县严陵镇内的"威玻"集团属下 3 个玻璃纤维生产厂。该协议第 5 条约定，"乙方应及时以《订舱确认书》的形式将订舱配载的船名、航次、运单号、运价等信息告知甲方（双方同意以乙方附于《订舱确认书》的传真报告作为乙方告知的最终证据）。甲方对上述信息如有异议，应在收到乙方《订舱确认书》后 1 日内书面提出，否则视为同意。"第 9 条运费结算约定："经甲方要求，乙方同意按以下第（3）种方式结算运费：……（3）运费按月结算。每月乙方提供上月甲方发生业务产生的费用对账单，甲方在 5 日内进行对账确认，并在 15 日内一次性支付上月应付给乙方的运费。"《协议》附件《运输费用约定》："运输条款门对门，每 20 GP 运费为（大写）陆仟贰佰元。"之后，修改的附件《运输费用及运输量的约定》："运输条款门对门，从 2007 年 12 月 1 日起，每个 20′集装箱运费为：陆仟柒佰伍拾元。每个 20′集装箱的可装货物重量为 27 吨，超出 27 吨部分的重量以每吨贰佰陆拾元另外收费。"

虽然双方订立的协议未约定运输期间，但反诉被告在订立时口头告知反诉原告：按照日常运输安排，20—25 日内可抵达严陵镇。同时，从反诉被告提出的运费结算方式也可推断出货物运输的期间应在 1 个月之内。

协议订立后，反诉原告即将货物交由反诉被告运输。一开始，反诉被告就不履行该协议第 5 条约定的信息告知义务和第 9 条关于对账单核对的约定。但在 2007 年年底之前基本上还是能够在 1 个月左右将反诉原告的货物运至厂家。2007 年年末以来，反诉被告为追逐高额利润，拼命压低陆路运输开支，将原告从重庆港到严陵镇的运费由每吨 100 元压到 85 元，致使承担陆路运输的汽运公司采取"搭顺风车""回头车"形式运输反诉原告的货柜，反诉原告的货物不能及时运往厂家。厂家的正常生产受到严重影响，纷纷提出"压低 50% 供货量、自己另找供货单位"和"产品价格降低每吨 20 元"的要求。反诉原告多次通过电话、传真形式催促反诉被告承担履行协议约定义务、抓紧运输反诉原告的货物，反诉被告口头答应，实际上却不执行。2008 年 6 月 7 日，反诉原告书面严正告知反诉被告："根据《运输代理门对门集装箱货物运输协议》，刚开始双方合作基本满足条款要求，但从去年末贵公司运输到达目的地期限严重违背了双方协议约定，途中压货严重，多次造成本公司产品用户断料现象，严重影响了我司的信誉并造成较大的经济损失。为此，我司考虑到双方的权益和友谊以及贵司的信誉，将提出以下要求：一、贵司承运已在途中的我司货物，限定在本月底之前必须克服困难抓紧分批全部到达威远，二、途中货物尚未全部交达我司客户之前，已产生的运费本方不予支付……"反诉被告接函后仍我行我素，反诉原告只得于 2008 年 6 月 9 日中断通过反诉被告运输的途径。

反诉原告于 2007 年 7 月至 2008 年 6 月 9 日共交反诉被告运输 585 个货柜计 15 795 吨货物，截止 2008 年 6 月底，仍有 123 个货柜实际未运至厂家，反诉被告于 2008 年 6 月底向反诉原告交付对账单 130 份（计 202 个货柜 5 454 吨货物）、7 月 17 日交付对账单 20 份（计 40 个货柜 1 080 吨货物），反诉原告已付运费 3 180 033.95 元，该款项大大超过反诉被告交给的对账单载明的 242 箱运费总金额。

综上，反诉被告不积极履行双方订立的《国内水路集装箱货运代理协议》约定的义务，延误运输反诉原告的货物，给反诉原告造成了巨大的商业信誉和经济损失，反诉原告依据《国内水路货物运输规则》第 34 条规定和双方订立的协议第 14 条的约定，以反诉被告水路运费 135 元/吨乘以滞运的 343 个货柜（每箱 27 吨）为索赔金额，提起反诉，请求判令反诉被告赔偿因延误运输造成反诉原告经济损失 1 250 235 元，并承担反诉诉讼费用。庭审中，欧中公司增加反诉请求：请求判令反诉被告回运因延误运输而至今未送交收货人的 37 个柜的货物，运费由反诉被告承担。

原告航华公司针对被告欧中公司的反诉答辩称：

（1）双方订立的货运代理协议要求反诉原告提供订舱委托书给反诉被告，注明货物名称、重量等，但在实际履行中，反诉原告并未提供书面委托书，因此反诉被告也未按协议第 5 条的规定作出订舱确认，而是按装箱单来完成的。装箱单共 4 联，其中有 1 联是给反诉原告的，故已经完成委托手续。反诉原告将货物签收单理解为对账单是错误的，反诉被告仅负责将货物运输到目的港，并无取回签收单的义务，签收单未取回系反诉原告与收货人之间未结清货款造成的。反诉被告已将对账单交给反诉原告，但反诉原告一直未马上付运费，甚至迟延了几个月才付款。

（2）不管运输是否迟延，发货人都有支付运费的法定义务。反诉原告不支付运费，反诉被告依法享有对货物的留置权，堆场费和滞期费因货物留置而产生。反诉原告未举证反诉被告迟延运输货物，也未举证实际损失，反诉诉讼请求不成立。至于货物回运，属于另一个合同。

二、法院查明事实

宁波海事法院认定下列事实：

2007 年 7 月 24 日，欧中公司（甲方）与航华公司（乙方）签订《国内水路集装箱货运代理协议》，有效期为 2007 年 7 月 23 日至 2008 年 8 月 31 日，约定：甲方将揽取或生产的货物委托乙方代理安排配舱装船；订舱时，甲方应正确填写由乙方提供的规定格式的订舱委托书交乙方；乙方应及时以订舱确认书的形式将订舱配载信息告知甲方；货柜抵达目的地后，乙方应及时书面通知甲方或甲方收货人提货或做好接货准备。甲方应当保证收货人在卸货港及时提货,由于提货不及时而造成的额外堆存费和滞箱费应由甲方承担,上述费用必须在提货前直接支付给码头和船公司代理,同时由于乙方原因(如拖车动力不足,中转不畅等)而造成的额外堆存费和滞箱费,则由乙方承担,但法定免除乙方或承运人责任(如不可抗力)等情况除外;双方订立在一定期限内的运输费用及费率,运费按月结算,每月乙方按时提供上月甲方发生业务产生的费用对账单,甲方在5日内对账确认,并在15日内一次性支付上月应付给乙方的运费;如果甲方迟延支付或者不支付费用或报酬,乙方有权留置甲方的单证、货物或中止有关合同的履行;对确认属于货物延期交付的索赔,应以该部分货物所涉及的海上运输费用为限,对于延期交付而产生的间接损失,责任方不承担赔偿责任。同日,双方还签订《运输费用约定》,规定:欧中公司到内江市威远县内江市华原电子材料有限公司,运输条款门到门,每20 GP运费为6200元;月均60至90×20 GP,每20 GP优惠运费为6100元;月均90×20 GP以上,每20 GP优惠运费为6000元;每20 GP保险费10元。2007年12月1日,双方又签订了《运输费用及运输量的约定》,规定:欧中公司到内江市威运县城,运输条款门到门,从2007年12月1日起,每20′集装箱运费为6750元;每20′集装箱可装货物重量为27吨,超出27吨部分的重量以每吨260元另外收费;年运输量为1200个箱(20 GP),月均运,若数量增减,一方提前1个月通知另一方协商解决;本约定于2007年12月1日生效,原签订的运输费用约定自动失效。

欧中公司于2007年7月23日至2008年6月6日期间,共向航华公司交运货物585箱。航华公司接收货物后,经陆运至七里港,过磅装船,水路运至重庆港或泸州港,再经陆运至四川省威远县严陵镇内的3家玻璃厂过磅交收货人,并由收货人出具货物运送单。2008年6月6日之前已送交收货人的货物全程运输时间大部分在20多天至50多天之间,其中货物在七里港待港时间最长近20天左右;至2008年6月24日止,尚有133箱货物在运输途中;至2008年8月20日,尚有37箱货物未送交收货人。

合同履行过程中,运费由各区段实际承运人开具增值税发票,欧中公司按航华公司提供的账号将运费汇付该实际承运人。欧中公司交运的585箱货物,共计产生运费3859110元、货物超重费用44881.20元。2008年4月底前交运的货物共计产生并已开具发票的运费3131190元。至2008年5月22日止,欧中公司实际支付运费1938678元和货物超重费用14040元。嗣后,欧中公司于2008年7月1日和7月18日各支付运费229817.95元和997498元。至此,实际已付运费3165993.95元、超重运费14040元,未付运费693116.05元、货物超重费用30841.20元,其中包括已开具发票而尚未支付的282588.05元。

2008年6月7日,欧中公司致函航华公司,称:从2007年末至今,航华公司运输期限严重违背约定,途中压货严重,多次造成其用户断料现象,限定航华公司于当月底前分批将货物全部运抵威远,途中货物尚未全部交付前,已产生的运费暂不予支付。2008年6月10日,航华公司回函欧中公司,称:因地震影响,货物在重庆港积压,已抵重庆港90多个柜,运输途中69个柜,将用15至20天将已抵重庆港的货物送完,要求欧中公司与收货人协调加速卸货进度；3月份的运费已开发票但还没支付，车队通知如本周内收不到运费将停止送货，要求欧中公司在6月13日中午之前支付3月份的运费，并在当月内付清上月及前几个月未结清的运费；"5·12"汶川大地震后，运输成本每箱上涨近1000元，欧中公司法定代表人蒋华甫已明确答应每吨加20元，即每箱约550元，但与实际上涨的成本相比，仍相差很大，希望双方于6月13日之前通过友好商谈解决，并形成书面的新费用约定。此后，航华公司于2008年6月23日到8月20日期间，多次去函欧中公司，称因欧中公司不按时结清运费，目的港车队无钱购油而暂缓送货，要求欧中公司尽快按时支付运费，并承担因货物被留置在码头而产生的堆存费和滞箱费。

2008年7月14日，航华公司申请诉前财产保全，并支付财产保全申请费5000元。

2008年10月22日，在宁波海事法院主持下，双方就尚堆放在港口而未送交收货人的37箱货物达成初步调解协议，由航华公司于2008年11月1日之前全部送交收货人，欧中公司于交付后次日付清重庆兴洋国际运输有限公司已经开具发票的运费83188.05元，其余争议待该初步调解协议履行后另行在宁波海事法院主持下继续商。2008年12月17日，双方再次在宁波海事法院主持下进行调解，确认：该37箱货物于2008年11月7日才交付完毕，但欧中公司未支付前述运费83188.05元，双方对其他争议也未能进一步达成和解协议。

另查明，2008年4月中旬至5月初，欧中公司分别与三家收货人签订《补充协议》：因货物运输环节滞留无法缓解，欧中公司月供货量各减少50%，其中与两家收货人商定欧中公司提出的产品价格调整为每吨705元的要求暂不做考虑，与另一家收货人商定货物价格每吨从705元降为685元。2008年7月20日，该三家收货人分别致函欧中公司，称已于7月9日函告欧中公司，自7月15日起不再接收50千克小袋包装，但至今欧中公司仍陆续送来滞运的小袋装货物，要求欧中公司与货运单位沟通，返还滞运货柜，改为吨袋装运送。

再查明，航华公司于2008年8月28日和8月30日各支付货物滞箱费424760元和货物堆存费105816元。

三、法院裁判

宁波海事法院认为：欧中公司与航华公司签订《国内水路集装箱货运代理协议》及附件，约定欧中公司将货物交航华公司经水陆联运，送交收货人，由欧中公司支付运费，双方之间构成多式联运合同关系，应确认有效。合同约定自2007年7月23日起至2008年8月31日止，由欧中公司分批陆续向航华公司交运货物，欧中公司填写订舱委托书向航华公司订舱，航华公司以订舱确认书的形式向欧中公司提供订舱配载信息。尽管合同履行过程中，未曾出现过订舱委托书和订舱确认书，但每批交运的货物，运输目的地不一，运价条件前后有别，运输起止时间不同，各自构成独立的多式联运合同，并适用双方之间《国内水路集装箱货运代理协议》及其附件所约定的条款。

根据双方当事人的诉辩意见,宁波海事法院对本案的争议焦点归纳并评析如下:

1. 关于托运人运费和货物超重费用的支付义务问题

根据《国内水路集装箱货运代理协议》约定的运费结算方式,双方应在每个月对上个月发生的费用进行对账,5 天内由欧中公司进行对账确认,并在 15 天内付清上个月的运费。按此计算,运费支付期限当在货物交运后的 20—50 天内。对账系双方义务,可以以货物交运时多式联运经营人签发的相关运输单证在约定的期限内进行,而并非必须等到货物交收货人签收后方可对账,货物签收单据不能理解为双方合同约定的对账单。根据本案查明的事实,欧中公司未能按时向航华公司支付运费,应承担违约责任。因此,航华公司要求欧中公司偿付运费和货物超重费用及其利息的诉讼请求有理,予以支持,但航华公司诉请的未付运费金额计算有误,应以本案查实的 693116.05 元为准,未支付的货物超重费用计 30841.20 元,以上两项合计 723957.25 元,欧中公司应予偿付。鉴于每批货物交运时间不同,约定支付运费期限不一,未付运费和货物超重费用到底系哪些货物产生难作区分,货物最后交运日期为 2008 年 6 月 6 日,利息起算日可酌情确定为 2008 年 7 月 7 日,并按中国人民银行同期企业短期贷款基准利率计算。欧中公司对此抗辩无理,不予采纳。

2. 关于航华公司能否以行使货物留置权为由请求货物堆存费和滞箱费的问题

首先,《中华人民共和国合同法》第 315 条规定,因托运人或者收货人不支付运费、保管费以及其他运输费用的,承运人对相应的货物享有留置权。可见,承运人行使留置权的货物应与托运人或者收货人承担运费义务的货物相对应,即运费债权的发生须与留置的货物存在牵连关系,而本案欧中公司分批交运的货物在双方之间各成立独立的多式联运合同,航华公司所主张行使留置的货物,与欧中公司所负运费支付义务缺乏此种对应关系,不符合运输合同下留置权行使的积极要件。

其次,最高人民法院《关于适用〈中华人民共和国担保法〉若干问题的解释》第 111 条规定:"债权人行使留置权与其承担的义务或者合同的特殊约定相抵触的,人民法院不予支持。"将货物从起运地运输至目的地,系多式联运经营人的义务,其在运输途中以行使留置权为由拒运货物,与其承担的应继续运输的义务相抵触,不符合运输合同下留置权行使的消极要件。

再次,从双方来往函件中可以看出,航华公司在合同履行过程中虽多次向欧中公司提出,因欧中公司不按时支付运费,致车队暂停运送货物,但始终未曾正式通知留置货物或者通过各运输区段的实际承运人留置货物,以及具体留置哪些货物,何况到底哪些货物系其有意识地留置而堆存在港口,哪些货物系地震等客观因素而滞留途中,航华公司也未举证予以区分。此外,双方在履行《国内水路集装箱货运代理协议》过程中,航华公司因欧中公司未依约及时支付运费原因而拒绝继续运输在途货物,属于后履行抗辩权的行为,但不得因此扩大损失,就此而言,因航华公司拒绝继续运输而产生的货物在运输途中的堆存费和滞箱费,系其未采取适当措施所致,依据《中华人民共和国合同法》第 119 条第 1 款的规定,不得要求欧中公司赔偿。从经济的角度看,涉案货物价值很低,而至 2008 年 7 月 18 日止,未付运费和货物超重费用仅余 70 万余元,继续将货物堆存在港口,仅堆存费和滞箱费就将超出货物价值和所欠费用,与行使留置权或者合同履行抗辩权的目的相背。

综上,航华公司以行使货物留置权为由而要求欧中公司承担堆存费、滞箱费的主张,于法无据。合同约定门到门运输,途中产生的堆存费和滞箱费,即使存在,也系其不当行使货物留置权而产生,不得要求欧中公司负担。航华公司此项诉讼请求,应予驳回;欧中公司对此抗辩有理,予以采纳。

3. 关于欧中公司是否可要求航华公司承担迟延运输损失的问题

根据《中华人民共和国合同法》第 290 条的规定,承运人应当在约定期间或者合理期间内将旅客、货物运输到约定地点。双方之间《国内水路集装箱货运代理协议》及附件未约定运输期间,应视为双方在订立合同当时确信,货物在通常的期间内运交收货人即为合理。多式联运合同下的货物运送期间,受诸多因素影响,既有合同当事人的原因,也有其他因素,如因船期和船舶待泊导致货物在港口积压、长江通航能力、自然灾害导致的运输不畅、收货人的收货速度等。本案欧中公司交运的 585 箱货物,最迟在 2008 年 6 月 6 日,从当事人提供的运输单证看,此前已经交付收货人的绝大部分货物全程运输期间在 20 多天至 50 多天,欧中公司也未举证此前曾经要求航华公司加快货物运送周期,或者举证其在与三家收货人之间签订补充协议前后,将收货人要求加快货物运送速度的意思传达予航华公司。考虑涉案货物的性质、货物在水运装运港的待港时间、长江枯水期以及"5·12"汶川大地震的影响,此前已经运抵并交收货人的货物的运输期间应认定为系在合理范围内。2008 年 6 月 7 日以后,欧中公司致函航华公司,指责航华公司违约在途中压货,航华公司则回复欧中公司,途中压货系地震以及收货人卸货速度有限所致,同时要求欧中公司支付所拖欠的运费,否则拒绝继续运送货物。如前所述,因欧中公司未依双方之间《国内水路集装箱货运代理协议》的约定及时支付运费,航华公司依法享有后履行抗辩权,不构成违约。此外,收货人此时已改接受吨袋装货物而不再接受小袋装进行集装箱运输,何况欧中公司与三家收货人达成的补充协议,仅一家要求将货物单价调低 20 元/吨,其余两家仅表示对欧中公司要求将货物单价调整至 705 元/吨的提议不予考虑,并未减低货物价格,而哪些货物属于因迟延运输而降价,欧中公司也未举证予以区分。至于根据《国内水路集装箱货运代理协议》第 14 条的规定,确如航华公司所抗辩,属赔偿限额的约定,而非迟延履行违约金条款。综此,欧中公司要求航华公司赔偿运输迟延损失的反诉请求,证据不足,理由不成立,不予支持;航华公司对此抗辩成立,予以采纳。诉讼过程中经双方协商调解已由航华公司将尚滞留运输途中的 37 箱货物运交收货人,欧中公司要求航华公司返运该 37 箱货物并承担返运运费的反诉请求,其请求权已因债务清偿而归消灭,本案中不再另作评述。

综上,依照《中华人民共和国民事诉讼法》第 64 条第 1 款、《中华人民共和国合同法》第 60、67、107 条、第 119 条第 1 款、第 290 条、第 315 条和最高人民法院《关于适用

《中华人民共和国担保法》若干问题的意见》第 111 条的规定,判决如下:

(1) 被告浙江青田欧中化工有限公司应在本判决生效后 10 日内偿付原告温州航华国际船务有限公司运费和货物超重费用合计 723957.25 元及其前述款项自 2008 年 7 月 7 日起至判决确定履行之日止的利息(按中国人民银行规定的同期企业短期贷款基准利率计算);

(2) 驳回原告温州航华国际船务有限公司的其他诉讼请求;

(3) 驳回反诉原告浙江青田欧中化工有限公司的反诉诉讼请求。

2.4 多式联运托运人的权利和义务

⑩ **上诉人宜兴市明月建陶有限公司与被上诉人北京和风国际物流有限公司多式联运合同纠纷案**

案例来源:天津市高级人民法院 (2011) 津高民四终字第 0169 号

主题词:合同解除　权利转让　合同相对性

> **裁判要旨**
>
> **No. HY-2.4-1**　合同解除后,已经履行的,根据履行情况和合同性质,当事人可以要求恢复原状、采取其他补救措施,并有权要求赔偿损失。
>
> **No. HY-2.4-2**　债权人转让权利的,应当通知债务人,未经通知,该转让对债务人不发生效力。
>
> **No. HY-2.4-3**　根据合同相对性原则,托运人只能就其自身损失要求承运人承担赔偿责任,而不得主张承运人赔偿合同之外第三人的损失。

一、基本案情

上诉人(原审原告):宜兴市明月建陶有限公司(以下简称明月公司)

被上诉人(原审被告):北京和风国际物流有限公司(以下简称和风公司)

天津海事法院原审查明:2008 年 4 月 14 日,宜兴明月公司与北京和风公司签订《货物运输代理合同》,约定:由和风公司将明月公司 1000 吨焦炭从天津新港经南非德班运至刚果(金)的 Likasi,收货人为 Sise Kambove Street, Kakontwe Devel Opment, Common of Pan Da Likasi;实际发货数量以提单显示的毛重为准,全程运费单价为 480 美元/吨,分三期支付,第一期为总运费的 50%,第二期为总运费的 40%,货物抵达德班港后的 5 个工作日内支付,第三期 10% 运费在货物全部抵达 Likasi 后 5 个工作日内支付;和风公司保证第一辆卡车在装船日后 90 天内抵达 Likasi 收货人现场。2008 年 4 月 30 日,明月公司于天津新港实际向和风公司交付焦炭 1 030.76 吨,和风公司向明月公司出具了多式联运提单，提单记载明月公司为托运人，MING YUE SPRL 为收货人，收货人地址为 Likasi。2008 年 5 月 27 日，案外人南非海运公司运输涉案货物至德班港，由和风公司收取后在德班堆存。2008 年 5 月 12 日，明月公司向和风公司支付 50% 的运费人民币 1 731 676.8 元，及保险费人民币 15 238.8 元；2008 年 7 月 7 日，明月公司向和风公司支付 40% 的运费人民币 1 396 538 元。2008 年 6 月和 2008 年 9 月，和风公司先后以油价上涨为由要求明月公司增加运费。因双方对此未能达成一致意见，和风公司未将涉案货物运到目的地交付收货人。

另查明，2008 年 10 月 10 日，明月公司向天津海事法院提起诉讼，请求和风公司赔偿明月公司涉案焦炭的货值、保险费、运费及关税增加值共计人民币 6 595 003.52 元及银行利息。天津海事法院于 2009 年 8 月 21 日作出（2008）津海法商初字第 507 号民事判决，判令和风公司赔偿明月公司货损人民币 6 523 953.5 元，并支付上述款项的利息。和风公司不服该判决，向天津市高级人民法院提出上诉。天津市高级人民法院认为和风公司行为符合《中华人民共和国合同法》中关于合同的法定解除条款，即第 94 条第 1 款第（三）项"当事人一方迟延履行主要债务，经催告后在合理期限内仍未履行"之情形，明月公司虽未明确提出解除合同，但明确表示不同意和风公司继续履行运输义务，产生合同解除的法律后果。天津市高级人民法院于 2010 年 12 月 16 日作出（2009）津高民四终字第 574 号民事判决，变更原判决为：和风公司赔偿明月公司货款损失、运费损失、货物运输保险费损失，共计人民币 6 516 110.95 元及上述款项的利息，并判令涉案焦炭由和风公司进行处分。2010 年 3 月，明月公司以和风公司没能按期交付焦炭，致使明月公司在刚果（金）投资的厂矿无法保证正常生产，给明月公司在生产经营上造成了严重损害为由，向原审法院提起诉讼，请求和风公司赔偿明月公司因迟延交付焦炭所遭受的经济损失人民币 100 000 元。2010 年 7 月 20 日，明月公司变更诉讼请求为和风公司赔偿明月公司因迟延交付焦炭所遭受的经济损失人民币 1 000 000 元。

二、一审裁判

天津海事法院认为，关于本案适用法律的问题，根据《中华人民共和国海商法》第 105 条的规定，货物的灭失或者损坏发生于多式联运的某一运输区段的，多式联运经营人的赔偿责任和责任限额，适用调整该区段运输方式的有关法律规定。本案纠纷发生在中转港南非德班港至目的地明月刚果（金）公司的陆路区段，具有涉外因素，但在本案审理中，明月公司与和风公司均引用中国法陈述主张，因此本案赔偿责任和责任限额适用《中华人民共和国合同法》。

关于明月公司是否具有诉权。和风公司主张，本案属于提单索赔，但收货人不是明月公司，明月公司不具备诉权。原审法院认为，明月公司作为托运人，有权行使运输合同项下托运人权利，在提供正本提单的情况下，有权对货物主张权利。因此，对和风公司主张不予支持。

关于和风公司主张不应承担迟延交付赔偿责任的问题。根据《中华人民共和国合同法》第 97 条的规定，合同解除后，已经履行的，根据履行情况和合同性质，当事人可以要求恢复原状、采取其他补救措施，并有权要求赔偿损失。因此，明月公司与和风公司之间的涉案货物运输合同虽然已经解除，明月公司依然有权依据此合同要求和风公司赔偿造成的损失。明月公司与和风公司在涉案货物运输合同中约定："和风公司保证第一辆卡车装船日后 90 天内抵达 Likasi 收货人现场，如果逾期不到，则每逾期一周，扣除剩余 10% 运费的 1.5%，不足一周按一周计算（不可抗力除外）。"单从文字表述上看，此段文字只约定了第一辆卡车的交付时间，但结合整个涉案货物运输合同，合同中没有对其他卡车的交付时间另行约定，"扣除剩余 10% 运费的 1.5%"，也没有指明是扣除第一辆卡车的运费，因此，应理解为该约定是对全部涉案货物交付时间的约定，同时，在（2009）津高民四终字第 574 号判决书中，法院查明明月公司与和风公司就涉案货物运输合同约定的货物交付时间也是第一辆卡车装船日后 90 天内抵达 Likasi 收货人现场，和风公司对此并未提出异议，因此，和风公司再就涉案货物交付的时间提出异议，不予采信。

关于明月公司起诉是否属于重复起诉。明月公司于 2008 年 10 月 10 日起诉要求和风公司赔偿明月公司涉案焦炭的货值、保险费、运费及关税增加值，而明月公司在本案中提出的是要求和风公司赔偿明月公司因和风公司迟延交付焦炭所遭受的经济损失，该项诉讼请求所涉及的诉讼标的与（2008）津海法商初字第 507 号案件的诉讼标的并不相同，（2009）津高民四终字第 574 号判决书对此请求也并未涉及，因此，明月公司此次起诉不属于重复起诉。

关于明月公司起诉是否超过诉讼时效。原审法院认为，本案为多式联运合同纠纷，目前，我国关于多式联运的诉讼时效期间没有明确的规定，而本案涉案货物于 2008 年 5 月 27 日运抵中转港南非德班港，和风公司在要求明月公司增加运费未果的情况下，其没有履行陆路运输义务而是将货物在南非德班港堆存。由此可见，涉案货物的运输在海运区段并不存在迟延运输问题，明月公司与和风公司也未产生争议，涉案货物已经完成海运区段的运输，货物迟延交付发生在中转港南非德班港至目的港的陆路运输阶段。因此，本案诉讼时效不应适用《中华人民共和国海商法》关于诉讼时效的规定，而应适用我国民事法律关于诉讼时效的一般规定，即《中华人民共和国民法通则》第 135 条的规定，诉讼时效期间为两年。明月公司于 2008 年 4 月 30 日在天津新港向和风公司交付涉案货物，根据明月公司与和风公司约定：和风公司保证第一辆卡车在装船日后 90 天内抵达 Likasi 收货人现场，和风公司应在 2008 年 7 月 29 日前交付涉案货物，明月公司请求和风公司赔偿经济损失的诉讼时效期间应截止到 2010 年 7 月 30 日，因此，明月公司 2010 年 3 月 30 日就本案提起诉讼，并未超过诉讼时效。

关于和风公司是否应对明月公司损失承担赔偿责任以及损失的数额及计算依据。首先，明月公司是以托运人的身份起诉的，依据合同相对性原则，明月公司所请求的经济损失应是明月公司自身的损失，但明月公司在庭审时明确表示，其请求的经济损失是收货人明月刚果（金）公司的损失，而明月刚果（金）公司是明月公司在刚果（金）独资设立的境外企业,是独立核算的公司,明月公司没有提供有效证据,证明其已获得了明月刚果(金)公司的授权,可以以自己的名义向和风公司请求经济损失。其次,根据《中华人民共和国合同法》第 80 条第 1 款的规定,债权人转让权利的,应当通知债务人,未经通知,该转让对债务人不发生效力。而本案明月公司并没有提供收货人明月刚果(金)公司通知和风公司债权转让的证据,因此,明月公司无权请求和风公司直接向明月公司支付收货人明月刚果(金)公司的经济损失。第三,明月公司提供的关于证明收货人明月刚果(金)公司经济损失的证据,部分系域外形成的,此部分证据均未办理公证认证手续,且没有提供中文翻译文本,故对其真实性不能确认。国内形成的证据部分,不具有证明属于明月刚果(金)公司的损失的证明力。同时,即使明月公司提供的国内人员工资、机票等损失的证据,能够证明是明月公司的支出费用,也不能证明是因和风公司违约所必然支出的费用。因此,对明月公司主张和风公司赔偿经济损失的请求,不予支持。天津海事法院一审依据《中华人民共和国民事诉讼法》第 64 条第 1 款之规定,判决:驳回明月公司的诉讼请求。案件受理费人民币 13 800 元,由明月公司负担。

三、二审裁判

原判决查明的事实属实,天津市高级人民法院予以确认。

天津市高级人民法院认为,明月公司与和风公司之间的纠纷发生在外国领域,即双方产生、变更或消灭民事权利义务关系的法律事实发生在外国领域,因此本案为涉外案件。双方当事人在诉讼中均选择中华人民共和国法律作为依据,根据《中华人民共和国涉外民事关系法律适用法》第 3 条的规定,本案应当以中华人民共和国法律作为处理争议的准据法。

明月公司与和风公司所签合同虽名为《货物运输代理合同》,但双方在该合同中约定,和风公司负责办理涉案货物自天津新港至南非德班港的海运事宜及南非德班港至刚果(金)Likasi 的陆运事宜,明月公司向和风公司支付全程运费,且和风公司向明月公司出具了全程提单。因此,天津市高级人民法院认定双方为多式联运合同关系。明月公司为托运人,和风公司为多式联运经营人。和风公司作为多式联运经营人,未按合同约定交付货物,违反了合同约定,对由此给明月公司造成的损失应承担赔偿责任。天津市高级人民法院(2009)津高民四终字第 574 号民事判决已判令和风公司赔偿明月公司货款损失、运费损失及货物运输保险费损失,明月公司在本案诉请的损失系明月刚果(金)公司的损失。对此,天津市高级人民法院认为,根据合同相对性原则,明月公司只能就其自身损失要求和风公司承担赔偿责任。而明月刚果(金)公司并非多式联运合同的主体,明月公司依据多式联运合同主张和风公司赔偿合同之外第三方的损失,依据不足。同时,明月公司提供的明月刚果(金)公司的停产证明及各项损失的证据系国外形成的,未进行公证认证,证据形式不合法,不具有证明效力,不能证明其停产的事实和损失数额;其主张的国内人员工资、机票等损失,不能证明与和风公司迟延交货有必然的因果关系。因此明月公司主张和风公司赔偿其损失人民币1 000 000元，证据不足，天津市高级人民法院不予支持。

关于明月公司上诉主张的合同约定违约金问题，其向原审法院提起诉讼时并未提出该项诉讼请求，因此该主张不属于本案审理范围。综上，原判决认定事实清楚，适用法律正确，判决如下：

驳回上诉，维持原判。

11 上诉人北京和风国际物流有限公司与被上诉人宜兴市明月建陶有限公司多式联运合同纠纷案

案例来源：天津市高级人民法院(2010)津高民四终字第29号
主题词：多式联运　迟延支付　违约责任

裁判要旨

No. HY-2.4-4　双方的合同虽名为货物运输代理合同，但根据双方合同的内容，一方负责办理货物海路和陆路运输，另一方相应支付全程运费，而且一方还向另一方出具了载明一程海运和二程陆运的提单，据此可认定双方实际为多式联运合同关系，出具提单的一方为多式联运经营人。

No. HY-2.4-5　托运人未按照合同约定而迟延支付运费，构成履行合同义务不符合约定的情形，应当承担赔偿损失的违约责任，对方有权要求托运人根据合同双方相关约定承担对应迟延期间所产生的相关费用损失，即相应期间的堆存费、仓储费和海关监管费。

一、一审法院查明事实

上诉人(原审原告)：北京和风国际物流有限公司(以下简称和风公司)

被上诉人(原审被告)：宜兴市明月建陶有限公司(以下简称明月公司)

天津海事法院查明：和风公司与明月公司于2008年4月14日签订《货物运输代理合同》，明月公司委托和风公司以每吨480美元的价格将约1 000吨焦炭从天津新港经南非德班运至刚果(金)Likasi。双方约定运费分三笔付清，交运货物时付50%，货到南非德班港后5日内付40%，其余待货物运抵目的地后支付。明月公司所付运费包含货物在德班港口卸货、堆存及装载到陆路运输车辆上的相关费用。明月公司于2008年4月30日将1 030吨焦炭在天津新港交付和风公司。2008年5月27日，货物运至南非德班港，之后未继续运输。明月公司于2008年7月7日将第二笔运费支付给和风公司。双方曾就运费、继续运输以及堆存费等相关费用的支付问题多次沟通。2008年5月20日，和风公司发给明月公司传真，要求明月公司支付案外运输事项所产生的相关费用，并称如不付清费用，将停止运输。2008年8月5日、9月2日，和风公司两次以国际油价变动导致陆运费用上涨为由书面要求明月公司增加运费至536美元/吨,明月公司未予回复。诉讼后,和风公司要求继续运输货物,明月公司称已向法院提起诉讼,未再协商。2009年2月,和风公司通过其在南非的代理公司安科塞斯国际货运公司[ACCESS FREIGHT INTERNATIONAL(PTY)LTD]支付滞箱费、堆存费、仓储费、海关监管费共计166981.71美元。和风公司向天津海事法院提起本案诉讼,主张由于明月公司迟延支付运费,导致货物在南非德班港口堆存并产生了大量的滞箱费、堆存费、仓储费、海关监管费,和风公司垫付上述费用共计166981.71美元,请求法院判令明月公司支付上述费用(按起诉日美元汇率折合1140969.33元人民币)及按银行同期贷款利率计算的利息(自2009年2月13日起至实际支付时止),本案诉讼费用由明月公司承担。

二、一审裁判

天津海事法院原审认为,本案为国际多式联运合同纠纷,明月公司为托运人,和风公司为多式联运经营人。虽然双方所签书面合同名称为货运代理合同,但合同主要内容为托运人、多式联运经营人的权利义务,和风公司、明月公司应分别按多式联运经营人、托运人身份享受权利、承担义务。和风公司主张,因明月公司未及时支付第二笔运费,违反合同约定,从而导致滞箱费、仓储费、海关监管费等费用的产生,且因油价上涨和风公司增加了运输成本,需要提高运价,明月公司拒不支付,导致和风公司无法履行运输合同,因此明月公司应支付和风公司垫付的滞箱费、仓储费、海关监管费等费用。对此,首先,双方运输合同载明,明月公司所付运费包含货物在德班港口卸货、堆存及装载到陆路运输车辆上的相关费用,正常运输过程中所产生的滞箱费、仓储费等已包含在运价之内,不应由明月公司负担。其次,根据合同约定及货物实际到达德班港的时间,明月公司应于2008年6月3日前支付第二笔运费,而明月公司实际支付该笔运费的时间为2008年7月7日,明月公司给付涉案第二笔运费晚于合同约定的时间。但是,2008年5月29日,和风公司就曾通知明月公司,如不结清案外运输事项所产生的相关费用,将停止发运货物,2008年8月和9月,也曾通知明月公司要求增加运费,并且提出运费涨价的原因是油价上涨。这些事实可以说明,和风公司停止运输与明月公司是否在2008年6月3日前支付运费没有客观联系。同时,和风公司提出运价上涨也没有合同根据,因此,和风公司关于明月公司迟延支付运费导致滞箱费、仓储费、海关监管费等费用产生的主张与事实不符,不能成立。再次,和风公司作为多式联运经营人负有将货物运到约定地点的责任,在没有合同特别约定的情况下,明月公司迟延给付运费不能成为和风公司停止运输的理由。即使明月公司不给付相关费用,和风公司仍享有在运输目的地留置货物的救济手段,停止运输不是和风公司的权利。由于和风公司停止运输没有正当根据,而其诉请的在停止运输期间产生的滞箱费、仓储费、海关监管费等费用与明月公司是否迟延给付运费无关,和风公司关于明月公司应支付相关费用的请求没有法律根据。综上,和风公司的请求缺乏事实和法律根据,不应支持。依照《中华人民共和国民事诉讼法》第64条第1款之规定,判决:驳回和风公司的全部诉讼请求。案件受理费 15 068.70 元人民币由和风公司负担。

三、上诉与答辩

和风公司不服原审判决，向天津市高级人民法院提起上诉，请求撤销原审判决，判令明月公司支付和风公司为其垫付的滞箱费、堆存费、仓储费、海关监管费等合计1 140 969.33 元人民币及按银行同期贷款利率计算的利息（自 2009 年 2 月 13 日起至实际支付时止），并由明月公司负担本案两审诉讼费用。主要理由：

1. 原审判决认定事实不清

（1）原审判决认定涉案运输合同中约定的运价包含滞箱费、仓储费、堆存费及海关监管费没有事实和法律依据。和风公司与明月公司已在合同中明确约定对于因明月公司迟延支付总运费的 40% 产生的滞期费，由明月公司承担。虽然双方在合同中约定运价中包含堆存费等相关费用，但上述费用是指货物在正常运输过程中因需要转换运输方式而合理堆存在中转港的费用。本案中，因明月公司迟延支付运费致使货物丧失运输的最佳时机，并进而由于明月公司要求和风公司终止货物继续运输，导致涉案货物长期滞留中转港，产生了巨额滞箱费、仓储费、堆存费及海关监管费，上述费用并非货物运输中正常、合理发生的费用。因此，原审判决对该问题的认定缺乏事实和法律依据。

（2）原审判决认定和风公司停止运输货物与明月公司是否迟延支付运费没有客观联系是错误的。和风公司在本案中并非多式联运经营人，双方之间的权利义务应严格按照货运代理合同确定。由于明月公司迟延支付到期运费，致使正常的货物运输过程中断，且明月公司单方终止合同的履行，导致运输合同项下的货物在运至中转港后无法继续运至合同约定的目的地。因此，明月公司迟延支付到期运费是和风公司停止货物运输的主要原因。正是由于明月公司的违约行为导致货物滞港无法继续运输，产生大量滞箱费、仓储费、堆存费及海关监管费。

2. 原审判决适用法律不当

鉴于明月公司明确要求和风公司停止继续运输合同项下的货物，因此和风公司停止运输的行为并没有违反合同约定。

明月公司未作书面答辩，二审庭审中辩称，即使明月公司迟延支付运费，和风公司仍应继续运输，由明月公司承担相应的违约责任。本案中，和风公司要求增加运费，因明月公司不同意，和风公司停止货物运输。因此，和风公司主张的涉案货物的滞港费用是和风公司停止运输行为造成的，明月公司不承担责任。综上，明月公司请求驳回上诉，维持原判。

四、二审裁判

天津海事法院查明的事实属实，天津市高级人民法院予以确认。另查明，和风公司与明月公司在货物运输代理合同中约定，和风公司指派专人负责跟踪全程运输并及时提供运输信息。双方同时约定,在货物抵达德班港后的5个工作日内,明月公司支付总运费的40%,如因支付运费延迟导致和风公司在南非转关、提货延期,由此产生的滞期费,由明月公司承担。又查明,和风公司于2008年6月18日以传真方式通知明月公司,涉案货物已于2008年5月27日运抵德班港,同时要求明月公司根据双方约定,将总运费的40%即197 905.92美元(折合人民币1 397 215.80元)付至指定账户。再查明,和风公司所支付的166 981.71美元中含滞箱费14 507.64美元、堆存费55 034.59美元、仓储费93 412.83美元、海关监管费4 026.65美元。上述费用中,滞箱费产生期间为2008年6月5日至2008年6月20日,堆存费、仓储费、海关监管费产生期间为2008年6月5日至2008年9月21日。和风公司于2009年2月12日支付上述费用。

天津市高级人民法院认为,明月公司与和风公司所签合同虽名为《货物运输代理合同》,但根据双方的约定,和风公司负责办理涉案货物自天津新港至南非德班港的海运事宜及南非德班港至刚果(金)Likasi的陆运事宜,明月公司向和风公司支付全程运费。而且,和风公司向明月公司出具了涉案提单,该提单记载有一程海运与两程陆运内容。据此,天津市高级人民法院认定双方为多式联运合同关系。和风公司出具了运输单证且实际履行了多式联运合同义务,原审法院认定其为多式联运经营人并无不当。和风公司在本案中主张的费用系涉案货物在南非德班港堆存期间产生的。和风公司同时主张,上述费用系因明月公司未及时支付到期运费导致正常的货物运输过程中断造成的。就和风公司提出的上述主张,天津市高级人民法院认为,涉案货物于2008年5月27日运抵德班港,根据双方的约定,明月公司应于货物抵达南非德班港后的5个工作日内即2008年6月3日之前支付总运费的40%。但明月公司作为托运人,其并不掌握货物到港的具体时间,而和风公司负有指派专人负责跟踪全程运输并及时提供运输信息之义务。虽然涉案货物于2008年5月27日运抵德班港,但和风公司在2008年6月18日才以传真方式通知明月公司货物到港时间并要求其支付运费,因此明月公司应于2008年6月24日前履行付款义务。明月公司于2008年7月7日支付上述费用,构成迟延支付运费。根据《中华人民共和国海商法》第69条"托运人应当按照约定向承运人支付运费"之规定及《中华人民共和国合同法》第107条"当事人一方不履行合同义务或者履行合同义务不符合约定的,应当承担继续履行、采取补救措施或者赔偿损失等违约责任"之规定,和风公司有权依据双方所签合同的约定,要求明月公司承担2008年6月24日至2008年7月7日期间产生的相关费用损失。

本案事实表明,和风公司所支付的166 981.71美元中含滞箱费14 507.64美元、堆存费55 034.59美元、仓储费93 412.83美元、海关监管费4 026.65美元。上述费用中,滞箱费产生期间为2008年6月5日至2008年6月20日,该费用并非因明月公司迟延支付运费所产生,不应由明月公司承担。和风公司主张的堆存费、仓储费、海关监管费共计152 474.07美元,产生期间为2008年6月5日至2008年9月21日。上述费用系涉案货物在德班港堆存109天所发生的,明月公司迟延14天支付运费,按比例计算,明月公司应承担19 583.83美元(14/109 * 152 474.07 = 19 583.83),按和风公司提起本案诉

多式联运・迟延支付・违约责任

讼之日即 2009 年 4 月 20 日的汇率,上述费用折合 133 757.56 元人民币(19 583.83×6.83 = 133 757.56)。因和风公司于 2009 年 2 月 12 日支付涉案款项,故明月公司应按中国人民银行同期同类存款利率支付上述费用自 2009 年 2 月 13 日起至实际支付之日止的利息。和风公司要求按银行同期贷款利率计算利息之主张因缺乏事实依据,天津市高级人民法院不予支持。对于因明月公司迟延支付运费行为所造成的损失,和风公司有权依据合同约定要求明月公司承担因此产生的相关费用,亦有权依据法律规定在合理的限度内留置明月公司的货物,但法律并未赋予和风公司中止履行运输义务的权利。况且,根据和风公司发给明月公司的传真内容,和风公司是以油价上涨为由要求增加运费,该行为系其单方变更合同价款的行为,其无权以明月公司未予答复为由停止货物的运输。在明月公司已经支付运费的情况下,和风公司应继续履行运输义务,2008 年 7 月 7 日后产生的堆存费、仓储费及海关监管费等费用系和风公司擅自停止运输行为造成的,应由其自行承担。

综上,原审法院查明事实基本清楚,但在认定明月公司迟延支付运费的情况下,判令和风公司自行承担涉案全部堆存费等费用的处理结果不当,应予纠正。依照《中华人民共和国民事诉讼法》第 153 条第 1 款第(二)项之规定,判决如下:

(1)撤销天津海事法院(2009)津海法商初字第 329 号民事判决。

(2)宜兴市明月建陶有限公司赔偿北京和风国际物流有限公司堆存费、仓储费、海关监管费损失共计人民币 133 757.56 元,并按中国人民银行同期同类存款利率支付上述款项自 2009 年 2 月 13 日起至实际支付之日止的利息。

(3)驳回北京和风国际物流有限公司其他诉讼请求。

3. 航次租船合同纠纷

3.1 航次租船下是否存在实际承运人

1 上诉人宁波泰茂海运有限公司、上海海联船舶管理有限公司与被上诉人犍为华龙航运有限公司德阳分公司航次租船合同纠纷案

案例来源：上海市高级人民法院(2011)沪高民四(海)终字第90号

主题词：实际承运人　货物中转合同　航次租船合同　保管责任　舱面装载

> **裁判要旨**
>
> **No. HY-3.1-1**　承运人在舱面装载货物应当同托运人达成协议或符合航运惯例，且应当在运单注明"舱面货物"。
>
> **No. HY-3.1-2**　货物灭失的赔偿额以货物交付时到达地的市场价格计算，包括货物的价值加上运费。

一、基本案情

上诉人(原审被告)：宁波泰茂海运有限公司(以下简称宁波泰茂)

上诉人(原审被告)：上海海联船舶管理有限公司(以下简称上海海联)

被上诉人(原审原告)犍为华龙航运有限公司德阳分公司(以下简称犍为华龙)

上海海事法院查明：2010年4月7日，犍为华龙与上海海联签订《货物中转合同》(以下简称《合同》)，约定上海海联为犍为华龙运送12件成套设备，包括10件筒体和2件磨。起运港为鲅鱼圈港，目的港为南通港，承运船舶为宁波泰茂的"泰茂1号"轮。《合同》第1条约定，本《合同》总金额为人民币47万元，上海海联负责货物由鲅鱼圈港至南通港的两港港口货物吊装及近海水路运输事宜。具体费用项目包括：货物的卸车、港区内中转、堆存、集并完成后的装船、鲅鱼圈港至南通港的海运费、设备与设备托架在装船前的捆绑、设备装船后的捆扎加固、卸货前的解绑、南通港的卸货。《合同》第4条第3、4项约定，上海海联负责码头的吊装、堆存、捆扎加固、中转等工作，负责货物绑扎、加固、垫料，保证设备在运输卸船过程中的安全。犍为华龙为履行运输合同于4月7日委托上海弗莱特国际有限公司完成卸港作业。

上海海联接受犍为华龙委托后，与宁波泰茂签订航次租船合同，约定涉案12件货物由宁波泰茂实际运输。合同第4条约定，甲板允许装货，宁波泰茂负责装舱、垫料和绑扎等。

4月9日，犍为华龙向上海海联支付了运费人民币4万元，向上海海联财务人员康

本芳个人账户支付运费人民币 20 万元。5 月 3 日,犍为华龙向宁波泰茂支付运费人民币 13.5 万元。4 月 12 日,上海海联向宁波泰茂支付运费人民币 4 万元。

4 月 23 日,宁波泰茂通过上海海联告知犍为华龙涉案船舶因齿轮箱再度发生故障,船舶将延后到港。4 月 26 日,"泰茂 1 号"轮受载涉案货物后开航,根据设备配载图显示货物分别装于舱底和甲板。次日 8 时 37 分,涉案货物其中一件尺寸为直径 4.96 米、长 8.5 米的筒体脱离鞍座落入海中,宁波泰茂即通过传真方式告知犍为华龙及上海海联关于设备落海的情况,同时表示其正在积极组织打捞工作。4 月 28 日,宁波泰茂函告上海海联,称涉案货物落海系舱面货固有的风险,属承运人的免责范围。关于货物打捞问题,双方通过传真往来进行协商,直至 5 月 10 日宁波泰茂向犍为华龙和上海海联明确表示不再参与打捞相关工作,也没有义务承担打捞费用。5 月 2 日,涉案船舶到达南通港后,犍为华龙收到了 11 件货物。根据犍为华龙与案外人唐代均签订的国内水陆货物运输合同的约定,11 件货物通过水运从南通港运至四川宜宾的水富件码头。

犍为华龙为重新增补制造落海筒体,与沈阳水泥机械有限公司(以下简称沈阳水泥)、四川省大件运输公司(以下简称四川大件)约定,由于涉案货物落海灭失,沈阳水泥将重新增补制造与落海筒体相同型号的货物,由犍为华龙负责运输至货主处,增补制作筒体的费用由犍为华龙支付,沈阳水泥将在应支付给犍为华龙的运费中予以扣除。5 月 20 日,犍为华龙与沈阳吉盛达运输有限公司(以下简称沈阳吉盛达)签订了公路运输合同,约定沈阳吉盛达承运总长度与落海货物相同的四段筒体从沈阳于洪区巢湖街 22 号至筠连川煤芙蓉水泥有限公司(以下简称筠连川煤)处,运费人民币 14.5 万元由犍为华龙承担。6 月 4 日,犍为华龙支付了上述运费。犍为华龙将上述四段筒体运至筠连川煤处,由其完成焊接工作,形成与落海货物相同的筒体,焊接费用人民币 3.5 万元。9 月 6 日,犍为华龙与筠连川煤补签焊接安装合同,10 月 11 日,犍为华龙向筠连川煤支付了上述费用。10 月 15 日,筠连川煤开具上述费用的相应发票。

10 月 15 日,犍为华龙与沈阳水泥、四川大件签订了抹账协议书,三方书面确认了上述约定。沈阳水泥开具了增值税发票,金额为人民币 324 058.35 元。

二、一审裁判

上海海事法院一审认为,本案为通海水域货物运输合同纠纷。根据货物中转运输合同约定,犍为华龙为涉案运输合同托运人,上海海联为承运人,犍为华龙与上海海联之间的通海水域货物运输合同成立有效。根据上海海联和宁波泰茂之间签订的航次租船合同,可以认定宁波泰茂系接受承运人上海海联委托,从事实际货物运输,其身份为实际承运人。

关于涉案货物落海的原因争议。上海海事法院一审认为,根据《国内水路货物运输规则》第 53 条的规定,承运人在舱面装载货物应当同托运人达成协议或符合航运惯例,且应当在运单注明"舱面货物"。现有证据表明,承运人未与托运人就舱面装载货物达成协议,仅凭托运人在载货后知道货物装载于舱面,不能认定双方就舱面装货达成协议,且在运单上对舱面货物亦没有注明,上海海联和宁波泰茂关于约定舱面载货的理由不能成立。关于舱面载货是否符合航运惯例,上海海事法院一审认为,从船舶积载图可以看出,涉案货物既有装载于舱面,亦有装载于舱内,且无证据证明涉案货物装载舱面符合航运惯例,故涉案货物装载舱面为航运惯例的理由不能成立。退一步而言,即使涉案货物按航运惯例应装于甲板,上海海联和宁波泰茂对甲板货物仍应尽妥善照料、保管和绑扎系固货物的义务,防止货物落海。故上海海联和宁波泰茂关于舱面载物系合同约定和法律规定的理由,上海海事法院一审不予采信。

　　关于涉案货物是否绑扎不当的问题。上海海事法院一审认为,根据货物中转运输合同的约定,在装船前,承运人上海海联应依约履行筒体和鞍座之间捆绑、加固的义务。在装船后负责绑扎、加固和垫料,并保证设备在运输过程中的安全。涉案货物由于绑扎不当落海,承运人显然违反合同的约定,应当承担相应的赔偿责任。上海海联和宁波泰茂关于筒体和鞍座作为一个整体,鞍座作为筒体的包装交付运输的抗辩没有事实依据,上海海事法院一审不予采信。根据《国内水路货物运输规则》第32、46条的规定,上海海联和宁波泰茂在运输过程中应当履行妥善保管和照料货物的义务,涉案货物在承运人掌管期间落海灭失,上海海联和宁波泰茂应当对托运人承担连带赔偿责任,但不影响上海海联和宁波泰茂之间承担责任后的相互追偿。

　　关于涉案货物的价值及原告的损失数额的争议。上海海事法院一审认为,根据法律规定,货物灭失的赔偿额以货物交付时到达地的市场价格计算,包括货物的价值加上运费。关于落海货物价值。现有证据表明,落海货物尺寸为直径4.96米、长度为8.5米的筒体,犍为华龙从沈阳水泥购买四段筒体后运至筠连川煤处进行焊接,最终形成与落海货物相同的筒体,可见落海货物的价值包括四段筒体及焊接费用。犍为华龙为填补损失,向货物制造方重新购置货物,并焊接成与落海筒体相同的尺寸,其所支出的购置价和焊接费用的总和应为落海货物价值。故上海海事法院一审对上述两项损失予以支持。关于陆路运输运费损失,涉案货物系成套货物设备,由于其中一件落海造成货损,犍为华龙为尽快补齐货物,采取陆路运输方式将货物直接运至目的港,通常情况下,直接运输方式应当比分段运输节省费用,该运输方式应属合理。现有证据表明,之前南通港至目的地水富件码头的费用系包船运输,犍为华龙亦支付了相应的运费,由于上海海联和宁波泰茂的原因导致其中一件货物落海灭失,该件货物补货的全程运费,应当属于犍为华龙的损失范围。故上海海事法院一审对陆路运费损失予以支持。

　　综上,犍为华龙为涉案运输合同的托运人,上海海联和宁波泰茂为承运人和实际承运人,由于上海海联和宁波泰茂违反合同约定和法律规定,造成犍为华龙的货物损失和运费损失,其应当承担相应的赔偿责任。综上,上海海事法院一审遂依据《中华人民共和国合同法》第107条、第113条第1款,《中华人民共和国民事诉讼法》第64条第1款之规定,判决如下:

实际承运人・货物中转合同・航次租船合同・保管责任・舱面装载

1. 上海海联应于判决生效之日起 10 日内向犍为华龙赔偿货物损失人民币 324 058.35 元,加工费损失人民币 35 000 元和运输费用人民币 145 000 元;
2. 宁波泰茂对上述损失承担连带赔偿责任。

三、上诉与答辩

宁波泰茂上诉认为:原审认定事实有误,适用法律错误:① 宁波泰茂有权将涉案货物装于舱面,货物落海属于舱面货的特殊风险;② 宁波泰茂对筒体与鞍座的连接没有加固的责任,且宁波泰茂已经对涉案货物进行了充分的绑扎,其对于货物落海没有任何过错;③ 犍为华龙违反合同约定,没有购买保险,犍为华龙应自行承担损失;④ 犍为华龙在事故发生后没有积极配合宁波泰茂采取措施减少损失;⑤ 犍为华龙主张的货物落海的赔偿金额不合理,货物损失应当按照购买涉案货物的发票予以确定,而不应按照货物重做费用加运输费用的方式计算;⑥ 宁波泰茂不应承担连带赔偿责任。据此,请求二审法院撤销原判,依法改判。

上海海联上诉认为:原审认定事实有误,适用法律错误:① 犍为华龙监装涉案货物,应当视为其同意将涉案货物装于舱面;② 货物落海的赔偿金额错误。据此,请求二审法院撤销原判,依法改判。

犍为华龙答辩认为:原审认定事实清楚,判决结果正确:① 宁波泰茂系涉案货物的实际承运人,在船舶操作、适航状况、货物绑扎的过程中都未能尽到管船和管货义务,其应当承担赔偿责任;② 货物的损失应以货物到达目的地时支出的所有费用进行计算,包括货物的原始价格、运费等。据此,请求二审法院驳回上诉,维持原判。

宁波泰茂在二审中提交了涉案船舶船长及大副的证词,用以证明货物装于甲板是经过各方同意的,且宁波泰茂已经对货物进行了充分的绑扎系固,货物落海时的天气状况非常恶劣。

上海海联质证认为,对证据的真实性没有异议,但认为该证据属于当事人的自述,不具有证明力。

犍为华龙质证认为,该证据不属于二审新证据,且该证据属于证人证言,证人应当出庭接受质询,在证人没有到庭的情况下,对证据的真实性有异议。同时,出具书面证言的证人与宁波泰茂存在利害关系,且其证言的内容与航海日志不符,对证言的证明力有异议。

四、二审裁判

上海市高级人民法院认为,鉴于宁波泰茂提供的证据系证人证言,证人未到庭接受质询,对证人证言的证据效力不予确认。

上海海联和犍为华龙在二审中未提交新的证据材料。

上海市高级人民法院经审理查明,原判认定事实清楚,应予确认。

二审审理中,犍为华龙向上海市高级人民法院表示,自愿放弃要求宁波泰茂承担连带赔偿的诉讼请求。

上海市高级人民法院认为,犍为华龙与上海海联签订的合同虽然名为货物中转合同,但合同条款涵盖了船名、货物数量、装卸港、装卸期、运费、滞期费等,具备航次租船合同的相关特性,本案系航次租船合同纠纷。本案的争议焦点是:上海海联是否应当承担货物灭失的赔偿责任;货物灭失的赔偿金额;宁波泰茂是否需要承担连带赔偿责任。

关于上海海联是否应当承担货物灭失赔偿责任的问题。上海海联主张涉案货物系经犍为华龙同意而装载于舱面,货物落海是因为舱面货的特殊风险,上海海联可以据此免责。上海市高级人民法院认为,犍为华龙和上海海联并未就舱面装货达成协议,且上海海联也未提供证据证明犍为华龙曾同意将货物载于舱面。同时,根据合同约定,上海海联负责设备与设备托架在装船前的捆扎、设备装船后的捆扎加固,并保证设备在运输卸船过程中的安全。涉案货物在运输过程中落海灭失,上海海联未能尽到妥善保管和照料货物的义务,应当承担相应的赔偿责任。

宁波泰茂还主张由于犍为华龙未能按照合同约定购头保险,宁波泰茂和上海海联因此可以免于赔偿货物灭失的损失。上海市高级人民法院认为,宁波泰茂与犍为华龙并无合同关系,也没有关于购买保险的相关约定。且犍为华龙未购买保险的行为并未对上海海联或者宁波泰茂造成任何损失。上海市高级人民法院对宁波泰茂的该项主张不予支持。

关于涉案货物灭失的赔偿金额。上海市高级人民法院认为,涉案货物为成套设备,其中一件货物落海后,犍为华龙重置货物并将货物运往目的地而产生的费用系货物落海导致的直接损失。现有证据证明,犍为华龙从货物供应商处重新购买了相同的货物并进行了相应的焊接,货物的价值包括货物的重置费用和焊接费用。关于运费,未落海的其他货物通过包船运输的方式从南通港运往水富件码头,犍为华龙已经提供证据证明其已经支付了全部的运费,并未由于货物落海而少付任何后续的运费。上海海联和宁波泰茂虽然主张重置货物通过陆路运输方式运往目的地产生的费用不合理,但其未能提供证据证明其主张。同时,犍为华龙通过陆路运输的方式将重置货物运往目的地,并支付了相应的费用,考虑到犍为华龙系出于补货的目的采取较为快捷的公路运输方式,上海海事法院一审对陆路运输费用予以支持并无不当。

关于宁波泰茂是否需要承担连带赔偿责任。犍为华龙主张宁波泰茂系涉案运输的实际承运人,应当与上海海联承担连带赔偿责任。上海市高级人民法院认为,实际承运人是接受承运人委托或者接受转委托从事货物运输的人。在运单证明的运输合同关系中,承运人的责任扩大适用于非合同当事方的实际承运人,但实际承运人是接受运输合同承运人的委托,不是接受航次租船合同出租人的委托。本案中,宁波泰茂并非航次租船合同法律关系的当事方,故犍为华龙要求宁波泰茂承担连带赔偿责任的主张没有法律依据。同时,鉴于在二审审理中,犍为华龙向上海市高级人民法院提出自愿放弃要求宁波泰茂承担连带赔偿责任的诉请,上海市高级人民法院认为,依照法律规定,当事人有权处分自己的民事权利和诉讼权利,犍为华龙的请求可予准许。综上,上海市高级人民法院据此对原判予以调整,依照《中华人民共和国民事诉讼法》第13条、第52条、第152条第1款、第153条第1款第(一)项、第158条之规定,判决如下:

(1)撤销上海海事法院(2010)沪海法商初字第1224号民事判决第二项;

(2)维持上海海事法院(2010)沪海法商初字第1224号民事判决第一项。

② 上诉人浙江中远国际货运有限公司温州分公司与被上诉人通平企业有限公司、林威航运有限公司、深圳市达希海运有限公司航次租船合同纠纷案

案例来源:上海市高级人民法院(2011)沪高民四(海)终字第156号

主题词:航次租船　保管责任　诉讼时效

裁判要旨

No. HY-3.1-3　在提单证明的海上货物运输法律关系中,法律规定承运人的责任扩大适用于非合同当事方的实际承运人,但实际承运人是接受海上货物运输承运人的委托,不是接受航次租船合同出租人的委托,实际承运人并非航次租船合同法律关系的当事人,实际承运人及其法定责任限定在提单的法律关系中。

一、一审法院查明事实

上诉人(原审原告):浙江中远国际货运有限公司温州分公司(以下简称中货温州公司)

被上诉人(原审被告):通平企业有限公司(TOPPING ENTERPRISES LIMITED,以下简称通平公司)

被上诉人(原审被告):林威航运有限公司(Linkway Shipping Inc.,以下简称林威公司)

被上诉人(原审被告):深圳市达希海运有限公司(以下简称达希公司)

一审法院审理查明①:2009年1月15日,中货温州公司与中国二十冶集团有限公司下属的巴新瑞木冶炼项目部签署合同,约定由其为中国二十冶集团有限公司在巴布亚新几内亚瑞木建设的镍钴矿开采冶炼项目运输所需物资。

为运输该批物资,2009年1月15日,中货温州公司与通平公司签署航次租船合同,约定由通平公司指派运输船舶承运。航次租船合同中约定装货采用全班轮条件,由通平公司负责装运港装船,在吊装与运输过程中,通平公司应视货物情况采取合理、充分的保护措施(如绑、垫、覆盖等),防止货物翻落或遭受雨淋、损坏等不良现象。

---

① (2011)沪海法商初字第206号。

2009年2月10日，林威公司与海富公司签订订租确认书，约定海富公司承租林威公司所有的"亚洲火星"轮，船舶受载期为2009年3月3日至3月8日。根据海富公司与通平公司的"周年申报表"，海富公司和通平公司的注册地址一致、股东一致、秘书一致、董事一致，通平公司亦确认其系通过海富公司与林威公司签署订租确认书承租了"亚洲火星"轮。

2009年3月7日，通平公司指派"亚洲火星"轮承运中国二十冶集团有限公司托运的约4000吨项目设备，从中国上海运至巴布亚新几内亚。2009年3月11日，"亚洲火星"轮航行至台湾东南的太平洋海域时发生船体右倾事故，3月15日船舶沉没，船货全损。为此，该批货物保险人八家保险公司在上海海事法院对中货温州公司提起代位求偿诉讼，上海海事法院经审理后认为，涉案船舶系杂货船，缺乏特殊的集装箱系固设施，事故发生系因货物未妥善积载、绑扎导致涉案事故的可能性极大，而上述原因并非承运人免责事由，最终以（2010）沪海法商初字第348—355号民事判决书判令由中货温州公司向八家保险公司承担赔偿责任，共计971 124.97美元及利息损失，并承担案件受理费人民币191 809.31元。

2010年11月15日，中货温州公司与货物保险人签署和解协议，并于11月24日支付赔偿款750 000美元作为对上述民事判决书的履行。2010年11月26日，货物保险人确认收到上述全部赔款。

根据涉案船舶"亚洲火星"轮的船舶信息，林威公司系涉案船舶的所有人。2005年5月24日，达希公司与林威公司签署船舶管理协议。

二、一审裁判

一审法院认为，中货温州公司虽以海上货物运输合同为诉由提起本案诉讼，但现有证据表明，涉案运输并未签发过提单，通平公司系依据其与中货温州公司签订的航次租船合同将涉案货物出运，因此本案应为航次租船合同纠纷。涉案航次租船合同项下纠纷涉及货物自中国至巴布亚新几内亚的海上运输，林威公司亦系在中国境外注册的企业法人，故本案具有涉外因素。根据法律规定，合同当事人经协商一致可以选择解决涉外合同纠纷的准据法，中货温州公司、林威公司、达希公司在庭审中均表示适用中华人民共和国内地法律处理本案纠纷，该院确定以中华人民共和国内地法律作为审理本案纠纷的准据法。

根据双方诉辩主张，本案争议焦点为：林威公司、达希公司、通平公司的法律地位以及应否对涉案货损承担赔偿责任；中货温州公司的起诉是否超过诉讼时效。

关于林威公司、达希公司、通平公司的法律地位以及应否对涉案货损承担赔偿责任的问题。该院认为，涉案航次租船合同由中货温州公司与通平公司签订。根据《中华人民共和国海商法》的规定，航次租船合同的当事人应为出租人和承租人，故通平公司作为出租人应就其与中货温州公司之间的航次租船合同承担相应责任。事实表明，中货温州公司已向货物保险人支付了货损赔款 750 000 美元,因此,中货温州公司向航次租船合同的出租人通平公司主张权利,应予支持。现有证据表明,相关生效判决已对涉案货损事故原因作出认定,确定涉案船舶系杂货船,缺乏特殊的集装箱系固设施,事故发生系因货物未妥善积载、绑扎导致涉案事故的可能性极大,而上述原因并非承运人免责事由。通平公司对所认定的事故原因并未提出异议,亦未提供其存在免责事由的有效证据,因此,其作为航次租船合同项下的出租人,对中货温州公司应当承担货损赔偿责任。

林威公司系涉案运输船舶"亚洲火星"轮的所有人,实际承运涉案货物,达希公司和林威公司签订有船舶管理协议,但该两公司并非涉案航次租船合同的当事方。在中货温州公司就航次租船合同提起的诉讼中,林威公司和达希公司不应作为承担航次租船合同出租人责任的一方。

中货温州公司主张林威公司和达希公司为实际承运人,应当与通平公司承担连带赔偿责任。该院认为,该主张缺乏法律依据。《中华人民共和国海商法》将航次租船合同作为特别的海上货物运输合同予以规定。该法第 94 条规定:"本法第四十七条和第四十九条的规定,适用于航次租船合同的出租人。本章(海上货物运输合同)其他有关合同当事人之间的权利、义务的规定,仅在航次租船合同没有约定或者没有不同约定时,适用于航次租船合同的出租人和承租人。"因此,航次租船合同有明确约定的情形下,出租人应当按照航次租船合同的约定履行义务,并履行《中华人民共和国海商法》第 47 和 49 条规定的义务。在航次租船合同没有约定或者没有不同约定时,出租人和承租人之间的权利义务适用《中华人民共和国海商法》第四章的规定,但并非第四章所有的规定均适用于航次租船合同的当事人,所应适用的仅为海上货物运输合同当事人即承运人和托运人之间的权利义务规定,并不包括实际承运人的规定。实际承运人是接受承运人委托,从事货物运输或者部分运输的人,包括接受转委托从事此项运输的其他人。在提单证明的海上货物运输法律关系中,法律规定承运人的责任扩大适用于非合同当事方的实际承运人,但实际承运人是接受海上货物运输承运人的委托,不是接受航次租船合同出租人的委托,实际承运人及其法定责任限定在提单的法律关系中。在提单证明的海上货物运输合同项下,合法的提单持有人可以向承运人和/或实际承运人主张提单上所载明的权利。实际承运人并非航次租船合同法律关系的当事方,本案中货温州公司就航次租船合同提出索赔请求,按照合同相对性原则,应由航次租船合同的出租人通平公司承担相应责任。对于中货温州公司请求林威公司和达希公司承担连带赔偿责任的诉请,因缺乏法律依据,该院不予支持。

关于中货温州公司的起诉是否超过诉讼时效的问题。林威公司和达希公司认为,中货温州公司以海上货物运输合同为诉由提起本案诉讼,时效应为 1 年,从货物交付或应当交付之日起计算,涉案货物交付或应当交付之日是 2009 年 4 月,中货温州公司起诉已超过 1 年诉讼时效。该院认为,如前所述,本案应为航次租船合同纠纷。根据

《中华人民共和国海商法》的相关规定,有关航次租船合同的请求权,时效期间为 2 年,自知道或应当知道权利被侵害之日起计算。涉案事故发生于 2009 年 3 月 11 日,中货温州公司的起诉时间是 2011 年 1 月 17 日,因此,中货温州公司的起诉并未超过诉讼时效。

关于中货温州公司的损失金额问题。该院认为,中货温州公司已提供有效证据证明其通过和解与货物保险人达成协议,由其向货物保险人支付 750 000 美元作为全部货损的赔偿,且其已于 2010 年 11 月 24 日支付了上述赔款,货物保险人亦予确认,因该金额未超过相关生效判决所确定的最终赔偿额,该院予以支持。关于利息损失,中货温州公司请求按中国人民银行同期企业贷款利率,自 2010 年 11 月 24 日起计算至判决生效之日止。该院认为,中货温州公司主张的利息损失系因通平公司迟延赔付产生的孳息损失,可予支持。但因中货温州公司未提供贷款依据,故利息损失应按中国人民银行同期企业活期存款利率,自 2010 年 11 月 24 日起计算至判决生效之日止。

综上,依照《中华人民共和国海商法》第 46 条第 1 款、第 48 条、第 92 条、第 94 条、第 257 条第 2 款、第 269 条,《中华人民共和国民事诉讼法》第 64 条第 1 款、第 130 条之规定,判决如下:

(1) 通平公司应于判决生效之日起 10 日内向中货温州公司赔偿 750 000 美元及利息损失(按中国人民银行同期企业活期存款利率,自 2010 年 11 月 24 日起计算至本判决生效之日止);

(2) 对中货温州公司的其他诉讼请求不予支持。

通平公司如果未按判决指定的期间履行给付金钱义务,应当依照《中华人民共和国民事诉讼法》第 229 条之定,加倍支付迟延履行期间的债务利息。本案案件受理费人民币 48 550 元,由通平公司负担。

三、上诉与答辩

中货温州公司不服原审判决,向上海市高级人民法院提起上诉称:

(1) 关于中货温州公司与通平公司之间的法律关系,原审存在认识错误从而定性错误,通平公司应为承运人的身份。

(2) 关于中货温州公司与林威公司和达希公司之间的法律关系,原审判决书存在定性错误,林威公司和达希公司应为实际承运人的身份。

(3) 原审判决认定"在提单证明的海上货物运输合同关系中,法律规定承运人的责任扩大适用于非合同当事方的实际承运人,但实际承运人是接受海上货物运输承运人的委托,不是接受航次租船合同出租人的委托,实际承运人及其法定责任限定在提单的法律关系中。"这一段论述错误。

(4) 即便林威公司和达希公司的身份不是实际承运人,其作为海上货物运输过程中货物的保管人,货物在其保管期间发生灭失,其应当对上诉人承担侵权赔偿责任。

上诉人仍可以依据《中华人民共和国民法通则》,以侵权为由要求林威公司和达希公司承担赔偿责任。通平公司基于违约对上诉人负有赔偿责任,而林威公司和达希公司基于侵权对上诉人负有赔偿责任,上诉人有权向通平公司、林威公司和达希公司一并提出赔偿请求,要求三方承担连带赔偿责任。原审法院以林威公司和达希公司不是实际承运人为由,直接驳回上诉人对林威公司和达希公司的诉请,这一做法影响到了上诉人的实体权利。

(5) 原审判决书对于诉讼时效起算点的判定错误。

(6) 实务中大量存在与本案类似的情况,可以预见,原审判决书将在实务界带来巨大的负面影响。故请求二审法院撤销原审判决,依法改判由三被上诉人向上诉人连带赔偿经济损失 750 000 美元及利息损失(按中国人民银行同期企业活期存款利率。自 2010 年 11 月 24 日起计算至判决生效之日止);依法判令由三被上诉人连带承担本案一审和二审的全部诉讼费用。

林威公司和达希公司共同答辩称:

(1) 上诉人温州中货与通平公司之间是航次租船合同,一审法院据此把本案纠纷定性为航次租船合同纠纷并适用航次租船的相关法律来判定各方责任,是正确的。

(2) 一审法院对林威公司和达希公司与上诉人之间法律关系的定性是正确的,林威公司和达希公司既不是航次租船合同的当事方,也没有任何法律依据认定林威公司和达希公司为"实际承运人"。

(3) 一审判决认定实际承运人及其法定责任限定在提单法律关系中,是正确的。

(4) 上诉人上诉称由林威公司和达希公司应向其承担侵权赔偿责任,没有任何法律基础和事实基础。

(5) 一审法院关于本案适用两年诉讼时效的判定是正确的。

(6) 一审判决对航运实务并不会产生负面影响,反而会促进整个航运业务更加健康地发展。一审判决认定事实清楚,适用法律正确,应当维持,上诉人的上诉应予驳回。

二审中,各方当事人均未提供新的证据。

四、二审裁判

二审法院经审理查明,原审判决认定的事实清楚,二审法院予以确定。

二审法院认为,林威公司系在中华人民共和国境外注册的企业法人,通平公司也系注册在香港的企业法人,本案系涉外法律关系,除通平公司经合法传唤未到庭之外,中货温州公司、林威公司、达希公司对适用中华人民共和国法律处理本案均无异议,原审判决适用中华人民共和国法律正确。

根据当事人争议的焦点,二审法院认为,本案主要的争议包括:通平公司、林威公司、达希公司的法律地位以及应否对涉案货损承担赔偿责任;中货温州公司的诉讼时效起算点判定是否正确。

（一）关于通平公司、林威公司、达希公司的法律地位以及应否对涉案货损承担赔偿责任

二审法院认为，中货温州公司虽然以海上货物运输合同纠纷为由提起诉讼，但未提供提单等证据。经查明，2009年1月15日，中货温州公司曾与通平公司签署航次租船合同，约定由通平公司指派运输船舶承运涉案货物，因此本案应为航次租船合同纠纷。根据《中华人民共和国海商法》的规定，本案航次租船合同的当事人为出租人和承租人，即通平公司和中货温州公司，在航次租船合同有明确约定的情形下，出租人应当按照航次租船合同的约定履行义务，并履行《中华人民共和国海商法》第47、49条规定的义务。承租人就航次租船合同提出索赔请求，根据合同相对性原则，应当由航次租船合同的出租人承担相应的责任。因此，一审法院判决通平公司对中货温州公司承担货损赔偿责任是正确的。中货温州公司认为原审存在认识错误从而定性错误，通平公司应为承运人的身份的理由，二审法院不予支持。中货温州公司提出林威公司和达希公司应为实际承运人，应承担连带赔偿责任，即便林威公司和达希公司的身份不是实际承运人，其作为海上货物运输过程中货物的保管人，货物在其保管期间发生灭失，其应当对中货温州公司承担侵权赔偿责任。二审法院认为，根据《中华人民共和国海商法》的规定，实际承运人是接受海上货物运输承运人的委托，不是接受航次租船合同出租人的委托，实际承运人并非航次租船合同法律关系的当事人，实际承运人及其法定责任限定在提单的法律关系中，且中货温州公司并未提供提单等证据。本案中，根据涉案船舶"亚洲火星"轮的船舶信息，林威公司系涉案船舶的所有人，2005年5月24日，达希公司曾与林威公司签署船舶管理协议，因此，两公司并非涉案航次租船合同的当事人，中货温州公司在本案航次租船合同纠纷中向林威公司和达希公司提出赔偿请求显然缺乏法律依据。此外，中货温州公司就本案合同纠纷向一审法院提起诉讼，并未以侵权纠纷提起诉讼，且本案系航次租船合同，不适用《中华人民共和国侵权责任法》及《中华人民共和国民法通则》有关侵权的相关规定，故中货温州公司要求达希公司与林威公司承担侵权赔偿责任同样缺乏法律依据。

（二）关于中货温州公司的诉讼时效起算点判定是否正确

二审法院认为，根据《中华人民共和国海商法》第257条第2款的规定，有关航次租船合同的请求权，时效期间为2年，自知道或应当知道权利被侵害之日起计算。所以中货温州公司认为本案诉讼时效起始点自其向货方支付赔偿款时或其被认定负有责任时才起算的理由，不符合法律规定，二审法院不予支持。

综上所述，一审法院认定事实清楚，适用法律正确，程序合法。依照《中华人民共和国民事诉讼法》第153条第1款第（一）项、第158条之规定，判决如下：

驳回上诉，维持原判。

3 再审申请人连云港明日国际海运有限公司与被申请人艾斯欧洲集团有限公司航次租船合同纠纷案

案例来源:最高人民法院(2011)民提字第 16 号

主题词:航次租船合同　实际承运人　提单法律关系

> **裁判要旨**
>
> **No. HY-3.1-4** 《中华人民共和国海商法》将航次租船合同作为特别的海上货物运输合同予以规定,但明确规定,仅《中华人民共和国海商法》第 47、49 条适用于航次租船合同出租人,其余关于出租人和承租人权利义务仅在航次租船合同未规定或不同约定时,才予以适用,故航次租船合同双方权利义务主要取决于合同约定。
>
> **No. HY-3.1-5** 海上货物运输合同关于承运人责任的规定扩大至非合同方的实际承运人,但实际承运人接受的是承运人的委托,而非航次租船合同当事人的委托,实际承运人及其法定责任仅限于提单法律关系中。
>
> **No. HY-3.1-6** 在已有证据证明货损是由于船体整体处于不良状态且不适航的情况下,败诉一方出具单方证据以证明货物损失是船舶在航行中碰撞水中悬浮的、雷达识别不到的物体导致左舷船壳板裂缝进水所致而要求免除赔偿责任,因该证据并不充分,因而法院不予采信。

一、基本案情

再审申请人(一审被告、二审上诉人):连云港明日国际海运有限公司(以下简称连云港明日)

再审被申请人(一审原告、二审上诉人):艾斯欧洲集团有限公司(ACE EUR—PEAN GROUP LIMITED,以下简称艾斯公司)

一审被告、二审上诉人:上海明日国际航务有限公司(以下简称上海明日)

上海海事法院(以下简称一审法院)一审审理查明:2006 年 10 月至 11 月,玛吕莎公司北京办事处根据玛吕莎公司及玛吕沙钢铁公司委托其谈判和签订"桐城"轮航次租船合同的授权,通过电子邮件的方式和上海明日签订航次租船合同。为履行合同,上海明日分别签发了 13 套提单。根据"桐城"轮船舶所有权登记证书记载,连云港明日系"桐城"轮的光船租赁人。"桐城"轮取得了由中国船级社签发的船舶证书,有效期至 2009 年 6 月。2006 年 1 月 27 日,艾斯公司作为保险人连同其他 8 家保险公司共同出具 NR. T099281 200601 号保险单,承保自 2006 年 2 月 1 日起玛吕莎公司及其关联公司在全球范围内的运输货物危险,险种为一切险,关联公司中包括玛吕莎钢铁公司,并分别出具了保险凭证。

2007年1月22日,"桐城"轮大副发表共同海损声明。2月20日至28日,AIMU海事检验及管理公司作为劳氏代理出具"桐城"轮临时修理规格报告,指出"桐城"轮存在多种瑕疵。4月12日,海上海事检验师有限责任公司出具货物检验报告,报告指出,"桐城"轮2号航底舱进水,涉案货物受损,货损原因应归结于船舶整体上处于不良状态且不适航。报告同时认定,在发生货损事故后,承运人未尽管货义务。5月21日,上海明日向上海海关发出"桐城"轮海损货物放弃申请。最终,在13票货物中,TCP010、TRD011、LD04、LD13、LD15号提单项下的货物全损,收货人未提取货物。"桐城"轮在上海港进行永久修理后,发生部分短缺及受损的货物被重新安排出运,上海明日在卸货港的代理就该些货物重新签发了提单,并于2007年7月分别交付于各收货人。玛吕莎公司及玛吕莎钢铁公司也根据货物受损及短少情况重新开具了部分货物发票。涉案保险代理人在卸货港检验货物短缺及受损后认为:TRD013号提单项下货物短缺28 082.89美元;TRD015号提单项下货物短缺及受损18 988美元;TRD016号提单项下货物短缺25 360.09美元;LD05号提单项下货物短缺及受损34 735.67美元;LD06号提单项下货物受损57 087.27美元;LD07号提单项下货物受损22 989.24美元;LD22号提单项下货物受损4 905.85美元;TRD008号提单项下货物推定全损。根据货物发票记载,TRD008号提单项下货物运费16 215.00美元;TRD013号提单项下货物FOB价41 200.80美元,运费1 665.00美元,保险费428.66美元;TRD015号提单项下货物FOB价91 000.00美元,运费3 000.00美元,保险费940.00美元;TRD016号提单项下货物FOB价76 875.00美元,运费2 250.00美元,保险费791.25美元;LD05号提单项下物FOB价62 115.48美元,运费2 875.77美元,保险费649.91美元;LD06号提单项下物FOB价97 327.88美元,运费4 301.49美元,保险费1 016.29美元;LD07号提单项下物FOB价243 739.17美元,运费13 165.83美元,保险费2 569.05美元;LD22号提单项下货物FOB价30 672.99美元,运费1 202.91美元,保险费318.76美元,另报关单记载,TRD008号提单项下货物FOB价430 000.00美元;TRD013号提单项下货物FOB价31 912.50美元;TRD015号提单项下货物FOB价77 100.00美元;TRD016号提单项下货物FOB价65 625.00美元;LD05号提单项下货物FOB价25 875.00美元;LD06号提单项下货物FOB价30 153.00美元;LD07号提单项下货物FOB价199 020.00美元;LD22号提单项下货物FOB价24 860.14美元。上海明日确认,玛吕莎公司及玛吕莎钢铁公司已向其支付涉案13票货物项下的全部运费。

涉案货损事故发生后,艾斯公司等9家共同保险人向玛吕莎公司支付了保险赔偿金956 459.61美元,并向保险经纪人支付了佣金9 656.85美元,向玛莎钢铁公司支付了保险赔偿金402 232.77美元,并向保险经纪人支付了佣金4 062.95美元。因艾斯公司在共同保险中承保的风险比例为5%,其实际向玛吕莎公司及玛吕莎钢铁公司支付了68 620.61美元。玛吕莎公司及玛吕莎钢铁公司收到赔偿金后出具了收据,同时出具了权益转让书,确认将涉案货损的索赔权转让给上述9家共同保险人。

二、一审裁判

上海海事法院一审认为,本案系航次租船合同纠纷,具有涉外因素,各方当事人均表示适用中华人民共和国法律处理本案,故确定以中华人民共和国法律作为审理本案纠纷的准据法。

(一) 关于玛吕莎公司及玛吕莎钢铁公司和连云港明日、上海明日之间的法律关系的争议

一审法院认为,玛吕莎公司北京办事处的工商登记材料显示,其是玛吕莎公司的派出机构,其与上海明日签订航次租船合同即表示玛吕莎公司和上海明日之间成立航次租船合同关系。授权函证明玛吕莎公司北京办事处同时接受玛吕莎钢铁公司的委托与上海明日签订航次租船合同,上海明日开具的提单上明确注明托运人系玛吕莎公司或玛吕莎钢铁公司,并向玛吕莎公司和玛吕莎钢铁公司收取运费,可以认定玛吕莎钢铁公司和上海明日之间亦成立航次租船合同关系。连云港明日作为涉案租船的光船租赁人,应认定其为涉案货物的实际承运人。

(二) 关于玛吕莎公司和玛吕莎钢铁公司对涉案货物是否具有保险利益、代位求偿权是否合法的争议

一审法院认为,本案是航次租船合同代位求偿纠纷,主要审查的是被代位人玛吕莎公司及玛吕莎钢铁公司对货损是否具有以及是否存在过失。玛吕莎公司及玛吕莎钢铁公司作为航次租船合同的当事人,亦是提单记载的托运人,发生货损后,当然有权提出索赔。涉案 13 票货物中的 5 票货物被认定为全损,收货人并未提取货物,玛吕莎公司及玛吕莎钢铁公司始终对该 5 票货物存在损失。另 8 票货物发生不同程度的短缺和受损,收货人确认对于短缺和受损的货物并未支付货款,相应索赔权应属于玛吕莎公司及玛吕莎钢铁公司。据此,玛吕莎公司及玛吕莎钢铁公司对该 8 票货物存在损失。艾斯公司作为保险人,支付了保险赔偿金并取得玛吕莎公司及玛吕莎钢铁公司出具的权益转让书后,依法取得代位求偿权,有权向货损事故责任人提出索赔。

(三) 关于货损原因及连云港明日、上海明日应否承担赔偿责任的争议

一审法院认为,涉案货物系非集装箱货物,承运人的责任期间自货物装上船时起至卸下船时止。涉案货损发生在承运人责任期间内,承运人应当承担赔偿责任,除非承运人可以证明其存在法律规定的免责事由。连云港明日提供的技术鉴定报告的结论仅为可能性,并无证据予以佐证,且亦未证明该意外事故属于不可抗力。连云港明日提供的"桐城"轮租船证书在船舶离开釜山港之前仍属于有效期内,但船舶证书并不能直接证明航行过程中发生的货损事故与承运人在管船、管货上不存在过失之间的因果关系。据此,上海明日作为航次租船合同出租人,应当承担赔偿责任。连云港明日作为实际承运人,应当与上海明日承担连带赔偿责任。

(四) 关于损失依据及损失金额合理性的争议

一审法院认为,货物的实际价值应以报关单记载为准。涉案 13 票货物中,5 票货

物为全损，TRD008 号提单项下货物推定全损，另 7 票货物均属部分短缺或受损。根据法律规定，货物的实际价值，按照货物装船时的价值加保险费加运费计算，13 票货物实际损失共计 921 899.50 美元。艾斯公司作为共同保险人所承保的货物风险比例为 5%，因此其实际损失应为 46 094.98 美元，至于其请求按保险价值的 110% 计算损失金额，因缺乏相关依据，一审法院不予支持。连云港明日主张涉案部分全损货物仍具有残值，因其未提供有效证据证明其主张，一审法院对其主张不予采纳。关于利息损失，系连云港明日、上海明日迟延履行债务引起的孳息损失，可予支持，但因未提供证据证明曾向连云港明日、上海明日请求过损失赔偿，亦未提供相应贷款依据，故利息损失应按中国人民银行同期企业美元活期存款利率计算。

（五）关于起诉是否超过诉讼时效的争议

一审法院认为，法律规定航次租船的请求权时效期间为 2 年，本案中因发生海损事故，"桐城"轮大副于 2007 年 1 月 22 日出具共同海损声明，该日可视为艾斯公司知道或者应当知道权利被侵害之日，应为时效起算点，其于 2009 年 1 月 22 日递交了起诉状，一审法院通知起诉状需修正，其遂于 3 月 3 日递交经补正的起诉状，因起诉之日为 2009 年 1 月 22 日，没有超过诉讼时效。而连云港明日作为实际承运人，对其应适用有关侵权的两年诉讼时效，从知道或者应当知道权利被侵害之日起计算，因此对连云港明日的起诉亦未超过诉讼时效。

综上，上海海事法院依照《中华人民共和国民法通则》第 135、137 条、《中华人民共和国海商法》第 46 条第 1 款、第 48 条、第 55 条第 1 款和第 2 款、第 63 条、第 92 条、第 94 条第 2 款、第 252 条第 1 款、第 257 条第 2 款、第 269 条、《中华人民共和国民事诉讼法》第 64 条第 1 款的规定，判决：

（1）上海明日和连云港明日应向艾斯公司连带赔偿货物损失 46 094.98 美元及利息损失；

（2）对艾斯公司的其他诉讼请求不予支持。

三、上诉与上诉答辩

上海明日、连云港明日、艾斯公司均不服一审判决，向上海市高级人民法院提起上诉。

上海明日上诉认为：

（1）玛吕莎公司及玛吕莎钢铁公司不是通过电子邮件达成的合同主体，涉案授权函是不真实的也非在签署航次租船合同之前作出的，应认定玛吕莎公司北京办事处和其之间成立合同关系。涉案合同性质上属于舱位合同。玛吕莎公司及玛吕莎钢铁公司与其之间是提单证明的海上货物运输合同关系。

（2）玛吕莎公司及玛吕莎钢铁公司对涉案货物不具有保险利益，涉案代位求偿权取得不合法，涉案货物是 CIF 方式，货物风险自越过船舷已经转移给了买方。

（3）涉案技术鉴定报告表明航行中发生了意外事故，"桐城"轮在涉案航次开航前及开航当时是适航的,货损是由于意外事故造成,连云港明日、上海明日依法免责。

(4) 涉案货物存在残值。

(5) 玛吕莎公司及玛吕莎钢铁公司与其之间是海上货物运输合同关系,诉讼时效为1年,本案起诉已经超过诉讼时效。据此,请求二审法院撤销一审判决,改判驳回艾斯公司的所有诉讼请求;本案全部诉讼费用由艾斯公司承担。

连云港明日上诉认为:

(1) 玛吕莎公司及玛吕莎钢铁公司不是通过电子邮件达成的合同主体,涉案合同的主体是玛吕莎公司北京办事处和上海明日。涉案授权函是不真实的也非在签署航次租船合同之前做出的,2006年11月3日上海明日不知道玛吕莎公司北京办事处系代表玛吕莎公司和玛吕莎钢铁公司,应认定玛吕莎公司北京办事处和上海明日之间成立合同关系。涉案合同性质上属于舱位合同。玛吕莎公司及玛吕莎钢铁公司和上海明日之间是提单证明的海上货物运输合同关系,连云港明日系实际承运人,与舱位合同项下,承租人之间没有任何法律关系。

(2) 玛吕莎公司及玛吕莎钢铁公司对涉案货物不具有保险利益,涉案代位求偿权取得不合法,涉案货物是CIF方式,货物风险自越过船舷已经转移给了买方,玛吕莎公司及玛吕莎钢铁公司在事故发生时不具有保险利益。

(3) 涉案技术鉴定报告表明航行中发生了意外事故,"桐城"轮在涉案航次开航前及开航当时是适航的,涉案货损是由于意外事故造成,连云港明日、上海明日依法免责。

(4) 涉案货物存在残值。

(5) 玛吕莎公司及玛吕莎钢铁公司和上海明日之间是海上货物运输合同关系,本案起诉已经超过诉讼时效。据此,请求二审法院撤销一审判决,改判驳回艾斯公司的所有诉讼请求;本案全部诉讼费用由艾斯公司承担。

艾斯公司上诉认为:TRD008号提单项下货物数量为1 000吨,货物实际损失应为530 154.20美元。据此,请求二审法院改判连云港明日、上海明日连带赔偿其货物损失50 291.94美元及利息损失;本案全部诉讼费用由连云港明日、上海明日承担。

上海明日答辩认为:涉案船舶在开航前和开航时都是适航的,专家鉴定报告可以证明船舶漏水是由于意外,涉案事故是涉案船舶存在潜在缺陷而导致,上海明日对涉案货损应免责。

连云港明日答辩认为:实际承运人与承运人相伴而生,不应适用《中华人民共和国民法通则》中对诉讼时效的规定。实际承运人的概念只存在于提单所证明的海上货物运输合同关系中,与本案航次租船合同没有任何关系。关于货损原因和免责问题,同意上海明日的陈述。连云港明日不应承担连带赔偿责任。

艾斯公司答辩认为:其与上海明日之间存在航次租船合同关系,连云港明日是实际承运人,一审判决连云港明日、上海明日承担连带责任符合法律规定。没有充分证据证明涉案事故系由于意外事故导致,连云港明日也未明确事故原因。涉案货物的残值没有相应的文件予以证明。

四、二审裁判

上海市高级人民法院二审审理认为,基于现有证据,一审判决认定事实清楚,可予确认。

上海市高级人民法院认为,本案系航次租船合同纠纷,具有涉外因素,因本案当事人均选择适用中华人民共和国法律处理涉案争议,故可以中华人民共和国法律作为处理本案的准据法。

（一）关于涉案合同性质、涉案各方法律地位及诉讼时效问题

玛吕莎公司北京办事处与上海明日系通过电子邮件签订涉案合同,形式上不但使用了"桐城"轮租约的措辞,内容上也涵盖了船名、数量、装卸港、受载期、运费、滞期费等,具备航次租船合同的特征。涉案航次租船合同项下虽有承运人签发的提单,但《中华人民共和国海商法》并不禁止航次租船合同项下承运人签发提单,承运人签发提单的事实并不影响该案航次租船合同的成立,一审判决认定涉案合同属于航次租船合同正确。连云港明日、上海明日有关涉案合同属于舱位合同、海上货物运输合同的上诉理由,缺乏依据,不予采信。涉案授权函表明,玛吕莎公司北京办事处作为玛吕莎公司的派出机构签订涉案合同,曾取得过玛吕莎公司和玛吕莎钢铁公司的授权,故可以认定玛吕莎公司、玛吕莎钢铁公司和上海明日之间成立航次租船合同关系,连云港明日系实际承运人。按照法律规定,航次租船合同的请求权时效期间为两年,对实际承运人的请求权时效期间也为两年,一审法院以出具共同海损声明的2007年1月22日作为时效起算起点,认定本案起诉没有超过诉讼时效,符合法律规定,予以认可。

（二）关于涉案代位求偿权是否合法的问题

一审查明,涉案13票货物中,全损的5票货物收货人未提取,玛吕莎公司及玛吕莎钢铁公司始终持有一式三份正本提单;另8票货物不同程度的短缺和受损,收货人声明对于短缺和受损的货物未支付货款,相应索赔权应属于玛吕莎公司及玛吕莎钢铁公司,故作为托运人的玛吕莎公司及玛吕莎钢铁公司有权提出索赔。艾斯公司作为保险人,在向玛吕莎公司及玛吕莎钢铁公司支付了保险赔偿金并取得相关权益转让书后,依法取得代位求偿权。

（三）关于货损原因及连云港明日、上海明日可否免责的问题

非集装箱货物项下,承运人的责任期间自货物装上船时始至卸下船时止,涉案货损发生在承运人责任期间,上海明日和连云港明日主张免责应承担相应的举证责任。从现有证据看,均不足以证明确实存在承运人可据以免责的事由,故上海明日、连云港明日应对涉案货损承担连带赔偿责任。

（四）关于损失金额的问题

上海明日和连云港明日均主张涉案部分货物仍具有残值,但未提供有效证据加以证明,故对该主张难以采纳。关于艾斯公司提出TRD008号提单项下货物实际损失应

为530 154.20美元的问题,二审法院认为,一审判决系依据艾斯公司在一审中的自称,并结合艾斯公司提供的涉案货物报关单编号、海关出具的资料等作出的TRD008号提单项下货损金额认定,艾斯公司在二审中欲推翻其在一审中的陈述,但并未提供充足证据证明,理应由其承担相应的不利后果。

综上,上海明日、连云港明日、艾斯公司的上诉请求均缺乏事实和法律依据。一审判决认定事实清楚,适用法律正确,应予维持。依照《中华人民共和国民事诉讼法》第153条第1款第(一)项、第158条之规定,判决:驳回上诉,维持原判。

五、再审申请与答辩

连云港明日不服二审判决,向最高人民法院提出再审申请称:

(1) 原审判决适用法律错误。原审判决将连云港明日作为航次租船合同法律关系实际承运人,在适用法律上明显存在根本性的错误。航次租船合同的双方当事人只有出租人和承租人,实际承运人仅存在于由提单证明的海上货物运输合同法律关系中;在任何情况下,向实际承运人索赔的诉讼时效应是自货物交付或应当交付之日起1年,原审判决认定为自知道或应当知道权利被侵害之日起两年,在法律适用上也明显存在根本性的错误。

(2) 原审判决在货损原因及免责事由的事实认定上存在明显的错误。本案中"桐城"轮涉案航次开航前和开航当时船舶适航,出租人有权主张免责;再审申请人有新的证据足以推翻原审判决对货损原因和免责事由的错误认定。连云港明日请求最高人民法院撤销原判,改判驳回被申请人的全部诉讼请求;判决本案所有诉讼费用由被申请人承担。

艾斯公司答辩称:

(1) 本案为航次租船合同纠纷,上海明日与连云港明日作为共同出租人,应当对涉案货物的损坏承担连带责任,诉讼时效为两年。

(2) 连云港明日是《中华人民共和国海商法》下的实际承运人。连云港明日主张航次租船合同法律关系中不存在实际承运人及其责任和义务没有法律依据。法律并无对实际承运人概念适用的限制,实际承运人的责任为法定责任,连云港明日应与上海明日承担连带赔偿责任。玛吕莎公司向作为实际承运人的连云港明日提出索赔的诉讼时效应当同于向作为契约承运人的上海明日提出索赔的诉讼时效,即根据《中华人民共和国海商法》对航次租船合同纠纷诉讼时效的特别规定,自知道或者应当知道权利被侵害之日起两年。

(3) 如果认定连云港明日不是涉案航次租船合同的实际承运人,也不是共同出租人,那么在连云港明日违反妥善保管货物的法定义务,造成货物灭失或者损坏的情况下,应当认定连云港明日为涉案货物的保管方。玛吕莎公司作为货主可以依据《中华人民共和国民法通则》,以侵权诉因向连云港明日索赔,诉讼时效期间应为两年。因该侵权行为产生的债权根据《中华人民共和国海商法》的规定甚至具有海事优先权。同时玛吕莎公司也可依据航次租船合同向上海明日索赔。上海明日与连云港明日都对玛吕莎公司负有赔偿责任，前者是基于违约，后者是基于侵权。玛吕莎公司有权向连云港明日和上海明日一并提出赔偿请求。

（4）原审判决认定连云港明日的免责主张不能成立是正确的。本案一、二审判决从未确认"桐城"轮在开航前和开航当时是适航的，连云港明日在申请再审时提交的文件不属于新证据，不足以构成申请再审的合法理由。请求驳回连云港明日的再审申请，恢复原审判决的执行。

上海明日答辩称：

（1）本案是航次租船合同纠纷，与上海明日签订合同的是玛吕莎公司，原审判决认定事实错误；

（2）在航次租船合同关系下，没有实际承运人的概念；

（3）根据最高人民法院相关批复的精神，连云港明日可以作为案件的当事人；

（4）连云港明日应当承担侵权的民事责任，适用两年的诉讼时效；

（5）涉案货物发生货损系由于海上恶劣天气而遭遇海上意外事故引起，上海明日享有法定的免责事由。

再审期间连云港明日提交了3份新的证据材料：

（1）美国 Hull & Machinery Sur-veys 检验人 Douglas G. Granger 先生的《检验报告》；

（2）罗便士保险公估（中国）有限公司的《最终报告》；

（3）大连海事大学航海学院王建平教授2010年8月18日出具的《对"桐城"轮船体进水事故案的技术评议》。

最高人民法院经审理，对以上证据材料认定如下：证据1，连云港明日提交的为经过公证认证的原件，其真实性予以认定。但连云港明日并未提交有资质的机构翻译的中文译本，艾斯公司提出异议，故对该证据材料欲证明的内容不予认定。证据2，该证据材料为原件，对其真实性予以认定。但连云港明日并未提交出具报告的公司具有相关鉴定资质的证据，故对该证据材料拟证明的事实不予认定。证据3，对真实性予以认定，但仅是对事故的分析报告，不属于民事诉讼证据的范畴。

六、再审裁判

最高人民法院再审认为，连云港明日并未提交新的证据足以推翻原审判决，原审法院认定的事实清楚，本院予以确认。艾斯公司系在中华人民共和国领域外注册的企业法人，本案系涉外法律关系，各方当事人对适用中华人民共和国法律处理本案均无异议，原审判决适用中华人民共和国法律正确。本案系艾斯公司诉上海明日、连云港明日航次租船合同纠纷，应当适用《中华人民共和国海商法》的规定确定当事人的权利义务。

根据当事人争议的焦点，最高人民法院认为，本案主要争议包括连云港明日的法律地位、诉讼时效、货损的原因以及本案货损是否具有免责事由。

(一) 连云港明日在本案租船合同纠纷中的法律地位

原审判决认定,玛吕莎公司、玛吕莎钢铁公司与上海明日之间成立航次租船合同关系,连云港明日系涉案租船的光船租赁人,故连云港明日为实际承运人。连云港明日认为,航次租船合同法律关系中不存在实际承运人,原审判决认定其法律地位错误。艾斯公司主张连云港明日作为"桐城"轮的光船租赁人,实际运营该租船,是实际承运人。最高人民法院认为,原审判决认定连云港明日的法律地位不当。本案为航次租船合同纠纷。涉案航次租船合同由玛吕莎公司、玛吕莎钢铁公司委托的玛吕莎公司北京办事处与上海明日通过电子邮件签订。根据《中华人民共和国海商法》的规定,航次租船合同的当事人应当为出租人和承租人,故上海明日作为出租人应当就其与玛吕莎公司、玛吕莎钢铁公司之间的航次租船合同承担相应的责任。艾斯公司作为货物保险人在发生货损后,向被保险人玛吕莎公司、玛吕莎钢铁公司支付了保险赔偿,依法取得代位请求赔偿权利。根据《中华人民共和国海商法》的规定,艾斯公司向航次租船合同的出租人上海明日主张权利,应予支持。

连云港明日系涉案运输船舶"桐城"轮的光船承租人,实际承运涉案货物,但并非涉案航次租船合同的当事方。在艾斯公司就航次租船合同提起的诉讼中,连云港明日不应作为承担航次租船合同出租人责任的一方。艾斯公司主张连云港明日为航次租船合同的共同出租人,缺乏事实和法律依据。

艾斯公司主张连云港明日为航次租船合同下的实际承运人,应当与上海明日承担连带赔偿责任。最高人民法院认为,艾斯公司的主张并无法律依据。《中华人民共和国海商法》将航次租船合同作为特别的海上货物运输合同予以规定。该法第94条规定:"本法第四十七条和第四十九条的规定,适用于航次租船合同的出租人。本章(海上货物运输合同)其他有关合同当事人之间的权利、义务的规定,仅在航次租船合同没有约定或者没有不同约定时,适用于航次租船合同的出租人和承租人。"因此,航次租船合同当事人的权利义务主要来源于合同的约定。在航次租船合同有明确约定的情形下,出租人应当按照航次租船合同的约定履行义务,并履行《中华人民共和国海商法》第47、49条规定的义务。在航次租船合同没有约定或者有不同约定时,出租人和承租人之间的权利义务适用《中华人民共和国海商法》第四章的规定,但并非第四章所有的规定均适用于航次租船合同的当事人,所应适用的仅为海上货物运输合同当事人即承运人和托运人之间的权利义务规定,并不包括实际承运人的规定。实际承运人是接受承运人委托,从事货物运输或者部分运输的人,包括接受转委托从事此项运输的其他人。在提单证明的海上货物运输法律关系中,法律规定承运人的责任扩大适用于非合同当事方的实际承运人,但实际承运人是接受海上货物运输承运人的委托,不是接受航次租船合同出租人的委托,实际承运人及其法定责任限定在提单的法律关系中。在提单证明的海上货物运输合同项下,合法的提单持有人可以向承运人和/或实际承运人主张提单上所载明的权利。实际承运人并非航次租船合同法律关系的当事方,本案艾斯公司就航次租船合同提出索赔请求,按照合同相对性原则,应由航次租船合同的出租人上海明日承担相应的责任。艾斯公司主张连云港明日为航次租船合同法律关系中的实际承运人,并无法律依据。

(二)关于本案的诉讼时效

本案系航次租船合同纠纷,根据《中华人民共和国海商法》第 257 条第 2 款的规定,有关航次租船合同的请求权,时效期间为两年,自知道或者应当知道权利被侵害之日起计算。因此艾斯公司诉上海明日诉讼时效期间为两年,原审判决对此认定正确。因连云港明日不是本案航次租船合同的当事方,艾斯公司对其提起的请求缺乏事实依据和法律依据,故本院对于连云港明日提出的艾斯公司向其请求赔偿的时效问题不予评判。

(三)关于货损的原因及是否存在免责事由

上海明日、连云港明日主张其提交的证据可以证明涉案货损是因为船舶在航行中碰撞了水中悬浮的雷达识别不到的物体导致左舷船壳板裂缝进水所致。最高人民法院认为,尚无充分证据证明涉案货损系因船舶在航行过程中遭遇意外事故所致。原审判决对涉案货损事故原因的认定并无不当。鉴于连云港明日不是本案航次租船合同的当事方,艾斯公司无权向其主张权利,故对连云港明日是否可以免除赔偿责任的问题,本院无需再予评判。对于上海明日免除责任的主张,经原审判决认定,现有证据均不足以证明确实存在可以免责的事由。再审期间,亦无可以推翻原审判决认定事实的新证据,故原审判决认定上海明日作为航次租船合同项下的出租人,对艾斯公司应当承担货损赔偿责任并无不当。

综上,原审判决认定连云港明日作为本案航次租船合同法律关系中的实际承运人缺乏法律依据。连云港明日主张其不是本案航次租船合同的当事方,不应承担相应的责任依据充分,应予支持。上海明日作为航次租船合同的出租人,应当对艾斯公司承保的货物发生货损承担赔偿责任。依照《中华人民共和国海商法》第 46 条第 1 款、第 48 条、第 55 条第 1 款和第 2 款、第 92 条、第 94 条、第 252 条第 1 款、第 257 条第 2 款、第 269 条,《中华人民共和国民事诉讼法》第 64 条第 1 款、第 153 条第 1 款第(二)项、第 186 条第 1 款之规定,判决如下:

(1)撤销上海市高级人民法院(2010)沪高民四(海)终字第 71 号民事判决;

(2)撤销上海海事法院(2009)沪海法商初字第 243 号民事判决第一项,改判上海明日国际船务有限公司应于本判决生效之日起 10 日内向艾斯欧洲集团有限公司(ACE EUROPEAN GROUP LIMTED)赔偿货物损失 46 094.98 美元及利息损失(按中国人民银行同期企业美元活期存款利率,自 2009 年 1 月 22 日计算至本判决生效之日止);

(3)维持上海海事法院(2009)沪海法商初字第 243 号民事判决第二项。

如果上海明日国际船务有限公司未按本判决指定的期间履行给付金钱义务,应当依照《中华人民共和国民事诉讼法》第 229 条之规定,加倍支付迟延履行期间的债务利息。

3.2 航次租船合同的管辖及法律适用

4 原告深圳市蛇口益荣船务有限公司与被告惠阳恒辉染厂有限公司海上货物运输合同纠纷案

案例来源:广州海事法院(1999)广海法深字第46号

主题词:货物原因　货物合法性的原因　货物不合法的原因　海关扣押　船期损失赔偿责任

裁判要旨

No. HY-3.2-1　合同当事人可以对履行合同的风险、损失及费用分担进行约定。对合同条款争议的解释,应结合合同文义、联系紧邻的上文规定以及法律的规定、基本常识综合地予以解释。航次租船合同约定的"货物原因"应理解成"涉及货物合法性的原因",而不仅限于"货物不合法的原因"。货物被海关扣押即使不属于托运人本人的原因,托运人仍应当对涉及货物合法性的原因导致的船期损失承担赔偿责任。

一、基本案情

原告:深圳市蛇口益荣船务有限公司

被告:惠阳恒辉染厂有限公司

原告诉称:1999年3月17日,原告与被告签订了编号为9930的《油品运输合同》。合同约定,由被告航次租用原告的"南洋五号"轮,承运香港至蛇口的180#燃料油2 000吨。原告根据合同于3月18日派该船至香港,当日22:30时将2 000吨燃料油运抵蛇口,22:45时"南洋五号"轮因货物原因被深圳海关调查局缉私处扣查。经过20天的调查,深圳海关调查局海上缉私处于4月7日作出扣货放船的处理意见,"南洋五号"轮在海关的指令和监督下将所载的燃料油卸入海关指定的油库,并于4月8日16:00时取回船舶有关证书,直至4月9日17:00时才办妥该轮空船进口手续,致使该轮在卸港用时达21天零18小时,扣除根据合同中规定的卸港可用的72小时,滞期时间为18天零18小时。根据《油品运输合同》第6条和第9条的规定,被告应付运费70 000元和船期损失350 400元。但被告于5月6日支付按合同约定应于3月27日支付的运费70 000元。原告请求判令被告支付原告船期损失350 400元及偿付运费滞纳金14 000元,并承担延期支付上述船期损失的利息和赔偿财产保全措施给原告造成的经济损失。

被告辩称:被告并没有违反双方签订的《油品运输合同》,被告对所托运的货物采取了合法的报关手续。原告主张船期损失是依据《油品运输合同》第9条的规定,但根据该条的规定，只要货物是合法的，被告就不应承担原告的船期损失。而深圳海关的有关函件已将该批货物定性为"合法"，因此原告的该项诉讼请求不成立。至于原告主张的运费滞纳金，被告认为其已支付了运费 70 000 元，原告的代表在支票存根上也签了名，因此该项诉讼请求也不成立。

二、法院查明事实

广州海事法院认定以下事实：

1999 年 3 月 17 日，原告与被告签订了《油品运输合同》。合同约定，由原告的"南洋五号"轮承运被告燃料油 2 000 吨从香港运至蛇口港；受载期是 3 月 18 日，装货时间为连续 24 小时，卸货时间为连续 72 小时。《油品运输合同》第 6 条第 3 款规定："滞期费两天以内每小时 600 元，第三天起每小时 800 元"；《油品运输合同》第 7 条规定："船抵装港壹拾天内付清全部运费，滞期费及其他甲方应付费用须在货物卸毕前结清，逾期未付，乙方按每日 0.5% 的标准计收滞纳金"；《油品运输合同》第 9 条规定："甲方必须确保运输油品的合法性，如因货物原因造成扣船，由此产生政府罚款、船期损失等一切费用和责任全部由甲方承担。船期损失按合同第六条第三款标准执行。"合同中的甲方指本案被告，乙方指本案原告。原告提供的航海日志记载原告于 1999 年 3 月 18 日派"南洋五号"轮至香港，当日 15:40 时在香港"ESSO"码头装上 2 000 吨燃料油运往蛇口。编号为九关海查 0003462 的《海上检查记录表》记载:1999 年 3 月 18 日 22:45 时蛇口缉私科根据情报在蛇口海面查获"南洋五号"运输油船。该船载有燃料油 2 000 吨，收货人是本案被告。该船因涉嫌走私，被押回蛇口调查。4 月 7 日，深圳海关调查局海上缉私处在该份《海上检查记录表》上作出"扣货放船"的处理意见。原告提供的深圳海关于 1999 年 4 月 2 日出具的编号为 099802 的海关扣留凭单记载，扣留"南洋五号"轮所载货物的名称为燃料油，规格为 180#，重量为 1 972.73 吨，扣留原因是暂扣，扣留地点是蛇口。原告提供的鑫通洋公司于 1999 年 7 月 12 日作出的情况说明称，鑫通洋公司于 4 月 8 日中午受原告的委托办理"南洋五号"轮进口联检手续，并于 4 月 9 日 17:00 时办妥该轮空船进口联检手续。

被告提供的深圳海关调查局于 1999 年 8 月 12 日向惠州港海关出具的编号为深调函〔1999〕19 号的联系函写明："1999 年 3 月 18 日，我局的海缉私处据情报在蛇口对出海面查获'南洋五号'轮，该船从香港装运 180#燃料油 2 000 吨前往蛇口报关，随船单证显示该批货物收货人为惠阳恒辉染厂有限公司，因涉嫌走私，货物暂扣于深圳蛇口招商石化油库进行调查。现经调查，该批货物具有进口许可证、备案手册、合同等合法手续。"被告提供的编号为 0003768 的《中华人民共和国进口许可证》记载：进口商和收货人均为本案被告，进口商品名称为其他燃料油，数量为 2 000 吨，有效截止日期是 1999 年 3 月 31 日。被告提供的该批货物的《中华人民共和国海关进口货物报关单》上盖有中华人民共和国蛇口海关的放行章，并载明："此船油经调查局处理无提单，根据深调函〔1999〕19 号文同意报关。"

货物原因·货物合法性的原因·货物不合法的原因·海关扣押·船期损失赔偿责任

1999年5月6日,被告向原告支付了70 000元运费,被告提供的银行支票存根上有原告的职员查秋实的签名。

原告于1999年6月4日向本院申请诉前财产保全,要求冻结被告的银行存款40万元,并提供了30万元的银行存款担保,本院作出(1999)广海法深字第43-2号民事裁定,冻结了被告40万元的银行存款。

三、法院裁判

广州海事法院认为:双方签订的《油品运输合同》合法有效。

根据深圳海关调查局海上缉私处在《海上检查记录表》上作出的"扣货放船"的处理意见以及被告提供的深圳海关调查局出具的联系函中所述的"因涉嫌走私,货物暂扣于深圳蛇口招商石化公司油库进行调查"的内容可以认定,"南洋五号"轮及其所载燃油被海关扣查的原因是该批货物涉嫌走私。深圳海关调查局出具的联系函中载明的内容同时也证明该批进口货物经调查,具有合法手续。

法院多数意见认为,双方当事人可以在合同中对因履行合同而产生的风险、损失的分担进行约定。双方签订的《油品运输合同》第9条就是对船舶可能被扣押的风险和损失的分担进行了约定。根据该约定,被告必须确保运输油品的合法性,如因货物原因造成扣船,由此产生的船期损失等一切费用和责任全部由被告承担。该条的基本内容为保证货物的"合法性",对该条所约定的风险、损失分担的条件——"货物原因",也就应理解为"涉及货物合法性的原因"。但不应限制理解为"货物不合法的原因"。提供不合法的货物,造成的风险和损失,理应由托运人承担,而无需特别约定。因此该合同第9条应理解为被告应保证其托运的货物合法,并对因涉及货物合法性的原因造成船舶被扣押的风险和损失承担责任。本案中"南洋五号"轮被海关扣查的原因是由于被告所托运的货物涉嫌走私,属于"货物原因"。原告要求被告承担因此而造成的船期损失符合《油品运输合同》第9条的约定,应予以支持。被告认为该条款应解释为只要货物是合法的,被告就不应承担船期损失的抗辩理由不成立,不予支持。

《海上检查记录表》记载的内容证明"南洋五号"轮于3月18日22:45时已到达蛇口。该轮于4月9日17:00时办妥空船进口联检手续。因此该轮在卸港用时达21天零18小时,扣除根据《油品运输合同》约定的72小时的卸货时间,该轮损失的船期为18天零18小时,根据《油品运输合同》第6条第3款和第9条的规定,船期损失为350 400元。原告、被告双方没有在合同中约定延期支付船期损失的利息的起算时间,船期损失的利息可从原告向被告提起诉讼之日,即1999年6月10日起计算。

法院少数意见认为:本案原告以深圳海关调查"南洋五号"轮所载的燃料油而查扣该轮为由,依据运输合同第9条的规定,要求被告赔偿船期损失。从合同第9条的内容看,被告的义务之一是保证货物的合法性,并进一步规定,被告对因货物原因造成的后果承担责任。保证货物合法性是所有运输合同中的货方的基本义务,也是本案所涉合同第9条订立的目的。上述内容在一句话里先后表述,"合法性"应理解为合同第9条的基本内容。对该条所使用"货物原因"字眼,也就应理解为因货物合法性的原因。因此,合同第9条规定应理解为被告应保证装运货物的合法,并对因货物不合法所产生的后果承担责任。本案中的证据已证明被告在履行本案所涉合同过程中,并未提供违法货物,也无违约行为。被告无义务对海关的执法行为承担责任。据此,原告要求被告承担海关查扣船舶期间的船期损失,缺乏法律和合同依据,应予驳回。

广州海事法院认为:根据《油品运输合同》第7条的规定,被告应在船抵装港10天内付清全部运费,逾期未付,应按每日0.5%交付滞纳金。"南洋五号"轮于3月18日到达装运港香港,因此被告最迟应于3月27日付清运费,但被告迟延至5月6日才支付运费,应依合同的约定偿付滞纳金。原告的职员在被告支付运费的支票存根上签了名,仅确认收取了该笔费用,并不表示放弃追偿滞纳金的权利。原告要求被告偿付运费滞纳金的主张应予以支持。原告要求被告赔偿财产保全措施造成的经济损失,但原告没有说明理由,也没有提供损失的证据,原告的该项诉讼请求应不予支持。

按照法院多数意见,依据《中华人民共和国民法通则》第88条第1款、第111、112条的规定,判决如下:

(1) 被告惠阳恒辉染厂有限公司向原告深圳市蛇口益荣船务有限公司支付船期损失350 400元及其利息(从1999年6月10日起至判决生效之日止按中国人民银行同期人民币流动资金贷款利率计算)。

(2) 被告惠阳恒辉染厂有限公司向原告深圳市蛇口益荣船务有限公司偿付运费滞纳金14 000元。

(3) 驳回原告深圳市蛇口益荣船务有限公司的其他诉讼请求。

本案受理费8 112元,诉前财产保全申请费2 520元,执行费2 000元由被告负担。

5 上诉人南京鸿润船务有限责任公司与被上诉人青岛航英国际货运代理有限公司航次租船合同纠纷案

案例来源:山东省高级人民法院(2009)鲁民四终字第47号
主题词:合同纠纷　合同生效　传真件

裁判要旨

No. HY-3.2-2　在合同纠纷案件中,主张合同关系成立并生效的一方事人,对合同订立和生效的事实承担举证责任。仅提供对方不予认可的传真件,又无其他证据佐证的,不能证明其主张的合同关系成立。

一、基本案情

上诉人:南京鸿润船务有限责任公司(以下简称鸿润公司)
被上诉人:青岛航英国际货运代理有限公司(以下简称航英公司)

青岛海事法院经审理查明：2007年1月10日，鸿润公司传真签订了两份航次租船合同，承租人一栏均载明为航英公司，约定由鸿润公司提供船舶运输矿砂和面包铁。对鸿润公司提交的合同传真件中承租人的签章，航英公司不予认可。鸿润公司实际履行了该两份航次租船合同，并提交了相应的货物交接清单和运单。其中，2007年1月13日运输面包铁的货物交接清单中载明托运人为威海鑫山集团有限公司，收货人为日照钢铁有限公司。2007年1月17日运输矿砂的货物交接清单与水路货物运单载明托运人与收货人均为青岛安顺捷国际贸易有限公司，承运人为鸿润公司。鸿润公司提交了南京市公安局下关分局对航英公司法定代表人辛苏杭的询问笔录，问及两份涉案航次租船合同的签订事宜。其中，辛苏杭并不认可合同中的公章的真实性和合法性，主张该公章是觑恒公司的孔令博盗用的，公司的公章一直在辛苏杭处保管，辛苏杭并不知道孔令博在何时以何种方式加盖的该公章，直至今年四月份鸿润公司的职员拿着合同的复印件来索要运费，才知道自己公司的名义被盗用。鸿润公司提交了证明其与航英公司订立合同过程的传真，其中的办公地址、办公电话和传真号码，航英公司均不认可。该传真中载明联系人是孔经理，鸿润公司确认该合同是和孔令博签订的。航英公司提交证据证明孔令博并非该公司的职员，而曾经是青岛觑恒贸易有限公司的职员，该公司在青岛市福州南路16号中港大厦1306室办公，孔令博在此办公过。孔令博自己成立了青岛觑恒宇国际贸易有限公司。

二、一审裁判

青岛海事法院认为，本案的争议焦点是鸿润公司与航英公司之间是否成立鸿润公司所主张的合同关系。鸿润公司主张其与航英公司之间存在航次租船合同关系，航英公司不予认可。按照最高人民法院《关于民事诉讼证据的若干规定》第5条的规定，在合同纠纷案件中，主张合同关系成立并生效的一方当事人对合同订立和生效的事实承担举证责任。因此，鸿润公司对于自己的主张有责任提交证据证明。鸿润公司提交两份航次租船合同，该证据属于书证，按照《中华人民共和国民事诉讼法》第68条和最高人民法院《关于民事诉讼证据的若干规定》第10条的规定，合同应当提交原件。但鸿润公司提交的均系传真件，传真件属于复印件，在航英公司不予认可的情况下，不能单纯依据该传真件确定双方之间是否签订了航次租船合同，而应当结合其他证据相互印证。鸿润公司提交了实际履行该两份航次租船合同的货物交接单和运单，但其内容与航英公司没有任何关联，航英公司既不是货物的托运人也不是收货人，不能据此证明航英公司与运输的货物有何权利义务关系。鸿润公司虽然实际履行了租船合同，但不能据此主张航英公司就是合同的相对方。鸿润公司提交了公安局的询问笔录，但不能证明航英公司认可传真件中公章的真实性与合法性。鸿润公司提交了签订合同过程中的往来传真，但不能证明与航英公司有关联。因此，鸿润公司提交的所有证据均不能证明其与航英公司之间成立航次租船合同关系。按照《中华人民共和国民事诉讼法》第64条的规定，当事人对自己提出的主张，有责任提供证据。最高人民法院《关于民事诉讼证据的若干规定》第2条第2款规定,没有证据或者证据不足以证明当事人的事实主张的,由负有举证责任的当事人承担不利后果。因此,鸿润公司不能提供证据证明其与航英公司之间存在合同关系,应当承担举证不能的法律后果。

综上,青岛海事法院依据《中华人民共和国民事诉讼法》第64条的规定,判决:驳回南京鸿润船务有限责任公司的诉讼请求。案件受理费3 437元,由南京鸿润船务有限责任公司负担。

三、上诉与答辩

鸿润公司不服一审判决上诉称:第一,青岛海事法院认定当事人之间不存在合同关系是错误的。鸿润公司提交了两份传真件,青岛海事法院认为传真件属于复印件,在航英公司不认可的情况下,不能据此认定双方之间存在合同关系。这一观点是错误的:① 涉案航次租船合同第9条约定:"本合同一式两份,传真件有效。"可见,鸿润公司与航英公司是明知并且同意以传真方式订立租船合同的。② 根据《中华人民共和国合同法》第11条的规定,传真订立的合同属于书面合同,是我国法律规定的订立合同的形式之一。因此,传真订立的合同应属于合同原件,青岛海事法院认定传真件属于复印件的观点是错误的。第二,青岛海事法院依据鸿润公司提交的运单和交接清单上没有反映出航英公司就认定航英公司与鸿润公司无关,这一观点是错误的。签订航次租船合同的人不一定就是实际的托运人或收货人,这在实践中很常见,不能以此否认鸿润公司与航英公司之间存在航次租船合同关系。第三,航英公司与鸿润公司之间存在航次租船合同关系。航英公司从未否认过航次租船合同上的公章是自己的公章,其法定代表人在接受公安机关调查时也没有否认过。辛苏杭陈述其不知道公章是如何盖上去的,可能是孔令博在另一家公司盖上去的。因此,航次租船合同上的公章是航英公司的公章是可以确定的事实。既然公章是航英公司的,航英公司就应当对此承担法律责任,鸿润公司与航英公司之间的合同关系是成立的。综上,鸿润公司请求撤销一审判决,改判支持其一审的诉讼请求,一、二审诉讼费用由航英公司负担。

航英公司答辩称:第一,航英公司与鸿润公司不存在合同关系,鸿润公司所举证的合同复印件中所有的权利义务与航英公司无关。鸿润公司在缔结和履行合同过程中有重大过错,对相对方的主体资格没有进行必要的审查,履行中未做到"收到运费后卸货",造成签约和履行都存在重大过错,后果应由自己承担。青岛海事法院认定双方之间不存在合同关系是正确的,鸿润公司依据没有约束力的传真复印件合同的第9条提出合同有效的抗辩,于法无据,于理不通。第二,关于运单,航英公司并不否认其真实性,否定的是其关联性。运单能够证明有承运的事实,但不能证明航英公司是租船人。第三,关于公安机关的笔录,公安机关介入调查,说明鸿润公司意识到航次租船合同涉嫌欺诈,公安机关通过调查已经清楚了航英公司与欺诈无关。在询问笔录中,辛苏杭并没有认可传真件中公章的真实性与合法性。综上,请求驳回上诉,维持原判。

四、二审裁判

山东省高级人民法院查明的事实与青岛海事法院认定的事实一致。

根据当事人双方的上诉与答辩,本案的争议焦点是:鸿润公司与航英公司之间是否存在航次租船合同关系。

山东省高级人民法院认为,在航英公司否认其与鸿润公司之间存在航次租船合同关系的情况下,青岛海事法院依据最高人民法院《关于民事诉讼证据的若干规定》第5条的规定,把合同订立与生效的事实证明责任分配给主张合同成立并生效的鸿润公司,是正确的。鸿润公司为了证明其与航英公司之间订立了航次租船合同,向法院提交了传真件的航次租船合同、订立合同时的往来传真、货物交接单和运单、公安机关对航英公司法定代表人辛苏杭的询问笔录。虽然传真是我国合同法规定的合同形式之一,但由于传真件存在易于伪造、变造的特点,因此传真件本身的真实性也是需要证明的。鸿润公司认可其收到的传真件是孔令博发出的,且其在与孔令博商谈订立合同过程中,孔令博未持有航英公司的介绍信或委托书,鸿润公司又不能证明孔令博系航英公司员工。在此前提下,青岛海事法院认为不能仅依据航次租船合同的传真件而认定当事人之间存在合同关系,并无不当。为查明航次租船合同传真件是否可与其他证据相互印证,从而认定当事人之间是否存在合同关系,青岛海事法院查明了鸿润公司订立合同时的往来传真以及货物交接单和运单,结果均与航英公司无关。鸿润公司认为青岛海事法院仅仅依据货物交接单和运单与航英公司无关就认定航英公司与鸿润公司无关,鸿润公司的这种主张是错误的。从公安机关对航英公司法定代表人辛苏杭的询问笔录来看,虽然辛苏杭曾陈述是孔令博"盗用"了航英公司公章,但不能据此认为辛苏杭认可了合同传真件上公章的真实性。青岛海事法院关于询问笔录不能证明航英公司认可传真件中公章的真实性与合法性的认定,是正确的。

综上所述,一审判决认定事实清楚,适用法律正确,判决结果并无不当,应予维持。鸿润公司的上诉无理,应予驳回。依照《中华人民共和国民事诉讼法》第153条第1款(一)项之规定,判决如下:

驳回上诉,维持原判。

二审案件受理费3 437元,由南京鸿润船务有限责任公司负担。

⑥ 原告上海世威国际货物运输代理有限公司与被告江苏永禄肥料有限公司航次租船合同纠纷案

案例来源:上海海事法院(2010)沪海法商初字第230号
主题词:航次租船合同　滞期费　装卸时间起算

> **裁判要旨**
>
> **No. HY-3.2-3**　航次租船合同双方的权利义务应由双方订立的合同确定,合同项下滞期费的分担归属应结合该合同的其他规定予以全面理解。

> **No. HY-3.2-4** 基于租船合同中由出租人负责报关的合同约定,提交报关电子录入信息、查验报关货物证书等时间损失,应由出租人负责。船舶在海关手续未完备之前抵达并递交装卸准备通知书(NOR)为无效的通知,装卸时间起算应在出租人提交完备的海关手续且通过海关审核后开始起算。

一、基本案情

原告:上海世威国际货物运输代理有限公司

被告:江苏永禄肥料有限公司(原江苏新天地氨基酸肥料有限公司)

原告诉称:2010年1月19日,原告(船东)与被告(租家)签订了一份租船运输合同,装运一般生物有机化肥,数量为12 000吨,启运港为锦州港,卸货港为科伦坡。2010年1月20日,原告(船东)与被告(租家)又签订了一份租船运输合同,装运货物同上,数量为3 000吨,启运港为张家港,卸货港为科伦坡。上述两份合同中承运货物的船舶为"ATLANTICPROJECT"(以下简称大西洋工程轮),2010年2月3日17:15时,"大西洋工程"轮停靠锦州港锚地。依合同约定,被告应及时提供报关文件。因被告的报关文件未及时送达,又因被告的出口经营权的资格未经年检以及待运货物需要检验等原因,导致报关延迟,直至2月10日才办妥报关手续,并于当日17:30时由锦州港通知"大西洋工程"轮停靠码头泊位,可以开始装货作业。但因被告将待运货物储存在锦州港区之外的恒大仓库,未及时付清仓储费,恒大仓库不同意发货,经原、被告协商,由原告代被告支付恒大仓库的仓储费人民币24万元。为此又迟延了15个小时方开始装货。因被告的原因,总共导致装货延迟了10天,依合同约定,应向原告支付滞期费20万美元。同时归还原告为其代付的仓储费人民币24万元。故请求判令被告支付滞期费20万美元,并支付原告为其代付的仓储费人民币24万元。

被告答辩:

(1)涉案2010年1月20日签订的租约因缺失"船舶信息"基本条款而未生效,双方之间的委托运输事实合同关系应以提单作为证明,提单已注明运费预付及全班轮条款,原告无权依据租约来主张所谓滞期费和仓储费等;

(2)在保留第1条答辩意见前提下,假设该租约已生效,双方受该租约条款约束,由于原告从未向被告有效递交装卸准备就绪通知书(即 Notification of Readiness,以下简称 NOR),原告无权向被告主张滞期费;

(3)根据租约中约定的"管装管卸"条款及原告签发的提单中记载的"全班轮条款",装卸过程及装卸时间均由原告负责,其也无权向被告主张所谓装港滞期损失;

(4)涉案租约中并未约定固定装卸时间,原告并未举证证明被告承担滞期费责任的合同依据;

(5)涉案租约约定,装卸时间用完,船舶才进入滞期,装港和卸港可以合并计算装

卸时间,原告无权仅凭锦州港的所谓装港时间主张滞期费;

(6) 原告并未举证证明因被告的过错导致船舶滞期,亦未举证证明其滞期损失计算的合理依据;

(7) 原告并未举证证明其业已发生滞期费损失,原告并非涉案载运船舶的登记船东,其身份仅为"二船东",当且仅当其已向实际船东支付了滞期费时,才产生所谓损失,可以向其下家(货方)进一步追索,否则货方可能同时面临来自实际船东和二船东对同一笔滞期费的双重索赔;即使货方将滞期费付至二船东,但实际船东仍会因未收到滞期费而留置货物,根据该轮实际船东留置货物声明及向伦敦提起仲裁的申请书记载,原告事实上并未向船东支付滞期费,故无权向被告进一步主张所谓滞期费损失;

(8) 原告向被告主张的滞期费与船东在伦敦仲裁中主张的滞期费为重复主张,依法不应得到支持;

(9) 恒大仓库费用属于码头费用一部分,被告已作为运费的一部分向原告支付,原告无权再行要求被告支付;

(10) 原告接收被告货物后,至今未将货物安全交付收货人,构成运输合同项下根本违约,被告有权依据法定的履行抗辩权,拒绝履行要求。故请求依法裁定驳回原告的起诉或依法判决驳回原告的全部诉讼请求。

二、法院查明事实

上海海事法院经审理查明并确认如下法律事实:

2010 年 1 月 20 日,江苏新天地氨基酸肥料有限公司(以下简称新天地公司)作为承租人(租家)与作为出租人(船东)的原告分别签订了两份租船合同。第一份租船合同约定:船舶详见附件壹,货物与数量为一般生物有机化肥 12 000 吨,装货港为锦州港,卸货港为科伦坡,受载期为 2010 年 1 月 31 日至 2010 年 2 月 5 日;装港装率为 5 000 吨/每晴天工作日,包括星期日和节假日,卸货港卸率为 3 000 吨/每晴天工作日,包括星期日和节假日,装/卸起算时间为船舶递交准备就绪通知书后连续 12 小时后起算装卸时间,不管靠泊与否,不管进港与否,不管检疫与否,不管检验与否。或者以实际装卸货开始时间起算,以早者为准,卸货止算时间:最后一吊货物裁过船舷时止。运费率为运费每吨 44 美元,基于一港装,一港卸,管装管卸。包括码头费用和清关费用、装卸费用。付款方式为 30% 的运费在签订合同后 3 个银行工作日支付到船东指定银行,在装完船开船前付 40% 的运费给船东(同意以汇票、本票形式付款),船东在收到本票、汇票后提交提单。其余 30% 的运费在船到港卸货后付清到船东指定银行。提单应该在开始卸货前提交。提单上注明"FREIGHT PREPAID"。如果运费已经全部支付船东,运费将被认为是货物负载数目的费用和不论货物是否丢失都不予退还,条件为货物到目的港后卸货完毕。使用金康提单,提单上的货物数量按照发货人和船长的联合签发水尺检验确定。滞期:滞期费每天 20 000 美元。如果发生滞期,滞期费必须在装货完毕后 5 天内结算。租家保证船舶到港前必须将所有的货物和文件备好,在到港后 24 小时内开始装货,若是在到港后 24 小时内由于文件或货物没有备好,造成不能装货,租家应该付延期费每天 20 000 美元,每两天支付一次,否则船东有权凭发送传真或电报书面通知撤船,若装卸时间用完,船舶进入滞期,租家应每天支付滞期费,不足一天的比例,若不能履行,船东有权撤船,并索取赔偿。装卸货两港由船东指定船舶代理。船东或船长必须提前 7/5/3/2/1 天及每 6 小时向租家或其代理报告船舶预计抵达港口的电报。本协议其他未尽事宜适用金康 1994 条款。本合同在船舶信息以附件形式提交后正式生效,附件需双方确认盖章,本合同以电子邮件/传真方式签订,与正本具有同等法律效力。本合同以中文为准,英文只作参考。第二份租船合同除约定的货物数量为 3 000 吨一般生物有机化肥,装货港为张家港,装港装率为 3 000 吨/每晴天工作日,包括星期日和节假日外,其他条款与第一份租船合同的约定一致。

上述合同签订后,原告作为承租人(租家)与作为出租人(船东)的中基船务于 2010 年 1 月 28 日签订了租船合同一份,约定:原告委托运输 15 000 吨的一般生物有机化肥,锦州港 12 000 吨,张家港 3 000 吨,运费费率为锦州港每吨 45 美元,张家港每吨 50 美元,船东不负担装卸、堆装费用,按两个装港一个卸港计算。装/卸率为 6 000/3 000 吨,包括星期日和节假日。滞期费为每天 12 500 美元。同日,中基船务作为承租人(租家)与作为出租人(船东)的玛琳船务签订了租船合同一份,约定:玛琳船务同意向中基船务出租其船舶"大西洋工程"轮,船舶先驶往锦州港,再至张家港,装载约 15 000 吨的袋装化肥,运往斯里兰卡科伦坡港。运费费率为每吨 40 美元,不管装卸、绑扎/加固/垫舱,按两个装货港一个卸货港计算。装/卸率为 5 000/2 000 吨,包括星期日和节假日。滞期费为每天 6 000 美元。在签发记载"运费已付"的提单后,按照船东以传真/邮件形式开具运费发票上所载数额全额以美元支付……运费根据运费费率和实际装货数量计算,以现金支付,预付。

2010 年 1 月 23 日,新天地公司内贸合同的卖家通辽梅花生物科技有限公司(以下简称梅花集团)与宏基物流联系,称有 12 000 吨复合肥要出口,争取在 2 月 1 日前集港完毕,货物集港后会有买家找宏基物流联系。宏基物流经向港区了解因时值春节,港口库存爆满,而外贸货物海关指定堆场只有恒大仓库,遂以自己的名义与恒大仓库约定将存放 12 000 吨货物。之后,宏基物流负责从梅花集团工厂将 12 000 吨货物用集卡车运至恒大仓库,至 1 月 31 日货物集港完毕。期间,宏基物流和梅花集团多次催促买家联系确定船期、确认费用、签订货运代理合同,并办理相关港口及联检部门手续,新天地公司的业务经理王敖军电话告知宏基物流有关事宜已委托原告,原告会直接联系宏基物流。2 月初,原告法定代表人郑明电话联系宏基物流称要全权委托宏基物流代理,让宏基物流报价,当时宏基物流报价全部费用按每吨 55 元(含仓储费)计算,郑明在电话中口头同意了,并让宏基物流起草合同后传给原告,当宏基物流拟好合同传给原告后,原告再无音讯。之后,宏基物流再三敦促抓紧,但没有消息。

2010 年 2 月 1 日(星期一)下午 14:04 时,原告以电子邮件方式告知新天地公司其锦州船代的名称和联系电话、传真、电子邮件地址等。同日下午 13:01 时,原告又通过电子邮件向被告转发了中基船务刘成思向原告法定代表人发出的信息:很高兴地通知您"大西洋工程轮"将在2月3日09:00时到达锦州港,请通知发货人尽快完成装货。同日下午15:22时,原告再次通过电子邮件(转发了中基船务15:21时的邮件)告知被告"请速将整套报关单证送锦州市高新区福州街25号乾宇科技大厦8·305,锦州外轮代理公司,收件人房卫华"。同日下午15:26时,原告又通过电子邮件告知被告"还要把货物的质量鉴定证书也交给代理,报关要用"。2月2日上午09:30时,原告转发了中基船务于2月1日下午16:55时的电子邮件,内容为:"锦州港送货事宜已落实好,具体请同锦州港外轮代理公司货运部郭庆茂(注:应是葛庆茂)经理联系。联系电话×××,手机×××。请以最快速度送货,越快越好。同时最快速度将出口文件送到我们前面所告的地址和联系人。"2月3日上午10:16时,原告向被告转发了中基船务的邮件,内容为:"锦州港单证还未收到,请将快递单扫描给我。"

2010年2月3日,中基船务作为甲方与作为乙方的锦州外代国际货运有限公司(以下简称锦州外代货运公司)签订了代理合同一份,约定由锦州外代货运公司代理办理中基船务于锦州港装运化肥至"大西洋工程"轮出口事宜:"一、甲方委托乙方代理装运化肥应办理相应委托手续,出具书面授权委托书。甲方及甲方发货人对所提供给乙方的报关报验单据的真实性、合法性、准确性负责。并保证所提供的单据无误,单货一致。甲方应在货船到港前将适运的化肥全部备妥且堆放于锦州港海关监管堆场。甲方在本合同生效后两个银行工作日内将全部港口费用、商检费及代理费支付给乙方,以便乙方办理相应的港口手续……二、乙方接受甲方委托后,乙方须及时做好和港方的货物交接工作,并及时告知甲方。乙方负责组织和协调甲方货物的装船。乙方代理甲方办理缴纳港口使费及相关费用。装船结束后,乙方应及时将装船情况,如装货数量、完船时间、开船时间等通知甲方,并负责及时向甲方传真和交寄各种费用明细及相关单据,并寄送各类收费原始发票。三、收费标准与费用结算:1. 收费标准。A. 港口使费:汽运集港方式每吨35元,至货物装船完毕所有港区费用。港口仓储费:30天内免收仓储费,31—60天0.1元/天吨,超过60天0.3元/天吨。B. 代理费:1.5元/吨。C. 商检费:2.0元/吨(数量鉴定)。D. 关税:以海关出具的税单为准(原票原转)。合同还对费用结算争议解决条款进行了约定。"

2010年2月3日(星期三)下午19:15时,"大西洋工程"轮到达锦州港1号锚地,船长向锦州外代递交了一份NOR。但未有任何人以任何方式将这份NOR交新天地公司。

2010年2月4日(星期四),原告作为乙方与作为甲方的中基船务签订了锦州港港口货物代理合同一份,约定乙方委托甲方在锦州港门接货事宜,具体条款:乙方货物为氨基酸肥料,最起码货量12 000吨,拟装"大西洋工程"轮出口至科伦坡。乙方安排卡车将货送抵港区。甲方从港区接货开始,负责货物港区堆存、短驳、垫舱、直至货物装上船所有港区相关事宜。甲方向乙方收取:港区包干费每吨人民币28元,货物装船费每吨4美元,订舱费每吨人民币1元,报关费每票人民币300元。在货物到港前上述费用预付。装船完毕后在保证起码货量基础上多退少补。甲方负责同当地港口、船代相关部门合作,安排好货物进港,装船以及代理订舱、海关报关工作。乙方须按照甲方要求的时间安排货物进港,并以可能的最快速度将出口报关所需的全套完整、正确单证送甲方指定货代。甲方根据当地港口惯例安排货物装船,即遵守当地港务局关于作业工班、作业时间、作业速度的安排。如甲方提出额外加班等要求,甲方需预先征得当地港务局同意并需另付加班费等费用。甲方需将受载船舶动态,以及货物操作、报关进展等情况及时告知乙方。双方在合作过程中,需加强联系,通力合作,以求本合同相关业务工作如期顺利开展。同日,原告与中基船务还签订了张家港港口货物代理合同,约定原告委托中基船务在张家港港口接货事宜,除最起码货量为3 000吨,原告安排驳船将货送抵港区,增加如受载船舶延迟到春节期间抵港,则将产生节日加班费,具体收费标准另行洽定外,其他条款与上述锦州港港口货物代理合同条款一致。

  2010年2月4日(星期四),锦州外代货运公司在进行出口货物电子申报时,系统显示无法接受申报。锦州外代货运公司通知中基船务,2月5日上午9:57时,原告向被告转发了中基船务于2月4日下午17:19时给原告的邮件,内容是:据锦川代理告知,发货人新天地公司的备案已过期今天报关仍报不出,相关问题在托关系疏通中。后被告经与宜兴海关联系,被告系因海关系统中预留的企业工商登记信息过期而致。在宜兴海关办理了信息更新后,2月5日,锦州外代货运公司再次进行出口货物电子申报成功,当日,锦州海关电子接单,通过电子审单,并完成电子征税审查程序,申报货物为无关税货物。2月7日(星期日),锦州海关现场接单。2月8日(星期一),锦州海关查验科接到报关单及有关资料,鉴于申报货物与国家规定重点查验类商品化肥在外观上无法直接识别、区分,需要化验,海关查验科于2月8日当日取样并送中华人民共和国沈阳海关(以下简称沈阳海关)进行检验。2月10日,沈阳海关反馈送检结果,与申报货物相符,为有机化肥,锦州海关同意货物装船。2月10日10:00时至15:50时,等待领航员上船。15:50时至17时00分,领航员上船,船舶靠港。17:00时至17:30时,船舶办理进港区手续,船舶进港。2月10日晚17:30时,"大西洋工程"轮办结联检手续被准许靠泊开始装货作业。船长向锦州外代货运公司发出通知称船舶已于2月3日19:15时到达锦州港,在2010年2月10日17:30时之前,已做好联检手续,现在该轮已做好在锦州港装载12 000吨有机肥料的所有准备工作,请立即安排装货,并声明2010年2月3日已递交准备装货就绪通知书,锦州外代在"代理已收到准备装货就绪通知书"栏下签字确认。该通知并未有任何人交付给新天地公司。后锦州外代货运公司至恒大仓库提货准备装船,但被宏基物流告知未付清人民币24万元的仓储费,恒大仓库不会同意货物出库,宏基物流还向原告的法定代表人提出同样的要求。原告向新天地公司要求支付仓储费人民币24万元。2月11日,新天地公司以海运费名义向原告支付了仓储费人民币24万元,原告以电汇方式向宏基物流支付了仓储费人民币24万元。宏基物流收款后通知恒大仓库同意货物出库。2月11日16:00时至19:15时,船舶等待岸线,19:15时起开始装货,直至2月13日11:30时由于中国春节

航次租船合同・滞期费・装卸时间起算

停工,2月14日15时开工继续装货,至2月18日凌晨01:20时货物装船完毕,01:20时至04:00时理货计算,04:00时办理出口手续。2月18日04:30时,办结船舶离境手续,海关准予放行。出口舱单记载商品名称为一般生物有机化肥,发货人新天地公司,收货人凭自然环保集团(私人)有限公司(Natural Environmental Protection)指示,提单号为JP10005,实际装载货物240 000包,毛重12 007.200吨,净重12 000吨。报关单显示货物价值为5 844 000美元。

2010年2月20日晚10时23分,原告向被告发出"关于锦州港滞期费计算"的电子邮件,指出滞期费计算标准为每天20 000美元,平均每小时833.33美元,平均每分钟13.89美元,第一阶段,2月3日19:15时起等待装货至2月10日10时等待结束,期间共158小时45分钟;第二阶段2月10日17:30时起开始装货至2月18日04:30时装货结束,期间共179小时,扣除装率96小时,剩余83小时,两部分共计产生滞期费201 457.58美元,请尽快将该项滞期费同锦州港剩余海运费一同支付,如再拖延的话再产生滞期,后果由贵公司承担。因船已到张家港准备装货了。

2010年2月23日下午16:10时,被告向原告发送协议文本一份,内容为甲方新天地公司,乙方为原告,经双方友好协商,对履行双方于2010年1月20日所签订的货物运输代理合同中产生的船舶滞期损失等事宜,达成如下协议:"一、甲方承担乙方对船东的滞期损失等共计人民币750 000元。二、上述款项甲方在收到15 000吨货物的全套海运提单正本后立即支付人民币300 000元。三、其余人民币450 000元的支付方式为在甲方与乙方今后的两单出口货运代理业务中分摊补偿给乙方。今后业务由双方重新签订代理协议加以确认。四、乙方必须立即安排货船及时运抵目的地,避免造成新的损失。五、甲方在本单货运委托业务中,除按约履行支付余款运费及本协议确定的补偿义务外,对乙方再无其他需要履行的经济义务或其他经济纠葛。六、双方必须总结经验,作为货运代理的乙方,在今后的合作中尤应提高服务水平和质量,确保甲方满意,确保双赢。"当日,原告将修改后的协议文本回传被告,其中第2条修改为"上述款项甲方必须在本合同签订后的一个工作日内立即支付人民币300 000元",第3条修改为"该两单业务由双方重新签订代理协议,但必须在2010年3月15日之前完成该两单业务的签订手续",第5条修改为"甲方在本单货运委托业务中,应履行支付余款运费及本协议确定的补偿义务,如在运输和装卸过程中发生其他涉及经济纠葛的事宜,应互相商讨解决"。2月24日晚18:41时,被告对原告修改协议回复称,"我方维持我方原协议条款不变,请尽快回复、签订,货已装船完毕2个工作日以上,请尽快提供提单"。同日晚21:34时,原告回复称,"根据贵方的要求,属于绝对无任何道理,而且违反当初签订的合同的准则,并违背2010年2月22日来贵公司商讨的原则,故请贵方及时把我方的损失(滞期费),按我方发给贵方的EMAIL的费用和余下的运费全部付清,我方才发放海运提单。如再拖延不付费用,我方将向海事法院提起诉讼,产生任何费用由你方承担。考虑期限为2010年2月25日北京时间12:00时为准"。2月25日上午09:13时,被告回复原告,"贵方要求也属无任何道理,违反当初签订合同准则,违反当初口头协定,请仔细考虑"。同日上午 10:08 时,原告回复称,"如你们一再坚持无理要求,那产生严重后果由贵方全部负责"。因原告未交付提单,新天地公司向上海海事法院申请海事强制令,上海海事法院于 2010 年 3 月 5 日作出(2010)沪海法强字第 2 号民事裁定书和海事强制令,命令原告立即向新天地公司交付编号分别为 LD193 和 JP10005 的全套正本提单。在上海海事法院审理该案期间,原告表示收到新天地公司人民币 24 万元,并代收代付至新天地公司指定的仓库。后原告向新天地公司交付了由其作为承运人签发的、托运人为新天地公司、收货人凭自然环保集团(私人)有限公司指示、编号为 JP10005(装货港为锦州港)和 LD193(装货港为张家港)的两套全套正本提单。

原告在庭审中确认涉案船舶 2010 年 3 月 19 日到达斯里兰卡科伦坡港湾,但没有进港,对货物下落至今不清楚。

2010 年 1 月 20 日,新天地公司通过中国建设银行向原告支付海运费人民币 1 352 340 元,同年 2 月 2 日、2 月 11 日、3 月 4 日,又分别以同样方式支付海运费人民币 769 800 元、240 000 元、793 320 元,共计支付海运费人民币 3 155 460 元。

2010 年 1 月 29 日,原告向中基船务支付了海运费人民币 565 275.60 元,2 月 2 日支付海运费 676 010.40 元,2 月 22 日支付海运费 153 726.75 元,3 月 4 日支付海运费 82 913.45 元,合计人民币 1 477 926.20 元。

原告表示锦州外代货运公司系其在锦州港的代理,而锦州外代货运公司明确表示系中基船务的代理,与原告无任何合同关系。

上海海事法院另查明:2007 年 9 月 11 日,宜兴工商局接受新天地公司的申请,办理了包括公司营业期限延长在内的部分变更事项,公司经营期限由原来的 1999 年 12 月 7 日至 2009 年 7 月 4 日变更为自 1999 年 12 月 7 日至 2017 年 8 月 12 日。2010 年 3 月 11 日,宜兴工商局发出(02823081)公司变更〔2010〕第 03110026 号公司准予变更登记通知书,由原企业名称"江苏新天地氨基酸肥料有限公司",变更为现企业名称"江苏永禄肥料有限公司"。2010 年 8 月 12 日,宜兴海关出具证明表示被告已于 2009 年 8 月份通过海关年检。2011 年 5 月 6 日,宜兴海关再次出具证明:2009 年 8 月,新天地公司向我处办理海关白皮书年审时,已向我处递交了 2007 年 9 月 11 日宜兴工商局下发的《企业法人营业执照》(营业期限:1999 年 12 月 7 日至 2017 年 8 月 12 日),经我处审核,通过了海关年审。

上海海事法院再查明:2010 年 3 月 17 日,玛琳船务在科伦坡代理 BENLINEAGENCIES 向收货人自然环保集团(私人)有限公司发出通知:"根据我们的委托人即'大西洋工程'轮船东的指示,我们在此通知贵方:该轮船长已经接到船东的指示,对上述货物(2010 年 2 月 22 日编号 LD193 提单·3 000 袋氨基酸化肥、2010 年 2 月 18 日编号为 JP10005 提单·240 000 袋氨基酸化肥)行使留置权,直到就上述运输应向船东支付的所有运费/滞期费以及其他相关费用完全支付。"之后,玛琳船务以未收到运费和滞期费为由,对"大西洋工程"轮上所载货物进行了留置。玛琳船务因未收到应收的运费

578 216.10 美元及装港(包括锦州港和张家港)滞期费 74 659.18 美元,依据与中基船务于 2010 年 1 月 28 日签订的租约,向英国伦敦提交仲裁申请,要求中基船务支付上述运费和滞期费。2010 年 5 月 14 日,独任仲裁员 ALANOAKLEY 对此项申请作出第一/中间裁决。裁决书表述,船东提供了提单副本,显示船舶装载了 15 018.60 吨货物,因此,船东有权获得的运费共计 600 744 美元,然而船东仅索赔净运费 578 216.10 美元(600 744 美元扣除 3.75% 的佣金和中介费),因此,承租人违约,船东有权获得支持未付运费的裁决。关于装货港滞期费,船东索赔总额共计锦州港 67 683.36 美元和张家港 7 920.84 美元,船东提供了各港口的装货记录/计算,以及大副收据、事实记录和准备就绪通知书,上述滞期费计算是正确的,只是运费中扣除了 3.75% 的佣金和中介费,则滞期费也应扣除 3.75% 的佣金,故裁决船东有权获得的滞期费为 75 604.20 美元扣除 3.75% 佣金后的 72 769.05 美元。该裁决裁定船东有权获得运费和滞期费共计 650 985.15 美元以及从 2010 年 2 月 23 日起开具运费发票其按照商业利率计算的利息。裁决书还提到,船东证据显示,发货人/收货人不但没有支付运费和滞期费,而且在 2010 年 3 月 9 日左右,手持一套虚假的"运费已付"提单前来要求交货,该套提单是上海世威国际货物运输代理有限公司签发的,并声称其是承运人。玛琳船务向上海海事法院申请承认和执行该仲裁裁决,现在上海海事法院司法审查中。

2010 年 4 月 28 日,玛琳船务又以新天地公司和收货人自然环保集团(私人)有限公司为被申请人,就支付上述运费和装港滞期费向英国伦敦申请仲裁。玛琳船务在仲裁申请书中这样陈述:其安排"大西洋工程"轮于 2010 年 2 月 18 日和 2 月 22 日在两个装货港共装载了 15 018.60 公吨的货物,玛琳船务或其代理适当地签发了两套编号分别为 JP10005 和 LD193 的提单,提单载明新天地公司为托运人,收货人凭自然环保集团(私人)有限公司指示。两套提单均为金康格式,明示并入所有租约条款、条件、自由和除外责任,包括租约中的法律和仲裁条款。因发货人新天地公司请求签发提单,因此新天地公司与玛琳船务之间存在一份合同,新天地公司和收货人应支付运费 578 216.10 美元及装港滞期费 74 659.18 美元,而中基船务也确认未收到新天地公司或收货人支付的任何运费或滞期费,鉴于如上所述,玛琳船务扣留了有关货物的提单,故请求仲裁庭尽早就运费和装港滞期费作出中间裁决。2010 年 7 月 7 日,由仲裁员 ALANOAKLEY、PATRICKO'DONAVAN、BRUCEBUCHAN 组成的仲裁庭在伦敦签发中间裁决认为,由于中基船务未能支付运费和装货港滞期费,因此该笔费用应由新天地公司和收货人自然环保集团(私人)有限公司按照提单和租船合同条款来承担,金额为 650 985.15 美元及相应商业利率(注:与前一裁决金额一致)。玛琳船务向武汉海事法院申请承认和执行该仲裁裁决,现该申请正在该院司法审查中。

三、法院裁判

上海海事法院认为:本案原告系以航次租船合同纠纷提起诉讼,被告对于双方之间签订了租船合同并无异议,但认为合同约定"本合同在船舶信息以附件形式提交后正式生效,附件需双方确认盖章",作为合同客体的船舶信息条款是程租合同成立并生效的必备条款,缺少该条款就无法确定从事实际运输的船舶,对应的程租合同也就无法生效。上海海事法院认为,虽然涉案租船合同签订后,双方并未以确认盖章的方式对船舶信息予以确认,但在2月1日原告通过电子邮件的方式告知被告船舶到港信息时,被告已经知道了船舶信息,当时及之后被告并未提出质疑,也未提出不同意将货物交该船舶运输,且从原、被告双方实际履行来看,也是按照上述租船合同项下的义务来履行的。据此可以认为,原、被告以实际行为确认了合同生效条款的成就,因此,双方之间的航次租船合同关系依法成立且合法有效。原告系出租人,被告系承租人,双方均应恪守合同约定,履行合同义务,承担违约责任。在租船合同合法有效的前提下,被告再以提单来证明双方之间所谓事实合同关系,显然缺乏法律依据,上海海事法院难以认同。

关于航次租船合同是否生效。航次租船合同从法律性质分析,属于海上货物运输合同,出租人(船东)与承租人(租家)既是运输合同的相对方,又是完成好将货物从一地运输至另一地的合作方,需要双方协调配合。而作为船东,其在运输合同中首要义务就是提供适航适货的船舶。而且在合同履行中,也应全面履行各项合同义务,尽可能提供便利使得租家得以安排好运之之货物。而考量船东是否合理谨慎地安排了运输船舶,其中一个重要的指标就是船舶信息的披露。涉案租船合同双方之所以要将船舶信息提交、确认方式以及对合同生效的直接影响作为特别条款提出,其重要性可见一斑,一定程度上反映了船东履行自身合同义务的态度。虽然,原告向被告提交了船舶信息,但原告提交船舶信息未按照租船合同约定的方式,以及提交船舶信息的时间距离船舶到港时间十分紧迫,未按照合同约定的须提前7/5/3/2/1及每6个小时报告受载船舶动态,这都反映出原告作为船东在全面履行合同义务上存有不妥之处,未给作为合同相对方的被告以足够的履行合同的准备时间。在涉案租船合同中,原告是船东,被告是租家,但纵观整个租船运输过程,原告并非是涉案运输船舶的实际船东,对于船舶原告没有绝对的掌控权,正因如此,原告更应积极履行好其作为船东的义务和在与涉案运输相关的其他租船或代理合同中作为租家或作为委托方的义务,并使这些义务的履行协调有序。从涉案租船合同关于运费组成的约定来分析,原告作为船东还要履行代为报关、负责装卸、与港区码头联系、提供港内仓库等义务,而并非简单地只负责船上接货、收取运费。这从原告与中基服务签订的租船合同以及港口货运代理合同内容都可以看出。涉案租船合同项下的船东即原告,其所承担的合同义务,与其作为租家与上家船东签订的航次租船合同项下的船东义务相比,具有明显不同,原告应当在履行涉案租船合同项下船东义务时引起足够的重视。

关于在该合同项下是否发生船舶滞期,原告主张的滞期费损失是否应当支持。滞期费是指实际装卸时间超过合同约定的可用装卸时间,承租人应支付给出租人的费用。法律规定航次租船合同中设定滞期费条款,其目的在于约束承租人应以承诺的装卸时间来装卸货物。滞期费与装卸时间的关系是紧密的,滞期费的计算也与装卸时间的起算有着密切联系。从涉案航次租船合同约定看，双方约定的装卸时间有两种起算标准：第一种是船舶递交准备就绪通知书后连续 12 小时后起算，这种情况下是不管船舶是否靠泊、进港、检疫、检验；第二种起算标准是以实际装卸货开始时间起算。第一种起算标准是以船舶有效递交准备就绪通知书即 NOR 为前提的，在"港口租约"的条款下，无论船舶是否靠泊、进港、检验、检疫，只要船舶递交了 NOR，在租约约定的递交 NOR 后的期间一届满，则开始计算装卸时间。而本案中，受载船舶的船长向锦州外代递交了 NOR，而从查明的法律关系来看，锦州外代货运公司充其量仅是中基船务的代理，即使原告自认锦州外代货运公司是其代理，但原告并无证据证明其或者其的代理向被告有效递交了 NOR，因此，在原告与被告之间形成的航次租船合同关系中，装卸时间起算显然不适用上述第一种起算标准。第二种起算标准是以实际装载货物时开始起算，这种计算标准适用于船舶未有效递交 NOR 的情况，从租家实际开始装货时开始计算，实际装货以后所用装货时间超出可用装卸时间的则计算滞期费，这种计算标准多适用于租家负责装货的情形。实际装货是指船货双方经过申报，船、货分别经过海关、港口的检查检验并获得准许后，货物可以直接装船的状态。本案中，由于原、被告之间的航次租船合同约定，原告作为船东负责装卸，因此，从实际装货开始之后，究竟原告作为船东装货实际用时多少，都与被告无关。

当然，结合本案由船东负责装卸的特殊情形，船东如能证明其已经做好装货的一切准备，而完全由于租家的原因造成其无法实际装货，则从其做好装货准备时可以起算装货时间。这实际是对上述第二种计算标准在特定情形下的理解。现原告主张因被告原因造成滞期的情形主要有三个方面：一是报关文件提供不及时，经营权未经年检；二是未办妥必要的检验招致海关查验，该两项导致报关迟延；三是将货物存放在港区之外，未结清仓储费而致仓库不放货。

上海海事法院认为，关于原告主张的第一点理由，本案中原告在受载船舶将到港前(2 月 1 日)，才将锦州港代理的基本情况和联系方式通知被告，并指令身处江苏省宜兴市的被告将全套报关资料包括质量鉴定证书寄送给远在辽宁省锦州市的代理，而从被告 2 月 1 日下午 3 点半左右接到上述指令到 2 月 4 日原告的报关代理已经向海关进行了电子申报预录入分析，被告寄送报关资料的时间属于合理范围内，并无证据证明被告存在提供报关文件不及时的事实。当然，确因被告预留在海关系统中的企业工商信息未更新，使得 2 月 4 日第一次通关预录入申报时遇阻，虽然被告提供了宜兴海关的证明表明自身在办理自理报关单位海关年审方面没有过错，造成企业工商信息未更新系源于海关内部原因，但这不影响客观事实的发生。在被告的努力下该问题得到及时解决，2 月 5 日再次电子申报成功。但上海海事法院认为，这个受阻不构成船东主张的滞期费的实质原因，如前所述，在海关同意货物装船之前都不能算是可以实际装货的时间。而且，因为货物出口报关，海关进行审查本就需要一个严格的程序，所需时间由海关掌控，对于出口方和报关方应是明知的，而出口方和报关方能做到的是按照海关规定尽可能早地申报货物出口并提交有关文件。据上海海事法院向海关了解，为了加快出口货物的通关,海关在接到货方关于货物已经集港在海关监管范围内的申报及得到船舶申报的电子舱单信息后,就可以开始审查了,而不必等船舶实际到港。如在租家负责报关的情况下,海关正常业务时间所带来的风险通常应归于租家,但如果因船东递交船舶电子舱单信息迟延影响海关审查结果出台,船东也应负相应责任。更何况,本案是由船东负责报关,船东在船舶快要到港前,才落实报关代理,告知租家将有关文件送给处在异地的代理,而当报关代理进行电子申报预录入时,船舶已经到港,这就使得海关审查开始时间晚于船舶到港时间。如果允许船东可以在这种情况下起算装卸时间主张滞期费,则有失公允。同理,关于原告主张的第二点理由,海关查验的原因,并非被告没有提供质量鉴定证书或应检验而未检验,即使被告提供了质量鉴定证书,而海关因监管需要查验,也是海关依职权所为。本案中,在船东的通知中也仅是提醒租家要有质量鉴定证书以备报关之用,但在船东负责报关的情况下,船东如能早些与海关沟通,了解到涉案货物的特殊性(与国家重点查验类商品化肥在外观上无法区别),海关可能会抽样化验,抑或在货物集港后(1月31日)至船舶到港前(2月3日19:15时),就正式启动报关,则海关正常审单、查验等完全可以在船舶到港前完成,使得船舶到港后第一时间就可以进行货物装船,让海关正常业务时间不会给租船合同履行带来额外风险,这才是有担当的船东应尽的职责。因为,租家之所以选择船东报关,主要是信赖船东有足够的能力安排装货港的所有事宜。而从船东的报关义务的实际履行情况来看,显然多有不尽如人意之处。从这个角度分析,假设船东有效递交了NOR,但由于船东负责报关却又未尽合同义务,其也无权主张相关滞期费,因为,法律不会保护未尽合同义务而可以获利的合同一方。

关于被告是否应支付原告垫付的仓储费。经过了海关对出口货物和受载船舶审查、港口对船舶联检之后,船舶可以接受货物装船,若无其他情形,此时本可起算装货时间了。但由于恒大仓库仓储费结算纠葛,使得情况发生变化,这又与原告有着不可分割的关系。恒大仓库是锦州港外贸进出口货物海关监管仓库,紧邻锦州港港区,是锦州港最主要的港区分流库。宏基物流应案外人梅花集团的要求将涉案货物从内蒙古通辽市用集卡车运到辽宁省锦州港集港,在得知因时值春节临近,港区仓库爆满,而涉案出口货物量大只得将其如数存放进恒大仓库,在得到原告口头承诺将涉案货物出口全部事宜包括港区代理业务均委托给其的情况下,拟好有关协议并传真给原告,但之后又没有音讯了。在上海海事法院的调查中,宏基物流表示,后来听说这单业务委托锦州外代货运公司做,就向锦州外代货运公司提出支付仓储费的要求,同时也向原告和新天地公司提出同样的问题,但都没有答复。直至2月11日,锦州外代货运公司要提货,而宏基物流要求必须结清仓储费才同意放货,宏基物流也向原告提出支付仓储费的要求。所以,按照宏基物流的陈述,原告与宏基物流达成口头协议,按照合同关系仓储费人民币24万元应由原告来负担。退一步讲,即使原告与宏基物流之间协议不成立,宏基物流应当向指令它的梅花集团主张有关费用,也与被告无关。因此,之所以有这个纠葛,显然不能归咎于被告的原因,而原告由于作出可能引起宏基物流误解的言行,对此纠葛负有责任。再深一步分析,涉案租船合同约定,船东收取的运费包括码头费用、装卸费用、清关费用,按照惯例,船货双方应当在港区仓库办理货物交接,而货方只要将货物交付船东指定的仓库即完成了货物交接,从这个意义上说,船东应当安排仓库让货物在集港后的第一时间就能存入,之后的仓储费用本应由船东负责,船东承担的码头费用应当包括港区内仓库的仓储费。从锦州外代货运公司与中基船务签订的代理合同中"港口仓储费30天内免收"的约定可见,如果原告能早做安排,完全可以提供免仓储费的港内库供被告的货物集港。从这点来分析,原告在履行涉案租船合同项下义务时又有懈怠。

总之,在涉案租船合同项下,在锦州港的装卸时间应以实际装船时间起算,不存在因被告原因而发生船舶滞期的情形,因此,即使实际船东有权利依据与其租家的合同约定来主张滞期费(是否成立,尚需等相关仲裁裁决的司法审查结果),但本案原告显然不能以与实际船东相同的依据和理由向其合同相对方的被告主张所谓的滞期费。

至于原告主张的人民币24万元的仓储费请求,对此,上海海事法院认为,原告在上海海事法院(2010)沪海法强字第2号案件中已向上海海事法院明确,收到了被告的24万元,已代收代付给仓库。现原告又要向被告主张相同费用,缺乏事实和法律依据,上海海事法院不予支持。退一步讲,对于被告的观点即其支付的24万元既是仓储费又是运费的一部分,如果原告有证据证明该笔费用不属于运费的一部分,可以另行主张权利。

综上,原告作为涉案航次租船合同的出租人,在负有装卸并负责报关、港区操作的合同义务前提下,在未有效递交装货准备就绪通知书,又无法证明因承租人原因造成实际装货时间超过可用装卸时间,故而其向被告主张滞期费缺乏事实和法律依据,上海海事法院不予支持。此外,原告向被告主张仓储费损失,因缺乏事实和法律依据,上海海事法院也不予支持。依照《中华人民共和国海商法》第92、93条,《中华人民共和国合同法》第60条第1款,《中华人民共和国民事诉讼法》第64条第1款之规定,判决如下:

对原告上海世威国际货物运输代理有限公司的诉讼请求不予支持。

3.3 航次租船合同下承租人的权利和义务

7 原告锦州市锦海货运有限公司与被告上海江联货运有限公司租船合同纠纷案
案例来源:天津海事法院(2000)海商初字第94号
主题词:船舶适航 付款安排 合意

> **裁判要旨**
>
> **No. HY-3.3-1** 船舶在开航前和开航当时适航,即认为该船舶是适航的。中途出现修船等事实,不能认为船舶不适航。

> **No. HY-3.3-2** 承租人在没能及时支付出租人租船费的前提下,提出新的付款安排,出租人对此没有表示异议,也没有马上撤船,并陆续接受了承租人的汇款,承租人也继续承租船舶的,双方实际上同意达成了一个新的合意。

一、基本案情

原告:锦州市锦海货运有限公司

被告:上海江联货运有限公司

原告诉称:1999年11月10日,原、被告签订租船合同一份,由原告租赁被告所属"江联1号"散杂货船。租约执行之中,被告给原告传真确认能装运13 800吨,但实际装至12 750吨时已达规定的吃水线,船长拒载,致使亏吨,给原告造成损失。双方合同约定,在交船之日及整个租期内,船舶都要处于适航状态,而原告承租船舶后,发生修船、漏水十几天,船舶安全检验证书原告一直也没有见到,因而认为被告船舶不适航。被告在2000年1月27日单方终止租船,理由是原告不能及时支付租金和油款,而原告已经及时向被告交付3个月的租金108万元,因此被告在租赁期间要求归还油款不符合合同约定,被告违约事实清楚,原告要求其赔偿损失,并继续履行合同。庭审时,原告将诉讼请求中要求被告返还租金、油款的数额由305 050元变更为362 070.5元;将亏吨损失由45 840元变更为18 900元;将货物落空损失由98 000元变更为202 500元。上述变更诉讼请求总共增加的诉讼标的额,原告一直未向天津海事法院交纳应补交的受理费。

被告辩称:被告在庭审前未提交答辩状,在庭审时辩称,原告承租期间营运6个航次,运载货物都是煤炭,其诉称3个航次亏吨,那么3个航次是不亏吨的,由此可以证明,原告的亏吨与船舶规范规定的载货吨无关,而是原告经营不当所致,被告不应对此承担责任。该轮1月20日通过港监签证是证明船舶适航的法定依据,船舶漏水不等于不适航,原告承租期间亦没有提出不适航异议。至于解除合同的原因则是原告不履行合同义务,所以解除合同。

二、法院查明事实

天津海事法院查明:1999年11月10日,原、被告双方签订了一份《租船协议(合同)》,由原告期租被告所属的"江联1号"散杂货船。在作为协议附件的《船舶规范》中,载明与本案所涉的相关项目为:船名:江联1号;载重量:14 935吨;满载吃水:9.04米;主机耗油:1 000秒10吨/天,辅机耗油0#轻柴1.5吨/天(含进出港主机耗油)。租约执行期间双方就原告承租船舶的实际天数及租金计算、交还船时船上存油及油价、原告主张的亏吨损失、货物落空损失、港使费、通讯费数额、船舶是否适航、被告终止租船是否违约等发生争议。

三、法院裁判

天津海事法院认为,虽然原告诉称亏吨该航次装载量已经被告确认,但船舶被原告期租,租船人即取得船舶的经营权,根据租船合同中"租船人应给船长营运和调度指示"的约定,船舶装载量是由原告控制和调度指示的。原告举证中的船舶吃水 8.92/9.02 米,并未达到船舶规范中满载吃水 9.04 米,原告没有证据证明该航次装运煤炭确有 13 800 吨可以在码头待装,也没有证据证明只装 12 750 吨煤炭是由于船长拒载所造成的,所以原告对自己的主张缺乏充足的证据证明。法院同意被告的反驳意见,对原告主张的亏吨损失不予支持。庭审中原告增加货物落空损失 202 500 元的诉讼请求,因其未按要求交纳受理费用,故法院对此不予审理。根据《中华人民共和国海商法》的规定,船舶在开航前和开航当时适航,即认为该船舶是适航的,这是一个法定概念。原告承租船舶后,投入了正常营运,均应是经港监开航时签证才能航行,这表明船舶在开航当时是适航的,至于中途修船,不能认为船舶不适航,法院支持被告的意见。原告承认没能及时付给被告租船费,并提出新的付款安排,还表示要被告给予谅解和支持。被告接到原告传真后,没有表示其他异议,也没有马上撤船,并陆续接受了原告的汇款,原告也继续承租"江联 1 号"轮,这表明被告实际上同意了原告变更第三个月付租金的约定,是双方达成了一个新的合意,双方继续履行合同仍属正常行为。而被告在时隔将近 1 个月且接受了原告最后一次租金一周后,突然以原告未按时付租金为由终止租船,显然是其单方不履行合同的行为,即违约行为。关于油款的支付问题,租船合同明确约定是还船时才涉及的,被告在租期内提及要原告付油款,其本身就违反合同约定。总之,被告单方终止租船合同的主要理由是不成立的,应承担违约责任。

综上,天津海事法院判决如下:

(1) 被告应返还给原告船舶租金 345 600 元;
(2) 原告应向被告支付船用燃油款 167 021.5 元;
(3) 原告应向被告返还借款和支付通讯费 2 294.12 元;
(4) 被告应向原告返还船用备用金 19 260 元;
(5) 原告的其他诉讼请求不予支持。

8 原告艾克航运有限公司与被告福州昌雄远洋渔业有限公司等航次租船合同纠纷案
案例来源:厦门海事法院(2003)厦海法商初字第 111 号
主题词:滞期费　船舶代理　保函　航运惯例

裁判要旨

No. HY-3.3-3　根据航运惯例,滞期费的计算应该按照船舶代理的装卸货事实记录表的时间节点和事实节点进行计算。

> **No. HY-3.3-4** 装卸时间计算有装货时间、卸货时间分别计算和装货卸货时间合并计算两种,合同未明确约定的,应当认为当事人选择装卸货时间分别计算方法。
>
> **No. HY-3.3-5** 不损害公共利益,且出具方及接收方均无恶意的提货保函,应该认定有效。出具保函的一方为承诺人,接受保函的一方为合同相对方,接受方有权要求出具方按照保函的约定承担义务。

一、基本案情

原告:艾克航运有限公司(ECO SHIPPING Ltd.,以下简称艾克公司)
被告一:福州昌雄远洋渔业有限公司(以下简称昌雄公司)
被告二:福建省远洋渔业集团公司(以下简称远洋集团)
被告三:福建省华洋水产集团公司(以下简称华洋集团)
被告四:浙江省远洋渔业集团股份有限公司(以下简称浙江公司)
被告五:大连长海远洋渔业集团公司(以下简称大连公司)
被告六:营口远洋渔业集团公司(以下简称营口公司)

原告艾克公司与被告昌雄公司、远洋集团、华洋集团、浙江公司、大连公司、营口公司航次租船合同纠纷一案,原告艾克公司诉称,2002年9月20日,被告昌雄公司与原告签订航次租船合同,承租"格来西亚"轮(M/V "GLACIER",以下简称格轮),从阿拉弗拉海运输冻鱼到福州港。9月30日至10月25日,原告如约安排格轮在阿拉弗拉海域装载了3451.9235吨冻鱼。格轮于10月31日抵达福州港并递交了卸货就绪通知书。11月1日,被告二、三、四、五、六均出具担保函,在承认原告对货物的留置权,并保证连带偿付原告未付运费和滞期费等因货物而发生的所有费用,以及因放行货物而令原告遭受的一切损失的条件下,请求原告放货。因被告一昌雄公司的原因,格轮在装货地发生滞期费16 017.361美元;格轮开始卸货后,因被告一昌雄公司不按期支付剩余运费及滞期费,原告不得不按租船合同约定于11月11日对尚未卸载的剩余货物行使留置权、中止卸货,导致格轮进一步发生滞期费。被告一昌雄公司作为格轮的承租人,对上述拖欠的运费和所产生的滞期费负有直接支付的义务。在原告依法行使留置权时,被告二、三、四、五、六于11月14日向厦门海事法院申请海事强制令强制卸货。被告二、三、四、五、六申请强制卸货的行为,令原告无法对货物行使留置权,进而不能及时从被告一昌雄公司收取运费和滞期费,给原告造成了重大损失。依据被告二、三、四、五、六出具的担保函,他们应与被告一昌雄公司一起,对原告因本案遭受的所有损失承担连带赔偿责任。为此,原告请求法院判令各被告连带向原告偿付其拖欠运费148 320美元、滞期费60 825.561美元,并支付上述款项的相应利息(运费利息从2002年10月28日起算,滞期费利息从2002年11月17日起算)。

被告一昌雄公司辩称：

(1) 关于运费。被告一昌雄公司在卸货之前已支付运费180 000美元，加上双方同意支付的佣金16 067.78美元及昌雄公司垫付的装港代理费28 000美元，被告一昌雄公司支付的款项已达到运费总额的70%；按照租约的约定，剩余运费在货物卸毕前一天支付，由于租约约定的卸货率为每天600吨，故被告支付运费的义务当是舱内剩600吨货物时，而原告在舱内还剩余1 000多吨货物时就停止卸货，不当行使留置权，且不与被告结算运费，而最终运费的结算必须根据卸下货物的实际吨数进行计算，所以，原告主张被告欠付运费及要求赔偿利息没有事实根据。

(2) 关于滞期费。原告主张的装港滞期费系因原告装货效率低下造成的，其无权向被告主张装港滞期费；关于卸港滞期费，2002年10月31日格轮并未到达福州港，由于福州港的代理是船东代理，船长向其递交卸货就绪通知书并不等于向被告递交了通知书，故在没有证据证明的情况下，卸货时间应从卸货实际开始时计算。另因船方和天气等原因造成不能卸货的时间为1.0368天，因船方故意停止卸货并导致收货人申请海事强制令而耽误的时间为3.6111天，因原告系非法留置收货人的货物，故原告无权向被告主张滞期费，该时间也应予扣除，在卸港实际滞期时间只有1.4天。

被告远洋集团、被告华洋集团、被告浙江公司、被告大连公司、被告营口公司辩称：

(1) 关于保函。被告是向福州外代而不是向原告出具保函，原告不是该保函的当事人；保函上虽有提单号，但实际上并未签发提单，而该保函的主合同正是提单所证明的海上货物运输合同，由于不存在作为主合同的提单，作为从合同的保函无效；保函没有承认原告对货物的留置权或前其他费用的请求权，也没有约定被告二、三、四、五、六与被告一昌雄公司承担连带责任。

(2) 关于留置货物。根据合同相对性原则，有关运费和滞期费系原告与被告一昌雄公司之间的纠纷，与其他五被告无关，原告在与被告一昌雄公司的纠纷中留置其他五被告所有的货物，系非法留置。

(3) 关于海事强制令。其他五被告为减少非法留置所带来的损失，依法申请海事强制令，责令艾克公司交付货物合法有据，原告若对海事强制令有异议应当及时申请复议或另行起诉，但原告艾克公司并未申请复议或提起诉讼，其主张被告申请海事强制令而造成其损失不能得到支持。

二、法院查明事实

根据双方当事人庭审的举证和质证，双方当事人对以下事实没有异议，厦门海事法院予以确认：

(1) 2002年9月20日，被告一昌雄公司与原告签订航次租船合同，由被告昌雄公司承租格轮，从阿拉弗拉海运输冻鱼到福州港，租约确认书约定：装运货物最少3 600净公吨冻鱼，积载因素68；承租人保证船舶将满装满载货物；承租人负责在船舶抵达转运地点3天前为船东的船舶安排转运许可证；装货时间20天；卸货速率600吨(毛重)/

天,如天气允许,包括周日和节假日;运费费率 96 美元/吨(净重),船东承担装货费,承租人承担卸货费;船舶抵达卸货港 3 天前支付 70% 运费,余额在卸货结束前 1 天支付;滞期费,前 7 天每天 3 500 美元,其后,每天 5 500 美元;装港使用承租人的代理,卸港使用船东代理;总佣金为运费的 5%;其余条款根据 1994 年金康航次租船合同格式。

(2) 2002 年 9 月 30 日 04:42 时,格轮抵装货地点,并于当天 11 时开始装货。但双方当事人一致同意装货时间自 2002 年 9 月 30 日 13 时起算,2002 年 10 月 25 日 02:30 时装毕。装货用时 24 天 13 小时 30 分钟。

(3) 本航次货物运输未签发提单。根据格轮大副签发的 35 张大副收据记载,装货数量如下:装船鱼货 211 091 件,总重量 3 667.29 吨,净重 3 556.62 吨;其中属远洋集团的货物净重 489.396 吨,属华洋集团的货物净重 239.365 吨,属浙江公司的货物净重 145.986 吨,属大连公司 266.379,属营口公司的货物净重 147.63 吨。

(4) 2002 年 10 月 31 日 21:42 时,格轮抵达闽江口并向其在卸港的代理人福州外轮代理公司(以下简称福州外代)递交了卸货就绪通知书;11 月 1 日 8:10 时移至引水站上引水,当天 10 时靠妥码头,因收货人没有办理完海关手续,等待卸货;2002 年 11 月 5 日 18:00 时,开始卸货;11 月 11 日 23:10 时,原告艾克公司行使留置权,停止卸货;11 月 15 日 13:50 时,厦门海事法院应昌雄公司等申请实施海事强制令,强制原告继续卸货;11 月 17 日 15:20 时全部货物卸完。

(5) 根据福州港外轮理货公司(以下简称福州外理)的理货证明书,格轮实际卸货总重量 3 603.26 吨,净重 3 453.3027 吨。根据前述卸货速率 600 吨(毛重)/天的约定,在卸港可用的卸货时间为 6.0054 天。

(6) 被告一昌雄公司已支付运费 180 000 美元。

双方当事人对以下问题存在争议,厦门海事法院根据双方当事人庭审的举证和质证,予以查明:

1. 关于装港的滞期费

原告艾克公司主张,在租船实务当中,计算滞期费的依据就是装货就绪通书和装货事实记录表,并不存在根据航海日志计算滞期费一说。装货用时 24 天 13 小时 30 分钟,滞期时间共计 4 天 13 小时 30 分,即 4.5625 天。为支持其滞期费的主张,原告向厦门海事法院提交了装货就绪通知书、装货时间事实记录表。

被告认为,原告没有提供航海日志,也没有租家确认的装港事实记录,其提供的装货时间事实记录是船方单方面制作,装港事实记录中签字人"吓眉"身份不明,不能认定是租家的代表。该记录没有记载已与航海日志核实,备注中却记载是"据格莱西亚轮称",这样的记录不能约束被告。由于原告拒不提供航海日志,对其单方面制作的装货时间事实记录不应予以采信。双方虽确认装货起讫时间,但对中间装货具体时间并没确定。因此,原告没有充分的证据证明装港发生了滞期,原告关于装港滞期费的主张不能得到支持。

厦门海事法院认为,被告昌雄公司在书面答辩中抗辩,在装港滞期系因原告方工作效率低下所致,但未提供任何证据加以证明,根据最高人民法院《关于民事诉讼证据的若干规定》第76条的规定,对被告主张的该事实不予认定。从被告的上述抗辩意见分析,被告似乎承认在装港发生滞期的事实,其实被告并未直接、明确承认滞期的事实,该抗辩不是被告的自认,不能仅凭此即认定装港发生滞期的事实。双方当事人对装货的起讫时间没有异议,原告提交的装货时间记录中记载的部分装货时间也与双方当事人无异议的大副收据中关于装货时间的记载相同,但大副收据无装货用时情况的详细记载,且原告提交的装货时间记录系在我国领域外形成的证据材料,根据《关于民事诉讼证据的若干规定》第11条的规定,该证据应办理公证和认证手续,因原告未能完成上述的证明手续,被告对该证据材料也存有部分异议,故对除双方无异议部分的证明力可予以确认外,无法确认装货时间记录的真实性。综上,不予认定原告主张的装港发生滞期的事实。

2. 关于提货保函的真实性

原告向厦门海事法院提交了被告出具的6份无正本提单提货保函复印件,以证明被告无正本提单提货及被告承认原告对货物的留置权。被告认为,因无原件无法确认上述保函的真实性。

厦门海事法院认为,在厦门海事法院审理的(2003)厦海法商初字第209案中,昌雄公司作为该案的原告,向福州市远洋渔业公司、福建省平潭县盛发远洋渔业有限公司、福建省平潭县长福渔业有限公司主张拖欠的运费,为支持其主张,昌雄公司向厦门海事法院提交了其向格轮出具的无单放货保函复印件,该复印件与本案原告提交的复印件相同,为此,对该保函的真实性予以确认;昌雄公司还向厦门海事法院提交了格轮同一航次中,福州市远洋渔业公司出具的同一格式的无单放货保函复印件一份,称原件存于福州外代,并申请厦门海事法院向福州外代调查取证,经厦门海事法院调查,昌雄公司提交的复印件与存于福州外代的原件核对无异。因本案渔货运输未签发提单,在货物到港后由提货人出具无正本提单提货保函符合惯例,原告提交的虽是保函的复印件,但可与其他的证据相印证,故对原告提交的6份无正本提单保函复印件的真实性予以确认,据此,厦门海事法院对以下事实予以查明:

货物到港后,昌雄公司代表包括其他被告在内的11个货主向格轮出具无正本提单提货保函,称鉴于格轮按其要求交付货物,为此其保证赔偿并承担因无单放货所引起的一切性质的责任、损失、损害及费用;保函下的各方承担连带责任;本担保及其解释受英国法律管辖,本担保下的任何人在接受担保方的要求下受英国高等法院管辖。但该保函仅有昌雄公司的盖章及法定代表人的签字。被告昌雄公司外的其余五被告于提货前均向福州外代提交无正本提单放货保函,以换取提货单。每份保函均载明承运人船舶的名称、航次及货物的件数和重量,五被告在保函中称"鉴于你们接受我司要求放货,我们在此保证偿付未付运费,共同海损分摊费用及其他因为上述货物而发生的费用,并承认因此产生的对货物的留置权的存在"。

本案并无双方当事人就保函的出具与接受存在恶意的证据。

3. 关于卸货时间的起算

原告主张,李晶就是 MISS RACHEL,系租家代表,原告通过福州外代通知李晶格轮已做好卸货准备,鉴于《1994 金康航次租船合同》第 6 条规定,如就绪通知在中午 12 时前递交,卸货时间起算于当天下午 13 时。所以,卸货时间应起算于 2002 年 11 月 1 日 13 时。原告并提供双方来往函件准备卸货就绪通知书、福州外代证明等证据材料为凭。

被告认为,福州外代是否向昌雄公司转交卸货就绪通知书,艾克公司没有提供证据证明,故该通知对昌雄公司不产生效力。福州外代是船东的代理,其向租家和收货人递交通知书的行为是代表原告,其提供的证明中没有提交附件和通知租家的文件,无法知晓其通知行为和过程。李晶不是租家代表,仅仅是中间人,原告即使向其发出卸货就绪通知书也不具有法律效力,因此,卸货起算时间应从实际卸货开始时间计算即 2002 年 11 月 5 日 18 时。

厦门海事法院认为,卸货时间记录由格轮船长和福州外代共同制作,被告也未提供足以反驳的证据,根据《关于民事诉讼证据的若干规定》第 70 条第(一)项的规定,对卸货时间记录的证明力予以确认,该记录可以作为计算卸港滞期费的根据。关于李晶身份的确认与装港卸货时间的起算并无直接联系,格轮船长虽向其卸港代理福州外代提交了卸货就绪通知书,但船东向其代理递交卸货就绪通知书不能等同于向承租人递交。福州外代的证明虽声称其已通知被告昌雄公司和李晶,但未明确通知的具体时间和方式,该证明的出具缺乏相应的事实依据,故以格轮船长向福州外代递交准备卸货就绪通知书作为卸货时间的起算点并无根据。虽然无法确定具体的发出卸货就绪通知的时间,但实际情况表明被告方也出具了无正本提单提货保函,并准备了冷库和车辆,即被告方在实际卸货前已知悉货物到港并着手接卸准备,为此,从实际卸货时起算卸货时间并不妥当,厦门海事法院酌定从 2002 年 11 月 4 日 18 时起计算卸货时间。

4. 关于在卸港的滞期时间

原告认为,卸货时间应起算于 2002 年 11 月 1 日 13 时。根据理货证明书,实际卸货总重量为 3 603.26 吨,而合同约定卸率为 600 公吨/天,故可用卸货时间为 6.0054 天。因卸货时间"包括周日和节假日,如天气允许",前段卸货期间天气良好,故连续计算;相应的,滞期时间起算于 2002 年 11 月 7 日 13:08 时。根据"一旦滞期,永远滞期"原则,计算到卸货完毕时间即 2002 年 11 月 17 日 15:20 时,卸货港的总滞期时间为 10 天 2 小时 12 分钟(即 10.0917 天),但上述时间可扣除 11 月 16 日 10:00—13:40 时、11 月 17 日 02:00—03:00 时、05:00—08:00 时因船吊故障而未卸货的时间。为支持其主张,原告向厦门海事法院提交了卸货时间事实记录表为凭。

被告认为,下列时间因承运人的原因未卸货,应从卸货时间中扣除:2002 年 11 月 6 日 04:00 时—11 月 10 日 21:35 时第一舱因发生货损停止卸货,第一舱停止卸货时间 113 小时 30 分;2002 年 11 月 6 日 15:00—16:30 时停电,第四舱停止卸货 1 小时 30 分;11 月 6 日 18:00—21:00 时,第四舱吊杆故障停卸 3 小时;11 月 6 日 18:30 时—20:00

时,第二舱停电停卸 1 小时 50 分;11 月 7 日 01:10 时—03:10 时,船员不同意卸货第二舱停卸 2 小时;11 月 8 日 08:30—10:00 时,因吊杆问题第四舱停卸 1 小时 30 分;11 月 10 日 21:45—23:20 时,因船员点数错误第四舱停卸 1 小时 35 分;11 月 15 日 19:10 时—20:20 时,22:05 时—24:00 时下雨,停卸 3 小时 5 分;11 月 16 日 02:30—06:05 时下雨,停卸 3 小时 35 分;11 月 16 日 10:00—13:40 时因舱盖无法打开,第三舱停卸 3 小时 40 分;11 月 16 日 13:40 时—18:30 时无法开舱,第三舱停卸 4 小时 50 分;11 月 17 日 02:00—03:00 时因船员喝酒无故关吊杆,第三舱停卸 1 小时;11 月 17 日 05:00—08:25 时,因船员无故关吊杆,第三舱停卸 3 小时 25 分;11 月 11 日 23:10 至 15 日 13:50 时,因原告非法行使留置权共停卸 3 天 14 小时 40 分。为支持其抗辩,被告向厦门海事法院提交了货主自行制作的卸货时间记录为凭。

厦门海事法院认为,根据《1994 金康航次租船合同》的约定,装卸时间有装货和卸货时间分别计算及装货和卸货时间混合计算两种计算方法,但双方当事人未作明确的选择,从租船确认书将装港可用时间和卸港可用时间分列,且无两港时间合并使用的约定分析,应认定当事人选择的是装货和卸货时间分别计算。根据租约确认书的约定,当事人在卸港可用的卸货时间为 6.0054 天。被告提供的单方制作的卸货时间记录,相当于其单方陈述,与原告和福州外代共同制作的卸货时间记录不符,根据《关于民事诉讼证据的若干规定》第 76 条的规定,对该证据材料的证明力不予确认。被告抗辩的应扣除的卸货时间,因无足以认定的证据加以证明,厦门海事法院不予支持,如上所述,在卸港的滞期时间应依据卸货时间事实记录计算。因卸货时间应从 2002 年 11 月 4 日 18:00 时起计算,根据租约约定,因船舶装卸设备故障而停止卸货的时间应从卸货时间中扣除,11 月 6 日 18:15 时—21:22 时因船吊碰岸停止卸货,该时间属装卸设备故障而停止卸货的时间,应予扣除,但其后并无天气的原因导致无法卸货。因此,依照租约的约定,格轮在 11 月 10 日 21:15 时进入滞期。按照"一旦滞期,永远滞期"原则,被告抗辩的因天气原因未能卸货的时间在进入滞期后不得扣除,所能扣除的时间仅为因船舶装卸设备故障而停止卸货的时间,即 11 月 16 日 10:00—13:40 时、11 月 17 日 02:00—03:00 时、05:00—08:00 时,共 7 小时 40 分钟,原告行使留置权而停止卸货的时间应计入卸货时间(理由下述),实施海事强制令而继续卸货的所使用的时间与未实施海事强制令正常卸货的时间无异,该时间也应计入卸货时间,从 11 月 10 日 21:15 时计算到卸货完毕之时即 2002 年 11 月 17 日 15:20 时,卸货港的总滞期时间为 6 天 10 小时 25 分钟,即 6.434 天。

5. 关于拖欠运费的数额

原告主张,根据租约船东有权按最少 3 600 净吨的货量收取运费,故被告应付运费 345 600 美元,扣除已付运费 180 000 美元,扣除应付运费 5% 的佣金 17 280 美元,被告未付运费 148 320 美元。至于被告提出的装港代理费 28 000 美元,根据租约"承租人负责在船舶抵达转运地点 3 天前为船东的船舶安排转运许可证","装港为承租人的代理"的约定,该费用应由被告自行承担。被告认为,租约确认书中没有约定要按照装载货物数量计算运费,本案 30% 的运费是卸货结束前一天支付,属交货时支付,根据《1994 年金康航次租船合同》相关条款的约定,承租人有权按实际交付货物的重量支付运费。租约确认书中承租人的承诺是保证船舶将满装满载货物,并没有保证 3 600 吨。大副收据第 35 份确定剩余舱容为 2 400 立方尺,仅能装货物 35 吨,根据该轮的装载能力,格轮应视为已满载,不能认为承租人违约。根据福州外代的理货证明,最后卸下的货物 209 021 件,净重量为 3 453.3027 吨,扣除皮重 104.51 吨(每件皮重 0.5 公斤)。实际净重为 3 348.855 吨,运费为 321 490.08 美元,扣减代垫的 28 000 美元、已付运费 180 000 美元、5% 佣金 16 074.504 美元,被告所欠运费余额 97 415.576 美元。被告为支持其抗辩,向厦门海事法院提交了船舶代理协议、代理费发票等证据材料。

厦门海事法院认为,因本案的航次租船合同项下的部分运费为到付运费,根据航次租船合同的约定,承租人有权选择按交付货物的重量支付运费,但应在开舱卸货前宣布这种选择,但被告昌雄公司并无证据证明其在开舱卸货前按约定行使了该选择权,故本案不能按实际交付货物的重量计付运费。本案航次租船合同只是约定至少装载 3 600 吨货物,并未约定按 3 600 吨货物计算运费,且第 35 份大副收据确定的剩余舱容为 2 400 立方尺,仅能再装毛重 35.3 吨的货物,而此时格轮已装载净重 3 556.62 吨的货物,可见格轮不可能装载净重 3 600 吨的货物。因承租人昌雄公司保证船舶将满装满载,故只能按满装满载的情况下格轮所能承运的货物净重计算运费。按照格轮实际装货总重量 3 667.29 吨,其净重为 3 556.62 吨的比例计算,毛重 35.3 吨货物的净重应为 34.2 吨,即本案计算运费的货物净重应为 3 590.82 吨,被告应付运费为 344 718.72 美元,佣金 17 235.94 美元。

被告昌雄公司提交的船舶代理协议、代理费发票系形成于我国领域外的证据材料,应履行相应的证明手续,但船舶代理协议只经公证而未办理认证手续,代理费发票则未经公证和认证,根据《关于民事诉讼证据的若干规定》第 11 条的规定,对上述证据的证明力不予确认,即不能根据被告的上述举证认定发生装港代理费的事实。另根据租约确认书,虽然原告与被告昌雄公司对装港代理费的承担没有明确的约定,但从双方"装港使用承租人的代理"等约定分析,在装港的代理费也应由被告昌雄公司承担。因此,被告关于装港代理费应抵扣运费的抗辩没有事实根据,厦门海事法院不予支持。为此,被告所欠运费数额为 147 482.78 美元。

三、法院裁判

厦门海事法院认为,确定管辖权属诉讼程序问题,根据《中华人民共和国海事诉讼特别程序法》第 2 条、《中华人民共和国民事诉讼法》第 237 条的规定,该问题应适用法院地法,即在确定本案的管辖权时应适用中华人民共和国民事诉讼程序的相关法律规定。本案系航次租船合同纠纷,合同约定的卸货港为中国福州港,本案作为目的港所在地法院,依据《中华人民共和国民事诉讼法》第 28 条的规定,厦门海事法院对本案依法具有管辖权。本案航次租船合同虽有在英国伦敦仲裁的约定,但原告选择向厦门海事法院提起诉讼,被告也进行实体上的答辩应诉,对此应认定双方当事人已以自己的行为变更了合同的约定,根据《中华人民共和国民事诉讼法》第 245 条的规定,厦门海事法院依法对本案具有管辖权。本案昌雄公司出具的保函明确表明原告有权选择向英国高等法院起诉,但原告并未选择英国法院,故该约定并不影响厦门海事法院行使对本案管辖权。

在担保问题上,《中华人民共和国担保法》对《中华人民共和国民法通则》而言属民事特别法,应优先适用。依《中华人民共和国担保法》第 95 条的规定,《中华人民共和国海商法》关于担保的规定对《中华人民共和国担保法》而言也属民事特别法,也应优先适用。航次租船合同双方当事人具有同等的缔约地位,双方的权利义务直接受航运市场供求情况的调节,与提单往往涉及作为第三方的持有人不同,航次租船合同往往不直接涉及第三方利益,除法律有强制性规定外,应允许当事人根据契约自由原则确定双方在航次租船合同下的权利义务。根据《中华人民共和国海商法》第 94 条第 1 款的规定,除该法 47 条和第 49 条强制适用于航次租船合同外,该法第四章其余条款并无强制适用的效力,且《中华人民共和国海商法》关于航次租船合同的规定均属任意性规定,仅在当事人没有约定或没有不同约定时适用。故《中华人民共和国海商法》第 87 条关于留置权的规定并不强制适用于本案,当事人有权协商确定航次租船合同中的留置权条款。本案航次租船合同约定的留置权不以债权人占有的货物为债务人所有为要件,该约定不违反法律禁止性规定,且符合《中华人民共和国合同法》第 315 条的规定,应确认为有效。

基于航次租船合同及保函关于留置权的约定,本案原告在其未收到运费、滞期费的情况下,可以行使留置权,留置除昌雄公司外其他五被告所属的货物。因行使留置权而停止卸货的时间,即 11 月 11 日 23:10 时—15 日 13:50 时也应计入卸货时间,对被告关于该时间不应计入卸货时间的抗辩不予支持。

被告远洋集团、被告华洋集团、被告浙江公司、被告大连公司、被告营口公司所出具的保函虽是向福州外代提交,但福州外代是原告艾克公司在卸港的船舶代理人,且每份保函均针对格轮,为此,应认定福州外代是作为原告的代理人接受保函。因此,接受上述保函的正是原告艾克公司,原告是该保函的一方当事人,被告抗辩艾克公司不是保函当事人的抗辩缺乏事实依据,不予支持。被告昌雄公司虽在其出具的保函中明确表示保函下的各方承担连带责任,但该担保仅有被告昌雄公司的签章,对其他被告不具有约束力,但被告昌雄公司对其他被告因提取货物而产生的相关债务承担连带责任的意思表示真实、明确,且不损害其他被告的利益,应确认为有效。根据上述保函的约定,除昌雄公司外的其他五被告应对其各自在保函项下的货物,就运费及滞期费等费用承担清偿责任,这是五被告与原告达成的支付运费、滞期费等费用的特别约定,该约定不存在损害公共利益的情形,且也不损害原债务人昌雄公司的利益,应确认为合法有效。该特别约定并未免除被告昌雄公司的债务,因此,五被告应对被告昌雄公司的债务承担连带清偿责任。但就运费而言,五被告的连带清偿责任限于根据其所属货物的净重量应向原告支付的运费;就滞期费而言,五被告的连带清偿责任也限于根据其所属货物占货物总量的比例而应向原告支付的滞期费。

本案原告并未向被告主张因实施海事强制令而产生的损失,故对被告关于海事强制令方面的抗辩理由不予支持。被告仅支付了部分运费,且未支付滞期费,被告应对上述费用承担支付相应利息的责任,对被告不支付利息的抗辩不予支持。原告艾克公司主张的运费及滞期费数额均高于厦门海事法院查明、认定的数额,对其多请求部分不予支持。根据约定未付运费应在卸货结束前一天支付,而卸货速率为600 吨/天,故被告支付剩余运费的时间为船上尚剩余600 吨货物之时,原告主张运费之利息应从2002 年10 月28 日起计算,但此时格轮尚未开始卸货,因此,该主张没有事实依据,厦门海事法院不予支持,运费利息宜从2002 年11 月16 日起计算。

依照《中华人民共和国民事诉讼法》第64 条第1 款、《中华人民共和国民法通则》第87 条、《中华人民共和国海商法》第92 条、《中华人民共和国合同法》第113 条的规定,判决如下:

(1) 被告福州昌雄远洋渔业有限公司应于本判决生效之日起向原告艾克航运有限公司支付运费147 482.78 美元、滞期费22 519 美元及相应利息(运费147 482.78 美元的利息为自2002 年11 月16 日起、滞期费22 519 美元的利息为自2002 年11 月17 日起,至本判决确定的支付之日止,按中国人民银行公布的同期1 年期美元存款利率计算的利息);

(2) 被告福建省远洋渔业集团公司应对上述运费中的46 982 美元及相应利息、被告福建省华洋水产集团公司应对上述运费中的22 979 美元及相应利息、被告浙江省远洋渔业集团股份有限公司应对上述运费中的14 015 美元及相应利息、被告大连长海远洋渔业集团公司应对上述运费中的25 572 美元及相应利息、被告营口远洋渔业集团公司应对上述运费中的14 172 美元及相应利息承担连带清偿责任;

(3) 被告福建省远洋渔业集团公司应对上述滞期费中的3 098.6 美元及相应利息、被告福建省华洋水产集团公司应对上述滞期费中的1 515.6 美元及相应利息、被告浙江省远洋渔业集团股份有限公司应对上述滞期费中的924 美元及相应利息、被告大连长海远洋渔业集团公司应对上述滞期费中的1 686.5 美元及相应利息、被告营口远洋渔业集团公司应对上述滞期费中的934.7 美元及相应利息承担连带清偿责任;

(4) 驳回原告的其他诉讼请求。

9 原告福建嘉航海运有限公司与被告淄博海旺达货运代理有限公司航次租船合同纠纷案

案例来源:厦门海事法院(2009)厦海法商初字第318 号
主题词:航次租船合同　违约赔偿额　预期可获得利益

> **裁判要旨**
>
> **No. HY-3.3-6**　航次租船合同下,承租人未能提供约定货物,构成违约,应当赔偿出租人的损失。出租人的损失为合同正常履行后所应得的利益,及可预期获得的运费扣除船东因不再装载航次货物而少支出的成本。

一、基本案情

原告:福建嘉航海运有限公司(以下简称嘉航公司)

被告:淄博海旺达货运代理有限公司(以下简称海旺达公司)

原告嘉航公司诉被告海旺达公司航次租船合同纠纷一案,原告嘉航公司诉称:2009年3月31日原被告签订编号为HWD-CY-2009033005的《航次租船代理合同》,约定原告以航次租船的方式为被告运输燃料油,运输船舶为"嘉航油1号",装货港为广西钦州,卸货港为潍坊港。原告应于2009年4月7日(正负一天)到广西钦州港装货。合同还约定每吨运费为135元(其中代理费5元),被告保证提供货物不少于3700吨,如少于此吨数按3700吨计算运费。合同签订后,原告指示"嘉航油1号"轮从广州三江油库出航,原告还与广西钦州船务代理有限公司就本航次达成了港口代理协议。"嘉航油1号"轮于2009年4月8日抵达广西钦州港锚地备运,同时通知被告。但被告工作人员相互推诿,直至2009年4月11日才明确告知原告,因油品不合格本次合同无法履行。原告只好撤船,"嘉航油1号"轮于2009年4月11日离开广西钦州港返航。后原告多次与被告联系,要求其赔偿原告此次货物落空的损失,但被告均以各种理由推托。鉴于上述事实,原告认为,被告未依约提供货物已构成违约,且其违约行为给原告造成了巨大的经济损失,应依法予以赔偿。请求法院判令:

(1)解除双方于2009年3月31日签订的编号为HWD-CY-2009033005的《航次租船代理合同》;

(2)被告赔偿原告货物落空损失481 000元(人民币,下同),并支付逾期付款的利息(按上述赔偿款总额的日万分之二点一,从2009年4月12日起计算至被告实际付清之日止);本案的案件受理费由被告负担。

被告海旺达公司辩称:本案不存在法定解除合同的情形,原告没有履行解除合同的通知义务,且双方没有对解除合同协商一致,为此,不同意双方解除合同。按照合同约定原告有义务派船舶到达约定地点装货,原告诉称船舶到达装货港并通知了被告,后因无货可运而撤船,应当提供证据加以证实。原告没有证据证明履行了合同义务,应当承担不履行合同义务的责任。因此,被告没有责任也没有义务赔偿原告的损失,请求法院驳回原告的诉讼请求。

二、法院查明事实

厦门海事法院经审理查明:2009年3月31日原被告签订编号为HWD-CY-2009033005的《航次租船代理合同》,约定原告以航次租船的方式为被告运输燃料油,运输船舶为"嘉航油1号"轮,装货港为广西钦州,卸货港为山东潍坊。原告船舶应于2009年4月7日(正负一天)到达广西钦州港装货。每吨运费为135元(其中代理费5元),被告保证提供的货物不少于3 700吨,如少于此吨数按3 700吨计算运费。还约定装卸两港的作业时间不超过96小时,如超过,所产生的"滞迟费"每天10 000元由被告承担;被告应在全部货物卸完,并收到原告开具的全额发票认证后的15个银行工作日内,将全部运费一次性电汇至原告指定的银行账户。合同签订后,"嘉航油1"轮于2009年4月7日00:15时从三江码头放空起航,于4月8日19:10时抵达钦州港锚地,4月11日09:36时空仓离开钦州港。此外,根据原告提供的《港口使费估算单》的记载,"嘉航油1"轮在钦州港的费用为6952元。

三、法院裁判

厦门海事法院认为,从航海日志以及录音中,可以认定"嘉航油1"轮空载离开钦州港的原因是被告未能提供约定的货物。被告虽认为,原告船舶未等待96小时即离开,但合同约定两港的装卸时间为96小时,并非等于约定原告船舶必须在装货港等待96小时方能撤船;况且原告证据录音中,已经证实了船舶空载离开的原因是被告未能提供约定的货物。因此,被告没有提供约定货物的违约事实清楚。

关于原告因此可以获得赔偿的数额,依照《中华人民共和国合同法》第113条第1款的规定,损失赔偿额应相当于因违约所造成的损失,包括合同履行后可以获得的利益,具体到本案而言,原告因此可以获得的损失赔偿数额计算方式为原告预期可获得的运费扣除原告少支出的成本。就原告少支出的成本而言,因原告的陈述不足以作为认定的依据,且又无其他证据证明其关于成本的陈述是合理的,因此应以被告陈述的成本来作为认定的依据,即以"嘉航油1"轮正常完成案涉航次的航行成本为325 000元来计算,加上两港的港口费用13 904元(卸货港参照装货港的报价计算),故原告少支出的成本为338 904元。合同约定的运费为481 000元(3 700×130),减去少支出的成本338 904元,金额为142 096元;合同约定原告提供发票后,被告才付款,由于合同未实际完成履行,因此原告未提供发票给被告,由此少支出的5%税款应从中扣除,所以原告预期可得的收益为134 991元。

综上所述,因被告未按约定提供货物供装载,案涉航次租船合同的目的已不能实现,因此原告要求解除合同的要求合理,应予以支持。原告因被告违约可以获得赔偿的数额为134 991元。至于原告关于逾期付款利息的诉讼请求,考虑到双方协商处理需要一定的合理期限,因此利息宜从2009年5月12日起,按原告可获赔的数额,以及中国人民银行公布的同期贷款基准利率,算至生效判决确定的支付之日止。依照《中华人民共和国合同法》第94条第1款第(四)项、第113条第1款,《中华人民共和国民事诉讼法》第64条第1款的规定,判决如下:

(1)被告淄博海旺达货运代理有限公司应于本判决生效之日起10日内支付原告福建嘉航海运有限公司134 991元及该款从2009年5月12日起按中国人民银行公布的同期贷款基准利率算至生效判决确定的支付之日止的利息;

(2)驳回原告福建嘉航海运有限公司的其他诉讼请求。

⑩ 上诉人张晓阳与被上诉人寿光市源丰航运有限公司运杂费欠款纠纷案

案例来源:山东省高级人民法院(2009)鲁民四终字第129号
主题词:航次租船合同　约定的载量　吨位结算

> **裁判要旨**
>
> **No. HY-3.3-7**　航次租船合同约定了载量,承租人确保货物实装数量,故应按照约定的载量及运费标准计算运费,而不应按照实际吨位结算运费。

一、基本案情

上诉人(原审被告):张晓阳

被上诉人(原审原告):寿光市源丰航运有限公司(以下简称寿光源丰公司)

原审被告:宁波市镇海金业船务代理有限公司(以下简称宁波金业公司)

原审被告:天津市天海亚大船务有限公司(以下简称天津亚大公司)

青岛海事法院查明:2007年2月3日,寿光源丰公司与天津亚大公司,天津亚大公司与宁波金业公司,宁波金业公司与张晓阳,同日先后签订了航次租船合同,由寿光源丰公司所属的"瀚星"轮为张晓阳承运煤3380吨,每吨67元,共计运费234600元,张晓阳先后支付寿光源丰公司76460元,未付款15万元,同时按合同约定,滞期费每天1.5万元。由于张晓阳未履行合同及时支付运费,造成"瀚星"轮滞期两天,造成3万元的损失。另,寿光源丰公司主张质押煤回运造成8万元的损失。

二、一审裁判

青岛海事法院认为:寿光源丰公司与天津亚大公司,天津亚大公司与宁波金业公司,宁波金业公司与张晓阳签订的航次租船合同均合法有效,但天津亚大公司和宁波金业公司在本案中系代理身份,实际托运人是张晓阳,实际承运人是寿光源丰公司。寿光源丰公司主张偿还运费15万元,滞期费3万元,事实清楚,证据充分,依法予以支持。寿光源丰公司主张货物回运费8万元,证据不足,不予支持。天津亚大公司和宁波金业公司主张驳回对其诉讼请求,依法予以支持。根据《中华人民共和国合同法》第107条、《中华人民共和国民事诉讼法》第130条之规定,判决:

(1)张晓阳支付寿光源丰公司"瀚星"轮海运费欠款15万元,滞期费3万元,共计18万元(自判决生效之日起5日内付清)。

(2)驳回寿光源丰公司"瀚星"轮对天津亚大公司、宁波金业公司的诉讼请求。一审案件受理费6410元,由张晓阳负担5110元,由寿光源丰公司"瀚星"轮负担1300元。

三、上诉与答辩

上诉人张晓阳上诉称:

(1) 2007年2月10日,张晓阳与寿光源丰公司签订水路货物运输合同,双方约定运输费用为每吨42元,并且将租船运输货物变更为配载托运,以实际吨数2 114吨结算。可见2007年2月3日的航次租船合同已经变更为一般水路货物托运合同,原审判决认为双方间为航次租船合同有误,对运价、吨位和运费的认定没有事实依据。

(2) 张晓阳已经向寿光源丰公司支付运费64 600元,向宁波金业公司支付定金3万元,共计94 600元,而不是青岛海事法院认定的76 460元。

(3) 青岛海事法院认为寿光源丰公司3万元滞期费的损失是由于张晓阳未及时支付运费造成的,与事实不符。在货物卸装过程中,张晓阳与寿光源丰公司因运费结算产生争执,张晓阳并未违约,而是行使了先履行义务不安抗辩权。另外,寿光源丰公司在装卸过程中,突然关舱拒卸,强制离港,违反了运输规则卸装期限为48小时的规定。

(4) 青岛海事法院未将本案起诉材料及开庭、举证通知送达到张晓阳本人,判决书送达张晓阳的地址也不是其本人的住址。青岛海事法院扣押并拍卖张晓阳的货物是错误的。原审判决认定了天津亚大公司、宁波金业公司两公司为代理身份,却对3万元定金未作处理,驳回了对该两公司的诉讼请求,程序违法。张晓阳请求撤销原审判决,改判驳回对张晓阳的诉讼请求。

被上诉人寿光源丰公司辩称:本案各方当事人之间签订的航次租船合同约定,货到卸货港开舱之前付清运费,但是货到大丰港后张晓阳以无钱为由拒绝支付,并让我们先卸货,钱给我们凑一下。结果在货基本卸完的情况下,张晓阳却没有给我们支付款项。因为张晓阳没有按时支付运费违反了合同约定,致使滞期两天。原审判决认定事实清楚,适用法律正确,程序合法,请求驳回张晓阳的上诉。

原审被告宁波金业公司称:张晓阳没有煤炭经营许可证,因此他签署的合同是无效合同。因"瀚星"轮发生故障,船东与张晓阳自行协商抵港卸货时间,不存在卸货期限的滞期费。张晓阳没有付清全部运费,尚欠15万元,违约在先。我公司与天津亚大公司均为代理人,没有收取运费,只收取代理费。张晓阳就其滞期费损失的诉讼请求曾向天津海事法院提起诉讼,被该院判决驳回。宁波金业公司请求维持原审判决。

原审被告天津亚大公司称:我公司不是本案的责任者,也不是导致海运费欠款的过错方,作为代理人在完成货运代理业务中没有过错,不应承担赔偿责任。"瀚星"轮在大丰港卸货期间,在各方催促张晓阳支付尚欠的15万元运费无果的情况下,"瀚星"轮关舱拒卸。青岛海事法院已经通知张晓阳开庭时间,张晓阳称不知晓开庭、举证等诉讼事项并不属实。天津亚大公司请求维持原审判决。

四、二审裁判

张晓阳在本案二审期间提交的证据有：

① 2007年2月10日《水路货物运单》，内容为：船名为"瀚星"，托运人名称栏填写为"港贸代东台市中联燃化有限公司（张晓阳）"，收货人填写为"东台市中联燃化有限公司（张晓阳）"，起运港天津，到达港大丰，货物名称沫煤，重量2114吨，运输费用及结算方式42元/吨。

②《货物交接清单》，内容与《水路货物运单》中的相应内容一致。证据一和证据二上均盖有"寿光市源丰航运有限公司瀚星轮专用章（2）"。

③ 2007年2月6日《天津港贸易公司水路货物托运单》，除吨数为3 100吨，发货单位为"东台市中联燃化有限公司（张晓阳）"外，内容与《水路货物运单》相同，受理单位处盖章为"天津港贸易公司煤炭部"。

④ 天津港贸易公司煤炭部出具的证明，内容为该公司代东台市中联燃化有限公司（张晓阳）作业过磅吨为2 146吨，共计52车。

⑤ 天津港股份有限公司煤码头分公司港口费用发票，记载地秤（煤）2 164吨。

⑥ 瀚星轮何明亮于2007年2月25日书写的收到条，内容为收到天津—大丰煤部分运费64 600元。

⑦ 宁波金业公司2007年2月3日收取张晓阳定金3万元的收条。

对于证据①至⑤，寿光源丰公司对其真实性有异议，对"寿光市源丰航运有限公司瀚星轮专用章（2）"印章真实性有异议，且认为是张晓阳与当地港口的关系，与其无关；天津亚大公司称货主为了省港杂费会故意少写吨数，所以运费单价和吨数应以航次租船合同为准，不应以运单和交接清单为准；宁波金业公司同意天津亚大公司的意见，且称上述证据不是合同，跟合同没有关系。对于证据⑥，寿光源丰公司没有异议。对于证据⑦，宁波金业公司没有异议。

天津亚大公司在本案二审期间提交天津海事法院（2007）津海法商初字第434号张晓阳诉寿光源丰公司、天津亚大公司和宁波金业公司航次租船合同纠纷一案民事判决书。该判决书记载，该院在庭审中反复询问张晓阳，张晓阳认可实际承运人应为寿光源丰公司，天津亚大公司和宁波金业公司系代理人身份。该判决驳回了张晓阳要求该案被告支付滞期费损失的诉讼请求。

宁波金业公司向青岛海事法院提交了大丰港开发建设有限公司第一港务公司出具的《"瀚星"轮进出港记录》，该记录载明："2月25日13:00时'瀚星'轮抵靠大丰港码头，随即开舱作业。2月25日19:00时左右'瀚星'轮突然关舱拒卸，作业停顿。2月27日11:30时，'瀚星'轮自行解缆离港。"张晓阳亦向山东省高级人民法院提交了该证据。寿光源丰公司称，"瀚星"轮到港后用了一天的时间卸货，但张晓阳支付了64 600元就没有再支付，我们就在那里等着，又过了24小时；按照合同约定运费应在开舱前支付。天津金业公司称，2月25日开舱前应该付运费，寿光源丰公司因没有收到运费而拒卸,2月26日晚上港监要扣"瀚星"轮的证书,后来船就走了。

山东省高级人民法院查明:2007年2月3日,寿光源丰公司与天津亚大公司签订的航次租船合同约定,运费每吨67元,寿光源丰公司保证提供货物3 380吨,如少于3 380吨,则按3 380吨计算运费;天津亚大公司与宁波金业公司签订的航次租船合同约定,运费每吨69元,宁波金业公司保证最低载货量3 400吨,不足按3 400吨计算;宁波金业公司与张晓阳签订的航次租船合同约定,运费每吨72元,载量3 400吨,张晓阳确保货物实装数量。上述三份航次租船合同均约定,卸货期限48小时,运费卸货前付清。寿光源丰公司在航次租船合同上加盖的印章为"寿光市源丰航运有限公司瀚星轮专用章(1)"。

2007年2月3日,宁波金业公司以定金的名义收取了张晓阳3万元,其中2万元宁波金业公司和天津亚大公司均认可各收取了1万元作为代理费,剩余1万元寿光源丰公司认可天津亚大公司已向其支付。

2007年2月25日13:00时"瀚星"轮抵靠大丰港码头,随即开舱卸货。2月25日19:00时左右瀚星轮关舱拒卸。2月27日11:30时,"瀚星"轮离港。

本案起诉状中原告的名称为"寿光市源丰航运有限公司瀚星轮",起诉状署名为寿光市源丰航运有限公司,且该公司委托诉讼代理人参加了诉讼。

山东省高级人民法院查明的其他事实与原审判决认定的事实相同。

山东省高级人民法院认为:本案起诉状中原告的名称为"寿光市源丰航运有限公司瀚星轮",起诉状署名为寿光市源丰航运有限公司,且该公司委托诉讼代理人代为诉讼。"寿光市源丰航运有限公司瀚星轮"并非公民、法人或其他组织,不能作为民事诉讼的当事人,本案当事人应为寿光市源丰航运有限公司。

寿光源丰公司对《水路货物运单》和《货物交接清单》上的"寿光市源丰航运有限公司瀚星轮专用章(2)"印章的真实性有异议,张晓阳未提交证据证实该印章是寿光源丰公司的印章,因此上述两份证据记载的内容对寿光源丰公司没有约束力,上述证据不能证实张晓阳与寿光源丰公司签订一般水路货物托运合同,不能证实当事人以此对2007年2月3日的航次租船合同作出了变更,运费单价和吨数的确定方法仍应依照航次租船合同的约定。宁波金业公司与张晓阳签订的航次租船合同约定,载量3 400吨,张晓阳确保货物实装数量,因此应按照3 400吨计算运费,张晓阳主张应按照实际吨位结算的主张没有事实依据。

天津海事法院(2007)津海法商初字第434号民事判决书记载,张晓阳主张实际承运人为寿光源丰公司,宁波金业公司和天津亚大公司系代理人身份。其他各方当事人在本案中对航次租船合同实际存在于寿光源丰公司和张晓阳之间,宁波金业公司和天津亚大公司均为代理人没有异议。据此,山东省高级人民法院认为,寿光源丰公司与张晓阳之间实际存在航次租船法律关系,宁波金业公司和天津亚大公司分别收取了1万元代理费,因此寿光源丰公司有权依据张晓阳与宁波金业公司所签航次租船合同约定的运费标准,要求张晓阳向其支付运费。张晓阳与宁波金业公司签订的航次租船合同约定运费单价为72元/吨,应付的运费应为244 800元(3 400吨×72元/吨)。张晓阳已向宁波金业公司支付3万元(其中宁波金业公司和天津亚大公司分别收取了1万元作为代理费,剩余1万元由寿光源丰公司收取),已向寿光源丰公司支付64 600元,尚欠150 200元。寿光源丰公司起诉要求张晓阳支付所欠运费15万元,符合法律规定。原审判决判令张晓阳支付寿光源丰公司运费15万元正确,应予维持。

本案所涉3份航次租船合同均约定,卸货期限为48小时。瀚星轮2月25日13:00时抵靠大丰港码头,2月27日11:30时自行解缆离港,在大丰港的时间并未超过航次租船合同约定的卸货期限,因此寿光源丰公司要求张晓阳承担卸货港滞期费的诉讼请求没有事实和法律依据,不应得到支持。

张晓阳上诉称青岛海事法院未通知其参加诉讼,但天津亚大公司和宁波金业公司均陈述青岛海事法院已经电话通知要求张晓阳到庭。本案一审为适用简易程序审理的案件,青岛海事法院电话通知张晓阳参加庭审符合法律规定。张晓阳关于青岛海事法院扣押并拍卖其货物的问题,不属于本案二审审理范围,山东省高级人民法院不予审理。

综上,上诉人张晓阳关于其不应承担瀚星轮在卸货港的滞期费的上诉请求成立,山东省高级人民法院予以支持;其他上诉请求理由不成立,山东省高级人民法院不予支持。依照《中华人民共和国民事诉讼法》第153条第1款第(一)项和第(三)项及相关法律之规定,判决如下:

(1) 变更青岛海事法院(2007)青海法潍海商初字第36号民事判决第一项为:张晓阳支付寿光市源丰航运有限公司海运费欠款15万元,自本判决生效之日起5日内付清;

(2) 变更青岛海事法院(2007)青海法潍海商初字第36号民事判决第二项为:驳回寿光市源丰航运有限公司的其他诉讼请求。

一审案件受理费6 410元,由张晓阳负担3 718元,由寿光市源丰航运有限公司负担2 692元;二审案件受理费6 500元,由张晓阳负担3 770元,由寿光市源丰航运有限公司负担2 730元。

本判决为终审判决。

11 上诉人武汉佳和船务有限责任公司上海分公司与被上诉人山东晨曦集团有限公司海上货物运输合同纠纷案

案例来源:山东省高级人民法院(2010)鲁民四终字第117号
主题词:船舶受载期　违约责任　赔偿责任

裁判要旨

No. HY-3.3-8　船舶未按照合同约定到达装货港构成违约,出租人应当承担相应的责任。承租人有权根据合同解除合同或延长船舶受载期;承租人未解除合同而

> 与出租人协商延长船舶受载期,是选择继续履行作为违约责任承担方式。承租人在延长期限内仍未提供货物的,应当按照合同约定进行相应的赔偿。

一、基本案情

上诉人(原审原告):武汉佳和船务有限责任公司上海分公司(以下简称佳和公司)

被上诉人(原审被告):山东晨曦集团有限公司(以下简称晨曦公司)

青岛海事法院认定,2008年6月30日,佳和公司与晨曦公司签订货物运输合同,双方约定的主要内容为:晨曦公司在防城港约有2050吨燃料油,委托佳和公司提供船舶运往山东岚山港,船名"浙舟油288";装货日期在7月3日正/负1天,在正常情况下于7月3日抵达装货港;运费为160元/吨,不足2050吨按2050吨计收,超过2050吨按照实际装载数量计算;若船舶不能在规定的时间内抵港,除不可抗力因素外,晨曦公司有权解除合同或同意延长船舶受载,佳和公司应承担因船舶延期所造成的一切损失;合同订立后,晨曦公司以电话或传真方式告诉佳和公司货源落空,晨曦公司必须支付全程运费的30%给佳和公司作为赔偿金;若佳和公司船舶抵港1日内,晨曦公司仍未安排装货,佳和公司有权撤船,取消本合同,晨曦公司需承担本航次全程运费的80%作为佳和公司的损失赔偿;时间以航海日志为准,且必须在货源落空两天内付清放空赔偿金。

2008年7月6日07:30时,"浙舟油288"轮抵达防城港锚地,准备装货。但晨曦公司称由于船舶迟延抵港,其存放在码头油罐的货物已被其他货主提走装船,需要重新组织货源,要求佳和公司船舶等待货物备妥后继续履行运输合同。但晨曦公司未提交证据证明其货物已被其他货主提走的事实,晨曦公司也未告知佳和公司待装的货物何时能够备妥。

7月15日,佳和公司以晨曦公司仍未备好约定的货物为由,通知"浙舟油288"轮空船离开防城港。佳和公司以晨曦公司致其空载离港、遭受重大经济损失为由,诉至法院,请求法院判令晨曦公司向佳和公司支付运费损失262 400元及利息。

另查明,2008年6月26日,佳和公司与"浙舟油288"轮的船东舟山朝阳海运有限公司(以下简称朝阳海运)就承运晨曦公司的货物签订航次租船合同,合同约定的主要内容与佳和公司、晨曦公司之间的合同内容基本相同,但运费为每吨145元。据佳和公司称,运输合同签订后,因晨曦公司告知其货物尚未备好,同意将受载期延迟至7月6日,因此佳和公司与朝阳海运于7月4日签订补充合同,约定受载日期变更为7月6日。但佳和公司、晨曦公司之间就迟延受载未签订任何协议,佳和公司也无证据证明晨曦公司未备好货物且要求延期受载。

"浙舟油288"轮空船离开防城港后,朝阳海运以货物落空为由,将佳和公司诉至上海海事法院。上海海事法院经审理,于2009年3月10日作出(2008)沪海法商初字第

1043 号判决，认为佳和公司应当对货物落空向朝阳海运承担赔偿责任，故判令佳和公司在判决生效之日起 10 日内赔偿朝阳海运 178 350 元，并承担诉讼费 1 933.50 元。该判决已于 2009 年 3 月 28 日生效。

另查明，晨曦公司于 2008 年 6 月 26 日与合浦南方高科沥青有限公司(以下简称南方公司)签订购销合同，约定晨曦公司向南方公司购买 2 200 吨燃料油，由晨曦公司自备船舶 7 月 3 日前往北海港原油码头提货。6 月 27 日，南方公司通知晨曦公司货物已经入防城港牛头油库 1 号罐，要求其付款提货。7 月 27 日，晨曦公司与舟山市普陀安顺海运有限责任公司签订货物运输合同，约定当日由"康发 20"轮运输 2 100 吨燃料油自防城港至山东岚山港。据晨曦公司称，因佳和公司提前撤船，其另行委托船舶将货物运走。但晨曦公司未证明其委托"康发 20"轮运输的该货物与涉案运输合同项下的货物是否是同一批货物。

二、一审裁判

青岛海事法院认为，佳和公司与晨曦公司之间签订的货物运输合同是双方的真实意思表示，合同内容符合法律规定，因此该合同合法成立，双方均应依合同的约定享有权利、履行义务。根据合同的约定，货物受载日期为 7 月 3 日正/负 1 天，虽然佳和公司主张其与晨曦公司口头约定将受载日期延迟至 7 月 6 日，并据此与"浙舟油 288"轮的船东约定将受载日期延迟，但晨曦公司不予认可。在佳和公司不能提交其他证据证明的情况下，不能认定双方就受载日期的迟延达成新的协议。因此佳和公司应当于 7 月 4 日前安排船舶到防城港受载货物。

佳和公司的船舶 7 月 6 日抵达防城港，违反了运输合同的约定，晨曦公司有权解除合同或同意延长船舶受载。晨曦公司未解除合同并要求佳和公司继续等待装货，则视为晨曦公司同意延长船舶受载。但晨曦公司未明确告知佳和公司具体的受载时间，导致运输合同最终未能履行，船舶空船驶离，佳和公司由此遭受损失。究其原因是双方就合同主要条款的变更未协商达成一致，对此，双方均有过错，各应承担 50% 的过错责任。

佳和公司因合同未能履行所遭受的损失为其根据上海海事法院判决应当向朝阳海运支付的赔偿款及诉讼费合计 180 283.5 元，根据责任比例，晨曦公司应当赔偿佳和公司 90 141.75 元以及自佳和公司应当履行之日(即 2009 年 4 月 8 日)起的利息。

关于佳和公司要求晨曦公司按照合同约定运费的 80% 支付赔偿款的请求，青岛海事法院认为，因佳和公司违约在先，晨曦公司虽然同意迟延受载，但双方未就新的受载日期达成一致，佳和公司在晨曦公司最终备妥货物之前撤回船舶，不能视为晨曦公司单方违约，因此佳和公司的该请求，法院不予支持。

综上所述，晨曦公司应当赔偿佳和公司 90 141.75 元以及自 2009 年 4 月 8 日起按照中国人民银行同期贷款利率计算的利息。佳和公司的其他请求，证据不足，依法应予驳回。

依照《中华人民共和国合同法》第 42 条第 1 款第(三)项的规定，判决：

(1) 晨曦公司偿付佳和公司 90 141.75 元,加自 2009 年 4 月 8 日起至判决确定的付款之日止的按照中国人民银行同期贷款利率计算的利息;

(2) 驳回佳和公司的其他诉讼请求。

上述款项,晨曦公司应当于一审判决生效之日起 10 日内支付。若未按照一审判决指定的期间履行给付义务,应当依照《中华人民共和国民事诉讼法》第 229 条之规定,加倍支付迟延履行期间的债务利息。案件受理费 5 236 元,由佳和公司负担 3 436 元,晨曦公司负担 1 800 元。

三、上诉与答辩

上诉人佳和公司不服一审判决上诉称:

(1) 青岛海事法院认定佳和公司因未能履行运输合同所遭受到损失根据错误。佳和公司因合同未能履行所遭受到损失应以双方合同的约定为标准计算,而非以另案判决为计算标准。根据佳和公司与晨曦公司双方合同的约定,该轮按晨曦公司指示于 2008 年 7 月 6 日抵达防城港后,经多日等待,晨曦公司仍未能依约装运货物,佳和公司于 2008 年 7 月 15 日正式函告晨曦公司后撤船,晨曦公司依约应向佳和公司支付损失赔偿 262 400 元及利息,即佳和公司因合同未能履行所遭受的损失应以 262 400 元为基础进行计算。青岛海事法院采纳作为计算标准的 180 283.5 元是佳和公司与另案当事人在另一个合同法律关系中的责任比例分配,与本案无任何法律关系,不应以此作为本案当事人的损失计算标准。

(2) 青岛海事法院对双方的责任认定不清。双方在合同中约定,如船舶迟延到港,晨曦公司有权解除合同或同意延长船舶受载,晨曦公司未解除合同并要求佳和公司继续等待装货,则视为晨曦公司同意延长船舶受载。在青岛海事法院查明的事实部分,晨曦公司已经确认,在船舶抵港后,因为其需要重新组织货源,要求佳和公司船舶等待货物备妥后继续履行合同,且未告知佳和公司待装的货物何时能够备妥。晨曦公司并未主张佳和公司违约,并要求继续履行合同,可以认为双方一致同意继续履行合同。在继续履行合同的过程中,晨曦公司迟迟不能备妥货源,致使佳和公司船舶在港口空等,且其并不提供具体装船日期,违反双方合同约定。青岛海事法院却认为佳和公司违约在先,晨曦公司虽然同意迟延受载,但双方未就新的受载日期达成一致,佳和公司在晨曦公司最终备妥货物之前撤回船舶,不能视为佳和公司单方违约。空船停靠港口每天产生大量费用,佳和公司不可能无限期等待货物,事实上佳和公司已经给予晨曦公司一个星期的时间备妥货物,充分履行了合同义务,不存在违约行为。综上,请求依法撤销(2009)青海法海商初字第 135 号民事判决,支持佳和公司一审提出的诉讼请求。

被上诉人晨曦公司辩称:

(1) 佳和公司 7 月 6 日到港违反了合同约定,应根据合同违约条款的约定承担因船舶延期造成的一切损失。

(2) 佳和公司单方撤船是佳和公司继续违反合同约定,致使晨曦公司另行租船运输货物,耽误了商机,给晨曦公司造成重大经济损失,晨曦公司保留追究佳和公司违约责任的权利。

(3) 晨曦公司对受载日期没有过错。因佳和公司的违约行为,导致晨曦公司需另行组织货源,使晨曦公司无法准确确定受载日期。在佳和公司违约的情况下,要其等待货源是合同中约定的晨曦公司的权利,同意也是佳和公司应履行的合同义务。故一审法院认定晨曦公司对未能达成受载日期有50%过错是不合理的,晨曦公司不应承担任何责任。

(4) "康发20"所运输的货物与涉案运输合同项下的货物是同一购销合同项下的货物。装货港、卸货港都是一致的,标的都是油品,和佳和公司单方撤船的事实也是可以相互印证的。运输合同运输的货物重量都是约数,对此合同中都有载明,并且都明确写着以实际装载数为准。佳和公司以数量上有少许差异而否认是同一合同项下的货物没有依据,运输油品不可能像其他设备等有精确的数量。因此,晨曦公司不应承担任何赔偿责任,并保留追究佳和公司违约责任的权利,请法院依法驳回佳和公司一审的诉讼请求。

四、二审裁判

山东省高级人民法院查明的事实与青岛海事法院查明的事实相同。

山东省高级人民法院认为,佳和公司与晨曦公司于2008年6月30日签订的货物运输合同,是双方的真实意思表示,合同内容符合法律规定,该合同依法成立并生效,双方当事人应按合同的内容享有权利,履行义务。

佳和公司与晨曦公司签订的货物运输合同约定,货物装船日期为7月3日正/负1天,但迟至2008年7月5日,佳和公司的船舶未到达装货港。虽然佳和公司诉称其系按晨曦公司的指示才于2008年7月6日到达装货港,但因未有证据证明,对佳和公司迟延到港的理由,山东省高级人民法院不予认可,故其行为构成违约,应承担相应的违约责任。根据货物运输合同中关于违约责任的约定,若佳和公司载货船舶不能在规定时间内抵港,晨曦公司有权解除合同或同意延长船舶受载。在佳和公司违约后,晨曦公司并未解除合同而是与佳和公司协商延长船舶受载期,这是晨曦公司按照货物运输合同追究违约方承担违约责任的一种选择。佳和公司与晨曦公司就货物受载期限延长的协商过程和结果,是表明其接受以这种方式承担违约责任。双方的协商行为并非对货物运输合同中受载期限条款的变更。由于在货物运输合同违约条款中,双方未对延长船舶受载期限的时间进行约定,且该条款带有惩罚性,因此,佳和公司关于按照未约定履行期限的合同,在其合理提示后,晨曦公司仍不能履行义务,从而判令晨曦公司对其承担违约责任的请求,没有合同依据。根据货物运输合同违约条款的约定,"若船舶不能在规定的时间内抵港",佳和公司"应承担因船舶延期所造成的一切损失"。佳和公司违约在先,其在接受了晨曦公司选择延长受载期以承担违约责任的条件后,又空载返航,对此造成的损失,应由其自身承担。青岛海事法院基于双方未就船舶的另行装载日期达成一致意见而均有过错,判决各自承担50%的过错责任,晨曦公司未提出异议。因晨曦公司并无违约行为,佳和公司要求按照货物运输合同的约定赔偿262 400元损失,没有合同及法律依据。青岛海事法院据(2008)沪海法商初字第1043号民事判决结果确定佳和公司的损失,并无不当。

综上所述,一审判决查明的事实清楚,判决结果应当维持。根据《中华人民共和国民事诉讼法》第153条第1款(一)项之规定,判决如下:

驳回上诉,维持原判。

二审案件受理费5 236元,由武汉佳和船务有限责任公司上海分公司负担。

本判决为终审判决。

3.4 航次租船合同下出租人的权利和义务

12 原告新兴铸管股份有限公司与被告中国环洋国际运输有限公司、东桥海运公司航次租船合同纠纷案

案例来源:青岛海事法院(2008)青海法海商初字第165号

主题词:航次租船合同 定期租船合同 提单运输合同关系

裁判要旨

No. HY-3.4-1 期租出租人因期租承租人(非航次租船承租人)拖欠租金撤船致使航次租船合同未能全面履行,也不能免除航次租船合同的出租人承担航次租船合同项下未依约定时间到达目的港卸货的违约责任,其应赔偿航次租船承租人为履行贸易合同而额外产生的运费等合理费用。

一、基本案情

原告:新兴铸管股份有限公司(以下简称新兴铸管)

被告:中国环洋国际运输有限公司(原名新泰船务有限公司,以下简称环洋运输)

被告:东桥海运公司(Eastern Bridge MC,以下简称东桥海运)

原告新兴铸管诉称:新兴铸管于2007年1月17日与新泰船务有限公司(以下简称新泰船务)签订了《海上运输合同》,约定由"MV ENFORCER"船承运新兴铸管出口至西班牙SAGUNTO(萨贡托)港的球墨铸铁管。合同第10条约定承运船舶在装货完毕后45天内到达卸货港,如在规定时间内船舶未能到达卸货港而引起收货人索赔,由新泰船务承担。上述货物于2007年2月1日装船完毕,并且签发了已装船提单,但承运船舶在2007年4月22日才到达卸货港,比合同规定的到达日期迟延36天。新泰船务非中国企业法人,在中国境内无可供执行财产,并且违反《中华人民共和国国际海运条例》规定在中国境内从事无船承运业务,未向中华人民共和国交通运输部交存保证金,

所以原告有权按照《中华人民共和国合同法》第 68 条的规定中止履行合同。作为实际承运人的东桥海运在合同项下的运输义务尚未完毕的情况下即拒绝执行"MV ENFORCER"剩余的航程(从公海至意大利热那亚港再到西班牙萨贡托港的一段),违反了承运人的义务,致使原告不得不另行安排未完成航程的运输,并因此遭受巨额损失。原告诉请青岛海事法院依法判令:

(1) 中止履行 2007 年 1 月 17 日签订的《海上运输合同》(合同编号为 GOSC070102XC);

(2) 被告环洋运输(原新泰船务)返还海运费 22 760 美元、赔偿损失 322 240 美元及上述费用至实际支付日的利息,并承担本案的全部诉讼费用;

(3) 被告东桥海运公司承担连带责任。

原告新兴铸管起诉时将青岛新泰国际船舶代理有限公司作为共同被告,认为其应承担新泰船务代理人的责任,后原告新兴铸管撤回了对该被告的起诉。庭审中原告变更诉讼请求,放弃第(1)项中止履行合同的诉讼请求,将第(2)项变更为请求被告环洋运输赔偿二次海运费共计 345 000 美元及利息。

两被告环洋运输、东桥海运未向青岛海事法院提交答辩状,亦未提交证据,亦未出庭应诉。

二、法院查明事实

青岛海事法院根据原告提供的证据,结合庭审中原告的陈述,认定以下事实:

原告新兴铸管(甲方)就售予西班牙 OHL 公司(OBRASCON HUARTE LAIN, S. A.)的球墨铸铁管、管件和配件货物的海上运输,于 2007 年 1 月 17 日与新泰船务(乙方)签订了《海上运输合同》。合同约定了承运船舶为"MV ENFORCER";装货港青岛;卸货港西班牙萨贡托(SAGUNTO);受载期为 2007 年 1 月 25 日至 30 日;海运费率为 FIO 条款 60.0USD/CBM。合同第 10 条约定"乙方预计承运船舶在装货完毕后 45 天内到达卸货港,但由于不可抗力导致的延误除外。如在规定时间内船舶未能到达卸货港而引起客户向甲方的正当索赔,则所有索赔损失由乙方承担"。合同第 18 条同时约定"本合同适用《中华人民共和国海商法》及相关法规,未尽事宜双方协商解决,仲裁机关为青岛海事法院"。合同还对货物的积载绑扎、运费的支付及装卸率等内容进行了约定。

2007 年 2 月 1 日,货物装上承运船舶"MV ENFORCER",青岛新泰国际船舶代理有限公司代表承运人东桥海运签发了已装船清洁提单。提单载明:托运人为新兴铸管,收货人和通知方均为西班牙 OHL 公司,装货港中国青岛,卸货港西班牙萨贡托,运费预付。

据原告新兴铸管称,该航次的海运费其已按运输合同的约定支付新泰船务,并提交了由青岛新泰国际船舶代理有限公司于 2007 年 2 月 2 日开具的数额分别为 USD460890.00 和 USD51210.00 的两份海运费发票。

承运船舶"MV ENFORCER"轮由东桥海运期租经营,Hawknet 公司是出租人。因东桥海运未支付租金,该轮抵达中途卸港意大利热那亚后,Hawknet 公司决定撤回船舶并对货物的利益相关方在意大利提起了诉讼。新兴铸管为将货物运抵目的港交予其买方西班牙 OHL 公司,于 2007 年 4 月 19 日与 Hawknet 公司达成协议:由 Hawknet 公司安排该船继续将货物运抵卸货港西班牙萨贡托,并重新签发提单交付货物;由新兴铸管支付 345 000 美元给 Hawknet 公司。协议签署后,"MV ENFORCER"轮将货物于 4 月 22 日运抵目的港并凭其重新签发的提单交付了收货人西班牙 OHL 公司;新兴铸管于 4 月 25 日将 345 000 美元汇付给了 Hawknet 公司的代理上海航姆国际船舶代理有限公司。西班牙 OHL 公司收到货物后向新兴铸管支付了贸易货款。

另查明,新泰船务于本案诉讼之前的 2008 年 2 月,以本案原告新兴铸管为被告向天津海事法院提起诉讼,主张双方 4 份《海上运输合同》项下拖欠的海运费,天津海事法院以(2008)津海法商字第 129 号立案审理。该案一审因裁定的管辖异议上诉,被天津市高级人民法院裁定发回重审,天津海事法院以(2008)津海法重字第 1 号立案重新审理。在案件重审期间,环洋运输公司主张其系由新泰船务公司更名而来,并继承了原新泰船务的权利义务。该事实已由天津海事法院和天津市高级人民法院予以确认,青岛海事法院据此对本案的诉讼主体作出了相应变更。

三、法院裁判

青岛海事法院认为:本案系因履行航次租船合同产生的争议,是涉外海上运输合同纠纷。本案所涉海上运输的始发地为青岛港,依照《中华人民共和国民事诉讼法》第 28、241 条及《中华人民共和国海事诉讼特别程序法》第 4 条的规定,青岛海事法院对该案享有管辖权。合同中有"仲裁机关为青岛海事法院"的约定,即使不将该协议作为协议管辖的依据,显然也不能据此排除青岛海事法院依法享有的管辖权。运输合同明确约定了"本合同适用《中华人民共和国海商法》及相关法规",根据《中华人民共和国海商法》第 269 条的规定,青岛海事法院依据中华人民共和国法律解决本案的实体争议。

原告新兴铸管与被告环洋运输之间的《海上运输合同》,根据《中华人民共和国海商法》第 92 条的规定,属于航次租船合同,系双方的真实意思表示,依法成立并有效,被告环洋运输作为出租人负有在合同约定的卸货港卸货的法定义务。本案中,因东桥海运与船舶期租出租人之间的租金纠纷致使航次租船合同未能全面履行,并不能免除环洋运输在该合同项下对新兴铸管的违约责任。新兴铸管另行支付的 345 000 美元运费系其为履行贸易合同而产生的合理费用,是因环洋运输违约所致,环洋运输应予偿付。且利息损失亦应赔偿,利息可自该款项支付之次日即 2007 年 4 月 26 日起算。

原告新兴铸管与被告东桥海运存在提单运输合同关系,新兴铸管作为托运人享有对(无船)承运人东桥海运的提单项下请求权。但因新兴铸管已经选择依据航次租船合同向出租人环洋运输行使权利,而东桥海运并不构成涉案运输的实际承运人,且无证据表明环洋运输与东桥海运之间存在其他法律关系,因此,新兴铸管主张东桥海运承担连带责任并没有事实和法律依据。

综上,青岛海事法院认为,原告新兴铸管依航次租船合同对被告环洋运输的诉讼请求,事实清楚,理由得当,应予支持;但同时基于提单关系要求被告东桥海运承担连带责任则不能成立,青岛海事法院不予支持。依照《中华人民共和国民事诉讼法》第130条、《中华人民共和国合同法》第107条的规定,判决如下:

(1)被告中国环洋国际运输有限公司偿付原告新兴铸管股份有限公司运费损失345 000美元及自2007年4月26日起至本判决确定的应付之日止的银行同期贷款利息;

(2)驳回原告新兴铸管股份有限公司对被告东桥海运公司(Eastern Bridge MC)的诉讼请求。

案件受理费人民币29 506元,由被告中国环洋国际运输有限公司负担。

13 原告中国黄石外轮代理公司与被告上海爱尔思国际货运公司航次租船合同违约损害赔偿纠纷案

案例来源:上海海事法院(2005)沪海法商初字第294号
主题词:船舶的提供与更换　合同约定　违约金

裁判要旨

No. HY-3.4-2　出租人应当提供约定的船舶;经承租人同意,可以更换船舶。但是,提供的船舶或者更换的船舶不符合合同约定的,承租人有权拒绝或者解除合同。因出租人过失未提供约定的船舶致使承租人遭受损失的,出租人应当负赔偿责任。

一、基本案情

原告:中国黄石外轮代理公司

被告:上海爱尔思国际货运公司

原告中国黄石外轮代理公司诉称:2004年4月8日,原告与被告为案外人湖北水泥机械设备厂签订了租船合同,受载期为2004年4月18—21日。由于被告违约,船舶未能停靠上海。后经原告多方努力,方才另租船舶,于2004年5月5日将货物出运,据此请求法院判令被告承担租金差价26 003.01美元,其他损失人民币131 634.03元,并要求被告按银行逾期付款违约金向原告支付自2004年4月22日起至法院判决生效之日止的违约金。

被告上海爱尔思国际货运公司没有书面答辩,庭审时确认违约事实的存在。但辩称,原告主张的损失金额过高,没有合法依据。在原订船舶不能及时履约后,被告曾经改用其他船舶来完成航次业务,因为原告拒绝,所以没有成功。原告现用的船舶租金过高,明显不合理,对于违约造成的扩大损失,原、被告双方有混合过错。关于正常的装卸费用,原告本来就应负担,不能全部让被告承担。

二、法院查明事实

上海海事法院经审理查明并确认如下法律事实:

2004年4月8日,原告与被告通过传真签订了《租船确认书》和《货运代理协议》。《租船确认书》约定被告提供"TAI FAT"轮为原告承运约2 200 RT的水泥机械设备从中国上海港至越南胡志明港,约定海运费为22.5美元/RT。在货运代理协议中,双方对港口包干费及超长超大设备特殊费用的计费方法都作了约定。为履行其与原告之间的航次租船合同,被告2004年4月12日与案外人上海中外运华东有限公司签订了租用涉案的"TAI FAT"轮的合同。由于"TAI FAT"轮船东的原因,该轮在原、被告约定的承载期内没有到达上海港,而原告准备装船的机械等设备已经陆续运抵上海。2004年4月28日,原告与案外人安顺船务企业有限公司签订了"宝杨一号"轮的《租船确认书》,约定租金为33.5美元/RT。涉案货物于2004年5月5日出运,使原告增加了租船费用及港区仓储费用的支出。与原、被告原先签订的《租船确认书》相比,租金增加了26 003.01美元。另外,原告还在原先与被告约定的包干费外额外负担了3个大件吊装换车等费用人民币88 500元,从2004年4月22日至5月5日的堆存费人民币4 134.03元,以及设备从湖北运输至上海港船舶的滞期费人民币20 000元,合计人民币112 634.03元。

三、法院裁判

上海海事法院认为,关于航次租船合同的法律适用,《中华人民共和国海商法》第96条规定:"出租人应当提供约定的船舶;经承租人同意,可以更换船舶。但是,提供的船舶或者更换的船舶不符合合同约定的,承租人有权拒绝或者解除合同。因出租人过失未提供约定的船舶致使承租人遭受损失的,出租人应当负赔偿责任。"本案中,由于案外人的原因,造成被告不能按照《租船确认书》提供约定的船舶,尽管被告已经采取了措施,希望用其他船舶来替代原订的"TAI FAT"轮,但双方未能达成协议。涉案货物最终由原告自己租用的"宝杨一号"承运,租金增加了26 003.01美元。被告认为该租金过高,不符合当时航运市场的实际情况,因其不能提供可以使上海海事法院采信的当时航运市场的运价标准,被告这一意见上海海事法院不予采纳。原告提供了涉案货物出运过程中在码头、仓库产生的费用账单。其中,按照双方订立的《货运代理协议》约定的装卸、绑扎、订舱、报关、商检等包干费人民币167 180.59元,原告已经于2004年6月8日支付。因为被告未能及时提供运输船舶,致使原告在支付《货运代理协议》约定的包干费后又额外支付了3个大件吊上平板车过渡的费用人民币88 500元,船舶滞期损失20 000元及从4月22日至5月5日的堆存费4 134.03元,合计为人民币112 634.03元。上述损失系被告违约所致,应由被告负责赔偿。原告支付的"周口0219"轮滞港费用人民币190 000元,滞港期为4月18日至4月21日,与被告未能及时提供运输船舶没有关系,不应计入因被告违约所产生的损失之内。

船舶的提供与更换・合同约定・违约金

此外，原告还请求法院判令被告赔偿原告按照银行逾期付款违约金计算的经济损失。上海海事法院认为，违约金在双方的合同中并未作过约定，上海海事法院不能支持。但可支持原告的利息损失。该项损失，以原告增加支付船舶租金及在上海港支付的额外费用所产生的银行活期存款利息计算为妥，计算日期应以原告支付之日起至被告赔付之日止。原告请求以2004年4月22日起算，其时原告尚未支付租金等费用，损失尚未产生，上海海事法院不能支持。

综上所述，依据《中华人民共和国民事诉讼法》第64条第1款、《中华人民共和国海商法》第96条第2款、《中华人民共和国合同法》第107条的规定，判决如下：

（1）被告上海爱尔思国际货运公司应在本判决生效之日起10日内赔付原告中国黄石外轮代理公司多支付的船舶租金26 003.01美元及该款自2004年5月12日起至被告支付之日止按中国人民银行活期存款利率计算的利息。

（2）被告上海爱尔思国际货运公司应在本判决生效之日起10日内赔付原告中国黄石外轮代理公司增加的港口费用人民币112 634.03元及该款自2004年7月22日起至被告支付之日止按中国人民银行活期存款利率计算的利息。

（3）对原告的其他诉讼请求不予支持。

14 原告上海儒仕实业有限公司与被告浙江永华海运有限公司航次租船合同纠纷案

案例来源：上海海事法院（2010）沪海法商初字第767号

主题词：恶劣天气　不可抗力　航次租船合同　合理预见

裁判要旨

No. HY-3.4-3　双方订立合同之前就已经知道的恶劣天气海况，因为经权威机关发布过警报及媒体多次播报而不构成不可预见的情况，不属于不可抗力。

No. HY-3.4-4　货物价格跌落并非航次租船合同订立时所能合理预见的损失，在运输或租船关联合同中不予赔偿。

一、基本案情

原告：上海儒仕实业有限公司

被告：浙江永华海运有限公司

原告诉称：原、被告于2010年1月20日签订了船舶运输合同，约定被告于2010年1月26日派船到营口鲅鱼圈码头，将原告的3 000吨乙醇运往镇江，承运船舶为被告所属"永华58"轮。被告擅自违反合同约定，未在约定的受载期到鲅鱼圈码头装货，造成原告从其他厂商紧急购货以解决生产需要，额外支出货款差价人民币580 000元。涉案3 000吨乙醇滞留鲅鱼圈码头1个月，直至原告另外找船运走，原告为此支付滞期仓储费人民币225 000元。原告认为，被告应当赔偿因违反合同约定给原告造成的损失。

请求判令被告赔偿原告滞期仓储费人民币 225 000 元和货款差价人民币 580 000 元,并承担本案全部诉讼费用。庭审中,原告变更部分诉讼请求,将滞期仓储费变更为人民币 220 000 元。

被告辩称:2010 年 1—2 月,鲅鱼圈码头出现罕见冰冻,"永华 58"轮因空载无法进港,未履行合同的原因系不可抗力,被告可以免除赔偿责任;被告在不能履行合同后即刻通知原告,并联系其他船舶承运涉案货物,原告同意并与他船船东浙江恒晖海运有限公司另行签订运输协议,被告无须再履行原运输合同;原告未充分举证证明其存在实际损失,即使存在损失也属于被告在签订合同时无法预见的合理损失;货款差价属于市场价格波动造成的损失,不属于被告应当承担的赔偿范围。

二、法院查明事实

上海海事法院经审理查明确认事实如下:

2010 年 1 月 1 日,原告与松原吉安生化有限公司签订产品购销合同,约定原告向松原吉安生化有限公司购买 3 000 吨乙醇,出厂价为人民币 4 950 元/吨,货物总价款为人民币 14 850 000 元,鲅鱼圈港口交货,交货时间不晚于 2010 年 1 月 28 日。

2010 年 1 月 20 日,原、被告签订船舶运输合同,约定原告委托被告将 3 000 吨乙醇从鲅鱼圈运输至镇江,承运船舶为被告所属"永华 58"轮,装货时间为 2010 年 1 月 26 日。1 月 26 日,"永华 58"轮未到达鲅鱼圈码头装货。根据 2010 年 1 月 12 日国家海洋局北海分局发布的海冰警报,辽东湾、渤海湾、莱州湾和黄海北部存在海冰冰情。

另查明受载期前后"永华 58"轮的航行动态。2010 年 1 月 23 日,"永华 58"轮空载自舟山出发,驶向营口鲅鱼圈。1 月 27 日 01:00 时到达成山角附近,12:20 时到达大连港附近,17:10 时接公司指示进大连港装货,在此期间"永华 58"轮一直处于航行状态,未抛锚停泊。1 月 28 日进入大连港装载案外货物二甲苯。1 月 30 日,"永华 58"轮装货完毕,向大连甘井子海事处申请出港签证,驶往江阴。

另查明,舟山市定海新马船舶设计所出具说明函,证明"永华 58"轮不适于在冰区航行。

2010 年 1 月 28 日,被告为运输涉案货物与浙江恒晖海运有限公司联系船舶。经协商,由浙江恒晖海运有限公司经营的"恒晖 7"轮运输涉案货物。2 月 2 日,原告与浙江恒晖海运有限公司签订船舶运输协议,约定"恒晖 7"轮在 2 月 7 日(前后可相差 1 天)到鲅鱼圈码头装货。但"恒晖 7"轮未完成实际运输义务。

另查明,浙江恒晖海运有限公司是"恒晖 7"轮的船舶经营人和共有人,是"化运 2"轮的船舶经营人。

2010 年 2 月 28 日,浙江恒晖海运有限公司经营的"化运 2"轮至鲅鱼圈码头将涉案货物运往镇江,期间货物在鲅鱼圈码头存放 1 个月时间。为此,松原吉安生化有限公司向原告主张收取仓储费人民币 225 000 元。原告用承兑汇票分 32 次向松原吉安生化有限公司支付了人民币 15 073 000 元,其中包括货款人民币 14 850 000 元、仓储费人民币 220 000 元和其他费用人民币 3 000 元。营口港务股份有限公司第四分公司实际收取了仓储费人民币 220 000 元，向原告开具了超期罐存费发票。

三、法院裁判

1. 合同约定的受载期前后鲅鱼圈附近海况是否构成不可抗力

原告认为，签订运输合同时双方均知晓鲅鱼圈海域存在冰冻，被告可以在预备航次出发前采取重载等措施避免危险，鲅鱼圈码头一直有船舶停靠装载，只要采取适当措施，海冰并不影响船舶进出港，本案情况不构成不可抗力。被告认为，渤海海域海冰系罕见冰冻，该灾害构成不可抗力，被告在预备航次出发时无法预见几天后装货港的天气情况，并且合同中约定原告应当提供安全泊位，而原告未采取任何措施，因此被告不需承担赔偿责任。法院认为，法律规定不可抗力是指不能预见、不能避免并不能克服的客观情况，即构成不可抗力必须同时具备上述三个要素。本案原、被告签订船舶运输合同之前，国家海洋局北海分局已发布海冰警报，通报渤海海域存在海冰冰情，各新闻媒体也在持续报道鲅鱼圈等码头海冰情况，因此涉案运输装载港的天气状况不属于不能预见的客观情况，不具备构成不可抗力的基本要素。被告在明知装货港存在冰冻的情况下，仍然与原告签订运输协议，其关于不可抗力导致合同无法履行的抗辩，法院不予支持。被告虽举证证明"永华58"轮不适于在冰区航行，但无证据显示被告在缔约时向原告告知了该情况，故原告对此不存在缔约过错。关于安全泊位，原、被告提交的网络报道可以证明鲅鱼圈码头并未因海冰而停航，船舶可以在引航站、港方和海事部门的指引下进出港口和装卸货物，被告关于泊位自然条件不安全的主张，法院不予支持。

2. 原告与浙江恒晖海运有限公司另行签订船舶运输协议，是否意味着被告所负运输合同义务的免除

被告认为，其联系浙江恒晖海运有限公司运输涉案货物，原告同意并与浙江恒晖海运有限公司另行签订了运输协议，合同的权利义务转让给浙江恒晖海运有限公司，被告不应再承担原合同义务。原告认为，被告联系他船履行运输义务，其行为系减少其违约给原告造成的损失，不等于原告不存在损失或者被告不需对损失承担赔偿责任。法院认为，原、被告签订运输协议约定的受载期为 2010 年 1 月 28 日，被告未按合同约定安排"永华58"轮到码头装货，其违约行为发生在先。被告主张合同转让，应举证证明原、被告就合同转让达成一致意见，原告与浙江恒晖海运有限公司签订的运输协议虽同样指向涉案货物，但并不等于原、被告一致同意原合同权利义务变更，亦不等于被告对其违约行为可以免责；并且原告与浙江恒晖海运有限公司于 2010 年 2 月 2 日签订运输协议的行为发生在原合同受载期之后，应视为减少损失而采取的补救措施。因此，原、被告签订的运输合同和原告与浙江恒晖海运有限公司签订的运输合同不存在合同继受、转让等问题，被告应当承担因违约而造成的法律责任。

3. 被告应否对原告主张的损失承担赔偿责任，如需赔偿，应赔偿的范围和数额

原告认为，被告违反合同约定，应当赔偿因违约给原告造成的损失，包括货款差价人民币 580 000 元和滞期仓储费人民币 220 000 元。被告认为，原告未提交仓储合同，

其主张的仓储费无依据;货款差价属于市场价格波动造成的损失,不属于被告应当承担的赔偿范围,且被告在签订合同时无法预见可能产生这一损失。法院认为,根据法律规定,当事人一方不履行合同义务或者履行合同义务不符合约定的,应当承担继续履行、采取补救措施或者赔偿损失等违约责任,在采取补救措施后,对方还有其他损失的,应当赔偿损失。本案被告未按约履行运输合同项下的主要义务,虽然其联系其他船舶运输涉案货物,但因其违约行为导致货物迟延运输给原告造成的实际损失其应当赔偿。

关于原告主张的滞期仓储费,系货物迟延运输产生的实际损失,原告与松原吉安生化有限公司签订的购销合同中约定 1 月 28 日前提货,由于货物在码头存放到 2 月 28 日才运走,松原吉安生化有限公司向原告收取滞期仓储费符合常理。被告提出存在一个月的免费堆存期及每天每吨人民币 1.50 元的堆存费标准,但未提交证据予以证明,法院对其主张不予采信。原告已实际向松原吉安生化有限公司支付了仓储费人民币 220 000 元,实际仓储单位营口港务股份有限公司第四分公司也开具了发票,被告应当赔偿原告这一损失。

关于原告主张的货款差价人民币 580 000 元,由于原告未提交证据证明其采购的 2 000 吨乙醇确用于自身生产,也未举证证明货款差价系因紧急采购而非市场波动等因素导致,因此原告提交的证据不足以证明其主张的货款差价损失与被告违约行为具有因果关系。并且另行采购导致的货款差价不属于被告在订立运输合同时可以预见到或者应当预见到的因违约可能造成的合理损失,法院对原告关于货款差价的主张不予支持。

综上,依照《中华人民共和国合同法》第 107、112、113 条第 1 款、第 117 条第 2 款,《中华人民共和国海商法》第 96 条第 2 款,《中华人民共和国民事诉讼法》第 64 条第 1 款的规定,判决如下:

(1)被告浙江永华海运有限公司应在本判决生效之日起 10 日内向原告上海儒仕实业有限公司赔偿仓储费损失人民币 220 000 元;

(2)对原告上海儒仕实业有限公司的其他诉讼请求不予支持。

3.5 滞期费

15 **原告深圳市中海通运输有限公司与被告南京恒风船务有限公司水路货物运输合同纠纷案**
案例来源:广州海事法院(2001)广海法深字第 9 号
主题词:滞期费 一程船东 二程船东

> **裁判要旨**
>
> **No. HY-3.5-1** 因一程船东的船舶未按合同约定的受载期抵港,从而导致二程船东无法履行其与承租人签订的海船运输协议,并赔偿了承租人损失,由于该损失

> 是一程船东违约造成的,一程船东应依约赔偿因船舶未按期抵港受载给二程船东造成的货物延滞的费用及损失。

一、基本案情

原告:深圳市中海通运输有限公司

被告:南京恒风船务有限公司

原告深圳市中海通运输有限公司诉称:1999年9月30日,原告与镇江京口联运公司(以下简称京口公司)签订《海船运输协议》,约定由原告承运京口公司的大米、麸皮1700吨从镇江到海口。同日原告与被告签订《货物运输合同》,约定由被告承运上述货物,受载期为1999年10月4日至7日,被告船舶若不按期抵港,须赔偿原告的货物延滞费用及损失。被告未能按照合同约定提供船舶,导致原告遭受货物延滞的损失共计12 000元。请求判令被告赔偿原告的损失12 000元及相应的利息。

原告提供的上述证据能够相互印证,被告没有答辩,也没有到庭应诉,应视为被告放弃对上述证据进行质证的权利。

二、法院查明事实

广州海事法院认定以下事实:

1999年9月30日,原告与京口公司签订《海船运输协议》,约定由原告承运京口公司的大米和麸皮共计1 700吨,从镇江港运至海口港;原告船舶须于10月4日到达港口;船舶落空应支付违约金。同日,原告与被告签订《货物运输合同》,约定由被告承运大米和麸皮共计1 700吨,从镇江港运至海口港;受载期为10月4日至10月7日;船名为"恒风1号";被告应保证船舶按期抵港受载,否则须赔偿原告货物延滞的费用及损失;本合同发生的一切争执,如协商不能解决,应提交广州海事法院依法解决。

由于被告的船舶"恒风1号"未按时抵港,上述两份合同均没有履行。2000年7月19日,原告与京口公司签订《民事调解协议书》,约定由原告赔付京口公司12 000元。同日,原告将12 000元电汇给京口公司。

三、法院裁判

广州海事法院认为:原告与被告签订的《货物运输合同》符合法律规定,合法有效,双方均应履行合同约定的义务。被告的船舶未按合同约定的受载期抵港,已构成违约。原告因此无法履行其与京口公司签订的《海船运输协议》,并赔偿了京口公司12 000元。原告的上述损失是由于被告违约造成的,原告与被告在《货物运输合同》约定被告应赔偿因船舶未按期抵港受载给原告造成的货物延滞的费用及损失。原告请求被告赔偿原告损失12 000元及利息,符合合同约定,应予以支持。利息自原告起诉之日起计算。

依照《中华人民共和国民法通则》第 111、112 条的规定,判决如下:

被告南京恒风船务有限公司向原告深圳市中海通运输有限公司赔偿 12 000 元以及利息(自 2001 年 1 月 18 日起至本判决确定的支付之日止,按中国人民银行同期流动资金贷款利率计算)。

本案受理费 490 元,由被告负担。

16 上诉人山东晨鸣纸业集团齐河板纸有限责任公司与被上诉人中海集装箱运输(香港)有限公司集装箱超期使用费纠纷案

案例来源:山东省高级人民法院(2008)鲁民四终字第 79 号
主题词:滞箱费　计算标准　海关扣押

裁判要旨

No. HY-3.5-2　进口货物因货物质量原因被海关查扣,其用以运输货物的集装箱超期使用的滞箱费应由货方(收货人)承担。虽然集装箱可以在费率表中约定超期使用费费率,但不应超出当事人所能合理预见的损失或者重置新集装箱的费用。

一、基本案情

上诉人(原审被告):山东晨鸣纸业集团齐河板纸有限责任公司(以下简称晨鸣纸业齐河公司)。

被上诉人(原审原告):中海集装箱运输(香港)有限公司(以下简称中海集运香港公司)。

原审被告:青岛顺通达物流有限公司(以下简称顺通达公司)。

青岛海事法院认定,中海集运香港公司接受委托,将 8 个集装箱装在"XIN HAI KOU"轮上,并签发了号码为 MTRTA0527216 的已装船提单,提单载明托运人为 OGO-FIBERS INC.,收货人为晨鸣纸业齐河公司,通知方为收货人,船名 XINHAI KOU,航次 0024W,装港 HALIFAX,卸港中国青岛,货物为 8×40 超高集装箱废纸。8 个超高集装箱号码分别为 CCLU6765998、CCLU6531290、CCLU6731560、CCLU6242180、TGHU8422397、CCLU6002152、CCLU6346013、GLDU7014521。

上述 8 个超高集装箱货物于 2006 年 9 月 1 日随船抵达青岛港,并于当日卸下。顺通达公司于 2006 年 9 月 4 日在中海集运香港公司的代理中海集装箱运输青岛有限公司处换取了提货单,之后,上述 8 个集装箱被顺通达公司提取。顺通达公司以提单原件换取提货单以及提取货物的行为均得到晨鸣纸业齐河公司的授权。

另查明,2006 年 4 月 7 日,中海集装箱运输青岛有限公司(甲方)与顺通达公司(乙方)签订了"箱管协议",协议中载明"如乙方不能如期将集装箱返回甲方指定的堆场,无论是收货人、乙方或其他第三方原因,乙方都必须向甲方交纳集装箱滞期费。滞期费必须在集装箱返回甲方指定堆场后 15 天内结清,逾期不交者,按滞期费总额每月递增百分之十交滞纳金。甲方保留暂停与该车队协议关系的权利","乙方须在本协议生效日起三日内向甲方支付三万元现金作为提箱押金,协议期间如未出现任何问题,甲方应在协议期满后三日内,将该押金金额返还给乙方"。

顺通达物流公司为提取 MTRTA0527216 项下的 8 个集装箱的货物,向中海集装箱运输青岛有限公司出具了委托书。委托书载明"我司青岛顺通达物流有限公司与贵司已签订运输协议,现委托我司员工张永发,到贵司办理以下押箱事宜。我司承诺按协议和中海集装箱运输有限公司规定的收费标准承担有关费用并保证及时结费",委托书中还载明提单号 MTRTA0527216,箱量 8×40HC。2006 年 9 月 4 日,张永发代表顺通达物流公司在中海集装箱运输青岛有限公司提供的集装箱押箱单上签字。押箱单除了载明提单号 MTRTA0527216,箱量 8×40HC 以外,还载明了以下注意事项:① 此单为在我司办理退押箱款的重要凭证,请妥善保管。如丢失,须出具单位保函。② 按规定承担超期费、箱损、集装箱丢失赔偿责任。③ 必须按设备交接单指定地点还箱,并在还箱后 7 天内持此押箱单和设备交接单第 3 联办理结账手续,逾期不办,我司将从押箱款直接扣取有关费用。

中海集运香港公司收取,进口超高集装箱滞箱费的费率标准如下:免费期限为卸船之日起 7 天以内,第 8 至 15 天每个超高集装箱每天收取 14 美元的滞箱费,第 16 至 40 天,每个超高集装箱每天收取 25 美元的滞箱费,第 41 天以后,每个超高集装箱每天收取 50 美元的滞箱费。

二、一审裁判

青岛海事法院认为,MTRTA0527216 号提单上载明承运人为中海集运香港公司、收货人为晨鸣纸业齐河公司,根据《中华人民共和国海商法》第 78 条"承运人同收货人、提单所有人之间的权利、义务关系,依据提单确定"的规定,中海集运香港公司与晨鸣纸业齐河公司间的权利、义务关系应依该提单的相应规定确定。MTRTA0527216 号提单上载明"承运人所使用的运价本条款以及有关费用的其他要求等项,已被载入提单。请特别注意运价本所载各项条款,包括但不限于免费堆存期、集装箱和车辆的滞箱费等。使用的运价本的相关条款,如果需要可从承运人或他的代理人处索取。如果使用的运价本和提单不一致,应以提单为准",提单上还载明"如果承运人的集装箱和设备在前程运输或续程运输使用中在货主的营业地被开箱,货主应负责将空箱刷洗干净、不留异味后在运价本规定或承运人要求的时间内归还到承运人、其受雇人或代理人指定的地点。如果箱子未在上述时间内被返还,货主应就未还空箱而引起的延误、滞期、损失或费用承担责任",提单的以上规定表明,收货人应对逾期归还集装箱承担违约责任,即晨鸣纸业齐河公司应当返还集装箱,并向中海集运香港公司支付滞箱费。

关于滞箱费的计算标准，青岛海事法院认为，海运市场遵循的是市场经济原则，市场价格已放开，国家已不再干预。本案中，尽管中海集运香港公司未提供证据证明与晨鸣纸业齐河公司就滞箱费的标准达成协议，即对滞箱费的标准属于约定不明，根据《中华人民共和国合同法》第62条第1款第(二)项的规定，应以市场价格为准。中海集运香港公司所使用的计算标准，与当前市场价格是一致的，因此该院对中海集运香港公司的计算滞箱费的标准予以支持。迄今为止晨鸣纸业齐河公司仍未还箱，按照此标准计算的滞箱费至2007年10月15日止为174 296美元，中海集运香港公司的该项诉讼请求青岛海事法院予以支持。

顺通达公司在与中海集运香港公司代理签订的箱管协议中明确承诺要承担滞箱费，在提取MTRTA0527216号提单项下的货物时，向中海集装箱运输青岛有限公司提交的委托书、集装箱押箱单中亦明确承诺支付该提单项下的8个集装箱相应的滞箱费，因此，顺通达物流公司的抗辩理由不能成立，中海集运香港公司请求顺通达公司承担174 296美元滞箱费的主张该院予以支持。但无论是箱管协议还是委托书、集装箱押箱单，均未明确顺通达公司负有归还集装箱的义务，因此，中海集运香港公司要求其返还MTRTA0527216提单项下的8个集装箱的主张青岛海事法院未予支持。

根据《中华人民共和国民事诉讼法》第130条、《中华人民共和国合同法》第62条第1款第(二)项、《中华人民共和国海商法》第78条及相关的法律规定，判决：

(1) 晨鸣纸业齐河公司、顺通达公司应当共同支付中海集运香港公司滞箱费174 296美元，并于判决生效之日起10日内付清，逾期则加倍支付迟延履行期间的债务利息。晨鸣纸业齐河公司及顺通达公司中的任何一方向中海集运香港公司支付了上述费用，则另一方的支付责任解除；

(2) 晨鸣纸业齐河公司于判决生效之日起10日内，将号码为CCLU6765998、CCLU6531290、CCLU6731560、CCLU6242180、TGHU8422397、CCLU6002152、CCLU6346013、GLDU7014521的8个集装箱返还中海集运香港公司；

(3) 驳回中海集运香港公司的其他诉讼请求。

案件受理费13264元，由晨鸣纸业齐河公司、顺通达公司共同承担。

三、上诉与答辩

上诉人晨鸣纸业齐河公司不服一审判决上诉称：

(1) 青岛海事法院认定事实不清。因为承运人承运的CCLU6765998号集装箱的封识号与装运前检验证书上的封识号不符，并且整批货物夹杂物含量超过1.5%，不符合国家相关固体废物控制标准，因此该批货物被海关扣压并责令退运，青岛海事法院仅以箱单等相关记载认定集装箱没按时返还并判令上诉人归还集装箱、承担滞期费，属于没弄清事实。

(2) 青岛海事法院分配责任不当。根据相关规定，承运人承运不符合我国进口标准废物的，应当承担一切责任并负责退运，上诉人承运了不符合进口标准的废物应当承担退运责任。上诉人与被上诉人沟通协调但没有解决,造成集装箱长期在场站堆放,形成高额滞期费,被上诉人对此应当承担责任。

(3) 上诉人没有委托顺通达公司与被上诉人订立高额滞期费,上诉人对此不予认可,根据相关公司报价,每台集装箱价值最多不超过 43 000 元人民币,因此一审判决显失公平。请求撤销原判,依法改判。

被上诉人中海集运香港公司辩称:顺通达公司持盖有上诉人公章的提单换取了相应的提货单,表明货物所有权已转移到上诉人处,上诉人应当提取货物并返还集装箱。由于货物存在质量问题被扣留与承运人无关,上诉人应当承担因无法及时归还集装箱所导致的经济损失,按照目前航运市场通行的滞箱费标准承担赔偿责任。承运人并没有违反交通部有关运输废物标准的规定,上诉人以此主张应由被上诉人承担退运及赔偿责任不当。上诉人与顺通达公司形成代理关系,集装箱在流通过程中的经济效益远远超过集装箱本身的价值,因此上诉人给被上诉人造成的经济损失赔偿不应是集装箱的价值。

原审被告顺通达公司辩称,其没有任何过错,不应当承担任何责任。

四、二审裁判

山东省高级人民法院经审理查明,上诉人已将涉案集装箱自海关部门取出,将其中的货物销毁,现涉案 8 个集装箱存放于上诉人处。被上诉人签署的提单第 26 条第 1 项约定:提单受《中华人民共和国海商法》管辖,提单项下或与提单有关的一切争议,均根据中华人民共和国法律加以裁定,凡是针对承运人的任何争议,均应提交上海海事法院或中华人民共和国其他海事法院。

查明其他事实同一审法院认定事实。

山东省高级人民法院认为,本案系涉港集装箱超期使用费纠纷案件,在诉讼程序和实体法适用方面应按照涉外民事诉讼的有关规定办理。涉案提单载明与提单有关的一切争议均根据中华人民共和国法律加以裁定,因此,本案适用中华人民共和国内地法律解决实体争议。

本案争议的焦点主要是:一是上诉人是否应当承担滞期费;二是滞期费标准如何计算。

1. 上诉人是否应当承担滞期费

山东省高级人民法院认为,上诉人与原审被告顺通达公司之间签订有进口纸业货运代理协议,由顺通达公司承担上诉人到达青岛港进口纸业的报检、通关、提货、运输等事宜,因此上诉人与顺通达公司间应为委托代理关系。顺通达公司工作人员已在被上诉人处换取提货单,并将涉案的 8 箱货物提走,货物所有权即发生转移,应当认为上诉人已收到被上诉人承运的该 8 箱货物,被上诉人完成了提单规定的交货义务,上诉人应当按规定支付运输费用并按时返还集装箱。涉案 8 箱货物系上诉人进口的货物,该批货物经中华人民共和国出入境检验检疫局(济南)检验,不符合《进口可用作原料的固体废物环境保护控制标准》的控制要求,海关对该批货物作出扣押责令退运的处罚,因此造成货物被扣押的主要原因是上诉人进口货物不合格,上诉人应当对集装箱滞箱承担责任。虽然 CCLU6765998 号集装箱的封识号与装船前检验证书上记载的号码不一致,但集装箱的箱号与装船前检验证书是一致的,因此其主张因集装箱封识号不一致导致无法通关而致使货物被扣押的理由不能成立。承运人所承运的货物是我国允许进口的废物,系由上诉人进口,且在装船前经过了检验,进口货物由于含杂量超标被海关扣押,其责任并不在被上诉人,因此,上诉人主张承运人应当对进口不合格废物承担责任的理由不能成立。综上,造成集装箱滞箱的原因在上诉人,其应当承担超期使用集装箱的滞箱费。

2. 集装箱滞期费的计算标准

山东省高级人民法院认为,被上诉签发的提单中并未载明滞期费的承担标准,虽然其声称其滞箱费标准是公开的、通用的,但被上诉人并未将该项标准对上诉人或原审被告进行特别说明或另行签订合同,即双方未能对滞箱费的计算标准达成合意,被上诉人主张适用该公司关于滞箱费的计算标准的理由不应支持。上诉人超期使用集装箱属于违约,其应当承担违约责任,但上诉人所承担的违约责任即滞箱费的赔偿不应超出其订立合同时所能预料到的损失,对于上诉人而言集装箱本身的价值应为其所能预见到的最大损失,故上诉人所应承担集装箱超期使用费不应超出相同数量同类型集装箱的市场价格。上诉人主张同类集装箱的价值每个约人民币 43 000 元,其应当承担的赔偿不应超过 8 个集装箱本身的价值,即人民币 344 000 元。被上诉人以其公司规定的滞期费标准计算主张滞箱费 174 296 美元已超出当事人所能预料到的损失及集装箱本身的价值,按此标准计算滞箱费显失公平,应予调整。综上,上诉人应当赔偿因超期使用集装箱给被上诉人造成的损失人民币 344 000 元。

原审被告对原审判决其与晨明纸业齐河公司共同承担赔偿责任未予上诉,对其承担共同赔偿责任认定应予维持。

综上所述,原审判决对滞箱费的认定有所不当,应予调整。依据《中华人民共和国民事诉讼法》第 153 条第 1 款第(三)项、《中华人民共和国合同法》第 113 条之规定,判决如下:

(1) 维持青岛海事法院(2007)青海法海商初字第 174 号民事判决第二、三项。

(2) 变更青岛海事法院(2007)青海法海商初字第 174 号民事判决第一项为:山东晨鸣纸业集团齐河板纸有限责任公司、青岛顺通达物流有限公司在本判决生效后 10 日内共同支付中海集装箱运输(香港)有限公司滞箱费 344 000 元人民币。

如果未按本判决指定的期间履行给付金钱义务,应当依照《中华人民共和国民事诉讼法》第 229 条之规定,加倍支付迟延履行期间的债务利息。

一审案件受理费 13 264 元,由山东晨鸣纸业集团齐河板纸有限责任公司、青岛顺通达物流有限公司共同承担 4 000 元,由中海集装箱运输(香港)有限公司承担 9 264 元。二审案件受理费 13 264 元,由山东晨鸣纸业集团齐河板纸有限责任公司、青岛顺通达物流有限公司共同承担 4 000 元,由中海集装箱运输(香港)有限公司承担 9 264 元。

本判决为终审判决。

17 上诉人上海荣益船务有限公司与被上诉人上海弗莱特国际物流有限公司通海水域货物运输合同纠纷案

案例来源:上海市高级人民法院(2009)沪高民四(海)终字第126号

主题词:滞期费　计算时间　船舶到达锚地

裁判要旨

No. HY-3.5-3　《中华人民共和国海商法》和《国内水路货物运输规则》对于计算滞期费的规定,并不要求以递交装卸准备就绪通知书为条件,双方可以在合同中约定以船舶到达锚地开始计算装卸时间。

一、基本案情

上诉人(原审被告):上海荣益船务有限公司(以下简称荣益公司)

被上诉人(原审原告):上海弗莱特国际物流有限公司(以下简称弗莱特公司)

原审被告:武汉船用机械有限责任公司(以下简称武汉船机)

上海海事法院一审认定:2008年9月27日,武汉船机为从江苏南通运输一座32吨门座起重机到广州龙穴岛中船码头,与案外人上海东浦船务有限公司(以下简称东浦公司)订立运输合同。同年10月27日,东浦公司与荣益公司签订运输合同,将门座起重机的部分备件委托荣益公司运输。同一天,荣益公司与弗莱特公司签订运输合同,约定受载日期为2008年10月30日正负一天,运费为人民币165 000元,装货地点为上海港,卸货地点为广州龙穴岛,船名为"金海江1"号轮。装卸货物由荣益公司承担,并负责提供装、卸港各一个安全泊位。并特别约定,交接以水路货物运单为准,件收件交。装货时间为24小时,卸货时间为36小时,船舶抵达锚地起算,两港时间合并计算,船舶滞期费每天人民币10 000元。2008年11月3日,案外人乐清市瑞银海运有限公司(以下简称瑞银海运)"金海江1"号轮作为承运人签发了水路货物运单,载明托运人为武汉船机,收货人为广州项目部李维刚,货物名称为门机设备,到达港为广州中船黄埔造船厂。2008年11月18日,李维刚在运单上签收。依据"金海江1"号轮航海日志记载:2008年10月28日21:37时,"金海江1"号轮在吴淞9号锚地抛锚。11月3日07:55时在该锚地备车,09:21时在108号浮筒停泊,22:34时备车,22:40时开航,23:33时靠泊海太码头完车。11月4日装货,19:03时装货完毕,19:10时开航。11月8日09:52时在广州32号锚地抛锚。11月12日20:30时,在32号锚地备车,20:40时开航,21:10时与"诚信588"轮发生擦碰,21:40时搁浅,22:54时回到32号锚地抛锚完车。11月13日08:33时在32号锚地备车,08:44时开航,12:11时在桂山18号锚地抛锚。14日07:45时在桂山18号锚地备车,07:55时开航,11:07时在32号锚地抛锚,12:22时备车,12:40时开航,14:08时靠妥龙穴岛黄埔造船厂码头。11月21日16:06时,在龙穴岛黄埔码头备车离泊,16:15时开航,17:00时在32号锚地抛锚。

上海海事法院还查明，弗莱特公司与荣益公司签订运输合同后，至 2008 年 12 月底，荣益公司共向弗莱特公司支付运费和滞期费人民币 190 000 元。

二、一审裁判

上海海事法院一审审理认为，弗莱特公司与荣益公司依据双方签订的运输合同成立通海水域货物运输合同关系，双方应依约履行各自的义务。弗莱特公司与武汉船机并未订立运输合同，涉案货物的运单上载明托运人虽为武汉船机，但承运人是与弗莱特公司有租船合同关系的瑞银海运，弗莱特公司并非运单载明的当事人之一，其与武汉船机之间无运输合同关系，无权向武汉船机追讨运费和滞期费。涉案运输合同约定运费为人民币 165 000 元，弗莱特公司确认收到荣益公司人民币 190 000 元，故荣益公司已经支付全额运费，并支付了人民币 25 000 元的滞期费。本案的争议焦点在于滞期的时间与滞期费的计算。依据"金海江 1"号轮航海日志记载，该轮于 2008 年 10 月 28 日 21：37 时抵达吴淞锚地，因约定的装运期为 10 月 30 日正负一天，应从 10 月 29 日起计算，至 11 月 4 日 19：00 时上海港装货完毕，备车开航，共计 6 天 19 小时。11 月 8 日 09：52 时到达广州 32 号锚地，到 11 月 21 日 16：06 时备车开航，共计约 13 天 6 小时。期间，11 月 12 日 20：30 时从 32 号锚地开航因发生擦碰事故返回原锚地，至 11 月 14 日 12：40 时从 32 号锚地开航前往龙穴岛黄埔船厂码头的 1 天 16 小时，系因船舶在航行过程中发生擦碰事故而返回原锚地，同时船舶又曾移泊桂山锚地，弗莱特公司同样不能说明移泊原因，不能排除系船舶自身过失造成，上述时间均不能归责于荣益公司，故应从滞期中扣除。因弗莱特公司自认货物于 2008 年 11 月 18 日 08：00 时就已经卸货完毕，继续在码头停留是因为发生海事事故，需等待海事签证，该部分时间同样应该从滞期时间中扣除。同时扣除合同约定的装、卸货时间，两港合并计算共计 60 小时，船舶实际滞期时间应为 12 天 13 小时。荣益公司辩称弗莱特公司未向其发出船货备妥通知书，不能按船舶到达锚地起开始计算。上海海事法院认为，《中华人民共和国海商法》和《国内水路货物运输规则》并无在租船合同中必须订立以交付船货备妥通知书作为计算滞期费依据的规定，双方在运输合同中约定以船舶到达锚地开始计算装卸时间，系合同双方的真实意思表示，与法无悖，应予支持。按实际滞期时间，每天人民币 10 000 元计算，应支付滞期费人民币 125 417 元，扣除荣益公司已经支付的滞期费人民币 25 000 元，尚应支付弗莱特公司滞期费人民币 100 417 元。荣益公司辩称按每天人民币 10 000 计算滞期费费率过高，应予调整。因荣益公司未能举证证明合同约定的费率确实远高于当时的市场行情，对荣益公司的该项辩解不予采纳。

三、上诉与答辩

上诉人荣益公司不服原审判决，上诉称：原审判决对于荣益公司已支付款项的数额以及装、卸两港的滞期时间认定有误，故请求二审法院撤销原审判决，依法驳回弗莱特公司原审诉讼请求。

被上诉人弗莱特公司答辩认为：荣益公司未能举证其主张的已支付款项的数额，合同约定了滞期时间的起算点，故原审判决认定事实清楚，请求驳回上诉，维持原判。

武汉船机答辩认为：涉案纠纷与其无关。

四、二审裁判

二审庭审中，荣益公司重新提交了收条、银行网上交易记录、支票存根，用以证明其向弗莱特公司支付费用的金额。弗莱特公司对收条予以认可，对其余材料，因无原件，故无法确认其真实性，且银行网上交易记录显示是个人交易，与本案无关。武汉船机认为上述材料均与其无关。

上海市高级人民法院认为，上述材料均为荣益公司欲证明其与弗莱特公司之间的费用往来情况，因弗莱特公司对收条予以认可，故本院确认其证据效力，其余材料均为复印件，且弗莱特公司无法确认其真实性，故本院对其证据效力不予确认。

上海市高级人民法院经审查认为，原判认定的事实属实，予以确认。

上海市高级人民法院二审认为，本案为通海水域货物运输合同纠纷，争议的焦点是荣益公司已向弗莱特公司支付费用的金额以及滞期时间的计算。荣益公司在二审中主张其已支付了人民币 200 000 元，但根据其提交的具有证据效力的证据显示，支付金额仅为人民币 10 000 元，故原判以弗莱特公司自认的人民币 190 000 元作为认定荣益公司付款金额的依据并无不当，本院予以维持，并对荣益公司有关已支付人民币 200 000 元的主张不予采纳。因双方运输合同约定受载日期为 2008 年 10 月 30 日正负一天，由荣益公司负责提供装、卸港各一个安全泊位，装卸时间以船舶抵达锚地起算，该约定系双方的真实意思表示，亦不违反法律规定，故原判以"金海江1"号轮到达装货港锚地的时间即 2008 年 10 月 28 日 21:37 时结合受载期的约定，确定装货起算时间，并以该轮到达卸货港锚地的时间即 11 月 8 日 09:52 时确定卸货起算时间符合双方的约定，本院予以维持。因荣益公司对于装货完毕时间无异议，原判扣除了在卸货港因涉案船舶发生擦碰而延误卸货的时间、不能归咎于荣益公司的卸货完毕至船舶开航驶离卸货港、用以等待海事签证的时间以及合同约定的装、卸货时间，据此计算涉案船舶实际滞期时间并无不当，本院予以确认，同时对原判根据合同约定的滞期费率计算的滞期费一并予以确认。荣益公司主张因弗莱特公司未向其发送船舶备妥通知书，故装港时间应自实际装货时间即 2008 年 11 月 3 日起算，但未能说明该主张的法律依据，亦与合同约定的以船舶抵达锚地起算的内容不符，其主张的卸货时间从实际卸货时起算亦与合同约定不符，故本院均不予采纳。

综上，原判认定事实清楚，适用法律正确。荣益公司的上诉请求缺乏事实和法律依据，本院不予支持。依照《中华人民共和国民事诉讼法》第 152 条第 1 款、第 153 条第 1 款第（一）项、第 158 条之规定，判决如下：

驳回上诉，维持原判。

18 原告泰州市永丰海运有限公司与被告连云港陆海达物流有限公司航次租船合同纠纷案

案例来源:上海海事法院(2011)沪海法商初字第461号

主题词:滞期费　议定违约金　赔偿责任

裁判要旨

No. HY-3.5-4　按照通常的理解,滞期费也属于议定违约金。存在两个违约金条款且指向同一个违约行为的,应选择适用数额较高的违约金的条款。

一、基本案情

原告:泰州市永丰海运有限公司

被告:连云港陆海达物流有限公司

原告诉称:2010年12月30日,原、被告双方签订航次租船合同,由原告所属"永丰28"轮为被告从曹妃甸港运送水渣粉至广州虎门锚地。2011年1月4日,"永丰28"轮抵达装货港曹妃甸锚地并做好装货准备。同年1月7日,"永丰28"轮靠泊码头开始装货,在装载约20吨货物后,被告即要求停止装货。1月8日,"永丰28"轮离开码头在锚地等待被告通知。同日被告要求在"永丰28"轮上割洞装货,因可能破坏船舶结构,影响航行安全,未获原告同意。1月14日,原、被告双方就撤船事宜进行协商,但未达成一致。同日,原告通过律师致函被告,要求被告在1月15日17:00时前恢复装货,否则将认定被告不再履行合同。因原告未在规定时间内收到被告的任何书面通知,1月16日"永丰28"轮离开曹妃甸锚地,开往秦皇岛装货。原告认为因被告未能提供符合装载条件的货物,违反航次租船合同,给原告带来巨大损失,故请求判令被告向原告赔偿滞期费358 800元、违约金332 100元、码头费10 543元、清舱费20 000元,扣除被告已支付的100 000元,合计人民币621 443元,并承担本案诉讼费用。

被告辩称:被告承租"永丰28"轮后又转租给了案外人洋浦榕盛海运有限公司(以下简称洋浦公司),被告本身在合同履行过程中不存在任何过错,并曾多次催促洋浦公司履行合同,故应追加洋浦公司为本案第三人;原告的诉请金额不合理,原告主张的违约金数额过高,且在航次租船合同未实际履行的情况下不应产生滞期费损失。

二、法院查明事实

上海海事法院经审理查明并确认如下法律事实:

2010年12月30日,原、被告双方签订航次租船合同,由"永丰28"轮从曹妃甸港运送水渣粉至广州虎门锚地。合同约定:原告为出租人,被告为承租人;受载日期为2011年1月3日及前后一天;运费为82元/吨,运费最低按13 500吨结算,承租人保证本航次在装、卸港只停靠一个安全泊位,如需移泊所产生的费用由承租人承担,损失的时间计入装卸时间;出租人不负责两港装卸及有关堆舱、绑扎、装卸费、货港费、平舱费、船舶速遣费及货物代理费;自船舶抵达装卸港锚地起算装卸时间,至货物装卸完毕时为止(装卸时间包括节假日),两港合并使用,滞期费率为 3 万元/天,装载期限和卸载期限均为 60 小时。另合同第 7 条约定:"本合同签订当天内由承租人支付航次履约保证金 8 万元人民币。若在合同执行期间,其他合同条款违约时违约方需支付守约方该航次合计总运费的 30% 违约金。" 2011 年 1 月 4 日 15:00 时,"永丰 28"轮抵达装货港曹妃甸锚地并做好装货准备。同年 1 月 7 日,"永丰 28"轮靠泊码头开始装货。在装载约 20 吨货物后,被告要求停止装货。同年 1 月 8 日,"永丰 28"轮离开码头在锚地等待被告通知,并产生港口费用 10 543 元。同日,被告向原告提出要求在"永丰 28"轮上割洞以便装货。原告因此举会破坏船舶结构、影响航行安全,未予同意。同年 1 月 14 日,原、被告就撤船事宜进行协商,但未达成一致意见。同日,原告通过律师致函被告,要求被告在 2011 年 1 月 15 日 17:00 时前作出是否继续履行航次租船合同的书面答复,否则将视为被告不再履行合同。嗣后,原告未收到被告的任何书面通知。2011 年 1 月 16 日 14 时,"永丰 28"轮驶离曹妃甸锚地。在驶离曹妃甸锚地前,原告为清理已装船的货物支出清舱费 20 000 元。原告在庭审中确认已收到被告支付的部分合同款 100 000 元。

三、法院裁判

上海海事法院认为,本案的主要争议焦点在于涉案航次租船合同中的滞期费条款和一般违约金条款可否叠加适用。本案航次租船合同已经部分履行,后因被告方原因致合同解除。被告在本案中存在两个违约行为:一是在合同解除前船舶在装港等待的时间已经超过了约定的两港合用装卸时间;二是货物落空致涉案航次运输合同未能履行。涉案航次租船合同中的滞期费条款即针对被告的第一个违约行为。双方又在合同第 7 条约定:"……若在合同执行期间,其他合同条款违约时违约方需支付守约方该航次合计总运费的 30% 违约金。"按其文义理解,该条款含义应为"违约方违反除本条以外的其他合同条款时应向守约方支付该航次总运费 30% 的违约金"。该违约金条款涵盖了装卸货滞期和货物落空两个违约行为。对此,上海海事法院认为,按目前通说,滞期费的法律性质为议定违约金,故涉案航次租船合同存在两个以上违约金条款指向同一违约行为的情形,在合同未明确约定可重复计算违约金,且原告未能证明其所受实际损失高于任一违约金条款数额的情况下,应适用两个违约金条款中数额较高的条款,否则有对同一违约行为重复计算违约金之嫌。本案装卸时间从 2011 年 1 月 4 日 15 时起算,截止时间应为确定合同不能继续履行时止,即 2011 年 1 月 15 日 17 时,再扣除两港装卸时间 120 小时,本案滞期时间应为 6.083 天,滞期费为 182 500 元。而本案运费总额的 30% 为 332 100 元,高于滞期费数额,原告未举证证明其因被告违约遭受的实际损失超过该数额,故上海海事法院支持原告违约金 332 100 元。

另根据合同约定,移泊产生的费用由承租人承担,故原告在本案中对外支付的港口费用 10 543 元系为被告垫付费用,应由被告在支付违约金外另行返还原告。原、被告双方未约定清舱费用的承担,原告在本案中支出的清舱费系原告为履行下一个合同而支出的费用,即为船方利益支出,该费用应属于原告的履约成本,但因合同最终未能履行,故该费用成为原告因被告未能履行合同而受到的实际损失,该损失已在上述违约金数额中得到补偿,故上海海事法院不再另予支持。被告已向原告支付的 100 000 元应在赔偿总额中扣除。被告主张系第三方行为致其违约,不属于本案审理范围,被告可在另案中向第三方提起诉讼。

综上所述,依照《中华人民共和国合同法》第 107 条、第 114 条第 1 款,判决如下:

(1)被告连云港陆海达物流有限公司应于本判决生效之日起 10 日内向原告泰州市永丰海运有限公司支付人民币 242 643 元;

(2)对原告泰州市永丰海运有限公司的其他诉讼请求不予支持。

如果未按本判决指定的期间履行给付金钱义务,应当依照《中华人民共和国民事诉讼法》第 229 条之规定,加倍支付迟延履行期间的债务利息。

滞期费・议定违约金・赔偿责任

4. 国际海上货运代理合同纠纷

4.1 签发货运代理提单的货运代理纠纷

1 原告黑龙江省进出口公司与被告汕头粤东国际货运代理有限公司、江苏环球国际货运公司深圳分公司、博联国际货运公司海上货物运输合同货物交付纠纷案

案例来源:广州海事法院(2001)广海法初字第 67 号

主题词:无单放货 托运代理 货代公司

裁判要旨

No. HY-4.1-1 承运人收回其签发的正本提单后交付货物并无不当,在货物完成交付和收回正本提单后,其凭正本提单放货义务即刻解除。

一、基本案情

原告:黑龙江省进出口公司

被告:汕头粤东国际货运代理有限公司(以下简称粤东货代)

被告:江苏环球国际货运公司深圳分公司(以下简称环球公司)

被告:博联国际货运公司(以下简称博联公司)

原告黑龙江省进出口公司诉称:原告于 1999 年 10 月 9 日委托被告粤东货代往美国运送一货柜绢花,原告为托运人,粤东货代为承运人,运费 4 710 美元,付款方式为运费到付,目的地为巴尔的摩。粤东货代接受委托后又转委托环球公司和博联公司运输货物。11 月 29 日,原告要求在提单不全或未得到原告书面同意的情况下不得放货,粤东货代、环球公司与博联公司均表示同意。根据《中华人民共和国合同法》的规定,原告与三被告已就此完成了要约与承诺。12 月 7 日,粤东货代通知原告已经在巴尔的摩将货扣住。12 月 16 日,原告要求将货物转运到洛杉矶。2000 年 1 月 11 日,粤东货代通知原告货已被环球公司放掉,造成原告货款损失 270 928.10 元,及另两票货物保温瓶、不锈钢餐具无法取得退税款 50 801 元的损失。粤东货代违背了其作出的在提单不全或未得到原告书面同意的情况下不予放货的承诺,环球公司和博联公司是放货人,三者均应承担责任。粤东货代曾于 2000 年 11 月 26 日通知原告不愿赔偿,根据诉讼时效从权利人知道或应当知道权利被侵害时开始计算的规定,故本案诉讼时效应从 2000 年 11 月 26 日起算。至 2001 年 4 月 1 日止,原告的诉讼请求未超过诉讼时效期间。请求法院判令三被告连带赔偿原告货款 270 928.10 元、退税款 50 801 元的损失以及本案的差旅费 14 509 元,并由三被告承担本案诉讼费用。

被告粤东货代辩称：粤东货代是原告的代理人，已经尽职尽责地完成了代理，没有任何过错，因代理行为产生的法律后果应由被代理人原告承担。粤东货代不应对本次海上货物运输合同货物交付纠纷承担责任。本案货物应当交付的时间为预计到达目的港时间1999年11月10日，实际交货时间为11月29日，原告向法院起诉的时间为2001年4月1日，无论从交付或应当交付货物的时间起算，原告的诉讼请求都已超过诉讼时效，不应予以保护。原告要求在提单不全或没有原告书面同意的情况下不能放货，这仅是原告的单方要求，粤东货代作为代理人仅是将原告的意思表示如实转达给承运人，没有对原告作出同意在提单不全或没有原告书面同意的情况下不予放货的承诺。原告主张出口货物的货款损失未提供增值税发票，也未提供贸易合同，其关于货款损失的主张证据不足，不应支持。原告未能证明另两票货物未能取得出口退税款是因本次纠纷引起的，其关于另两票货物的出口退税款损失的主张也不应支持。请求驳回原告的诉讼请求。

被告环球公司辩称：环球公司仅是货舱代理人，是在代理权限范围内进行代理，产生的民事责任应由被代理人承运人博联公司承担，而不应由代理人环球公司承担。放货是实际承运人的行为，环球公司事先对放货既未下达指示也不知情，不应承担责任。原告的诉讼请求已超过诉讼时效，不应保护。环球公司已经转达了博联公司要求退回全套正本提单才能扣货，否则根据美国海运法博联公司无权扣货的函。但原告和粤东货代始终未将全套正本提单退回。原告货款损失及出口退税款损失证据不足。请求驳回原告的诉讼请求。

被告博联公司辩称：本案提单是指示提单，原告既不是提单的指示人，也不是提单的受指示人，原告将货物交付承运人博联公司后即丧失了对提单项下货物的处置权。根据原告要求在未收回全套正本提单或未得到原告书面通知的情况下不予放货的函中记载，原告之所以如此要求是"因托运人（原告）与美方客户在贸易方式上的原因的需要"。据了解，所谓"因托运人（原告）与美方客户在贸易方式上的原因的需要"是原告与美方客户发生了贸易纠纷。原告与其客户的贸易纠纷与海上货物运输合同无关，原告不能因其贸易纠纷而要求承运人承担超出海上货物运输合同规定的义务。原告要求不予放货不合法，对三被告均无约束力。原告虽然持有一份正本提单，但根据提单正面条款的记载，本提单一式三份，其中任何一份用于提货，其他随之失效。故收货人持有两份正本提单提货后，原告持有的那份正本提单就已失效。提单是1999年10月10日签发的，从签发提单时起算，至2001年8月8日追加博联公司为被告，已超过1年的诉讼时效，其民事权利不应得到保护。原告货款损失及出口退税款损失证据不足。请求驳回原告的诉讼请求。

二、法院查明事实

广州海事法院经审理查明并确认如下法律事实：

1999年10月9日，原告与被告粤东货代签署了《货物托运单》，载明：原告为托运人,收货人凭莫龙国际公司(Molng International Inc,以下简称莫龙公司)指示,目的港为巴尔的摩,货物为约5吨绢花,运费4 710美元,付款方式为运费到付。粤东货代随后与环球公司签署《货物托运单》,其条款与原告和粤东货代的《货物托运单》的内容相同。环球公司又委托博联公司运输原告的货物。10月18日,博联公司签发了该公司的CB901642号提单,载明原告为托运人,博联公司为承运人,收货人凭莫龙公司的指示,目的港为巴尔的摩,货物为绢花,提单正面载明该提单为一套3份,承运人一旦收回其中一份,其余自动失效的条款。10月19日,原告向博联公司出具一份声明,声称该批货物不含木质包装材料。11月29日,原告向粤东货代发函,声称"因与美方客户在贸易方式上的原因的需要,特请求贵司尽快通知美方船务公司在提单不全或不接我方同意放货申请通知的情况下不能放货"。粤东货代随即通知环球公司,环球公司也随即通知了博联公司。12月9日,环球公司通知粤东货代货已扣住,要求将运费到付改为运费预付,并由粤东货代承担扣货引起的滞期费、仓储费、目的港操作费等。粤东货代以同样的内容通知原告。12月17日,原告回函答复同意承担滞期费、仓储费及目的港操作费,并要求将货物转运到洛杉矶。12月28日,粤东货代就仓储费和转运费向原告报价。12月30日,环球公司通知粤东货代要退回已签发的全套3份正本提单才能扣住货物。2000年1月10日,环球公司通知粤东货代货物已经放给提单持有人。粤东货代向环球公司询问放货的时间、提货人名称及放货依据。1月13日,环球公司将博联公司关于放货过程的回函转给粤东货代,粤东货代又转给原告。根据博联公司关于放货过程的答复函的记载,环球公司接到原告的不予放货通知后,即要求博联公司扣留货物,最初得到的答复是已扣住货物。1999年12月3日,博联公司根据指示人莫龙公司的指示,并收到收货人的两份正本提单及运费后就将货放给提单持有人。12月29日,博联公司通知环球公司货物已于12月7日被提走。2000年3月15日,原告要求粤东货代赔偿货款损失204 109.10元。3月20日,原告要求被告粤东货代赔偿出口退税款的损失91 283.78元。9月11日,原告要求粤东货代赔偿货款及出口退税款损失362 211.88元。粤东货代均予以拒绝。2000年3月17日,粤东货代将已经收到的运费4 710美元退还给原告。

原告提供了出口该批绢花的报关单和原告从广东省普宁市查艳人造丝花厂购进该批绢花时其价格的书件,但没有提供贸易合同和出口货物的增值税发票。报关单记载的货物价值为25 013美元,广东省普宁市查艳人造丝花厂价格的书件记载绢花的价值为204 109.10元。

三、法院裁判

广州海事法院认为,本案是涉外海上货物运输合同货物交付纠纷。在审理过程中,当事人均同意适用中国法律,故本案应适用《中华人民共和国海商法》。提单是用以证明海上货物运输合同的单证,故本案的海上货物运输合同法律关系应以提单记载的内容确定。CB901642号提单记载,原告为托运人,被告博联公司为承运人,故原告与博联公司之间形成海上货物运输合同承托关系。被告粤东货代与原告签署《货物托运单》后，未以自己的名义签发提单，也未以自己的名义托运货物，故原告与粤东货代是出口货物托运代理关系，原告是被代理人，粤东货代是代理人。原告主张粤东货代是承运人没有事实和法律依据。环球公司主张其是承运人博联公司的代理人，原告、粤东货代及博联公司均未提出异议，且环球公司始终代表承运人与原告及粤东货代进行业务联系，应确认环球公司是承运人博联公司的代理人。粤东货代作为原告的出口货物托运代理人，在代理权限范围内实施代理行为，因此产生的法律后果，应由被代理人原告承担。原告与粤东货代、粤东货代与环球公司及博联公司之间的往来函件表明，粤东货代始终将原告的意思表示转达给环球公司和博联公司，并将环球公司和博联公司的意思表示转达给原告，未对原告做出在提单不全或未得到原告书面同意的情况下不予放货的承诺。因此，原告向粤东货代提出的诉讼请求缺乏事实和法律依据，不予支持。

提单是承运人保证据以交付货物的单证，博联公司作为承运人，在1999年12月3日收到莫龙公司提交的正本提单及运费后将货物交付并无不当；货物交付后，原告持有的提单即失去效力。同时，根据《中华人民共和国海商法》第257条的规定，就海上货物运输向承运人要求赔偿的请求权，时效期间为1年，自承运人交付或应当交付货物之日起计算。从1999年12月3日博联公司交付货物时起，至2001年7月25日原告将博联公司追加为被告止，原告起诉已超过1年的诉讼时效期间。故原告向承运人博联公司提出的诉讼请求不予支持。原告向环球公司提出的诉讼请求缺乏事实依据，亦不予支持。

依照《中华人民共和国民法通则》第63条第2款、《中华人民共和国海商法》第257条第1款的规定，判决如下：

驳回原告黑龙江省进出口公司的诉讼请求。

案件受理费7 940元，由原告负担。

2 原告南京竹尚纺织品有限公司与被告嘉宏国际运输代理有限公司海上货物运输合同纠纷案

案例来源：上海海事法院（2012）沪海法商初字第271号
主题词：托运单记载事项　货物控制权　货款落空　赔偿责任

裁判要旨

No. HY-4.1-2　托运人同意承运人签发提单以外的其他单证，只能导致免除承运人签发提单的义务，但不造成托运人对货物控制权的丧失。承运人拒绝签发提单的行为，造成托运人丧失了对涉案货物的掌控权，并最终导致货款落空，应当向托运人承担赔偿货款损失的法律责任。

一、基本案情

原告：南京竹尚纺织品有限公司

被告：嘉宏国际运输代理有限公司

原告诉称：2010 年 12 月，原告收到案外人澳大利亚中间商 SEVCOY PTY LTD 的购货订单。订单约定：由原告向 SEVCOY PTY LTD 出售 430 箱（6 020 件）女士针织套头衫，货物总价 50 568 美元，货发 SEVCOY PTY LTD 指定的 BIG W 公司。货物装运前，原告收到 SEVCOY PTY LTD 电汇支付的预付款计 15 145 美元，剩余货款依据订单约定待货物装船出运后由 SEVCOY PTY LTD 付款赎单。2011 年 2 月 28 日，原告将涉案货物交与 SEVCOY PTY LTD 指定的承运人即本案被告出运，被告于 3 月 1 日向原告出具两份编号分别为 SHADL1130013、SHBNE1130034 的货运代理收据（FCR）。原告于 3 月 2 日收到被告寄送的上述货运代理收据后即要求被告出具提单，但被告以货运代理收据就是提单为由予以拒绝。涉案货物运抵目的港后，被告未依据任何单据直接将货物交付给 BIG W 公司。原告认为，被告作为涉案运输的承运人，负有向作为托运人的原告签发提单并凭单放货的义务。被告拒绝出具提单，并在目的港实施无单放货的行为导致原告丧失了对涉案货物的掌控权，应承担向原告赔偿货款损失的责任。据此，原告请求法院判令：① 被告赔偿原告货款损失计 35 423 美元；② 被告返还已收取的报关费、包干费等人民币 3 025.94 元；③ 本案案件受理费由被告承担。

被告抗辩认为：① 被告系涉案运输的货运代理人，并非承运人，不应由其承担赔偿货款损失的责任；② 被告向货运代理收据载明的收货人直接放货，符合货运代理收据的约定和操作惯例，不应承担无单放货责任。

二、法院查明事实

上海海事法院经审理查明确认事实如下：

2010 年 12 月，案外人 SEVCOY PTY LTD 向原告出具采购订单，约定由原告向其提供 430 箱（6 020 件）腈纶女士针织套头衫，单价 FOB 上海 8.40 美元/件，客户名称及吊牌要求载明为 BIG W 公司，总价共计 50 568 美元。上述订单载明的货物价值同报关单载明的金额。2011 年 2 月 1 日，原告收到 SEVCOY PTY LTD 支付的预付款 15 145 美元后，将货物交与被告承运。被告于 3 月 1 日向原告签发两份编号分别为 SHADL113013、SHBNE1130034 的货运代理收据。该货运代理收据载明：发货人为原告，收货人为 BIG W 公司，船名航次为 CSCL DALIAN V.0103S，装货港均为中国上海，卸货港分别为澳大利亚阿德雷德与布里斯班，签章处为被告名称并加盖印章，并注明"用以签发提单（for B/L Issuance only）"。原告于 3 月 2 日收到上述货运代理收据后，以邮件方式向被告提出"能不能不出 FCR，出提单吗？"，被告以邮件方式回复"FCR 就是提单"。此后，被告向中海集运订舱，中海集运于 3 月 4 日出具的编号为 SHABNE014003 的海运单载明：托运人为被告，收货人为 BIG W 公司，承运人为中海集运，货物品名、数量、重量等信息同货运代理收据记载。被告在庭审中确认,货物运抵目的港后,已由其直接向 BIG W 公司予以交付。

三、法院裁判

除事实部分的争议焦点外,本案争议焦点如下:一是原、被告之间的法律关系如何确定;二是被告是否应向原告签发提单,及被告未签发提单的行为与损失之间是否存在因果关系;三是原告的损失是否真实合理。

1. 关于原、被告之间的法律关系如何确定的问题

法院认为,鉴于涉案运输并未实际签发提单,故对托、承运人身份的识别,应依据双方当事人在履行合同过程中的具体行为进行综合判断。本案中,原告向被告发送托运单,托运单上记载了托运人、收货人、通知方、船名航次、起运港、目的港、货物品名数量等事项,应视为原告就订立海上货物运输合同向被告发出的要约;被告依据托运单记载出具了货运代理收据,所记载的内容与托运单一致,可视为被告针对原告要约所作的承诺,且双方已针对涉案运输合同的具体事项作出明确约定并达成合意,原、被告之间的海上货物运输合同关系有效成立,原告系托运人,被告系承运人。被告此后向实际承运人订舱,并在实际承运人出具的海运单上被记载为托运人;庭审中,被告亦确认其对目的港的放货环节具有掌控权。上述行为进一步佐证了被告作为涉案运输承运人的身份,故对于被告关于其仅系涉案运输货运代理的抗辩,法院不予采信。

2. 关于被告是否应向原告签发提单,及被告未签发提单的行为与损失之间是否存在因果关系的问题

庭审中,原、被告对货物已在目的港由货运代理收据上载明的收货人 BIG W 公司提取的事实无争议。被告认为,原、被告之间存在长期业务往来,被告在接受原告委托后出具货运代理收据以代替提单的做法系双方之间的业务操作惯例,为此被告提交了两份案外业务往来中的货运代理收据予以佐证,以证明原告并未向被告主张签发提单。对此法院认为,依据《中华人民共和国海商法》第 72 条"货物由承运人接收或者装船后,应托运人要求,承运人应当签发提单"的规定,要求承运人签发提单,系法律赋予托运人用以保护自身对货物掌控权的权利。即使原告在以往业务中明确放弃了该项权利,或同意承运人签发除提单以外的其他单证,也只能免除相应业务中被告作为承运人签发提单的义务,但并不必然导致原告在本案中对该项权利的丧失,亦并不当然免除被告作为承运人在本案业务中应托运人要求签发提单的义务。本案中,原告在将货物交与被告、收到货运代理收据后,立刻通过电子邮件方式明确要求被告签发提单,且被告签发的货运代理收据中亦明确注明该份单据"用以签发提单(for B/L Issuance only)"。在此情形下,法院认为原告作为托运人已充分履行了要求承运人签发提单的义务,被告在电子邮件中关于"货运代理收据就是提单"的答复,既不符合事实,亦难以据此免除自身义务。综上,法院认为,被告负有应原告要求向其签发提单,并在目的港凭单交货的义务。被告拒绝签发提单的行为,造成原告丧失了对涉案货物的掌控权,

并最终导致货款落空,应向原告承担赔偿货款损失的法律责任。

3. 关于原告的损失是否真实合理的问题

被告认为,涉案合同及报关单所对应的核销单已被核销,因此原告损失不存在。对此法院认为,原告在没有收到涉案货款的前提下,在批次核销中将涉案货款予以核销的行为,确有瑕疵,但原告已举证证明就涉案贸易合同项下的收款仅为 15 145 美元,其余款项系用案外贸易合同项下的货款进行冲抵核销,且此后并未以涉案货款冲抵核销案外其他贸易项下的应收货款,故不能根据涉案货款单已被核销的事实认定原告收到了涉案全部货款,原告的损失真实存在,其货款损失金额为 35 423 美元。原告还主张被告返还已收取的报关费、包干费等人民币 3 025.94 元。对此法院认为,该笔费用系原告委托被告履行订舱、报关、安排出运等事宜应支付的合理对价,也是原告出口货物以获得买方支付货款的必要费用。即使涉案货物未被无单放货,该笔费用亦应由原告自行承担。在原告货款损失主张已得到支持的情况下,其要求返还上述费用的请求不应得到支持。

综上,依照《中华人民共和国海商法》第 72 条第 1 款、第 80 条第 1 款,《中华人民共和国民事诉讼法》第 64 条第 1 款的规定,判决如下:

(1)被告嘉宏国际运输代理有限公司应于本判决生效之日起 10 日内向原告南京竹尚纺织品有限公司支付 35 423 美元;

(2)对原告南京竹尚纺织品有限公司的其他诉讼请求不予支持。

4.2 货运代理转委托问题

3 **上诉人天津美设国际货运代理有限公司与被上诉人上海超鸿国际货物运输代理有限公司货运代理合同纠纷案**
案例来源:天津市高级人民法院(2011)津高民四终字第 182 号
主题词:转委托　受托人　货运代理人

> **裁判要旨**
> **No. HY-4.2-1**　货运代理人将业务转由他人实际办理,在没有证据表明委托人同意转委托的情况下,受托人应就第三人的行为承担责任。委托人事后未提异议,不能作为其同意转委托的依据。

一、基本案情

上诉人(原审被告):天津美设国际货运代理有限公司(以下简称美设公司)
被上诉人(原审原告):上海超鸿国际货物运输代理有限公司(以下简称超鸿公司)
天津海事法院原审查明:2008 年 6 月 1 日超鸿公司与美设公司签订了《国际货运

合作协议》约定,美设公司负责承办超鸿公司所委托之出口业务包括:出口订舱、报关、报检、装箱、发单及文件交接工作。本协议之有效期自签订日期起以1年为限,协议期满日之前,双方如未接获对方正式书面通知,本协议则自动延长执行1年。2010年5月,货主天津市永益标准件有限公司(以下简称永益公司)委托超鸿公司办理涉案货物出口运输业务,超鸿公司又委托美设公司办理涉案货物出口运输业务。美设公司接受超鸿公司委托后,将涉案货物的报关业务委托宏骏国际货运代理有限公司(以下简称宏骏公司)办理。2010年5月29日上午,宏骏公司将涉案货物向海关报关,2010年5月31日,涉案货物装船出运,已经运抵目的港JEDDAH,收货人接受货物并付款。美设公司向超鸿公司出具了涉案货物的《费用确认单》,其中包括报关费。由于宏骏公司误将涉案货物退关删单,造成货主永益公司不能办理正常的出口退税,并补交了相应的税款。2011年8月5日,天津市津南区国家税务局和天津市津南区地方税务局管理二所出具证明,证实涉案货物货值为人民币111 056.19元,货主永益公司已补交了涉案货物17%的增值税和11%的附加税,共计人民币20956.3元。2011年2月25日,货主永益公司将涉案货物退税损失,从应支付给超鸿公司运杂费中扣除。超鸿公司认为由于美设公司提供国际货运代理业务过程中报关操作错误而造成货主永益公司退税损失人民币20 956元,该损失理应由美设公司承担,为此向原审法院提起诉讼,请求判令美设公司承担违约赔偿金人民币20 956元,并承担本案全部诉讼费用。

二、一审裁判

原审法院认为,本案为货运代理合同纠纷,超鸿公司为委托人,美设公司为受托人。美设公司主张,因超鸿公司明知美设公司无报关资质,不可能要求美设公司亲自报关,美设公司也不会同意亲自报关,因此,美设公司认为超鸿公司已经同意将涉案货物的报关业务转委托给宏骏公司,美设公司只在转委托人的选任和指示上承担责任,而宏骏公司是有资质的报关企业,与美设公司有多年的合作关系,故在转委托人的选任和指示上美设公司没有过错,不应承担过错责任。且美设公司在接受超鸿公司委托时已经明知委托超鸿公司的货主是永益公司,所以,该委托直接约束美设公司和货主永益公司。对此,原审法院认为,首先,2008年6月1日,超鸿公司与美设公司签订的《国际货运合作协议》规定,美设公司负责承办超鸿公司所委托之出口业务包括:出口订舱、报关、报检、装箱、发单及文件交接工作,故超鸿公司委托美设公司办理涉案货物的货运代理业务应包括报关业务,美设公司虽主张超鸿公司明知其没有报关资质,进而认为超鸿公司已经同意将涉案货物的报关业务转委托给宏骏公司,但该主张没有法律依据。其次,超鸿公司提供的涉案货物《费用确认单》显示,超鸿公司应向美设公司支付涉案货物的报关费,美设公司虽主张只是将报关费用告知超鸿公司,但并没有提供相关证据予以佐证,也未对此报关费进行特别注释。因此,对该主张不予支持。根据《中华人民共和国合同法》第400条的规定,经委托人同意,受托人可以转委托。结合本案,美设公司虽然知道货主是永益公司,超鸿公司虽然知道由宏骏公司进行报关,但美设公司并没有提供相关证据证明货主永益公司同意超鸿公司转委托美设公司办理涉案货物的出口运输业务，也没有提供相关证据证明超鸿公司同意美设公司转委托宏骏公司进行报关，不能因美设公司知道货主是永益公司，超鸿公司知道宏骏公司办理报关业务，而推定货主永益公司同意超鸿公司转委托美设公司办理涉案货物出口运输业务，超鸿公司同意美设公司转委托宏骏公司办理涉案货物的报关业务。美设公司接受超鸿公司委托办理涉案货物的出口运输业务，理应依约履行合同义务，否则，应承担违约赔偿责任。

关于美设公司是否应支付超鸿公司违约赔偿金。美设公司主张，第一，美设公司转委托宏骏公司报关时，不但明确告知而且有货主永益公司直接出具的报关委托手续和载明货主永益公司为出口发货人的诸多单证，所以该转委托合同直接约束宏骏公司和货主永益公司，货主永益公司应直接向宏骏公司主张赔偿损失。第二，超鸿公司主张的损失，本应是货主永益公司与海关或者税务机关之间的退税争议，按照《中华人民共和国税收征收管理法》和国家税务总局《关于修订〈增值税专用发票使用规定〉的通知》的规定，纳税人要求退税是法定的权利，税务机关为纳税人办理退税也是法定义务，超鸿公司没有证据证明货主永益公司已经向有关部门主张过退税的权利，除非有税务部门的决定或法院生效的判决，认定货主永益公司因为报关的过错无权再主张退税而造成损失，不然就属于货主永益公司放弃了应有的权利，因此，不能就此再向他人主张赔偿。对此，原审法院认为，货主永益公司虽直接出具了涉案货物报关委托手续和载明永益公司为出口发货人的诸多单证，并向海关出具了情况说明，注明"我司委托的报关行宏骏公司"，但这些单据只是报关所要求必须填写的单据，并不能证明美设公司与宏骏公司之间是转委托关系，而货主永益公司向海关出具的情况说明仅是在宏骏公司误将涉案货物退关删单后，为让海关出具已报关的证明而写的说明，并不能证明货主永益公司与宏骏公司之间有直接的委托关系，且证人（货主永益公司业务员）当庭证实货主永益公司与宏骏公司之间没有直接的委托关系，美设公司也当庭确认是美设公司委托宏骏公司办理涉案货物报关业务的，美设公司与宏骏公司联系得知涉案货物被退关删单后，是美设公司告知货主永益公司的，而不是宏骏公司与货主永益公司直接联系的，美设公司也未提供其他相关证据证明货主永益公司与宏骏公司之间具有委托关系。美设公司虽主张按照《中华人民共和国税收征收管理法》和国家税务总局《关于修订〈增值税专用发票使用规定〉的通知》的规定，纳税人要求退税是法定的权利，税务机关为纳税人办理退税也是法定义务，但国家税务总局《关于修订〈增值税专用发票使用规定〉的通知》是对丢失已开具的增值税发票和抵扣联的规定，而涉案货物因宏骏公司操作错误，被退关删单，根本没有办理出口退税，也没有开具相关单据，不属于《中华人民共和国税收征收管理法》和国家税务总局《关于修订〈增值税专用发票使用规定〉的通知》的规定。因此，对美设公司主张不予支持。因超鸿公司委托美设公司办理涉案货物的出口运输业务后，美设公司又委托宏骏公司办理涉案货物的报关业务，而由于宏骏公司误将涉案货物退关删单，使货主永益公司不仅未能办理出口退税，而且补交了相应的税款,并将该费用作为违约赔偿金,已经从应支付超鸿公司的运杂费中扣减。因此,美设公司作为超鸿公司的货运代理公司,应支付超鸿公司相应的违约赔偿金。

关于费用数额及计算依据。美设公司主张,对应退税金人民币 5 552.81 元认可,其他费用不予认可,超鸿公司提交的货主永益公司扣减其相应费用的票据与美设公司是否应承担责任无关。原审法院认为,美设公司虽对除应退税金外的款项不予认可,但对天津市津南区国家税务局和天津市津南区地方税务局管理二所出具的情况说明已经予以认可,而该两份情况说明证实货主永益公司已经补交了涉案货物相应税款,共计 20 956.3 元人民币。美设公司虽认为超鸿公司提供的货主永益公司扣减费用的票据与美设公司是否应承担责任无关,但这些单据都是原件,能够证明货主永益公司已经从应付超鸿公司的运杂费中扣除了涉案因报关操作错误而损失的相关费用,共计人民币 21 529.3 元,美设公司接受超鸿公司委托办理涉案货物的出口运输业务,理应对因报关错误给超鸿公司造成的损失承担赔偿责任,因此,对美设公司主张不予支持。按照税务机关的情况说明,涉案货值应为人民币 111 056.19 元,货主永益公司已经补交了 17% 的增值税和 11% 的附加税,共计人民币 20 956.3 元,并已经从应支付超鸿公司的涉案款项中扣减了人民币 21 529.3 元。而超鸿公司主张的金额少于货主永益公司已补交的税费,因此,对超鸿公司主张违约赔偿金人民币 20 956 元,应予支持。

原审法院依据《中华人民共和国合同法》第 107 条的规定,判决:美设公司于判决生效之日起 10 日内向超鸿公司支付违约赔偿金人民币 20 956 元。

三、上诉与答辩

美设公司不服原审判决,向天津市高级人民法院提起上诉,请求:撤销原审判决,发回重审或改判驳回超鸿公司的诉讼请求,本案诉讼费用由超鸿公司承担。事实与理由:

(1) 美设公司知道货主是永益公司,超鸿公司也知道是宏骏公司进行报关,永益公司直接出具了涉案货物报关委托手续以及相关单据,并向海关出具了情况说明,注明"我司委托的报关行宏骏公司",应当认定永益公司知道并且同意超鸿公司转委托与美设公司,美设公司又将报关事项转委托与宏骏公司。

(2) 根据《中华人民共和国合同法》第 402 条的规定,美设公司在接受超鸿公司转委托时就明知委托人是永益公司,所以该委托直接约束美设公司与永益公司。永益公司直接扣除超鸿公司的费用,属于永益公司与超鸿公司之间的纠纷,超鸿公司无权作为原告起诉美设公司。根据《中华人民共和国合同法》第 400 条的规定,委托人同意转委托,受托人只在转托人的选任和指示上承担责任,宏骏公司是具有资质的报关企业,美设公司在转托人的选任上没有过错,不应当承担责任。

(3) 海关和税务机关不为永益公司补办涉案货物的退税,属于永益公司与海关和税务机关的退税争议,税务机关已经为永益公司出具了补缴税款的证明,承认永益公司的涉案货物出口了,只要符合退税规定,应当为其办理退税,永益公司未能穷尽法律救济手段,自愿放弃要求退税,不应向其他方主张赔偿。

超鸿公司答辩称:原审判决认定事实清楚,证据充分,应当予以维持。事实与理由:

(1)美设公司虽然知道货主是永益公司,超鸿公司知道由宏骏公司进行报关,美设公司没有证据证明永益公司同意超鸿公司转委托美设公司办理涉案货物的出口运输业务,也没有证据证明超鸿公司同意美设公司转委托宏骏公司进行报关,原审法院对本案的认定正确。

(2)美设公司与超鸿公司签订的《国际货运合作协议》是具有合同主体的相对性,美设公司未能按照约定正确履行报关义务,严重违反合同规定,使超鸿公司遭受了巨大的损失,应当承担违约赔偿责任。

(3)根据《中华人民共和国合同法》第113条第1款关于违约责任的规定,当事人一方不履行合同义务或者履行合同义务不符合约定,给对方造成损失的,损失赔偿额应当相当于因违约所造成的损失。美设公司未能正确履行报关义务,致使货主不能正常的办理退税,超鸿公司已经赔偿了货主的损失,因此,该损失应当由美设公司承担。

(4)涉案货物未能正常办理退税不是因为海关机关、税务机关造成的,不是行政争议的问题,而是美设公司的过错,应当由美设公司承担违约责任。

二审期间,美设公司补充提交了宏骏公司的营业执照,意图证明美设公司转委托的宏骏公司是有资质的报关企业。超鸿公司对该证据的真实性不予认可,同时认为即使宏骏公司有报关业务也只能证明其资质,但不能证明美设公司与宏骏公司存在转委托关系。超鸿公司未提交新的证据。天津市高级人民法院认证意见认为,美设公司补充提交的宏骏公司的营业执照,是美设公司自行从网站查询后打印的,属于复制件,超鸿公司对其真实性不予认可,而美设公司未能提供原件以供比对,故天津市高级人民法院对该证据的真实性不予认定。

四、二审裁判

原审法院查明事实属实,天津市高级人民法院予以确认。天津市高级人民法院认为,本案为货运代理合同纠纷。超鸿公司与美设公司之间存在《国际货运合作协议》所证明的货运代理合同关系,超鸿公司是委托人,美设公司是受托人。双方在《国际货运合作协议》中明确约定超鸿公司委托美设公司于天津地区办理国际货物出口运输业务,美设公司负责出口订舱、报关、报检、装箱、发单及文件交接等事宜,而在涉案货物出口运输业务中,美设公司将其中的报关业务委托给宏骏公司具体办理,但针对涉案货物出口运输业务向超鸿公司出具了包含报关费在内的费用确认单,因此,美设公司应当是涉案货物出口运输业务的受托人,负有正确履行涉案货物出口运输的报关义务,并应承担报关事务中产生的风险。宏骏公司是美设公司处理委托事务中与之订立合同的第三人。

对于美设公司提出的其将报关事务转委托给宏骏公司的主张,天津市高级人民法院认为,在美设公司与超鸿公司的货运代理合同关系中,尽管超鸿公司知道具体办理报关业务的是宏骏公司,但没有证据表明超鸿公司同意美设公司转委托,超鸿公司也没有就报关事务直接指示宏骏公司,向超鸿公司主张报关费用的仍然是美设公司,因此,美设公司关于转委托的主张不能成立,天津市高级人民法院不予支持。同理,美设公司关于货主永益公司同意超鸿公司将涉案货物出口运输业务转委托美设公司的主张亦不能成立。根据合同主体相对性原则,美设公司在处理委托事务中,未能按照约定正确履行报关义务,致使超鸿公司遭受了损失,应当承担违约赔偿责任。

关于美设公司应当承担的赔偿数额。根据《中华人民共和国合同法》第113条第1款的规定,当事人一方不履行合同义务或者履行合同义务不符合约定,给对方造成损失的,损失赔偿额应当相当于因违约所造成的损失,包括合同履行后可以获得的利益,但不得超过违反合同一方订立合同时预见到或者应当预见的因违反合同可能造成的损失。涉案货物因美设公司未能正确履行报关义务,造成货主不能正常办理退税,该损失不属于美设公司在订立合同时不能预见的损失,美设公司关于损失数额的上诉理由不能成立,天津市高级人民法院不予支持。对于美设公司提出的涉案货物不能办理退税的问题属于行政争议,货主未能穷尽救济手段的主张,天津市高级人民法院认为,涉案货物不能办理退税并非海关或税务机关不履行行政行为造成的,不属于行政争议的范畴,美设公司的该项主张不能成立,天津市高级人民法院亦不予支持。综上,原审法院认定事实清楚,适用法律正确,根据《中华人民共和国民事诉讼法》第153条第1款第(一)项的规定,判决如下:

驳回上诉,维持原判。

4 上诉人连云港华丰国际货运有限公司、郯城新兴新装饰材料有限公司与被上诉人青岛港(集团)有限公司物流分公司滞箱费纠纷案

案例来源:山东省高级人民法院(2006)鲁民四终字第7号

主题词:货运代理　披露　债权转让

裁判要旨

No. HY-4.2-2　货运代理企业在履行进口货物的货运代理义务时,向承运人书面确认滞箱费,并说明了与委托人之间的委托关系;诉讼过程中,货运代理和委托人共同披露了委托人与货运代理之间的委托合同内容,一致表示委托人有义务承担滞箱费。在此种情形下,承运人将相应的债权转让给他人,则债权的受让人有权选择向委托人主张滞箱费,并以货运代理书面确认的费用为准。

一、基本案情

上诉人(原审被告):连云港华丰国际货运有限公司(以下简称华丰公司)

上诉人(原审被告):郯城新兴新装饰材料有限公司(以下简称郯城公司)
被上诉人(原审原告):青岛港(集团)有限公司物流分公司(以下简称物流公司)
原审被告:连云港华丰国际货运有限公司青岛分公司(以下简称华丰青岛分公司)

青岛海事法院认定:2002年12月26日,郯城新兴纸制品有限公司与华丰公司签订货代合同一份,约定:郯城新兴纸制品有限公司委托华丰公司在青岛、连云港接运进口废纸。货柜发生超期使用费,华丰公司有义务协助郯城新兴纸制品有限公司商请船公司减免其费用。

2004年2月至4月,美国总统轮船公司(以下简称APL公司)承运了11票废纸,由美国运往中国青岛,提单号分别为:APLU902011086、APLU083431725、APLU083413424、APLU083422844、APLU701038491、APLU083419155、APLU701039026、APLU701039211、APLU701040166、APLU701038010、APLU083411895,提单记载收货人为凭托运人指示或者为郯城新兴纸制品有限公司,通知方为郯城新兴纸制品有限公司,运输方式为SLAC CY/CY。货物运至青岛后,涉案货物集装箱的提箱地点为QQCT,卸货地点为远港,返还地点为明港场站。华丰青岛分公司支付了11票货物的换箱费、设备交接单费。

2004年7月2日,经核准,郯城新兴纸制品有限公司的名称变更为郯城新兴新装饰材料有限公司(以下简称郯城公司)。

美国总统轮船(中国)有限公司青岛分公司(以下简称APL青岛分公司)的经营范围是为APL公司自有、租用或经营的船舶提供下列服务:包括收取和汇寄运费及其他收入、谈判和签订服务合同等。APL青岛分公司自2004年1月1日起授权物流公司全面代理其收取滞箱费。2005年3月4日,华丰青岛分公司向APL青岛分公司出具情况说明,称:其受郯城公司委托与APL公司发生业务关系,产生了滞箱费用。华丰青岛分公司附表确认了欠APL公司滞箱费980 160.5元。2005年3月22日、28日,APL青岛分公司向华丰青岛分公司发出债权转让通知,告知华丰青岛分公司,其已将华丰青岛分公司拖欠的滞箱费980 160.5元的债权于2005年3月7日转让给了物流公司。2005年3月23日、24日,物流公司向华丰青岛分公司告知债权转让事实,并催款。华丰青岛分公司于2005年3月9日向物流公司缴纳10万元滞箱费,并向物流公司出具了一张金额为880 160.5元、项目为滞箱费的支票,但该支票被银行退票。

二、一审裁判

青岛海事法院认为:2004年2月至4月,APL公司为郯城公司承运了11票废纸,运输方式为SLAC CY/CY,郯城公司有义务承担超期使用集装箱产生的滞箱费。APL青岛分公司在自己营业范围内,有权为APL公司收取本案所涉的11票货物的滞箱费用。

2002年12月26日,郯城公司与华丰公司签订的货代合同合法有效,因郯城公司货物所发生的集装箱超期使用费,华丰公司虽有义务协助郯城公司商请船公司减免,但集装箱超期使用费的最终承担者为委托方郯城公司。

APL 青岛分公司将本案所涉的 11 票滞箱费的债权转让给了物流公司,其转让债权的事实也已通知债务的承担方华丰青岛分公司,因此,该债权转让行为有效。在 APL 青岛公司将债权转让给物流公司后,华丰青岛分公司不仅支付了 11 票货物的换箱费、设备交接单费,而且向物流公司交付了 10 万元滞箱费,并向物流公司出具了与所欠滞箱费余款数额相符的银行支票。华丰青岛分公司的上述付款行为,表示了对承担本案所涉滞箱费的确认。

在诉讼过程中,华丰公司、华丰青岛分公司和郯城公司均披露了华丰公司与郯城公司之间的委托合同内容,并一致表示郯城公司有义务承担集装箱超期使用费,而物流公司也表示愿意选择郯城公司作为债权主张的对象。虽然郯城公司与华丰青岛分公司的开办单位华丰公司是委托合同关系,但在滞箱费发生后,华丰公司所属的青岛分公司不断以书面和行动表示自己是滞箱费欠款承担人。华丰青岛分公司虽曾提及有委托合同,但未及时披露委托合同具体内容,而且不断作出受托人承担责任的表示,因此对委托合同的披露仍属于事后披露。作为委托合同外第三人,物流公司有权进行选择由委托方还是受托方承担责任,物流公司选择郯城公司承担责任,法院予以确认。

华丰公司、华丰青岛分公司和郯城公司在答辩中提出的物流公司欺诈、胁迫、重大误解的主张,没有证据加以证明,不予支持。

货物运至青岛后,QQCT 为提箱地点,该地点为集装箱交接、保管和堆存的场所,11 票货物均在该地点进行整箱交接,而远港仅为提货地点,货物的滞箱费应从货至 QQCT 开始起算。因此,华丰公司、华丰青岛分公司和郯城公司对滞箱费起算时间的异议不能成立。华丰青岛分公司作出的情况说明对本案所涉滞箱费的数额已作出确认,应以该确认数额 980 160.5 元为准。

华丰公司已向物流公司支付 10 万元滞箱费,应从所欠滞箱费总额中减去。华丰公司于 2004 年 3 月至 6 月支付了押港杂费 17.7 万元,但未能证明该款项的项目和用途与本案所涉滞箱费之间的关联性,对此不予考虑。

郯城公司拖欠支付物流公司滞箱费,还应支付拖欠款项利息(从 2005 年 3 月 9 日起至本判决生效之日止按银行同期同类贷款利率计算)。物流公司支出律师代理费并非诉讼必要费用,对物流公司关于律师代理费的诉讼请求不予支持。根据《中华人民共和国民法通则》第 106、111 条、《中华人民共和国合同法》第 403 条的规定,判决:

(1) 郯城公司支付物流公司滞箱费 880 160.5 元,并支付拖欠款项利息(从 2005 年 3 月 9 日起至本判决生效之日止按银行同期同类贷款利率计算);

(2) 驳回物流公司对华丰公司、华丰青岛分公司的诉讼请求;

(3) 驳回物流公司对律师代理费的诉讼请求。

案件受理费 13 812 元,由郯城公司承担,并径付物流公司。上述款项,郯城公司应在本判决生效之日起 10 日内付清,逾期则加倍支付迟延履行期间的债务利息。

三、上诉与答辩

华丰公司和郯城公司不服原审判决,上诉称:

(1) 原审判决认定被上诉人具有涉案诉讼主体资格,没有事实根据和法律依据。提单系海上集装箱货物运输合同的主要表现方式,本案中,运输合同的承运人为 APL 公司,收货人为郯城公司。APL 公司有义务按照提单约定,将提单项下的集装箱货物运抵目的港——远港堆场,交付给收货人郯城公司;而郯城公司则有义务在远港堆场及时提取货物,并返还集装箱;在此期间所发生的提单项下的集装箱超期使用费仅能约束合同当事双方:APL 公司和郯城公司。APL 公司与 APL 青岛分公司系不同的法律主体,即使上诉人与 APL 公司存在债权债务关系,并不等同于上诉人也与 APL 青岛分公司必然构成同样的债权债务关系。APL 青岛分公司的经营范围是为 APL 公司自有、租用或经营的船舶提供收取和汇票运费及其他收入、谈判和签订服务合同等,显然 APL 青岛分公司仅是为 APL 公司代收代付相关费用。APL 青岛分公司的经营范围没有显示 APL 青岛分公司有权对 APL 公司的债权、债务可以进行处分和转委托,因此,在 APL 公司与法律关系相对方发生争议时,适格的诉讼主体只能是 APL 公司。被上诉人提供的欠费依据——2005 年 3 月 4 日的情况说明及收费明细,不能作为证明 APL 青岛分公司对上诉人享有债权的有效证据,被上诉人在此基础上的债权受让行为,也不能合法有效地约束上诉人,且上诉人从未授权和示意被上诉人代付目前尚存争议的滞箱费用。依据《中华人民共和国合同法》第 80 条的规定,债权人转让权利的,应当通知债务人,未经通知,该转让对债务人不发生效力。涉案纠纷特定的法律关系主体系 APL 公司与郯城公司,作为债务人的郯城公司从没有接到任何 APL 公司的有关债权转让通知。被上诉人在原审中提供的证据——2004 年 1 月 1 日的《代收滞箱费委托书》系在原审第二次开庭时提交的,超过了举证期间,该证据不应被采信。

(2) 青岛海事法院未将 2005 年 3 月 4 日的情况说明及收费明细的取得认定为无效民事行为,是草率的。上诉人在原审中就 2005 年 3 月 4 日的情况说明及收费明细的由来已阐述清楚,该份证据的取得及内容违背上诉人的初衷,也不是上诉人的真实意思表示。依据《中华人民共和国合同法》第 52、54 条的规定,2005 年 3 月 4 日的情况说明及明细是上诉人受被上诉人欺诈胁迫下,发生重大误解所为,理应是无效民事行为。

(3) 原审判决对涉案滞箱费数额的计算,没有事实及法律依据。涉案 11 份提单及提货单明确约定了承运人的交货方式为 CY-CY,即装货堆场到交货堆场交接,显然涉案 APL 公司在目的港指定的提箱堆场为远港堆场,还箱堆场为明港堆场,显然 APL 公司的责任期间应至远港堆场交付为止。因此上述集装箱在未运抵提货堆场(即远港堆场)前,集装箱仍处于承运人 APL 公司掌管期内,而被上诉人却将抵港日作为集装箱使用始计日,这是没有根据的。涉案集装箱设备交接单上虽然显示提箱地点为 QQCT,但其表述的信息是错误的,既与实际情况不符,也不符合法律关于集装箱整箱在 CY-CY 方式下的交接规定。

（4）原审判决关于上诉人已支付的集装箱箱使押金17.7万元与涉案不具关联性的认定，是明显的错判。上诉人在原审提供的涉案押金收据中，分别明确注明了押金用途是为涉案11份提单号项下的集装箱支付的押金费用，因此该押金费用与所涉滞箱费的数额存在密切的关联性。原审判决对上诉人所谓10万元滞箱费及余款相等数额的银行支票的认定，是与事实不符的。上诉人支付的10万元费用其实与涉案集装箱货物毫无关系，是其他业务上发生的费用，被上诉人强行出具滞箱费收据是其单方行为和意思表示，上诉人对此从未予以确认；所谓的银行支票是被上诉人利用上诉人押在其处的一张空白支票，单方填制上了用途及金额。

（5）原审判决认定欠款利息按银行同期同类贷款利率计算，没有事实依据。被上诉人在庭审中从未出示过其代为垫付的款项支付凭证，亦没有证据证明该垫付费用是从银行贷款而获取的，因此，青岛海事法院利用自由裁量权，作出上述判决是难以令人信服的。

综上所述，原审判决未能以事实为依据，以法律为准绳，判决明显不公正，请求二审法院在查清事实的情况下，撤销原审判决、依法改判，驳回被上诉人的诉讼请求，并判令被上诉人承担一、二审诉讼费用。

物流公司答辩称：

（1）物流公司有权收取本案所涉滞箱费。APL青岛分公司作为APL公司在中国青岛地区的经营人或管理人，有权以自己的名义为APL公司自有、租用或经营的船舶谈判和签订服务合同、收取包括滞箱费在内的各种费用。APL青岛分公司系集装箱经营管理人，与用箱人华丰公司或郯城公司具有集装箱租用使用的合同法律关系。APL青岛分公司与华丰公司通过双方对账确认盖章的形式，确认了APL青岛分公司具有债权人的法律地位。APL青岛分公司经与物流公司约定：在物流公司已经向APL青岛分公司代付了上诉人所欠滞箱费的情况下，APL青岛分公司将其收取滞箱费的权利转让给物流公司，该转让行为已经通知华丰公司，因此，依据《中华人民共和国合同法》第79、80条之规定，物流公司依法具有收取滞箱费的权利。在APL青岛公司将收取滞箱费的权利转让给物流公司后，华丰公司向物流公司支付了10万元滞箱费以及金额为880 160.5元、项目为滞箱费的支票一张，证明其已经知道了上述权利转让的事实，并已经向物流公司实际履行，因此，上诉人关于物流公司无权收取滞箱费的主张是完全错误的。

（2）上诉人所欠的滞箱费数额清楚、明确。本案所涉集装箱的设备交接单中明确载明的提箱地点是QQCT，免费使用期限自货物抵达QQCT开始起算。既然合同约定的货物卸港是QQCT，货到卸港后，是由货主负责安排通关报验等手续，因此，货到卸港后，货主应尽快按照通关报验的要求将货物运至通关检验码头，因货主原因没有尽快安排上述事宜导致产生滞箱费的风险和责任应由货主承担，从华丰青岛分公司出具的情况说明及附表可以看出，经对账，涉案11票货物所欠滞箱费的总额为980 160.5元，该证据已经充分证明上诉人的欠费事实及数额。上诉人对催款通知书载明的所欠滞箱费的事实没提任何异议,认可其于 3 月 4 日出具的欠费说明,承认没有完全交纳欠费,理由仅为正在协商减免。另外,上诉人在实际支付滞箱费时也是按照该金额支付的。因此,原审判决认定的上诉人的欠费数额是完全正确的,上诉人对欠费数额提出的异议毫无道理。

(3) 青岛海事法院判令郯城公司向物流公司支付所欠滞箱费是完全正确的。原审过程中,上诉人披露了他们之间的委托代理关系,即华丰公司是郯城公司的货运代理人,而郯城公司是实际的收货人。另外,上诉人还一致表示郯城公司有义务承担集装箱超期使用费,而物流公司也同意由郯城公司承担支付滞箱费的义务,因此,青岛海事法院依据《中华人民共和国合同法》第 403 条之规定,判令郯城公司向物流公司支付所欠滞箱费是完全正确的。

综上,原审判决认定事实清楚,适用法律正确,请求二审法院依法驳回上诉人的上诉。

四、二审裁判

山东省高级人民法院经审理查明:物流公司在原审提交的证据清单中未列明 2004 年 1 月 1 日的《代收滞箱费委托书》。2004 年 3 月至 6 月,华丰公司向物流公司支付了 17.7 万元,物流公司向华丰公司出具的相关收据的抬头为:"青岛港务局明港公司";项目为:"押港杂费、押箱使费"。

除上述事项外,山东省高级人民法院查明的事实与青岛海事法院认定的事实一致。

山东省高级人民法院认为:本案系滞箱费纠纷,当事方争议的焦点问题有三个,即物流公司是否有诉权;郯城公司应支付的滞箱费的数额;原审判决按照银行同期同类贷款利率计算欠款利息是否正确。

关于物流公司是否有诉权的问题,山东省高级人民法院认为,APL 青岛分公司的经营范围是为 APL 公司自有、租用或经营的船舶收取和汇寄运费及其他收入、提供谈判和签订服务合同等,APL 青岛分公司为 APL 公司收取滞箱费,未超出其经营范围,符合法律规定。2005 年 3 月 4 日,华丰青岛分公司向 APL 青岛公司出具欠费明细确认拖欠 APL 公司滞箱费,对此费用,APL 青岛分公司有权收取。

2005 年 3 月 7 日,APL 青岛分公司将其对华丰青岛分公司的债权转让给了物流公司,并履行了对华丰青岛分公司的通知义务,因此,物流公司通过债权转让的方式取得了向华丰青岛分公司收取滞箱费的债权,物流公司有权提起本案诉讼。因物流公司在原审提交的证据清单中未列明 2004 年 1 月 1 日的《代收滞箱费委托书》,华丰公司和郯城公司关于物流公司提交该《代收滞箱费委托书》超过了举证期间的主张,可予以支持,但这并不影响 APL 青岛分公司将其对华丰青岛分公司的债权转让给物流公司。

2005 年 3 月 4 日,华丰青岛分公司说明了其与郯城公司之间的委托关系,在诉讼过程中,华丰公司、华丰青岛分公司和郯城公司共同披露了华丰公司与郯城公司之间的委托合同内容,一致表示郯城公司有义务承担滞箱费,在此情况下,物流公司选择向郯城公司主张债权,合法正当。

关于郯城公司应支付的滞箱费数额的问题,山东省高级人民法院认为,华丰青岛分公司向 APL 青岛分公司出具了欠费明细,该欠费明细构成了华丰青岛分公司对拖欠滞箱费数额的确认。郯城公司所应承担的滞箱费数额为华丰青岛分公司确认的数额,即 980 160.5 元。华丰青岛分公司已代郯城公司支付了 10 万元滞箱费,郯城公司还应向物流公司支付 880 160.5 元。华丰公司和郯城公司关于华丰青岛分公司出具情况说明及欠费明细的行为系无效民事法律行为的主张,没有证据支持,山东省高级人民法院不予采信。在对滞箱费有明确约定的情况下,华丰公司和郯城公司主张以远港堆场为起算点计算滞箱费,没有事实和法律依据,山东省高级人民法院不予支持。

华丰公司和郯城公司向物流公司交纳 17.7 万元的收据上所列明的交款项目有两项,即押港杂费和押箱使费,无法对该款项进行准确区分和定性。青岛海事法院在解决本案纠纷时,对该款项未予处理,并无不当。

关于原审判决按照银行同期同类贷款利率计算欠付款利息是否正确的问题,山东省高级人民法院认为,郯城公司未及时支付拖欠的滞箱费,属于履行合同义务不符合约定条件,青岛海事法院依据有关法律规定判令郯城公司按银行同期同类贷款利率支付利息,合法正当。

综上所述,上诉人华丰公司和郯城公司的上诉请求没有事实根据和法律依据,原审判决认定事实基本清楚,适用法律正确,应予维持。根据《中华人民共和国民事诉讼法》第 153 条第 1 款第(一)项的规定,判决如下:

驳回上诉,维持原判。

二审案件受理费 13 812 元,由连云港华丰国际货运有限公司和郯城新兴新装饰材料有限公司承担。

本判决为终审判决。

4.3 货运代理合同中的无单放货

5 上诉人诸暨市佳能袜厂与被上诉人欧亿兴物流有限公司、欧亿兴国际货运代理(上海)有限公司海上货物运输合同纠纷案
案例来源:上海市高级人民法院(2012)沪高民四(海)终字第 48 号
主题词:无船承运　货运代理　连带责任

> **裁判要旨**
>
> **No. HY-4.3-1**　货运代理企业在代办订舱事务时,应当为委托人选择被交通部门认可的无船承运人订立海上货物运输合同。货运代理未尽谨慎义务造成托运人损失的,依据《关于审理海上货运代理纠纷案件若干问题的规定》第 11 条的规定承担连带责任。

一、基本案情

上诉人（原审原告）：诸暨市佳能袜厂（以下简称佳能袜厂）

被上诉人（原审被告）：欧亿兴物流有限公司（OEC LOGISTICS CO., LTD.，以下简称欧亿兴公司）

被上诉人（原审被告）：欧亿兴国际货运代理（上海）有限公司（以下简称欧亿兴上海公司）

一审法院认定[①]，2009年8月16日，案外人SHIN WOO TRADING CO., LTD.（以下简称S公司）和Y&K AU TRADING PTY LTD（以下简称Y公司）订立关于袜子的买卖合同，约定30%的货款为预付款，70%的货款在货物装船后的3个月内付清。后S公司向佳能袜厂发送订单。据佳能袜厂陈述，S公司是佳能袜厂的关联公司，双方之间约定由S公司与国外买方签订买卖合同后，将订单发给佳能袜厂，由佳能袜厂发货，货款系由国外买方直接支付给佳能袜厂。

为涉案货物出运，佳能袜厂于2009年9月委托欧亿兴上海公司负责该批袜子从上海至墨尔本的运输事宜。欧亿兴上海公司接受委托后，向佳能袜厂交付了编号为OFEMEL0909012、提单抬头人为欧亿兴公司的正本提单一式三份。提单载明：托运人为佳能袜厂，收货人为Y公司，船名航次为OOCL YOKOHAMA V.025S，装货港上海，卸货港墨尔本，货物装载于编号为CCLU4559771的40英尺集装箱内，交接方式为CY-CY，装船日期为2009年9月25日，提单签发处显示"欧亿兴公司"的打印字样。欧亿兴上海公司确认该提单未在我国交通部进行备案登记。

货物出运后，欧亿兴上海公司于2009年11月4日向佳能袜厂开具了订舱费等费用发票共计人民币4 060元，佳能袜厂于11月20日支付了这些费用。

涉案货物的出口报关单编号为222920090794887613，其上记载的经营单位和发货单位均为佳能袜厂，出口收汇核销单号码为713229559，报关单上记载的货物件数、重量、集装箱箱号等均和涉案提单记载一致，显示的货物总价值为70 950美元。佳能袜厂开具的商业发票显示的货物价值亦为70 950美元。根据出口收汇批次核销信息登记表和银行出具的出口核销专用联的记载，涉案核销单系用案外贸易项下的货款予以充抵核销，佳能袜厂亦未收到30%的预付款。

涉案编号CCLU4559771的集装箱的流转记录显示，该集装箱运抵目的港后已经被拆箱，并另行投入其他运营。佳能袜厂认为欧亿兴公司和欧亿兴上海公司实施了无单放货行为，遂凭其仍持有的全套正本提单提起无单放货之诉，要求欧亿兴公司赔偿全部货款损失，欧亿兴上海公司在人民币80万元无船承运人保证金范围内承担补充赔偿责任。

[①] （2010）沪海法商初字第782号

二、一审裁判

一审法院认为,本案系海上货物运输合同纠纷。欧亿兴公司系在中华人民共和国境外注册的企业法人,当事人诉争的无单放货环节亦发生于境外,本案具有涉外因素。根据法律规定,合同当事人可以选择解决涉外合同纠纷所适用的法律。佳能袜厂与欧亿兴上海公司在原审庭审中均表示适用中华人民共和国法律处理本案纠纷,欧亿兴公司未出庭应诉,视为其放弃权利,故一审法院确定以中华人民共和国法律作为审理本案纠纷的准据法。

本案一审的争议焦点是:欧亿兴公司、欧亿兴上海公司与佳能袜厂之间的法律关系,以及相应的责任承担;佳能袜厂是否因无单放货遭受损失以及损失金额。

1. 欧亿兴公司、欧亿兴上海公司与佳能袜厂之间的法律关系,以及相应的责任承担

佳能袜厂系涉案提单载明的托运人及提单的合法持有人,欧亿兴公司是提单载明的承运人,佳能袜厂与欧亿兴公司之间成立海上货物运输合同关系。提单显示涉案集装箱货物交接方式为堆场至堆场(CY—CY),即整箱交接,据此,承运人有义务将集装箱货物运抵目的港后整箱交付给合法持有正本提单的收货人,由收货人负责在整箱提货后拆箱、取货,并归还空箱。但现有证据表明,在佳能袜厂仍持有全套正本提单的情况下,装载涉案货物的集装箱被运抵目的港后即被拆箱,且空箱已用于其他航次的运营,故佳能袜厂有理由怀疑承运人欧亿兴公司将涉案货物运抵目的港后实施了无单放货行为。在佳能袜厂证明了欧亿兴公司在目的港将应整箱交接的集装箱拆箱的事实,并据此作为欧亿兴公司实施了无单放货行为的初步证明的前提下,应由欧亿兴公司对其违反整箱交接义务的拆箱行为作出合理解释,并承担证明集装箱内的货物仍然在其掌控之中、未被无单交付的举证责任。鉴于欧亿兴公司既未作出合理解释,也没有提交任何证据证明涉案货物尚在其掌控之中,一审法院认定由欧亿兴公司承担举证不能的不利后果,并推定欧亿兴公司实施了无单放货行为。佳能袜厂因欧亿兴公司的无单放货行为失去了对涉案货物的控制权,欧亿兴公司应向佳能袜厂承担相应的责任。

欧亿兴上海公司与佳能袜厂之间没有海上货物运输合同关系,现有证据表明,欧亿兴上海公司是佳能袜厂的货运代理人。虽然欧亿兴上海公司向佳能袜厂交付的涉案提单未在我国交通主管部门进行登记备案,但涉案货物被欧亿兴公司无单放行与涉案提单未经登记备案没有直接因果关系,即欧亿兴上海公司代理订舱过程中的过错行为并非直接导致佳能袜厂遭受无单放货损失的原因,故佳能袜厂关于欧亿兴上海公司应在无船承运人保证金范围(即人民币80万元内)承担补充赔偿责任的主张,缺乏法律依据,一审法院不予支持。

2. 佳能袜厂是否因无单放货遭受损失以及损失金额

持有全套正本提单的佳能袜厂因承运人欧亿兴公司的无单放货行为,失去了对涉案货物的控制权,同时现有证据表明,佳能袜厂未能从国外买方处收回任何货款,故佳

能袜厂存在实际经济损失。涉案商业发票和出口货物报关单均显示,货物实际价值为70 950 美元,佳能袜厂要求赔偿 70 950 美元货款损失的主张有事实依据,一审法院予以支持。佳能袜厂同时要求赔偿公告费和翻译费,因这两项费用系其为进行涉案诉讼必须承担的费用,其要求欧亿兴公司承担缺乏法律依据。

佳能袜厂主张因欧亿兴公司不予赔付货款导致其还遭受了货款的孳息损失,要求欧亿兴公司予以赔偿,一审法院认为该主张于法有据,可予支持,佳能袜厂的利息损失应按中国人民银行同期美元活期存款利率自佳能袜厂起诉之日起计算至判决生效之日止。

一审法院遂依照《中华人民共和国合同法》第 107 条、《中华人民共和国海商法》第 71 条、第 269 条、《中华人民共和国民事诉讼法》(2007 年修订)第 64 条第 1 款、第 130 条,最高人民法院《关于审理无正本提单交付货物案件适用法律若干问题的规定》第 2 条的规定,判决:

(1) 欧亿兴公司于判决生效之日起 10 日内向佳能袜厂赔偿货款损失 70 950 美元及利息损失(利息损失按中国人民银行同期美元活期存款利率,自 2010 年 7 月 27 日起计算至判决生效之日止);

(2) 对佳能袜厂的其他诉讼请求不予支持。

三、上诉与答辩

佳能袜厂上诉认为:原审法院认定欧亿兴公司应当承担承运人的无单放货赔偿责任是正确的,但原审法院未能认定欧亿兴上海公司在涉案货运代理环节中存在明显过错,也未判令就佳能袜厂遭受的损失欧亿兴上海公司应承担补充赔偿责任是错误的。佳能袜厂委托欧亿兴上海公司订舱出运涉案货物,欧亿兴上海公司作为欧亿兴公司在中国的全资子公司,明知欧亿兴公司的提单没有在我国交通主管部门登记备案,仍为佳能袜厂选择了欧亿兴公司作为无船承运人,并向佳能袜厂交付了欧亿兴公司的提单,根据法律规定,在欧亿兴公司承担无单放货赔偿责任的同时,欧亿兴上海公司应承担补充赔偿责任。据此,请求二审法院撤销原审判决,改判支持佳能袜厂的全部诉讼请求。

欧亿兴上海公司答辩认为:原审法院关于无单放货事实成立、承运人欧亿兴公司应当承担赔偿责任的认定正确。欧亿兴上海公司仅是货运代理人,没有代理签发涉案提单,不应承担赔偿责任。据此,请求二审法院驳回上诉,维持原判。

欧亿兴公司未提交任何答辩材料。

四、二审裁判

二审法院经审理查明,原审判决认定的事实清楚,应予确认。

二审法院认为,本案系海上货物运输合同纠纷和海上货运代理纠纷。承运人欧亿兴公司系在境外注册的企业法人,涉案海上货物运输合同法律关系系涉外法律关系。

因涉案海上货物运输合同的双方当事人没有一致选择处理该合同争议的法律,根据《中华人民共和国民法通则》第145条第2款的规定,应适用与合同有最密切联系的国家的法律。根据涉案提单记载,提单签发地在中国上海,货物出运地在中国上海,正本提单持有人兼托运人佳能袜厂亦是中国境内的企业法人,故中国系与涉案合同有最密切联系的国家,应适用中国法律审理涉案海上货物运输合同纠纷。涉案海上货运代理合同的双方当事人均系在中国境内注册的企业法人,涉案货运代理纠纷并无涉外因素,应适用中国法律审理涉案海上货运代理纠纷。佳能袜厂委托欧亿兴上海公司代理出运涉案货物,欧亿兴上海公司接受委托后向欧亿兴公司订舱,并向佳能袜厂交付了欧亿兴公司签发的提单,故佳能袜厂与欧亿兴公司之间系海上货物运输合同关系,佳能袜厂与欧亿兴上海公司之间系海上货运代理合同关系。原审判决认定涉案货物在目的港被承运人欧亿兴公司无单放货,欧亿兴公司应向提单合法持有人兼托运人佳能袜厂赔偿70 950美元货款损失,欧亿兴公司对此未提出上诉。而欧亿兴上海公司在二审庭审中也确认了涉案货物在目的港被无单放货的事实,故本案二审中的主要争议焦点是欧亿兴上海公司是否应向佳能袜厂承担赔偿责任。

佳能袜厂主张欧亿兴上海公司为其选择了在我国境内没有无船承运业务经营资格的欧亿兴公司作为承运人,导致货物被承运人欧亿兴公司无单放货,欧亿兴上海公司应承担赔偿责任。欧亿兴上海公司则辩称其仅系货运代理人,且未代理签发提单,不应承担赔偿责任。二审法院认为,根据《中华人民共和国国际海运条例》第7条第1款的规定,在我国境内经营无船承运业务的企业应当向我国交通主管部门办理提单登记,并交纳保证金。欧亿兴上海公司作为货运代理企业,在代办订舱事项时,有义务根据前述行政法规的规定,为委托人选择在中国具有无船承运业务经营资格的无船承运人订立海上货物运输合同,否则应对其不当选任无船承运人向委托人承担相应民事责任。而本案中,欧亿兴上海公司作为佳能袜厂的货运代理人,在代理订舱的过程中应当知道欧亿兴公司在中国境内没有经营无船承运业务的资质,却仍向其订舱,并向佳能袜厂交付了欧亿兴公司签发的、未在我国交通主管部门登记备案的无船承运人提单,显然,欧亿兴上海公司违反了其在货运代理合同项下的义务。最高人民法院《关于审理海上货运代理纠纷案件若干问题的规定》第11条规定,货运代理企业未尽谨慎义务,与未在我国交通主管部门办理提单登记的无船承运业务经营者订立海上货物运输合同,造成委托人损失的,货运代理企业应向委托人承担相应的赔偿责任。据此,欧亿兴上海公司因其代理订舱环节中的过错应向佳能袜厂承担相应赔偿责任。佳能袜厂关于欧亿兴上海公司也应当承担赔偿责任的上诉主张有法律依据,二审法院予以采纳。根据前述司法解释第11条关于货运代理企业应承担相应赔偿责任的规定,二审法院判定欧亿兴上海公司应就佳能袜厂遭受的货物损失70 950美元承担50%的赔偿责任。原审判决关于欧亿兴上海公司不应向佳能袜厂承担赔偿责任的认定与前述司法解释的规定有悖,应予纠正。

综上所述,承运人欧亿兴公司违反了涉案海上货物运输合同项下的义务,应向提单合法持有人兼托运人佳能袜厂承担无单放货赔偿责任。货运代理人欧亿兴上海公司违反了涉案海上货运代理合同项下的义务,应向委托人佳能袜厂承担相应赔偿责任。佳能袜厂关于欧亿兴上海公司应当承担赔偿责任的上诉理由成立,二审法院对其部分上诉请求予以支持。一审法院认定事实清楚,判决结果部分有误,应予纠正。依照《中华人民共和国民事诉讼法》第170条第1款第(二)项、第175条,《中华人民共和国民法通则》第145条第2款,《中华人民共和国合同法》第60条第1款、第107条、最高人民法院《关于审理海上货运代理纠纷案件若干问题的规定》第11条之规定,判决如下:

(1) 维持中华人民共和国上海海事法院(2010)沪海法商初字第782号民事判决主文第一条;

(2) 欧亿兴国际货运代理(上海)有限公司应于本判决生效之日起10日内向诸暨市佳能袜厂赔偿货款损失35 475美元及利息损失(利息损失按中国人民银行同期美元活期存款利率,自2010年7月27日起计算至本判决生效之日止);

(3) 诸暨市佳能袜厂从欧亿兴物流有限公司(OEC LOGISTICS CO., LTD.)和欧亿兴国际货运代理(上海)有限公司处共获赔的货款本金总额以70 950美元为限;

(4) 维持中华人民共和国上海海事法院(2010)沪海法商初字第782号民事判决主文第二条。

如果欧亿兴物流有限公司(OEC LOGISTICS CO., LTD.)和欧亿兴国际货运代理(上海)有限公司未按照本判决指定的期间履行给付义务,应当依照《中华人民共和国民事诉讼法》第253条之规定,加倍支付迟延履行期间的债务利息。

⑥ 原告苏州亨利国际贸易有限公司与被告大连奥威成一国际物流有限公司上海分公司海上货物运输合同纠纷案

案例来源:上海海事法院(2012)沪海法商初字第433号
主题词:货运代理　承运人授权　提单登记备案

裁判要旨

No. HY-4.3-2　发货人与收货人达成货款支付协议,但仍未收到货款的,仍不能据此免除或减轻无单放货的承运人应承担的赔偿责任。

No. HY-4.3-3　发货人因为货物被无单放行导致失去对货物的控制权,不得不对收货人作出货款减让以及免除无单放货的承运人责任的意思表示,但仍无法收回货款的,从公平角度来看,不应该认为发货人的行为足以被视为其追认承运人无单放货的现实和免除承运人责任的真实意思表示。

一、基本案情

原告：苏州亨利国际贸易有限公司

被告：大连奥威成一国际物流有限公司上海分公司

原告诉称：2011年9月9日，原告向被告托运一批女装外套，预定2011年9月19日上海至美国洛杉矶的船期。原告按进仓通知将涉案货物于2011年9月16日中午12时前送至内装仓库，并于同年9月19日收到被告出具的编号为JHJTC5020111248的全套正本提单。提单载明签单日期为2011年9月19日，件数为6335件，共1056箱。商业发票记载的件数、箱数与提单一致，价款金额为70318.50美元。同年12月6日，被告向原告开具了国际货物运输代理发票一张，发票金额为人民币3972元。此后，在原告仍持有全套正本提单的情况下，被告通知原告涉案货物在目的港已被放行。为此，原告要求被告承担承运人责任，诉请法院判令：① 被告赔偿原告损失人民币443003元（即70318.50美元按起诉之日美元对人民币1∶6.30的汇率折算而成）及相应利息损失（按照中国人民银行同期贷款利率自2011年12月7日起计算至判决生效之日止）；② 本案案件受理费和诉前财产保全申请费由被告承担。

被告辩称：① 涉案提单由韩国成一海运签发，被告在涉案运输中仅是承运人的代理人，而非承运人；② 在收货人提取货物后，原告与收货人就货款支付达成了新协议，收货人以案外已支付的货款抵扣了涉案货物的应付货款，因此原告并未遭受损失；③ 原告已通过书面方式向被告追认涉案货物可以通过"电放"方式交付并且确认不追究承运人的责任。综上，请求驳回原告的全部诉讼请求。

二、法院查明事实

上海海事法院经审理查明确认事实如下：

2011年9月，原告为履行与国外买方SCORPIO. INC（以下简称S公司）订立的编号为WJHF11-0905的采购合同，委托被告出运向S公司出售的一批型号为JSWJ1568B的女装外套（以下简称涉案货物）。涉案货物价值依据商业发票及报关单记载总计为70318.50美元，结汇方式为付款交单。被告接受委托后，于2011年9月19日向原告出具了提单编号为JHJTC5020111248的全套正本联运提单。上述提单载明：提单抬头人为韩国成一海运，托运人为原告，收货人为凭TOMATOBANK N. A.指示，通知方为S公司，装货港为中国上海，卸货港为美国加州长滩，交货地为美国加州洛杉矶，承运人盖章处盖有韩国成一海运的签单章，签发地为上海。被告确认涉案货物到港后，S公司已将涉案货物连同原告向其出售的另一批编号为JHJTC5020111290的提单项下货物（以下简称案外货物）一并提取。2011年10月29—31日原告与S公司的往来电子邮件显示，原告同意将涉案货物单价由11.10美元/件降至7.10美元/件，S公司认为原告向其出售的涉案货物存在质量问题因此拒绝付款。同年11—12月间原告与被告的往来电子邮件显示，原告曾经向被告确认同意不追究被告的法律责任并同意待银行退单后向被告交还涉案正本提单，被告则催促原告归还正本提单并提供电放保函，以便其能签发电放提单给原告。目前，原告仍持有涉案全套正本提单。

本案中，无相关证据证明原告已收到涉案货款。另查明，涉案提单未在中华人民共和国交通运输部进行过登记备案。

三、法院裁判

法院认为，涉案提单是联运提单，载明的装货港为中国上海，卸货港为美国加州长滩，交货地为美国加州洛杉矶，因此本案系包含国际海上运输方式的多式联运合同纠纷。涉案运输目的港及放货环节发生在境外，本案具有涉外因素。依照我国法律规定，合同当事人可以选择解决纠纷的准据法，鉴于原、被告在庭审中确认选择适用中国法律，据此可以确定处理本案争议的准据法为中华人民共和国法律。

根据原、被告的诉辩主张，本案存在以下争议焦点：被告是否应当承担多式联运经营人的责任？原告是否与收货人S公司达成新的货款支付协议以及该协议是否可免除被告的民事责任？原告是否已经追认"电放"货物并且该追认是否可免除被告的民事责任？

1. 关于被告的法律责任问题

法院认为，涉案联运提单是运输合同的证明，对多式联运合同法律关系中多式联运经营人、托运人身份的认定，应主要依据提单记载及当事人在订立及履行合同过程中的具体行为予以判断。原告系涉案货物的发货人，在提单上被明确记载为托运人，且至今仍持有全套正本提单，故原告为涉案运输的托运人和合法提单持有人。关于被告是否应承担多式联运经营人责任，法院认为，涉案提单的抬头人虽显示为韩国成一海运，并盖有韩国成一海运的签单章，但提单载明的签发地在上海，而韩国成一海运系注册于境外的企业，故从常理推断，涉案提单由韩国成一海运自行签发的可能性较小，且被告在提交抗辩证据时自认其为"承运人的签单代理人"，虽然被告在庭审中否认其签发了涉案提单，但并无任何证据推翻上述自认，因此法院依据最高人民法院《关于民事诉讼证据的若干规定》第74条"诉讼过程中，当事人在起诉状、答辩状、陈述及其委托代理人的代理词中承认的对己方不利的事实和认可的证据，人民法院应当予以确认，但当事人反悔并有相反证据足以推翻的除外"的规定，认定涉案提单应系由被告代为签章后向原告出具，其行为应视为被告以韩国成一海运代理人的名义签发了涉案提单。本案中无证据显示被告在签发提单时，取得了韩国成一海运的授权，依据最高人民法院《关于审理海上货运代理纠纷案件若干问题的规定》第4条第2款"货运代理企业以承运人名义签发提单、海运单或者其他运输单证，但不能证明取得承运人授权，委托人据此主张货运代理企业承担承运人责任的，人民法院应予支持"的规定，法院对原告要求被告赔偿其损失的主张予以支持。退一步而言，即使被告未实际签发提单，而仅系向原告进行了交付，但鉴于被告所交付的系未在中华人民共和国交通主管部门进行登记备案的提单，未尽到谨慎义务，亦应对原告的损失承担民事赔偿责任。现有证据表明且被告确认涉案货物未凭正本提单交付。被告的过错行为导致原告丧失了对涉案货物的掌控权,并因此产生货款损失。原告作为托运人和合法提单持有人有权向被告主张因无单放货造成的货款损失。

2. 关于原告是否与收货人 S 公司达成新的货款支付协议及其对被告责任的影响

法院认为,现有证据仅表明原告在收货人已经提取货物的情况下同意每件货物降价 4 美元,但没有证据表明原告接受了收货人以案外已支付货款冲抵涉案货款的方案,也没有证据表明收货人接受该新的报价并予以实际支付。因此,被告未能举证证明原告与无正本提单提取货物的人达成新的货款支付协议。即使认为原告与收货人已达成涉案货物单价由 11.10 美元/件降至 7.10 美元/件的付款协议,由于该协议款项并未得到实际赔付,因此依据最高人民法院《关于审理无正本提单交付货物案件适用法律若干问题的规定》第 13 条的规定,不能免除或者减轻被告应当承担的赔偿责任。对被告的此节抗辩,法院不予采纳。

3. 原告是否已经追认"电放"货物及其对被告责任的影响

法院认为,确有证据表明原告在被告无单放货后,曾向被告表示同意不追究其法律责任并同意父还正本提单,但原告在取得银行退回的涉案正本提单后,并未向被告交还提单,而是选择了据此寻求司法救济。因此关键问题在于原告的上述意思表示是否可以免除被告的法律责任。原告在涉案货物被无单放货以后,试图通过与收货人及被告协商的方式解决纠纷。免除被告法律责任的意思表示是原告在追求和解的过程中作出的,与此同时,原告在试图通过降价的方式获得收货人的主动付款,以最大可能地降低损失。由于涉案货物被无单放行,导致原告对货物失去控制权,进而不得不在和解过程中作出让步,包括对收货人作出同意降价的意思表示以及对被告作出免除其法律责任的意思表示,希望达到促使收货人支付大部分货款的目的。但收货人最终仍未向原告支付涉案货款,因此原告同意免除被告法律责任以期达到的目的已无法实现,原告作出上述意思表示时的条件和环境已发生根本性变化,如果此时仍然要求原告信守该承诺或者据此免除被告的法律责任,有悖公平。因此,被告的上述抗辩,法院不予采纳。在原告仍持有维权依据的正本提单的情况下,原告在和解过程中所作追认"电放"货物或者免除被告法律责任的意思表述不能免除或者减轻被告应当承担的赔偿责任。

此外,对原告有关利息损失按照中国人民银行同期贷款利率自 2011 年 12 月 7 日起计算至判决生效之日止的主张,法院认为,原告主张的利息损失系因被告迟延赔付产生的孳息损失,可予支持。但因原告未提供证据证明存在因被告迟延赔付造成原告产生贷款利息损失以及原告在本案起诉前已向被告主张过赔偿,故利息损失可酌情按中国人民银行同期活期存款利率自原告起诉之日即 2012 年 2 月 27 日起计算至本判决生效之日止。

综上,被告应当向原告赔偿因无正本提单交付涉案货物对其造成的损失即涉案货物价值 70 318.50 美元。原告主张赔偿的美元数额按起诉之日即 2012 年 2 月 27 日中国人民银行公布的美元对人民币汇率中间价折算为人民币数额,可予支持,但该日的美元对人民币汇率中间价应为1∶6.2985,与原告主张的1∶6.30略有误差,因此原告可予支持的损失金额应为人民币442 901.07元。依据《中华人民共和国海商法》第71条,最高人民法院《关于审理无正本提单交付货物案件适用法律若干问题的规定》第2、13条,最高人民法院《关于审理海上货运代理纠纷案件若干问题的规定》第4条第2款,《中华人民共和国民事诉讼法》第64条第1款以及最高人民法院《关于民事诉讼证据的若干规定》第2、74、76条之规定,判决如下:

(1) 被告大连奥威成一国际物流有限公司上海分公司应于本判决生效之日起10日内向原告苏州亨利国际贸易有限公司赔偿损失442 901.07元及该款项的利息损失(按照中国人民银行同期活期存款利率自2012年2月27日起计算至判决生效之日止);

(2) 对原告苏州亨利国际贸易有限公司的其他诉讼请求不予支持。

5. 其他

5.1 定期租船合同纠纷

1 上诉人耐威森船务公司与被上诉人连云港远东国际船舶代理有限公司等留置权损害赔偿纠纷案

案例来源:天津市高级人民法院(2010)津高民四终字第0005号
主题词:定期租船合同　留置权　航运惯例

> **裁判要旨**
>
> **No. HY-5.1-1** 在定期租船合同下,承租人未向出租人支付租金或者合同约定其他款项的,出租人对属于承租人的货物、财产及转租收入享有留置权。由于留置权是法定担保物权,提单记载的运费支付方式不是限制承租人行使留置权的条件。
>
> **No. HY-5.1-2** 根据航运惯例,订立租船合同既可以以当面签署的书面文本方式订立,也可以以电子邮件或者租船经纪人作为纽带磋商等方式达成,只要出租人和承租人的共同意思表示是真实、清晰、明确的,便具有法律约束力。

一、基本案情

　　上诉人(原审原告):耐威森船务公司(Navision Shipping Company A/S)。
　　被上诉人(原审被告):连云港远东国际船舶代理有限公司(以下简称连云港远东公司)。
　　被上诉人(原审被告):天津船务代理有限公司(以下简称天津船务公司)。
　　被上诉人(原审被告):上海远东环球国际船舶代理有限公司(以下简称上海远东公司)。
　　被上诉人(原审被告):香港永和船务公司[Yong He Shipping(HK)Ltd,以下简称香港永和公司]。
　　天津海事法院一审查明:2007年7月26日,"勇敢约翰"轮的承租人香港永和公司雇佣的船舶管理人旧东方地中海公司(Old Eastern Mediterranean Co. SA)(以下简称OEM公司)与天津船务公司联系,委托其处理该轮在天津港的船舶落泊、装船、签单等事宜。2007年8月9日,"勇敢约翰"轮船长向天津船务公司出具了签发提单授权书,要求提单中应当包括"船东有权因运费、分运费、租金、分租金对货物行使留置权"这一条款,并禁止签发运费已付提单。2007年8月14日,OEM公司授权天津船务公司签发

XIBA02号提单,该提单倒签为2007年8月10日。2007年8月15日,OEM公司授权天津船务公司签发 XISA02、XISA03 号提单,两份提单均倒签为2007年7月31日。2007年8月17日和8月21日,OEM公司授权天津船务公司分别签发 XISA05 号、XISA04 号提单,上述两份提单均倒签为2007年8月10日。2007年8月30日,OEM公司授权天津船务公司签发 XISA01、XILA08 号提单,该两份提单倒签为2007年8月10日。上述提单的格式、内容在签发前均经 OEM 公司确认,记载的运费支付方式均为运费预付。

2007年8月7日,OEM公司委托上海远东公司为香港永和公司委任的"勇敢约翰"轮为上海港船舶代理人,负责安排该轮在上海港挂靠、装货、签单等有关事宜。2007年8月22日,"勇敢约翰"轮船长向上海远东公司出具了签发提单授权书,要求提单中应当包括"船东有权因运费、分运费、租金、分租金对货物行使留置权"这一条款,并禁止签发运费已付提单。2007年8月30日,OEM公司授权上海远东公司签发 BRJSHA007、BRJSHA008、BRJSHA009、BRJSHA010、BRJSHA011 号提单,其中 BRJSHA007 号提单倒签为2007年8月15日,其他4份提单均倒签为2007年8月22日。2007年9月3日,OEM公司授权上海远东公司签发 BRJSHA006 号提单,该提单倒签为2007年8月22日;上海远东公司根据 OEM 公司的指示签发了上述运费预付提单,提单内容、格式均经 OEM 公司确认。2007年8月29日,"勇敢约翰"轮船长向连云港远东公司出具了签发提单授权书,要求提单中应当包括"船东有权因运费、分运费、租金、分租金对货物行使留置权"这一条款,并禁止签发运费已付提单。连云港远东公司签发了 BJ04、BJ06、BJ19、BJ20 号提单。上述提单记载的运费支付方式均为运费预付。"勇敢约翰"轮的登记船东为 Oresteia Shipping LTD,MALTA,管理人是 P&P Shipping。

耐威森船务公司认为,"勇敢约翰"的船长根据耐威森船务公司的指示向连云港远东公司、天津船务公司及上海远东公司分别签发了授权书,要求上述三公司船舶代理公司按照船长的指示和大副的批注如实签发运费到付提单。但是,连云港远东公司、天津船务公司及上海远东公司在未经船长同意的情况下,倒签提单并签发了运费预付的清洁提单,上述三公司可能是在接受了香港永和公司的保函后,签发了不符合船长授权及大副批注的提单,从而导致耐威森船务公司在目的港无法行使货物留置权并收取相关的租金运费共计 2 044 357.18 美元。故请求判令连云港远东公司、天津船务公司、上海远东公司、香港永和公司连带赔偿耐威森船务公司租金运费损失共计美元 2 044 357.18 及相关利息。连云港远东公司和香港永和公司经原审法院合法传唤未出庭应诉。

二、一审裁判

天津海事法院一审认为,本案为租船合同项下留置权损害赔偿纠纷。根据《中华人民共和国民法通则》第146条第1款的规定,侵权行为的损害赔偿,适用侵权行为地法律。侵权行为地包括侵权行为实施地和侵权结果发生地。涉案提单签发地均在我国境内，侵权行为实施地为中国。本案各方当事人也引用中国法陈述其主张。因此本案适用中国法。根据我国民事法律规定，侵权行为的构成要件是行为人实施了违法行为、发生了损害事实、侵权行为与损害事实之间存在因果关系以及行为人具有过错。耐威森船务公司并未完成对上述要件的举证责任。

第一，根据《中华人民共和国海商法》第 87 条"承运人未收到运费、共同海损分摊、滞期费等费用，可以在合理限度内行使留置权"及第 141 条"承租人未向出租人支付租金或者合同约定的其他款项的，出租人对船上属于承租人的货物和财产以及转租船舶的收入享有留置权"之规定，留置权是一种法定担保物权，提单记载的运费支付方式不是限制留置权行使的要件，耐威森船务公司未能证明连云港远东公司、天津船务公司、上海远东公司、香港永和公司违反法定义务，实施了违法行为。耐威森船务公司和天津船务公司、上海远东公司共同确认的事实是香港永和公司是涉案船舶的承租人，根据庭审认定的有效证据，耐威森船务公司虽主张其与"勇敢约翰"轮的船东及香港永和公司分别签订了租船合同，该轮船长代表耐威森船务公司分别向连云港远东公司、天津船务公司、上海远东公司签发了提单授权书，但耐威森船务公司未能提供充分证据证明其与香港永和公司成立了定期租船合同。香港永和公司作为承运人，有权按照其与托运人订立的运输合同确定提单的内容以及运费支付的方式，无需受到耐威森船务公司的限制。耐威森船务公司提供的船长授权书从内容看并未出现耐威森船务公司的名称，既不能证明其与船长的法律关系，也不能证明连云港远东公司、天津船务公司、上海远东公司签收该授权书即是承诺代表耐威森船务公司签发提单。连云港远东公司、天津船务公司、上海远东公司也没有违反合同义务。

第二，关于耐威森船务公司的损失问题，既然耐威森船务公司不能证明其与香港永和公司的租船合同成立，也就不能证明其享有要求支付租金或运费的债权请求权，租金运费损失无从谈起。况且，租金运费损失是其单方陈述，并无其他证据支持，其主张运费的请求不能成立。

第三，关于涉案提单的签发与耐威森船务公司诉请损失的因果关系。涉案运输的承运人为香港永和公司，实际承运人为 Oresteia Shipping LTD, MALTA，耐威森船务公司既不具有提单项下的留置权，也未证明其将"勇敢约翰"轮出租给香港永和公司，耐威森船务公司并不享有作为出租人的留置权。即使耐威森船务公司是涉案船舶出租人的主张成立，根据《中华人民共和国海商法》第 141 条的规定，耐威森船务公司只能对属于承租人的货物和财产以及转租船舶的收入行使留置权，香港永和公司指示签发何种提单，连云港远东公司、天津船务公司、上海远东公司签发何种提单并不影响耐威森船务公司留置权的行使，因此即使耐威森船务公司存在损失也与连云港远东公司、天津船务公司、上海远东公司、香港永和公司的行为无关。

第四，天津船务公司和上海远东公司提供的证据能够证明它们受香港永和公司的委托为其办理天津港、上海港的落泊、装货、签单事宜，天津船务公司和上海远东公司在代理过程中按照委托人的要求报告委托事务的处理情况,根据其指示签发提单,提单格式和内容均得到委托人的确认,其签单行为有合同依据,天津船务公司和上海远东公司在代理过程中并不存在过错,即使错误签单也应由委托人香港永和公司承担责任。因此,耐威森船务公司要求连云港远东公司、天津船务公司、上海远东公司、香港永和公司承担连带赔偿责任的请求不予支持。根据《中华人民共和国民事诉讼法》第64条第1款、第130条之规定,判决:驳回耐威森船务公司的诉讼请求。案件受理费人民币105 210元,由耐威森船务公司负担。

三、上诉与答辩

耐威森船务公司不服原审判决,向天津市高级人民法院提起上诉称:① 耐威森船务公司将"勇敢约翰"轮期租给香港永和公司用于承运货物,双方存在期租合同关系。② 连云港公司、天津船务公司、上海远东公司签发提单是违法行为,并且存在明显过错。③ 耐威森船务公司遭受租金运费损失是真实存在的,且损失与耐威森船务公司错误签发提单行为具有直接的因果关系。④ 连云港公司、天津船务公司、上海远东公司即使是根据香港永和公司的指示签发提单,也应当对其错误签发提单的行为承担连带责任。本案中,关于提单签发的要求在租约中有明确的约定,对此香港永和公司是明知的,船长及耐威森船务公司就签发提单的授权通知了连云港公司、天津船务公司、上海远东公司,因此,上述三公司即使是根据香港永和公司的指示签发提单,也应当对其错误签发提单的行为承担连带责任。

上海远东公司答辩称:请求驳回上诉,维持原审判决。主要理由:① 耐威森船务公司与香港永和公司之间不存在期租合同关系,原审法院认定证据符合法律规定,认定事实清楚准确。② 原审法院认定事实清楚正确,判决符合法律规定。涉案提单完全是根据大副收据以及委托人香港永和公司的指示签发的,上海远东公司作为"勇敢约翰"轮的船舶代理人,其签单行为没有任何违法或过错。③ 没有证据证明耐威森船务公司确实遭受了其所主张的"租金运费损失",即使该损失确实存在,也与上海远东公司的签单行为没有因果关系,耐威森船务公司无权向上海远东公司提出索赔。④ 在中国法下,留置权属于物权,根据"物权法定原则",上海远东公司的签单行为也不可能对法定留置权造成任何侵害影响。⑤ 即使耐威森船务公司有留置货物的权利,即使如耐威森船务公司所主张的上海远东公司签发运费预付提单意味着不能留置该提单项下的货物,耐威森船务公司的租金运费损失也与上海远东公司的签单行为没有因果关系。

四、二审裁判

天津市高级人民法院审理期间,上海远东公司将其在一审时提交的全部证据在上海市闸北区公证处进行了公证。耐威森船务公司认为这些公证材料是在举证期限届满后办理的。因此对于上海远东公司进行公证的证据不予质证。天津市高级人民法院认为，上海远东公司将其在一审提交的证据在二审期间进行公证的行为不违反我国相关法律的规定。因此，天津市高级人民法院对上海远东公司在一审时提交证据的真实性予以认定。天津市高级人民法院经审理查明：本案讼争提单均为金康1994提单。原审法院查明的其他事实经天津市高级人民法院查证属实，予以确认。天津市高级人民法院认为，耐威森船务公司系在我国境外注册公司，香港永和公司为在香港特别行政区注册公司，耐威森船务公司以侵权为由提起诉讼，因此本案为涉外侵权纠纷。根据《中华人民共和国民法通则》第146条"侵权行为的损害赔偿，适用侵权行为地法律……"之规定，涉案争议的提单签发地在我国天津市、江苏省连云港市及上海市，侵权行为地均在我国境内，因此本案应当适用中华人民共和国法律作为解决本案的准据法。

本案争议的焦点为：① 耐威森船务公司是否与香港永和公司存在期租合同关系；② 香港永和公司是否具有签发提单的权利，三船舶代理公司在提单上注明运费预付的行为是否构成对耐威森船务公司的侵权；③ 在中国法下，出租人能否对托运人或收货人支付的运费行使留置权。

首先，关于耐威森船务公司是否与香港永和公司存在期租合同关系问题：

（1）耐威森船务公司提交的证据（一）认为该份证据证明了其与船东存在期租合同关系，但是该证据从形式上看是英国GFI公司发给案外人耐威森租船公司的电子邮件的复印件。从该电子邮件内容中既没有反映出承租人是耐威森船务公司，也没有看出邮件中对签发提单关于运费的支付方式有何种要求。

（2）从耐威森船务公司提交的证据（六）也就是认为其与船东租船合同的原件，但该证据中表明耐威森船务公司只是代理（For and behalf of）耐威森租船公司签订合同。

（3）从两份租船合同形式看，该两份租船合同均是从域外形成的，但均没有办理公证认证手续。按照最高人民法院《关于民事诉讼证据的若干规定》第11条第1款"当事人向人民法院提供的证据系在中华人民共和国领域外形成的，该证据应当经所在国公证机关予以证明，并经中华人民共和国驻该国使领馆予以认证，或者履行中华人民共和国与该所在国订立的有关条约中规定的证明手续"之规定，天津市高级人民法院对耐威森船务公司提供的上述两份租船合同的形式和内容均不能予以确认。

（4）"勇敢约翰"轮船长给三船舶代理公司"提单签发授权书"经过公证认证的原件中明确写明"若在遵循本授权书的过程中有任何困难，请联系该船的二船东耐威森租船公司……"而并不是与耐威森船务公司联系。

（5）上海远东公司虽然提交了认为其与船东之间签订租船合同的电子邮件，但该电子邮件是由英国GFI公司发给香港永和公司，并没有船东对此予以确认的证据。因此，对耐威森船务公司上诉主张的其为"勇敢约翰"轮的出租人以及上海远东公司认为其与船东之间存在租船合同的主张，证据不足，天津市高级人民法院不予支持。

其次,关于谁具有签发提单的权利问题。鉴于耐威森船务公司并未提供其作为出租人与香港永和公司之间存在租船合同的有效证据,各方当事人对香港永和公司为"勇敢约翰"轮的承租人的事实均无异议。因此本案当事人之间的法律关系应当为船东与耐威森租船公司存在期租合同关系,耐威森租船公司与香港永和公司之间存在租船合同关系。天津船务公司、连云港公司、上海远东公司与香港永和公司之间为船舶代理关系。根据《中华人民共和国海商法》第72条第1款"货物由承运人接收或者装船后,应托运人的要求,承运人应当签发提单"及第136条"承租人有权就船舶的营运向船长发出指示,但是不得违反定期租船合同的约定"之规定,三船舶代理公司对于签发提单并没有责任。在耐威森船务公司没有提供证据证明与香港永和公司之间约定了只有出租人才有签发提单权利,并且涉案提单均为金康1994提单,并不存在耐威森船务公司主张的三船舶代理公司签发的是租家提单的情况下,应当认定承租人香港永和公司作为承运人具有签发提单的权利。"勇敢约翰"轮的船长虽然出具签发提单授权委托书,但该委托书只是出租人单方发出,并未经过香港永和公司的确认,因此对香港永和公司没有约束力。在没有证据证明香港永和公司接受该委托书的情况下,三船舶代理公司代签提单并且写明运费预付的行为完全是按照香港永和公司的指示完成了代理事宜,并不存在过错。同时"勇敢约翰"轮船长之所以向三船舶代理公司出具签发提单授权委托书,恰恰证明出租人与香港永和公司之间在租船合同中就签发提单及承租人以何种方式收取运费等问题没有特殊约定。因此,在出租人与承租人之间既没有约定,又没有法律规定的情况下,耐威森船务公司上诉主张的只有该公司具有签发提单的权利,三船舶代理公司因为没有按照船长的授权指示签发提单并在提单中注明运费预付的行为构成侵权的主张,没有法律依据,天津市高级人民法院不予支持。

最后,根据《中华人民共和国海商法》第141条"承租人未向出租人支付租金或者合同约定的其他款项的,出租人对船上属于承租人的货物和财产以及转租船舶的收入有留置权"之规定,留置权是法定物权,而不能由当事人任意约定。如果耐威森船务公司是出租人,其认为香港永和公司欠其租金,出租人也只可以对属于香港永和公司的货物和财产及香港永和公司转租船舶的收入行使留置权。至于托运人与承运人约定以何种方式支付运费,并不能构成出租人行使留置权的前提条件。而三船舶代理公司与耐威森船务公司并不构成船舶租赁合同关系,并且三船舶代理公司依据船长授权签发倒签提单的行为也完全是依指示进行,其产生的后果三公司不负责任,因而也和耐威森公司无关。因此,耐威森船务公司上诉主张的如果三船舶代理公司签发了运费到付提单,其就可以收回租金的主张不能成立。

综上所述,判决如下:

驳回上诉,维持原判。

5.2 港口经营人的权利和义务

2 原告可隆商事株式会社与被告湛江港务局货物交付侵权损害赔偿纠纷案
案例来源:广州海事法院(1998)广海法商字第 11 号
主题词:提货请求权　港口经营人　善良管理人

> **裁判要旨**
>
> **No. HY-5.2-1**　提单持有人可以凭提单行使提货请求权,也可以凭提单控制货物的交付,或转让提单来转让对货物的权利。
>
> **No. HY-5.2-2**　按照航运惯例,港口作业人(经营人)接受船方或者货方的委托从船上卸下并掌管货物,其应当凭承运人或承运人代理人的指示交付货物,因此,提单持有人对货物的占有虽是间接占有,但却可以以货物所有权人的身份主张权利。
>
> **No. HY-5.2-3**　港口经营人虽非承运人或承运人的代理人,不承担提单下的合同义务,但不可以无视他人权益擅自处分他人货物,其在装卸、保管进出港货物中应尽善良管理人义务,包括妥善看管货物,凭法定的海关放行手续和按照承运人的指示交付货物,否则在交付货物方面构成过错。
>
> **No. HY-5.2-4**　港口经营人的职员看管货物是其安排的工作岗位或经营活动的环节之一,职员非法提货表明港口经营人犯有管理和监管的过失,港口经营人应当对其职员的非法提货行为负责。经营人职员的行为使得提单持有人无法实现货物各种权能并造成合法权益的巨大损害,因此,职员的雇主应该承担赔偿责任。即使职员的行为构成犯罪,港口经营人应该承担的民事责任也不能因此而免除。

一、基本案情

原告:可隆商事株式会社(Kolon International Corp.)

被告:湛江港务局

原告可隆商事株式会社诉称:1997 年 10 月 13 日,"企业明星(Ace Enterprise)"轮从俄罗斯港口抵达湛江港,卸下 5 645.55 吨(1 225 捆)螺纹钢。七山海运株式会社(Chilsan Shipping Co.,Ltd)代表船长为这批钢材签发 3 套正本提单,提单号分别为 1、2、3 号,均载明原告为托运人。这批钢材的价值为 1 453 392.69 美元,该笔货款的年利息率为 27%。被告在安全收受上述货物后,在没有收到正本提单或船舶代理人签发的提货单的情况下,将全部货物错误交付给不当的收货人。被告已向七山海运株式会社确认了错误交付的事实。被告作为货物的保管人,其错误交付行为严重违反了有关法律规定和国际惯例。由于货物被非法提走,原告未能通过正常贸易途径取得货款,3套正本提单已全部退回原告。被告的错误行为给原告造成了经济损失,故请求判令被告返还第1、2、3号提单项下共5 645.555吨(1 225捆)螺纹钢货物,或者赔偿原告货款损失1 453 392.69美元及其利息(利息从货物被非法提走之日即1997年10月15日起算至被告实际赔偿之日止,利息率按韩国第一银行的年利息27%计算),并承担本案诉讼费。

被告湛江港务局辩称:被告并不是承运人或承运人的代理人,原被告之间不存在受提单约束的合同关系和其他合同关系,也没有"凭正本提单交货"的特别约定。就被告作为港口作业人而言,没有任何法律规定要求被告凭正本提单交货,原告将本案案由定为无正本提单放货纠纷是错误的,本案是一宗刑事诈骗或者走私案。原告对被告没有合法的诉权。原告没有举证该提单是否为真实有效的物权凭证,其是否合法取得该套提单,在任何情况下,原告作为一境外企业,是不可能用其名义凭提单到中国境内提取货物的,原告仅凭一套正本提单不能证明原告具有诉权或者可以主张提单下的其他权利,在事实和法律上均表明原告不可能合法地享有本案所涉货物的任何权利。本案没有证据表明原告遭受了损失,也没有证据证明原告的实际损失与货物被非法提取有直接因果关系。原告所称货物价值的唯一证据是原告单方开具的发票,由于原告是直接当事人,其自己签发的任何文件均不能作为本案证据,除非经过核实。原告没有证明其已支付了货款,也没有证明其没有以及为何没有收到买进后转售的货款。货物被非法提走并不是被告的过失所致,而是由被告无法控制的犯罪行为造成的;被告对其职员的刑事犯罪行为不承担任何刑事或经济责任;该批货物走私入境,应受到我国主管机关的处置,无论货物是否被提取,原告都必然丧失货物,原告的损失并不因货物被提走而必然产生,货物被提走只是一种犯罪事实。本案货物走私入境是由中华人民共和国海关经过调查后认定的,原告没有提供任何证据证明其没有参与本案的货物走私,其所持提单因不再具有合法物权凭证的功能而作废,因而原告不能享有对被告的胜诉权。综上,请求法院依法中止对本案的审理或依法驳回原告的起诉或诉讼请求。

二、法院查明事实

广州海事法院认定以下事实:原告为证明其合法取得本案货物的提单,提供了证据1—8共8份证据。对于原告提供的证据1即3套各一式三份正本提单,被告在庭前质证时表示无异议,在庭审时对提单的真实性表示异议,但没有提出任何反证,合议庭对3套提单的真实性予以确认。3套提单的编号为1、2、3,由七山海运株式会社于1997年10月9日在韩国汉城代表船长签发,均记载:托运人为原告,收货人"凭指示",承运船舶"企业明星"轮,货物于1997年10月3日清洁装船,装货港俄罗斯远东港口海参崴,卸货港中国湛江港,货物为热轧螺纹钢(Hot rolled steel deformed bars),A400C ACC TO TU 14-1-5254-94等级,长度均为11.70米(m)。3套提单记载的货物尺寸和数量分别为:1号提单下12 MM螺纹钢124捆,毛重579.350公吨,净重578.110公吨;2

号提单下 22 MM 螺纹钢 241 捆,毛重 1 103.450 公吨,净重 1 101.040 公吨;3 号提单下 14 MM 螺纹钢 233 捆,毛重 1 106.498 公吨,净重 1 104.168 公吨;20 MM 螺纹钢 101 捆,毛重 448.100 公吨,净重 447.090 公吨;25 MM 螺纹钢 526 捆,毛重 2 408.157 公吨,净重 2 402.897 公吨,3 号提单下螺纹钢共 860 捆,毛重 3 962.755 公吨,净重 3 954.155 公吨。3 套提单下的货物毛重共为 5 645.555 公吨,净重 5 633.3 公吨。3 套提单是以原告为托运人的指示提单,提单背面只有原告的背书,合议庭认定这 3 套提单由原告持有。

原告提供的证据 2 即原告与金狮公司之间买卖合同复印件及买卖合同附件 1 复印件显示:原告与金狮公司于 1997 年 9 月 22 日签订买卖合同,以 FOB 价每公吨 228 美元向金狮公司购买螺纹钢(Deformed Bars) 5 630 公吨(增减 5%),价款总额为 1 283 640 美元(增减 5%)。被告对于该复印件提出异议,故该证据不能单独作为认定案件事实的依据,应结合其他有效证据认定。原告证据 3 即金狮公司开具给原告的发票及其复印件的公证认证本,显示卖方金狮公司于 1997 年 10 月 3 日向买方即原告开具了总金额为 1 284 393.54 美元的发票,发票载明:装运船舶为"企业明星"轮,装运港为俄罗斯海参崴,货物为热扎螺纹钢,重 5 633.305 公吨,交货条件 FOB 海参崴,加绑扎、枕载、垫舱,单价为 228 美元。被告对原告证据 3 的真实性没有异议,对该证据证明的事实,法院予以认定。原告的证据 4 至 7 即汇款申请单复印件公证认证本、东华银行(Donghwa Bank Seoul)汇款凭证复印件公证认证本、原告汇款手续费清单复印件、韩国新汉银行通函复印件,共同表明:原告于 1997 年 10 月 8 日通过东华银行汉城分行向金狮公司支付了 1 284 393.54 美元。被告对原告证据 4 至 7 的真实性表示无异议,法院对该 4 份证据所证明的事实予以认定。原告提供证据 8 即 OSA 公司代表船长签发的第 408 号提单副本及 3 份正本的复印件,试图证明该 408 号提单在韩国汉城被转换成七山海运株式会社签发的上述 3 套提单,因原告的证据 8 为复印件,被告对该证据提出异议,又无其他证据相印证,故法院对原告的证据 8 不予采信。

原告为证明租船运输的过程,提供了证据 9 租船合同摘要传真复印件和证据 10 运费发票复印件及原告付款凭证复印件。租船合同摘要传真复印件显示:1997 年 9 月 30 日,海上贸易有限公司向原告发出租船合同摘要,以"企业明星"轮承运 5 600 公吨钢材从海参崴至中国湛江等地的运费为每公吨 13.95 美元。原告没有提供签字确认的证据。该证据被告不予确认,法院认为该证据不能单独作为定案依据,应结合其他有效证据综合认证。七山海运株式会社开具的运费发票复印件显示:七山海运株式会社于 1997 年 10 月 4 日向原告开具了"企业明星"轮承运由俄罗斯海参崴至湛江的 5 645.555 公吨钢材,以每公吨 13.95 美元计收的运费为 78 755.49 美元。原告付款凭证(韩国汇兑银行汇款记录)复印件显示:原告于 1997 年 10 月 8 日向七山海运株式会社支付了 78 755.49 美元。被告表示对运费发票及付款凭证没有异议,法院对原告支付上述海运费的事实予以认定。

原告为证明其转售钢材的过程,提供了证据 11—17 共 7 份证据。原告的证据 11

即原告与印却芬(INTRAFIN)公司的买卖合同复印件显示:1997年9月22日,原告与印度尼西亚印却芬公司签订买卖合同,拟将5630吨热扎螺纹钢货物出售给印却芬公司,成本加运费(CFR)价格为每公吨255美元,船方不负担卸货费,习惯性尽快速遣湛江港,采用跟单信用证方式,见票后180天付款,货物的质量、规格、尺寸与上述3套正本提单的记载基本一致,并约定买方须在签约后3个银行工作日内开出信用证等。原告的证据12即信用证复印件(信用证编号为9710NY5832)显示:1997年10月3日,美国印却达公司(INTRADA-USA,INC.)作为开证申请人,通过达冈讷嘎拉银行(DAGANG NEGARA)纽约代理行致韩国开发银行总行,申请开出了以原告为受益人的不可撤销跟单信用证,信用证指明的货物为5630公吨热轧螺纹钢,单价CFR中国湛江港每公吨258美元。该信用证没有银行的签章。原告的证据13即原告向美国印却达公司开具的装箱单/重量记录单,3份单据记载的货物品名、等级、件数、毛重及净重,分别与上述1、2、3号提单的记载相一致。原告的证据14即原告向美国印却达公司开具的3份商业发票,对货物的记载分别与3份装箱单/重量记录单相一致,单价为每公吨258美元,以货物净重计算,3份发票的价值分别为149 152.38美元、284 068.32美元、1 020 171.99美元,共计1 453 392.69美元。原告证据15即原告发给收货通知方的装船通知,通知上述货物的装运情况。原告的证据16即经公证认证的韩国第一银行事实证明显示:该行于1997年10月10日收到原告提交的全套议付单据,并送交美国的信用证开证银行,开证银行通知该行其没有开具9710NY5832号信用证,该行于1997年11月27日将全套议付单据退还原告。原告的证据17即达冈讷嘎拉银行(DAGANG NEGARA)纽约代理行致韩国第一银行电文复印件显示:1997年10月24日达冈讷嘎拉银行(DAGANG NEGARA)纽约代理行告知韩国第一银行,其从未开出金额为1 453 392.69美元的信用证。被告对原告的证据11、13、15的真实性没有异议,但对其关联性有异议,认为不能作为定案依据,不能用以计算损失。被告对原告的证据12、16的真实性没有异议,对原告的证据14有异议,认为是原告单方开具的。对原告的证据17的真实性没有异议,对其关联性有异议。法院对原告的证据11、13、15所证明的事实予以认定。原告的证据14为原告单方开具的发票,因该发票载明的货物单价及总值与其证据11不相符,又没有有效证据相印证,被告持有异议,合议庭对原告的证据14不予采信。原告的证据16和证据17说明原告提供的9710NY5832号信用证不是真实文件,与其证据12所证明的内容相矛盾,故对原告所称开证行向其开出信用证的事实,法院不予认定。

关于被告职员放货的过程,原告提供了证据18、19、20、21予以证明,被告对这4份证据不持异议。被告所提供的全部证据共8份,都是反映其职员放货行为的证据,原告对被告的8份证据的真实性表示无异议。这12份证据不同程度地表明:1997年10月12日,"企业明星"轮抵达湛江港,在被告第三作业区靠泊卸下16 300.676吨钢材。其中,10 655.121吨钢材已由国内有关企业向中华人民共和国湛江海关办理了进口报关验放手续,另一批5 645.555吨钢材没有向海关申报。1997年10月12日,被告的第三作业区商务科职员贺小超、苏那友以湛江市经济技术开发区中港实业有限公司职员吴德才自办的提货单及湛江市经济技术开发区中港实业有限公司的保证书放货，上述提货单未经船舶代理人和海关加盖发行章。湛江市经济技术开发区中港实业有限公司在没有向海关申报的情况下提走上述货物，货物已在市场上销售完毕，涉嫌走私，已由中华人民共和国湛江海关立案调查。湛江市公安局先后于1997年11月10日、12日对贺小超采取刑事拘留、取保候审，并对与放货行为有关的涉嫌诈骗立案侦查。原告于1997年10月26日以上述货物的提单持有人身份致函被告，表示将追究被告的责任。对于上述12份证据所证明的事实，法院予以认定。

原告为了证明其损失，除提供了上述证据3、4、5、6、10、11、12、14、17外，还提供了证据22、23，即韩国第一银行的年利率证明和价格鉴定报告，被告对原告的证据22、23的真实性没有提出异议，但对原告的证据22的关联性提出了异议。韩国第一银行的年利率证明显示：韩国第一银行于1998年1月20日证明，该银行从1997年12月27日起，在客户偿还欠付该行的议付出口单证款项时，按27%的年利率收取议付之日至偿付之日逾期利息。价格鉴定报告显示：广东省价格事务所受广东海事律师事务所的委托，于2000年9月6日作出螺纹钢价格鉴证结论，俄罗斯进口规格为12—25 mm的热轧螺纹钢在湛江港1997年10月每吨的市场价格约为人民币2 200—2 300元。该鉴定结论同时说明：由于热轧螺纹钢的价格非政府定价或政府调节价，该鉴证结论价格为市场中准价，具体的价格与热轧螺纹钢的数量、质量等级有关。法院对原告的证据22、23所证明的事实予以认定。

在本案审理过程中，广州海事法院先后两次向湛江海关调查取证，调查所得的证据有：对湛江海关的调查笔录；湛江海关有关本案货物的调查材料；湛江海关关于通报"企业明星"轮钢材案有关情况的函。双方当事人对3份证据的真实性均不持异议。本院对湛江海关的调查笔录显示：本院审判人员于1999年10月12日询问湛江海关调查处，湛江海关调查处的有关人员答复如下：船舶进境要办报关手续，其所载货物卸下后却未申报，按规定逾期3个月将被海关变卖，变卖款先用于支付关税，余款可由货物所有人在1年之内申领，逾期作为无主财产上缴国库。由于本案货物被非法放行，正常的放行秩序中断，所以不能对提单持有人将如何清关作出推测。湛江海关有关本案货物的调查材料所载明的放货过程与上述原被告证据所证明的放货事实基本一致，并显示：湛江市经济技术开发区中港实业有限公司代表吴德才于1997年10月13日开始以担保书提货，至15日本案货物全部提运完毕。湛江海关关于通报"企业明星"轮钢材案有关情况的函表明：本案货物直接走私责任人是湛江市经济技术开发区中港实业有限公司（具体经办人吴德才）。因双方当事人对上述证据不持异议，本院依法确认由以上证据所证明的事实。

综上，广州海事法院认定本案事实如下：原告为购买本案5 645.555公吨钢材于1997年10月8日向上手卖家金狮公司支付了1 284 393.54美元（FOB价）货款。原告应向七山海运株式会社支付该批货物从俄罗斯海参崴至湛江的海运费78 755.49美元。原告现持有所有有关本案货物的3套各一式三份正本指示提单。

1997年9月22日,原告与印度尼西亚印却芬公司签订买卖合同,拟将5 630吨热扎螺纹钢货物出售给印却芬公司,成本加运费(CFR)价格为每公吨255美元,船方不负担卸货费,习惯性尽快速遣湛江港,采用跟单信用证方式,见票后180天付款,约定货物的质量、规格、尺寸与上述3套提单的记载基本一致,并约定买方须在签约后3个银行工作日内开出信用证等。原告不能证明印却芬公司或其他人为该项贸易向其开出了信用证。

1997年10月12日,"企业明星"轮抵达湛江港,在被告第三作业区靠泊卸下本案5 645.555吨钢材,被告第三作业区安全收受了该批货物。同日,被告的第三作业区商务科职员贺小超、苏那友以湛江市经济技术开发区中港实业有限公司职员吴德才自办的提货单及湛江市经济技术开发区中港实业有限公司的保证书放货,上述提货单未经船舶代理人和海关加盖放行章。10月13日湛江市经济技术开发区中港实业有限公司开始提运上述5 645.555吨钢材,至15日提运完毕。湛江市经济技术开发区中港实业有限公司在没有向海关申报的情况下提走了上述货物,并在市场上销售完毕,湛江市经济技术开发区中港实业有限公司是上述货物的直接走私责任人,已由中华人民共和国湛江海关侦办。湛江市公安局先后于1997年11月10日、12日对贺小超采取刑事拘留、取保候审,并对与放货行为有关的涉嫌诈骗立案侦查。

受原告委托代理人所属律师事务所的委托,广东省价格事务所于2000年9月6日作出螺纹钢价格鉴证结论:俄罗斯进口规格为12—25 mm的热轧螺纹钢在湛江港1997年10月每吨的市场价格约为人民币2 200—2 300元。由于热轧螺纹钢的价格非政府定价或政府调节价,该鉴证结论价格为市场中准价,具体的价格与热轧螺纹钢的数量、质量等级有关。

韩国第一银行于1998年1月20日证明,该银行从1997年12月27日起,在客户偿还欠付该行的议付出口单证款项时,按27%的年利率收取议付之日至偿付之日逾期利息。

三、法院裁判

广州海事法院认为:本案是一宗货物交付侵权损害赔偿纠纷,原告为韩国公司,具有涉外性。根据《中华人民共和国民法通则》第146条第1款的规定,侵权行为的损害赔偿,适用侵权行为地法律。本案所争议的侵权行为发生在中国湛江,因此,处理本案实体争议应适用中华人民共和国的法律。

原告为购买本案所涉货物支付了货款,合法取得并持有本案货物的提单。根据《中华人民共和国海商法》第71条的规定,提单是承运人据以交付货物的保证。原告作为提单持有人,可以凭提单向承运人行使提货请求权,也可以持有提单控制货物的交付,或转让提单来转让其对货物的权利。按照航运惯例,港口作业人接受船方或货方的委托,从船上卸下并掌管货物,须凭承运人或承运人代理人的指示交货,不能擅自交货,虽然货物处在港口经营人的直接掌管之下,提单持有人仍可间接地控制货物的交付。法律上原告持有提单以支配货物,首先体现为对货物的间接占有,原告以货物所有人的身份主张权利,在没有相反证据的情况下,应认定原告即为货物的所有权人。

根据《中华人民共和国海关法》的有关规定,进口货物应由收货人向海关如实申报,交验进口许可证和有关单证;进口货物的收货人自运输工具申报进境之日起超过3个月未向海关申报的,其进口货物由海关提取变卖处理。过境、转运和通运货物,运输工具负责人应当向进境地海关如实申报,并应当在规定期限内运输出境。本案货物运往湛江港卸下后已在海关监管区内,由于被告的职员在没有凭海关放行手续和船方指示的情况下非法交货,正常的货物放行秩序中断,原告是另找买家在中国进口,或者转运、退运出境,以及原告如何清关,在被告放货前尚不能作出推断,仅将货物运往湛江卸下还不能认为是走私行为,也不能就此认定货物是非法标的物。事实上,正是提货人湛江市经济技术开发区中港实业有限公司的非法提货和被告的非法放行导致本案货物逃避了海关监管,涉嫌走私,原告是无辜的受害人。被告以货物涉嫌走私为由提出原告不能主张其权利的抗辩,不能成立。

被告抗辩认为,其与原告无提单关系,是港口作业人,而非承运人或承运人的代理人,无凭正本提单交货的义务。但是,被告不承担提单上的义务并不意味其可以无视他人权益,擅自处分他人的货物。被告作为港口经营人,装卸、保管进出港货物,应尽善良管理人的义务,妥善看管货物,凭法定的海关放行手续和承运人的指示交付货物,其在没有得到承运人或承运人代理人指示的情况下,又没有凭有效手续和文件,将货物交给不当的提货人,没有尽到港口经营行业上的一般注意义务,也违反了有关法律的规定,被告明显具有过错。

被告辩称擅自放货是其职员贺小超、苏那友伙同湛江市经济技术开发区中港实业有限公司职员吴德才等人所为,并涉嫌犯罪,因而对其职员的刑事犯罪行为不负刑事或经济责任,显属无理。因为被告职员看管货物是被告安排的工作岗位或经营活动的环节之一,被告理应妥善管理和监督。被告职员非法放货的事实本身说明被告犯有管理和监督上的过失,被告应对其职员的非法放货行为负责。被告职员非法放货使得原告无法实现货物所有权的各项权能,侵害了原告的合法权益,被告应承担赔偿责任。

被告职员因非法放货进而涉嫌犯罪与本案无关,民事责任与刑事责任并行不悖,即使被告职员的行为构成犯罪,被告所应承担的民事赔偿责任亦不能免除。

本案货物因被告非法放行,并在市场上销售完毕,已无法返还原物,只能赔偿损失。本案货物在起运地海参崴的离岸价为 1 284 394.54 美元,由海参崴至湛江的运费为 78 755.49 美元,合计 1 363 149.03 美元。原告提供其与印却芬公司的买卖合同复印件显示:原告拟以成本加运费(CFR)每公吨 255 美元价格向印却芬公司转售 5 630 吨热扎螺纹钢货物,但原告不能证明其转售合同的落空与被告的侵权行为有关,故原告转售合同中的价格不能作为计算原告损失的依据。原告为证明其损失,还提供了广东省价格事务所作出的螺纹钢价格鉴证结论,显示与本案货物同等规格(12—25 mm)的螺纹钢在侵权行为发生当地(湛江)同时期(1997年10月)的市场中准价格约为每吨人民币2 200—2 300元,略高于上述离岸价加运费。原告是拟将本案货物在湛江当地转售,或是转运出境,不能确定,且具体的价格与热轧螺纹钢的数量、质量等级有关,鉴证价格也是大致的价格幅度。相比之下,上述离岸价加运费更能准确地反映原告遭受的损失,即原告的损失本金以1 363 149.03美元计。原告主张按韩国第一银行采用的27%年利率计算货物损失的利息,但是没有证明韩国第一银行的年利率与本案货物价款及运费的融资之间有关联。韩国第一银行与本案货物价款的议付及运费的支付无关,被告亦不同意采用该利率,故原告主张以年利率27%计算利息损失,不予支持。本案原告的利息损失以中国人民银行同期美元企业流动资金贷款利率计算,从本案货物被非法放行完毕之日即1997年10月15日起算,至本判决生效之日止。

据上,依照《中华人民共和国海商法》第71条,《中华人民共和国民法通则》第106条第(二)项、第134条第1款第(七)项的规定,判决如下:

被告湛江港务局赔偿原告可隆商事株式会社货物损失1 363 149.03美元及其利息(利息按中国人民银行同期美元企业流动资金贷款利率,从1997年10月15日起算至本判决生效之日)。

本案受理费25 673美元,由原告负担1 073美元,被告负担24 600美元。

案例索引

S

上诉人A.P.穆勒-马士基有限公司与被上诉人山东潍柴进出口有限公司无正本提单放货纠纷案 519

上诉人阿塞尔吉达金亚塞那依维提加里特有限公司与被上诉人河北省粮油(集团)总公司海上货物运输合同纠纷案 421

上诉人北京和风国际物流有限公司与被上诉人宜兴市明月建陶有限公司多式联运合同纠纷案 771

上诉人达飞轮船有限公司与被上诉人山东省东方国际贸易股份有限公司无正本提单放货纠纷案 503

上诉人大连利航国际货运代理有限公司与被上诉人高唐县佛斯特针织服装有限公司无正本提单放货纠纷案 525

上诉人德国胜利航运公司与被上诉人骏业(天津)国际贸易有限公司无正本提单放货损害赔偿纠纷案 501

上诉人地中海航运公司与被上诉人南通刚正薄板有限公司、上海航吉国际货物运输代理有限公司海上货物运输合同纠纷案 201

上诉人东方海外货柜航运公司与被上诉人河北省五金矿产进出口公司、山东烟台国际海运公司海上货物运输合同纠纷案 211

上诉人俄罗斯检验集团联合股份公司与被上诉人烟台大宸食品有限公司海上货物运输合同货损赔偿纠纷案 647

上诉人法国达飞轮船股份有限公司、上诉人上海龙飞国际物流有限公司与被上诉人上海华安国际集装箱储运有限公司、被上诉人上海懂景集装箱运输有限公司、永富国际货物运输代理有限公司以及上海亿通国际股份有限公司海上货物运输合同纠纷案 389

上诉人哈尔滨波特家具有限责任公司与被上诉人阳明海运股份有限公司海上货物运输合同纠纷案 230

上诉人韩国成一海运航空株式会社与被上诉人文登市蒙特利色织有限公司、韩国成一海运航空株式会社威海办事处无正本提单放货纠纷案 509

上诉人赫伯罗特货柜航运有限公司与被上诉人安徽安粮国际发展有限公司海上货物运输合同纠纷上诉案 290

上诉人中艺家具进出口公司与被上诉人赫伯罗特货柜航运有限公司海上货物运输合同运费纠纷上诉案 605

上诉人湖北爱立德贸易有限公司与被上诉人A.P.穆勒-马士基有限公司海上货物运输合同欠款纠纷案 403

上诉人惠州鸿裕贸易有限公司与被上诉人长荣海运股份有限公司海上货物运输合同纠纷案 267

上诉人连云港华丰国际货运有限公司、郯城新兴新装饰材料有限公司与被上诉人青岛港(集团)有限公司物流分公司滞箱费纠纷案 870

上诉人美凯航运有限公司与被上诉人上海鑫冶铜业有限公司、株式会社商船三井、联合海运公司以及原审被告上海振华国际船务代理有限公司海上货物运输合同纠纷案 307

上诉人耐威森船务公司与被上诉人连云港远东国际船舶代理有限公司等留置权损害赔偿纠纷案 886

上诉人南京鸿润船务有限责任公司与被上诉人青岛航英国际货运代理有限公司航次租船合同纠纷案 800

上诉人宁波泰茂海运有限公司、上海海联船舶管理有限公司与被上诉人犍为华龙航运

有限公司德阳分公司航次租船合同纠纷案 776

上诉人青岛华青进出口有限公司与被上诉人A.P.墨勒-马士基有限公司海上货物运输合同纠纷案 145

上诉人青岛新邦塑胶有限公司与被上诉人中海集装箱运输股份有限公司海上货物运输合同纠纷案 692

上诉人山东晨鸣纸业集团齐河板纸有限责任公司与被上诉人中海集装箱运输(香港)有限公司集装箱超期使用费纠纷案 848

上诉人商船三井株式会社与被上诉人青岛德耳塔国际贸易有限公司海上货物运输合同集装箱使用费纠纷案 696

上诉人上海江汉国际贸易有限公司与被上诉人上海京龙国际物流有限公司海上货物运输合同纠纷案 399

上诉人上海进航船务有限公司与被上诉人中土畜东方进出口有限责任公司海上货物运输合同无单放货纠纷案 531

上诉人上海磊德国际货运代理有限公司与被上诉人何祖明国际多式联运合同纠纷案 732

上诉人上海励志国际物流有限公司与被上诉人绍兴市冠友西服有限公司、法国达飞轮船公司海上货物运输合同纠纷案 571

上诉人上海翘运货运代理有限公司、上海翘运货运代理有限公司宁波分公司与被上诉人宁波市慈溪进出口股份有限公司海上货物运输合同无单放货纠纷案 600

上诉人上海荣益船务有限公司与被上诉人上海弗莱特国际物流有限公司通海水域货物运输合同纠纷案 853

上诉人上海亚东国际货运有限公司与被上诉人温州市东风运输有限公司及原审被告俄罗斯联邦远东运输有限公司、远东船务代理有限公司国际多式联运合同纠纷案 735

上诉人上海洋捷国际货物运输代理有限公司与被上诉人KS资源有限公司多式联运合同纠纷案 543

上诉人深圳市鸿安货运代理有限公司与被上诉人浙江山塔纺织有限公司海上货物运输合同无单放货纠纷案 596

上诉人天津美设国际货运代理有限公司与被上诉人上海超鸿国际货物运输代理有限公司货运代理合同纠纷案 865

上诉人天裕海运有限公司与被上诉人山东远东国际海运有限公司海上货物运输合同货损纠纷案 017

上诉人铁行渣华有限公司、铁行渣华(中国)船务有限公司与被上诉人阿迪兰股份有限公司海上货物运输纠纷案 315

上诉人温州刘旭电器有限公司与被上诉人温州港口货运船舶代理有限公司、上海中通物流股份有限公司宁波分公司、马士基(中国)航运有限公司宁波分公司海上货物运输合同违约赔偿纠纷案 407

上诉人无锡新苏纺国际贸易有限公司与被上诉人福建省国贸运物流有限公司海上货物运输合同纠纷案 021

上诉人武汉佳和船务有限责任公司上海分公司与被上诉人山东晨曦集团有限公司海上货物运输合同纠纷案 833

上诉人新兴铸管股份有限公司与被上诉人中国环洋国际运输有限公司海上货物运输合同纠纷案 365

上诉人亚连株式会社与被上诉人山东省寿光市供销社集团总公司国际货物运输合同纠纷案 352

上诉人宜兴市明月建陶有限公司与被上诉人北京和风国际物流有限公司多式联运合同纠纷案 767

上诉人以星综合航运有限公司与被上诉人新疆奎屯云森纺织有限公司预借提单侵权损害赔偿纠纷案 458

上诉人(印度)拉迪恩航运有限公司与被上诉人(中国)五矿贸易有限公司提单记载与实际货物不符损害赔偿纠纷案 126

上诉人源诚(青岛)国际货运有限公司与被上

诉人栖霞市恒兴物业有限公司无正本提单放货纠纷案 432

上诉人张晓阳与被上诉人寿光市源丰航运有限公司运杂费欠款纠纷案 829

上诉人浙江天翔控股集团有限公司与被上诉人长荣海运新加坡公司、杭州鑫远国际货运代理有限公司海上货物运输合同纠纷案 206

上诉人浙江中远国际货运有限公司温州分公司与被上诉人通平企业有限公司、林威航运有限公司、深圳市达希海运有限公司航次租船合同纠纷案 781

上诉人中国平安财产保险股份有限公司上海分公司与上诉人申利航运有限公司海上货物运输合同纠纷案 234

上诉人中海集装箱运输(香港)有限公司与被上诉人宁波植文工贸有限公司海上货物运输合同无单放货追偿纠纷案 689

上诉人诸暨市佳能袜厂与被上诉人欧亿兴物流有限公司、欧亿兴国际货运代理(上海)有限公司海上货物运输合同纠纷案 876

Y

原告 A.P.穆勒-马士基有限公司与被告厦门万锦华贸易有限公司、厦门诚达运通国际货运代理有限公司海上货物运输合同纠纷案 700

原告艾克航运有限公司与被告福州昌雄远洋渔业有限公司等航次租船合同纠纷案 817

原告爱克森公司与被告中远集装箱运输有限公司、海陆联合服务公司、水手公司、中国远洋运输(集团)总公司海上货物运输合同货损赔偿纠纷案 334

原告巴润摩托车有限公司与被告长荣海运股份有限公司海上货物运输合同纠纷案 282

原告北京富洋行贸易有限公司与被告海贸国际运输有限公司海上货物运输合同纠纷案 326

原告本溪北台钢铁集团供销有限责任公司与被告南京华海船务有限公司、南京豪盛船务有限公司、营口市全通实业公司船载货物纠纷案 123

原告大连北方粮食交易市场海侨粮油有限公司与被告柳州地区柳州港运输公司、陈丽弦、广西苍梧县航运四公司水路货物运输合同货损纠纷以及柳州地区柳州港运输公司、陈丽弦反诉水路货物运输合同运费、滞期费纠纷两案 239

原告地中海×××公司与被告妙卡×××公司、嘉宏×××公司深圳分公司海上货物运输合同纠纷案 376

原告东台市溱标不锈钢有限公司与被告天津捷运通物流有限公司海上货物运输合同纠纷案 052

原告东莞宇扬电子有限公司与被告翊达海空货运(香港)有限公司海上货物运输合同纠纷案 748

原告(反诉被告)浙江省义乌市对外经济贸易有限公司与被告(反诉原告)地中海航运公司海上货物运输合同无单放货纠纷案 589

原告佛山市光大服装有限公司与被告丰顺国际船务有限公司、深圳市鹏城海物流有限公司及其广州分公司、中海集装箱运输股份有限公司、Wm集装箱航运公司海上货物运输合同纠纷案 031

原告福建嘉航海运有限公司与被告淄博海旺达货运代理有限公司航次租船合同纠纷案 826

原告福建省工艺品厦门进出口公司与被告裕利航运有限公司、厦门裕利集装箱服务有限公司无单放货纠纷案 158

原告港中旅华贸国际物流股份有限公司与被告以星综合航运有限公司海上货物运输合同纠纷案 574

原告灌云县国际经济贸易公司与被告法国达飞轮船有限公司、邦辉船务代理(香港)有限公司无正本提单放货纠纷案 488

原告广东恒鑫能源有限公司与被告则立安那管理公司、被告双日株式会社海上货物运

输合同纠纷案 026

原告广东省土产进出口(集团)公司与被告大连远洋运输公司、深圳联合国际船舶代理有限公司货物交付纠纷案 106

原告广州港兴隆物流有限公司与被告招商局国际货运公司广州分公司、招商局国际货运公司海上货物运输合同货物交付纠纷案 181

原告广州粮油食品进出口公司与被告深圳海格龙威国际货运有限公司、时代船务有限公司海上货物运输合同货损纠纷案 010

原告广州市中之豪实业有限公司与被告马士基(中国)航运有限公司、马士基(中国)航运有限公司广州分公司、华光国际运输广州公司、海程邦达国际货运代理有限公司广州分公司海上货物运输合同货物交付纠纷案 038

原告贵州省纺织品进出口公司与被告长计国际有限公司、长计国际有限公司贵州办事处海上货物运输货损赔偿纠纷案 418

原告海澜国际贸易有限公司与被告韩国海空运输有限公司、全华物流中心有限公司海上货物运输合同损害赔偿案 047

原告海南泰业贸易有限公司、海南金钢实业有限公司与被告远东海洋轮船公司、裕利船务有限公司海上货物运输合同货物交付纠纷案 093

原告韩国泛洋船务公司与被告海晏国际船务有限公司海上货物运输合同纠纷案 293

原告韩国进世贸易公司与被告连云港海运有限公司海上货物运输合同纠纷案 162

原告××航运有限公司与被告德州××国际物流集团有限公司、天津××物流有限公司海上货物运输合同纠纷案 617

原告河北省粮油(集团)总公司与被告阿塞尔吉达金亚塞那依维提加里特有限公司海上货物运输合同纠纷案 120

原告河南省曙光水运有限公司与被告重庆宜化化工有限公司、宜昌锦程万和物流有限公司、李俊操水路货物运输合同纠纷案 220

原告核心钢铁产业有限公司与被告福建省轮船总公司海上货物运输合同货损赔偿纠纷案 449

原告黑龙江省进出口公司与被告汕头粤东国际货运代理有限公司、江苏环球国际货运公司深圳分公司、博联国际货运公司海上货物运输合同货物交付纠纷案 859

原告湖北钢赢家具有限公司与被告联合国际货运(香港)有限公司海上货物运输多式联运合同货损赔偿纠纷案 669

原告江苏省粮油食品进出口集团股份有限公司与被告韩国现代商船有限公司、现代商船(中国)有限公司海上货物运输合同纠纷案 678

原告江苏玉兰木业有限公司与被告上海俄东船务有限公司、阿晋利欧利货物运输有限公司海上货物运输合同纠纷案 049

原告捷士运输有限公司、原告上海捷士国际货运代理有限公司与被告镇江太平洋木业有限公司、被告中国正联实业公司华东分公司海上货物运输无单提货纠纷案 681

原告金海岸国际贸易有限公司与被告盐城中大国际贸易有限公司海上货物运输合同纠纷案 248

原告锦州市锦海货运有限公司与被告上海江联货运有限公司租船合同纠纷案 815

原告可隆商事株式会社与被告湛江港务局货物交付侵权损害赔偿纠纷案 892

原告李兆权与被告中嘉运输包装服务(国际)有限公司海上货物运输合同货物交付纠纷案 349

原告联德电子(东莞)有限公司与被告深圳市外代国际货运有限公司海上货物运输合同纠纷案 178

原告林如与被告汕头市公路局莱长渡口所海上货物运输纠纷案 612

原告龙海市格林水产食品有限公司与被告太平船务有限公司太平船务(中国)有限公司、太平船务(中国)有限公司厦门分公司、

中国外运福建有限公司漳州分公司海上货物运输合同纠纷案　168

原告鹭丰船务有限公司与被告揭东县东源装饰材料有限公司海上货物运输合同纠纷案　341

原告马乐博有限公司与被告厦门弘信国际货运代理有限公司无单放货纠纷案　014

原告米百利公司、中国大地财产保险股份有限公司宁波分公司与被告上海海至天国际货物运输代理有限公司海上货物运输合同纠纷案　285

原告某某中成药保健品进出口公司与被告某某某航运有限公司、某某某航运公司马达加斯加公司、某某某航运(香港)有限公司、广东某某国际船舶代理有限公司海上货物运输合同纠纷案　440

原告南海冠球家具有限公司、祥建有限公司与被告亚洲货运有限公司海上货物运输交付纠纷案　428

原告南海市大沥太平奇乐饮料食品有限公司与被告中海集装箱运输有限公司、营口中海货运代理有限公司水路集装箱货物运输合同货损纠纷案　088

原告南京竹尚纺织品有限公司与被告嘉宏国际运输代理有限公司海上货物运输合同纠纷案　862

原告宁波长运国际物流有限公司与被告北欧亚货柜航运有限公司海上货物运输合同无单放货纠纷案　587

原告宁波顶佳进出口有限公司与被告地中海航运公司海上货物运输合同纠纷案　277

原告宁波××国际贸易有限公司与被告上海×××国际物流有限公司海上货物运输合同纠纷案　582

原告宁波京甬进出口有限公司与被告挪威奥德费尔海运公司、新丰航运有限公司海上货物运输合同货损纠纷案　054

原告宁波开创贸易有限公司与被告宁波泛洋物流有限公司水路货物运输合同货损赔偿纠纷案　710

原告宁波利登休闲用品有限公司与被告东方海外货柜航运(中国)有限公司、东方海外货柜航运有限公司海上货物运输合同无单放货纠纷案　593

原告宁波麦芽有限公司与被告 E.K. 航运公司、富士川海运有限公司海上货物运输合同货损赔偿纠纷案　058

原告宁波新龙时装进出口有限公司与被告商船三井株式会社海上货物运输合同无单放货纠纷案　584

原告平湖市富华箱包厂、上海中纺联纺织服装有限公司与被告环捷国际货运代理(上海)有限公司海上货物运输合同纠纷案　251

原告普宁市××织造有限公司与被告深圳市××物流有限公司、中××集装箱运输有限公司海上货物运输合同纠纷案　329

原告瑞英纤维株式会社与被告青岛中和国际物流有限公司海上货物运输合同纠纷案　568

原告森特利·比赫尔·沙达瓦茨克宁公司与被告广州远洋运输公司海上货物运输合同货损纠纷案　302

原告山东省对外贸易集团有限公司与被告世洋船舶株式会社国际海上货物运输提单纠纷案　684

原告山东省海丰船务有限公司与被告厦门豪门食品有限公司海上货物运输合同纠纷案　359

原告山东淄博通宇新材料有限公司、中国产物保险股份有限公司与被告永兴航运有限公司、大连永吉船务代理有限公司、东龙亨船务代理股份有限公司海上货物运输合同损害赔偿纠纷案　171

原告山哥拉-多明戈斯公司与被告尼罗河航运私有有限公司海上货物运输合同纠纷案　198

原告山西新时代进出口公司与被告中通国际货运代理有限责任公司、天津中通国际货运代理有限责任公司、中海集装箱运输有

限公司无单放货纠纷案 491

原告陕西省机械设备进出口公司与被告绿洲（天津）国际贸易有限公司、东阳仓库株式会社海上货物运输合同纠纷案 299

原告汕头市航星货运有限公司与被告天津轻丰货运有限公司深圳分公司、侨丰船务有限公司海上货物运输合同纠纷案 101

原告上海博盈展览服务有限公司与被告厦门展易货运代理有限公司多式联运合同纠纷案 751

原告上海东达进出口有限公司与被告上海迅汇国际货物运输代理有限公司海上货物运输合同纠纷案 566

原告上海华轮船有限公司与被告中基宁波对外贸易股份有限公司海上货物运输合同纠纷案 708

原告上海弘永服装发展有限公司与被告上海中轻国际货运有限公司、徐家伟、上海亚轮国际货运有限公司海上货物运输合同损害赔偿纠纷案 043

原告上海儒仕实业有限公司与被告浙江永华海运有限公司航次租船合同纠纷案 843

原告上海世威国际货物运输代理有限公司与被告江苏永禄肥料有限公司航次租船合同纠纷案 803

原告上海通富国际物流有限责任公司厦门分公司与被告宁波市镇海港通船务有限公司沿海多式联运合同纠纷案 740

原告上海信达机械有限公司与被告上海港复兴船务公司海上货物运输合同纠纷案 254

原告上海易程集装罐运输服务有限公司与被告连云港市康信进出口有限公司海上货物运输合同纠纷案 385

原告绍兴县松青纺织有限公司为与被告上海驰洋国际货物运输代理有限公司、上海驰洋国际货物运输代理有限公司宁波分公司海上货物运输合同纠纷案 580

原告深圳南天油粕工业有限公司、中国人民保险公司辽宁省分公司与被告斯坦斯蒂船务有限公司海上货物运输货损赔偿纠纷案 065

原告深圳市大三合实业有限公司与被告广州外轮代理汕尾公司、深圳市深粤航运公司无正本提单放货纠纷案 083

原告深圳市××国际货运代理有限公司与被告××航运代理有限公司、××综合航运有限公司、××迅航有限公司、××华晖国际货运代理有限公司、××货运联营有限公司、××港航企业集团有限公司多式联运合同纠纷案 719

原告深圳市华运国际物流有限公司与被告海程邦达国际货运代理有限公司广州分公司、海程邦达国际货运代理有限公司海上货物运输合同纠纷案 185

原告深圳市粮食集团有限公司与被告美景伊恩伊公司海上货物运输合同货损纠纷案 176

原告深圳市森邦国际货运有限公司与被告山东省烟台国际海运公司海上货物运输合同纠纷案 609

原告深圳市蛇口益荣船务有限公司与被告惠阳恒辉染厂有限公司海上货物运输合同纠纷案 797

原告深圳市胜杰投资发展有限公司与被告马士基物流香港有限公司、马士基（中国）航运有限公司深圳分公司无正本提单放货纠纷案 344

原告深圳市鑫铭威××有限公司与被告万胜××物流（香港）有限公司、上海骏鹏××国际货物运输代理有限公司、上海骏鹏××国际货物运输代理有限公司深圳分公司海上货物运输合同纠纷案 550

原告深圳市怡禾进出口股份有限公司与被告MSC地中海航运有限公司、高昌货运（香港）有限公司、高昌快运有限公司海上货物运输合同货物交付纠纷案 444

原告深圳市中海通运输有限公司与被告南京恒风船务有限公司水路货物运输合同纠纷案 846

原告狮马有限公司与被告上海迅汇国际货物

运输代理有限公司海上货物运输合同无单放货纠纷案 595

原告苏黎世国际保险股份有限公司与被告中波轮船股份公司海上货物运输合同货损纠纷案 632

原告苏州亨利国际贸易有限公司与被告大连奥威成一国际物流有限公司上海分公司海上货物运输合同纠纷案 881

原告台山市志高休闲用品制造有限公司、志高股份有限公司与被告 DSL 星运公司、马士基物流（中国）有限公司、巴拿马绿色罗盘海运公司、哥本哈根 A.P 穆勒-马士基公司、法国达飞轮船有限公司海上货物运输合同货物交付纠纷案 190

原告泰州市永丰海运有限公司与被告连云港陆海达物流有限公司航次租船合同纠纷案 856

原告铁行渣华有限公司与被告上海洪熙国际贸易有限公司海上货物运输合同提货纠纷案 452

原告温州航华国际船务有限公司与被告浙江青田欧中化工有限公司国内多式联运合同纠纷案 760

原告温州市瓯海劳莱斯鞋业有限公司与被告宁波航姆国际船舶代理有限公司、温州联强贸易有限公司、浙江中外运有限公司宁波泛海分公司联合运输合同纠纷案 755

原告温州市五机化医外贸有限公司与被告上海泷特国际物流有限公司海上货物运输合同纠纷案 577

原告五矿钢铁有限责任公司与被告现代商船（美国）有限公司、美国·伊斯—瑞尔玛有限公司、韩国·现代商船株式会社、日本·三光汽船株式会社、利比里亚·皇家货船有限公司运输单证侵权损害赔偿纠纷案 470

原告武威百花蜂业天然保健品有限公司与被告法国达飞轮船有限公司海上货物运输合同纠纷案 143

原告西安市轻工业品进出口公司与被告天津航都长兴国际货运代理有限公司、韩进海运有限公司、美国航都公司海上货物运输合同纠纷案 223

原告厦门诚毅船务公司与被告云浮硫铁矿企业集团公司海上货物运输合同纠纷案 114

原告厦门嘉联恒进出口有限公司与被告嘉宏国际运输代理有限公司厦门分公司、嘉宏国际运输代理有限公司海上货物运输合同无单放货纠纷案 538

原告厦门市惠利隆进出口有限公司与被告法国达飞轮船有限公司、达飞轮船（中国）船务有限公司厦门分公司海上货物运输损害赔偿纠纷案 437

原告仙游县镱进工艺有限公司与被告上海沁洋国际货物运输代理有限公司、天津航星国际货运代理有限公司厦门分公司海上货物运输合同纠纷案 164

原告新宏光海运有限公司与被告中国海运（集团）总公司、广州中海物流有限公司深圳分公司、深圳市中海船务代理有限公司、中海集装箱运输有限公司无正本提单放货纠纷案 495

原告新兴铸管股份有限公司与被告中国环洋国际运输有限公司、东桥海运公司航次租船合同纠纷案 838

原告扬州天华光电科技有限公司与被告上海泷特国际物流有限公司海上货物运输合同纠纷案 466

原告阳光对外贸易发展有限公司与被告中国外运广州公司海上货物运输合同货损纠纷案 371

原告耀丰船务有限公司诉被告深圳红枫叶国际物流有限公司、深圳长帆国际货运代理有限公司海上货物运输合同纠纷案 383

原告永康市天鑫健身休闲用品有限公司与被告美商纵横国际货代有限公司海上货物运输合同无单放货纠纷案 675

原告湛江中海集装箱运输有限公司与被告廖钊权海上货物运输代理合同纠纷案 703

原告浙江前程石化股份有限公司与被告马航有限公司（MISC BERHAD）海上货物运输

合同纠纷案　672

原告浙江物产化工集团有限公司与被告上海鼎衡船务有限责任公司水路货物运输合同货损赔偿纠纷案　215

原告中保财产保险有限公司福建省分公司与被告俄罗斯远东海洋轮船公司海上货物运输代位求偿纠纷案　062

原告中保财产保险有限公司湛江经济技术开发区支公司与被告越海航运公司、克罗地亚航运公司、幸运海路服务有限公司海上货物运输合同货损货差赔偿纠纷案　001

原告中国×××股份有限公司深圳分公司与被告惠州××运输有限公司、天津××物流有限公司多式联运合同纠纷案　743

原告中国黄石外轮代理公司与被告上海爱尔思国际货运公司航次租船合同违约损害赔偿纠纷案　841

原告中国平安保险股份有限公司湛江办事处与被告泉州通达船业总公司水路货物运输合同货损赔偿纠纷案　110

原告中国人民保险公司广东省分公司与被告塞浦路斯海运有限公司、圣达卢船务有限公司海上货物运输合同货差赔偿纠纷案　637

原告中国人民财产保险股份有限公司北京分公司与被告环球海运中国有限公司、韩进海运有限公司、利德雷公司海上货物运输保险代位求偿纠纷　227

原告中国人民财产保险股份有限公司北京分公司与被告潘太那快运公司、韩进海运有限公司、利德雷公司海上货物运输保险代位求偿纠纷案　225

原告中国人民财产保险股份有限公司北京市直属支公司与被告铜河海运有限公司、寰宇船务企业有限公司海上货物运输合同代位求偿纠纷案　625

原告中国·山东隆盛进出口有限公司与被告马耳他·天鹅海事有限责任公司、毛里求斯·T&O海运有限责任公司、希腊·海联海事有限责任公司、希腊·比埃雷夫斯海联海运有限责任公司海上货物运输合同货损索赔纠纷案　270

原告中国中盛粮油工业(镇江)有限公司与被告新加坡马杜拉船务私人有限公司、新加坡光荣船务管理私人有限公司海上货物运输合同纠纷案　311

原告中设(南通)机械设备进出口公司进口分公司与被告新加坡成功海事私人有限公司海上货物运输合同纠纷案　079

原告中外运集装箱运输有限公司与被告上海进航国际货运代理有限公司、进航国际有限公司、浙江万利丰纺织科技有限公司海上货物运输合同纠纷案　455

原告中艺华海进出口有限公司与被告三角洲船务有限公司、中国再保险(集团)公司海上货物运输合同货差纠纷案　604

原告舟山市普陀油脂运贸有限公司与被告珠海市金光油脂工业有限公司海上货物运输合同运费纠纷案　642

Z

再审申请人巴拿马安第斯航运公司与被申请人中国中设(南通)机械进出口公司进口分公司海上货物运输合同货损赔偿纠纷案　712

再审申请人富春航业有限公司、胜惟航业股份有限公司与被申请人鞍钢集团国际经济贸易公司海上货物运输无单放货纠纷案　557

再审申请人界龙船务(圣文森特)有限公司与被申请人中国大恒(集团)有限公司海上货物运输倒签提单纠纷案　461

再审申请人连云港明日国际海运有限公司与被申请人艾斯欧洲集团有限公司航次租船合同纠纷案　787

再审申请人日本饭野海运公司与被申请人江苏省苏豪国际集团股份有限公司海上货物运输合同纠纷案　562

主题词索引

B

伴随爆炸的火灾 225
包税运输 735
保管费 589
保管货物义务 220
保管责任 776,781
保管照料货物义务 065
保函 114,684,817
保函换取提单 574
保函签发人 681
保函提货人 681
保函责任 574
背书转让 418
必备手续 376
表见代理 043
并入提单 476
不可抗力 088,632,843
不可预见 110
部分交付 344

C

CFR 311
CNF 价格 326
CY/CY 568,577
CY-CY 运输方式 519
财产保全 461
采取补救措施而支付的费用 609
舱面货 248,254
舱面装载 162,776
超期使用费 277
承运留置权 123
承运人 223
承运人的代理人 038
承运人的认定 014,043,047

承运人的识别 010,021,550
承运人负责事由 239
承运人过失 234
承运人留置权的行使 185
承运人认定 054
承运人识别 062
承运人授权 881
承运人卸货义务 079
承运人与收货人的权利义务关系的确定 452
承运人责任期间 120,143
承运人责任限额 307
迟延交付 254,751,678,771
初步证据 239
传真件 800
船舶代理 817
船舶代理的职责 083
船舶到达锚地 853
船舶的提供与更换 841
船舶管理人 001
船舶适航 815
船舶受载期 833
船舶所有人 001,058
船长船员 270
船期损失赔偿责任 797
错误交付 344

D

代理关系 021
代理签单活动 531
代理人 525
代为签发提单行为 049
代位求偿 302
到付运费 185
倒签提单 461,466,470
倒签行为 470

第三人 021,455
第三人履行债务 399
电放保函 587,689
订舱确认书 609
定期租船合同 838,886
对集装箱货物的掌管 299
吨位结算 829
多式联运 732,748,755,760,771
多式联运承运人 719
多式联运经营人 743

E

恶劣天气 248,843
二程船东 846

F

FOB 049,399,501
发货人 326,437
法定检验机构鉴定报告 647
法律适用 428,432,755
放货行为 282
非集装箱货物 162
非集装箱货物的责任期间 302
分公司的法律地位 596
风险转移 311,501
封铅运输 642
封志 710
付款安排 815

G

港口经营人 892
格式提单 168
格式条款 519,538
格式文本 574
更改后的提单 580
共同承担责任 234
管船行为 079
管货行为 079
管货义务 171,198

管货责任 215
管辖权条款 476
国际惯例 432
国际海上油运惯例 625
国际航线天气情况 632
国际货运代理 352
国际贸易合同 684
国家检验机构 664

H

海关保税仓库 600
海关查验 696
海关罚没 589
海关放行 593
海关扣押 692,797,848
海上风险 171
海事强制令 407
海铁联运 735
海运费 605
航次租船 781
航次租船合同 476,776,787,803,829,826,838,843
航海过失 201
航海习惯 110
航运惯例 162,230,277,817,886
合理损耗 664
合理预见 692,843
合同解除 767
合同纠纷 800
合同生效 800
合同适用的法律 158
合同相对性 220,230,767
合同义务 038,106
合同约定 841
合同主要条款 043
合意 815
核对义务 206
后履行抗辩权 760
化工品运输 215

换取提货单　708
回运　600
火灾免责　225,227
货舱适货　065
货代公司　732,859
货代收据　251
货代提单　014
货交海关或港口当局　571
货款来源　595
货款落空　862
货款支付协议　577
货损货差　054
货损赔偿责任　743
货物不合法的原因　797
货物查扣　093
货物到达地的市场价格　748
货物短少损失的赔偿责任　642
货物合法性　383
货物合法性的原因　797
货物混装　311
货物价款的处理　185
货物控制权　251,568,862
货物留置权　760
货物贸易正常成本　675
货物灭失　031
货物灭损赔偿额的确定　748
货物拍卖　359
货物申报　093,211
货物实际价值　421,672
货物实际损失　488
货物损坏金额的确定　732
货物损失　712
货物损失赔偿　052
货物所有权　418
货物特性　647
货物提取证明　584
货物原因　797
货物滞留　101
货物中转合同　776

货物重量　307,341,389
货物转运　054
货物自然特性　683
货运代理　870,876,881
货运代理人　865

J

集装箱　696
集装箱超期　376
集装箱超期使用费　700
集装箱超期使用收费标准　703
集装箱重新购置　700
集装箱跟踪记录　566
集装箱货物运输　307
集装箱货物交付条件　531
集装箱损失索赔　385
集装箱物权　708
集装箱运输　088,145,277,617,719
集装箱最大载重　341
计算标准　848
计算时间　853
记名提单　178,444
记名提单凭单放货　501,503
价格评估　190
驾驶船舶过失　270
监管职责　290
检验货物期限　239
检验检疫局检验结果　421
检验结果　126
减少滞箱费而拆箱　582
谨慎处理　065
谨慎义务　145,168
举证规则　566
举证责任　201,227,254,290,299,307,571
拒绝放货　181
据以交货保证　168
绝对证据　625

K

恪尽职责　198

客滚船 612
客货船 612
空白背书 449
空距报告 625
扣押期间 114
扩大损失的承担 509

L

理货费用 106
理货人 106
连带责任 876
联合检验 026
留置 164,403
留置船载货物 123
留置货物 178
留置权 703,751,886
留置权行使 220
陆上运输 719
律师代理费 587

M

买卖合同 440
卖方逾期交货 458
免责 058
免责事由 120,254,285,637
灭失赔偿 740
灭损责任 285
目的港无人提货 359,700

N

内河货物运输 669
内陆包干费 675

P

拍卖 403
赔偿请求权 329
赔偿请求权时效 449
赔偿责任 038,114,270,617,833,856,862
赔偿责任限额 503,678,751

批注范围 126
披露 870
品质索赔 712
凭副本提单加银行保函放货 557
凭提单交货 432
凭正本提单交货义务的免除 562
凭指示加保函放货 562

Q

期租承租人 365
期租合同 017
契约承运人 543
牵连关系 123
签收记录 580
强制性法律规则 669
清洁提单 062,712
区段承运人 743
区段运输 293
权利转让 767
全程运输 293
全额货款 595
全面履行 609

R

如实申报义务 383,385

S

散装大豆运输 120
善良管理人 892
善意第三人 001,637
善意提单持有人 664
商业保函 428
申请追加共同被告 181
胜诉权 495,689
剩余货物 589
时效 755
时效期间 083,164,455
时效起算 302
时效中止 083

实际承运船舶　031
实际承运人　017,026,047,058,201,225,
　　557,776,787
实际托运人　584,587
实际装船日期　461,470
实体请求权　491
市场贬值率　672
市场法　190
市场价格　190,740
适格收货人　432
适航船舶　171
收货人　106
收货人义务　234,452
首要条款　669
受损货物　672
受托人　865
数量差距比例　642
水尺计量　637
司法鉴定　440
司法行为　267
诉讼时效　407,632,735,781
诉讼时效中断　349
随船携带文件　211
损害赔偿请求权　227
损失扩大　359
损失赔偿　596

T

特定收货人　223
特殊风险　248
提单背面法律适用条款　574
提单背面格式条款　593
提单背面条款　126
提单长期未流转　582
提单承运人识别　052
提单持有人　001,017,052,093,315,421,
　　440,684
提单的转让　449
提单登记备案　881

提单法律关系　329,787
提单更改　580
提单批注　647
提单签发　418
提单权利　437
提单权利人　026
提单上货物状况的记载　625
提单受让　421
提单退还行为　315
提单物权凭证效力　491
提单印制条款　647
提单与运输合同的关系　365,371
提单运输合同关系　838
提单转让　371
提货保函　681
提货请求权　892
提货通知　349
提货义务　206,349,455
提取货物　344
提取货物义务　509
天灾　719
同等赔偿义务　114
退税损失　675
托运代理　859
托运单记载事项　862
托运人　315,329,383
托运人财产权利　488
托运人处分权　352
托运人控制权　352
托运人赔偿责任　341,389
托运人权益　371
托运人义务　334
妥善保管　143

W

外国法院　267
外贸代理人　407
危险化学品运输　612
危险品包装　617

危险品包装和标识　334
危险品货物运输　334
危险品渗漏　617
危险品运输　385
违法经营　031
违约金　841
违约赔偿　215
违约赔偿额　826
违约赔偿责任　282
违约责任　101,106,771,833
未登记的提单的效力　550
委托代理关系　550
委托合同　181
委托他人为本人　326
委托他人以本人名义　326
委托运输　376
无船承运　876
无船承运人　049,525
无船承运业务经营资格　365
无单放货　014,158,267,282,466,488,491,
　　519,525,566,571,589,595,596,859
无单放货的赔偿责任　509
无单放货举证义务　543
无单放货赔偿额　538,543
无单放货违约责任　562
无人提货　143,164,399,403,600
无正本提单放货　428
物权凭证　251,444
物权请求权　708

X

箱体接收　696
向负有责任的第三人追偿　495
卸货港货物处理费用　452
信息申报　389
信用证　470
选择适用的法律　538

Y

延迟交付　010

沿海多式联运　740
沿海货物运输　254
一程船东　846
一揽子运价协议　605
已装船提单　458
议定违约金　856
意思表示一致　593
因果关系　531
银行　421
银行托收价格　584
隐名代理　047
有效期　689
预借提单　458,466
预期可获得利益　826
约定的载量　829
约定航线　609
约定时间　678
约定卸货港　678
运费预付　178,605
运输合同当事人　399

Z

载货清单　211
责任免除　681
责任期间　110,198,285,290
债权转让　870
真实意思表示　444
整箱货运输　206
整箱交货义务　577
整箱接货与交货　568
正本提单　010,437,495,557
证明责任　088
支付运费　352
直接代理　047
直接损失　215
指示交付　223
滞期费　692,703,803,817,846,848,853,856
重箱　710
主管机关笔录　732

主张提货的权利 158,582
转港运货 145
转委托 865
转运费 101
装箱单 710
装卸时间起算 803

追偿 293
准据法 230,503
资质认定制度 612
自然损耗 647
租船合同 001,062
租赁关系 031

后记

司玉琢（大连海事大学原校长、教授、博士生导师）

　　带着全体编纂人员的期盼与诚意，《中国海事案例裁判要旨通纂》终于面世了。

　　自1984年以来，我国海事法院迄今已设立32年，审判的案件数以万计，其中不乏许多典型的、疑难复杂的并在国际上产生重大影响力的案件。然而，传统上认为，我国为大陆法系国家，判例并非为法律渊源，对其后案件的审理不具备法律效力，只有我国最高人民法院对具体案件作出的司法解释方与英美法系国家的判例有类似的司法效力。因此，大量的海商海事判决沉睡在浩如烟海的故纸堆中，并没有发挥其应有的司法指引作用。尤其是一些类似案件，在不同的法院判决结果可能截然不同。这既浪费了法院的审判资源，又有损司法的公正性。鉴于此，2010年11月26日，最高人民法院颁发了《关于案例指导工作的规定》，该规定第7条规定："最高人民法院发布的指导性案例，各级人民法院审判类似案例时应当参照。"2015年6月2日，最高人民法院又印发了《〈关于案例指导工作的规定〉实施细则》。该细则进一步明确了"类似案件"的判定标准，要求具体参照指导性案例的裁判要点，并在裁判文书说理部分予以援引。究其实，在我国司法裁判中吸收借鉴英美法中的判例制度，对法院正确适用法律进行有益补充，与我国的大陆法传统并不相悖。

　　本书以海事、海商法调整的具体对象为标准，共分为五卷：海事卷、船舶船员卷、海上保险卷、海上货物运输卷和综合卷。有的案例可能涉及多卷内容，本书编纂时取其重者予以归类，以免重复。各分卷执行主编（侯伟负责海事卷，李晓枫负责船舶船员卷，张虎负责海上保险卷，陈敬根负责海上货物运输卷，张波负责综合卷）首先通过各种途径收集10个海事法院及其上诉法院、最高人民法院相关海事海商裁判文书，经过多遍筛选，选取了一些最具有代表性且能涵盖海商海事各个领域的案例进行编纂，对其争议焦点和裁判要旨予以归纳总结，最终经过各分卷执行主编对各自负责编撰的分卷反复校对以及总主编审定成书，定名为《中国海事案例裁判要旨通纂》，以求对海事海商法律工作者有所助益。

　　案例编纂是一项繁琐而复杂的工作，或许呈现在大家面前的只是数百页的几卷书籍，但背后却凝结着编纂者的大量心血。首先，编纂前需要将数以万计的案例一一筛选，进行归类和取舍；其次，要将案件争议焦点总结并描述出来；最后，还要将判决中的裁判要旨用凝练的语言准确地表述出来。这些工作耗费了编者大量的体力和脑力劳动，特别是我国的判决书中往往不详尽写明判决理由，因此，作者只能从法官引用的法条对其裁判要旨进行逻辑推理和提炼，这是一个二次创作过程，并非简单的"汇编"一词可以涵盖。在这里，我要对各卷的主编与编委们表示诚挚的谢意，对一直支持本项工作的最高人民法院，提供案例的各省高级人民法院和各海事法院表示感谢，对为本书的编写付出了辛勤劳动的大连海事大学法学院蒋跃川副教授，我的博士生彭先伟、刘博、曹兴国以及吴亚男女士、万仁善先生表示感谢。在此,还要特别感谢北京大学出版社蒋浩副总编,没有他的创意和坚持不懈的推动,也就没有本书的诞生!感谢北京大学出版社陆建华编辑的联络、统筹,感谢苏燕英、陈康、王建君、田鹤编辑的辛勤付出,他们为本书的最终出版付出了艰辛而富有成效的努力。

在英国,《劳氏法律报告》主要收录了自1919年以来英国各级法院审理的海事、海商判例,是为法律工作者提供的最具权威性的专业文献资料之一。希望本案例书的编纂工作像《劳氏法律报告》一样,也能一直持续下去,打造百年精品。一方面借此架起联结英美法和大陆法的桥梁,另一方面也给海商法学界提供翔实的法律实践资料,成为中国的权威海商法专业文献。若如是,编纂本书的目的也就达到了。

2016年12月26日于大连